Anonymous

Schriften der Physikalisch-Ökonomischen Gesellschaft zu Königsberg

Anonymous

Schriften der Physikalisch-Ökonomischen Gesellschaft zu Königsberg

ISBN/EAN: 9783743630383

Hergestellt in Europa, USA, Kanada, Australien, Japan

Cover: Foto ©ninafisch / pixelio.de

Weitere Bücher finden Sie auf **www.hansebooks.com**

SCHRIFTEN

DER

PHYSIKALISCH-ÖKONOMISCHEN GESELLSCHAFT

ZU

KÖNIGSBERG i. Pr.

SECHSUNDZWANZIGSTER JAHRGANG.

1885.

KÖNIGSBERG.

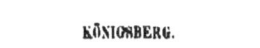

IN COMMISSION BEI KOCH & REIMER.

1886.

Inhalt des XXVI. Jahrganges.

Abhandlungen.

Sitzungsberichte.

Verzeichniss der Mitglieder

der

physikalisch-ökonomischen Gesellschaft

am 1. Juli 1885*).

Protector der Gesellschaft.

Herr Ober-Präsident der Provinz Ostpreussen Dr. v. Schlieckmann. 6. 4. 82.

Vorstand.

1. Sanitätsrath Dr. med. Schiefferdecker, Präsident. 15. 12. 48.
2. Medicinalrath Professor Dr. Moeller, Director. 8. 1. 47.
3. Stadtrath Lottermoser, Secretair. 17. 6. 64.
4. Commerzienrath Weller, Cassen-Curator. 29. 6. 60.
5. Hofapotheker Hagen, Rendant. 30. 6. 51.
6. Dr. Otto Tischler, Bibliothekar und auswärtiger Secretair. 1. 12. 65.

Ehrenmitglieder.

1. Herr v. Dechen, Wirkl. Geh. Rath, Oberberghauptmann, Dr., Excellenz, Bonn. 5. 3. 80.
2. " Friederici, Director a. D. 6. 4. 82.
3. " v. Helmersen, General, Excellenz, St. Petersburg, Wassili-Ostrow 7. Linie No. 2. 5. 4. 78.
4. " W. Hensche, Dr., Medicinalrath, Stadtältester. 24. 10. 23.
5. " v. Horn, Dr., Wirklicher Geh. Rath, Ober-Präsident a. D., Excellenz, Berlin W, Landgrafenstrasse 11. 4. 6. 69.
6. " Emile Levasseur, Membre de l'Institut in Paris. 7. 6. 78.
7. " Neumann, Dr., Professor, Geh. Regierungsrath. 16. 2. 27.
8. " v. Rénard, Dr., Geheimrath in Moskau. 19. 12. 62.
9. " v. Scherzer, Dr., Ministerialrath, K. K. Generalconsul in Genua. 4. 6. 80.
10. " Torell, Dr., Professor in Stockholm. 3. 12. 80.
11. " Virchow, Dr., Professor, Geheimrath in Berlin. 3. 12. 80.

---

*) Die beigesetzten Zahlen bezeichnen Tag und Jahr der Aufnahme.

Ordentliche Mitglieder.

1\. Herr Albrecht, Dr., Dir. d. Prov.-Gewerbeschule a. D. 16. 6. 43.

2\. „ Andersch, A., Comm.-R. 21. 12. 49.

3\. „ Andersch, Consul, Medenau. 5. 6. 44.

4\. „ Aschenheim, Dr., Prassnicken. 4. 6. 68.

5\. „ Baenitz, C., Dr., Lehrer. 1. 12. 65.

6\. „ v. Batocki-Bledau. 4. 12. 68.

7\. „ Baumgart, Dr., Professor. 6. 12. 73.

8\. „ Baumgarten, Dr., Prof. 1. 12. 76.

9\. „ Becker, Apothenbesitzer. 3. 12. 80.

10\. „ Becker, M., Commerz.-Rath. 7. 12. 82.

11\. „ Becker, J., Kaufmann. 7. 12. 82.

12\. „ Beer, Rechtsanwalt. 1. 6. 82.

13\. „ v. Bohr, Oberlehrer, Prof. 12. 6. 46.

14\. „ Benecke, Dr. med., Prof. 7. 6. 67.

15\. „ Berent, Dr., 7. 12. 77.

16\. „ Bernecker, Bankdirector. 4. 6. 80.

17\. „ Bertholdt, Dr. med. Prof. 4. 12. 68.

18\. „ Besch, Oberlehrer. 6. 6. 73.

19\. „ Bessel-Lorck, Königl. Landes-Bauinspektor. 6. 12. 83.

20\. „ Bezzenberger, Dr., Prof. 6. 12. 83.

21\. „ Bielitz, Major. 4. 12. 74.

22\. „ Bienko, Partikulier. 2. 6. 60.

23\. „ Bieske, Reg.-Bauführer. 6. 12. 83.

24\. „ Blochmann, Dr. 4. 6. 80.

25\. „ Böhm, Oberamtmann. 1. 7. 69.

26\. „ Bohn, Dr. med., Professor. 21. 12. 60.

27\. „ Bon, Buchhändl. u. Rittergutsbesitzer. 1. 6. 66.

28\. „ Born, Apothekenbesitzer. 7. 12. 82.

29\. „ Braun, Candidat. 3. 12. 80.

30\. „ Bujack, Dr., Oberlehrer. 13. 12. 61.

31\. „ Burchard, Geheimrath. 2. 6. 76.

32\. „ Burow, Dr., Professor. 27. 6. 62.

33\. „ Caspary, J., Dr., Professor. 3. 12. 80.

34\. „ Caspary, R., Dr., Professor. 1. 7. 59.

35\. „ Cholevius, L., Dr., Oberlehrer. 5. 6. 68.

36\. „ Chun, Dr., Professor. 6. 12. 83.

37\. „ Cohn, J., Commerzienrath. 3. 12. 69.

38\. „ Conditt, B., Kaufmann. 19. 12. 62.

39\. „ Conrad, Rittergutsbesitzer in Görken p. Trömpau. 7. 6. 78.

40\. „ Coranda, Dr. 4. 12. 84.

41\. „ Crüger, Posthalter u. Kaufm. 1. 12. 81.

42\. „ Cynthius, Kreisphysikus, Sanitätsrath, Dr. 5. 6. 74.

43\. „ Czwalina, Dr., Gymnasial-Lehrer. 3. 12. 60.

44\. „ Davidsohn, M., Kaufmann. 7. 12. 82.

45\. „ Dovens, Polizei-Präsident. 1. 12. 76.

46\. „ Döbbelin, Zahnarzt. 7. 6. 72.

47\. Herr Dohrn, Dr., Prof., Geh. Medicinalrath. 6. 12. 83.

48\. „ Douglas, Rentier. 28. 6. 61.

49\. „ Ehlert, Otto, Kaufmann. 17. 6. 64.

50\. „ Eichert, Apothekenbesitzer. 6. 6. 73.

51\. „ Ellendt, Dr., Oberlehrer, Professor. 6. 12. 67.

52\. „ Erdmann, Dr. med. 1. 6. 82.

53\. „ Falkenheim, Dr. med. 4. 6. 77.

54\. „ Falkson, Dr. med. 1. 7. 59.

55\. „ Falkson, R., Dr., Privatdocent. 7. 12. 82.

56\. „ Fischer, Ober-Landesgerichts-Rath. 21. 12. 60.

57\. „ Fleischer, Rittmeister. 5. 6. 84.

58\. „ Franz, Dr. 7. 12. 77.

59\. „ Friedländer, Dr., Prof., Geheimrath. 23. 12. 59.

60\. „ Fröhlich, Dr. 7. 6. 72.

61\. „ Fuhrmann, Oberlehrer. 13. 12. 61.

62\. „ Gädeke, H., Geh. Commerzienrath. 16. 12. 36.

63\. „ Gädeke, Rittergutsbesitzer, Powayen. 6. 6. 79.

64\. „ Gamm, Fabrikant. 2. 6. 76.

65\. „ Gebauhr jun., Kaufm. 7. 12. 77.

66\. „ Glede, Hauptm., Amtsrath. 29. 6. 49.

67\. „ v. d. Goltz, Freiherr, Dr., Professor. 26. 6. 63.

68\. „ Graf, Stadtrath. 1. 12. 81.

69\. „ v. Gramatzki, Landesdir. 5. 6. 84.

70\. „ v. Gramatzki, Rentier. 21. 12. 60.

71\. „ Grünhagen, Dr., Professor. 1. 12. 81.

72\. „ Grun, Baurath. 7. 6. 78.

73\. „ Grunewald, Fabrikant chirurgischer Instrumente. 3. 12. 80.

74\. „ Grunewald, Zimmermstr. 7. 12. 77.

75\. „ Gutzeit, Buchhändler. 5. 12. 79.

76\. „ Guthzeit, Dr. med. 5. 6. 74.

77\. „ Haarbrücker, F., Kaufm. 6. 12. 72.

78\. „ Häbler, Gen.-Landsch.-R. 6. 12. 64.

79\. „ Hagen, Stadtrath. 6. 6. 79.

80\. „ Hagen, Hofapotheker. 30. 6. 51.

81\. „ Hagen, Justizrath. 6. 12. 83.

82\. „ Hay, Dr. med., Privatdocent. 1. 6. 59.

83\. „ Hay, A., Partikulier 1. 12. 81.

84\. „ Heilmann, Rentier. 5. 6. 65.

85\. „ Hennig, Dr. 6. 12. 78.

86\. „ Herbig, Apothekenbesitzer. 4. 6. 80.

87\. „ Hermann, Dr., Professor. 4. 12. 84.

88\. „ Hertz, Dr. med. 7. 12. 82.

89\. „ Heydeck, Professor. 6. 12. 78.

90\. „ Heumann, Fabrikdirector. 6. 6. 79.

91. Herr Hieber, Dr. med. 10. 6. 70.
92. „ Hirsch, Dr. med., Sanit.-R. 2. 7. 52.
93. „ Hirschfeld, Dr., Professor. 6. 12. 78.
94. „ Hirschfeld, Dr. 6. 6. 79.
95. „ Hoffmann, Bürgermeister. 6. 12. 72.
96. „ Holldack, Kaufmann. 11. 6. 85.
97. „ Jacobson, Julius, Geh. Medicinalrath, Dr. med., Prof. 1. 7. 59.
98. „ Jaffé, Dr., Professor. 6. 12. 73.
99. „ Jentzsch, Dr., Privatdocent. 4. 6. 75.
100. „ Jereslaw, Lion, Kaufm. 1. 12. 76.
101. „ Ihlo, Dr. 8. 12. 75.
102. „ Ipsen, Stadtrath. 6. 6. 79.
103. „ Kade, Prem.-Lieutenant. 4. 12. 84.
104. „ Kahle, Apothekenbesitzer. 3. 12. 75.
105. „ Karow, akadem. Maler. 6. 12. 83.
106. „ Kemke, Kaufmann. 21. 12. 60.
107. „ Klebs, Dr., Geologe an der K. geolog. Landesanstalt in Berlin. 4. 6. 77.
108. „ Kleiber, Prof., Director. 6. 12. 72.
109. „ Klien, Dr. 4. 6. 77.
110. „ Kluge, Generalagent. 7. 12. 77.
111. „ Knobbe, Dr., Oberlehrer. 15. 12. 43.
112. „ Koch, Buchhändler. 3. 12. 75.
113. „ Kowalewski, Apotheker. 6. 12. 67.
114. „ Kruh, Landes-Baurath. 2. 6. 76.
115. „ Krahmer, Justizrath. 21. 12. 60.
116. „ Kratz, Director der Ostpr. Südbahn. 4. 6. 77.
117. „ Krause, Amtsgerichtsrath. 3. 12. 69.
118. „ Kreiss, Generalsecretair, Hauptm. 4. 6. 75.
119. „ Krohne, Kaufmann. 5. 12. 79.
120. „ Krüger, Director der Ostpr. Südbahn. 11. 6. 85.
121. „ Künow, Conservator. 4. 12. 74.
122. „ Kunze, Apothekenbesitzer. 7. 12. 77.
123. „ Landsberg, Dr. 6. 12. 83.
124. „ Langendorff, Dr., Prof. 4. 12. 84.
125. „ Laser, Dr. med. 21. 12. 60.
126. „ Lehmann, Dr. med. 24. 12. 59.
127. „ v. Leibitz, Hauptmann. 5. 6. 84.
128. „ Lentz, Dr., Professor. 1. 7. 59.
129. „ Leo, Stadtrath. 7. 12. 77.
130. „ Liedtke, Prediger. 5. 6. 74.
131. „ Lindemann, Dr., Prof. 6. 12. 83.
132. „ Lobach, Partikulier. 19. 12. 62.
133. „ Lohmeyer, Dr., Prof. 8. 12. 69.
134. „ Lossen, Dr., Professor. 17. 6. 78.
135. „ Lottermoser, Stadtrath. 17. 6. 64.
136. „ Luchhau, Dr. 4. 6. 80.
137. „ Ludwich, Dr., Professor. 6. 6. 79.
138. „ Luther, Dr., Professor. 25. 6. 47.
139. „ Magnus, Dr. med., Sanitäts-Rath. 4. 7. 51.
140. „ Magnus, E., Dr. med. 5. 6. 68.
141. „ Magnus, L., Kaufmann. 3. 12. 80.
142. Herr Marek, Dr., Professor. 6. 12. 78.
143. „ Maschke, Dr. med. 10. 6. 70.
144. „ Meier, Ivan, Kaufmann. 3. 12. 69.
145. „ Merguet, Oberlehrer. 5. 6. 74.
146. „ Meschede, Dr., Director. 6. 12. 73.
147. „ Meyer, O., Kaufmann. 11. 6. 85.
148. „ Meyer, Dr. 8. 12. 80.
149. „ Michels, Chefredacteur. 1. 6. 82.
150. „ Michelson, Dr. 6. 12. 83.
151. „ Milentz, Apothekenbes. 23. 12. 59.
152. „ Mischpeter, Dr., Realschullehrer. 7. 6. 72.
153. „ Möller, Dr., Professor, Medicinalrath. 8. 1. 47.
154. „ v. Morstein, Oberlehrer, Dr., 4. 12. 74.
155. „ Motherby, Rittergutsbes. in Arnsberg p. Creuzburg. 6. 6. 79.
156. „ Müller, Rector. 7. 6. 67.
157. „ Müller, Secretair der Kunstakademie. 1. 12. 76.
158. „ Münster, Dr. med., Prof. 4. 6. 80.
159. „ Müttrich, Dr. med. 21. 12. 60.
160. „ Musack, Fabrikbesitzer. 4. 12. 74.
161. „ Nath, Dr., Reg.- und Medicinalrath. 11. 6. 85.
162. „ Naumann, Apotheker. 24. 6. 57.
163. „ Naunyn, Dr., Professor. 4. 12. 74.
164. „ Neumann, Dr., Prof., Medicinalrath. 23. 12. 59.
165. „ Nötling, Dr. 3. 12. 80.
166. „ Olck, Oberlehrer. 7. 6. 72.
167. „ v. Olfers, Dr., Rittergutsbesitzer in Metgethen. 7. 6. 72.
168. „ Oltersdorf, Kaufmann. 4. 6. 80.
169. „ Packheiser, Apothekenbes. 7. 6. 72.
170. Pape, Dr., Professor. 6. 12. 78.
171. Passarge, Oberlandesgerichts-Rath. 13. 12. 61.
172. Patze, Apotheker und Stadtrath. 29. 6. 38.
173. „ Peise, Corpsapotheker. 7. 6. 78.
174. „ Peter, Kaufmann. 7. 12. 77.
175. „ Peters, Oberlehrer. 4. 6. 77.
176. „ Petruschky, Dr., Professor, Ober-Stabsarzt. 1. 12. 65.
177. Pincus, Medicinalrath, Dr., Professor. 4. 12. 68.
178. „ Prin jun., Kaufmann. 6. 12. 78.
179. „ Rauscher, Oberlandesgerichts-Rath. 7. 12. 82.
180. „ Richter, Dr., Prof., Departements-Thierarzt. 13. 12. 61.
181. Ritthausen, Dr., Prof. 23. 12. 59.
182. Rosenfeld, H., Kaufm. 7. 6. 78.
183. Rupp, Dr. med. 6. 12. 72.
184. Saalschütz, Dr., Professor. 6. 6. 73.
185. „ Samter, Dr. med. 29. 6. 60.

186. Herr Samuel, Dr. med., Prof. 23. 12. 57.
187. „ Samuelson, Dr. 7. 6. 83.
188. „ Sanio, Realschullehrer. 1. 6. 82.
189. „ Santer, Dr., Director a. D. der höheren Töchterschule. 16. 12. 53.
190. „ Schauinsland, Dr. 6. 12. 83.
191. „ Schellong, Dr. 4. 12. 84.
192. „ Schepke, Kaufmann. 7. 12. 77.
193. „ Schiefferdecker, Realschul-Direct. a. D. 17. 12. 41.
194. „ Schiefferdecker, Dr., Sanitätsrath. 15. 12. 48.
195. „ Schimmelpfennig, Kaufm. 6. 6. 79.
196. „ Schlesinger, Dr. med. 19. 12. 62.
197. „ Schmidt, Dr., Director d. städtischen Realschule. 23. 12. 59.
198. „ Schmidt, E., Rentier. 1. 6. 82.
199. „ Schneider, Dr. med., Prof. 4. 6. 69.
200. „ Schönborn, Geheimer Medicinalrath. Dr., Professor. 4. 12. 74.
201. „ Schreiber, Dr., Professor. 3. 12. 80.
202. „ Schröder, Dr. 3. 12. 80.
203. „ Schröter, Dr. med. 23. 12. 59.
204. „ Schröter, Commerzienrath. 7. 12. 77.
205. „ Schüssler, Apothekenbes. 1. 12. 81.
206. „ Schuhmacher, Dr. med. 4. 12. 68.
207. „ Schwanbeck, Dr. med. 6. 12. 72.
208. „ Schwenkner, Apotheker. 1. 12. 81.
209. „ Selke, Oberbürgermeister. 3. 12. 75.
210. „ Seydel, Dr. 6. 6. 79.
211. „ Seydler, Apotheker. 4. 12. 74.
212. „ Simon, Geheimer Commerzienrath. 7. 12. 77.
213. „ Simon, Dr. jur., Kaufm. 7. 12. 77.
214. „ Simony, Civilingenieur. 1. 6. 66.
215. „ Simsky, C., chirurg. Instrumentenmacher. 1. 6. 66.
216. „ Sommer, Dr., Prof. 23. 12. 59.
217. Herr Sommerfeld, Dr. med. 7. 12. 52.
218. „ Sotteck, Dr. med., Sanitätsrath. 17. 12. 52.
219. „ Spirgatis, Dr., Professor. 17. 12. 56.
220. „ Spriegel, Kaufmann. 7. 12. 77.
221. „ v. Steinberg-Skirbs, Dr., Generalarzt z. D. 2. 6. 76.
222. „ Stellter, O., Justizrath. 21. 12. 60.
223. „ Stetter, Dr. med., Privatdocent. 7. 12. 82.
224. „ Symanski, Landgerichtsrath. 9. 6. 71.
225. „ Theodor, Stadtrath a. D. 7. 12. 77.
226. „ Tieffenbach, Gymnasial-Lehrer. 6. 12. 73.
227. „ Tischler, Dr. 1. 12. 65.
228. „ Tischler, Gutsbesitzer, Losgehnen. 5. 6. 74.
229. „ Unterberger, Dr. 7. 6. 83.
230. „ Vogelgesang, Dr. 5. 6. 74.
231. „ Walter, Dr., Professor. 3. 12. 75.
232. „ Warkentin, Stadtrath. 6. 12. 73.
233. „ Wedthoff, Ober-Reg.-Rath. 9. 6. 71.
234. „ Weger, Dr., Sanitätsrath. 14. 6. 39.
235. „ Weller, Commerzienrath. 29. 6. 60.
236. „ Weller, L., Kaufmann. 4. 6. 80.
237. „ Wendland, Director der Ostpr. Südbahn. 6. 12. 72.
238. „ Wiedemann, Landesrath. 4. 6. 80.
239. „ Wiehler, F., Kaufmann. 7. 12. 77.
240. „ Wilutzky, Ad., Hof-Lithograph. 10. 6. 70.
241. „ Winbeck, Feuerwerks-Hauptmann. 4. 6. 80.
242. „ Wyszomierski, Dr., Russ. Consul. 5. 6. 68.
243. „ Zacharias, Dr. med., Sanitätsrath. 2. 7. 52.
244. „ Zimmermann, Apotheker. 4. 6. 80.

Auswärtige Mitglieder.

1. Herr Albrecht, Dr., Professor in Brüssel. 1. 6. 77.
2. Alterthums-Gesellschaft in Elbing.
3. Herr Anger, Dr., Director, Graudenz. 4. 12. 74.
4. „ Arppe, Ad. Ed., Prof. der Chemie in Helsingfors. 19. 12. 62.
5. „ v. Baehr, Rittergutsbes., Gr. Ramsau p. Wartenburg. 6. 6. 79.
6. „ Baxendell, Jos., Secretair der naturforsch. Gesellschaft zu Manchester. 19. 12. 62.
7. Herr Benefeldt, Rittergutsbes., Quoossen p. Gallingen. 5. 6. 84.
8. „ Berendt, Dr., Professor, Berlin NW, Dorotheenstr. No. 61. 1. 6. 66.
9. „ Bohrens, Alb., Rittergutsbesitzer auf Seemen bei Gilgenburg. 19. 12. 62.
10. „ Berent, Rittergutsbesitzer auf Arnau. 1. 12. 65.
11. „ Beyrich, Dr., Prof., Geh. Bergrath in Berlin, Franz. Str. 29. 6. 12. 67.
12. „ Blell, Rentier, Lichterfelde b. Berlin. 5. 12. 79.

13. Herr Böhm, Rittergutsbesitzer, Glaubitten per Korschen. 7. 6. 72.
14. „ v. Bönigk, Freiherr, Major a. D., Postdirector in Demmin in Pommern. 1. 12. 76.
15. „ Börnstein, Dr., Prof. in Berlin NW, Platz am neuen Thor 1 A. 6. 12. 72.
16. „ v. Bohlschwing, Rittergutsbesitzer, Schönbruch, Kreis Friedland, Ostpr. 6. 12. 78.
17. „ Bresgott, Kreisbaumstr., Mohrungen. 5. 12. 79.
18. „ Brischke, G., Hauptlehrer a. D., Langfuhr bei Danzig. 29. 6. 60.
19. „ v. Bronsart, Rittergutsbesitzer auf Schettnienen per Braunsberg. 21. 12. 60.
20. „ Bruhn, Oscar, Kaufmann, Insterburg. 5. 12. 79.
21. „ Brusina Spiridion, Vorsteher der zoolog. Sammlungen am naturhistor. Museum in Agram. 4. 12. 74.
22. „ Buchinger, Dr., Prof. in Strassburg. 6. 12. 67.
23. „ Buhse, Fr., Dr., Director des naturforsch. Vereins zu Riga. 9. 6. 71.
24. „ de Caligny, Anatole, Marquis, Château de Sailly pr. Fontenay St. Père. 7. 2. 66.
25. „ v. Cesati, Vincenz, Baron in Neapel. 19. 12. 62.
26. „ Claassen, Rittergutsbes., Warnikam p. Ludwigsort. 3. 12. 80.
27. Conradi'sche Stiftung in Jenkau. 18. 12. 63.
28. Copernikus-Verein in Thorn. 7. 12. 66.
29. Herr Copes, F. S., Dr., New-Orleans. 6. 12. 72.
30. „ Crüger, Dr. philos. in Tilsit. 8. 12. 69.
31. „ Czudnowitz, Dr., Insterburg. 1.12.81.
32. „ Daemers de Cachard, L., Professor in Brüssel. 7. 6. 78.
33. „ Danehl, Rector in Zinten. 7. 6. 78.
34. „ Dittrich, Lehr. in Wormditt. 6. 12.78.
35. „ zu Dohna-Schlodien, Graf, Obermarschall, Burggraf, Excell., p. Lauk. 21. 12. 61.
36. „ Dorn, Dr., Professor in Darmstadt, Bessunger Wilhelmsstrasse No. 10. 7. 6. 72.
37. „ Dohrn, C. A., Dr., Präsident des entomologischen Vereins in Stettin. 29. 6. 60.
38. „ Donath, Rittergutsbes., Ruttkowitz per Soldau. 7. 12. 77.
39. „ Dorien, Dr. med., Sanitätsrath, Lyck. 19. 12. 62.
40. Herr Dorr, Dr., Oberlehrer, Elbing. 6. 12. 78.
41. „ Dromtra, Ottom., Kaufmann in Allenstein. 13. 12. 61.
42. „ Drope, Pächter in Grünlinde p. Grünhayn. 7. 12. 77.
43. „ Duchartre, P., Professor der Botanik und Mitglied der Akademie zu Paris. 19. 12. 62.
44. „ Eckert, Landschaftsrath, Czerwonken per Lyck. 7. 6. 78.
45. „ Erchenbrecher, Dr., Salzbergwerk Neu-Stassfurt p. Stassfurt. 5. 12. 79.
46. „ Erikson, Director des Königl. Gartens in Haga bei Stockholm. 4. 12. 67.
47. „ Fleck, Justizrath, Conitz. 4. 12. 74.
48. „ Flügel, Felix, Dr., Leipzig. 18. 12. 63.
49. „ Frankenstein, Rittergutsbes., Wiese p. Reichenbach, Kreis Pr. Holland. 6. 12. 78.
50. „ Frisch, A., Oberamtmann auf Stanaitschen. 16. 12. 64.
51. „ Fröhlich, Lehrer in Thorn. 3. 12. 75.
52. „ Fröhlich, Rendant in Culm. 7. 12. 77.
53. „ Geinitz, Dr., Prof., Geh. Hofrath, Dresden. 1. 12. 76.
54. „ Genthe, Herm., Dr., Director, Hamburg. 10. 6. 70.
55. „ Gerstaecker, Dr., Prof., Greifswald. 19. 12. 62.
56. „ Giesebrecht, Dr., Prof., München. 1. 6. 59.
57. „ v. Glasow, Lieutenant, Lokehnen per Wolittnick. 3. 12. 80.
58. „ Goltz, Dr., Prof., Strassburg. 4. 12. 68.
59. „ Gandoger in Arnas (Rhône) per Villafranche France. 7. 12. 82.
60. „ v. Gossler, Minister der Geistlichen, Unterrichts- u. Medizinal-Angelegenheiten, Excellenz, Berlin. 4. 6. 69.
61. „ Gottheil, E., i. New-Orleans. 6. 12. 72.
62. „ Greiff, Wirkl. Geh. Rath, Excellenz, Berlin, Genthinerstr. 13. 1. 12. 71.
63. „ Grentzenberg, Kaufmann, Danzig. 21. 12. 60.
64. „ Grenda, Landgerichtsrath in Lyck. 2. 6. 76.
65. „ Grewingk, Dr., Professor in Dorpat. 16. 12. 64.
66. „ Güllich, Forstkassenrendant, Braunsberg. 7. 12. 77.
67. „ Gürich, Regierungsrath in Breslau. 6. 12. 72.
68. „ Hagedorn, Dr., Mohrungen. 11. 6. 85.
69. „ Hagen, Dr., Professor, Cambridge, Amerika. 15. 12. 43.
70. „ Hagen, A., Stadtrath in Berlin. 2. 7. 52.

71. Herr Hagen, Gutsbesitzer auf Gilgenau per Passenheim. 4. 6. 69.
72. „ Hartung, G., Dr. in Heidelberg, per Adr. A. J. Ernst in Heidelberg. 2. 7. 68.
73. „ Hasemann, Kreisschulinspector, Marienwerder. 7. 12. 82.
74. „ Hasenbalg, Director in Sprottau. 3. 12. 75.
75. „ Hecht, Dr., Kreisphysikus in Neidenburg. 19. 12. 62.
76. „ Helmholtz, Dr., Prof., Geh. Rath in Berlin. 21. 12. 49.
77. „ Helwich, Apotheker, Bischofstein. 3. 12. 80.
78. „ Hensche, Rittergutsbesitzer auf Pogrimmen p. Kleschowen. 7. 6. 67.
79. „ v. Heyden, Major z. D., Dr. in Bockenheim, Schlossstrasse. 1. 6. 66.
80. „ Heubach, Rittergutsbesitzer in Kapkeim per Lindenau. 6. 6. 79.
81. „ Hilbert, Dr., Tonsens in Oldenburg. 27. 6. 81.
82. „ Hinrichs, G., Professor in Jowa-city. 1. 12. 65.
83. Historischer Verein in Marienwerder.
84. Herr Hooker, Dr., Jos. Dalton, R. N., F. R., S., F. L. S. etc. Royal Gardens, Kew. 19. 12. 62.
85. „ Horn, Amtm., Oslanin b. Putzig. 7.6.72.
86. „ Horn, Rechtsanwalt, Insterburg. 7. 12. 77.
87. „ Hoyer, Gutsbesitzer in Swaroschin per Dirschau. 3. 12. 75.
88. „ Hübner, Oberlehrer, Memel. 27. 5. 81.
89. „ Hundertmark, Pfarrer, Insterburg. 3. 12. 80.
90. „ Jensen, Dr., Director in Allenberg per Wehlau. 1. 6. 82.
91. „ Issel, Arthur, Dr., Professor, Genua. 4. 12. 74.
92. „ Kaesewurm, C., Darkehmen. 4. 12. 74.
93. „ Kascheike, Apotheker in Drengfurth. 21. 12. 60.
94. „ Kersand, Dr., Geh. Ober-Medicinalrath in Berlin, Tempelhofer Ufer 31. 4. 12. 68.
95. „ King, V. O., Dr. in New-Orleans. 6. 12. 72.
96. „ Kirchhoff, Dr., Prof., Geheimrath in Berlin. 15. 12. 48.
97. „ Knoblauch, Dr., Prof., Geheimrath in Halle a. S. 23. 12. 59.
98. „ Koch, Rittergutsbesitzer auf Powarben per Trömpau. 28. 6. 61.
99. „ Körnicke, Dr., Prof. in Poppelsdorf. 21. 12. 60.
100. Herr Krausneck, Rittergutsbesitzer auf Schanwitz p. Gutenfeld. 7. 12. 77.
101. „ Krauseneck, Buchdruckereibesitzer in Gumbinnen. 4. 6. 77.
102. „ Kröhnert, Lehrer, Sportehnen per Liebstadt. 5. 12. 79.
103. „ Krosta, Dr., Stadtschulrath in Stettin. 4. 6. 69.
104. „ Krosta, Pfarrer, Rydzewen p. Milken. 1. 2. 76.
105. „ Kuhn, Reg.-Rath in Breslau. 3. 12. 75.
106. „ Kuhn, Landrath in Fischhausen. 1. 12. 65.
107. „ Kunze, Landschaftsrath in Heinrichsdorf p. Nemmersdorf. 1. 6. 82.
108. „ Lange, Dr., Professor in Kopenhagen. 12. 6. 61.
109. „ Lefèvre, T., in Brüssel. 1. 12. 76.
110. „ Le Jolis, Dr. in Cherbourg. 27. 6. 62.
111. „ Leistner, Dr. i. Eydtkuhnen. 1. 6. 82.
112. „ Lepkowski, Dr., Prof. in Krakau. 1. 12. 76.
113. „ Leyden, Dr., Prof., Geh. Medicinalrath in Berlin. 2. 6. 65.
114. „ Lindenschmit, L., Dr., Director des römisch-germanischen Museums in Mainz. 3. 12. 75.
115. „ Lipschitz, Dr., Professor in Bonn. 21. 12. 55.
116. „ Lovén, Professor in Stockholm. 6. 12. 67.
117. „ Mack, Rittergutsbes., Althof-Ragnit. 4. 6. 77.
118. „ Maske, Rentier, Göttingen. 26. 6. 68.
119. „ Mayr, Gust. L., Dr. in Wien. 6. 12. 67.
120. „ Meibauer, Rechtsanwalt in Conitz. 4. 12. 74.
121. „ Meyer, A., Pächter, Schwesternhof b. Caymen p. Wulfshöfen. 4. 12. 74.
122. „ Meyer, Dr., Kreisphysikus in Heilsberg. 1. 6. 82.
123. „ Minden, Partikulier in Dresden, Altstadt, Winkelmannstr. 24, part. 17. 12. 52.
124. „ Möhl, H., Dr., Schriftführer des naturhistorischen Vereins in Cassel. 5. 6. 68.
125. „ Mörner, Dr., Sanitätsrath, Kreisphysikus in Pr. Stargardt. 17. 6. 64.
126. „ Momber, Professor, Oberlehrer in Danzig. 19. 6. 70.
127. „ Mühl, Amtsgerichtsrath in Breslau, Gr. Feldstrasse 10. 8. 12. 72.
128. „ Mühl, Forstmeister in Wiesbaden. 6. 2. 72.
129. „ Muttrich, Dr., Prof. in Neustadt-Eberswalde. 1. 7. 59.

130. Herr Nagel, R., Dr., Professor, Oberlehrer in Elbing. 18. 12. 63.
131. Naturwissenschaftlicher Verein in Bromberg. 7. 6. 67.
132. Herr Neumann, Amtsgerichtsrath in Mohrungen. 5. 12. 79.
133. " Oelrich, Rittergutsbesitzer, Bialutten p. Illowo, Kr. Neidenburg. 19. 12. 62.
134. " Oudemans, A. J. A., Professor in Amsterdam. 17. 6. 64.
135. " Pavenstädt, Rittergutsbesitzer in Weitzdorf p. Rastenburg. 1. 12. 76.
136. " Pehlke, Kaufm., Bartenstein. 4. 6. 80.
137. " Peter, Dr., Conservator in München, Türkenstrasse 51 III. 7. 6. 83.
138. " Podlech, Gutsbesitzer in Mollehnen. 5. 6. 74.
139. " Pöpke, Bohrunternehmer, Anklam. 5. 6. 84.
140. " Praetorius, Dr., Professor, Oberlehrer in Conitz. 4. 12. 74.
141. " Prang, Apotheker, Bartenstein. 5. 12. 79.
142. " Preuschoff, Propst in Tolkemit. 18. 12. 63.
143. " v. Prinz, Baron, Rittergutsbesitzer auf Plinken p. Germau. 1. 12. 76.
144. " v. Pulszki, F., Ritter, Director des Königl. Ungar. National-Museums in Budapest. 1. 12. 76.
145. " v. Puttkamer, Minister des Innern, Berlin, Excellenz. 1. 12. 71.
146. " Puttlich, Rittergutsbesitzer, Sandlack p. Bartenstein. 5. 6. 84.
147. " Radde, Dr., Direct. des Kaukasischen Museums in Tiflis. 5. 6. 74.
148. " Rast, Gutsbesitzer, Schippenbeil. 9. 6. 71.
149. " v. Recklinghausen, Professor in Strassburg. 17. 6. 64.
150. " Reissner, E., Dr., Prof. in Dorpat. 9. 12. 62.
151. " v. Rode, Gutsbesitzer, Babbeln bei Gr. Karpowen. 4. 6. 80.
152. " v. Rode, Landschaftsrath, Rauschken per Usdau. 2. 6. 76.
153. " Romer, Dr., Prof., Grosswardein. 4. 12. 72.
154. " Rosenbohm, Apotheker, Graudenz. 5. 12. 79.
155. " Rumler, Oberlehrer, Gumbinnen. 4. 6. 77.
156. " Rygh, Dr., Professor in Christiana. 7. 12. 77.
157. " v. Sadowski, Dr. in Krakau. 1. 12. 76.
158. " Salomon, Pfarrer in Enzuhnen per Trakehnen. 13. 12. 61.
159. Herr v. Sanden, Rittergutsbesitzer, Raudonatschen p. Kraupischken. 3. 12. 80.
160. " v. Saucken, Rittergutsbesitzer auf Tarputschen p. Insterburg. 16. 12. 64.
161. " Scharlok, J., Apotheker in Graudenz. 7. 6. 67.
162. " Schenk, Dr., Professor, Geh. Hofrath in Leipzig. 27. 6. 62.
163. " Schiefferdecker, Dr. med., Prosector in Göttingen. 6. 12. 72.
164. " Schlicht, Kreisschulinspector in Rössel. 16. 2. 78.
165. " Schliemann, H., Dr. in Athen. 4. 6. 77.
166. " Schreiber, Dr., Lehrer a. d. Königl. technischen Lehranstalten in Chemnitz. 1. 12. 76.
167. " Schuhmann, Landgerichtsrath in Braunsberg. 6. 12. 73.
168. " Seidlitz, Dr., Charlottenthal p. Ludwigsort. 4. 6. 77.
169. " de Selys-Longchamp, E., Baron, Akademiker in Lüttich. 2. 6. 60.
170. " Semper, O., in Altona. 1. 12. 76.
171. " Senoner, Adolph, in Wien. 27. 6. 62.
172. " Seydler, Fr., Rector in Braunsberg. 29. 6. 60.
173. " Siegfried, Rittergutsbes. auf Skandlack per Barten. 28. 6. 61.
174. " Siegfried, Rittergutsbes. auf Carben bei Heiligenbeil. 6. 12. 72.
175. " Siegfried, Rittergutsbes. auf Pluttwinnen p. Laptau. 6. 12. 78.
176. " Simson, E., Dr., Präsident d. Reichsgerichts, Wirkl. Geh. Rath, Excell., Leipzig. 4. 7. 51.
177. " Skrzeczka, Dr., Prof., Geh. Medicinalrath in Berlin. 28. 6. 61.
178. " Sohnke, Dr., Prof., Jena. 16. 12. 64.
179. " Sonntag, Ad., Dr. med., Kreisphysikus, Sanitätsrath in Allenstein. 13. 12. 61.
180. " Steinhardt, Dr., Oberlehrer i. Elbing. 6. 12. 72.
181. " Steppuhn, Rittergutsbes., Liekeim per Bartenstein. 7. 12. 77.
182. " Stöckel, Generalsecretair, Stobingen per Insterburg. 3. 12. 75.
183. " Strüvy, Rittergutsbesitzer, Worlack per Landsberg, Ostpr. 1. 12. 76.
184. " v. Tettau, Freiherr, Rittergutsbes. auf Tolks p. Bartenstein. 21. 12. 60.
185. " Thiel, Dr., Sanitätsrath, Kreisphysik. in Bartenstein. 6. 12. 72.
186. " Todaro, A., Dr., Professor, Senator, Director des botanischen Gartens in Palermo. 1. 12. 76.

187. Herr Treichel, Rittergutsbesitzer, Hoch-Paleschken p. Alt-Kischau. 2. 6. 76.
188. „ Tulasne, L. R., Akademiker in Paris. 9. 12. 62.
189. „ Vigouroux, Schulinspect. in Wartenburg. 4. 12. 74.
190. „ Vogt, C., Professor, Genf. 1. 12. 71.
191. „ Voigdt, Dr., Pfarrer a. D., Rittergutsbesitzer auf Dombrowken. 11. 6. 41.
192. „ Wahlberg, P. E., best. Secretair der Akademie der Wissenschaften zu Stockholm. 19. 12. 62.
193. „ Wahlstedt, L. J., Dr. in Lund. 17. 6. 64.
194. „ Waldeyer, Dr., Professor in Berlin. 19. 12. 62.
195. „ Wangerin, A., Dr., Prof. in Halle a. d. S., Burgstr. 27. 6. 12. 73.
196. Herr Wartmann, Dr., Prof. in St. Gallen. 17. 6. 64.
197. „ Waterhouse, G. R., Esq. Dir. d. Brit. Mus. in London. 18. 12. 63.
198. „ Weiss, Apotheker in Caymen per Wulfshöfen. 6. 12. 72.
199. „ Werdermann, Rittergutsbesitzer auf Corjeiten p. Germau. 7. 6. 78.
200. „ Wiebe, Geh. Regierungs-Baurath in Berlin. 19. 12. 62.
201. „ Worsaae, Kammerherr u. Museumsdirector in Copenhagen. 7. 12. 77.
202. „ v. Zander, Dr., Landrath in Heinrichswalde. 7. 6. 78.
203. „ Ziehe, Dr., prakt. Arzt in Gerdauen. 6. 12. 78.
204. „ Zinger, Lehrer, Pr. Holland. 5. 6. 84.

Bericht

über die 23. Versammlung des preussischen botanischen Vereins zu Memel am 7. October 1884.

Vom Vorstande.

In Memel fand diese Versammlung dem 1883 in Marienburg gefassten Beschlusse gemäss unter gefälliger Geschäftsführung des Herrn Apotheker E. Berger statt. Die schon am 6. Oktober mit dem Insterburg-Memel'er Eisenbahnzuge um $3^1/_2$ Uhr Nachmittags in Memel eingetroffenen Theilnehmer unternahmen sofort unter Führung des Herrn Berger und Herrn Gymnasiallehrer Kühnemann eine Exkursion nach dem Sandkruge auf der kurischen Nehrung, die bis zur Meeresküste von der Haffseite überschritten wurde. Es wurden als bemerkenswerth Silene parviflora Pers. und Gypsophila paniculata, hier höchst verbreitet, gefunden. Der Abend vereinigte die Angekommenen und viele Memeler zu geselliger Unterhaltung im Gasthause von Karl Fischer.

Daselbst eröffnete der Vorsitzende, Professor Rob. Caspary, den 7. Oktober Morgens $8^1/_2$ Uhr die Sitzung des Vereins. Mit warmem Dank theilt er mit, dass auch für das Jahr 1. April 1884/85 von dem hohen Landtage der Provinz Ostpreussen die gewöhnliche Unterstützung von 900 Mk. geneigtest dem Verein bewilligt sei und dass durch ein Geschenk von 630 Mk. eines Mitgliedes es möglich geworden, eine grössere Thätigkeit als je zuvor zu entwickeln, indem 3 Sendboten Sommer über ausgesendet seien: Dr. Lange zur ergänzenden Erforschung der Kreise Danzig, Neustadt, Kartaus und Berent, Stud. Alfred Lemcke der Kreise Danzig und Neustadt, Stud. Emil Knoblauch zur Untersuchung des Kreises Memel. Die Zahl der Vereinsmitglieder habe die frühere Höhe im letzten Jahre wenig überschritten.*) Mit Bedauern wird mitgetheilt, dass der zweite Vorsitzende, Professor Dr. Prätorius, durch Krankheit in seiner Familie, Conrektor Seydler, erster Schriftführer, wie auch Scharlok-Graudenz durch ihre eigene leidende Gesundheit an der Theilnahme an

---

*) Eine Beilage bringt ein Verzeichniss der Mitglieder, die im Juni 1885 an Zahl 416 betrug.

der Versammlung verhindert seien. Wie gewöhnlich werden dann zuerst die Sendungen der Abwesenden der Versammlung vorgelegt. Dr. Bethke verliest folgende

Mittheilung des Herrn Conrektor Fr. Seydler.

Ich sammelte 1. im Kreise Braunsberg den 17. Mai auf einem Abhange im sog. Hohlen Grunde zw. Lisettenhof und der Wecklitzmühle bei Braunsberg **Vicia lathyroides** zahlreich; Saxifraga granulata mit Uredo Saxifragarum und Capsella Bursa pastoris mit Uredo candida auf allen Theilen; 22. Mai auf sumptigem Torfboden, zw. der Kl. Amtsmühle und Regitten **Carex caespitosa**, Stellaria uliginosa; 30. Mai an einem Graben auf der bei Braunsberg zw. der Mehlsack'er Chaussee und der Sekundärbahn belegenen Wiese verschiedene Formen von **Carex acuta**, darunter solche mit 6 bis 8 kurzen gedrängt untereinander stehenden weiblichen Aehren, die sämmtlich von langen Deckblättern unterstützt sind (vielleicht Carex personata Fr.?); 3. Juni an der Wecklitzmühle bei Braunsberg Heleocharis uniglumis, unter der grossen Linde bei Huntenberg **Potentilla collina**, auf trockenen Anhöhen bei Huntenberg Botrychium Lunaria; 4. Juni auf dem Eisenbahndamme zw. Einsiedel und dem Braunsberg'er Bahnhofe Medicago lupulina var. stipularis Wallr., Senecio vulgaris + vernalis; 13. Juni am rechten Passargeufer auf der Aue bei Braunsberg Hieracium praealtum var. **Bauhini** mit fast glattem bräunlichem Stengel, schwach gewimperten lanzettförmigen Blättern und blühenden Ausläufern; 15. Juni auf der Wiese zw. der Sekundärbahn und der Mehlsack'er Chaussee Polygonum Bistorta mit 2 Aehren, auf hartem Lehmacker zw. der Kl. Amtsmühle und Regitten **Ranunculus arvensis**; 21. Juni bei Julienhöhe zw. Huntenberg und Kälberhaus **Achyrophorus maculatus** mit 3 und mehreren Köpfen; 24. Juni auf dem Eisenbahndamme zw. dem Empfangsgebäude und dem Güterschuppen die hier von mir bis jetzt noch nicht gesehene ***Matricaria discoides*** und die doppeltästigen sterilen Stengel von Equisetum arvense; 27. Juni zw. Grafenmorgen und dem Braunsberg'er Bahnhofe Valeriana sambucifolia, Senecio erraticus, Bromus racemosus; 29. Juni auf sumpfiger Wiese an der Haltestelle Tiedmannsdorf Aira caespitosa L., **var altissima** Lmk. und **Carex caespitosa**; im Bruche zw. genannter Haltestelle und Kl. Tromp **Scheuchzeria palustris**, Juncus filiformis, **Carex limosa**; in der Waldschlucht am linken Ufer der Passarge zw. Kl. Tromp und Pettelkau die eben im Aufblühen begriffene ***Astrantia major*** in reichlicher Anzahl. Es ist dies der dritte von mir im Kreise Braunsberg entdeckte Standort dieser schönsten der bei uns wildwachsenden Umbelliferen. Nicht minder gross war meine Freude, als ich an der Mündung der Schlucht am hohen Passargeufer die von mir schon lange gesuchte ***Onobrychis viciifolia*** zahlreich und in schönster Blüthe fand. Schon Stadtrath Patze hatte diese Pflanze am 15. Juni 1872 an derselben Stelle beobachtet und mir damals darüber Folgendes brieflich mitgetheilt: „Ich habe am hohen Passargeufer an pflanzenreicher Stelle die Onobrychis viciifolia Scop. in reichlicher Menge gefunden und bin überzeugt, dass diese Pflanze durch Kultur nicht hierher gekommen sein kann, weil die bebauten Ländereien vom Standorte durch waldige Höhen getrennt sind und ziemlich fern liegen und auch nicht durch die Passarge der Same angeschwemmt sein kann, da der höchste Wasserstand derselben, wohl nie den Standort erreicht." Diese Ansicht theile auch ich und um so mehr, da der langjährige Verwalter von Gr. Tromp: Herr Hartung, von dem Anbau dieser Pflanze nie etwas gehört hat. Ich glaube daher mit Sicherheit annehmen zu können, dass diese schöne Papilionacee hier wildwachsend vorkommt. An derselben Stelle unter Onobrychis fand ich auch in Menge die von mir in den Kreisen Braunsberg und Heiligenbeil bisher noch nicht beobachtete *Sanguisorba minor*. Ich sammelte ferner auf den bewaldeten Höhen Viola mirabilis, Actaea spicata, Asarum europaeum, Campanula persicifolia mit ästigem Stengel und sehr grossen Blüthen, Hieracium boreale; in der Schlucht am Bache sehr grosse Exemplare von Cystopteris fragilis, auf offener Stelle die weissblühende Polygala vulgaris, im Garten zu Gr. Tromp auf Grasplätzen Crepis nicaeensis; 21. Juli am kleinen See bei Schillgehnen bei Braunsberg Myosotis caespitosa, Peplis Portula, **Scirpus compressus** Pers., Juncus supinus; in Schillgehnen selbst an den Zäunen Inula Helenium und Dipsacus silvester; 22. Juli zw. Frauenburg und Narz Melampyrum arvense, Asparagus officinalis, Spergula arvensis var. laricina Wulf., Pimpinella magna, Sedum boloniense, auf sumpfiger Stelle am Narzbach **Epipactis palustris**, Salix cuspidata, Orchis incarnata, Juncus supinus und squarrosus, auf der Höhe daselbst **Achyrophorus maculatus**, Polygonatum anceps.; 25. Juli in Braunsberg hinter den Scheunen am Regitten'er Mühlenfliess **Festuca distans**, am Chausseegraben Festuca arundinacea; 9. August auf dem Bruche zw. Kälberhaus und Huntenberg Veronica longifolia mit zusammengesetzten Aehren, Utricularia vulgaris, Hypericum tetrapterum, **Betula humilis**, Salix rosmarinifolia, Juncus alpinus; 13. August bei Schillgehnen Bromus arvensis, Glyceria plicata, zw. Kloppchen und Schillgehnen Armeria vulgaris, auf trockenem, sandigem Acker am Walde bei Schalmey Arnoseris pusilla, Teesdalea nudicaulis, Aphanes arvensis, Centunculus minimus; 25. August zw. der Sekundärbahn und der Lindenau'er Chaussee bei Braunsberg **Festuca arundinacea**, **Polygonum Bistorta** mit 2—5 langgestielten Nebenähren, Anthemis tinctoria (früher hier nicht vorgekommen), Succisa pratensis mit ungewöhnlich langen Hüllblättern, Equisetum palustre var. polystachium, **Lolium perenne** und **Festuca elatior**; 30. August auf der Wiese zw. Grafenmorgen und dem Bahnhofe Thalictrum angustifolium, auf dem Eisenbahndamme die Blätter von Tussilago Farfara dicht mit Uredo Tussilaginis befallen. — 2. Im Kreise Heiligenbeil: 6. Juni im Rossen'er Walde bei Einsiedel an zwei Stellen **Linnaea borealis** in voller Blüthe, Myosotis versicolor an Ackerrändern zw. dem Walde und Rossen; 12. Juni im Schutzbezirk Damerau der Oberförsterei Födersdorf in der sog. Kupferrinne unter Carpinus Betulus *Veronica montana*. Es ist dies der zweite von mir in Ostpreussen entdeckte Standort dieser seltenen Pflanze. Daselbst sammelte ich noch **Carex pilosa** und elongata, ferner Pirola minor, Asarum europaeum L., Sanicula europaea, auf offenem Waldboden Vicia cassubica L., Hieracium floribundum Wimm und Grab., Anthoxanthum odoratum L. var. villosum Loisl; 14. Juni auf Haideboden zw. Einsiedel und Rossen Nardus stricta, im Rossen'er Walde Viola canina var. lucorum Rchb.; 24. Juli im Walde zw. Rossen und Gerlachsdorf Monotropa Hypopitys, Circaea alpina, am Rande der Runenwiese Chaerophyllum bulbosum; 26. Juli im Rohteichbruche bei Rosen **Lycopodium Selago** in Menge, Pirola rotundifolia, minor und secunda, Juncus alpinus, **Polystichum cristatum**; 27. Juli in dem Flüsschen Jäcknitz zw. Jäcknitz und Woyditten Potamogeton crispa und alpina, Lysimachia thyrsiflora, an der Brücke bei

Jäcknitz **Erythraea pulchella**; 20. August bei Gerlachsdorf das bisher von mir noch nicht gefundene ***Verbascum nigro* + *Lychnites*,** ferner Rumex Hydrolapathum mit Uredo Rumicum, Populus pyramidalis mit Uredo populina Pers. — 3. Im Kreise Mohrungen: 11. Juli am Ewingsee bei Saalfeld Ranunculus Lingua, Cicuta virosa in grosser Menge, im Ewingsee und in den Zu- und Abflüssen Elodea canadensis, auf dem Michelsberge Veronica spicata, **Helianthemum vulgare**, Tragopogon pratensis, Verbascum thapsiforme, Coronilla varia; 12. Juli im Kunzendorfer zur Forst Alt-Christburg gehörigen Forstrevier Circaea alpina, Geranium palustre mit gekerbten Blumenblättern, Maianthemum bifolium mit Aecidium Convallariae, Fagus silvatica, Rubus saxatilis, Lathyrus silvester, Asperula odorata, Stachys silvatica, Polypodium Dryopteris, Equisetum pratense, Pirola minor und secunda, im Klostocksee Utricularia vulgaris, Juncus alpinus, am Wege zw. dem Kunzendorfer Forstrevier und Ebenau Genista tinctoria; 13. Juli am Wege zw. Tabern und Prohnen auf unbebautem Boden Anthyllis Vulneraria in Menge, in einer Schlucht bei Prohnen Daphne Mezereum, Ervum silvaticum, Astragalus glycyphyllos, Lathyrus silvester, Carlina vulgaris, Betonica officinalis; 14. Juli in der Waldschlucht bei Protheinen zw. Calmen und Vorwerk Polygonatum anceps, **Circaea lutetiana**, Asarum europaeum, Mercurialis perennis, Paris quadrifolia, Viola mirabilis, Lonicera Xylosteum, Hepatica triloba; auf dem Schlossberge (Growose) zw. der Altstadt und Königsee, der durch eine tiefe Schlucht, durch welche die Sorge fliesst, durchnitten wird und vielleicht noch von keinem Botaniker gründlich untersucht ist, das in Ostpreussen seltene ***Pleurospermum austriacum***, die daselbst nur an wenigen Stellen vorkommende **Glyceria plicata**, ferner Campanula latifolia, Circaea lutetiana und alpina, Viola mirabilis, Mespilus monogyna und Oxyacantha, Viburnum Opulus, Cornus sanguinea, Daphne Mezereum, Brachypodium silvaticum, Hypericum montanum, Actaea spicata, Equisetum pratense und hiemale L., Cystopteris fragilis; am Wege zw. Cöllmen und Grewose Ononis arvensis, am Wege zw. Glanden und Grewose Melilotus officinalis Desf., zw. Terpen und Segertswalde Anthemis tinctoria. Schliesslich noch die Mittheilung, dass der praktische Arzt Herr Hagedorn in Mohrungen so freundlich war, mir ein Photographie von Juniperus communis L. var. pyramidalis zu übersenden, welcher in natura 8 m hoch ist, die Höhe des Stammes bis zur Verästelung 16 cm, der Umfang des Stammes daselbst 135 cm und die einzelnen Aeste in der Höhe von 150 cm über dem Boden im Umfang von 28—47 cm. Dieser merkwürdige, riesige Wachholder befindet sich im Kreise Mohrungen am Wege zw. Güldenboden und Gelbitten. Ein über 3 m hohes, sehr schön gewachsenes Exemplar des Pyramiden-Wachholders fand ich diesen Sommer im Garten des Gutsbesitzers Herrn Matern-Anticken im Braunsberg'er Kreise.

Hauptlehrer Kremp-Memel übermittelt der Versammlung einen Gruss von Kantor Grabowski-Marienburg, verhindert persönlich zu erscheinen.

Der Vorsitzende vertheilt dann eine sehr reiche Sammlung von getrockneten, vorzüglich aufgelegten Pflanzen der Umgebung von Graudenz, von Scharlok eingeschickt. Es waren:

Allium fallax Schrader aus dem Rondsen'er Wäldchen. — **Alyssum calycinum L.** racemis racemosis. Südliche Festungsplantage. — **Anthericum ramosum L.**, aus dem Rondsen'er Wäldchen. — **Aquilegia vulgaris L.** fr. atrata Koch von St. Beatenberg

i. d. Schweiz. — **Aristolochia Clematitis L.**, von dem ehemals Salomon'schen Acker. — **Artemisia scoparia W. K.**, der Grundblattrosetten wegen selbst gezogen. — **Asperula tinctoria L.**, aus dem Rondsen'er Wäldchen. — **Aspidium Lonchitis Sw.**, von der St. Beatenberg'er Alp, Schweiz. — **Asplenium Ruta muraria L.**, aus den Wallmauern des Hornwerkes. — **Avena pratensis L.** Südliche Festungsplantage. — **Bromus asper L.**, aus der Schlucht von Eliesenthal, Kreis Kulm. — **Bromus sterilis L.** Adl. Dombrowken und **Brom. tectorum L.** Festungsplantage. Je ein Exemplar von jedem in 1 Umschlage, des Vergleiches wegen. — **Campanula Rapunculus L.**, aus der Schweiz stammend. — **Carduus acanthoides L. flore albo.** Paparczyn, Kreis Kulm. — **Collomia grandiflora Douglas**, aus dem Nahethale bei Idar. — **Eryngium planum L.** Festungsplantage. — **Euphorbia Esula Scopoli**, aus dem Rondsen'er Wäldchen. — **Euphorbia exigua L.**, aus dem Nahethale bei Sobernheim stammend. — **Euphorbia Lathyris L.** — **Euphorbia stricta L.**, aus dem Nahethale bei Sobernheim stammend. — **Galanthus nivalis L. normalis.** Eliesenthaler Schlucht, Kreis Kulm und **Gal. nival. L. f. Scharlokii Caspary**, aus einem Garten in Sobernheim, je beide in 1 Umschlage des Vergleiches wegen. — **Impatiens Noli tangere L. flor. cleistogamis** und dieselbe **flor. cleistogamis nebst Uebergängen**; die aus dem Ellerbruch bei Mischke stammende normale Pflanze hat sich in etwa 5 Jahren so in meinem viel trockenern Garten verändert. Nach mündlicher Mittheilung des H. Rosenbaum ist dieser Uebergang zur Cleistogamie auch im Walde von Fronau, Kreis Kulm zu finden — **Lathyrus tuberosus L.** Aecker dicht an der Südgrenze der Festungsplantage. — **Libanotis montana All. f. sibirica Koch.** Südliche Festungsplantage. — **Linaria Elatine L.**, aus dem Nahethale bei Sobernheim. — **Lithospermum officinale L.** Bei Sartowitz, Kreis Schwetz. — **Lolium perenne L. f. composita Thuillier.** Adl. Dombrowken, Kreis Graudenz. — **Matricaria inodora L. flor. ligulatis.** Adl. Dombrowken, Kreis Graudenz. — **Orobanche Galii Duby.** Südliche Festungsplantage. — **Osmunda regalis L.** Vom grossen Moor bei Bremen. — **Oxalis stricta L.** Sehr lästiges Gartenunkraut. — **Physalis Alkekengi L.** Von Stein am Stad bei Regenburg. — **Pleurospermum austriacum Hoffm.** Wald, südlich von Oliva, Kreis Danzig. — **Polygala comosa L.** Adl. Dombrowken, Kreis Graudenz. — **Polygonum aviculare L. f. monspeliense Thieb.**, eingeschickt von Frl. Julie Reichel, gesammelt in Heiligenbrunn bei Langefuhr, Kreis Danzig. — **Potentilla mixta Nolte.** Grenze von Liniec und Paparczyn, Kreis Kulm. — **Potentilla norvegica L.** Torfmoor. Rudnannsdorf, Kreis Kulm. — **Potentilla procumbens Sibthp.** Grenze von Liniec und Paparczyn, Kreis Kulm. — **Potentilla recta L.** Südliche Festungsplantage. — **Pulmonaria angustifolia + obscurum.** Wäldchen von Liniec, Kreis Kulm. — **Rosa alpina L.** Von St. Beatenberg i. d. Schweiz. — **Salix myrtilloides L.** Sphagnetum bei Gottersfeld, Kreis Kulm. — **Salvia pratensis L. flore albo.** Südliche Festungsplantage. — **Sedum reflexum L. f. rupestris.** Nördlich von Paparczyn, Kreis Kulm. — **Setaria verticillata P. B.** Gartenunkraut. — **Tragopogon maior L.** Bei Sartowitz, Kreis Schwetz. — **Urtica pilulifera L.** und **Ur. pil. f. Dodartii**, beide aus Thüringen. — **Viola mirabilis L.** Wäldchen von Stremoczyn. — **Xanthium strumarium L. f. arenaria Lasch.** Adl. Dombrowken, Kreis Graudenz.

Die Apotheker Ludwig-Christburg und Rosenbohm-Graudenz senden der Versammlung Grüsse; auch Lehrer Frölich-Thorn, der 1884 bei Thorn folgende wichtigere Pflanzen gefunden hat:

Cerastium triviale Lk. b. **nemoralis** Uechtr. Schlucht bei Kisin. — **Veronica verna L. fr. longistyla** L. G. Fröl. Blätter unten kermesin, Blüthen etwas grösser als bei der fr. brevistyla G. Fröl., der Griffel etwa ½ so lang als die Kapsel, überragt diese weit, während bei fr. brevistyla der Griffel etwa ⅓ so lang als die Kapsel, diese nicht oder kaum überragt.*) Cosson und Sturm bilden die fr. brevistyla, Reichenbach die fr. longistyla ab. Ascherson und Garcke beschreiben die fr. brevistyla. Der Winkel der Ausrandung zw. den Kapsellappen ist bei beiden Formen stumpf-, recht- und spitzwinklig; bei der fr. longistyla von Thorn meist spitzwinklig. Beide Pflanzen wachsen bei Thorn an geschiedenen Standorten und sind samengetreu, wie Herr Frölich durch Aussaat in Töpfen und Kasten fand. Weitere Beobachtungen auch anderwegen wünschenswerth. — **Linaria cymbalaria** Festungsmauer von Thorn in der Nähe des Garnisongerichtsgebäudes — **Bunias orientalis**, Aecker südlich von Neu-Weisshof — **Bromus asper.** b. serotinus Schlucht bei Kisin — **Carex flacca** und **distans**, Schlucht zw. Plutowo und Kielp. — **Ervum hirsutum L. var. fissum** G. Frölich. Die bei der gewöhnlichen Form halb-pfeilförmigen Nebenblätter sind in 3—4 ungleich lange und breite, fast borstige Zipfel mehr oder weniger tief gespalten; auf Aeckern bei Neu-Weisshof. — **Koeleria cristata** Pers. c. pyramidata Lmck. Schonung östlich von Otloschin. — Bei Kisin hat Herr Frölich, wie früher Rosenbohm und Preuss, vergebens nach Betula nana gesucht.

Apotheker Jansen-Pr. Eylau schickt der Versammlung ein Verzeichniss der bisher von ihm um Pr. Eylau gefundenen Moose, das vervollständigt, später veröffentlicht werden wird.

Auf Antrag des Vorsitzenden wird den Herren Prätorius, Seydler und Scharlok telegraphisch das Bedauern der Versammlung ausgedrückt, dass sie ihr nicht beiwohnen konnten.

Von John-Reichenbach, ehedem auf Plicken, jetzt in Oberstrass bei Zürich, sind aus der Umgebung von Zürich folgende getrocknete Pflanzen, die vertheilt werden, eingetroffen:

Stachys silvatica, Galium cruciatum, Gymnadenia conopea, Listera ovata, Orchis maculata, Lysimachia nemorum, Cynanchum Vincetoxicum, Salvia pratensis, Cephalanthera pallens, Cypripedium Calceolus, Euphorbia Cyparissias, Pinguicula vulgaris, Ophrys Arachnites, Ophrys muscifera, Bellidiastrum Michelii, Neottia Nidus avis, Lilium Martagon, Sedum album, Ononis repens, Succisa pratensis, Colchicum autumnale, Leontopodium alpinum, Nigritella angustifolia, Aster alpinus, Rhododendron hirsutum, Eupatorium cannabinum, Tamus communis, Gentiana asclepiadea, Equisetum Telmateia, Epipactis palustris, Gymnadenia odoratissima, Polygala Chamaebuxus, Spiraea Aruncus, Tofieldia calyculata, Orobanche minor, Helianthemum vulgare.

Von Pfarrer Preuschoff, ehedem in Tannsee, jetzt in Tolkemit, sind folgende Pflanzen zur Vertheilung eingesandt:

Gagea arvensis, Tannsee, 22. 4. 84. — **Holosteum umbellatum** von ebendaher Mai. — **Androsace septentrionalis**, Halbstadt auf d. Sande, 25. 5. 84. — **Sherardia arvensis**, Grasplatz im Pfarrgarten zu Tannsee. — **Vicia lathyroides**, Halbstadt auf dem Sande,

*) Beide Formen sind durch Preussen, wie das Herbarium des königl. botan. Gartens nachweist, verbreitet, wenn auch bisher nicht unterschieden. Casp.

25. 5. 84. — **Nonnea pulla**, aus Graudenz in meinen Garten verpflanzt, 9. 6. 84. — **Aristolochia Clematitis**, um Marienburg nicht selten, 19. 6. 84. — **Potamogeton pectinata**, Teich im Pfarrgarten zu Ladekopp, 29. 8. 84. — **Artemisia scoparia**, Nogatdamm bei Halbstadt, August 84. — **Phleum pratense** mit Stützblatt unter der Aehre bei Tannsee. — **Plantago arenaria**, Rehhof, Kr. Stuhm, auf Sandäckern, 16. 7. 84. — **Falcaria Rivini**, Marienwerder an der Chaussee, 18. 7. 84. — **Polystichum spinulosum** von Buchwalde bei Pr. Holland, 3. 6. 84. — **Fontinalis antipyretica** von Halbstadt, Kreis Marienburg, im Bruch, August 84. — **Riccia natans**, Lupenhorst, Kr. Elbing, in einem Graben, 16. 10. 83.

Herr Apotheker Weiss-Caymen sendet der Versammlung seinen Gruss und folgende Pflanzen: **Geum strictum + urbanum** in 2 Formen, die schon im Bericht über die Marienburg'er Versammlung erwähnt sind; die Griffeltheile der älteren verhalten sich, wie 1 : 2 — 2½, die der neuen. wie 1 : 2½ — 3 — **Geum rivale + strictum** von 2 Stauden. — **Valeriana sambucifolia** — **Medicago sativa**. In einem Gerstenfelde bei Caymen. Juli 1884. Für Caymen neu — **Albersia Blitum**, auf einem bekrauteten Feldwege nach dem südlich vom Schlosse liegenden Gemüsegarten. Septbr. 1884. Neu für Caymen. — **Rosa mollis** Smith ad venustam transiens. Nach Christ's Bestimmung. Zw. Wangen und Waldhaus Bendisen. — **Polygonum minus + Persicaria**. Aug. 1884. In den Furchen eines Kartoffelfeldes. — **Pulmonaria officinalis** L. fr. obscura. Unter der normalen Form. 1884. Selten!

Pharmazeut Paul Schmitt-Tilsit sendet zur Vertheilung folgende 1884 gesammelte Pflanzen:

Von den Putschinen bei Tilsit: **Juncus balticus**, **I. filiformis**, **I. bufonius**, **I. fuscoater**, **Scabiosa columbaria** s. **ochroleuca**, **Trifolium agrarium**, **Erythraea Centaurium**, **Tragopogon heterospermus** und **Silene tartarica**: aus dem Barsduhnen'er Walde bei Heydekrug: **Linnaea borealis** und von den Kalkfelsen bei Zweischlinge bei Bielefeld in Westfalen: **Asplenium Trichomanes** und **Polypodium vulgare**.

Stadtrath Patze-Königsberg sendet folgende Pflanzen, welche von ihm im August dieses Jahres bei Gallehnen im Kreise Pr. Eylau gesammelt wurden:

Mentha silvestris, Trifolium pratense floribus albis, Galinsoga parviflora und Vicia villosa floribus albis.

Seminarist Max Grütter sendet aus Kreis Thorn 1884 gesammelt: **Asplenium Trichomanes** 14. 4., Niedermühle; **Botrychium Matricariae** Spr. 10. 4., daselbst; **Thesium ebracteatum** 1. 6., Smolnik; **Sarothamnus scoparius** 1. 6., daselbst; **Veronica austriaca** 2. 6., Wald bei Fort IV; **Pirola uniflora** 2. 6., Barbarken; **Potentilla norvegica** 2. 6., Fort IV; **Medicago minima** 4. 6., Abhang bei Grünhof; ***Lythrum Hyssopifolia*** vom Seminaristen Sich bei Gremboczyn, September 1883 gefunden. Neu für Preussen. Aus Kreis Stuhm auch 1884 gesammelt: **Anemone nemorosa** b. purpurea 11. 5., Wengern; **Viola mirabilis** 11. 5., daselbst; **Andromeda polifolia** 22. 5., Konradswalde; **Luzula sudetica** b. **pallescens** 22. 5., Damerau'er See; **Cerastium brachypetalum** 25. 5., Wengern, bis 0,5 m lang; **Avena caryophyllea** 15. 6., zw. Willenberg und Wengern; **Peplis Portula** 7. 7., zw. Wengern und Braunswalde; **Pleurospermum austriacum** 7. 7., Wengern; **Salix nigricans** 13. 7., Konradswalde; **Alchemilla arvensis** 13. 7., Konradswalde; **Centunculus minimus** 6. 9., Wengern; **Gentiana cruciata** 2 Standorte bei Wengern; **Salix livida**, **Eriophorum gracile** bei Konradswalde. Von Kreis Marienburg: **Chenopodium**

murale 21. 7., Seminargarten in Marienburg; **Vicia lathyroides** 15. 6., Bahndamm bei Kaldowe. Auch einige seltenere Pflanzen aus dem Posenschen sendet Grütter.

Herr Lehrer Peil-Sackrau, Kreis Graudenz, schickt zur Vertheilung:

Vicia silvatica (zw. Barchnau und Pelplin), **Linaria cymbalaria** (Graudenz'er Festungsmauer), **Polycnemum arvense** (Felder bei Gr. Wolz, Kr. Graudenz), **Dianthus arenarius** (Bingsberge, Kr. Graudenz), **Ceterach officinarum** (Graudenz'er Festungsmauer), **Chaiturus Marrubiastrum** (Sackrau), **Alchemilla arvensis**, **Selinum Carvifolia**, **Silene chlorantha** (Bingsberge), **Linaria minor** (Sackrau), **Pedicularis palustris**, **Epipactis latifolia** (Bingsberge), **Sisymbrium Sinapistrum** (Bingsberge), **Anemone silvestris** (zw. Sackrau und Wolz), **Paris quadrifolia** (Jammi'er Forst), **Polygonatum officinale**, **Sedum palustre**, **Asperula tinctoria** (Bingsberge), **Stellaria glauca**, **Eriophorum gracile** (Bruch auf den Bingsbergen), **Festuca heterophylla** (Jammi'er Forst), **Arabis Gerardi**, **Geranium molle**, **Pulmonaria angustif.** + **officinalis** (Burg-Belchau'er Wald). **Petasites officinalis**, **Lathraea squamaria**, **Galeopsis Ladanum** b. **latifolium**, **Chaerophyllum aromaticum** und **Melampyrum arvense** (von Seminarist K. Peil bei Danzig gesammelt).

Ferner sendet Herr Peil einige auffallende Formen: **Monotropa Hypopitys**, a) hirsuta, bei der die untern Blüthenäste 5—6 cm lang gestielt und beblättert sind; **Campanula Trachelium**, sehr gross, wahrscheinlich niederliegend, denn die Blüthenstiele einseitswendig, bis 30 cm lang, mehrblüthig; **Trifolium pratense** fl. albo; dasselbe mit vergrünten Blüthen; **Gagea pratensis** mit einer Wurzelknolle am überirdischen, oben blühenden Stengel.

Herr L. Frank-Gumbinnen berichtet, dass er in seinem Hausgarten ein vor 23 Jahren gepflanztes Exemplar von Ginkgo biloba habe, das von Reitenbach-Plicken bezogen und aus einem Kern erwachsen war, jetzt von 4,20 m Höhe bei einem Stammumfang von 0,65 m. Auch sendet Herr Frank blühenden Epheu aus seinem Garten, der an einem Baume gezogen wird und vor 21 Jahren gepflanzt ist.

Dr. **Julius Lange** erstattet dann

Bericht über seine botanische Erforschung der Kreise Danzig, Neustadt, Kartaus und Berent.

Durch Herrn Professor Caspary war mir der Auftrag zu Theil geworden, im Sommer des Jahres 1884 gewisse Theile der Kreise Danzig, Neustadt, Kartaus und Berent in botanischer Beziehung zu untersuchen. Meine Forschung begann am 4. Mai und zwar von Zuckau aus, Kr. Kartaus. — 4. Mai. Zw. Zuckau und Babenthal im Stangenwalde'r Forst: Hierochloa australis, Daphne Mezereum, Lathraea squamaria. Krissau, Alt Glintsch. An einem Bache zw. Neu-Glintsch und Zuckau: Gagea minima, Corydalis fabacea. — 5. Mai. Rechtes Radauneufer zw. Zuckau und Babenthal: Aconitum variegatum, Holosteum umbellatum. Linkes Radauneufer südlich von Borkau: Gagea pratensis. Patocka, Wald nördlich von Bortsch: Mercurialis perennis. Fliessenkrug, Kelpin. — 6. Mai. Zw. Kelpin und Burchardswo: Ajuga pyramidalis, Rubus Bellardi. Kartaus, Seeresen, Borrowo. Im Walde nordöstlich vom Borrowo-See: Pulsatilla vernalis, Hierochloa australis. Zw. Borkau und Zuckau: Gagea pratensis. — 7. Mai. Zw. Zuckau und Saranowken: Gagea pratensis. Smolsin. Am nordwestl. Ufer des Glemboki-See: Arabis arenosa. Am Zittno-See: Equisetum hiemale. Borrowokrug. Wald östlich von Pochbude: Viola mirabilis. Linkes Radauneufer zw. Drahthammerbrücke und Borkau: Lamium maculatum, Mercurialis perennis, Corydalis fabacea, C. cava, Aconitum variegatum, Viola mirabilis, Vicia lathyroides. — 8. Mai. Linkes Radauneufer zw. Zuckau und Ellernitz: Arabis arenosa. An der Chaussee bei Ellernitz: Petasites officinalis. Linkes Radauneufer zw. Ellernitz und der Lappinen'er Pappfabrik: Holosteum umbellatum, Gagea minima, G. pratensis, Aconitum variegatum, Lathraea squamaria, Viola mirabilis, Corydalis fabacea. Lappinener See, Helenenhof. Im Dorfe Rheinfeld an der Strasse 2 Ahornbäume mit Viscum album. — 9. Mai. An der Stolpe zw. Zuckau und Mehlken: Equisetum pratense, Corydalis fabacea. Seefeld. Zw. Kobissau u. U. F. Seeresen: Carex montana (1 Exemplar). Borkau. — Den 10. Mai. Mahlkau. Im Wäldchen nördlich von Exau: Corydalis fabacea. Exau-See. Tockar, Czeczau, Gr. Mischau. — 12. Mai. Wald nordöstlich von Zuckau: Viola mirabilis, Lathraea squamaria, Lamium maculatum. Pempau, Ramkau, Czapeln, Ellernitz. Uebersiedelung nach Hoppendorf, etwa 2 Meilen südwestlich von Zuckau.

13. Mai. Von Hoppendorf nach Kamehlen: Ajuga pyramidalis. Zw. Kamehlen und Jäcknitz: Lycopodium clavatum. Pollenczyn. Am Pollenczyn'er See: Lycopodium Selago. Tiefenthal, Neuendorf, Maidahnen, Bortsch. — 14. Mai. Zw. Hoppendorf und Semlin: Ledum palustre, Corydalis fabacea. Zw. Semlin und Kelpin: Pulsatilla pratensis. Kartaus, Hoppendorf. — 15. Mai. Zw. Semlin und Gorrenczyn: Pulsatilla pratensis, Viola lathyroides. Zw. Gorrenczyn und Ostritz: Myosotis versicolor. Remboczewo, Smentau, Lószno, Semlin. — 16. Mai. Fitschkau. Zw. Fliessenkrug und Babenthal: Pulsatilla pratensis, P. vernalis, Pulmonaria angustifolia, Asarum europaeum. Bortsch. — 17. Mai. Zw. Kamehlen und Neuendorf: Viola silvatica + canina. Zw. Neuendorf und Michaelshütte: Carex pilulifera. Zw. Michaelshütte und Ndr. Klanau: Viola mirabilis, Polypodium vulgare. Buchenwäldchen nördlich von Ndr. Klanau: Viola Riviniana + canina, Potentilla cinerea. Ndr. Hütte, Krönken. — 19. Mai. An der Chaussee von Hoppendorf nach Eggertshütte: Viola silvatica + arenaria. Schlawkau. Am Westufer des Schlawkau-Sees: Corydalis fabacea, Asperula odorata. Zw. Schlawkau und Konty: Potentilla opaca. Zw. Konty und Schöneberg: Viola Riviniana + canina. Thurnberg, Fischershütte. — 20. Mai. U. F. Rehhof. Wilhelmsdorf. An einem Bache östlich von Wilhelmsdorf: Asarum europaeum. Rechtes Radauneufer zw. Wilhelmsdorf und Fliessenkrug: Aconitum variegatum, Viola mirabilis, Corydalis fabacea, Paris quadrifolia, Trollius europaeus. Linkes Radauneufer zw. Fliessenkrug u. d. Drahthammerbrücke: Pulsatilla pratensis, Myosotis sparsiflora, Alliaria officinalis, Geranium silvaticum, Polygonatum multiflorum, Convallaria majalis. Babenthal, Bortsch. Uebersiedelung nach Osterwick in der Danziger Niederung.

22. Mai. Im sogenannten Bruch, nordwestlich von Osterwick: Carex riparia. Elodea canadensis, Berula angustifolia, Myosurus minimus. — 23. Mai. Zw. Osterwick und Schönwarling: Senecio paluster, Holosteum umbellatum, Euphorbia Esula. Zw. Schönwarling und Hohenstein: Saxifraga granulata. Von Hohenstein nach Kolling: Holosteum umbellatum. Güttland. In Kriefkohl an Zäunen: Asperugo procumbens. — 24. Mai. Zw. Osterwick und Wossitz: Holosteum umbellatum. Zw. Wossitz und Gemlitz: Cynoglossum officinale, Fragaria elatior. Auf dem Weichsel-Aussendeich zw. Gemlitz und der Stüblau'er Wachtbude: Petasites tomentosa, Salix amygdalina

var. concolor und discolor, Holosteum umbellatum. Stüblau. — 26. Mai. Zw. Osterwick und dem Grossen Sandberg: Senecio paluster, Saxifraga tridactylites. Schönwarling. Zw. Rosenberg und Grebin: Saxifraga tridactylites, Holosteum umbellatum. Herrngrebin. — 27. Mai. Zw. Wossitz und Stüblau: Conium maculatum, Salix cinerea + aurita, Carex Schreberi. Auf dem Stüblau'er Aussendeich: Equisetum hiemale, Viburnum Opulus. — 28. Mai. Zw. Osterwick und Herrn-Grebin: Camelina microcarpa. Zw. Herrn-Grebin und Schönau: Valerianella olitoria. Herzberg. An der Chaussee von Gr. Zünder nach Trutenau: Hieracium praealtum a. genuinum 1 verum. Auf einer Wiese zw. Trutenau und Wossitz: Lepidium campestre. — 30. Mai. Rechtes Motlau-Ufer zw. Osterwick und Kriefkohl: Ranunculus arvensis. Zw. Kriefkohl und Güttland: Adonis aestivalis. Zw. Güttland und dem Aussendeich: Salix cinerea + viminalis. Aussendeich zw. Güttland und Stüblau: Carex Schreberi, Viburnum Opulus. Aussendeich zw. Güttland und Dirschau: Holosteum umbellatum, — 31. Mai. Linkes Motlau-Ufer zw. Osterwick und Herrn-Grebin: Conium maculatum. Im Mühlengarten von Herrn-Grebin: Geranium phaeum, Alliaria officinalis Zw. Herrn-Grebin und Sperlingsdorf: Sinapis arvensis var. orientalis. Zw. Sperlingsdorf und Landau: Geranium molle. Graben zw. Landau und Müggenhall: Chara foetida, Valerianella olitoria. Zw. Müggenhall und Rostau: Saxifraga tridactylites. Grebin. — Den 2. Juni. Im Dorfe Trutenau: Hieracium praealtum. Trutenau. Herzberg. — 3. Juni. Zw. Gr. u. Kl. Zünder: Matricaria Chamomilla, Myosurus minimus, Orchis latifolia. Zw. Kl. Zünder und Gottswalde: Geranium pusillum. Zw. Gottswalde und Herzberg: Salix repens var. rosmarinifolia, Viola canina, Luzula sudetica a. pallescens. — 4. Juni. Zw. Gr. Zünder und Gemlitz: Salix nigricans. Zw. Gemlitz und Stüblau: Carex Schreberi. Auf dem Aussendeich zw. Stüblau und der Gemlitz'er Wachtbude: Salix cinerea + viminalis, Barbarea stricta. In einem Teiche westlich von der Geml. Wachtbude: Potamogeton lucens. Aussendeich zw. d. Geml. und d. Langfeld'er Wachtbude: Euphorbia lucida. Zw. d. Langf. Wachtbude und Langfelde: Crataegus Oxyacantha. Zw. Langfelde und Gr. Zünder: Acer Negundo angepflanzt. — 6. Juni. An der Chaussee von Gr. Zünder nach Letzkau: Sium latifolium, Vicia tetrasperma. Zw. Letzkau und der Letzkau'er Wachtbude: Scirpus radicans. Zw. d. Letzk. und Käsemark'er Wachtbude: Barbarea stricta, Salvia pratensis, Erysimum hieraciifolium, Eryngium planum. Käsemark. — 7. Juni. Zw. Kl. Zünder u. d. Lauenkrug: Carex vulpina. An der Heringslake zw. d. Lauenkrug u. d. Heringskrug: Thalictrum flavum. Auf d. Weichsel-Aussendeich zw. d. Heringskrug und d. Käsemark. Wachtbude: Barbarea stricta, Eryngium planum, Orchis latifolia, Erysimum hieraciifolium, Crataegus monogyna. Zw. Käsemark und Letzkau: Thalictrum flavum. — 9. Juni. An der Chaussee von Trutenau nach Schönau: Acer campestre, Hieracium praealtum, Lysimachia thyrsiflora, Stellaria nemorum, Diplotaxis tenuifolia, Barbarea stricta, Aquilegia vulgaris. Schönau, Wotzlaff, Gottswalde, Herzberg. Uebersiedelung nach Quaschin, Kreis Neustadt.

13. Juni. An der Chaussee von Quaschin nach Kölln: Equisetum hiemale, Viola Riviniana + canina. An einem Bache westlich von Quaschin: Arnoseris pusilla, Geranium silvaticum. Oestlich von Bojahn: Spartium scoparium, Ornithopus perpusillus, Scorzonera humilis. Zw. Bojahn und Kölln: Ranunculus polyanthemos, Ajuga genevensis. Köllner See. — 14. Juni. Torfbruch südlich von Quaschin:

Nardus stricta, Andromeda poliifolia. An einem Bache südwestl. von Quaschin: Scorzonera humilis. Im Wäldchen südlich von Quaschin: Spergula Morisonii, Luzula multiflora. Espenkrug. Am Espenkr. See: Juncus filiformis, Ranunculus reptans, Hydrocotyle vulgaris, Ornithopus perpusillus, Turritis glabra; in dem See Isoëtes lacustris, Litorella lacustris. — 16. Juni. Im Walde südlich von Gr. Katz: Helianthemum vulgare, Pirola secunda, P. uniflora, Scorzonera humilis, Lycopodium Selago, Asperula odorata, Stellaria uliginosa. Von Gr. Katz nach Quaschin: Mespilus monogyna, Ornithopus perpusillus. — 17. Juni. Zw. Quaschin und Gr. Tuchom: Veronica Anagallis, Helianthemum vulgare, Spergula Morisonii. Am Tuchom'er See: Valeriana sambucifolia, Spartium scoparium, Phegopteris Dryopteris, Hieracium Auricula, Actaea spicata, Paris quadrifolia, Polygonatum multiflorum. — 18. Juni. Am Wittstock'er See (südöstlich von Espenkrug): Myosotis versicolor, Viburnum Opulus, Hieracium Auricula, Stellaria uliginosa. Barnewitz. An einem Bache zw. Ramkau und Julienthal: Vicia angustifolia a. segetalis Aschers. — 19. Juni. Im Walde südlich von Gr. Katz: Milium effusum, Aconitum variegatum, Lysimachia nemorum, Carex remota, C. silvatica, Ranunculus polyanthemos, Galium boreale, Orobus niger, Platanthera bifolia. — 20. Juni. Uebersiedelung nach Schönwalde.

21. Juni. Am Gossentinbach zw. Schönwalde und Gr. Dennemörse: Stachys palustris, Ornithopus perpusillus, Alectorolophus minor, Myosotis versicolor. Im Walde südöstlich von Gr. Dennemörse: Pirola uniflora, Lysimachia nemorum. Gr. Ottalsin-See: Myosotis versicolor, Juncus filiformis, Isoëtes lacustris, Litorella lacustris, Salix aurita + nigricans, Nitella flexilis, Hieracium Auricula, Empetrum nigrum, Salix pentandra. Kl. Ottalsin-See. In Jellentschhütte an der Dorfstrasse: Archangelica officinalis. — 23. Juni. Zw. Schönwalde und Gr. Dennemörse: Galeopsis Ladanum, Matricaria Chamomilla, Spartium scoparium. Am Gossentinbach südöstlich von Gr. Dennemörse: Linum catharticum, Scorzonera humilis, Myosotis hispida, Ranunculus polyanthemos, Blechnum Spicant, Pirola uniflora. Am Mühlenteich in Jellentschhütte: Carex leporina, Nitella flexilis, Ranunculus reptans, Peplis Portula. — 24. Juni. Auf einem Torfbruch am Südende des Steinkrug'er Sees: Scirpus caespitosus, Andromeda poliifolia, Vaccinium Oxycoccos, V. uliginosum, Ledum palustre. Steinkruger See: Isoëtes lacustris, Empetrum nigrum. Am See von Köllnerhütte: Andromeda poliifolia, Epilobium montanum. — 25. Juni. Zw. Schönwalde und Grabowitz: Arnoseris pusilla, Armeria vulgaris. Von Grabowitz nach d. U. F. Wigodda: Pulsatilla vernalis, Scorzonera humilis, Achyrophorus maculatus, Lycopodium annotinum. Am südlichsten der 3 Seen von Wigodda: Juncus filiformis, Hydrocotyle vulgaris, Salix repens. Zw. Pretoschin und Grabowitz: Pirola uniflora, Milium effusum. — 26. Juni. Zw. Schönwalde und dem Schwarzen See (südlich von Pretoschin): Saxifraga granulata. Am Schwarzen See: Peplis portula, Juncus supinus, Viola palustris + epipsila. Am Gossentinbach südlich von Pretoschin: Equisetum hiemale, Lysimachia nemorum, Carex remota. In Pretoschin an der Dorfstrasse: Cynoglossum officinale, Euphorbia Peplus. Zw. Pretoschin u. d. U. F. Wigodda: Pirola secunda, Asperula odorata, Lysimachia nemorum. An den beiden Seen nordwestlich von d. U. F. Wigodda: Hydrocotyle vulgaris, Stellaria glauca, Lysimachia thyrsiflora, Ledum palustre. Zw. Wigodda und Schönwalde: Ornithopus perpusillus, Vicia angustifolia, Carex remota, Pirola chlorantha, Orobus

niger, Ranunculus polyanthemos. — 27. Juni. Zw. Schönwalde u. Okuniewo: Spergula Morisonii. Am Okuniewo-See: Veronica scutellata L. var. parmularia, Juncus filiformis, Campanula patula. Zw. Okuniewo und Bieschkowitz: Achyrophorus maculatus, Pirola uniflora, Pulsatilla vernalis. Bieschkowitz-See: Isoëtes lacustris, Juncus supinus, Lycopodium inundatum, ***Montia lamprosperma,*** Veronica scutellata zusammen mit var. parmularia, Carex limosa, C. filiformis, Scheuchzeria palustris. Zw. Bieschkowitz und Schönwalde: Ornithopus perpusillus. — 28. Juni. Zw. Schönwalde und Steinkrug: Quercus sessiliflora. Nordufer des Steinkrug'er Sees: Veronica scutellata und var. parmularia. Zw. Steinkrug und Bieschkowo: Campanula persicifolia, Polypodium Dryopteris. An den Seen von Bieschkowo: Veronica scutellata und var. parmularia, Alectorolophus minor. Marchowia-See: Potamogeton alpina, P. praelonga, P. obtusifolia, Butomus umbellatus, Myriophyllum alterniflorum, Veronica scut. var. parm., Juncus supinus var. fluitans, Ranunculus reptans, Valeriana dioica, Sanicula europaea. Zw. Kölln und Steinkrug: Botrychium Lunaria, Myosotis hispida. — 30. Juni. Zw. Gr. und Kl. Dennemörse: Turritis glabra, Hypericum quadrangulum. Zw. Kl. Dennemörse und Lebno: Arctostaphylos Uva ursi, Pulsatilla vernalis, Spergula Morisonii, Conium maculatum. Zw. Lebno und Smasin: Luzula albida, Utricularia vulgaris, Empetrum nigrum. An der Gossentin nördlich von Smasin: Vicia silvatica, Geranium palustre, Aconitum variegatum, Asarum europaeum, Viola mirabilis, Polygonatum multiflorum, Rubus saxatillis, Mercurialis perennis.

1. Juli. Uebersiedlung nach Seefeld (Kreis Kartaus). — 2. Juli. Zw. Seefeld und Exau: Clinopodium vulgare, Trifolium hybridum. Am See von Exau: Potamogeton perfoliata, Veronica scutellata var. parmularia, Alectorolophus minor, Rubus saxatilis. — 3. Juli. Zw. Seefeld und Czeczau: Thalictrum aquilegifolium, Sparganium ramosum, Pirola minor und chlorantha, Carex remota. Zw. Czeczau u. d. Huss-See: Campanula persicifolia. Huss-See: Potamogeton mucronata, Blechnum Spicant, Drosera longifolia, Lycopodium Selago, Pirola chlorantha, P. minor, P. secunda, Ranunculus Lingua. Zw. Warznau und Tockar: Chenopodium Bonus Henricus. Zw. Tockar u. Exau: Peucedanum Oreoselinum. — 5. Juli. Gelonken-See (südl. v. Wittstock-See): Ranunculus reptans, Salix repens, Isoëtes lacustris, Drosera longifolia. Wittstock-See: Ranunculus reptans, Drosera longifolia, Oxycoccos, Isoëtes lacustris, Lobelia Dortmanna, Scirpus acicularis, Avena praecox. Zw. dem Wittstock-See und Klossau: Galeopsis Ladanum. Zalense. — 7. Juli. Zw. Seefeld und Zalense: Coronilla varia, Ononis repens, Hypericum quadrangulum. Zw. Zalense und Willamowo: Hieracium laevigatum. Zw. Pomiczyn und Pomiczynscahütte: Pirola minor. Pomiczynscahütte, Schwarzhütte. — 8. Juli. Von Seefeld nach Kobissau: Ervum hirsutum, Vicia villosa. Zw. Kobissau und Smolsin: Salvia pratensis, Dianthus Carthusianorum. Tuchlinko-See (südwestlich vom Smolsin): Ranunculus reptans, Veronica scutellata var. parmularia, ***Potamogeton marina*** (neu für Westpreussen). Glemboki-See: Ranunculus reptans, Veronica scutellata var. parmularia, Chara fragilis, Hydrocotyle vulgaris, Rubus saxatilis, Salix repens b. fusca Wimm., S. pentandra, Actaea spicata, **Laserpitium latifolium**, Hypericum montanum. Carlikauer See: Campanula persicifolia var. eriocarpa, Hydrocotyle vulgaris, Salix nigricans. — 9. Juli. Im Walde nordwestlich von Borrowokrug: Pirola rotundifolia, Neottia Nidus avis, Platanthera bifolia, Monotropa Hypopitys. Zittno-See: Selinum Carvifolia, Lysimachia thyrsiflora, ***Isoëtes***

lacustris, Paris quadrifolia. Zw. Zittno und Smolsin: Dianthus deltoides, Milium effusum, Peucedanum Oreoselinum. — 10. Juli. An dem Bache zw. Exau und Klossau: Aconitum variegatum, Hypericum quadrangulum, Pirola rotundifolia, Pimpinella magna, Digitalis grandiflora, Trollius europaeus, ***Bupleurum longifolium***. Zw. Klossau und Tockar: Hieracium umbellatum.

11. Juli: Uebersiedelung von Seefeld nach Borkau. — 12. Juli. Linkes Radauneufer zw. Borkau und der Drahthammerbrücke: Hypericum tetrapterum, Camelina microcarpa, Epipactis latifolia, **Chaerophyllum hirsutum**, Trifolium alpestre, Digitalis ambigua, Hypericum montanum, Polygonatum multiflorum und officinale, Campanula persicifolia var. hispida, Pimpinella magna, **Laserpitium latifolium**, Cornus sanguinea, Lilium Martagon, Orobus niger, Crepis biennis, Geranium sanguineum Bromus asper, **Bupleurum longifolium**, Aconitum variegatum, Paris quadrifolia, Actaea spicata, Listera ovata, Hieracium cymosum. Auf einem Abhange südlich von der Drahthammerbrücke: Tragopogon pratensis, Asperula odorata. Im Walde südlich von Borrowo: Pirola minor, P. uniflora, Paris quadrifolia, Aconitum variegatum, Polygonatum officinale, Platanthera bifolia, Pirola rotundifolia. — 14. Juli. Rechtes Radauneufer zw. Ruthken und Babenthal: **Chaerophyllum hirsutum**, **Bupleurum longifolium**, Hypericum quadrangulum und montanum, Lilium Martagon, Neottia Nidus avis, Triticum caninum, **Pleurospermum austriacum**, Epipactis latifolia. An einem Bache im Walde südlich von Babenthal: **Chaerophyllum hirsutum**, Sanicula europaea, Thalictrum angustifolium. An der Chaussee von Babenthal nach Zuckau: Anthericus ramosus, Aquilegia vulgaris, Lathyrus silvester, Crepis virens. — 15. Juli. Zw. Borkau und Seerosen: Veronica spicata, Helianthemum vulgare. Seerosen-See: Myosotis caespitosa. Am Wodsno-See: Drosera longifolia, Anthericus ramosus, Geranium sanguineum, Ribes rubrum. Mehsau. Zw. Pechbude und dem Borrowo-See: Senecio silvaticus, Monotropa Hypopitys. Am Borrowo-See: Ranunculus reptans, Scheuchzeria palustris, Drosera longifolia, Litorella lacustris. Im Walde nordöstlich vom Borrowo-See: Selinum Carvifolia, Lilium Martagon, Geranium sanguineum. — 16. Juli. Von Borkau nach der Zuckau'er Papiermühle: Geranium palustre, Berula angustifolia. An der Stolpe zw. der Zuckau'er Papiermühle und Mehlken: **Polemonium coeruleum**, Lathyrus silvester, Thalictrum angustifolium, Eriophorum latifolium. Abhang südöstlich von Mehlken: **Centaurea austriaca**, Chaerophyllum aromaticum. Sumpf zw. Smolsin und Borkau: Carex filiformis. — 19. Juli: Linkes Radauneufer zw. Borkau und Zuckau: Triticum caninum, Geranium pratense, Stachys silvatica, Listera ovata, **Chaerophyllum hirsutum**, Allium oleraceum, Fragaria collina, Phleum Boehmeri, Trollius europaeus, **Libanotis montana**. Rechtes Radauneufer zw. Zuckau und Ottomin: Salix nigricans. Zw. Ottomin und Ruthken: Crepis virens. — 21. Juli. In einem Sumpf südöstlich von Ruthken: Peplis Portula. Zw. Neu- und Alt-Glinsch: Papaver dubium. Im Stangenwalde'r Forst zw. Alt-Glintsch und Babenthal: Pirola rotundifolia, Selinum Carvifolia, Monotropa Hypopitys. Im Walde zw. Babenthal und der Radaune: **Chaerophyllum hirsutum**, Bromus asper, **Bupleurum longifolium**, Actaea spicata, **Pleurospermum austriacum**, Pirola chlorantha, Orobus niger.

23. Juli: Uebersiedelung nach Hoppendorf. 24. Juli. Zw. Hoppendorf und Semlin: Campanula Trachelium, Saponaria officinalis. Von Semlin nach Kelpin: Crepis biennis, Anthemis tinctoria. An den Seen zw. Kelpin und Mehsau: Myosotis

caespitosa, Empetrum nigrum, Scheuchzeria palustris, Rhynchospora alba, Drosera longifolia, **Litorella lacustris**. Rechtes Radauneufer zw. Fliessenkrug und Wilhelmshof: Armeria vulgaris, Asarum europaeum, **Polygonatum verticillatum**, Crepis biennis, Rubus suberectus. Sümpfe bei Neuhof. — 26. Juli. Zw. Semlin und Kartaus: Scabiosa columbaria, Sticta pulmonaria, Lathyrus silvester. Am Stillen See (südlich vom Krugsee): Carex filiformis, Rubus saxatilis, Glyceria nemoralis. Am Krugsee: Myosotis caespitosa. Zw. Kartaus und Burchardswo: Rubus Bellardi. Am Firkus-See: Peplis Portula. Im Walde westlich vom Firkus-See: **Laserpitium prutenicum**, Pimpinella magna. — 28. Juli. Zw. Semlin und Gorrenczyn: Stellaria glauca, Ononis repens. An der Radaune zw. Gorrenczyn und Ostritz: Sagina nodosa. Am Trzebno-See: Aiuga genevensis, Clinopodium vulgare, Lolium remotum. Am Ostritz-See zw. Ostritz und Ndr. Brodnitz: Stachys annua, Linaria minor, Thalictrum minus, **Arabis hirsuta**. Am Gr. Brodno-See zw. Ndr. Brodnitz und Remboszewo: Pimpinella magna, Ranunculus Lingua, Listera ovata. Zw. Remboszewo u. Dombrowo: Monotropa Hypopitys. — 29. Juli. Eggertshütte. Schlawkau. Am See von Schlawkau: Viola mirabilis, Stachys silvatica, Ranunculus Lingua. Zw. Kouty und Ostritz: Coronilla varia. Zw. Ostritz und Colano: Asperula odorata, Scabiosa columbaria, Lathyrus silvester. — 30. Juli. An einem Bache östlich von Hoppendorf, der bei Fliessenkrug in die Radaune mündet: Selinum Carvifolia, Salix pentandra, Pimpinella magna, Viola mirabilis, Aconitum variegatum, **Laserpitium prutenicum**. — 31. Juli. Zw Eggertshütte und Fischerhütte: Avena praecox. Zw. Fischerhütte und Fustpeterhütte: Carlina vulgaris. Kapellenhütte. Am See von Kapellenhütte: Carex filiformis. Starkhütte, Kamehlen. Zw. Kamehlen und Hoppendorf: Juncus squarrosus. — 2. August. Zw. Kamehlen und Tiefenthal: Agrostis alba b. gigantea. Am Pollenczin'er See: Scirpus acicularis, Polygonum mite, Hieracium boreale b. chlorocephalum, Agrimonia odorata, Carlina vulgaris, Lycopodium complanatum. Von Tiefenthal nach Ndr. Klanau. Am See von Ndr. Klanau: Ranunculus Lingua. Zw. Ndr. Klanau und Michaelshütte: Actaea spicata. — 3. August. Hoppendorf, Fitschkau. Im Wäldchen nördlich von Fitschkau: **Chaerophyllum hirsutum**, Orobus niger, Triticum caninum, Viola mirabilis, **Libanotis montana**, Centaurea austriaca, Alliaria officinalis. Zw. Fliessenkrug und Babenthal: Scabiosa columbaria. Auf dem rechten Radauneufer zw. Fliessenkrug und Babenthal: Botrychium Matricariae (1 Exempl.), Lathyrus silvester, Bromus asper, **Chaerophyllum hirsutum**, Campanula latifolia. — 4. August. Zw. Bortsch und Ober-Sommerkau: Selinum Carvifolia, Galium verum, Centaurea austriaca. Am Sommerkau'er See: Circaea lutetiana, Glyceria nemoralis, Rumex sanguineus, Orobus niger, Sanicula europaea, Carex silvatica, **Chaerophyllum hirsutum**, Ranunculus Lingua, Lycopodium Selago. Am Glamke-See: Polygonatum multiflorum, Viola mirabilis.

6. August: Uebersiedelung nach Stendsitz. 7. August. Zw. Stendsitz und dem Radaune-See: Aiuga genevensis. Am Kopinsko-See: Hydrocotyle vulgaris, Drosera longifolia, Potamogeton graminea b. heterophylla, Sparganium minimum, Utricularia vulgaris. Im Dorfe Borruczyn: Verbena officinalis, Conium maculatum. See von Borruczyn. Am Radaunesee südlich von Lonczyn: Rumex maximus, R. aquaticus, Aiuga genevensis, Mercurialis perennis, Sanicula europaea, Scabiosa columbaria, Ranunculus Lingua. Auf der Halbinsel nördlich von Lonczyn: **Libanotis montana**, Thalictrum minus, **Aconitum variegatum**, Pimpinella magna, Veronica Teucrium.

Lonczyn, Stendsitz. — 8. August. Zw. Stendsitz und Gollubien: Hypochoeris glabra. Kniewo-See: Myriophyllum alterniflorum, Scirpus setaceus, Carlina vulgaris. Schönberg. Sycorczyn. Am Dlugi-See (östlich von Skorzewo): Myriophyllum alterniflorum, Scirpus acicularis. Skorzewo, Stendsitz. — 9. August. Zw. Stendsitz und Seedorf: Setaria viridis. Zw. Seedorf und Alt-Czapel: Geranium silvaticum, Pirola media. Am Brück-See: Drosera longifolia, Scabiosa columbaria. Am Südufer des Ostritz-Sees: Aiuga genevensis, Actaea spicata, Viola mirabilis, Circaea lutetiana, Pirola rotundifolia und **media, Cephalanthera rubra, Cypripedium Calceolus,** Sanicula europaea, Epipactis latifolia, Aconitum variegatum, Listera ovata, Agrimonia odorata. — 11. August. Zw. Stendsitz und Pierszewo: Thalictrum aquilegifolium, **Pirola media,** Sticta pulmonaria. Lonken-See: **Myriophyllum alterniflorum,** Geranium columbinum. Am Kosel-See: Ranunculus reptans, Hydrocotyle vulgaris. Zw. dem Koselsee und Alt-Czapel: Rubus suberectus. In Alt-Czapel: Verbena officinalis. Stein-See: **Myriophyllum alterniflorum,** Carlina vulgaris. Schulzen-See: **Myriophyllum alterniflorum.** Zw. Gr. Pierszewo und Gollubien: Malva Alcea, Rubus Bellardi. — 12. August. Am Nordufer des Ostritzsees: Thalictrum minus, Euphorbia Cyparissias, Stachys annua, St. silvatica, Hedera Helix. Von Ndr.-Brodnitz nach Ober-Brodnitz: Selinum carvifolia. Lindenhof. — 13. August. Am Radaune-See zw. Lindenhof und Schnurken: Pimpinella magna, Onobrychis viciifolia, Viola mirabilis, Convallaria maialis, Paris quadrifolia, Dianthus barbatus, Arabis Gerardi, Agrimonia odorata. Zw. Schnurken und Max: Ononis repens. An der Chaussee von Max nach Borruczyn: Onobrychis viciifolia. Am Radaune-See zw. Borruczyn und Zuromin: Linaria minor, Salix pentandra, Actaea spicata. — 14. August. In einem Torfbruch südlich von Stendsitz: Gentiana Amarella. Beberuitz. Am Beberuitz-See: Drosera longifolia, Hydrocotyle vulgaris. Owsnitz. Am Gr. Dlugi-See: Pulsatilla vernalis, Hydrocotyle vulgaris, Polygonatum officinale, **Cynanchum Vincetoxicum,** Geranium sanguineum, Orobus niger, **Laserpitium latifolium,** Lilium Martagon, Actaea spicata. Kl. Dlugi-See, Gostomie, Stendsitz. — 16. August. Von Gostomie nach Gostomken: Astragalus arenarius. Gostomkener See: Juncus alpinus, Eriophorum latifolium, Hydrocotyle vulgaris, Potamogeton mucronata, Gypsophila muralis, Aiuga genevensis. Am Borrowo-See (Kr. Berent): Hydrocotyle vulgaris, **Laserpitium latifolium,** Lycopodium annotinum, Arctostaphylos Uva ursi, **Pirola media,** P. umbellata. Glinken, Gostomie. Gostomie'r Mühlenteich, Reinwasserbach. — 18. August. Klukowahütte. Mischischewitz. In der Sucha-Schlucht: Potentilla procumbens, Drosera longifolia, Hydrocotyle vulgaris. Auf einem Abhange im Dorfe Sulleczyn: **Libanotis montana.** Am Gustinsch-See: Hydrocotyle vulgaris, **Asplenium Trichomanes, Polygonatum verticillatum.** Am Gostkowo-See: Scabiosa columbaria. Wensiorry. — 19. August. Zw. Stendsitz und Riebenhof: Carduus acanthoides. Zw. Riebenhof und Niesolowitz: Lolium remotum, Hydrocotyle vulgaris. Am Ostrowitt'er See: Alchemilla arvensis. Am Dlugi-See (bei Niesolowitz): Juncus capitatus. Wensiorry, Krähwinkel.

21. August. Uebersiedelung nach Alt-Kischau (Kreis Berent). — 22. August. Im Dorfe Alt-Kischau: Nepeta Cataria, Galeopsis pubescens. Rechtes Ferseufer zw. Alt-Kischau und Schwarznau: Ranunculus Lingua, Berula angustifolia, Poa serotina Von Schwarznau nach Blumfelde: Marrubium vulgare. Rechtes Ferseufer zw. Boschpohl und Ober-Mahlkau: Potamogeton fluitans, Thalictrum angustifolium, Pimpinella

magna. Auf einer sumpfigen Wiese nördlich vom Cziesien-See: **Saxifraga** Hirculus, Dianthus superbus, Epipactis palustris, Eriophorum latifolium. Cziesien-See. Vielle-See: **Euonymus verrucosa**, Mercurialis perennis. An der Chaussee von Gora nach Alt-Kischau: Armeria vulgaris. — 23. August. Am See südlich vom Wege zw. Alt-Kischau und Fersenau: Lycopodium inundatum, Hydrocotyle vulgaris. Am Kraugen-See: Senecio paluster, Dianthus superbus. Fersenau. Kosellen-See. Am Czerwonnek-See: Drosera longifolia. Czengardlo, Konarschin. — 25. August. Kl. Okonin. An dem See südlich von Kl. Okonin: Pirola umbellata, Galium boreale, Polygonatum officinale, Pulsatilla vernalis. Grünthal. Dunaiken-See: Potamogeton praelonga. Nordöstlich von Kasub im Walde: Dianthus arenarius, Lycopodium annotinum. Dlugi-See bei Lippe. An einem Bache von Treukkrug nach der Lippe'r Mühle: Holcus mollis. Struggn. — 26. August. Im Forste Okonin zw. Ob.-F. Okonin und Unt. F. Kl. Bartel: Polygonatum officinale, Geranium sanguineum, **Peucedanum Cervaria**, Lilium Martagon. An den Seen nordöstlich von d. Unt.-F. Kl. Bartel: Hydrocotyle vulgaris, Juncus supinus, Rhynchospora alba, Lycopodium Selago, Pirola umbellata, P. minor, P. secunda, Arctostaphylos Uva ursi, Calamagrostis neglecta. Zw. Kl. und Gr. Bartel: Thalictrum minus. Zw. Gr. Bartel und Alt-Kischau: Geranium sanguineum, Arctostaphylos Uva ursi, Pirola umbellata. — 27. August. Zw. Przlawitzno und d. Unt.-F. Gribno: Pulsatilla vernalis, Prunella grandiflora, Anthericus ramosus. Grosser Sumpf nordöstlich von d. Unt.-F. Gribno: Hypericum tetrapterum. Am Moos-See: Juncus alpinus. Am See südwestlich von d. Unt.-F. Gribno: Salix pentandra, Scabiosa columbaria. An den Seen bei d. Unt.-F. Gribno: Hypericum tetrapterum, Hydrocotyle vulgaris. Zw. Unt.-F. Gribno und Unt.-F. Holzort: Arctostaphylos Uva ursi, Dianthus arenarius. Zw. Unt.-F. Holzort und Wigonin: Lilium Martagon, Prunella grandiflora. — 28. August. Am Dlugi-See (nördlich von Przlawitzno): Erythraea Centaurium. An den Seen südlich von Bzengardlo: Juncus alpinus, Verbascum phlomoides, Hydrocotyle vulgaris. Am Sand-See: Myosotis caespitosa, Stachys annua, Lolium remotum. Zw. Konadschin und Alt-Kischau: Panicum filiforme.

29. August. Uebersiedelung nach Pogutken. — 30. August. Pogutken, Koschmin. Zw. Koschmin und Gora: Armeria vulgaris, Conium maculatum. Ostufer des Vielle-Sees: Brachypodium pinnatum, Vicia cassubica, Cuscuta Epithymum. Am Wiechol-See: Geranium dissectum, Polygonatum officinale, ***Euonymus verrucosus,*** Vicia cassubica, Agrimonia odorata. Im Frauen-See: Potamogeton gramineus b. heterophylla, **Myriophyllum alterniflorum**. An der Chaussee südlich von Gora: Centaurea maculosa. Zw. d. Frauen-See und Babidol: Armeria vulgaris, Hydrocotyle vulgaris, Aiuga reptans. Neuhof. — 1. Septbr. Zw. Pogutken und Kleschkau: Scabiosa columbaria, Armeria vulgaris. An d. grossen Torfsumpf südlich von Jarischau: Juncus supinus, Peplis Portula. An den Seen zw. Kleschkau und Lindenberg: Ranunculus reptans, **Myriophyllum alterniflorum**, Drosera longifolia. Im Langen-See: **Myriophyllum alterniflorum**, ***Isoëtes lacustris,*** Ranunculus reptans. Zw. Gr. Semlin und Jeseritz: Vicia cassubica. Unt. F. Killa. — 2. September. Zw. Pogutken und Gladau: Pirola minor, Asperula odorata. Decka'scher See: **Myriophyllum alterniflorum**, Drosera longifolia. Lonken-See: Drosera longifolia, **Myriophyllum alterniflorum**. Am Gebrowo-See: Ranunculus Lingua. Gladau, Gilnitz. Zw. Gilnitz und Pogutken: Galium

boreale, Rubus Bellardi. — 3. September. Auf dem rechten Ferseufer zw. Pogutken und Reinwasser: **Potamogeton fluitans**, Picris hieracioides, Agrimonia odorata. Schwarzhof. Bukowitz. Im Sobowitz'er Forst zw. Schwarzhof und Unt.-F. Thiloshain: Hypericum quadrangulum.

Von Professor Dr. Prätorius trifft ein Päckchen mit Pflanzen von Konitz zur Vertheilung ein. Es waren:

Gentiana cruciata L. Insel im Müskendorfer See 24 7. 84. Neu für Konitz. — **Gentiana Pneumonanthe** L. Sandkrug 7. 9. 84. — **Lepidium ruderale** L. Bahnhof. 13. 9. 84. Neu für Konitz. — **Carlina acaulis** L. 7. 9. 84. — **Pedicularis Sceptrum Carolinum** L. Abrau 2. 8. 84. — **Pedicularis silvatica** L. Sandkrug 7. 9. 84. — **Swertia perennis** L. Abrau 2. 8. 84. — **Tofieldia calyculata** Whlnb. Abrau 22. 7. und 17. 8. 84. — **Gymnadenia conopea** R. Br. Abrau 10. 7. 84. — **Agrimonia odorata** Mill. Insel im Müskendorfer See 24. 7. 84. — **Potentilla procumbens** Sibth. Sandkrug 7. 9. 84. — **Stachys annua** L. Walkmühl 13. 7. 84. — **Origanum vulgare** L. Insel im Müskendorfer See 24. 7. 84. — **Epipactis palustris** Crntz. Abrau 10. 7. 84. — **Saxifraga Hirculus** L. Abrau 22. 7. 84 und Walkmühl 24. 7. 84. — **Alchemilla arvensis** Scop. Weg nach Kl. Konitz am Waldrande 22. 6. 84. — **Geranium molle** L. Zandersdorf 14. 6. 84. — **Veronica opaca** Fr. Mai und Juni. — **Veronica polita** Fr. Mai und Juni. — **Pirola chlorantha** Sw. 22. 6. 84. — **Anemone patens** L. Bergelau 27. 4. 84. — **Anemone vernalis** L. Bergelau 27. 4. 84. — **Betula humilis**. Abrau 2. 8. 84. — **Carex Pseudo-Cyperus** L. Abrau 17. 8. 84. — **Molinia coerula**. Abrau 17. 8. 84. — **Astragalus Cicer** L. Abrau 22. 7. 84. — **Centaurea austriaca** Willd. Abrau 2. 8. 84. **Serratula tinctoria** L. Abrau 2. 8. 84. — **Erythraea Centaurium** Pers. Abrau 22. 7. 84., roth und weissblühend. — **Caltha palustris** L. Mit Umwandlung von Stengelblättern in Blumenblätter. 29. 4. 84. — **Narcissus poëticus** L. mit Doppelblüthen.

Professor Prätorius fügt folgende von Conrad Rosentreter, einem Schüler von ihm, bei Dirschau gesammelte Pflanzen bei:

Veronica longifolia L. 15. 8. 84. — **Reseda luteola** L. 25. 8. 84. — **Hordeum murinum** L. 25. 8. 84. — **Lactuca scariola** L. 25. 8. 84. — **Eryngium planum** L. 15. 8. 84. — **Xanthium italicum Mor.** 25. 8. 84. — **Stachys lanata**. 25. 8. 84., wild am Weichseldamm eine Meile oberhalb Dirschau.

Die Herren Apotheker Siemering und Oberlehrer Berent in Tilsit beglückwünschen die Versammlung durch Telegramm.

Herr Stud. Alfred Lemcke erstattet dann

Bericht über die botanische Erforschung der Kreise Danzig und Neustadt.

Ich hatte von Herrn Professor Caspary den Auftrag erhalten, eine ergänzende Untersuchung der Flora der Kreise Danzig und Neustadt, deren Erforschung Herr Professor Caspary seit vielen Jahren, Herr Dr. Bethke 1882 und Herr Dr. Abromeit im Vorjahre betrieben hatten, zu unternehmen. Ich begab mich deshalb am 3. Mai 1884 nach Praust und begann von hier aus meine Excursionen am 4. Mai.

Zunächst untersuchte ich den südwestlichen Theil des Kreises Danzig, wo ich in dem Saskoczin'er Walde: *Carex pilosa* (erster Standort westlich der Weichsel) vorfand. Dann suchte ich den zwischen den beiden Weichselmündungen gelegenen

Landstrich ab und ging allmälig längs dem Strande nach Norden bis Grossendorf vor. Von Putzig aus fuhr ich nach Hela hinüber und untersuchte die Halbinsel von Hela bis Grossendorf.

Dann ging ich in den südlichen Theil des Kreises Neustadt, untersuchte zunächst die Waldungen südlich vom Rhedathal und endlich die Umgegend von Smasin.

Leider musste ich einer Krankheit wegen meine Excursionen schon am 22. August einstellen.

In den Forsten des Kreises Danzig fand ich häufiger: Corydalis cava, C. intermedia, Mercurialis perennis, Polypodium vulgare, Lonicera Hylosteum, Viola mirabilis. **Scirpus rufus** beobachtete ich nur an zwei Stellen, südwestlich von Brösen und zwischen der Möwenschanze bei Weichselmünde und dem Binnensee.

Verbreitet im Kreise Neustadt sind folgende Pflanzen: Spartium scoparium, Empetrum nigrum, Ornithopus perpusillus, Hierochloa australis, Lycopodium annotinum, Avena praecox, Pinguicula vulgaris, in der Nähe der Küste Orchis maculata, Phegopteris polypodioides, Polypodium vulgare, Lysimachia nemorum, Carex glauca, Juncus squarrosus, Astragalus arenarius, Actaea spicata, Hypericum humifusum, Neottia Nidus avis, Monotropa Hypopitys, Ononis repens, Euphorbia Esula, Aiuga pyramidalis. Seltener fand ich: Listera ovata, Goodyera repens, Pirola uniflora, P. umbellata, P. chlorantha, Blechnum Spicant, Lycopodium Selago, Carex silvatica, Hypericum montanum, Digitalis ambigua, Cardamine hirsuta b. silvatica, Aconitum variegatum, Melica uniflora, Erica Tetralix, Avena caryophyllea, Cystopteris fragilis, Scirpus caespitosus, Myosotis versicolor, Aquilegia vulgaris, Thalictrum aquilegifolium, Armeria vulgaris, Plantago maritima, Hierochloa borealis, Juncus filiformis.

Selten beobachtete ich in den von mir untersuchten Gegenden: Pulsatilla vernalis, Listera cordata, Botrychium matricariifolium, B. simplex, Ophioglossum vulgatum, Festuca silvatica, Bromus asper, Juncus obtusiflorus, Trifolium fragiferum, Thalictrum flavum, Polystichum montanum, Myosotis sparsiflora, Circaea lutetiana, Veronica montana, Lathyrus paluster, Elymus europaeus, Scirpus uniglumis, Carex dioica und C. pulicaris.

Im Bachthal der Bohlschan fand ich in grosser Menge: ***Struthiopteris germanica*** (2. Standort westlich der Weichsel).

Für die Unterstützung, die ich von Herrn Oberpräsidenten von Ernsthausen und von den Herren Rittergutsbesitzern Pieper-Smasin und Tümmler-Dembogorsz erhalten habe, statte ich hiermit meinen herzlichen Dank ab.

Die wichtigsten Ergebnisse der einzelnen Ausflüge sind folgende:

4. 5. 84. Längs Radauneufer zw. Praust und Gute Herberge: Gagea pratensis Z[3], G. minima V[1] Z[3]. Im Wäldchen bei den Drei Schweinsköpfen: Viola odorata. **Corydalis intermedia** (1 Ex.). Auf dem Kirchhof von Bankau: Viscum album auf Tilia ulmifolia. Zw. Bankau und Prangschin: Viscum album auf Tilia ulmif. und Populus Tremula, Gagea minima. — 6. 5. 84. Zw. Praust und Schwintsch: Gagea pratensis, **Veronica polita** V[1] Z[3]. In der Salau'er Forst: Viola Riviniana + silvatica, Monotropa Hypopitys. Zw. Saalau und Artschau: Gagea pratensis; im Dorfe Gischkau: Petasites officinalis. — 7. 6. 84. Zw. Prangschin und Bankau: Veronica agrestis, Asarum europaeum, Adoxa moschatellina, Gagea pratensis, **Corydalis**

intermedia $V^3 Z^3$, Equisetum hiemale. — 8. 5. 84. Im Bankau'er Walde: Carex montana, Polystichum cristatum. Am Ottomin'er See: Hierochloa australis Z^3, Neottia Nidus avis, Asperula odorata, Daphne Mezereum. Zw. Borgfeld und St. Albrecht: Petasites officinalis. — 9. 5. 84. Im nördlichen Theil des Saskoczin'er Waldes: **Corydalis intermedia** (Frucht) und **cava** (flor. alb. u. 4 Ex. c. flor. rubr.), Viola mirabilis, Paris quadrifolia, Asperula odorata. Im südlichen Theil des Saskoczin'er Waldes: Neottia Nidus avis, **Carex pilosa** $V^3 Z^{3-5}$, Mercurialis perennis, Polygonatum multiflorum. — 10. 5. 84. Regen. — 11. 5. 84. Zw. Praust und Schwintsch: Barbaraea vulgaris, Valerianella olitoria. In den Schluchten der Kladau bei Gr. Kleschkau: Viola mirabilis, **Corydalis cava** (c. flor. alb. et rubr.) $V^5 Z^4$, Lathraea squamaria $V^4 Z^4$ Daphne Mezereum, Corydalis intermedia $V^3 Z^3$. — 12. 5. 84. Im östlichen Theil des Sobbowitz'er Waldes: Carex montana. Ufer der Kladau zw. dem Sobbowitz'er Wald und Kladau: Mercurialis perennis, **Ranunculus cassubicus** $V^2 Z^3$, Thalictrum aquilegifolium (Knospen), Viola mirabilis $V^3 Z^4$, Viola Riviniana + silvatica, Alliaria officinalis $V^1 Z^3$, **Aconitum variegatum** (Kraut) $V^2 Z^4$. Ueber Kladau, Suckczyn, Russoczyn nach Praust. — 13. 5. 84. Im Uhlkau'er Walde: Pirola uniflora, Viola Riviniana + silvatica. Ueber Lagschau, Klempin nach Senslau. Im Dorfe Senslau: Viscum album auf Populus tremula. — 14. 5. 84. Regen. — 15. 5. 84. Uebersiedelung nach Neufahrwasser.

16. 5. 84. Auf der Westerplatte: Fedia olitoria ($V^3 Z^3$), Carex Schreberi, Vicia lathyroides $V^4 Z^5$. Haide östlich von Weichselmünde: Spergula Morisonii $V^3 Z^5$, Carex ericetorum. Heubude, durch den westlichen Theil der Münd'schen Forst. Zwischen den Dünen an der Badeanstalt von Weichselmünde: Hierochloa borealis $V^3 Z^5$. — 18. 5. 84. Ballastplätze auf dem linken Ufer der Weichsel bei Neufahrwasser: Potentilla cinerea, Vicia lathyroides $V^5 Z^4$. — Zw. Neufahrwasser und Brösen, im Wäldchen bei Brösen: Hierochloa borealis Z^3, Pirola uniflora $V^3 Z^3$. Am Strande **Scirpus rufus** $V^1 Z^2$. Auf feuchtem Boden zw. den Dünen zw. Brösen und Glettkau: Empetrum nigrum. Zw. Glettkau und Zoppot: Ornithopus perpusillus $V^3 Z^3$, Vicia lathyroides, Viola canina + silvatica. Oliva'er Forst, zw. Zoppot und Josephau: Hierochloa australis, Viola Riviniana + silvatica. — 19. 5. 84. Zw. Brösen und Oliva: Vicia lathyroides, Carex Schreberi. Auf dem Karlsberg bei Oliva: Carex montana. Oliva'er Forst zw. Oliva und Schmierau: Pulsatilla vernalis, Hierochloa australis, Vicia lathyroides. Zw. Schmierau und Grenzlau: Anemone nemorosa (c. fl. rubr.), Hierochla australis. Zw. Grenzlau und Zoppot: Aquilegia vulgaris, Pulmonaria officinalis, Actaea spicata, Thalictrum aquilegifolium. — 21. 5. 84. Auf der Westerplatte: Geranium molle. Westlich von der Möweuschanze bei Weichselmünde, am Binnensee: **Scirpus rufus** $V^1 Z^4$. Südlich von der Möwenschanze: Euphorbia Esula. Haide zw. Weichselmünde und der Münd'schen Forst: Vicia lathyroides, Carex Schreberi. Am Weichselufer zw. der Mündung und Sandkathen (Schleuse): Hierochloa borealis. Am Weichselufer zw. Sandkathen und Heubude: Valerianella olitoria, Carex riparia. —

22. 5. 84. Uebersiedelung nach Oliva. — 23. 5. 84. Oliva'er Forst zw. Kenneberg und Strauchmühle: Hierochloa australis, Lathraea squamaria $V^3 Z^3$, Polygonatum anceps. Zw. Strauchmühle und Wittstock: Lycopodium Selago. Ueber U.-F. Schäferei nach Oliva. — 24. 5. 84. Am Glettkau-Fliess zw. Oliva und Glettkau:

Eupatorium cannabinum, Juncus balticus. Zw. Glettkau und Saspe: Pinguicula vulgaris (V^1 Z^4), Myosotis versicolor, Avena praecox. Zw. Saspe und Saspe'r See: Ranunculus Lingua, Vicia lathyroides, **Polygala amara** V^1 Z^2. Am Saspe'r See: Hierochloa borealis. Zw. Saspe'r See und Neufahrwasser: Carex Schreberi. — 25. 5. 84. Zw. Neufahrwasser und Legan: Alyssum calycinum, Hierochloa borealis. Gräben südlich vom Saspe'r See: ***Potamogeton densa*** V^3 Z^1. — 26. 5. 84. Feiertag. — 27. 5. 84. Wiesen zw. Glettkau und Zoppot: Pinguicula vulgaris Z^4. Auf den Strandtriften: Juncus balticus, Vicia lathyroides. In Zoppot: Alliaria officinalis.

28. 5. 84. Uebersiedelung nach Neufahrwasser. — 29. 5. 84. Hagel und Regen. Nachmittag auf der Westerplatte: Asperugo procumbens, **Bunias orientalis**. — 30. 5. 84. Westerplatte: Reseda lutea. Am Binnen-See: Scirpus rufus. An der Möwenschanze: Triglochin maritima. In der Münd'schen Forst: Pirola uniflora. Gr. Haid-See. Zw. Heubude und Weichselmünde: Carex riparia, Hierochloa borealis. — 31. 5. 84. Wiesen nordöstlich von Weichselmünde: Empetrum nigrum. In der Münd'schen Forst: Quercus sessiliflora, Spergula Morisonii, Asperugo procumbens. Seestrand nördlich der Münd'schen Forst bis zum Weichseldurchbruch von 1840: Orchis incarnata, Thalictrum aquilegifolium, Equisetum hiemale. Südrand der Münd'schen Forst zw. dem Durchbruch der Weichsel bei Neufähr und Heubude: Carex Schreberi, Sempervivum soboliferum V^3 Z^4, Polygonatum anceps, Polystichum cristatum, Spergula Morisonii.

4. 6. 84. Uebersiedelung nach Oliva. — 5. 6. 84. Zw. Oliva und Pelonken: Geranium molle. Oliva'er Forst zw. dem vierten Hof von Pelonken und der Ziegelbrennerei: Monotropa Hypopitys, Hierochloa australis, Polygonatum anceps, Actaea spicata, Neottia Nidus avis. Zw. Pelonken und Jeschkenthal: Viscum album auf Populus tremula und Tilia ulmifolia. Im Jeschkenthal'er Wäldchen: Polygonatum anceps, V^2 Z^2. — 6. 6. 84. Zw. Glettkau und Zoppot: Potentilla opaca, Botrychium Lunaria V^2 Z^2, **B. matricariifolium** V^1 Z^2, Pinguicula vulgaris V^3 Z^3. — 7. 6. 84. Zw. Bahnhof Oliva und Kenneberg: Asperugo procumbens, Carex pallescens. Zw. Kenneberg und Grenzlau: Pirola uniflora. Zw. Grenzlau und Taubenwasser: Potentilla opaca. Zw. Taubenwasser und Zoppot: Actaea spicata. — 8. 6. 84. Zw. Oliva und Schmierau: Geranium molle, Ornithopus perpusillus. Zw. Schmierau und Taubenwasser, Oliva'er Forst: Neottia Nidus avis, Polygonatum anceps, Hierochloa australis, Viola canina + silvatica. Taubenwasser. Zw. Josephau (Josefshof) und Bernadowa: Rubus saxatilis, Equisetum hiemale, Myosotis hispida. — 9. 6. 84. Bernadowa, Koliebken. In Strandschluchten zw. Koliebken und Zoppot: Asperugo procumbens, Fragaria elatior V^1 Z^{3-4}, Actaea spicata, Polygonatum multiflorum; auf den Strandtriften zw. Koliebken und Zoppot: Valerianella olitoria, Euphorbia Esula, Triglochin maritima. — 10. 6. 84. Zw. Oliva und Schwabenthal: Hordeum murinum, Orchis incarnata, Valerianella olitoria; nordwestlich von Ernsthof: Viscum album auf Tilia ulmifolia; zw. Schwabenthal und Freudenthal: Lathraea squamaria V^3 Z^3, Orchis latifolia; zw. Freudenthal und Gluckau: Orchis incarnata, Potentilla opaca; Kokoschken und Hoch-Kelpin. In den Schluchten am Striess-Bache zw. Kl. Kelpin und Matemblewo: Viola mirabilis (Frucht) V^3 Z^3, **Aconitum variegatum** (Laub), Hierochloa australis, Neottia Nidus avis, Sanicula europaea. Ueber Brentau und Silberhammer nach Oliva. — 11. 6. 84. Regen. —

12. 6. 84. Zw. Oliva und Ernstthal: Asperugo procumbens, Valerianella olitoria; zw. Ernstthal und Lobeckshof: Polygonatum anceps und P. multiflorum, Aquilegia vulgaris $V^3 Z^4$; zw. Jeschkenthal und Matemblewo: Scorzonera humilis. — 14. 6. 84. Saspe. Zw. Weishof-Saspe und Glettkau: Hippuris vulgaris $V^1 Z^3$; Strandtriften zw. Glettkau und Zoppot: Botrychium Lunaria, Vicia lathyroides, Juncus balticus, Orchis latifolia, **Botrychium matricariifolium** (1 Expl.). — 15. 6. 84. Zw. Oliva und Glettkau unter Gebüsch: **Myosotis sparsiflora** $V^1 Z^3$; zw. Glettkau und Zoppot auf den Strandtriften: Avena praecox $V^3 Z^4$, Myosotis versicolor $V^1 Z^2$, **Botrychium simplex** (10 Ex.), Ornithopus perpusillus $V^3 Z^3$, Pinguicula vulgaris $V^3 Z^3$, Botrychium Lunaria $V^4 Z^3$, **Botrychium matricariifolium** $V^1 Z^1$; zw. Zoppot und Thalmühle: Orchis incarnata, **Myosotis hispida**; im Wäldchen bei Thalmühle: Crepis paludosa, Listera ovata $V^2 Z^3$, Orchis maculata $V^4 Z^3$, Thalictrum aquilegifolium. — 16. 6. 84. Umzug nach Kielau. — 17. 6. 84. Zw. Bahnhof Kielau und Pogorsz: Orchis incarnata; zw. Pogorsz und Rahmel: Ornithopus perpusillus $V^2 Z^3$, Carex stellulata, Avena praecox, Pinguicula vulgaris $V^1 Z^2$. Von Rahmel über Sagorsz nach Kielau. — 18. 6. 84. Zw. Kielau und Gdingen durch die Kielau'er Forst, in einer Waldschlucht: Pinguicula vulgaris $V^2 Z^2$, Geranium sanguineum, Polygonatum anceps. Dann Regen. — 19. 6. 84. Zw. Kielau und Gdingen, längs der Chaussee: Chenopodium Bonus Henricus; zw. Gdingen und Adlers Horst: Myosotis versicolor, Carex flacca, Viola mirabilis $V^2 Z^3$ (Laub), Trifolium alpestre, **Hieracium echioides** $V^2 Z^{3-4}$, Actaea spicata; von Adlers-Horst über Hoch-Redlau, Gdingen nach Kielau. — 20. 6. 84. sammelte ich zwischen Zoppot und Glettkau ausser den oben erwähnten Pflanzen noch Botrychium simplex und B. matricariifolium.

21. 6. 84. Uebersiedelung nach Ziessau. — 22. 6. 84. Im Kielau-Bruch zw. dem Kielau-Bach an der Kielau-Pogorsz'er Chaussee und Oxhöft: Orchis incarnata und O. latifolia, **Scirpus uniglumis** $V^3 Z^3$, Eriophorum latifolium $V^2 Z^2$. Von Oxhöft über Oblusz, Pogorsz nach Ziessau. — 23. 6. 84. Zw. Rheda und Schmelz, in der Gnevau'er Forst: Listera ovata, Orchis maculata $V^4 Z^3$, Eriophorum latifolium $V^1 Z^2$, Ervum cassubicum, Sanicula europaea, Carex silvatica, Orobus niger $V^1 Z^3$, Neottia Nidus avis, Rubus Bellardi, Lysimachia nemorum $V^1 Z^4$, **Ophioglossum vulgatum** (Laub) $V^3 Z^{2-3}$, **Carex glauca**, Polygonatum anceps, Pirola uniflora $V^2 Z^3$. Schmelz. In Sagorcz: Chenopodium Bonus Henricus; zw. Sagorcz und Ziessau: Trifolium alpestre. — 25. 6. 84. Zw. Ziessau und U.-F. Starapila, in der Kielau'er Forst: Lysimachia nemorum, Lycopodium Selago und annotinum, Carex silvatica, C. remota, Ervum cassubicum, **Polygala amara** $V^1 Z^2$, **Cardamine hirsuta b. silvatica** $V^2 Z^3$, Pirola uniflora und chlorantha; zw. U.-F. Starapila und U.-F. Piekelken: Geranium sanguineum; in den Schluchten am Sagorcz-Bach zw. den beiden Unterförstereien: **Cardamine hirsuta b. silvatica** $V^1 Z^1$, Listera ovata; zw. U.-F. Piekelken und Lensitz, Kilau'er Forst: **Rubus Bellardi**, Pulsatilla vernalis (2 Expl., Frucht); zw. Lensitz u. Ziessau: Pirola uniflora $V^1 Z^5$. — 26. 6. 84. Zw. Ziessau und Völtzendorf: Pirola umbellata, Scorzonera humilis; zw. Völtzendorf und U.-F. Krückenwald längs Katz-Bach: Thalictrum aquilegifolium, Lysimachia nemorum, Platanthera bifolia; zw. U.-F. Krückwald u. Kl. Katz längs dem Katz-Bach: Lysimachia nemorum, Orchis incarnata, Eriophorum latifolium; zw. Kl. Katz und Völtzendorf: Ervum cassubicum, Pirola uniflora, P. chlorantha, Avena caryophillea. — 27. 6. 84. Zw. Ziessau und Dembogorsz: Ononis repens, Blyssmus

compressus; im Kielau-Bruch: Eriophorum latifolium; Kielauer' Forst, Revier Eichberg: Epipactis latifolia (Laub), Pirola chlorantha und umbellata, Monotropa Hypopitys a. hirsuta, Ervum cassubicum, Carex remota; Dembogorsz Eichberg. Im Kielau-Bruch zw. Eichberg und Ziessau: Carex dioica V^2 Z^1, Orchis incarnata, **Carex pulicaris** V^2 Z^{3-4}, Pinguicula vulgaris (Frucht) Z^5.

28. 6. 84. Uebersiedelung nach Dembogorsz. — 29. 6. 84. Pogorsz. Zw. Oxhöft und Neu-Oblusz: Avena praecox, Ononis repens. — 30. 6. 84. Regen. — 1. 7. 84. Auf Strandhügel südöstlich von Oxhöft: Marrubium vulgare. Nachmittag Regen. 2. 7. 84. Zw. Dembogorsz und Amalienfelde: **Erica Tetralix** V^1 Z^3, Myosotis versicolor; in der Babidole oder Hexenschlucht, am Strande zw. Amalienfelde u. Neu-Oblusz: **Blechnum Spicant** Z^3, Pirola umbellata, Calamagrostis silvatica. Auf Strandhügeln zw. dem Hexengrund und Ostrow-Grund: Actaea spicata, Viola mirabilis (Laub), Listera ovata. Nachmittag im Kielau-Bruch, zw. Casimir und Vorwerk zu Dembogorsz: Orchis latifolia, **Carex pulicaris** V^1 Z^3, C. dioica, Avena caryophyllea und praecox. — 3. 7. 84. Zw. Dembogorsz und Amalienfelde: Avena caryophyllea; zw. Amalienfelde und Mechlinken, auf bewaldeten Strandhügeln: Viola mirabilis, Avena caryophyllea, Ribes alpinum, Listera ovata, Trifolium alpestre; zw. Mechlinken und Rewa: Hippuris vulgaris, Triglochin maritima. Im Brück'schen Moor zw. Rewa und Casimir: Juncus balticus, Butomus umbellatus, Hippuris vulgaris, Orchis incarnata, Pinguicula vulgaris; Gräben: Hydrocotyle vulgaris, Eriophorum latifolium, Listera ovata V^1 Z^5, Carex dioica V^2 Z^4, **Carex pulicaris** V^2 Z^3; über Casimir, Rahmel nach Dembogorsz: Pinguicula vulgaris, Avena praecox und caryophyllea. — 4. und 5. 8. 84 Regen. — 6. 8. 84. Zw. Pierwoschin und Brück: Hypericum montanum; in Brück: Saponaria officinalis; zw. Brück und dem Strömming-Fliess: Hippuris vulgaris, Scirpus compressus, Triglochin maritima; zw. Strömming-Fliess und Eichberg: **Carex pulicaris** V^3 Z^4, C. dioica. — 7. 7. 84. Zw. Pogorsz und Kilau: Avena praecox. Kielau'er Forst, Revier Eichberg: Orchis maculata, Carex filiformis.

9. 7. 84. Uebersiedelung nach Putzig. — 10. 7. 84. Ueberfahrt nach Hela mit Dampfer Putzig. — 11. 7. 84. Wald nördlich von Hela: Empetrum nigrum V^2 Z^2, **Erica Tetralix** V^3 Z^2, **Listera cordata** V^1 Z^4, Avena praecox; im Dorfe Hela: Hordeum murinum. — 12. 7. 84. Zw. Hela und dem Hela'er Leuchtthurm: Elymus arenarius, Hieracium umbellatum fr. linariifolium, Empetrum nigrum V^1 Z^5, Juncus balticus, Erica Tetralix V^3 Z^3, Avena praecox. Zw. Hela'er und Heisternest'er Leuchtthurm, auf den Dünen am äussern Seestrande: **Pisum maritimum** V^3 Z^3, Linaria odora V^3 Z^{1-3}, **Erica Tetralix** V^3 Z^3, Juncus squarrosus, Eriophorum latifolium, Orchis maculata, **Listera cordata**; zw. den Dünen des Nordufers: **Lycopodium inundatum**; im Walde: Andromeda poliifolia, Monotropa Hypopitys; zw. Heisternest'er Leuchtthurm und Hela: Erica Tetralix, Empetrum nigrum, **Goodyera repens**, Glaux maritima. — 13. 7. 84. Zw. Hela und Heisternest'er Leuchtthurm: Senecio viscosus, Avena praecox, Erica Tetralix, Carex filiformis, Hydrocotyle vulgaris, Goodyera repens, Linaria odora; zw. Heisternest'er Leuchtthurm und Danzig'er Heisternest: Glaux maritima, Avena praecox, **Erica Tetralix**, Hydrocotyle vulgaris; zw. Danzig'er und Putzig'er Heisternest: Triglochin maritima. — 15. 7. 84. Zw. Putzig'er Heisternest und Kussfeld: Cakile maritima, Hippuris vulgaris, Armeria vulgaris, Triglochin maritima, **Erythraea linariifolia** V^3 Z^1, **Plantago maritima** V^3 Z^3, Lathyrus paluster V^1 Z^2, Scirpus Taber-

naemontani, Hydrocotyle vulgaris, Pirola uniflora, P. umbellata und P. chlorantha, **Listera cordata** $V^2 Z^3$, L. ovata $V^3 Z^4$, Agrostis canina, Glaux maritima, Salix pentandra; zw. Kussfeld und Ceynowa: Pisum maritimum, Linaria odora, Ammophila baltica $V^3 Z^3$, **Spergularia salina** $V^2 Z^{3-4}$, Glaux maritima, Juncus balticus, Plantago maritima. — 16. 7. 84. Ruhetag. — 17. 7. 84. Zw. Putzig und Döhling's Ziegelei: Phleum pratense b. nodosum, Calamagrostis arundinacea, C. lanceolata, Geranium molle, Aquilegia vulgaris; zw. Döhling's Ziegelei und Blondzikau: Avena praecox, Butomus umbellatus; zw. Blondzikau und Colbau: Sparganium simplex, Geranium pratense. — 18. 7. 84. Zw. Blondzikau und Sellistrau: **Erica Tetralix** $V^2 Z^2$, **Scirpus caespitosus** $V^1 Z^3$, S. compressus; am Gisdepka-Bach zw. Schmollin und Oslanin: Lysimachia nemorum $V^1 Z^3$, Scrophularia alata, **Lappa nemorosa** $V^1 Z^1$; zw. Oslanin und Rutzau: Silene nutans, Equisetum hiemale, Thalictrum flavum $V^1 Z^3$, **Rubus Bellardi** $V^2 Z^2$, Hippophae rhamnoides, Avena praecox; zw. Rutzau und Putzig: Hypericum montanum. — 19. 7. 84. Zw. Putzig und Celbau: Alopecurus geniculatus; an den kleinen Tümpeln westlich vom Putzig-Polchau'er Wege: Triodia decumbens, Avena praecox, **Scirpus uniglumis** $V^3 Z^1$, **Erica Tetralix** $V^3 Z^4$, Phleum pratense b. bulbosum; zw. Kl. Schlatau und Rekau: Ornithopus perpusillus: zw. Rheda und Rekau, in der Darslub'er Forst, Revier Rekau: Pulmonaria obscura, **Melica uniflora** $V^3 Z^2$, Orobus niger, Monotropa Hypopitys b. hirsuta, Mercurialis perennis, Sanicula europaea, Neottia Nidus avis, **Brachypodium silvaticum**, Epipactis latifolia (Lamb), Trifolium alpestre, **Rubus Bellardi**, Hypericum montanum, Actaea spicata; zw. Rekau und Polchau: Avena caryophyllea; zw. Polchau und Schmollin: Alchemilla arvensis, Phleum pratense b. bulbosum; in Schmollin: Verbena officinalis; zw. Schmollin und Putzig: Alchemilla arvensis, Hypericum humifusum. -- 20. 7. 84. Regen. — 21. 7. 84. Vormittags zw. Putzig und Zrada: Sparganium simplex, Ranunculus Lingua, Epipactis palustris $V^3 Z^2$, Dianthus superbus $V^3 Z^4$. — Nachmittags Uebersiedelung nach Rheda. — 22. 7. 84. Anhaltender Regen. — 23. 7. 84. Zw. Rheda und Neustadt: Chenopodium Bonus Henricus; auf dem Garnierberg bei Neustadt: Actaea spicata, **Brachypodium silvaticum**, Carex silvatica, C. remota, Lysimachia nemorum, **Veronica montana** $V^2 Z^{3-4}$, **Rubus Bellardi**, Circaea lutetiana $V^3 Z^3$, **Melica uniflora** $V^3 Z^2$, Calamagrostis arundinacea, Ervum cassubicum. Auf den Cedronwiesen zw. der Schlossmühle und der Ziegelei: Polemonium coeruleum $V^3 Z^2$; Neustädt'er Forst, zw. Ziegelei und Neustadt, östlich vom Cedronthal: Orobus niger, Daphne Mezereum, **Festuca silvatica** $V^2 Z^3$, Neottia Nidus avis, Carex remota, C. silvatica, **Rubus Bellardi** $V^1 Z^1$, Pirola umbellata, Monotropa Hypopitys a. hirsuta; zw. Cedronmühle und U.-F. Ottilienruh: Circaea alpina, Lysimachia nemorum, **Blechnum Spicant** $V^2 Z^2$. — 24. 7. 84. In einer Schlucht der Gnewau'er Forst, gegenüber dem Bahnhof von Rheda: **Lappa nemorosa** 1 Expl.; in der Gnewau'er Forst zw. Rheda und Mehlken: Ervum cassubicum, Monotropa Hypopitys, **Goodyera repens** $V^1 Z^4$, **Melica uniflora** $V^3 Z^4$, **Rubus Bellardi**, **Veronica scutellata var. parmularia**, Crepis virens; längs östl. Cedron-Quellfluss zw. Mehlken und Neustädt'er Ziegelei: Hydrocotyle vulgaris, Listera ovata, Lysimachia nemorum, Thalictrum aquilegifolium, Orchis maculata, Mercurialis perennis, Hypericum montanum, Rubus Bellardi. Dann Regen, der auch am 25. 7. 84 anhielt. — 26. 7. 84. Zw. Rheda und Neustadt: Alchemilla arvensis, Hypericum montanum; in der Gnewau-Neustädt'er Forst: Rubus Bellardi, Achillea

Ptarmica, Ervum cassubicum, Avena caryophyllea, Monotropa Hypopitys, Orchis maculata, Viola mirabilis, Mercurialis perennis, Pirola chlorantha, Lysimachia nemorum, Listera ovata, **Cardamine hirsuta** b. **silvatica** $V^4 Z^2$, Circaea alpina $V^3 Z^4$, Lathyrus silvester, **Brachypodium silvaticum**, Lycopodium Selago, **Blechnum Spicant** $V^3 Z^{1-2}$. Wald südl. von Neustadt: Aspidium cristatum, **Rubus Bellardi**, **Blechnum Spicant** $V^3 Z^4$, Cystopteris fragilis; auf den Cedronwiesen zw. Neustadt und der Ziegelei: Orchis maculata, **Rubus Sprengelii** $V^1 Z^2$, Melandrium rubrum; auf dem Kollerberg bei Neustadt: **Blechnum Spicant** $V^4 Z^2$, **Aspidium montanum** $V^1 Z^3$; Schmechau, Pelzau. — 27. 7. 84. Zw. Rheda und Sbichau: Clinopodium vulgare, **Rubus Bellardi**, Monotropa Hypopitys, Pirola secunda; zw. Sbichau und Neuhof: Achillea Ptarmica; zw. Neuhof und Bieschkowitz: Andromeda poliifolia; zw. Bieschkowitz und Borrowo: Anthericum ramosum $V^2 Z^2$; am Borrowo-See: Juncus filiformis, **Rubus Bellardi**, **Blechnum Spicant** $V^2 Z^1$, Hydrocotyle vulgaris; zw. Borrowo und Wispau: Anthericum ramosum; zw. Gnewau und Rheda: Rubus Bellardi $V^2 Z^2$, Pirola uniflora $V^1 Z^2$. — 30. 7. 84. Zw. Rheda und Pelzau, am Nordrande der Gnewau'er Forst: Pirola secunda, **Goodyera repens**, Festuca gigantea, **Cardamine hirsuta** b. **silvatica**, **Bromus asper**, **Brachypodium silvaticum** $V^2 Z^3$, Rubus Bellardi, Circaea lutetiana, Mercurialis perennis, in einer Schlucht südöstlich von Pelzau: **Cardamine hirsuta** b. **silvatica** $V^1 Z^2$, Lysimachia nemorum, Orchis maculata; Avena praecox. — 31. 7. 84. Zw. Putzig und Schwarzau: **Scirpus uniglumis** $V^2 Z^3$, Triglochin maritima, Thalictrum flavum (Laub.), **Spergularia salina** $V^2 Z^2$, **Erythraea linariifolia** $V^4 Z^3$; in Gräben an der Mündung der Plutnitz: **Nasturtium officinale** $V^2 Z^2$; Strandwiesen zw. der Plutnitz-Mündung und Schwarzau: Alopecurus geniculatus, Trifolium fragiferum $V^3 Z^4$; zw. Schwarzau und Grossendorf auf Strandwiesen: Ligustrum vulgare, **Plantago maritima** $V^4 Z^3$, **Spergularia salina** $V^1 Z^1$, Avena praecox, Radiola linoides $V^4 Z^5$, Hippuris vulgaris, **Erythraea linariifolia** $V^2 Z^3$, Geranium palustre; in Strandgräben südöstlich von Grossendorf: **Potamogeton trichoides**, Myriophyllum verticillatum, Utricularia vulgaris, **Juncus obtusiflorus** $V^1 Z^3$. Vom 1. 8. 84 bis 9. 8. 84 musste ich einer heftigen Erkältung wegen meine Excursionen einstellen.

Am 10. 8. 84 siedelte ich nach Smasin über. 11. 8. 84. Am Gossentin-Bach zw. Smasin und Abbau Melwin: **Aconitum variegatum** $V^2 Z^3$, Geranium palustre, Festuca gigantea $V^3 Z^2$, Viola mirabilis (Laub), Polygonatum anceps, Mercurialis perennis $V^3 Z^3$, Euonymus europaea, **Digitalis ambigua** $V^2 Z^1$, **Bromus asper** $V^1 Z^3$, Thalictrum aquilegifolium $V^3 Z^{3-4}$, Lycopodium Selago $V^3 Z^{2-3}$, Aiuga pyramidalis, **Cardamine hirsuta** b. **silvatica** $V^1 Z^3$, Lysimachia nemorum $V^3 Z^2$, Achillea Ptarmica; am Gossentinbach zw. Abbau Mellwin und Mühle Barlomin: Scirpus silvaticus, Circaea alpina $V^3 Z^3$, Lysimachia nemorum $V^3 Z^1$, ***Struthiopteris germanica*** $V^3 Z^5$, **Brachypodium silvaticum** $V^2 Z^2$, Avena caryophyllea $V^4 Z^{2-3}$; zw. Barlomin'er Mühle und Barlomin: Achillea Ptarmica; zw. Barlomin und Wischetzin im Barlomin'er Walde: Carex remota, Molinia coerulea b. arundinacea, Monotropa Hypopitys; zw. Wischetzin und Smasin, am Hohlwege im Smasin'er Walde: **Digitalis ambigua** $V^2 Z^3$. — 12. 8. 84. Regen. — 13. 8. 84. Bruch im Südosten von Smasin: Empetrum nigrum, Salix pentandra, Carex glauca, **Scirpus caespitosus** $V^3 Z^4$; Bruch östlich vom vorigen: **Scirpus caespitosus** $V^1 Z^2$, Empetrum nigrum, Geranium palustre; im Wäldchen nordwestlich von Smasin: Digitalis ambigua $V^1 Z^3$, Carex silvatica $V^3 Z^2$; **Aconitum variegatum** $V^1 Z^1$, **Bromus asper**, Festuca gigantea, Asarum europaeum; am

Nordwestufer des Wischetzin'er Sees am Wege zw. Smasin und Wischetzin: ***Erica Tetralix*** $V^1 Z^4$. — 14. 8. 84. Zw. Smasin und Grünberg: Achillea Ptarmica; zw. Grünberg und Protoschin: **Rubus Bellardi**; über Glashütte nach Neuhof; im Walde von Dennemörse: **Scirpus caespitosus**. — 15. 8. 84. Am Gossentin-Bach zw. Smasin und Zemblau'er Mühle: Geranium palustre, Pulmonaria officinalis $V^3 Z^3$, **Centaurea austriaca** $V^3 Z^2$, ***Polygonatum verticillatum*** $V^1 Z^3$, Mercurialis perennis $V^3 Z^4$, Calamagrostis lanceolata $V^3 Z^3$, Scrophularia alata; in Torfgräben: Myriophyllum spicatum, Molinia coerulea b. arundinacea; Salix pentandra; zw. Zemblau'er Mühle und Lewinko: Achillea Ptarmica; im und am Lewinko-See: **Myriophyllum alterniflorum** (einen Gürtel um den See bildend), **Elatine Hydropiper** $V^2 Z^2$; im und am Miloschewo-See: **Myriophyllum alterniflorum, Chara aspera** $V^1 Z^5$ (in 1½–2' tiefem Wasser), Butomus umbellatus; am bewaldeten Ostufer des Miloschewo-See: Ribes alpinum, Rubus Bellardi; über Lewinko, Pobloz, Idasruh nach Smasin. — 17. 8. 84. Zw. Smasin und Zemblau: Geranium palustre, **Mentha silvestris** $V^1 Z^3$; zw. Zemblau und Bendargau: **Lycopodium inundatum**. — 18. 8. 84. Zw. Smasin und Grüneberg: Hypericum humifusum; Grüneberg, Pretoschin, Soppieschin, Biala; kl. Moorwiese südwestlich von Biala: Juncus filiformis; am Teufels-See im Walde zw. Biala u. U.-F. Pentkowitz: **Veronica scutellata var. parmularia,** Avena praecox, Hydrocotyle vulgaris; ***Polystichum montanum*** $V^1 Z^3$, Monotropa Hypopitys; in den Schluchten am westl. Quellfliess des Cedronbaches: Mercurialis perennis, Circaea alpina, Lysimachia nemorum, Lycopodium Selago, **Blechnum Spicant** $V^1 Z^3$, **Cardamine hirsuta** b. **silvatica** $V^1 Z^3$; zw. der Neustadt'er Ziegelei und der Cedron-Mühle in den bewaldeten Schluchten des rechten Cedron-Ufers: **Blechnum Spicant** $V^3 Z^2$, Circaea lutetiana, **Festuca silvatica** $V^1 Z^3$, **Bromus asper**, Mercurialis perennis, **Rubus Bellardi, Elymus europaeus** $V^1 Z^3$, **Melica uniflora** $V^3 Z^2$; auf den Cedron-Wiesen: **Polemonium coeruleum**; zw. der Cedron-Mühle und dem Kellerberg: **Blechnum Spicant, Aspidium montanum** $V^3 Z^3$; über Soppieschin, Pretoschin, Grüneberg nach Smasin. — 19. 8. Ruhetag. — 20. 8. Zw. Smasin und Lebno: Salix pentandra, Hypericum tetrapterum, Orchis maculata, Eriophorum latifolium, Platanthera bifolia. — 21. 8. Zw. Lebno und Schönwalderhütte: Ornithopus perpusillus, Alchemilla arvensis, **Aster longifolius** (verwildert), Vaccinium uliginosum; an einem Torfsee: Empetrum nigrum; an einem Waldsumpf: Peplis Portula, Veronica scutellata var. parmularia; in Torfbrüchen zw. Schönwalderhütte und Steinkrug'er See: **Scirpus caespitosus** $V^3 Z^4$, Achillea Ptarmica, Rhynchospora alba $V^2 Z^4$; im u. am Steinkrug'er See: Isoëtes lacustris fr. falcata, Avena praecox. — 22. 8. 84. Zw. Smasin und Carolinenhof: Empetrum nigrum, Hypericum humifusum, Achillea Ptarmica; im Walde westlich von Smasin: Paris quadrifolius, **Festuca silvatica** $V^2 Z^3$, Thalictrum aquilegifolium, **Digitalis ambigua**, Neottia Nidus avis; am kl. Waldsee im Smasin'er Wald: Carex filiformis $V^3 Z^2$; zw. Carolinenhof und Strepsch: Hypericum humifusum, **Carlina vulgaris**, Molinia coerulea b. arundinacea, Ervum cassubicum, Orchis maculata, Achillea Ptarmica, Bidens cernuus b. minimus; im und am See von Strepsch: **Elatine Hydropiper** $V^1 Z^3$, Peplis Portula, **Myriophyllum alterniflorum**; Pobloz; in einem Torfsee am Wege zw. Strepsch und Pobloz: Vaccinium uliginosum; am Zemblau'er Mühlenteich: Potamogeton crispa, **Polemonium coeruleum** (Laub.).

Es wird um 12 Uhr eine Frühstückspause von ½ Stunde gemacht.

1883 waren in Marienburg die Herren Prof. Lentz und Apotheker Eichert zu Prüfern der Kasse erwählt. Da Herr Eichert verreist war und Herr Professor Spirgatis, den der Vorsitzende für Herrn Eichert einzutreten aufforderte, sich verhindert sah, übernahm Herr Gartenmeister Einicke mit Herrn Prof. Lentz die Prüfung der Kasse. Ihr Bericht wird verlesen. Die Einnahme betrug 1884 3257,65 Mk., die Ausgabe 3184,49 Mk., mithin Bestand 73,16 Mk. 1000 Mk. wurden kapitalisirt und es sind 11725 Mk. Kapital vorhanden. Auf diesen Bericht hin wird die Kassenführung von der Versammlung für richtig erklärt. Zu Prüfern der Kasse für 1885 werden die Herren Prof. Dr. Spirgatis und Apotheker Mielentz erwählt. Pr. Stargardt wird als Versammlungsort für 1885 ausersehen, wo Herr Apotheker Siewert die Geschäftsführung übernehmen will. Der Vorstand wird durch Acclamation von Neuem erwählt und beschlossen, die muthmasslich für 1885 zur Verfügung stehenden 1200 Mk. zur Ergänzung der Untersuchungen der Kreise Memel, Kartaus, Berent und Danzig zu verwenden.

Dr. Heidenreich-Tilsit bringt: Struthiopteris germanica von Friedrichsgnade an der Equitte. Dann Juncus balticus und Tragopogon heterospermus von den Dünen westlich von der Stadt Tilsit, auf denen Dr. Heidenreich jetzt auch Salix daphnoides Vill., neu für Tilsit, aufgefunden hat. Ferner: Trifolium spadiceum von den Puszinen, Coenolophium Fischeri vom Memelufer bei Tilsit, Laserpitium prutenicum aus Polen vom waldigen Memelufer bei Kowno, Alnus pubescens Tausch, Ranunculus auricomus b. fallax Wimmer, Bidens radiatus, Centaurea maculosa, Achillea cartilaginea, Chaeturus Marrubiastrum, Gladiolus imbricatus, Ononis hircina aus der Nähe von Tilsit.

Es laufen dankende Telegramme von Professor Prätorius und Conrektor Seydler ein.

Stud. Emil Knoblauch erstattet dann seinen

Bericht über die botanische Erforschung des Kreises Memel.

Die Untersuchung des Kreises Memel von Seiten des preussisch-botanischen Vereins wurde 1884 von Herrn Professor Caspary mir übertragen. Sie dauerte vom 7. Mai bis 12. September, während welcher Zeit ich den Kreis zweimal bereiste. Der Kreis Memel ist waldarm; die meist privaten Wälder des nördlichen Theils sind (mit Ausnahme der angepflanzten Memel'er „Plantagen") Laubwälder; die des südlichen Theils werden von der königl. Klooschen'er Forst gebildet. Die Hauptbäume des nördlichen Theils sind Betula verrucosa und pubescens, daneben findet man Sorbus aucuparia, Populus tremula, Quercus pedunculata, Alnus glutinosa und incana, Fraxinus excelsior, Tilia ulmifolia, Prunus Padus, Juniperus communis, Rhamnus Frangula; in der Lappenischke und in Wäldern bei Baugskorallen treten auch Pinus silvestris und Picea excelsa als Hauptwaldbäume auf; die der Klooschen'er Forst sind Pinus silvestris, Picea excelsa, Betula pubescens und verrucosa, ferner Populus tremula, Quercus pedunculata, Rhamnus Frangula, Sorbus aucuparia, Fraxinus excelsior, Alnus glutinosa. Eine interessante Ausbeute lieferten die Flussthäler der Dange, Schmeltelle, Minge, Wewircze; von Bachthälern ist besonders das der Ekitte zu erwähnen. — Von meinen Funden sind neu für Ostpreussen *Carex pulicaris*, V^3 Z^3

im Kreise, und ***Myrica Gale*** (westlich und nordwestlich von Prökuls); von ***Potamogeton salicifolia Wolfg.*** fand ich den 2. Standort für Ostpreussen und Deutschland.

Bemerkenswerth ist die Verbreitung folgender Pflanzen im Kreise: der seit Kannenberg im Kreise nicht gefundenen ***Sesleria coerulea*** (40 Standorte; südlich von der Minge noch nicht beobachtet), ferner der ***Pinguicula vulgaris*** (75 Standorte, namentlich im Löbarten'er, Dt. Crottingen'er und Baugskorallen'er Gebiet) ***Primula farinosa*** (85) *).

Von seltneren Pflanzen fand ich: Lycopodium inundatum (2: Prökuls, Zenkuhnen), L. Selago, Polygonatum verticillatum (6: Bebruhne, Ekitte, Miszeiken, Löbarten, Minge), Eriophorum latifolium (11), Equisetum arvense b. boreale Ruprecht (30), E. hiemale (17), Linnaea borealis (12), Ranunculus fluitans (Minge, Aglohne), Carex pulicaris (10), C. fulva Good. (14), C. flacca, Ophioglossum vulgatum (3), Trifolium spadiceum (8), Microstylis monophylla (2), Gentiana Pneumonanthe (8); nur im nördlichen Theile der Kreises beobachtete ich: Alyssum montanum (1), Arabis Gerardi (2), Festuca arundinacea (3), Coralliorrhiza innata (1), Triticum junceum (1), T. acutum (1), Lappa nemorosa (1), Brachypodium silvaticum (2), Centaurea austriaca (1), Pedicularis Sceptrum Carolinum (1); im südlichen Theile: Myrica Gale (9), Gladiolus imbricatus (3), Stellaria Frieseana, Listera cordata (2), Liparis Loeselii (1), Drosera anglica (2), Carex limosa (1), Cyperus fuscus (1).

Am 3. 7. 84 fand Herr Gutsbesitzer Scheu-Löbarten im Gehölz von Dautzkurr-Narmund **Epipactis palustris**, und **Microstylis monophylla** (zum 1. Male im Kreise.)

Anderweitig häufige Pflanzen sind im Kreise Memel selten, wovon ich hervorhebe: Asperula odorata (1), Circaea alpina (4), Carex Pseudo-Cyperus (1), Malachium aquaticum (Minge, Wewircze, Olisse.)

Nur in und bei der Stadt Memel sah ich: Chenopodium Vulvaria, Onopordon Acanthium, Epipactis rubiginosa (1), Ononis repens, Aster Tripolium (Nordermole), Centaurea paniculata, Hippophaë rhamnoides, Silene tartarica (Sandkrug, daselbst auch S. parviflora Pers.); fast ausschliesslich bei Memel: Echium vulgare, nur bei der Stadt Memel und in Schwarzort: Lepidium ruderale. Memel'er Ballastpflanzen sind: Diplotaxis tenuifolia, D. muralis, Sisymbrium Sinapistrum, Carduus nutans, Reseda lutea, R. Luteola; jedenfalls eingeschleppt sind Gypsophila paniculata (am Sandkruge, in der Plantage am Leuchtthurm, bis zur holl. Mütze, selbst noch bei Immersatt) und Elaeagnus argentea Pursh.

Häufigere Pflanzen sind: Carex caespitosa (verbreitet im Crottingen'er Gebiet **): 10), Elscholzia Patrini (10), Archangelica officinalis (14: Dange, Minge, Schmeltelle, Kanal, Wewircze), Cichorium Intybus (16, davon 10 im Memel'er Gebiet), Berteroa incana (17, 13 bei Memel, 4 bei Prökuls), Lappa minor (19), Campanula patula (23, im Aszpurwen'er Gebiet), Asarum europaeum (25, 17 im Baugskorallen'er, 6 im Crottingen'er Gebiet), Scirpus silvaticus (26), Carex flava a. vulg. (28) und b. Oederi (49), Melica nutans (28), Radiola linoides (28), Achyrophorus maculatus (33, namentlich im südl. Theil), Ledum palustre (33, bes. im Aszpurwen'er, Prökuls'er und Miszeiken'er Gebiet), Arctostaphylus Uva ursi (34 im südl. Theil), Juncus

*) Eingeklammerte Zahlen hinter Pflanzennamen geben die ungefähre Zahl der beobachteten Standorte an.

**) Diese Gebiete sind die Gebiete der Excursionen von den einzelnen Wohnorten aus.

squarrosus (39, bes. im Aszpurwen'er, Prökuls'er, Miszeiken'er, Löbarten'er Gebiet), Ranunculus polyanthemus (39, bes. im Aszpurwen'er, Löbarten'er, Prökuls'er Gebiet), Lycopodium annotinum (42, namentl. im südl. Theil), Dianthus deltoides (43), Drosera rotundifolia (46), Potentilla cinerea (48, namentl. im nördl. Theil im Gebiete der Dange und Schmeltelle, Ekitte, Minge, aber auch in dem der Wewircze), Juncus alpinus (51), Paris quadrifolia (51, namentl. im Crottingen'er und Baugskorallen'er Gebiet), Solanum Dulcamara (54), Artemisia Absinthium (58), Empetrum nigrum (62, bes. im südl. Theil), Gnaphalium silvaticum (63), Alectorolophus minor (67), Anchusa officinalis (70), Rubus saxatilis (73), Nardus stricta (75), **Pinguicula vulgaris** (75), Myosotis caespitosa (76), **Salix livida** (83, bes. im Baugskorallen'er, Löbarten'er und Miszeiken'er Gebiet), **Primula farinosa** (85).

Allen Herren, die mich bei meiner Untersuchung freundlichst unterstützt haben, sage ich auch an dieser Stelle meinen verbindlichsten Dank, insbesondere Herrn Landrath Cranz, Herrn Oberförster Schoeppfer-Klooschen, Herrn Apotheker Berger-Memel, den Herren Rittergutsbesitzern Frenzel auf Bangskorallen, Coralliscbken und Grünheide, Ruppel-Gr. Tauerlauken, C. Ogilvie-Aszpurven, Scheu-Löbarten, Schulz-Szernen, v. Schulze-Zenkuhnen, v. Schulze-Miszeiken, Sperber-Prökuls, Herrn Pfarrer Jussas-Dt. Crottingen und Herrn Hauptlehrer Kremp-Memel.

Hiernach gebe ich die hauptsächlichen Ergebnisse der einzelnen nach der Generalstabskarte angestellten Excursionen. — 7. 5. 84. Hinreise nach Memel, wo ich bis zum 14. 5. blieb. — 8. 5. 84. Gr. Tauerlauken, Purmallebach. — 9. 5. 84. Regen. — 10. 5. 84. In Seebad Försterei: Arabis arenosa, **Vicia lathyroides** $V^1 Z^5$; zw. Försterei und holländ. Mütze: **Chimophila umbellata** $V^1 Z^5$, **Polypodium vulgare**. Mellneraggen (kaufm. Plantage), Leuchtthurm, Bommelsvitte. — 11. 5. 84. Bachthal südl. von Kl. Tauerlauken: **Vicia lathyroides.** Ringel: Elodea canadensis $V^5 Z^3$. Oestlich von Gr. Tauerlauken: Viola odorata. Grünthal: Petasites tomentosus, Barbarea arcuata. — 12. 5. 84. Carlsberg, Gr. Szarde, Schmelz. — 13. 5. 84. Bach zw. Zenkuhnen und Thaleiken-Jakob: Elodea canadensis; zw. Buddelkehmen und Carlsberg: Equisetum arvense b. boreale.

15. 5. 84. Umzug nach Dt. Crottingen, unterwegs an der Chaussee gefunden: Sesleria coerulea südlich von Gr. Tauerlauken $V^1 Z^2$; ferner zw. Gr. Tauerlauken und Paul-Narmund kurz vor Kilometerstein 7,8 $V^1 Z^3$ und zw. 10,0 und 10,5 $V^3 Z^{2-3}$; zw. Paul-Narmund und Dt. Crottingen $V^{1-2} Z^2$, z. B. vor 12,4, 12,9 und 13,7. — 15. 5. 84. Zw. Dt. Crottingen und Dange: **Sesleria coerulea** $V^1 Z^3$, **Polygala amara**; zw. Stanszen und Dt. Crottingen: Sesleria coerulea $V^1 Z^1$ vor 14,2. — 16. 5. 84. Linkes Dangeufer zw. Dt. Crottingen und Dautzin-Niklau: Sesleria coerulea, **Corydalis intermedia** ($V^1 Z^5$ gegenüber Dt. Crottingen). Zw. Dt. Crottingen und Gut Crottingen: Sesleria coerulea $V^2 Z^{3-5}$; zw. Gut Crottingen und Bajohr-Görge: Sesleria coerulea $V^3 Z^{1-3}$, Elodea canadensis. — 17. 5. 84. Dange zw. Dt. Crottingen und Dautzin-Niklau: Elodea canadensis $V^4 Z^3$; zw. Ekitten und Matzstanden: Senecio vernalis, S. paluster, Stratiotes aloides. — 18. 5. 84. Dangewiesen zw. Stanszen und Claus-Puszen: **Sesleria coerulea** $V^2 Z^5$; Thal südlich von Claus-Puszen. — 19. 5. 84. Gehölz westlich von Dt. Crottingen: **Mercurialis perennis, Viola mirabilis** Z^5. Zw. Patra und Ulszeiken-Jahn: Sesleria coerulea $V^3 Z^{2-3}$; zw. Ulszeiken und Brusdeilinen und zw. Brusdeilinen und Szeichen: Sesleria coerulea Z^4. Chaussee

von Brusdeilinen und Szurlig: Sesleria coerulea V^4 Z^5, **Polygala amara** V^3 Z^1; zw. Szurlig und Immersatt: Sesleria coerulea V^3 Z^2; in Immersatt: **Carex Schreberi**. Zw. Nimmersatt und Strand: ***Alyssum montanum*** Z^5. Zw. Karkelbek und Perkam und zw. Perkam und Dargussen: **Sesleria coerulea**; zw. Dargussen und Labatag-Michel: Sesleria coerulea V^1 Z^2, Polygala amara V^2 Z^{1-3} (blau und weiss). — 20. 5. 84. Gehölz zw. Patra und Szodeiken-Jakob: Viola canina + silvatica, V. mirabilis, Sesleria coerulea, **Polygala amara**. Zw. Patra und Ilgauden-Mauserim, in Gehölz westl. am Wege: Hepatica triloba; am Wege: Sesleria coerulea V^{2-3} Z^2. — 21. 5. 84. Zw. Szudebarsden und Bahne: Sesleria coerulea V Z^3; Wald zw. Wallehnen und Talutten: **Carex flacca** V Z^2; zw. Wallehnen und Girngallen-Gedmin: **Carex flacca**; in Lappenischke: **Sesleria coerulea** V^2 Z^4; Lappenischke zw. Girngallen und Adl. Lappenischken: Lathyrus montanus; zw. Adl. Lappenischken und Gr. Kurschen: **Polygala amara**. — 22. 5. 84. Zw. Einnahren und Paul-Narmund: Sesleria coerulea V^3 Z^3 und V^1 Z^{3-4} zw. 10,8 und 12,4. Zw. Paul-Narmund und Collaten, Chaussee: **Polygala amara**. Wald nordöstlich von Collaten, Podszeit-Niklau, Sperrkorsten. — 23. 5. 84. Labatag-Michel. — 24. 5. 84. Zw. Gausseen und Raiszen-Jetkandt: Sesleria coerulea V^2 Z^2; Gehölz nordwestlich von Raiszen: Sesleria coerulea, auch zw. Raiszen und Ilgauden-Mauserim; zw. Ilgauden und Kiacken: **Polygala amara**, im Walde: **Sesleria coerulea** Z^5, **Viola epipsila**. Zw. Kinken und Ramutten-Jahn: Sesleria coerulea, Polygala amara V^2 Z^1; zw. Ramutten und Uszneiten und zw. Brusdeilinen und Perkam: Sesleria coerulea, Polygala amara. — 25. 5. 84. Zw. Zarthen und Kl. Kurschen, und zw. Gr. Kurschen und Dautzin-Thoms: Sesleria coerulea, Polygala amara (blau und weiss); zw. Dautzin-Thoms und Zarthen: Sesleria coerulea.

26. 5. 84. Umzug nach Baugskorallen. Zw. Baugskorallen und dem Walde: **Polygala amara**. Mikaitischken'er Wald, südl. Theil: Viola canina + silvatica. — 27. 5. 84. In der Baugst östlich von Corallischken: Elodea canadensis. Wald nordwestlich von Corallischken: **Polygala amara**; zw. Szabern-Wittko und Carlshof: Viola canina + silvatica; an der Ekitte: Lonicera Xylosteum, Mercurialis perennis, **Polygala amara**; letztere auch am Landweg von Corrallischken zur Chaussee. In Baugskorallen: **Symphytum officinale**. — 28. 5. 84. Baugskorallen'er Wald: **Ranunculus cassubicus**, **Sesleria coerulea** Z^{2-4}, **Polygala amara**; zw. Birkenwalde und Plicken: **Sesleria coerulea** V^4 Z^{2-5}, Polygala amara; zw. Plicken und Truszen: Polygala amara, Sesleria coerulea; zw. Truszen und Woiduszen: Sesleria coerulea; zw. Meddicken und Grumen: Sesleria coerulea, **Polygala amara**. Chaussee zw. Birkenwalde und Baugskorallen: **Sesleria coerulea**. — 29. 5. 84. Wald von Packmohren südlich der Ekitte: Viola canina + silvatica, Polygala amara; linkes Ekitteufer zw. Johannishof und Packmohren: Trollius europaeus, Lathyrus vernus, Acer platanoides, Viola canina + silvatica, **Struthiopteris germanica**. — 30. 5. 84. Wald östlich von Kl. Jagschen: Mercurialis perennis. Zw. Smilginen und Duatzkucken: **Ranunculus cassubicus**. — 31. 5. 84. Kallnischken, Truszellen, Ilgauden-Paul, Corallischken. — 1. 6. 84. In Bachmann: Viola odorata, Symphytum officinale, Petasites officinalis (angepflanzt, im Kreise nicht wild gefunden). — 2. 6. 84. Ekitte zw. Szabern-Wittko und Carlshof: **Polygonatum verticillatum**. Corallischken. — 3. 6. 84. Zw. Bajohr-Mitzko und Dargwill-Szodeiken: Viola mirabilis; Matzkiken, Dargwill-Szodeiken, Todden-Jakob, Dawillen. Zw. Laugallen und Todden: Polygala

amara, **Sesleria coerulea** V^{2-3} Z^{3} (südlichster Standort). — 4. 6. 84. Mikaitischken'er Wald, südl. Theil: Lathyrus vernus; Wiese zw. nördl. und südl. Theil: **Polygala amara.** — 5. 6. 84. Zw. Szabern - Wittko und Johannishof, rechtes Ekitte - Ufer: **Arabis Gerardi**; Wald links der Ekitte zw. Packmohren und Plicken: Hepatica triloba, Viola mirabilis, **Orchis mascula** β. **speciosa Host, Eriophorum latifolium. Carex dioica, C. filiformis.** — 6. 6. 84. Regen. — 7. 6. 84. Chaussee zw. Baugskorallen und Grünheide, und zw. Grünheide und Dinwethen: Polygala amara. Zw. Kaitienen und Matz-Mamhren: Lathyrus montanus. Ilganden, Raddeilen. Ekitte gegenüber Friedrichsgnade: Mercurialis perennis; Wald von Packmohren nördl. der Ekitte: Orchis mascula β. speciosa. Rechtes Ekitte-Ufer zw. Johannishof und Szabern - Wittko: **Geranium silvaticum**; dasselbe zw. Carlshof und Friedrichsgnade: **Struthiopteris germanica**, Viola canina + silvatica.

8. 6. 84. Umzug nach Miszeiken. — 9. 6. 84. Miszeiken'er Park: **Asperula odorata** V^{1} Z^{2-3} (einziger Standort im Kreise), **Milium effusum, Ranunculus cassubicus,** Viola canina + silvatica; Schmeltelle: ***Polygonatum verticillatum*** V^{1} Z^{2}, Mercurialis perennis, Viola mirabilis, Hepatica triloba, Cornus sanguinea. Miszeiken'er Wald: Andromeda poliifolia. — 10. 6. 84. Zw. Miszeiken und Hennig-Haus: Orchis latifolia, Barbaraea arcuata. Wald zw. Löbarten und Ilgejahnen: **Listera ovata.** Zw. Löbarten und Dautzkurr - Narmund: Orchis mascula β. speciosa. In Kerren - Görge: Barbaraea stricta. Zw. Schweppeln und Eglien-Görge auf früherer Waldstelle: Trollius europaeus. — 11. 6. 84. Miszeiken'er Wald: Astragalus glycyphyllus (von Herrn v. Schulze mir gezeigter Standort). Südl. von Januszen: Salix livida + aurita; zw. Januszen und Kl. Daupern: Salix livida + aurita, Platanthera bifolia, Equisetum arvense b. boreale; zw. Slapsil und Bajohr - Mitzko: **Equisetum hiemale**, Vaccinium Oxycoccos, Salix repens c. vulg. Wimm.; zw. Schlapszil u. Gr. Daupern: Carex dioica. Schmeltelle gegenüber Gr. Daupern: **Thalictrum aquilegifolium.** — 12. 6. 84. Kischken-Görge, Kischken'er Wald: Carex Goodenoughii fr. juncella Fr., ***Linnaea borealis*** V^{1} Z^{4}. — 13. 6. 84. Daupern'er Moor: **Rubus Chamaemorus**, Carex dioica, ***Scirpus caespitosus.*** — 14. 6. 84. Schmeltelle. Rechtes Ufer zw. Miszeiken und Sziluppen: Equisetum palustre b. polystachyum, Barbaraea stricta, Salix rubra, Poa compressa, **Ranunculus divaricatus** in der Schmeltelle. Rechtes Ufer zw. Sziluppen und Zenkuhnen: Barbaraea stricta, Equisetum arvense b. boreale. Heide östlich von Zenkuhnen: **Eriophorum latifolium.** Gehölz nördlich von Zenkuhnen: Ulmus montana, Lathyrus vernus, L. montanus; zw. Zenkuhnen und Sziluppen, Weg östlich der Schmeltelle: Orchis mascula b. speciosa. Linkes Schmeltelle - Ufer zw. Januszen-Görge, Gr. und Kl. Daupern. Nordrand des Miszeiken'er Waldes: **Carex flacca.** — 15. 6. 84. Miszeiken'er Park: **Actaea spicata** V^{1} Z^{3-4}, Ulmus montana (ein Baum).

16. 6. 84. Umzug nach Löbarten. — Folgenden Minge-Theilen: 1) zw. Sudmanten-Haus und Dawillen, 2) zw. Szernen und Gedminnen, 3) zw. Gedminnen und Baiten, 4) zw. Szernen und Gröszuppen und 5) zw. Gröszuppen und Rooken ist gemeinsam: **Petasites tomentosus**; den ersten 4: **Ranunculus fluitans** (in der Minge) und Equisetum arvense b. boreale; den ersten 3: **E. hiemale**; Theil 1, 3 und 4: Thalictrum aquilegifolium; Theil 1, 2, 4 und 5: Barbaraea stricta, Saponaria officinalis; Theil 2, 4 und 5: Ranunculus polyanthemus, Solanum Dulcamara. — 1) Dem Walde zw. Löbarten und Ilgejahnen, 2) Gehölz zw. Baben und Galten und 3) von Dautz-

kurr-Narmund, 4) Szernen'er Gutswald ist **Viola epipsila** gemeinsam (in 1 und 4 auch V. epipsila + palustris); in 1, 2, 3: **Eriophorum latifolium**, Equisetum arvense b. boreale; in 2, 4: Aspidium cristatum, Ranunculus polyanthemus; in 1 und 3: Orchis mascula *β*. speciosa; in 2 und 3: **Carex pulicaris** zus. mit **C. fulva Good**. — 16. 6. 84. Wald zw. Löbarten und Ilgejahnen: Stratiotes aloides, **Carex paradoxa**, C. dioica, Platanthera bifolia. — 17. 6. 84. Zw. Hennig-Haus und Skranden-Niklau: Orchis mascula (*β*) speciosa. Schmeltelle zw. Zenkuhnen und Buddelkehmen. — 18. 6. 84. Szernen'er Gutswald: Listera ovata. Szernen'er Wald nördl. d. Chaussee: **Equisetum hiemale** V[1] Z[2]. Minge zw. Szernen und Grószuppen: Eriophorum latifolium; Szernen'er Wald südl. d. Chaussee: **Linnaea borealis**. — 19. 6. 84. Rechtes Mingeufer zw. Sudmanten-Haus und Darwillen: Lychnis Viscaria, **Cynanchum Vincetoxicum**, Aspidium cristatum, **Trifolium spadiceum**, Spiraea Filipendula, **Struthiopteris germanica, Cystopteris fragilis,** Astragalus glycyphyllus. Zw. Stanz-Tramm und Baiten: Spiraea Filipendula, Thalictrum flavum; zw. Baiten und Griegszen: Spiraea Filipendula; zw. Griegszen und Kiaunoden: **Geranium silvaticum**, Lychnis Viscaria, **Trifolium spadiceum, Ribes alpinum, Carex fulva,** Thalictrum flavum, Petasites tomentosus (an der Minge). — 20. 6. 84. Zw. Sudmanten-Haus und der Minge: Senecio vernalis; Minge zw. Sudmanten und Kalwen: Barbaraea stricta, **Struthiopteris germanica** Z[4], Cynanchum Vincetoxicum, **Cystopteris fragilis,** Thalictrum aquilegifolium. — 21. 6. 84. Minge zw. Szernen und Gedminnen: Veronica Teucrium. Zw. Szernen und Gedminnen: Aspidium cristatum Phegopteris polypodiodes, **Viola epipsila,** Calla palustris. In der Minge zw. Gedminnen und Baiten: ***Potamogeton salicifolia Wolfg.:*** an d. Minge: Veronica Teucrium, Cynanchum Vincetoxicum, **Fragaria viridis,** Ulmus effusa. — 22. 6. 84. Ilgejahnen'er Wald: Trifolium spadiceum. Zw. Thaleiken-Jakob und Kiaunoden-Görge: Aspidium cristatum, Equisetum hiemale, Silene nutans. — 23. 6. 84. Szernen'er Wald südl. d. Chaussee: Lathyrus montanus, Astragalus arenarius, **Chimophila umbellata**, Carex arenaria. Zw. Kl. und Gr. Jodicken: Carex arenaria; zw. Gr. Jodicken und der Chaussee: Senecio paluster, Carex teretiuscula. Chaussee zw. Kissinnen und Szernen: Anthemis tinctoria. — 24. 6. 84. Zw. Löbarten und Dantzkurr-Narmund: **Trifolium spadiceum, Botrychium Lunaria.** Gehölz von Dantzkurr: ***Carex pulicaris*** (neu für Ostpreussen), **Epipactis latifolia,** ***Polygonatum verticillatum.*** Kiefernwald zw. Dantzkurr und Jodeischen-Jahn: Platanthera bifolia. — 25. 6. 84. Gehölz südl. von Birbindschen (Naussеden-Jakob): **Viola epipsila.** Gehölz von Dantzkurr-Narmund: **Listera ovata,** Mercurialis perennis, **Carex flacca.** — Umzug nach Prökuls.

26. 6. 84. Woweriszken, Buttken'er Wald: **Chimophila umbellata, Pirola chlorantha.** Minge zw. Woweriszken und Protniszken: **Veronica Teucrium, Allium oleraceum** V[1] Z[3], Geranium pratense. **Ranunculus fluitans** in d. Aglohne. Zw. Gut Stragna und Mingekrug: Barbaraea stricta; zw. Mingekrug und Prökuls: Geranium pratense. — 27. 6. 84. ***Myrica Gale*** (neu für Ostpreussen) auf der Haide westl. vom Bahnhof Prökuls. — 28. 6. 84. Linkes Mingeufer zw. Klooschen und Sweutwokarren: Stratiotes aloides (Tümpel). Kr. Heidekrug. In Gut Kukoreiten: Viola epipsila. Kieferngehölz westl. v. Bahnhof Kukoreiten: Aspidium cristatum, Iszlitz-Bruch: Calla palustris, **Sparganium minimum Fr.** — 29. 6. 84. Uszwaad- und Bruchschwa-Wiesen gemeinsam: **Triglochin maritimum, Hippuris vulgaris, Calamagrostis neglecta,** Potamogeton graminea b. heterophylla. Wäldchen der Oberförsterei Klooschen

(Jag. 51): Ranunculus fluitans (in d. Minge). In der Kliszub: **Scirpus Tabernaemontani**, an der Kliszub: Triglochin maritimum, Hippuris vulgaris. Nordöstl. v. Drawöhnen: Calamagrostis neglecta, Triglochin maritimum; Brueschwa-Wiesen: Scirpus Tabernaemontani. — 30. 6. 84. Tyrusmoor (Jag. 113), Szwenzeln'er Moor. Südwestl. v. Bahnhof Prökuls: **Euphorbia Cyparissias** V^1 Z^1; westl. desselben: Platanthera bifolia, ***Myrica Gale*** V^{1-3} Z^{2-4} (zw. Aeckern). Heide östl. v. Tyrusmoor: ***Myrica Gale***, Carex dioica; Tyrusmoor (Jag. 113): ***Myrica Gale*** V^5 Z^5, Potamogeton gramineus b. heterophylla Fr. Szwenzeln'er Moor: **Rubus Chamaemorus**, Aspidium cristatum, ***Scirpus caespitosus***. — 1. 7. 84. Westl. des Bahnhofs Prökuls, **Sarothamnus scoparius** V^2 Z^3, Phegopteris Dryopteris. Zw. Prökuls und Darzeppeln; ***Myrica Gale***. In Darzeppeln: ***Myrica Gale***, Aspidium cristatum. Zw. Darzeppeln und Waschken: Carex arenaria, Scabiosa ochroleuca. In Kindschen-Hartel: Senecio paluster. Luseze. Jag. 87: Dianthus arenarius, westlich von Jag. 91 und 90 der Luseze: Scirpus Tabernaemontani, Triglochin maritimum. Wilhelmskanal zw. Jag. 88 und Schäferei: Carex arenaria, Dianthus arenarius; zw. Schäferei (Kanal) und Waschken: Triglochin maritimum; zw. Nibbern und Koadeu: Lychnis Viscaria. — 2. 7. 84. Jag. 67: Platanthera bifolia. Am Kanal westl. von Jag. 60: Barbaraea stricta; von Jag. 67: **Lathyrus paluster**. Jag. 68: Thalictrum flavum. Jag. 70: Pirola uniflora; Jag. 71: Aspidium cristatum, **Circaea alpina**. — 3. 7. 84. In Szaduaggen: **Symphytum officinale**. Am Kanal östl. von Jag. 68: Senecio vernalis. Jag. 63: Barbaraea stricta, Thalictrum flavum (am Kanal), ***Gladiolus imbricatus*** (Südrand d. Jagens). Wiese südl. v. Jag. 65: Triglochin maritimum, Thalictrum flavum, ***Gladiolus imbricatus***; im Jag. 64: Thalictrum flavum. Ostsüdöstl. v. Darzeppeln: **Lycopodium inundatum** V^1 Z^{2-3}. Zw. Koadeu und Prökuls: Spiraea Filipendula. — 4. 7. 84. Schutzbezirk Schwarzort: **Stellaria Frieseana**, Aspidium spinulosum b. dilatatum Hoffm., Koeleria cristata, **Linnaea borealis, Tragopogon floccosus**, Pirola uniflora. Ostseestrand von Schwarzort: Astragalus arenarius, Carex arenaria.

5. 7. 84. Umzug nach Aszpurwen. — 6. 7. 84. Wiesen östl. der Jagen 44: **Carex dioica, Eriophorum latifolium.** Jag. 39: Lathyrus vernus. Jag. 43: Phegopteris polypodioides. — 7. 7. 84. Jag. 46: **Circaea alpina** V^1 Z^4. Jag. 49: **Scirpus caespitosus.** Zw. Pöszeiten und Passzkenkrug: **Trifolium spadiceum**, Triticum repens a. genuinum 2. aristatum Aschm.; zw. Passzkenkrug und Posingen, Landweg: Astragalus glycyphyllus; zw. Passzkenkrug u. Szidellen: **Aiuga genevensis.** Zw. Passzken und Kojellen, Gehölz nordwestl. von Passzken: Thalictrum aquilegifolium, Ulmus montana With. Dorf Aszpurwen: **Triglochin maritimum.** — 8. 7. 84. Jag. 36: Lathyrus montanus, **Geranium sanguineum.** Südsüdwestl. von Gut Aszpurwen: **Echium vulgare** (im Innern des Kreises sehr selten), **Geranium molle.** Rechtes Aisseufer zw. Aszpurwen und Degeln: **Silene nutans.** Linkes Ufer zw. Degeln und Braszken: **Aiuga genevensis.** — 9. 7. 84. Jag. 20, 23—25. — 10. 7. 84. Rechtes Aisseufer zw. Aszpurwen und Dwielen: **Equisetum hiemale.** Jag. 50: **Salix livida + aurita.** Zw. Piktagen und Gellszinnen: **Trifolium spadiceum** (auch zw. Passzken und Bielischken), **Carex pulicaris, C. dioica**; nordwestl. d. Gehölzes zw. Gelszinnen und Grabszten: **Equisetum hiemale.** Zw. Grabszten und Kojellen: Triticum repens b. caesium aristatum. Zw. Forsthaus und Dorf Aszpurwen: Platanthera bifolia. — 11. 7. 84. Gut Aszpurwen: Leonurus Cardiaca. Jag. 24: Carex arenaria; Jag. 21: **Listera cordata** V^1 Z^1

(2 Ex.). — 12. 7. 84. Westl. v. Degeln: Koeleria cristata. Jag. 27: **Listera cordata** $V^2 Z^{3-4}$. Wewirsze zw. Stoneiten und Staukaiten: Geranium palustre, Campanula persicifolia, Mercurialis perennis. — 13. 7. 84. Wewircze zw. Szeppoten und Begeden: Cornus sanguinea, **Ajuga genevensis, Senecio paludosus.** Jag. 15: **Microstylis monophylla** $V^2 Z^1$, Carex paniculata, **Eupatorium cannabinum,** Thalictrum aquilegifolium; Jag. 17: **Chimophila umbellata**; Jag. 18: Campanula persicifolia b. **eriocarpa DC., Geranium sanguineum,** Lychnis Viscaria; Wiese nordwestl. desselben: **Eriophorum latifolium,** Thalictrum aquilegifolium, Carex dioica, **Viola epipsila,** Aspidium cristatum, **Epipactis palustris, Liparis Loeselii** (1 Ex.), **Drosera anglica, Carex limosa.** In Begeden: Leonurus Cardiaca. — 14. 7. 84. Jag. 13: Veronica spicata, **Chimophila umbellata.** Jag. 4: **Ajuga genevensis.** In Grünheide bei Saugen: Koeleria cristata. Jag. 18: Lathyrus silvester; Jag. 19: **Carex Pseudo-Cyperus** (einziger Standort), Festuca rubra b. dumetorum L. (als Art) (= b. villosa Koch), Calla palustris, **Pirola chlorantha.** Zw. Norkaton und Kebbeln: Carex arenaria, Koeleria cristata. Linkes Wewirczeufer zw. Staukaiten und Aisseknen: Rumex aquaticus. — 15. 7. 84. Wiese östl. von Jag. 42: **Silene nutans.**

16. 7. 84. Umzug nach Memel. Bürgerfeld'er Memels: Potamogeton graminea b. heterophylla. Dange östlich von Königswäldchen: **Allium oleraceum.** Am Swiano-Teich: Calla palustris. — 17. 7. 84. In Begleitung des Herrn Hauptlehrer Schiemann nach der Plantage. Alter Ballastplatz in Memel: Echium vulgare, **Reseda lutea,** Onopordon Acanthium. Bommelsvitte'scher Kirchhof: **Sisymbrium Sinapistrum,** Vitte'scher Kirchhof: Echium vulgare. Zw. Bommelsvitte und Leuchtthurm, nördlicher Weg: **Hippophaë rhamnoides, Ononis repens** $V^3 Z^3$, Astragalus glycyphyllus; nördlicher Weg: **Elaeagnus argentea Pursch, Thalictrum minus, Centaurea paniculata.** Glacis des Plantagenfort: Centaurea paniculata, Diplotaxis tenuifolia, **Reseda Luteola.** Plantage zw. Leuchtthurm und Melneraggen'er Kirchhof: **Botrychium Matricariae** $V^1 Z^3$. Memel, Veitstrasse: **Chenopodium Vulvaria**; zw. Steinthor und Kalluischken: dasselbe, **Scirpus Tabernaemontani** an der Dange, Sisymbrium Sinapistrum. — 18. 7. 84. Schmelz (Chaussee): Onopordon Acanthium, Saponaria officinalis (dies auch am sog. Oberweg); Götzhöfen'er Kirchhof: **Thalictrum minus** $V^1 Z^{2-3}$. In Rumpischken: Symphytum officinale; zw. Rumpischken und Chaussee: **Malva silvestris.** Kurische Nehrung, Haff zw. nördl. Badeweg und dem obern Sandkruge: Rosa rubiginosa, **Elaeagnus argentea, Festuca arundinacea** (Südermole), **Malva silvestris.** Südlich vom obern Sandkruge: Elaeagnus argentea, **Silene Otites** und S. parviflora Pers., **S. tartarica.** Neuer Ballastplatz in Memel; **Matricaria discoides, Diplotaxis muralis.** — 19. 7. 84. Schwarzort, zw. Dorf und Bernsteincolonie: **Petasites tomentosus**; Grikiun: Aspidium cristatum, **Circaea alpina, Stellaria uliginosa**; Blocksberg: **Lycopodium Selago.** Ostseestrand: **Corispermum intermedium.** Weg südlich von Dorf Schwarzort, Haffseite: **Scirpus Tabernaemontani, Senecio silvaticus, Rumex maritimus.** Dorf: **Symphytum officinale.** — 20. 7. 84. Begleitet von Herrn Gymnasiallehrer Kühnemann. Oestlich von den Schiessständen an der städtischen Plantage: Typha latifolia, **Botrychium Matricariae, Ophioglossum vulgatum** $V^3 Z^{1-3}$. Park des Gasthauses Gr. Tauerlauken (westlich der Chaussee): Cuscuta europaea.

21. 7. 84. Umzug nach Gr. Tauerlauken. — Linkes Dange-Ufer in Kl. Tauerlauken: **Nasturtium barbaraeoides Tausch**, Limnanthemum nymphaeoides (Dange),

Festuca gigantea, Petasites tomentosus (auch an der Dange zw. Kl. Tauerlauken und Daugallen). Bachthal südlich von Kl. Tauerlauken: **Eupatorium cannabinum.** — 22. 7. 84. Begleitet von Herrn Kühnemann. Nordöstl. Theil der städt. Plantage: Platanthera bifolia, Pirola uniflora, Aspidium cristatum, **Allium oleraceum, Ophioglossum vulgatum** (südlich von Schiessstand 1). **Botrychium Matricariae** (östlicher Rand der Plantage). Städtische Plantage: **Lolium italicum A. Br.** (verbreitet); im südlichen Theil: **Equisetum hiemale** $V^1 Z^5$, **Epipactis rubiginosa** $V^1 Z^2$ (westlich vom Plantagenfort), **Medicago media Pers.**; Nordermole: **Carduus nutans** $V^1 Z^2$, Diplotaxis muralis, D. tenuifolia, **Atriplex litorale, Rumex paluster, Aster Tripolium, Triglochin maritimum, Festuca arundinacea, F. distans.** Westnordwestlich vom Leuchthurm (Badeweg): Ononis repens. Kaufmännische Plantage: **Corallorrhiza innata** südöstlich von Försterei in jungem Erlengehölz $V^2 Z^3$. Zw. Försterei und holländ. Mütze: Koeleria cristata, **Sarothamnus scoparius,** Ulmus montana With., Pinus Pumilio (angepflanzt), **Monotropa Hypopitys var. glabra** unter Kiefern. Palwen zw. holländ. Mütze und Gedwill-Paul: **Botrychium Matricariae** $V^2 Z^1$. Zw. Gedwill und Gr. Tauerlauken: Calla palustris. — 23. 7. 84. Dange zw. Gr. Tauerlauken und Purmallen: **Epilobium roseum,** Rumex aquaticus, **Allium oleraceum, Fragaria viridis,** Barbaraea stricta, Geranium palustre. Purmallebach östlich der Chaussee: Acer platanoides, Epilobium roseum. Südermole: Diplotaxis tenuifolia, **Triglochin maritimum,** Anthemis tinctoria, Corispermum intermedium, **Carduus nutans** $V^1 Z^4$ (auf Ballast). Dünen zw. Nehrungsfort und obern Sandkrug: **Silene parviflora Pers.** und **S. tartarica.** — 24. 7. 84. Dange bei Megallen und Gündullen. Zw. Elkitten und Matzstånden: Geranium palustre, Trollius europaeus, **Allium oleraceum.** Zw. Gwilden und Oberhof: Spiraea Filipendula, Veronica spicata. Ringelbach: **Rumex aquaticus,** Geranium palustre, **Epilobium hirsutum.** — 25. 7. 84. Städtische Plantage, nördlicher Theil: Pirola uniflora. Palwen südlich von Försterei: **Botrychium Matricariae** $V^1 Z^1$, Salix repens a. vulg. In Försterei: **Sarothamnus scoparius,** Koeleria cristata. Am Collaten'er See: Calla palustris, **Typha latifolia,** Ranunculus polyanthemus. Zw. Podszeit-Niklau und Collaten: Geranium palustre. — 26. 7. 84. Gr. Tauerlauken'er Bach, östl. und westl. d. Chaussee: **Campanula latifolia;** östlich der Chaussee: Stellaria Holostea. Bach westlich derselben, auf d. Palwe: Koeleria cristata, **Corispermum intermedium.** — 27. 7. 84. Derselbe Bach westl. der Chaussee, nördl. Arm: **Allium oleraceum,** Campanula latifolia. In Gr. Tauerlauken: **Populus nigra** (1 Baum), daran **Nepeta Cataria.** — 28. 7. 84. Ostseestrand zw. Leuchtthurm und dem nördl. Mellneraggen: **Salsola Kali** $V^{2-3} Z^3$, **Ammophila baltica;** Strand westl. des letztern: Corispermum intermedium, Salix rubra, Ammophila baltica. Südl. von Försterei: **Ononis repens** $V^2 Z^3$. Strand zw. Försterei und holländ. Mütze: Ammophila baltica, Corispermum intermedium; holländ. Mütze, Abhänge: **Silene nutans;** in der Plantage: **Pirola chlorantha.** Zw. Gr. Tauerlauken und Purmallen, westl. der Chaussee: Calla palustris. — 29. 7. 84. Ruhetag.

30. 7. 84. Regen und Umzug nach Wallehnen. — 31. 7. 84. Lappenischke zw. Wallehnen und Girngallen-Gedmin: **Carex flacca, C. fulva, Scirpus compressus, Viola epipsila.** Lappenischke nördl. d. Weges Wallehnen-Woiduszen: **Sesleria coerulea.** In Girngallen: **Lemna gibba.** Zw. Girngallen und Adl. Lappenischken (Lappenischke): **Viola epipsila.** Zw. Adl. Lappenischken und Gr. Kurschen: Geranium palustre. Westrand der Lappenischke südlich v. Gr. Kurschen: Trollius europaeus, **Trifolium**

spadiceum. Zw. Wittauken und Gr. Kurschen: Trollius europaeus, **Carex fulva.** Zw. Gr. Kurschen und Corallen, und zw. C. und Dorf Szudebarsden: **Trifolium spadiceum.** — 1. 8. 84. Linkes Bebruhneufer in Wallehnen: **Allium oleraceum, Struthiopteris germanica,** ***Polygonatum verticillatum.*** — 2. 8. 84. Zw. Dt. Crottingen und Patra-Jahn: **Sesleria coerulea,** in d. Gehölz südl. d. Weges: **Ranunculus cassubicus,** Geranium palustre; in Patra: Anthemis tinctoria. Zw. Labatag-Michel und Dargussen: **Carex flacca.** Ostseestrand westl. v. Karkelbek: Ammophila baltica (beides auch zw. Karkelbek und Immersatt), Corispermum intermedium, Ustilago Hypodites Fr. auf Ammophila arenaria, **Potamogeton mucronata** und Ranunculus divaricatus, in d. Ostsee, **Triticum junceum, T. acutum.** Wäldchen westl. v. Immersatt: **Gypsophila paniculata,** Koeleria cristata (auch zw. Immersatt und Uszeneiten); in Zeipen: **Echium vulgare.**

3. 8. 84. Umzug nach Baugskorallen. — 3. 8. 84. Baugskorallen'er Wald: **Eriophorum latifolium,** Mercurialis perennis, Ulmus montana With. — 4. 8. 84. Mikaitischken'er Wald, südl. Theil: Aspidium cristatum, Thalictrum flavum. In Plicken: Saponaria officinalis, Leonurus Cardiaca. Zw. Packmohren und Peleiken-Claus: **Carex flacca, Serratula tinctoria.** Ekitte, zw. Raddeilen und Urbicken: Geranium palustre, **Campanula rapunculoides, Silene nutans.** — 5. 8. 84. In Szabern-Wittko: **Fragaria viridis.** Rechtes Ekitteufer zw. Szabern und Johannishof: **Polygonatum verticillatum** $V^1 Z^3$. In Johannishof: Aspidium cristatum. Ekitte zw. Szabern und Carlshof: **Polygonatum verticillatum** $V^{2-3} Z^{3-4}$, **Lappa nemorosa, Actaea spicata** $V^2 Z^{1-2}$. — 6. 8. 84. Rechtes Ufer der Ekitte zw. Carlshof und Friedrichsgnade: **Astragalus glycyphyllus;** Wald nordwestl. v. Corallischken: Thalictrum flavum, **Lathyrus niger.** — 7. 8. 84. Packmohren-Wald, südl. d. Ekitte: **Centaurea austriaca,** nördl. d. Ekitte: **Trifolium spadiceum.** Zw. Packmohren und Raddeilen: **Carex flacca, C. fulva, C. pulicaris, Trifolium spadiceum,** Trollius europaeus. Rechtes Ekitteufer zw. Raddeilen und Friedrichsgnade: Viola mirabilis. Wald südl. v. Friedrichsgnade, nördl. d. Ekitte: **Carex fulva.** — 8. 8. 84. Rechtes Ekitteufer zw. Urbicken und Ekitten: Spiraea Filipendula, **Campanula latifolia, Struthiopteris germanica,** Trollius europaeus, **Epilobium roseum.** Ekitten'er Schlossberg: **Fragaria viridis, Scabiosa ochroleuca.** Zw. Ekitten und Dautzin-Niklau: **Fragaria viridis.** Linkes Dangeufer zw. Dautzin und Dt. Crottingen: Spiraea Filipendula, Geranium palustre, **Fragaria viridis.** Westöstl. Weg nach Peleiken: **Fragaria viridis.**

9. 8. 84. Umzug nach Miszeiken. Miszeiken'er Wald, nordwestl. Theil: **Viola epipsila.** Schmeltelle: **Struthiopteris germanica, Triticum caninum,** Cuscuta europaea. — 10. 8. 84. Zw. neuem Ballastplatz und Lootsenthurm Memels: **Plantago arenaria, Rumex maritimus, Catabrosa aquatica;** zw. Lootsenthurm und Bommelsvitte: **Glyceria plicata;** Nordermole: Rumex aquaticus. — 11. 8. 84. Miszeiken'er Wald: Aspidium cristatum, **Rubus suberectus Anders.** — 12. 8. 84. Schmelltelle. Rechtes Ufer zw. Miszeiken und Sziluppen, und zw. Sziluppen und Zenkuhnen: **Triticum caninum.** Gehölz nördl. v. Zenkuhnen: **Milium effusum.** Schmeltelle zw. Zenkuhnen und Buddelkehmen: **Campanula latifolia,** Schmeltelle: Sparganium ramosum. — 13. 8. 84. Zw. Buddrucken und Althof-Memel: Spiraea Filipendula. Dangeabhänge östl. v. Königswäldchen: **Serratula tinctoria, Ranunculus polyanthemus,** Geranium palustre, **Fragaria viridis.** Dange zw. Königswäldchen und Kl. Tauerlauken: **Trollius europaeus, Achillea**

Ptarmica V^{4} Z^{1} gegenüber Kl. Tauerlauken. — 14. 8. 84. Zw. Gr. und Kl. Daupern, Landweg südl. d. Chaussee: **Salix livida + aurita, Pedicularis Sceptrum Carolinum** V^{1} Z^{2}, **Carex fulva, C. dioica**; zw. Schlapszil u. Bajohr-Mitzko: **Carex fulva, C. pulicaris, Salix triandra + viminalis** (b. hippophaifolia Wimm.); zw. Schlapszil u. Gr. Daupern, Gehölz: **Carex fulva, C. pulicaris, C. flacca.** — 15. 8. 84. Zw. Birbindschen und Grambowischken: **Gentiana Amarella** V^{3} Z^{3}; Gehölz südl. d. ersteren: Calla palustris. Kischken'er Wald: Platanthera bifolia. Wald zw. Löbarten und Ilgejahnen: Aspidium spinulosum b. **dilatatum**; Heide zw. Skrandon und Zenkuhnen: **Lycopodium inundatum** V^{1} Z^{2} (2. Standort).

17. 8. 84. Umzug nach Löbarten. — 18. 8. 84. Minge zw. Sudmanten und Dawillen: Geranium palustre, **Senecio paludosus, Triticum caninum.** Zw. Griegszen und Kiaunoden: Viola mirabilis; zw. Szernen und Kalwen: Geranium palustre. — 19. 8. 84. Szernen'er Wald südlich der Chaussee: **Viola arenaria, Pirola chlorantha.** Szernen'er Gutswald: Cuscuta europaea, Epilobium roseum. Zw. Kiaunoden-Görge und Spengen: Spiraea Filipendula. In Kindszen: **Epilobium roseum**; zw. Kischken-Bartel (Kairin) und der Luseze: **Dianthus arenarius.** Luseze, Jag. 87: Koeleria cristata. Zw. Försterei Starrischken und der Schmelz'er Kanalbrücke: Carex arenaria, **Elymus arenarius**, Senecio viscosus, **Dianthus arenarius.** Oestliches Kanalufer zw. der Schmelz'er Brücke und der Luseze: Senecio viscosus, **Echium vulgare.** Torfbruch zw. Grutzeiken und Labatag-Michel-Purwin: **Ranunculus Lingua.** — 21. 8. 84. Buttken'er Wald: Aspidium cristatum, **Lycopodium Selago**, Aspidium spinulosum b. **dilatatum.** Zw. Rooken und Grószuppen: **Ranunculus Lingua** in der Kissuppe; zw. Grószuppen und Szernen'er Wald: **Juncus capitatus.** Minge westlich desselben: **Triticum caninum**, Stellaria uliginosa, Cuscuta europaea. — 22. 8. 84. Zw. Thaleiken-Jakob und Kiaunoden-Görge: Potamogeton gramineus b. heterophylla. Gehölz von Dautzkurr: **Eupatorium cannabinum, Rubus suberectus**, Aspidium cristatum. — 23. 8. 84. Minge zw. Szernen und Gedminnen: **Allium oleraceum**, Triticum caninum, **Malachium aquaticum** V^{1} Z^{3}. Zw. Szernen und Gedminnen: **Eupatorium cannabinum, Carex pulicaris.** Minge zw. Gedminnen und Baiten: **Thalictrum flavum.** Zw. Kalwen und Löbarten: **Scirpus compressus.** — 24. 8. 84. Nordrand des Löbarten'er Waldes: **Achillea Ptarmica** (von Herrn Gutsbesitzer Scheu gefunden).

25. 8. 84. Umzug nach Aszpurwen. — In Jagen 12, 38—40, 43, 46, 47: **Rubus suberectus Anders.**; in Jagen 15, 42, 47: Phegopteris Dryopteris; in Jagen 32, 33, 37, 42, 45, 47: Andromeda poliifolia; in 35, 38, 40, 45, 47: Ledum palustre; in 32, 34, 35, 49, 50: **Rhynchospora alba**; in 19, 55: Vaccinium Oxycoccos; in 34, 40, 46: Equisetum arv. b. boreale; in 47, 40/41: Platanthera bifolia; in 5, 12, 30, 32/33: Veronica spicata; in 14, 15, 19: **Rumex aquaticus.** — 25. 8. 84. Jagen 40/41: **Viola epipsila.** — 26. 8. 84. Jagen 26: **Monotropa Hypopitys** β. **hirsuta.** In Blinnatzen: **Chenopodium Botrys** (Gartenunkraut). Jagen 31: **Lycopodium Selago** V^{1} Z^{2}. Rechtes Aisse-Ufer zw. Degeln und Aszpurwen: **Malachium aquaticum.** — 27. 8. 84. Jagen 34: Aspidium cristatum. Wowircze zw. Szeppoten und Begeden: Rumex aquaticus, **Malachium aquaticum.** — 28. 8. 84. Wowircze zw. Stoneiten und Stomkaiten: **Senecio paludosus, Cyperus fuscus** V^{1} Z^{1}. Jagen 19: **Lycopodium Selago** V^{1} Z^{4}, **Stellaria uliginosa, Epipactis latifolia.** — 29. 8. 84. Jagen 15: **Ranunculus cassubicus**, Campanula persicifolia **var. eriocarpa DC.** Jagen 11: Spiraea Filipendula; 4: Koeleria cristata; in Grün-

heide bei Saugen: Veronica spicata; Jagen 1/6: **Viola arenaria**; Jagen 1: **Botrychium Matricariae** $V^1 Z^{2-4}$, **Ophioglossum vulgatum** $V^1 Z^2$. — 30. 8. 84. Jagen 50 (Posingen'er Moor): **Rubus Chamaemorus.** Rechtes Aisse-Ufer zw. Aszpurwen und Degeln: **Cuscuta europaea.** — 31. 8. 84. In Gut Stragna: **Symphytum officinale.** — 1. 9. 84. Zw. Pöszeiten und Dorf Aszpurwen (Chaussee): **Aluga genevensis**; zw. Paaszken und Kojellen: **Triticum caninum** (Aglohne). Zw. Szilleningken (Ortstafel) und Szaukeln (Kreuzweg): **Gentiana Amarella** $V^1 Z^{2-3}$.

3. 9. 84. Umzug nach Prökuls. — 4. 9. 84. Szwenzeln'er Moor: **Rhynchospora alba**, Calla palustris, **Scheuchzeria palustris, Drosera anglica.** — 5. 9. 84. Weg v. Prökuls nach dem Wäldchen südlich von Darzeppeln (nordöstlich von Tyrusmoor): **Myrica Gale.** Südlich von diesem Wäldchen: **Rhynchospora alba**; in demselben: **Gentiana Pneumonanthe, Carex fulva, Myrica Gale**; Tyrusmoor, Jagen 113: Aspidium cristatum, **Utricularia minor** (Gräben), **Rumex maritimus** (Gräben am Vorwerk von Peinpen); Jagen 114: **Myrica Gale, Rubus fissus Lindl.**; am Kanal: Senecio viscosus. — 6. 9. 84. Rechtes Minge-Ufer zw. Mingekrug und Prökuls. — 7. 9. 84. Park des Gutes Prökuls: Festuca gigantea. — 8. 9. 84. Luseze, Jagen 62, 64, 67, 69: **Rubus suberectus**; 64: **Serratula tinctoria. Gladiolus imbricatus** auf dem Jodeglinen'er Moor (Wiesen), mir von Herrn Förster Sorge-Schäferei angegebener Standort. Wilhelmskanal zw. Luseze und Meyenhof: **Elymus arenarius**, Thalictrum flavum, **Salsola Kali**, Senecio viscosus. — 9. 9. 84. Rechtes Minge-Ufer zw. Prökuls und Woweriszken: **Veronica Teucrium**, Geranium palustre. — 10. 9. 84. Nach Memel. — 11. 9. 84. Weg von Gr. Tauerlanken nach den Palwen, westlich der Chaussee: **Botrychium Matricariae**; in den kleinen Gehölzen nördlich der städt. Plantage Memels: **Gentiana Pneumonanthe, Ophioglossum vulgatum**, Platanthera bifolia; zw. Försterei und holländ. Mütze in einem Thale westlich des Weges: **Gentiana Pneumonanthe.** — 12. 9. 84. Rückreise nach Königsberg.

Alle 3 Sendboten des botanischen Vereins: Dr. Lange, Stud. Lemcke und Stud. Knoblauch vertheilen zahlreiche von ihnen gesammelten Pflanzen an die Anwesenden.

Vom Conservator des kön. bayr. Harbariums in München, Herrn Dr. Alb. Peter ist eine reiche Sendung von Pflanzen der bayrischen Alpen eingegangen, die mit grossem Dank von den Anwesenden in Empfang genommen werden.

Herr Apotheker Kühn-Trakehnen berichtet Folgendes:

18. 5. 84. Lamium dissectum bei Trakehnen und Taukenischken. Im Taukenischken'er Walde: Ribes alpinum, Daphne Mezereum, Euonymus europaea und verrucosa, Thalictrum aquilegifolium. — 2. 6. 84. Packledimmen'er Moor: Orchis Morio, Salix depressa und rosmarinifolia, Rubus Chamaemorus, Drosera rotundifolia, Empetrum nigrum. — 3. 6. 84. Zw. Trakehnen und Bajohrgallen a. d. Rodupp: Alnus incana, Viburnum Opulus. — 19. 7. 84. Moor zw. Danzkehmen und Pabalen: Luzula sudetica, Juncus alpinus, Carex Pseudo-Cyperus, Thalictrum simplex, Rumex aquaticus, Salix depressa, Carex teretiuscula. — 27. 7. 84. Zw. Mehlkehmen und Lenkmischken a. d. Pissa: Heracleum sibiricum var. longifolium Koch., Potamogeton mucronata, Rumex aquaticus, Carex paniculata. Bei Nassawen auf dem Catharinenberge: Euonymus verrucosa, Campanula cervicaria, bononiensis, persicifolia var. eriocarpa, Vicia cassubica. In der Schlucht bei Jägersthal: Euonymus verrucosa, Laser-

pitium latifolium, Campanula bononiensis und persicifolia var. eriocarpa, Digitalis ambigua. Im Walde von Jägersthal: Astragalus arenarius var. glabrescens. — 28. 8. 84. Packledimmen'er Moor: Carex Pseudo-Cyperus, Salix pentandra, Utricularia vulgaris. Viele dieser Pflanzen vertheilt Herr Apotheker Kühn.

Herr Stud. Carl Braun giebt an die Anwesenden folgende Pflanzen aus:

Salix alba + fragilis, Pulvergang zw. Cosse und Neue Bleiche bei Königsberg (13. 9. 84). — Sweertia perennis L., Bruch zw. Jungferndorf und Fuchshöfen (3. 9. 84). — Trollius europaeus L., Wiese zw. Jungferndorf und Fuchshöfen (14. 6. 84). — Polystichum Thelypteris Roth., Bruch zw. Jungferndorf und Fuchshöfen (8. 8. 84). — Ranunculus Lingua, ebendaher (8. 8. 84). — Catabrosa aquatica Pal. de Beauv., ebendaher (14. 6. 84). — Betula humilis Schrank, ebendaher (3. 9. 84). — Bidens cernuus L. b. radiatus, ebendaher (25. 8. 83). — Eupatorium cannabinum L., in einem Graben der Jungferndorfer Wiesen (8. 8. 84). — Hierochloa borealis, R. et S., Chaussee zw. Kraussen und Steinbeck (1. 7. 83). — Erythraea Centaurium Pers., Süssenthal'er Seegebiet, Kr. Allenstein (24, 8. 81).

Dr. Bethke vertheilt:

Rumex crispus + paluster (Weichsel-Ufer bei Wachbude Letzkau im Danzig'er Werder); aus den russischen Ostseeprovinzen: Salix livida, Gentiana Amarella, Pedicularis Sceptrum Carolinum, Trifolium spadiceum, Circaea intermedia, Phegopteris Robertianum, Cardamine Impatiens, Platanthera viridis, Gladiolus imbricatus, Gymnadenia conopea, Ophioglossum vulgatum und Lunaria rediviva. Von demselben werden dann noch zur Ansicht vorgelegt: Cirsium heterophyllum aus Kurland, Viola arenaria + mirabilis und V. riviniana + silvatica mit zahlreichen Wurzelsprossen.

Dr. Abromeit giebt an die Anwesenden folgende Pflanzen aus:

Brachypodium silvaticum: Rominten'er Heide bei Theerbude. — Asperula Aparine MB.: Rominteufer bei Theerbude. — Carex pilosa Scop.: Rominten'er Haide von der „Königshöhe". — Ophioglossum vulgatum: am Fichtenwald bei Gumbinnen. Lolium italicum: Rasenplätze am linken Pissaufer in Gumbinnen. — Crepis biennis: zwischen Blumberg und Gumbinnen. — Epilobium tetragonum b. adnatum Griseb.: am Wege zwischen Cranz und Grenz. — Stellaria frieseana Ser.: Friedrichstein'er Wald südlich von Löwenhagen. — ***Potamogeton densa L.:*** Graben am rechten Pregelufer zwischen Cosse und Dammkrug bei Königsberg. Neu für Ostpreussen. — Geranium columbinum: Aus dem botan. Garten. — G. dissectum: von Königsgarten; hierselbst auf vielen Rasenplätzen. — Potentilla digitato — flabellata A. Br.: aus d. botan. Garten. Wurde vom Bahnhof Löwenhagen, wo sie 1882 Herr Prof. Caspary entdeckte, nach dem botan. Garten gebracht. — Juncus Gerardi Loisl.: aus dem botan. Garten. Eingesandt 1881 von der Nordmoole bei Pillau von Herrn Apotheker Koschorreck. — Stachys silvestris + palustris = St. ambigua: aus dem botan. Garten. Eingesandt 1877 aus Appelwerder, Kreis Dt. Crone, von Herrn Ruhmer. — Bupleurum longifolium: aus dem botan. Garten. Eingesandt 1882 von Herrn Dr. Bethke aus dem Radaunethal von Unter-Kahlbude, Kreis Danzig. — Dianthus Armeria (glatte Form): aus dem botan. Garten. Eingesandt 1881 von Herrn Lehrer Kalmus, der ihn zwischen Güldenboden und Rapendorf entdeckte. — Dracocephalum Ruyschiana: aus dem botan. Garten. Eingesandt 1881 von Dr. Abromeit aus den Maynabergen bei Zimnawodda, Kreis Neidenburg. — Adenophora liliifolia Ledeb.: aus dem botan.

Garten. Eingesandt 1881 von Dr. Abromeit von den Ochsenbergen (Forst Napiwodda), Kr. Neidenburg. — Campanula persicifolia var. hispida Del.: aus dem botan. Garten. Eingesandt 1881 von Dr. Abromeit vom Abhang am Commosin'er Seeabfluss zw. Commosin und **Terten**, Kr. Neidenburg.

Herr Apotheker H. Eichholz in Rhein, Kreis Lötzen schickt: 1) 2 schöne Exempl. Carlina acaulis von Rhein, 2) zerzupfte Arnica-Blüthen von Friedrichshof, Kreis Ortelsburg, wo die Leute zu medizinischem Gebrauch die Blüthen sammeln. Septbr. 1884.

Der Vorsitzende legt dann einige seltene Pflanzen vor, die Herr Schulamtskandidat Kurpiun 1884 im Kreis Lötzen gefunden hat: **Festuca borealis** 19. 9. in 1/3 m Tiefe. Woysack-See. — **Alisma arcuatum** Michal. fr. graminifolia Casp. 13. 8. Westseite des Löwentin-Sees. — **Betula humilis**, Nordufer des Szimon-Sees auf einer Wiese, 23. 8.

Herr Stud. Anton Collin sendet folgende Pflanzen aus Kreis Insterburg, 1884 gesammelt, ein: **Thalictrum simplex.** Am Angerappufer beim grossen Exercierplatz. 24. 7. 84. — An der Angerapp zw. Insterburg u. Luxenberg. 28. 7. 84. — Zw. Pieragienen und Tammowischken. 14. 9. 84. Bei und unterhalb Karalene am Pissaufer. 17. 9. 84. Die drei letzteren Standorte sind neu. — **Hypericum montanum.** 28. 7. 84. Auf den hohen Angerapp-Ufern zw. Pieragienen und Tammowischken (neu für Kreis Insterburg). — **Vicia pisiformis.** 28. 7. 84. Zw. Pieragienen und Tammowischken. — **Vicia dumetorum.** 28. 7. 84. Zw. Pieragienen und Tammowischken. — **Vicia cassubica.** 14. 9. 84. Abhänge bei Siegmanten. — **Anthericum ramosum.** 19. 9. 84. Abhang bei Siegmanten. — **Filago arvensis.** 14. 9. Acker bei Tammowischken. — **Aster Novi Belgii L. fr. squarrosa Nees.** 17. 9. 84. Unter Weiden am Pissa-Ufer zw. Trackinnen und Karalene.

Herr Apotheker Kascheike hat 12. 7. 1884 im Stadtwalde von Drengfurth, wo er in früheren Jahren Orobanche pallidiflora W. et. Gr. auf Cirsium oleraceum entdeckt hatte, diese Orobanche auf Cirsium palustre gefunden und an den Vorsitzenden gesendet.

Herr Apotheker Borck-Stolpemünde hat von dem Ballastplatz dieser Stadt **Fumaria micrantha**, Herr Rittergutsbesitzer von Brousart-Schettnienen: **Puccinia Malvacearum** auf Malva silvestris in Schettnienen, daselbst 1884 zum ersten Mal aufgefunden, Herr Lehrer Flick-Goldapp: **Botrychium Matricariae** Spr. von einem Sandfelde zw. dem Militärschiessstande und dem neugepflanzten Kiefernwäldchen, wo die Pflanze in einigen hundert Exemplaren wuchs, an Prof. Caspary eingeschickt.

Der Vorsitzende berichtet dann über seine eigenen Excursionen. Vom 20. Mai bis 8. Juni hat er die Südwestecke des Kreises Neustadt von Buckowin, Kreis Lauenburg, aus untersucht. Im Park von Buckowin sind auf dem Nordostabhange **Poa sudetica** und **Luzula albida** reichlich vorhanden; erstere auch nebst **Melampyrum silvaticum** und **Polygonatum verticillatum** am Grenzbach zw. Okkalitz und Labuhn. **Erica Tetralix** ist in dem Südwestzipfel des Kreises Neustadt nur nördlich vom Wooksee und an einigen Stellen zw. Wilhelmsdorf und Kantschin, wie auch im Lauenburg'er Kreise nördlich von Bukowin in einigen Torfsümpfen und zwischen Jezow und Dzinzelitz vorhanden, findet sich aber, wie sonst angegeben worden ist, in den jetzt völlig geschundenen Torfsümpfen um Wahlendorf nicht. **Scirpus caespitosus** in einem Torfbruch westlich von Kantschin.

Untersuchung der Gewässer des Kreises Danzig und Neustadt.

Vom 17. Juli bis 9. September **1884** hat der Vorsitzende zum grössten Theil die Gewässer des Kreises Danzig und alle des Kreises Neustadt untersucht, mit Ausnahme einiger, die er schon 1877 befahren hatte. **Nuphar pumilum** Smith. ist von ihm in 7 Seen gefunden. In einem kleinen Torfsee westlich von Leesen, Kreis Danzig und im Kreise Neustadt in 6 Seen: im Schwarzsee bei Lessnau, daselbst schon in früherer Zeit von ihm entdeckt, im Langen-See, südöstlich von Lessnau, hier schon von Abromeit gefunden, im Torfsee Poglewe 2½ km südwestlich von Gr. Domachau, im Torfsee, Jagen 68 Forst von Darslub, im Hungersee bei Mühle Warschkau, im Torfsee bei einem Abbau südlich von Mühle Warschkau.

Der Bastard Nuphar **luteum** + **pumilum** wurde in 6 Seen gefunden; im Kreise Neustadt: im See Poglewe, eben erwähnt, im Schwarzsee von Lessnau (hat hier 37,7 pCt. schlechten Blüthenstaub), im Langen-See bei Abbau Lessnau, im See Karpionki (daselbst schon 1877 vom Vorsitzenden entdeckt); im Kreise Kartaus: See südlich von Kl. Tuchom; im Kreise Danzig: Torfsee westlich von Leesen.

Nuphar luteum fr. rupropetalum Casp. wurde im Sasp'er-See, wo es schon Klinsmann entdeckte, im Mühlenteich von Oliva, der an der Chaussee nach Cöln liegt und im Mühlenteich von Conradshammer, im nördlichen Teich, aufgefunden.

Nymphaea candida oosrpa erythrocarpa semiaperta fand sich nur in einem See: dem von Nenkau, **Nymphaea alba** sphaerocarpa in sehr vielen.

11 Arten von Characeen wurden gefunden. **Nitella gracilis** im Langen-See, südwestlich von Lessnau, im Kl. See von Jagen 68 der Darslub'er Forst bei Lessnau, im „Verwachsenen See" bei Bieschkowo; **Nitella opaca** im Kl. See von Jagen 68 des Darslub'er Forstes; **Nitella flexilis**, Loch im Sphagnetum des östlichen Wittstock'er Sees; **Nitella mucronata** in einem Tümpel an der Ostseite des Sees von Ottomin; in 14 Seen ausserdem wurden sterile unbestimmbare Nitellen, Abthlg.: Monarthrodactylae, angetroffen; **Nitella nidifica** reichlich im Putzig'er Wiek fast überall, 1 Expl. im Loch der Westerplatte. **Chara ceratophylla** im See von Zarnowitz und im See von Ottomin; Chara fragilis in 10 Seen; Chara foetida in 6 Seen; Chara aspera im Putzig'er Wiek und im See von Zarnowitz; **Chara baltica** im Putzig'er Wiek; **Chara crinita**, bloss weiblich, wie stets, im Putzig'er Wiek.

Isoëtes lacustris ist in 16 Seen des Kreises Neustadt von mir festgestellt. v. Klinggraeff II hatte eine Form aus dem Gr. Ottalsin'er See mit fast glatten Makrosporen var. **leiospora** benannt, sie aber nur bei einer einzigen Blattform, der **patula** Gay, nachgewiesen. Die **leiospora** v. Kl. kommt aber unter allen den Blättern nach verschiedenen Gestalten von Isoët. lac. in den Neustädt'er Seen als: fr. stricta Gay, elatior Gay, longifolia Mott. et. Vend., die bis 27½ cm lang wird, und falcata Tansch vor. v. Klinggraeff hat den Beweis nicht geliefert, dass die Makrosporen der leiospora reif und ausgebildet seien. Die Vermuthung lag nahe, dass sie unreif seien. Prof. Caspary hat jedoch dadurch, dass es ihm gelang, an frisch im März 1885 geholtem Material, Keimung der glatten Makrosporen und Erzeugung junger Pflanzen zu beobachten, den Beweis gefunden, dass jene Makrosporen wirklich reif seien und mithin eine Form leiospora anzuerkennen ist.

Isoëtes echinospora Dur. hat Prof. Caspary in einem neuen See, dem Grabowke-See bei Wigodda mit Isoët. lac. daselbst zusammen, entdeckt, so dass nun drei Seen mit Isoët. echinosp. im Kreise Neustadt bekannt sind.

Es mag folgender kurzer Bericht über die See-Untersuchungen hier seine Stelle finden, wobei die zahlreich gesammelten Wassermoose vorläufig unberücksichtigt bleiben. Die Seen sind alle befahren, wenn sie nicht zu seicht oder zu sumpfig in der Umgebung waren. Den 17. 7. 81. Sasper-See: **Potamogeton trichoides,** Elodea canad. — 18. 7. Loch der Westerplatte: Zanichellia palustris, 1 Expl. Nitella nidif. und sehr wenige Pflanzen von Chara baltica. Chara connivens, die Bänitz als Handelswaare 1872 dort zahlreich sammelte, wie Ch. aspera, sind daselbst verschwunden. **Juncus Gerardi** am Ufer zahlreich; am mittleren jetzt trockenen Loch der Westerplatte **Carex distans.** — 19. 7. Die 3 Haideseen bei Heubude. Im Kl. Haide-See an der Försterei: Utricularia minor. — 21. 7. Die Heubude'r (faule) Laake, die todte Weichsel, die 5 Kolke bei östlich Neufähr. Im grossen südlichen Kolk, der allein auf der Generalstabskarte steht, Elodea can. Hauptpflanze; **Scirpus rufus** auf dem Nordufer und **Carex distans.** — 22. 7. Die Schutenlaake, die todte Weichsel bei Gansekrug. Salvinia natans nicht vorhanden, einst da von Bail gefunden. — 23. 7. Die 14 Teiche, welche das Gletkau'er Mühlenfliess speisst; die im königl. Garten von Oliva fortgelassen. Chara foetida longibracteata im obersten Teich (Fourniermühlenteich), wie in mehreren andern. **Festuca silvatica.** am Ostufer des obersten Teichs. Elodea can. und Potamogeton rufescens in sehr vielen; **Oryza clandestina** am Teich des Rippenhammers und am Dahlmann'schen Teich zu Conradshammer gehörig; an letzterem auch Senecio barbaraeifolius.

24. 7. Uebersiedelung von Neufahrwasser nach Quaschin. — 25. 7. Espenkrug'er See: **Isoët. lac.** fr. stricta, patula und falcata Tausch*) meist leiospora, selten vulgaris. Oestlicher Wittstock-See: **Potamogeton crispa** + **praelonga** Casp. Z^3 V^4, **Isoët. lac.** stricta, sehr wenig. Ranunculus aquatilis Z^2 V^3. — 26. 7. See von Kl. Tuchom. — 27. 7. Torfloch südlich vom vorigen See nach Kl. Mischau zu: Nuphar luteum + pumilum. — 28. 7. See von Kl. Mischau; See von Leesen; Torf-See $1^1/_2$ km westlich von Leesen: Utricularia minor, Eriophorum gracile, siehe auch oben. — 29. 7. Szaben-See bei Hoch-Kelpin, Neukau'er See (siehe oben), See von Ottomin (siehe oben). — 30. 7. Nord-Ufer des Espenkrug'er See's. — 31. 7. Dorf-See von Köln, östlicher und westlicher Machowie-See: Myriophyllum alternifl. Die von anderer Seite gemachte Angabe, dass im östlichen Machowie-See Nuphar intermedium Ledeb., welches der Bastard zw. Nuphar luteum und pumilum ist, vorkomme, beruht auf unrichtiger Bestimmung einer kleinen Form von Nuphar luteum. — 1. 8. Bozanken-See, Czartowo-See, See Swinak: Myriophyllum alternifl. — 2. 8. Espenkrug'er See, Nord-Ufer noch einmal nach Wassermoosen abgesucht. — 3. 8. Strauchmühlenteich und die 4 dabei befindlichen kleinen Fischteiche. Im Quellthal davon: Glyceria nemoralis. Pulvermühlenteich. — 4. 8. Zw. Espenkrug und Legan: Polygonum tataricum.

Uebersiedelung nach Köln. Pfarrwald von Köln: Lysimachia nemorum. — 5. 8. See von Hawowanno: Myriophyllum alternifl., Geranium molle am Ufer;

*) Dieser Name ist vor 1847 gegeben, also der älteste für die Form mit zurückgekrümmten Blättern.

Przerosla-See (= Verwachsener See); Langer Okuniewo-See; Dorf-See von Okuniewo. — 6. 8. Steinkrug'er See: **Isoët. lac.** fr. patula, subfalcalta, stricta, substricta; Makrosporen warzig, also fr. vulgaris; nur einige Exemplare verschiedener Blattgestalten waren fast glatt und wahrscheinlich noch unreif. Leckno-See: Litorella lacustris, aber keine Isoët. lac., die in diesem See von anderer Seite angegeben ist. — 7. 8. Ost- und Nord-Ufer des Sees von Leckno abgesucht. Der westliche Wittstock-See: **Isoët. lac.** fr. stricta, patula, falcata; die Makrosporen alle fast glatt, also leiospora. Der Bresenken-See. — 8. 8. Gr. Ottalsin'er See: Myriophyllum alterniﬂ., **Isoët. lac.** fr. falcata, patula, stricta, substricta; Alles leiospora; der Kl. Ottalsin'er See. — 9. 8. See Sawiart bei Bieschkowitz: Scirpus setaceus, Juncus capitatus, Potentilla procumbens, Lobelia dortm.; See von Bieschkowitz: Litorella lacustris, Lobel. dortm., **Isoët. lac.** fr. patula und stricta, theils leiospora, theils vulgaris. Torf-See von Bieschkowitz. — 11. 8. Gelonken-See: Lobelia, Litorella, **Isoët. lac.** fr. stricta, patula und subpatula, longifolia, letztere mit bis 27½ cm langen Blättern; alle Formen: leiospora; Abfluss des westlichen Wittstock-Sees in den Mühlenteich von Jelleuschhütte; in letzterem **Isoët. lac.** fr. stricta, subfalcata, auch tenuifolia u. patula. Makrosporen mit schwachen Höckern und leiospora. Moos-See im Dennemörse'r Walde. — 12. 8. Warznauer See (Fluss-See): Blechnum boreale, Juncus supinus fluitans in einem Torfloch; 2 Torftümpel zw. Warznau'er Hütte und Kowalewo; Torftümpel Nordostost von Kowalewo. — 13. 8. Die Torftümpel zw. Bojahn und Gloddau; Torftümpel südlich von Gloddau. — 14. 8. Uebersiedelung von Köln nach Bieschkowitz.

15. 8. See Grabowke: Lobelia dortm., **Isoët lac.** vulgaris fr. patula, substricta u. patentissima; ***Isoëtes echinospora*** Dur.; See Czarno-Dombrowo (Schwarzsee), südliches Seechen in Pretoschin: Lycopodium inundatum; Seechen nördlich von Pretoschin am Wege nach Ustarbau; See von Ustarbau, stark erniedrigt: Ranunculus reptans, Lobel. dortm., **Isoët. lac.** vulg. stricta, alle 3 meist auf dem trockenen Ufer. Die Tümpel nördlich von Ustarbau im freien Felde. — 16. 8. See von Wigodda: **Isoët. lac. vulg.** fr. stricta und patula; See Kripko nordwestl. von Wigodda. — 18. 8. Borowo-See: **Isoët. lac.** vulg. fr. patula und stricta, Lobel. dortm.; See von Wispau; See in Jagen 51 des gräflichen neustädt. Forstes: Eriophorum gracile. — 19. 8. Uebersiedelung nach Putzig. — 20. 8. Putziger Wiek dicht bei Putzig, siehe in Betreff der Charen und Nitella oben; Zostera marina, **Ruppia rostellata,** Zanichellia palustris; Plutnitz: **Nasturtium officinale,** grosse Polster im Fluss bildend. — 21. 8. Vier Torftümpel Nordwest von Brunhausen (Miruschin): Erica Tetralix, Scirpus caespitosus. Nacht in Karwenbruch. — 22. 8. Der östliche und westliche Ostrau-See; die Tümpel südwestlich von Ostrau. Erica Tetralix zw. der Brücke von Tupadel und Ostrau reichlich. — 23. 8. Untersuchung des Putzig'er Wiek zw. Putzig und Coynowo auf dem Boot des Herrn Dr. med. Borchert: Potamogeton pectinata (Trowo poln.) in 10—12' tiefem bräkischem Wasser. Tümpel NO von Grossendorf: **Ranunculus confusus** Godron. Neu für Preussen. Von Grossendorf auf dem Putzig'er Wiek nach Putzig mit eigenem Boot zurück; überall die genannten Characeen und **Ruppia rostellata.** — 24. 8. Die Plutnitz oberhalb der nördlichsten Brücke. — 25. 8. Putziger Wiek zw. Oslanin und Rowa mit Herrn Dr. Borchert-Putzig. Dieselben Characeen wie bei Putzig, Ruppia rost. und Zanich. pal. — 26. 8. Uebersiedelung nach Mechau. Schwarzsee bei Lessnau (siehe oben unter Nuphar), ***Drosera inter-***

media. — 27. 8. Noch einmal derselbe Schwarzsee; See im Garten des Guts Lessnau; Torfsee westlich von Lessnau; Langer See südwestl. von Lessnau (siehe oben unter Nuphar und Nitella); Kl. See bei Jagen 68 des Darslub'er Forstes (siehe oben unter Nuphar und Nitella); Stubbenteich. — 28. 8. Der Gute-See (See von Gallitza): Litor. lac., **Isoët. lac.** vulg. fr. stricta und patula; Teich der Warschkau'er Mühle; der Tiefe See bei Warschkau'er Mühle: Juncus obtusiflorus, hier schon von Abromeit entdeckt; Hunger-See südwestl. von Warschkau-Mühle (siehe oben wegen Nuphar); See Poglews, 2½ km westlich von Gr. Dommatau (siehe oben unter Nuphar). — 29. 8. Nochmals See Poglews. Uebersiedelung nach Zarnowitz. — 30. 8. See von Zarnowitz (siehe oben unter Chara): Chara foetida und fragilis.

31. 8. Zw. Zarnowitz und Gelsin an mehreren Tümpeln: Erica Tetralix und an feuchten torfigen Stellen: Lycopodium inundatum. — 1. 9. Uebersiedelung nach Lusin. Tümpel bei Abbau Warschkau (siehe oben bei Nuphar). — 2. 9. Einige Tümpel nördlich von Lusin; Torftümpel östlich vom Gut Plateurode. — 3. 9. See von Wischetzin; der Tiefe See von Wischetzin. Nacht in Barlomin. — 4. 9. Uebersiedelung nach Okkalitz; Okkalitz'er (Wussow'er) See. Pirola media im Hohlwege, der unweit davon nach Ost liegt. — 5. 9. See von Wahlendorf; See Karpionki; Orkan verhinderte eine genaue Untersuchung: **Isoët. lac.** vulg. fr. stricta, patula und subpatula; Wook-See: **Isoët. echinospora** Dur. bis 4' tief; der Weisse See (Moszisch) östlich vom Wege zw. Wahlendorf und Werder: Litor. lac., Lobelia, Scirp. caesp. Ostufer; Isoëtes nicht zu finden. — 6. 9. See Dombrowo westlich vom Wege zw. Wahlendorf und Werder: Scirpus caespit. am Westufer, Myriophyll. alterniffl., **Isoëtes lac.** Z V, Lobelia, Litorella. Tümpel von Schrödersfelde, Kreis Cartaus. — 8. 9. Kl. Torfsee östlich von Wilhelmsdorf. Erica Tetralix auf einem feuchten Stück Heideland zw. Wilhelmsdorf und Linde, Torfsee von Pohlotz: Lycopodium inundatum. — 9. 9. Torfsee südwestlich von Wahlendorf und die sämmtlichen Torftümpel zw. Wahlendorf und Vorwerk Wahlendorf südwestlich und südöstlich von Wahlendorf. Nirgend Erica Tetralix, ausser im Norden vom Wooksee. See Karpionki. Weisser See, Westufer: Polystichum Oreopteris.

Schliesslich spricht der Vorsitzende denjenigen Herren seinen warmen Dank aus, die ihn mit Rath und That, besonders durch Gastfreundschaft in seinen Unternehmungen unterstützten, den Herren Dr. med. Borchert-Putzig, Rittergutsbesitzern Dix-Köln, Heering-Okkalitz, v. Zelewski-Barlomin, Herrn Gutspächter v. Santen-Bieschkowitz und Herrn Administrator Polehn-Quaschin.

Um 4 Uhr Schluss der Sitzung. Bald darauf Festessen, dem auch Herr Oberbürgermeister König beiwohnt.

Den 8. Oktober Vormittags wird die Nordermole und Plantage unter Führung der Apotheker Herren Berger, Groening und des Herrn Gymnasiallehrer Kühemann von den Vereinsmitgliedern besucht.

Die Marklücken der Coniferen.

Von

Carl Fritsch.

Hierzu Tafel I. und II.

Wohl ist es eine bekannte Erscheinung bei krautigen Pflanzen, dass durch Lostrennung, Zerreissung oder Zerstörung ausgebildeter Zellen Marklücken entstehen. Dass aber durch die nicht erfolgte Streckung der Markzellen bei holzigen Gewächsen auf schizogenem Wege auch Lücken entstehen können, dafür bieten die Coniferen ein gutes Beispiel.

Die Marklücke derselben entdeckte vor nun 11 Jahren Herr Professor Caspary bei Picea excelsa, P. alba; Abies balsamea, A. pectinata, A. sibirica; Larix europaea. Ihm verdankt vorliegende Arbeit ihre Entstehung. Derselbe sagt in der betreffenden Anmerkung*): „Bei . . . . (obigen) und gewiss bei anderen Coniferen zeigt sich die merkwürdige Erscheinung, die unbekannt zu sein scheint, dass normal das Mark in seiner ganzen Breite durch eine quere Lücke an den Stellen unterbrochen ist, wo sich ein neuer Jahresschoss als Fortsetzung des vorhandenen Schosses oder ein Seitenspross anschliesst." Da mir von Herrn Professor Caspary das reiche Coniferenmaterial des königl. botanischen Gartens bereitwilligst zur Untersuchung überlassen wurde, so kann ich das Vorkommen der Lücke noch bei folgenden Coniferen angeben: Picea alkokiana, P. Engelmanni, P. Menziesii, P. nigra mariana, P. obovata, P. polita, P. sitchensis, P. Tschugatzkoi; Abies cephalonica, A. Fraseri, A. magnifica glauca, A. Maximowiczii, A. nobilis, A. nordmanniana, A. panachaica, A. Pindrow, A. Veitchii; Larix dahurica, L. leptolepis; Cedrus Deodara.

„Die Lücke findet sich nicht bei Tsuga canadensis; Pinus Pumilio, P. Strobus, P. Cembra, P. Laricio; Taxus baccata", sagt Professor Caspary a. a. O. Diesen kann ich noch anfügen: Pinus silvestris; Juniperus communis, J. virginiana; Cryptomeria japonica; Taxodium sempervirens; Araucaria excelsa; Podocarpus macrophylla; Prumnopytis elegans; Gingko biloba; Cephalotaxus drupacea; Torreya nucifera. Es scheint somit das Vorkommen der Marklücke auf die Arten der Gattungen Picea, Abies, Larix und Cedrus beschränkt zu sein; allen anderen aber zu fehlen.

Die vier, in der Familie der Coniferen vereinigten Gruppen der Cupressineen, Abietineen, Podocarpeen und Taxineen bieten im Bau ihres Markes zwei Reihen, die, wenn auch durch einzelne Uebergänge verbunden, dennoch scharf von einander getrennt sind, dar. So scharf ist der Unterschied im Bau des Markes, dass er leicht mit unbewaffnetem Auge wahrgenommen werden kann. Auf der einen Seite, der die

*) Caspary: Die Krummfichte. Schriften der physikal. ökonom. Gesellschaft. Königsberg 1874. Anmerkung Seite 114.

Cupressineen, Podocarpeen und Taxineen angehören, zeigt das Mark nichts Auffallendes; im Mark der Abietineen dagegen sieht man eine regelmässige, an die Enden der Jahrestriebe gebundene Abwechselung zwischen weissen und braunen Markschichten. Das Genauere will ich bei den einzelnen untersuchten Arten, deren Reihe ich nach Carrière folgen lasse, angeben:

1. Grp. Cupressineen.

Es wurde Juniperus communis L., J. virginiana L., Cryptomeria japonica Don, Taxodium sempervirens Hook. und zwar die beiden ersten durch mehrere auf einander folgende, die beiden letzten nur im letzten und vorletzten Jahrestriebe untersucht. Besonders wurde auf das Mark in der Höhe der Seitenknospen geachtet. Immer fand sich dasselbe aus parenchymatischen, wenig verdickten und gleich grossen Zellen, die in der Jugend, Taxodium am 17. VII. 84, Cryptomeria am 21. VII. 84, Stärke führen, im Alter, Juniperus, vertrocknet und gebräunt waren, gebildet. In ganz gleichmässigem Zuge durchlief das Mark die untersuchten Aeste und zeigte an keiner Stelle eine besondere Färbung. Es bot überhaupt bei der mikroskopischen Untersuchung nicht den geringsten Unterschied vom Mark der meisten Angiospermen dar.

2. Grp. Podocarpeen.

Dasselbe Verhalten zeigte das Mark von Podocarpus macrophylla Don und Prumnopytis elegans Phil., von denen die letzten und vorletzten Triebe an Seitenästen untersucht wurden.

3. Grp. Taxineen.

Das Mark von Taxus baccata L., Cephalotaxus drupacea Sieb. et Zucc. und Gingko biloba L. besteht aus ähnlichen Zellen wie das der meisten Angiospermen und stimmt im Bau vollkommen mit dem der vorhergehenden Coniferen überein. Dagegen zeigt Torreya nucifera Sieb. et Zucc. eine Abweichung. Zur Untersuchung diente ein frischer dreijähriger Seitentrieb, der im zweiten und dritten Jahre Knospen gebildet hatte. Während das Mark des Triebes nichts vom allgemeinen Typus Abweichendes zeigte, war etwas über dem Abgange des Knospenmarkes ersteres von einer vier Zellen breiten Scheidewand durchsetzt, welche ihre convexe Seite nach oben kehrte. Der Längendurchmesser dieser Zellen steht senkrecht auf dem Längendurchmesser der regelmässigen Markzellen; die Zellwände sind stärker als gewöhnlich verdickt. Durch Jod liess sich am 12. Juli 1884 sowohl in der Scheidewand, wie im übrigen Marke, Stärke nachweisen. Erwähnen will ich, das Torreya sich durch die am Aste bleibenden Knospenschuppen von den übrigen Taxineen unterscheidet und an die folgende Gruppe erinnert.

4. Grp. Abietineen.

Hier zeigt das Mark in seinem Bau die grössten Verschiedenheiten. Während auf der einen Seite Tsuga ein Mark, welches durch das Auftreten querliegender Binden von verdickten Zellen an Torreya erinnert, besitzt, finden sich bei Abies und Picea dieselben verdickten Zellen, unterhalb derselben aber auch eine Lücke, welche das ganze Mark quer durchbricht. Bei Larix ist in einigen Zweigen die Lücke nachweisbar, in anderen nur die Scheidewand, und bei Pinus fehlt beides, obwohl das Mark an der Abgangsstelle der Seitenäste eine auffallende Bräunung hat. Araucaria endlich zeigt ein regelmässig gebautes, den Cupressineen ähnliches Mark.

1. Tsuga canadensis Carr.

Das Mark des Jahrestriebes besitzt in seiner mittleren Länge längsgestreckte parenchymatische, wenig verdickte Zellen, die nur halb so breit wie lang sind. Gegen das Ende des Triebes dagegen bleibt der Längendurchmesser der Zellen an Grösse zurück, ja er wird gleich dem Querdurchmesser, und kubische Zellen bilden das Endmark. In der Höhe der Knospenschuppen finden sich im Mark sogar Zellen, deren Querdurchmesser grösser als der Längendurchmesser, deren Zellwand stärker als die vorhergehender und folgender Markzellen verdickt ist. Dadurch fallen sie als eine das Mark querdurchsetzende Scheidewand auf, die sich in die Knospenschuppen fortzusetzen scheint. Diese stehen nämlich auf einem wulstartigen Ringe, der im Präparate nach Art eines Stieles die Knospenschuppen trägt. Die mittleren Zellen dieses Ringes, über dessen Natur ich noch nichts aussagen kann, haben dieselbe Beschaffenheit wie die der Scheidewand im Mark des tragenden Astes, und bisweilen glaube ich durch das Holz hindurch einen Zusammenhang beider wahrgenommen zu haben.

2. Abies balsamea Mill.

Wie die vorhergehende zeigt diese nordamerikanische Tanne in der Höhe der Seitenäste eine das Mark quer durchsetzende Scheidewand, Fig. 1, s, die aus fünf bis acht Zellreihen bestehend, bald gerade, meist aber etwas gewölbt erscheint. Die Wölbung ist bald der Spitze, bald dem Grunde zugekehrt, öfters in der Mitte eingesenkt. An ihre obere Zellreihe setzt sich, wie es — Figur 1, m — zeigt, das Mark, während die untere öfters an einen Hohlraum grenzt.

In der ruhenden Knospe — Fig. 2 — ist diese Scheidewand, s, ebenfalls deutlich; sie trennt das Knospenmark, m, vom Mark, a, des vorhergehenden Jahrestriebes. Die Markzellen dieses sind in der Nähe der Scheidewand rundlich eiförmig und theilweise ohne Inhalt und mit gebräunten Zellwänden, theilweise auch mit Protoplasma und Stärke gefüllt und mit farblosen Wänden. Diese letzteren Zellen, — ich will sie lebensfähig, die ersteren im Gegensatz dazu abgestorben nennen, ohne mir deshalb ein Urtheil über ihre physiologische Thätigkeit zu erlauben, — grenzen mit ihren Wänden eng an einander und schliessen kleine tetraedrische Zwischenzellräume ein; die ersteren dagegen sind mehr oder weniger zusammengefallen, so dass eine Berührung der Zellwände nur an wenigen Punkten stattfindet. In Folge dessen sind grosse Zwischenzellräume vorhanden, die vielleicht durch den Schnitt noch vergrössert werden. Je naher der Scheidewand, desto mehr fehlen die lebensfähigen Zellen, desto zahlreicher sind die abgestorbenen. Die letzten Reihen bestehen nur aus diesen. Häufig haben sie jeden Zusammenhang mit den Scheidewandzellen verloren, zuweilen aber grenzen sie hie und da vereinzelt an diese. So findet sich hier ein grosser Zwischenzellraum, die Marklücke, l.

In der fortwachsenden Spitze, an der sich eine einzelne Spitzenzelle nicht findet, besteht das Mark im Längsschnitt aus vier- bis sechseckigen, mit Protoplasma und Stärke angefüllten Zellen, deren Wände wenig verdickt sind, — Fig. 3. — Die Länge und Breite der Zellen ist sehr verschieden.

Im älteren Jahrestrieb sind die Markzellen bedeutend in die Länge gestreckt, zwei- bis viermal so lang wie breit — Fig. 4, m. — Diese stehen, wie es in Fig. 4 zu sehen, senkrecht auf den Scheidewandzellen, s. Doch nicht der ganze Trieb besitzt gleiche Zellen. Verfolgt man die Markzellen von einer Scheidewand zur Spitze des Triebes, so erkennt man, dass diese langen Zellen mehr und mehr durch kurze ersetzt werden, dass der Zusammenhang zwischen den einzelnen Zellen lockerer wird. Bald treten einzelne kubische Zellen auf. Ja in der Nähe der jüngeren Scheidewand besitzen die Zellen nicht einmal mehr Zellwände, die sich unter deutlichen Winkeln schneiden, sondern sie haben eine runde oder eiförmige Gestalt angenommen; ihr Zusammenhang ist der grossen Zwischenzellräume wegen äusserst lose, ihr Inhalt mehr oder weniger gebräunt. Sie zeigen grosse Neigung selbst am befeuchteten Messer zu kleben und fortgerissen zu werden. In jüngeren Aesten liegen sie öfters der Scheidewand fest an — Fig. 1 l, — in älteren sind sie zusammengefallen, vertrocknet. Dadurch wird eine Lücke gebildet.

Aehnlich ist das Mark in dem vorhergehenden Jahrestriebe gebildet. Ich verweise, um Wiederholungen zu vermeiden, auf Fig. 1, die den horizontalen (s. w. u.) Längsschnitt des 1879er und 1880er Markes und der Scheidewand darstellt und zwar eines Präparates, das eine Lücke nicht zeigt. Ich besitze ausserdem solche mit Lücke. Es sind die ältesten Schosse, die ich untersuchen konnte. Da der typische Bau keine Abweichungen zeigt, so folgere ich, dass diese eben dargelegten Verhältnisse sich auch in älteren Aesten wiederfinden werden. Die Lücke findet sich demnach nicht in jedem Ende eines Jahresschosses oder in jedem Grund eines Seitensprosses. Vielmehr richtet sich ihr Vorkommen nach dem Alter des Triebes; je älter der untersuchte Trieb, desto sicherer darf man auf das Vorhandensein einer Lücke rechnen, weil in diesen die abgestorbenen Zellen immer zahlreicher und mehr vertrocknet sind. Sie zeigt sich namentlich in trockuen Aesten gross und deutlich. In älteren lebenden ist sie, je nachdem der Schnitt geführt wird, bald mehr, bald weniger deutlich. Schnitte, von der Spitze zum Grunde geführt, geben eine grössere, in umgekehrter Richtung geführte, eine kleinere Lücke, weil die Zellen durch das Messer bald zusammengeschoben, bald von einander getrennt werden. Immer aber verkleinerte sich die Lücke noch, wenn ein Tropfen Wasser hinzugegeben wurde, da dann die Zellwände ihre alte Spannung und Form erhielten. Die Lücke entsteht niemals durch Theilung oder Zerreissung besonders dazu ausgebildeter Zellen, sondern ist ein vergrösserter Zwischenzellraum. Ihre Grösse ist auch nichts primäres, von vorne herein Angelegtes, sondern etwas sekundäres, von dem Alter und der Feuchtigkeit des Astes Abhängiges. Ein Grund für ihr Entstehen ist das Zusammenfallen der obersten Markzellen eines Jahresschosses, welchem die tiefer liegenden, gewöhnlichen Markzellen und die höher liegenden Scheidewandzellen ihrer stärker verdickten Wände wegen nicht folgen können.

Doch ist nicht zu verkennen, dass die Grösse auch von dem Wachsthum des Astes abhängig ist. Wenn sich die Holzzellen in die Länge strecken, so wird damit die Scheidewand weiter von den obersten Markzellen entfernt, die Lücke vergrössert. Unterbleibt die stärkere Streckung, so bleibt auch die Lücke klein, oder fehlt gänzlich.

Die Lücke ist ferner durch alle Jahrgänge hindurch von gleicher Beschaffenheit. Ueberall, wo sie angetroffen wurde, war sie von Luft erfüllt; niemals wurde in ihr Harz oder Flüssigkeit gefunden.

Um über die Veränderungen der Scheidewandzellen Klarheit zu bekommen, wurde in der Endknospe, sowie in den beiden vorhergehenden Jahresabschnitten der Hohlraum und die gemeinsame Wand der Scheidewandzellen gemessen. Dieserhalb wurden auch die Präparate in doppelter Weise angefertigt; es wurden einmal Medianschnitte und zweitens Schnitte durch die Axe zweiten Grades und den Grund des Jahrestriebes geführt. Die Schnitte letzter Art treffen also die Axe ersten Grades unter einem mehr oder weniger grossen Winkel, der von der Neigung der Axe zweiten Grades abhängt; da aber diese Schnitte letzter Art sich der Wagrechten annähern, so nenne ich sie horizontale Längsschnitte. Sie wurden zugleich so angelegt, dass sie durch die Axe der Knospen dritten Grades gingen.

Im Allgemeinen liegt der längste Durchmesser der Zellen senkrecht zur Wachsthumsrichtung des Astes; obwohl auch Zellen, deren Länge und Breite gleich, ja deren grösste Ausdehnung der Axe des Triebes parallel ist, getroffen werden, wie es Fig. 5 zeigt. Diese giebt die unteren Scheidewandzellen der ruhenden Endknospe wieder. Primäre Zellwand ist überall deutlich; die starken sekundären Verdickungen werden von Porenkanälen durchzogen. Das Verhältniss des Längen- zum Höhendurchmesser und zur Dicke der Wand zwischen zwei Zellräumen stellt sich an den Medianschnitten im Mittel aus je fünf Messungen:

1. in der Endknospe 1881: L : H : D = 22,5 : 10 : 5,5
2. in der Endknospe 1880: L : H : D = 24,5 : 10 : 6
3. in der Endknospe 1879: L : H : D = 29 : 11 : 6,5

Die absoluten Werte für die Länge des Zellraumes waren für 1881 = 0,0261 mm, für 1880 = 0,0284 mm und für 1879 = 0,0336 mm; für die Höhe des Zellraumes ergab sich 1881 = 0,0116 mm, für 1880 = 0,0116 mm, für 1879 = 0,0127 mm; die gemeinsame Wand zweier benachbarter Zellen war 1881 = 0,0064 mm, 1880 = 0,0069 mm, 1879 = 0,0079 mm stark. Somit hat in diesen drei Jahren eine Vergrösserung des Zellraumes nach Länge und Höhe, sowie eine Verdickung der Zellwände stattgefunden.

Auch die horizontalen Längsschnitte ergeben ähnliche Resultate. Das Verhältniss des Längendurchmessers zum Höhendurchmesser und zur Dicke der gemeinsamen Wand ist für

1881: L : H : D = 20,5 : 10,5 : 6
1880: L : H : D = 22 : 13 : 7,5
1879: L : H : D = 21 : 16 : 6.5

Die berechneten Messungen stellen den Längendurchmesser für 1881 = 0,0238 mm, für 1880 = 0,0255 mm und für 1879 = 0,0244 mm; die Höhe ist für 1881 = 0,0121 mm, für 1880 = 0,015 mm und für 1879 = 0,0185 mm; die gemeinsame Wand ist 1881 = 0,0069 mm, 1880 = 0,0087 mm, 1879 = 0,0075 mm dick. Zeigt auch die Längenausdehnung in 1879, sowie die Dicke der Zellwand gegen 1880 bei diesen zweiten Messungen eine Abnahme, die ihre Erklärung in der verschiedenen Stärke der untersuchten Aeste findet, so ist doch gegen 1881 eine, nur durch selbstständiges Wachsthum erklärliche Vergrösserung bemerkbar. Woraus der Schluss, dass die Scheidewandzellen ihr Leben länger als die übrigen Markzellen bewahrt haben, gerechtfertigt erscheint. Ist auch dieses Wachsthum nicht so lebhaft und von grossen Gestaltsveränderungen begleitet gewesen, so hat doch eine Verdickung der Zellwände, sowie eine Vergrösserung der Scheidewandzellen nach allen drei Dimensionen stattgefunden.

Vergleicht man die Zahlen für die Längendurchmesser der Scheidewandzellen in den Medianschnitten und in den horizontalen Längsschnitten mit einander, so findet man, dass die Länge in den ersteren grösser ist. Sie übertrifft die letzeren 1881 um 0,0023 mm, 1880 um 0,0029 mm und 1879 um 0,004 mm. Es entspricht dieses, mit dem Alter zunehmende Plus einem stärkeren Wachsthum der Scheidewandzellen in der Richtung der Mediane, also parallel der Richtung der Schwerkraft; es stimmt vollständig mit der Wachsthumsart des Astes überein.

In der Theilung begriffene Zellen wurden in keiner Scheidewand, wohl aber ab und zu dünnere, der Längsaxe des Astes mehr oder weniger parallele Scheidewände angetroffen. Eine Zellvermehrung kann, wenn sie überhaupt stattgefunden, nur in einseitiger Richtung eingetreten sein. Die Scheidewand war nämlich im Mittel aus fünf Messungen, nur für 1879 sind vier Zählungen gemacht, in der Wachsthumsrichtung des Astes 1881 fünf, 1880 sieben und 1879 fünf Zellen hoch. Hieraus dürfte wohl kaum eine Zellvermehrung in der Wachsthumsrichtung des Astes, die die Scheidewand durch neue Zellreihen verstärken würde, abzuleiten sein. Gegen diese Annahme sprechen ferner die geringen Unterschiede in der Höhe der gemessenen Zellräume, während doch durch eine Theilung in dieser Richtung gerade die Höhe bedeutend verkürzt erscheinen müsste. Senkrecht zur Höhe bestand die Scheidewand der Länge nach 1881 aus zehn, 1880 aus neunzehn und 1879 aus fünfzehn neben einanderliegenden Zellen. Wenn also eine Vermehrung der Scheidewandzellen stattgefunden, so hat sie wahrscheinlich nur, dem Dickenwachsthum des Astes folgend, zu der Verbreiterung der Scheidewand beigetragen und die Zellwände sind mehr oder weniger zur Astaxe parallel angelegt.

Daraus folgt dann, dass die allgemeine Gestalt der Scheidewandzellen durch das Wachsthum nicht wesentlich verändert ist. Die Zellen haben die Form unregelmässiger Prismen mit drei oder vier, mehr oder weniger gewölbten Seiten, so dass sie bisweilen an die Eiform erinnern. Die Gestalt der Zellen an getrennten zu beobachten, war trotz der sorgfältigsten Mazeration mit Wasser, Säuren, Alkalien oder chlorsaurem Kali und Salpetersäure nicht möglich, weil sich eine einzelne Zelle nicht herauspräpariren liess. Die Zellen erscheinen ferner in der Richtung der Astaxe zusammengedrückt und besitzen stark verdickte Wände mit einfachen Poren, die, soweit beobachtet, also bis ins dritte Jahr, geschlossen sind. Ob sie in späteren Jahren offen sind, kann ich nicht sagen.

Auch in der Zapfenaxe — Fig. 6 — findet sich in der Höhe der untersten Schuppen eine ähnliche, zehn bis zwölf Zellen starke Scheidewand, s, doch ist unterhalb derselben keine Lücke, sondern ein eigenthümliches Zellgewebe, l, und an dieses schliessen sich die rundlichen Markzellen, a, welche, dem Stiele angehörend, ohne Lückenbildung zum Astmarke übergehen. Dieses zwischen der Scheidewand, s, und dem Mark des Zapfenstieles, a, liegende Zellgewebe, dessen Glieder in mehr oder weniger radialen Reihen angeordnet, dünnwandig, ohne Zwischenzellräume an einander liegen, widersteht der Schwefelsäure ungemein lange; durch Jod und Schwefelsäure wird es nach Quellen in Kalilauge blau. Diese in ihren Reaktionen korkähnliche Zellschicht sitzt auf dem Mark des Zapfenstieles wie ein Zündhütchen auf dem

Piston, so dass das Ende des letzteren vollständig, auch zum Theil seitlich von der Scheidewand abgeschlossen ist. Dieses korkähnliche Zellgewebe findet sich in jedem Zapfen; niemals an seiner Stelle eine Lücke. Das Mark der Zapfenspindel besteht aus Parenchym mit stark verdickten, porösen Wänden, m; es zeigt keine Zwischenzellräume.

3. Abies nobilis Lindl.

Am Grunde des dreijährigen Triebes fand sich eine eilf bis zwölf Zellen dicke Scheidewand, deren untere sechs Schichten heller gefärbt sind und Stärke führen. Die Scheidewand ist nach oben convex, nach unten concav. Das sich anschliessende junge Mark erscheint dem blossen Auge hellbraun, führt aber Stärke; das alte Mark ist dunkelbraun. Einige runde Zellen dieses sitzen an der Scheidewand fest; doch ist die Hauptmasse derselben so zusammengeschrumpft, dass über und seitlich vom alten Markkörper eine deutliche Lücke vorhanden ist.

Jod zeigt in einigen Zellen Stärke; daneben liegen leere Zellen. Jod und concentrirte Schwefelsäure so zu dem in Wasser befindlichen Präparat zugesetzt, dass das jüngste Holz und die Markzellen blau, die älteren Holzzellen gelbgrün wurden, ertheilte einigen älteren runden Markzellen auch eine blaue Farbe, zwischen ihnen lagen aber unveränderte braune. Die sechs untersten Zellreihen der Scheidewand waren gequollen, aber ungefärbt, die oberen braunen unverändert. Erst längere Einwirkung von Jod und Schwefelsäure machte alles blau, zuerst die innere Wandverdickung der hellen Scheidewandschicht. Es sind sonach die Wände der Scheidewandzellen aus einer anderen Modification des Zellstoffes gebildet, die den Reagentien länger widersteht, als die jungen Mark- und Holzzellen.

Am Grunde des diesjährigen Triebes lag eine sechszellige, nach oben convexe, nach unten concave Scheidewand, unter derselben die Lücke. Auch hier waren die drei oberen Zellreihen heller als die unteren gefärbt. Im alten Mark liegen zwischen braunen und stärkefreien Zellen helle mit Stärke. Es scheint hier eine Vermehrung der Scheidewandzellen auch in der Höhe, in der Richtung der Astaxe vorzukommen.

Die im Wachsthum begriffene Endknospe zeigte am 17. VII. 1884 noch keine Anlage der Scheidewand und Lücke. Doch grenzten rundliche Markzellen an solche mit mehr oder weniger zu einander senkrechten Wänden, die der Spitze zulagen.

4. Abies magnifica glauca Hort.

In einem vertrockneten Zweige war eine fünfzellige Scheidewand mit darunter liegender Lücke vorhanden.

5. Abies Fraseri Lindl.

Am Grunde des diesjährigen Triebes geht fürs blosse Auge ein feiner brauner Strich, der nach der Spitze zu concav ist, durch das Mark. Es sind dies die oberen rundlichen, abgestorbenen Zellen des vorjährigen Markes. Ueber diesen, durch eine Lücke getrennt, liegt die aus sechs Zellreihen in senkrechter Richtung bestehende Scheidewand. Der Zellraum der Scheidewandzellen ist im Durchschnitt elliptisch, der grösste Durchmesser liegt senkrecht zur Wachsthumsrichtung des Astes. Der Inhalt war am 21. VII. 1884 Protoplasma mit grossem Zellkern, Stärke fehlte. Diese fand sich aber in einem anderen am 28. VI. 1885 untersuchten Aste. Die Zellwand war stets hell und sehr dick, auch von einfachen, im Durchschnitt elliptisch geschlossenen Poren durchsetzt, die namentlich leicht nach Zusatz von Alkohol, welcher die jüngste Verdickung von der vorhergehenden im Präparate deutlich unterscheidbar machte, kenntlich.

Innerhalb der Knospe sind zwei Arten von Markzellen erkennbar; die unteren so lang wie breit und etwas abgerundet, die oberen, fünf Reihen, quergestreckt und verdickt. Dann folgt das gewöhnliche Mark der Knospen. Alle Zellen enthalten reichliches Protoplasma. Die fünf Reihen quergestreckter Zellen werden die Scheidewand.

6. Abies nordmanniana Spach.

Auch diese südkaukasische Tanne zeigt ebenso wie die nordamerikanischen eine Scheidewand und Lücke. Am Grunde eines vorjährigen Astes bestand die Scheidewand aus vier helleren und vier bis fünf dunkleren Zellreihen, von denen die ersteren unteren Stärke führten. Das ältere, dem blossen Auge braun erscheinende Mark war teilweise aus Stärke haltigen, lebenden, theilweise aus abgestorbenen Zellen gebildet. Zwischen den gewöhnlichen Markzellen und der Scheidewand war eine spaltenartige, schmale Lücke. Das jüngere Mark führte am 21. VII. 84 keine Stärke.

Die Scheidewand des diesjährigen Triebes hatte drei helle und vier dunkele Zellschichten und war durch einen schmalen Spalt vom darunter liegenden Mark getrennt. Nirgends konnte Stärke nachgewiesen werden.

Das Mark der Endknospe zeigte über dem Ansatz der untersten Schuppen eine Verengerung, in der die nach oben concave Scheidewand liegt. Die Zellen derselben sind, wie gewöhnlich, quergestreckt; ihre Wände stärker verdickt. In keiner der sieben Zellreihen konnte Stärke nachgewiesen werden, wohl aber reichliches Protoplasma. Das darunter liegende ältere Mark war in den oberen Reihen gebräunt, wenn auch noch keine Lücke gebildet war. Das Knospenmark bestand aus fast kubischen Zellen.

7. Abies pectinata DC.

In der Endknospe ist eine fünf bis sechs Zellen dicke und zwölf bis dreizehn Zellen lange Scheidewand vorhanden. Das darunter liegende, alte Mark, welches durch eine spaltenartige Lücke von derselben getrennt ist, besteht aus rundlichen, lockeren Zellen und zeigt eine kleine Verbreiterung gegen die Knospe hin. Die ältere, ebenso dicke aber fünfzehn bis sechszehn Zellen breite Scheidewand war gegen das vorhergehende rundzellige und gebräunte Mark convex, gegen das jüngere concav. Poren waren in den stark verdickten Wänden nur selten erkennbar, immer aber sehr reichliches Protoplasma. Eine Lücke war ausgebildet.

8. Abies cephalonica Lk.

Eine zehn bis elf Zellen dicke und achtzehn bis neunzehn Zellen lange Scheidewand trennt das Knospenmark von dem des letzten Triebes. Unter ihr ist eine kleine spaltenförmige Lücke erkennbar. Auch in dem zwei Jahre älteren Mark ist eine achtzehn bis neunzehn Zellen lange und sieben bis acht Zellen dicke Scheidewand, die nur in äusserst losem Zusammenhange mit dem älteren Mark steht, erkennbar.

9. Abies panachaica Heldreich.

Zwischen dem etwas blasig aufgetriebenen alten Mark, dessen runde Zellen zwar unter sich, doch wenig mit den angrenzenden Zellen in Zusammenhang stehen und daher meist eine Lücke erkennen lassen, und dem Knospenmark liegt eine sieben bis acht Zellen dicke Scheidewand. Einen besonderen Anblick boten am 28. II. 1882. die mit Stärke reichlich gefüllten Scheidewandzellen zwischen dem 1879/80er Triebe. Während die älteren äusseren Theile der Zellwand gut erhalten und keine Schichten in ihm getrennt waren, waren die später gebildeten Schichten nur lose und ringförmig den älteren angelegt; und daher erschien bei schwächerer Vergrösserung die Scheidewand aus runden porösen Zellen zu bestehen.

10. **Abies Pindrow Spach.**

Am Grunde des vorjährigen Triebes war eine acht Zellen breite Scheidewand vorhanden, deren fünf obere Reihen braun gefärbt waren. Die darunter befindliche Lücke wurde von hellwandigen, mit Stärke gefüllten Markzellen gebildet; über der Scheidewand war am 17. VII. 1884 noch keine Stärke im Mark. Die äusserlich abgerundete Knospe zeigt ein stumpfendendes grünes Mark ohne Scheidewand und Lücke.

11. **Abies sibirica Ledeb.**

In der Endknospe, sowie in den Seitenknospen eines kräftigen Astes ist eine sieben Zellen dicke Scheidewand, deren Breite von einundzwanzig Zellen in der Endknospe, von zehn bis elf in den Seitenknospen gebildet wird. Die Poren der stark verdickten Scheidewandzellen sind nicht durchbrochen. Eine Lücke ist in einem Aste deutlich; in einem anderen nicht ausgebildet. Das ältere Mark besteht aus meist braunen elliptischen Zellen.

12. **Abies Pinsapo Boiss.**

Am Grunde des zweijährigen Triebes findet sich eine in senkrechter Richtung sieben Zellreihen starke Scheidewand; unter ihr eine Lücke. Das darüberliegende Mark erschien dem Auge braun; das darunter liegende weiss. Letzteres besteht aus kugligen Zellen, die ebenso wie die Scheidewandzellen Stärke führen. Das darüber liegende, einjährige Mark besteht aus langgestreckten Zellen mit stärker verdickten Wänden; im Inhalte aber konnte Stärke nicht nachgewiesen werden.

Die Wände der Scheidewand nahmen bei Jod dieselbe braungelbe Farbe wie die Holzzellen an; ein Zusatz von Schwefelsäure färbte sie unter Aufquellen blau. Hierbei zeigte sich die Wandverdickung aus zwei Schichten bestehend, da die innere Verdickung sofort, die äussere bedeutend später blau wurde. Zwischenzellstoff war nicht vorhanden. Kalilauge bewirkte ein gleichmässiges Aufquellen. Das junge Ende hatte am 17. VII. 84 eine schwach gewölbte Oberfläche. Sein Mark war im unteren Ende aus lang parenchymatischen, im oberen schon aus kugelförmigen Zellen gebildet; alle Zellen mit feinkörnigem Protoplasma gefüllt. Die Scheidewand war nicht angelegt.

13. **Abies Veitchii Carr.**

Diese japanesische Tanne hat am Grunde des zweijährigen Triebes eine fünf- bis sechszellige Scheidewand, die nach unten concav ist. Nach oben schliessen sich wie bei den Anderen längere Zellen des jüngeren, nach unten rundliche des älteren Markes so an, dass keine Lücke vorhanden ist. Dagegen führen alle Stärke. Am Grunde des diesjährigen Triebes ist aber unter der nach oben convexen und fünf bis sechs Reihen starken Scheidewand eine deutliche Lücke, zumal die runden alten Markzellen braun und zusammengefallen erscheinen und keine Stärke führen.

14. Abies Maximowiczii K. L. B. 1883 *)

Am Grunde des vorjährigen Triebes war eine fünf bis sechs Zellreihen starke Scheidewand, deren obere drei Reihen braun, vorhanden. Die unteren hellen Schichten führten Stärke, die dem jüngeren Marke am 21. VII. 1884 fehlte. Am Grunde des diesjährigen Triebes fand sich eine ebenso starke Scheidewand mit drei hellen, Stärke führenden Schichten. Die älteren Markzellen waren zum Theil braun und leer, zum Theil hell und mit Stärke gefüllt. Das junge Mark zeigte keine Stärke, die sich aber schon in den Markstrahlen vorfand. Eine Lücke wurde unter keiner Scheidewand angetroffen.

15. Picea excelsa Lk.

Figur 7 stellt einen am 19. April 1885 angefertigten Längsschnitt durch die Endknospe eines neunjährigen Stammes dar. Zwischen den entfernten Knospenschuppen liegt der junge kugelförmige Trieb, an dessen Rande die Nadeln als Kerlmug hervortreten. Je näher der Spitze desto kleiner sind die Nadeln; der Scheitel ist ohne dieselben. Eine einzelne Scheitelzelle war nicht vorhanden. Der Innenraum des Triebes wird von gleichmässigen kubischen Zellen, m, mit reichem Inhalt gebildet. Unter diesen setzt eine zehn bis elf Reihen dicke Wand, s, quer durch das Mark. Ihre grösste Dicke liegt in der Mitte des Astes; nach den Seiten wird sie dünner, da die Zellenzahl abnimmt. Die Länge der Scheidewand von links nach rechts hängt von der Stärke des Triebes ab. Bei vier Gipfelknospen von Aesten fand ich sie zu 1,653 — 1,392 — 1,682 — 1,682 mm; im Mittel ist sie = 1,602 mm lang. Die entsprechende Dicke am Rande war = 0,145 — 0,1856 — 0,116 — 0,261 mm; im Mittel = 0,1769 mm; die Dicke in der Mitte betrug = 0,29 — 0,2958 — 0,29 — 0,348 mm, durchschnittlich = 0,306 mm. Diese Scheidewand wird am Rande meist von sechs, in der Mitte von zehn Reihen stark verdickter Zellen gebildet, welche ohne Zwischenräume an einander schliessen. Sie enthalten viel Protoplasma und einen grossen Zellkern; Stärke und Kernkörperchen konnte ich nicht erkennen. Die Verdickung ist von zahlreichen Poren durchsetzt, wie es Fig. 8 veranschaulicht; Fig. 9 giebt einige Zellen im Verbande. Die Poren erweitern sich zu kleinen Höfen; die Scheidewand zwischen denselben ist deutlich sichtbar. Ich erhielt folgende Maasse, die ich im Mittel aus je fünf Messungen angebe: Länge des Porenganges = 0,0015 mm; Breite des Zellraumes = 0,0108 mm; Länge desselben = 0,0332 mm; Wandstärke zwischen zwei Zellen = 0,0098 mm. Der Durchmesser des Zellkernes im kürzeren Zellendurchmesser gemessen war = 0,0087 mm, im längeren Zellendurchmesser = 0,0096 mm. Da der Anblick der Zellen und des Kernes ganz gleich ist, ob man den Medianschnitt oder senkrecht dazu einen horizontalen Schnitt führt, so folgt für den Zellkern eine etwas abgeplattete Kugelgestalt und für die Zellen selbst eine Form, die dem Rotationsellipsoid nahe kommt; das beweist auch der Querschnitt durch die Scheidewand. Die mittlere Länge der Zellen, von Scheidewand zu Scheidewand, ist = 0,0422 mm; die Breite = 0,0198 mm.

Der untere Rand der Markscheidewand ist nicht eben, sondern zeigt Ausbuchtungen, welche es klar erscheinen lassen, dass von ihr die darunter liegenden

---

*) „Fragliche Tanne aus der kgl. Landesbaumschule; nur in einem Jahre angezeigt. Ist nicht Picea Maximowiczii; hält alle Unbill des Klimas ohne Schaden aus.“ (Prof. Caspary.)

Markzellen gewaltsam abgerissen sind. Diese Wand bildet den oberen Rand der Lücke; der untere wird von kugligen bis eiförmigen, porösen Markzellen gebildet, die häufig durch Zwischenzellräume getrennt sind. Inhalt ist nicht vorhanden; die Zellwand — Fig. 10 — hin und wieder gebräunt. Der Gesammtanblick macht den Eindruck eines vertrocknenden Zellgewebes, das nur lose am Holzrohr hängt und leicht herausfällt. Durch Wasserzusatz kann es in seine frühere Spannung gebracht und die Lücke geschlossen werden. Auf diese verkürzten Zellen folgt dann das aus langgestreckten, inhaltleeren Parenchymzellen bestehende Mark des vorjährigen Triebes. An dieses, m in Fig. 11, schliesst sich dann unmittelbar die Scheidewand, s, mit ihren queren, jetzt inhaltleeren Zellen an, deren Lumen in der Breite = 0,0267 mm, in der Länge = 0,0336 mm ist. Die gemeinsame Wand zwischen zwei Zellen ist = 0,0104 mm stark.

Darunter liegt die Lücke, l. Es folgen die abgestorbenen, rundlichen Markzellen, Fig. 12, mit gebräunten Zellwänden, in denen die Poren nur noch äusserst selten erkennbar. Alkohol und Terpentinöl entfernte die Farbe nicht; Kalilauge lässt die Zellwand aufquellen. Diese Zellen werden seltener; es traten zwischen sie einige mit ungefärbten Zellwänden und deutlichen Poren, Fig. 13. Letztere Zellen sind weiter abwärts in der Mehrzahl und dann folgt die gewöhnliche Zellform des Markes, die dann wieder an die Querzellen der Scheidewand, Fig. 14, grenzen.

Markzellen sowohl wie die Scheidewandzellen sind ohne Inhalt, mit ungefärbten Zellwänden und einfachen, geschlossenen Poren.

So wiederholt sich der Bau des Markes durch jedes Jahr bis zum verfolgten neunten, in welchem die Zellräume = 0,015 mm breit und 0,0232 mm lang sind. Die Verdickung zwischen zwei Zellen war = 0,0104 mm stark. Nur die abgestorbenen und gebräunten Zellen des älteren Markes fallen beim Schneiden leichter als früher heraus, wodurch dann die Lücke vergrössert erscheint. Auch in den Aesten findet man denselben regelmässigen Bau des Markes wie im Stamme.

Immer ist das Mark in der Nähe des Endes eines Jahrestriebes, nämlich da, wo äusserlich die Knospenschuppen der Rinde eingewachsen sind, von einer mehr oder weniger dicken Scheidewand, die ungefähr die Gestalt einer planconvexen Linse hat, durchsetzt. Die Zellen derselben sind eiförmig bis elliptisch; besitzen stark verdickte Wände, die von Porenkanälen häufig durchbrochen sind. Der Zellinhalt ist Protoplasma und ein grosser kugliger Zellkern. Eine Vergrösserung des Zellraumes findet mit dem Alter statt, da die Maasse der Zellen älterer Scheidewände grösser als die der Endknospe sind. Dagegen zeigt das neunte Jahr, dass die Scheidewandzellen kürzer geworden sind, dass sie sich in der Richtung des Radius des Stammes verkleinert haben; was mit dem Verhalten des Markes bei Holzpflanzen übereinstimmen würde. Unterhalb der Scheidewand findet sich eine, der Grösse nach sehr verschiedene Lücke, die niemals mit Harz oder Terpentinöl gefüllt angetroffen wurde. Sie ist ein Zwischenzellraum, der durch die Streckung des Holzrohres, welcher die rundlichen älteren Markzellen nicht folgten, entstanden ist. Die Grösse der Lücke schwankt je nach dem Wassergehalt des untersuchten Theiles der Pflanze; sie ist in trockenen Pflanzentheilen grösser als in feuchten. Ja sogar in der Endknospe des Stammes wird sie während des Winters grösser als während des Frühlings gesehen.

In abgefallenen Zapfen konnte ich weder Scheidewand noch Lücke finden.

16. Picea Menziesii Carr.

Am Grunde des vorjährigen Triebes ist eine sechs bis sieben Zellenreihen starke Scheidewand vorhanden, deren bedeutend verdickte Zellwände zwei Schichten, die bei Jodzusatz noch deutlicher wurden, zeigen. Unter der Scheidewand wird eine Lücke durch die zusammengetrockneten, rundlichen Zellen des älteren Markes gebildet, doch führen diese ebenso wie die Scheidewandzellen Stärke. Am Grunde des diesjährigen Triebes ist eine fünf- bis sechszellige Scheidewand, die nicht wie die vorhergehende biconvex, sondern nach der Spitze zu concav, nach unten convex ist; darunter ist eine deutliche Lücke.

Die Endknospe des untersuchten Astes war am 16. VII. 1884 oben glatt und schon in Ruhe. Sie zeigte dreierlei Gestalten der Markzellen. Unten und inmitten der Knospe waren die Zellen regelmässig polyëdrisch, der Querdurchmesser gleich dem Längendurchmesser. Näher der Spitze waren acht bis neun Reihen entschieden quergestreckter Zellen, die ebenso wie die vorhergehenden Chlorophyll führen, vorhanden. Ueber diesen befinden sich vier bis fünf Reihen quadratischer, Blattgrün freier Zellen, die die Oberhaut bilden.

17. Picea sitchensis Carr.

Am 17. VII. 1884 war am Grunde des diesjährigen Triebes eine fünf- bis sechszellige Scheidewand, an deren unterem Rande einige alte Markzellen festsassen. Zwischen diesen und dem alten Mark war eine deutliche Lücke. Stärke war nirgend vorhanden. Die fortwachsende Endknospe hatte eine Scheidewand noch nicht angelegt.

18. Picea alba Lk.

Der Medianschnitt der Gipfelknospe eines Astes zeigte unter der aus acht bis neun Zellreihen bestehenden Scheidewand jedesmal eine Lücke, die durch das Fehlen der rundlichen Markzellen hervorgerufen wurde. Die Zellen der Scheidewand haben den schon bei P. Menziesii und P. excelsa beschriebenen Bau; es sind stark verdickte, poröse und eng an einander liegende polyëdrische Zellen mit reichlichem Inhalt. Die einjährige Scheidewand besteht ebenfalls aus neun Zellreihen; doch ist sie gegen das ältere Mark convex. Dieses besteht aus rundlichen, lockeren Zellen, welche durch den Schnitt leicht fortgeführt werden. Das übrige Mark besteht aus langem Parenchym. Diese sowie die drei ersten Zellreihen der Scheidewand haben einen dichten protoplasmatischen Inhalt.

19. Picea mariana nigra.

Untersucht wurde die Endknospe und einige Seitenknospen eines Astes. In allen war eine Scheidewand, aus sechs bis sieben Reihen stark verdickter Zellen bestehend, vorhanden. Die Zellen derselben enthielten am 23. III. 1882 wohl reichlich Protoplasma, doch keine Stärke. Diese fand sich aber in den grosskernigen Zellen des jungen Markes und hin und wieder in den rundlichen, lockeren Zellen des vorhergehenden Markes. Am Ende desselben war eine Lücke vorhanden.

Die Scheidewand und eine kleine Lücke fand sich auch am Anfang des vorhergehenden Triebes. Erstere bestand aus sieben Zellreihen und ist nach oben zu gewölbt, die oberen drei Zellreihen unterscheiden sich von den unteren durch eine dunklere Farbe. Während ein helles, durchsichtiges Protoplasma die Markzellen füllt, ist in den Scheidewandzellen ein dunkles. Stärke war in keinem nachweisbar.

20. Picea obovata Ledeb.

Zur Untersuchung wurden Medianschnitte durch den diesjährigen und vorjährigen Trieb eines Astes am 1. II. 1882 geführt. Die Endknospe zeigte eine aus sechs bis sieben Zellreihen bestehende Scheidewand. Darunter, im älteren Mark, war bei jedem Schnitt wahrscheinlich durch Ankleben der rundlichen, locker zusammenhängenden Zellen am Messer eine auffallend grosse Lücke. Darüber lag Parenchym mit reichlichem Inhalt. Die vorjährige Scheidewand begrenzte auf der untern Seite ein Mark, das aus längeren, parenchymatischen, auf umfangreichen Schnitten im Zickzack angeordneten Zellen bestand. Das unter der Scheidewand und dieser meist anliegende ältere Mark bestand aus leeren unregelmässig runden Zellen mit auffallend dünnen Scheidewänden, erst in einiger Entfernung nahm die Zellwand die gewöhnliche Dicke an.

21. Picea Tschugatzkoi Hort.*)

Während in einem abgestorbenen Aste die Lücke sehr deutlich, war am Grunde eines diesjährigen, frischen Zweiges nur eine siebenzellige Scheidewand und keine Lücke ausgebildet. Das ältere Mark bestand in seinem jüngsten Theile aus runden lockeren Zellen. In der Endknospe war am 27. VII. 1884 weder Scheidewand noch Lücke.

22. Picea Morinda Lk.

In der durchschnittenen Endknospe eines Astes erkennt das unbewaffnete Auge nach der Spitze zu ein dunkelgrünes, nach dem Grunde zu ein hellgrünes Mark. Ersteres besteht aus weiten, in der Wachsthumsrichtung gestreckten Zellen; letzteres aus sechs Reihen quergestreckter Zellen mit verdickten Wänden; doch enthielten diese am 17. VII. 1884 weder Chlorophyll noch Stärke. Es sind die Scheidewandzellen. Auf diese folgt ein grossmaschiges Mark, dessen vier- bis sechseckige Zellen wagrecht von links nach rechts die grösste Axe haben und kein Chlorophyll und keine Stärke führen. Zwischen Scheidewand und altem Mark war keine Lücke.

Am Grunde des 1883er Triebes liegt eine fünf Zellen dicke Scheidewand und unter derselben braune und helle, rundliche Markzellen. Eine Lücke war nicht ausgebildet; Stärke nicht nachweisbar.

Der Trieb des Jahres 1882 hatte am Grunde eine in der Axe siebenzellige nach unten convexe Scheidewand, in deren Zellen Stärke angetroffen wurde. Obwohl keine Lücke ausgebildet war, so bestand das ältere Mark aus runden, der grossen Zwischenzellräume wegen lockeren Zellen, deren Wände zum Theil hell, zum Theil braun gefärbt waren, nur die hellwandigen enthielten Stärke. Diese war in dem über der Scheidewand liegenden jüngeren Mark noch nicht nachweisbar.

In todten Aesten war unter jeder Scheidewand eine grosse Lücke.

Es zeigt diese im westlichen Himalaya in 2000 bis 3000 Meter Höhe wachsende Fichte sehr deutlich die Veränderung der am Ende des Triebes befindlichen Markzellen. Diese sind in der Endknospe polyëdrisch, runden sich im ersten Jahre ab und bilden im zweiten grosse Zwischenzellräume. Dass dieselben nicht zu einer

*) „P. Tschugatskoi Hort ist wahrscheinlich Picea obovata Ledeb" (Prof. Caspary.)

Marklücke zusammenfliessen, zu deren Ausbildung alle Verhältnisse gegeben sind, könnte man vielleicht dem veränderten Klima, das eine beträchtliche Streckung der Holzzellen nicht gestattet, diese ebenso wie die ganze Pflanze am richtigen Wachsthum hindern wird, zuschreiben. Ob aber nicht auch bei uns in älteren Aesten eine Lückenbildung eintritt, kann ich nicht sagen, da ich solche nicht erhalten konnte.

23. Picea polita Carr.

Untersucht wurde ein Seitenzweig vom Stammgrunde am 17. VII. 1882. Am Grunde des vorjährigen Triebes war eine deutliche Lücke und darüber eine zehn Zellen starke Scheidewand, die nach oben eben, nach unten convex erschien, erkennbar. Die unteren drei Zellreihen besassen helle Wände und führten Stärke; die übrigen waren braunwandig und stärkefrei. Die darüber liegenden Markzellen waren mit Stärke gefüllt. Das obere Ende des alten Markes war braun, abgestorben und ohne Stärke; diese fand sich erst in einiger Entfernung. Auch zwischen dem dies- und vorjährigen Triebe befand sich Lücke und Scheidewand. Letztere war sieben- bis achtreihig; ihre vier unteren Reihen bestanden aus hellwandigen Zellen. Stärke war in ihr ebensowenig wie in den darunter liegenden runden Markzellen vorhanden; sie fand sich erst in den langgestreckten Markzellen.

Die im Wachsthum begriffene Endknospe zeigte noch keine Differenzirung der Markzellen.

24. Picea alkokiana Carr.

Am 15. III. 1882 war in der Knospe eines Astes die Scheidewand im Mark deutlich erkennbar. Unterschied sie sich von den älteren Markzellen auch nur durch die stärker verdickten Wände und den festeren Zusammenhang ihrer Zellen, so war sie doch gegen die wenig verdickten Zellen des Knospenmarkes scharf abgegrenzt. In dünneren Schnitten war eine Lücke zwischen einigen an der Scheidewand fest sitzen gebliebenen Markzellen und den übrigen vorhanden; in dickeren fehlte sie. Offenbar war also die Lücke nur durch das Messer, an dem die dünnwandigen, locker zusammenhängenden Zellen kleben blieben, und nicht in der Endknospe durch das Wachsthum entstanden.

Die vorjährige und auch die vorhergehende dreijährige Scheidewand zeigte eine Differenzirung ihres Gewebes. Während in der Knospe die Scheidewand aus fünf gleichartigen Zellreihen bestand, zeigte der Ast am Anfange der Jahrestriebe über vier bis fünf Reihen gleichfalls hellwandiger Zellen drei bis vier mit weniger verdickten Wänden, an welche dann die langgestreckten Markzellen des jüngeren Triebes sich anlegten. Die Markzellen am Ende des älteren Triebes waren eiförmig, hellwandig, mit braunem, harzigem Inhalte und durch grosse Zwischenzellräume von einander getrennt. Obwohl die Präparate stets Lücken zeigten, so möchte ich doch annehmen, dass diese durch Fortreissen der sehr harzreichen Markzellen entstanden sind, da einige derselben, wenn auch nur vereinzelt an der Scheidewand sassen. Es lag die Lücke, abweichend von allen anderen, nicht zwischen Scheidewand und altem Mark, sondern innerhalb dieses. Vielleicht passen auf diese, an das wärmere japanesische Klima gewöhnte Fichte dieselben Erwägungen wie bei P. Morinda. Es sind auch hier alle Verhältnisse zur Lückenbildung gegeben; dass dieselbe nicht eingetreten, mag an der geringen Streckung des Holzkörpers in den untersuchten Aesten liegen.

25. Picea Engelmanni Carr.

Am Grunde des diesjährigen Triebes ist eine sieben bis acht Zellen starke Scheidewand mit drei hellen unteren Reihen vorhanden. Darunter liegt die Lücke.

Das Mark der Endknospe besteht aus ziemlich regelmässigen vier- und sechseckigen, Chlorophyll haltigen Zellen, über welchen drei bis vier Zellreihen ohne Chlorophyll liegen. Die Endknospe war am 16. VII. 84 abgeplattet und nicht mehr im Fortwachsen begriffen; eine Scheidewand aber nicht erkennbar.

Am Grunde des vorjährigen Triebes befindet sich eine oben ebene, unten convexe Scheidewand, die von neun bis zehn Zellreihen gebildet wird, von denen wiederum die unteren drei hellere, stärker verdickte Wände besitzen. An diese setzen sich ohne ausgebildete Lücke die runden Zellen des älteren Markes, die meist noch lebensfähig sind, da sie Stärke enthalten. Stärke findet sich auch in den Scheidewandzellen und den langen Zellen des darüber liegenden Markes.

26. Larix europaea DC.

Auch bei der Lärche sind, wie bei Tanne und Fichte, die einzelnen Jahrestriebe der Aeste an den manschettenartigen Knospenschuppen äusserlich erkennbar. Ihnen entsprechen im Marke aber zwei Scheidewände. Beide finden sich in allen Aesten an den Grenzen verschiedenartiger Triebe.

Das Mark wird im älteren Theile aus gestrecktem Parenchym, dessen Wände mässig verdickt und stark porös sind und unter rechten Winkeln auf einander treffen, gebildet; hin und wieder finden sich in ihm kubische Zellen. Letztere werden, je näher dem Jahresende, desto zahlreicher; ihr längster Durchmesser liegt senkrecht zur Wachsthumsrichtung. Sie allein mit ihrem braunen Inhalt bilden schliesslich das Mark, doch setzen sich ohne Lücke stärker verdickte, poröse Zellen von unregelmässiger Gestalt an. Zwischen diesen und den jüngeren Markzellen geht in Form eines grossen Bogens, von der Markscheide beginnend, eine vier bis fünf Zellreihen starke Wand hindurch, deren Zellen ebenso stark wie die vorhergehenden verdickt und porös sind, die aber durch ihre Gestalt leicht auffallen. Sie sind in der Wachsthumsrichtung des Astes zusammengedrückt; dagegen ist ihr Querdurchmesser bedeutend vergrössert. Ihre oberste Reihe stösst an das junge Mark.

Die Endknospe der Zweige geht meist, wahrscheinlich durch das Aneinanderschlagen der Aeste während eines Windes verloren, denn häufig fehlt sie. Bedeutend umfangreicher als der Zweig sitzt sie wie eine kleine, von Schuppen umgebene Kugel an demselben. Von den ähnlichen Nadelzweigen unterscheidet sie sich dadurch, dass ihre äussersten Schuppen meist grün sind. Medianschnitte zeigten, dass das Mark aus runden Zellen, die wegen ihres lockeren Zusammenhanges und grossen Harzreichthumes leicht durch das Messer entfernt werden, besteht. Hierauf folgt in der Höhe der untersten Knospenschuppen eine vierzellige, nach unten gewölbte Scheidewand; zwischen ihr und dem älteren Mark ist meist eine Lücke. Ueber der Scheidewand beginnt ein aus kubischen Zellen bestehendes Mark, das nach der Knospe zu sich erweitert und in der Erweiterung aus sehr dünnwandigen Zellen besteht. Dieses ist wiederum von dem grünen Knospenmark, welches die Gestalt eines spitzen Kegels hat, durch eine vierreihige Scheidewand stärker verdickter, blattgrünfreier Zellen geschieden.

Sonach zeigt Larix europaea sowohl in der Endknospe wie in älteren Trieben, am Jahresende abweichend von den früheren Coniferen zwei Scheidewände, unter deren erster eine Lücke in trockenen Aesten stets, in frischen, saftigen seltener angetroffen wird. Die Markzellen zwischen den beiden Scheidewänden werden während des Wachsthums verdickt; hier habe ich niemals eine Lücke gesehen.

In diesem Bau gleicht die Endknospe vollständig den Nadelzweigen, von denen Fig. 15 einen fünfjährigen darstellt. In diesen ist Holz, H, und Mark, M, deutlich getrennt, ersteres besitzt auch Markstrahlen. Das Mark besteht aus ebensoviel gesonderten Körpern, m, wie der Zweig Jahre zählt. Jeder Markkörper ist durch eine mehr oder weniger grosse Lücke, b, vom vorhergehenden getrennt. Die meisten Zellen sind kuglig, zuweilen mit braunem Inhalt. Nach unten schliessen sie an eine zwei- bis vierzellige Wand, s, quergestreckter Zellen, die mit den Markscheidezellen fest verbunden, wahrscheinlich durch sie und den Holzkörper nach Art der Markstrahlen hindurchgehen. Die Spitze wird von einem kurzen Kegel, a, grüner Zellen gebildet, der von Schuppen umgeben ist und auf einer vier- bis fünfzelligen Scheidewand ruht. Zellkern und Protoplasma war in ihren Zellen deutlich; Poren und Stärke am 4. IV. 82 nicht erkennbar.

Die Seitenäste eines Hauptastes beginnen mit rundlichen, porösen und etwas verdickten Markzellen, die ohne Zwischenräume an einander schliessen. Darüber liegen kubische Markzellen, die allmählich in gestreckte übergehen. Auf diesen nur wenig Zellen hohen Markkörper folgen vier bis fünf Reihen kubischer, stark verdickter Zellen, welche nach Art der Scheidewand, nach oben concav, nach unten convex, das Mark durchsetzen. Unterhalb dieser Wand habe ich häufig, doch nicht immer, eine Lücke gesehen.

Auch das Mark in der Axe der männlichen Blüthe ist vom vorhergehenden der darunter liegenden Axe durch eine Scheidewand getrennt. Letzteres scheint eine ähnliche Gliederung wie das der Nadelzweige zu besitzen und besteht wie dort aus runden Zellen. Das Mark der Zapfenaxe besteht aus lang gestreckten, inhaltreichen Zellen, die ihres baldigen Hinwelkens wegen bedeutendere Veränderungen nicht erleiden.

Die weibliche Blüthe hat im Stiel grüngefärbtes, in der Spindel farbloses Mark. Eine Scheidewand in der Höhe der untersten Knospenschuppen fehlt; wohl aber ist eine Reihe querliegender, wenig verdickter Zellen am äussersten Grunde des Stieles, fast noch im Holzkörper des tragenden Astes, vorhanden.

Durch das Auftreten zweier Scheidewände im Knospenmarke, die ein Stück desselben aus dem innigen Zusammenhange mit den anderen Markzellen reissen und sie zu eigener Entwickelung zwingen, weicht Larix von den anderen Abietineen ab. Da eine Lückenbildung nur zwischen der unteren Scheidewand und dem älteren Mark auftritt, so kann man den ganzen Zellcomplex, der am Grunde des jüngeren Markes liegt und sich von diesem durch die stärker verdickten und anders geformten Zellen unterscheidet, als Scheidewand auffassen. Es käme dann Larix eine dreischichtige Scheidewand zu.

27. Larix dahurica Turcz.

Aeste und Nadelzweige zeigen denselben, soeben beschriebenen Bau.

28. Larix leptolepis Gord.

Ausser in den Aesten und Nadelzweigen, die mit den vorhergehenden übereinstimmen, findet sich eine Scheidewand als trennende Schicht auch zwischen dem Mark des die weibliche Blüte tragenden Theiles der Axe und dem darunter liegenden Theil derselben Axe.

29. Cedrus Deodara Loud.

Sie bietet ihres Harzreichthumes und des dünnen Markes wegen der Untersuchung einige Schwierigkeit dar, die bei den Nadeln tragenden Zweigen noch grösser ist. In den Aesten endet jeder Jahrestrieb mit braunen, rundlichen, lockeren Zellen, die durch Zusammenfallen die Lücke bilden; zum Theil auch durch das Messer, an dem sie leicht kleben bleiben, entfernt werden. Ueber diesen beginnt das junge Mark ohne eine Scheidewand quergestreckter Zellen mit in der Axe verlängertem Parenchym.

Auch in den Nadelzweigen war eine Querwand verdickter Zellen nicht vorhanden, aber eine ziemlich unvermittelte Abwechselung runder und langer Markzellen. Beide enthielten am 16. VII. 84 Chlorophyll und Stärke. Die runden Zellen wurden aus der Mitte des Markes wohl durch den Schnitt entfernt, denn sie sassen an der Markscheide zum Theil noch fest und grenzten dort an die langen Markzellen.

Cedrus Deodara zeigt demnach die Möglichkeit einer Lückenbildung ohne die einer Scheidewand.

30. Pinus silvestris L.

Die äusserlich von mehreren häutigen Schuppen bedeckte Endknospe war am 12. IX. 84 im Inneren vollständig grün. Das Mark besteht aus fast kubischem Parenchym mit reichlichem Protoplasma und Zellkern. Poren waren nicht sichtbar. Von den mehr rundlichen und Stärke führenden Holzzellen waren sie leicht zu unterscheiden. Durch das weitere Wachsthum werden die unteren Markzellen eines Triebes bedeutend in die Länge gestreckt, während die des oberen Endes sich gleichmässiger nach allen drei Dimensionen ausdehnen.

In einem siebenjährigen Triebe zeigte das Mark folgenden, sich jedes Jahr wiederholenden Bau. Jeglicher Zellinhalt ist im Mark verschwunden. Die Zellwand besitzt eiförmig längliche, unregelmässig vertheilte, undurchbrochene Poren. Die Gestalt der Zellen ist aber sehr verschieden. Zwischen langgestrecktem Parenchym liegen verschieden zahlreich kurze Zellen mit gebräunten Zellwänden. Diese letzteren nehmen je näher dem Triebende desto mehr an Zahl zu, so dass in der Höhe des nächstjährigen Astquirles nur diese braunwandigen, hier aber rundlichen Zellen vorhanden sind. Ueber den Astansatz hinaus nimmt die Zahl dieser Zellen wieder ab und es treten Zellen der vorher beschriebenen Art wieder auf. Scheidewand und Lücke habe ich hier so wenig wie in jüngeren Aststücken gefunden. Trotzdem ist man im Stande, mit unbewaffnetem Auge an der Farbe des Markes die Jahresgrenze eines Triebes anzugeben, da das ältere Mark gebräunt, das jüngere weiss erscheint

31. Pinus Strobus L.

Die Endknospe eines Astes zeigt ein aus regelmässigem, scharfwinkligem Parenchym gebildetes Mark, dessen Zellen auf dem Medianschnitt breiter als lang und mit Protoplasma gefüllt sind. Nach dem Grunde der Knospe zu setzen sich quadratische Zellen mit abgerundeten Wänden an. Eine Lücke oder Scheidewand ist nicht vorhanden.

In älteren Zweigen sind die kubischen Zellen braun gefärbt und nicht bedeutend vergrössert, während die jüngeren sich in die Länge gestreckt und zuweilen einen Zickzackverlauf haben; gleichsam als wenn sie nicht in gerader Richtung, sondern nur durch seitliches Ausbiegen den nöthigen Raum für ihre Streckung finden konnten. Lücke oder Scheidewand wurde bei keinem der untersuchten Aeste angetroffen.

Auch die übrigen Arten: Pinus Cembra L., P. mitis Mich., P. Pumilio Haenke, P. densiflora Sieb. et Zucc., P. Laricio Poir. zeigten nirgends Lücke oder Scheidewand; stets aber hatte beim Jahreswechsel eine Gestaltsveränderung der Markzellen stattgefunden, die schon dem unbewaffneten Auge durch die braune und weisse Färbung auffiel. Es fanden sich am Ende eines jeden Jahrestriebes nach unten kubische Zellen mit braunen Wänden, nach oben lang gestrecktes Parenchym mit hellen Zellwänden.

37. Araucaria excelsa R. Br.

Schon äusserlich unterscheidet sich die untersuchte Vertreterin der von Carrière den Abietineen angefügten Unterordnung von den ächten Abietineen durch das gänzliche Fehlen der Knospenschuppen. Am Grunde eines 1 dcm langen Zweiges, dessen Alter sich daher nicht angeben lässt, ist weder Lücke noch Scheidewand vorhanden. Das Mark besteht aus Stärke führendem Parenchym, dessen Zellen doppelt so lang wie breit sind. Auch an den Abgangsstellen der Seitenäste zeigt das Mark des Hauptastes dieselben Verhältnisse; nirgend eine Lücke, Scheidewand oder eine Gestaltsveränderung der Zellen. Ebenso besitzt die Gipfelknospe nur ein gleichmässiges, an die Junipereen erinnerndes Mark.

Nach meinen Untersuchungen bietet das Mark der Araucaria excelsa, der Cupressineen, Podocarpeen und Taxineen, mit Ausnahme von Torreya nucifera, nicht den geringsten Unterschied vom Mark der meisten Angiospermen dar. Es besteht überall aus Parenchym, dessen Zellen gleich gross, wenig verdickt und ohne Zwischenzellräume an einander gelagert sind. Torreya nucifera zeigt ein ähnlich gebautes Mark, das aber in der Höhe der Axen zweiten Grades von einer Scheidewand querliegender Zellen durchsetzt ist. Diese Conifere vermittelt dadurch den Uebergang zum Mark der Abietineen, bei welchen allen — mit Ausnahme der Araucaria excelsa, deren Mark im Baue mit dem der Cupressineen übereinstimmt, — am Ende des Jahrestriebes eine durch die Farbe der Wände der Markzellen hervorgebrachte Grenze zwischen altem und jungem Marke deutlich ist. Mit der Farbe ändert sich gleichzeitig die Form und Gestalt der Markzellen. In seinem mittleren Verlaufe besteht bei ihnen allen das Mark eines Jahrestriebes aus lang gestrecktem Parenchym; am Ende des Triebes dagegen aus kubischen oder eiförmigen Zellen, welche durch mehr oder weniger häufige Zwischenzellräume einen lockeren Verband haben. Ueber diesen alten Markzellen findet sich eine Lücke im Marke bei den Arten der Gattungen Abies, Picea, Larix und Cedrus Deodara. Die Lücke fehlt im Marke von Tsuga canadensis und den Arten der Gattung Pinus. Oberhalb der Lücke, oder, wenn diese nicht ausgebildet, in der Höhe der Knospenschuppen findet sich im Marke eine Scheidewand quergestreckter Zellen bei Tsuga canadensis, den Arten von Abies, Picea und Larix. Die Scheidewand fehlt im Marke von Cedrus Deodara und den

Pinus-Arten. Ueberhaupt wird das Vorkommen der Markscheidewand durch die äusserlich an der Rinde bleibenden Knospenschuppen angezeigt; alle Coniferen mit bleibenden Knospenschuppen besitzen eine das Mark quer durchsetzende Scheidewand; den Coniferen mit hinfälligen Knospenschuppen fehlt sie.

Demnach würde man, wenn der Versuch einer Eintheilung der Coniferen nach den anatomischen Merkmalen des Markes gewagt werden sollte, folgende Gruppen unterscheiden müssen:

I. Coniferen ohne Lücke und ohne Scheidewand:
   1. Im Marke sind die Enden der Jahrestriebe nicht zu erkennen: Junipereen, Podocarpeen, Taxineen s. p., Araucaria excelsa.
   2. Die Enden der Jahrestriebe sind im Marke erkennbar: Pinus silvestris, P. Cembra, P. Strobus, P. mitis, P. Pumilio, P. densiflora, P. Laricio.

II. Coniferen ohne Lücke aber mit Scheidewand:
   1. Die Markzellen am Ende eines Jahrestriebes sind von den vorhergehenden und folgenden nicht verschieden: Torreya nucifera.
   2. Am Ende des Jahrestriebes ist eine andere Form von Markzellen vorhanden: Tsuga canadensis.

III. Coniferen mit Lücke, ohne Scheidewand: Cedrus Deodara.

IV. Coniferen mit Lücke und mit Scheidewand: Arten der Gattungen: Abies, Picea und Larix.

Die Scheidewand dieser drei letzten Gattungen ist keine von der geographischen Verbreitung der Arten oder äusseren Einflüssen abhängige Eigenthümlichkeit. Sie findet sich ebensowohl bei europäischen, wie asiatischen und nordamerikanischen Tannen, Fichten und Lärchen. Ebenso sicher ist sie in abgestorbenen, wie absterbenden und lebenden Aesten und Stämmen vorhanden. Sie ist eine Eigenthümlichkeit der gesund fortwachsenden Pflanze und findet sich immer, wie schon erwähnt, in der Höhe der bleibenden Knospenschuppen im Marke. Sie entsteht am Ende eines jeden Sommers. Auf ihre Anlage hat die Temperatur einigen Einfluss. Die Scheidewand wird nicht gleichzeitig bei allen Arten angelegt; sondern es legen die aus südlicheren, wärmeren Gegenden bei uns gezogenen Exemplare diese früher, die aus kälteren später an. Die aus dem nordwestlichen Amerika stammende Abies nobilis hatte am 17. VII. 1884 noch keine Scheidewand, während die in Pennsilvanien und Carolina einheimische Abies Fraseri dieselbe am 21. VII. 1884 besass; Picea Tschugatzkoi aus Sibirien und vom Altai hatte am 27. VII. 1884 noch keine Scheidewand, aber in Picea Morinda aus dem westlichen Himalaya war sie am 17. VII. 1884 schon fertig; Picea excelsa hatte am 27. VII. 1884 noch keine Scheidewand.

Der jüngste, bei Abies Fraseri und Picea Menziesii beobachtete Zustand waren mehrere, so im Marke angelegte Zellen, dass ihr grösster Durchmesser senkrecht zur Wachsthumsrichtung des Astes sich befand. Sie führten im Protoplasma Chlorophyll (Picea Menziesii). Die Zellen scheinen sich nicht in der Wachsthumsrichtung des Astes zu vermehren, sondern in radialer, dem Dickenwachsthum des Astes und Stammes folgender Richtung (Abies balsamea). Die neunjährige Scheidewand von Picea excelsa zeigt in dieser Richtung eine Verkürzung der Zellendurchmesser. Ihre Vergrösserung besteht in einer gleichmässigen Streckung nach allen drei Dimensionen des Raumes (Abies balsamea, Picea excelsa); in Aesten ist die Streckung in senkrechter Richtung die bedeutendste (Abies balsamea). Die ausgebildeten Zellen sind bald unregelmässige Prismen mit gewölbten Seiten, bald eiförmig gestaltet. Sie sind länger als die umgebenden Markzellen lebensfähig und enthalten reichlich Protoplasma und einen kugligen Zellkern; ja sie führen zu gewissen Zeiten auch Stärke. Ihre bedeutende Wandverdickung, die von zahlreichen, geschlossenen Poren durchbrochen wird, zeigt zwei Schichten; die äussere ist gewöhnlicher Zellstoff, die innere eine den Reagentien länger widerstehende Modifikation desselben (Abies nobilis, A. Fraseri). Eine Verharzung der Zellwände wurde nicht wahrgenommen, wenn auch einige Reihen der Scheidewandzellen später braune Wände erhalten (Picea polita, P. Engelmanni, P. alkokiana). Scheidewände anderer Arten haben soweit sie durch eine Reihe von Jahren verfolgt werden konnten, Zellwände von gleicher Farbe. Abgesehen von der Färbung, zeigt nur die Gattung Larix eine dreischichtige aus verschiedenen Zellformen gebildete Scheidewand; Abies und Picea nicht.

Mit der Scheidewand in innigem Zusammenhange steht die Marklücke der Coniferen in sofern als diese mit Sicherheit nur in den Arten von Abies, Picea und Larix zu finden ist. Eine Lücke ohne Scheidewand hat Cedrus Deodara; andererseits findet sich die Scheidewand, aber keine Lücke bei Torreya nucifera und Tsuga canadensis, bei welch letzterer eine Lücke noch am ersten, der veränderten Endzellen des alten Markes wegen, erwartet werden könnte.

Von diesen drei Ausnahmen abgesehen, findet sich die Marklücke in allen vegetativen Axen von Abies-, Picea- und Larix-Arten da im Marke, wo „ein neuer Jahresschoss als Fortsetzung des vorhandenen Schosses oder ein Seitenspross sich anschliesst." Sie liegt unterhalb der Scheidewand und über dem Ende des älteren Markes und trennt beide in ihrer ganzen Breite.

Die Marklücke ist nie durch Zerreissung oder Auflösung von Zellen entstanden, wohl aber durch Loslösen ganzer Zellen des Markendes eines Jahrestriebes von den Scheidewandzellen. Ihre Entstehung hängt von zwei im eigenen Bau und Leben des Holz- und Markkörpers gegebenen Verhältnissen ab. Der erste Grund ist die Veränderung der Endzellen des Markes eines Jahrestriebes.

Diese Zellen sind polyëdrisch angelegt und berühren sich mit ihren Zellwänden (P. Morinda); später runden sie sich mehr und mehr zur Ei- oder Kugelform ab, wodurch grössere Zwischenzellräume auftreten. Dadurch wird ein lebhafterer Saftaustausch der Zellen unter sich und mit den umgebenden Zellgeweben erschwert; diese Markzellen sind zu ihrer weiteren Ausbildung auf die eigenen Vorräthe angewiesen und vertrocknen nach Verbrauch derselben. Ihre wenig verdickten Wände fallen mehr und mehr zusammen. Die Zwischenzellräume werden namentlich zwischen den Scheidewandzellen und den obersten Markzellen grösser und bilden in ihrer Gesammtheit die Lücke. Aeussere Einflüsse, wie etwa Frost oder Hitze, können zu dieser Ausbildung nicht Veranlassung gewesen sein, da die Zellen schon im Hochsommer nicht nur bei den aus dem Süden stammenden, sondern selbst bei unseren einheimischen Coniferen verkümmert sind. Der Grund dafür muss im eigenen, inneren Leben des Baumes gesucht werden.

Der zweite Grund für die Entstehung der Marklücke liegt im Wachsthum des Holzkörpers, dessen Zellen sich bedeutend nach ihrer Anlage in die Länge strecken. Hierdurch wird die an der Markscheide befestigte Scheidewand von den darunter liegenden, sich nicht streckenden Markzellen des Jahresendes entfernt.

Die Lücke ist das Resultat der gemeinschaftlichen Wirkung beider Lebensvorgänge. Die Grösse derselben steht aber in innigem Zusammenhange mit jeder von beiden. So lange die Endzellen des älteren Markes sich lebenskräftig ausdehnen oder eine Streckung der Holzzellen der Jugend oder der veränderten Wachsthumsweise des Klimas wegen nicht stattgefunden, so lange ist eine Lücke nicht vorhanden (Picea Morinda, P. alkokiana). Das kann zeitlich bei den einzelnen Arten, ja selbst in den verschiedenen Theilen des Exemplares sehr verschieden sein. Ich besitze z. B. Längsschnitte durch die Endknospe von Picea excelsa mit sehr verschieden grossen Lücken. Die im Winter angefertigten Präparate zeigen eine grosse deutliche Lücke; die im Frühjahre angefertigten dagegen haben theils nur spaltenförmige, theils deutliche Lücken. Immerhin wird in älteren und daher trockneren Aesten und Stämmen mit grösserer Sicherheit eine Lücke angetroffen, als in Endknospen und jungen Trieben, weil in ersteren die Holzzellen sich gestreckt, das Markende des Jahresschosses vertrocknet ist; in letzteren dagegen die Markendzellen häufiger noch lebenskräftig, ihre Zellwände durch Feuchtigkeit gespannt und die Holzzellen wenig in die Länge gestreckt sind. Sonach ist die Grösse der Lücke auch von dem Alter und der Feuchtigkeit des Stammes und der Aeste abhängig. Vergessen darf schliesslich nicht werden, dass die Grösse der Marklücke auch durch die Schnittführung geändert werden kann, wie ich es bei Abies balsamea und Picea alkokiana erwähnt habe.

Die Marklücke unterliegt demnach mancherlei Einflüssen, die auf ihre Grösse und ihr Entstehen wirken, und die Frage nach dem zeitlich zuerst eintretenden, also ursächlichen Einfluss ist nicht leicht zu beantworten, zumal die direkte Beobachtung keinerlei Anhalt bietet. Die natürlichste Ursache scheint mir die Längsstreckung der Holzzellen zu sein, denn durch sie findet alles Uebrige die einfachste Erklärung. Dadurch erklärt sich leicht der lose Zusammenhang der Markzellen am Ende des Jahresschosses, ihr schnelles Absterben und Vertrocknen gleicht Zellen, die aus dem Zusammenhange gerissen sind. Deshalb erscheint es auch nicht befremdlich, wenn hin und wieder einige Markzellen an der Scheidewand sitzend angetroffen werden.

Ihrer Natur nach gehört die Marklücke zu den Luft führenden Zwischenzellräumen, niemals habe ich sie von Terpentin oder Harz, wie es Sachs in seinem Lehrbuche der Botanik IV. pag. 517 für den Stamm der Coniferen angiebt, erfüllt gesehen.

Bericht

über die

in den Sitzungen

der

physikalisch-ökonomischen Gesellschaft

zu Königsberg in Pr.

gehaltenen Vorträge im Jahre 1885.

Sitzung am 8. Januar 1885.

Der Vorsitzende begrüsst die Versammlung und bezeichnet das verflossene Jahr als ein für die Gesellschaft glückliches. Die Geologen sind mit den Aufnahmen in der Provinz weiter fortgeschritten, die Sammlungen und Bibliothek sind bedeutend vermehrt, letztere wird theilsweisse translocirt werden müssen, da die jetzigen Räume nicht mehr ausreichen, derselbe spricht die Hoffnung aus, dass auch das neue Jahr sich glücklich gestalten werde.

Zur Statistik der Gesellschaft übergehend bemerkt er, dass dieselbe jetzt zählt: 1 Protector, 13 Ehren-, 251 ordentliche und 217 auswärtige Mitglieder, gegen 1 Protector, 17 Ehren-, 262 ordentliche und 217 auswärtige Mitglieder beim Beginn des vorigen Jahres. Durch den Tod sind ihr entrissen: 1 Ehrenmitglied, Geheimer Archivrath Dr. Lisch in Schwerin, 2 ordentliche Mitglieder, Commerzienrath Wiehler und Geheimer Medicinalrath Professor Dr. v. Wittich, 9 auswärtige Mitglieder 1) Hotelbesitzer Braune-Insterburg, 2) Rittergutsbesitzer Bernhardi-Loelken, 3) Prof. Dr. Brücke in Wien, 4) Forstrath Prof. Dr. Hartig in Braunschweig, 5) Regierungs-Medicinalrath Dr. Hoogeweg in Münster, 6) Pastor Kowall in Pussen (Kurland), 7) Rittergutsbesitzer Siegfried in Kirschnehnen, 8) Prof. Stannius in Rostock, 9) Geheimer Commerzienrath Warschauer in Berlin. Die Gesellschaft wird Allen ein ehrendes Andenken bewahren.

Der Vorsitzende verliest darauf ein Schreiben des Zweigcomité's der zoologischen Station in Neapel, in welchem um einmalige Beiträge gebeten wird. Er bemerkt, dass bereits zweimal über die Station in unseren Sitzungen berichtet ist, dass derselben grosse Ausgaben bevorstehen, indem ein Dampfer reparirt und ein neuer angeschafft werden soll, und dass das Institut dauernd im Wachsen begriffen ist; die Subventionen der Regierung reichen nicht aus. Eine Liste zur Zeichnung von Beiträgen wurde ausgelegt. Die Sammlung ergab 90 Mk., welche an das Comité abgeführt sind.

Herr Professor Dr. Merkel hielt einen Vortrag über das Alter.

Herr Dr. Tischler legt den ihm von der Frau Kammerherr Sehested auf Broholm zum Geschenk gemachten zweiten Theil des Sehested'schen Werkes: „Archaeologiske Undersögelser 1878—81 af N. F. B. Sehested“ vor, welches nach dem Tode des Verfassers von der Familie herausgegeben ist. Dies Werk ist ebenso wie der erste Theil

(Fortidsminder og Oldsager fra Egnen om Broholm 1878) auf das Glänzendste ausgestattet und mit der allergrössten Gründlichkeit und Genauigkeit abgefasst, so dass beide Theile als bisher unerreichte, geradezu klassische Muster der Erforschung und Bearbeitung eines abgeschlossenen kleineren Gebietes dastehen. Der zweite Theil bringt die Ausgrabungsberichte von weiteren Hügeln der Broncezeit — wobei die früher sogenannten Diademe sich als Halskragen erwiesen, die Fortsetzung des Flachgräberfeldes von Möllegaardsmark etc. und die Ausgrabung einiger Hügel aus Addit Skov in Jütland etc., im Ganzen die Fortsetzung der exacten Ausgrabungsberichte des ersten Theiles. Die von Madsen und Magnus Petersen ausgeführten Kupferstiche sind geradezu als Kunstwerke zu betrachten. Der Vortragende hatte selbst das Glück, mehrere Tage die Gastfreundschaft der Familie Sehested zu geniessen, welche nach seinem Tode in würdiger Pietät das von dem Verstorbenen begonnene Werk fortführt. Er konnte die in einem eigens dazu errichteten Hause untergebrachten reichen Funde genau studiren und auch die Resultate der Versuche verfolgen, die Sehested unternommen hatte, um die Technik und Arbeitsweise der Steinzeit zu ergründen.

Ueber diese Versuche berichtet der vorliegende Band eingehend. Dieselben sind in äusserst gründlicher Weise ausgeführt und haben zu recht überraschenden Resultaten geführt. Es werden Steinäxte geschliffen, durch Holzblätter mit Sand gesägt, ferner dieselben durch massive oder hohle Stäbe gebohrt mittelst eines Bogens oder Drillbohrers (mit Holz, Knochen oder Horn). Aehnliche Versuche hatte der Vortragende auch früher gemacht*) — was in obigem Werke erwähnt ist — und an diesem Orte vorgezeigt. (Die Stücke befinden sich im Provinzial - Museum.) Die Sehested'schen Arbeiten sind viel umfassender und bestehen in einer sehr ausgedehnten Versuchsreihe.

Nun handelte es sich aber noch darum, zu zeigen, dass man mit den Steingeräthen auch wirklich arbeiten könne, und dies gelang in überraschendster Weise, wobei sich auch die früher immer ausgesprochene Ansicht, dass solche Arbeiten, ebenso wie die Herstellung der Geräthe, einen ungeheueren Zeitaufwand erfordern, als Fabel erwies. Sehested erbaute ein vollständiges Blockhaus aus Kiefern nur mit Hilfe von Feuerstein-Aexten, Meisseln und Schabern. Die Bäume wurden gefällt — ein Probestück eines in 11 Minuten mit einer Feuersteinaxt abgehauenen Stammes hat Sehested unserem Provinzial-Museum zum Geschenk gemacht — entästet, entrindet, zugespitzt, in einander gefugt, das Dach aufgesetzt und eine Thüre in ein besonderes Gerüst gehängt. So entstand in ziemlich kurzer Zeit ein zierliches Häuschen. Zu den Arbeiten im Walde wurde folgende Zeit gebraucht: Zum Fällen von 63 Bäumen von 0,30 m Dicke 2½ Arbeitstage (ein Tag à 10 Stunden), 60 von 0,09 m in 5 Stunden (½ Tag), Herausschleppen 2 Arbeitstage, Entästeln 4½, Entrinden 5 Tage, in Summa auf 1 Mann berechnet 14½ Arbeitstage. Die Aexte blieben dabei vollständig scharf und unbeschädigt, nur von einer lösten sich beim Abhauen der Aeste (es wurden über 6000 abgehauen) einige lange Splitter. Um das Haus fertig zu stellen, wurden dann noch 66½ Arbeitstage verbraucht, incl. Schleifen der Steingeräthe, also in Summa 81.

*) Schriften der physikalisch-ökonomischen Gesellschaft 1880. Sitzungsberichte p. 16—18.

Jetzt steht das kleine Gebäude unter schattigen Bäumen am Wasser, die Werkzeuge, mit denen es hergestellt in sich bergend, das Zauberhaus, an dem die Landleute Abends nur mit abergläubischer Scheu vorbeieilen.

Der Vortragende zeigt ferner im Anschluss an die in der Sitzung vom 1. April 1881 gemachten Mittheilungen, eine Anzahl Jütischer Töpfe und die Werkzeuge, die zu ihrer Fertigstellung gebraucht wurden, wie sie im ersten Bande des Sehested'schen Werkes beschrieben sind, alles ein Geschenk der Familie Sehested an das Provinzial-Museum. Die Töpfe zeigen, wie damals erörtert, dass auch ohne Drehscheibe Gefässe von vollendet gerundeter Form hergestellt werden können, und dann ist auch ihre schwarzglänzende Oberfläche bemerkenswerth, die besonders in den mit einem Stein aufpolirten einfachen Ornamenten einen durchaus metallischen, vollständig graphitähnlichen Glanz zeigt, und dabei ist Graphit absolut nicht zur Anwendung gekommen, sondern der Glanz und die Schwärze nur durch Brennen der Töpfe in einem glimmenden, rauchenden, reducirenden Feuer erzeugt.

Nun ist solche schwarze Topfwaare in einem grossen Theile des östlichen Europas, besonders wie es scheint, bei slavischen Nationen verbreitet, geht aber allmählich immer mehr ein, so dass wir es hier ebenso wie in Jütland mit einer interessanten, dem Untergange verfallenden Industrie zu thun haben, obwohl diese Gefässe beim Kochen sogar manche Vorzüge vor den glasirten haben.

Im südlichen Westpreussen wurden früher die sogenannten Kassubischen Töpfe in grosser Masse producirt, während jetzt die Industrie eingegangen ist. Unser eifriges Mtiglied, Herr Apotheker Scharlock in Graudenz, hat noch einige solche Töpfe erstehen können und 3 Stück gütigst dem Provinzial-Museum zum Geschenk gemacht. Ebenso gab er 2 Thongefässe, die er zum Versuche den in Steinkisten gefundenen nachgebildet hatte, und aus Thon gebrannt ein Modell der unten (in seinem Bericht) beschriebenen Blockscheibe. Zugleich hat Herr Scharlock die Notizen über die Fabrikation dieser Gefässe gesammelt und dabei den Töpfermeister Maschlitzki zu Ratho gezogen. Es sind dadurch eine Reihe von Thatsachen bezüglich auf eine dem Untergange verfallende, zum Theil primitive Technik zusammengekommen, welche werth sind, der Vergessenheit entrissen und hier fixirt zu werden. Der von Herrn Scharlock freundlichst eingesandte Bericht wird daher weiter unten unverkürzt mitgetheilt und der Vortragende wird dankbar sein, wenn auch anderweitig ähnliche Studien gemacht und ihm übermittelt würden.

Der Vortragende fand bei seiner vorjährigen Reise durch Galizien und Ungarn besonders in den Gewerbe-Museen von Krakau und Lemberg eine Menge solcher schwarzen unglasirten Gefässe hauptsächlich aus Ostgalizien, auch aus der Ukraine. In Galizien ragten die Töpfereien von Wertelka durch ihre anmuthigen Formen hervor, welche entschieden an klassische erinnern, so dass es fast den Anschein hat, als ob hier seit der römischen Occupation Daciens eine gewisse stilistische Tradition sich latent bis auf die Neuzeit forterhalten hat, wie wir es ja in manchen Gebirgsländern finden (so z. B. die Tauschirkunst in Spanien).

Nähere Notizen über diese südöstlichen schwarzen Töpfe sollen noch gesammelt und gelegentlich mitgetheilt werden.

Diese Gefässe, sowohl die Kassubischen als die Galizischen, sind abweichend von den Jütischen auf der Drehscheibe gefertigt. In der Decoration ähnen sie ihnen aber darin, dass sie durch flach eingedrückte glänzende Streifen oder Kreisschnörkel verziert sind, die mit einem stumpfen Instrumente, Feuerstein oder dergleichen, vor dem Brande aufpolirt sind. Sie haben ein besonderes Interesse für uns, da die merkwürdigen 3 gedrehten, entschieden importirten Henkeltöpfe von Warnikam (aus spät römischer Zeit) in ähnlicher Methode decorirt sind; sie zeigen nämlich ganz flach mit stumpfen Instrumenten in den noch nicht gebrannten, aber schon ziemlich erhärteten Thon eingedrückte Streifensysteme. Wenn man nun bedenkt, dass gerade in Galizien zu derselben Zeit (c. 4. Jahrhundert v. Chr. eine Anzahl ähnlicher Gefässe entdeckt sind (die bei anderer Gelegenheit publicirt werden sollen), so weisen jene Ostpreussischen auf eine südöstliche Quelle hin. Sie sind nicht rein römisch, doch jedenfalls unter römischen Einfluss entstanden und ihre Form und zum Theil die Technik hat sich einigermaassen in den schwarzen Thongefässen besonders von Wertelka erhalten.

In solcher Weise wirft die moderne Haus- und Landtöpferei noch manches Licht auf die prähistorische Gefässfabrikation. Da die Jütischen Töpfe eine so vollkommene aus freier Hand hergestellte Rundung zeigen, so ist es nicht nöthig, für die prähistorischen Töpfe, besonders für die in der Form oft sehr vollendeten aus Westpreussischen Steinkisten, eine andere Technik, z. B. die Blockscheibe anzunehmen, eine Annahme, die Herr Scharlock, der gerade auf die Blockscheibe hingewiesen hat, auch für zulässig erklärt.

Ueber das ehemals in Preussen übliche Drehen des Töpfergeschirrs auf der Blockscheibe und das Schwarzbrennen desselben, zweier untergegangener, und in Berücksichtigung der vorgeschichtlichen preussischen Begräbnissurnen bemerkenswerther Herstellungsweisen von Thongeräthen. Von Scharlok.

Als ich vor etwa 20 Jahren anfing, die vorgeschichtlichen Alterthümer unserer Gegend zu sammeln, von denen ich Kunde erhielt, wurden die meisten mir nicht zum Zwecke der künftigen Begründung eines öffentlichen Museums, wie Graudenz jetzt ein solches in seinem Stadtmuseum besitzt, als einstweiliges Eigenthum übergeben, sondern höchstens zur naturgetreuen Nachbildung geliehen, gewöhnlich unter der ganz ausdrücklichen Bedingung der Eigenthümer, die Gegenstände ihnen unversehrt und möglichst bald wieder zurückzugewähren.

Wenn ich auch voraussah, dass, wie es wirklich geschehen ist, manche werthvollen Stücke bei ihren Eigenthümern unnachweisbar verloren gegangen sind, so gelang es mir doch, 30 und einige facta similia in mehrstückigen Auflagen anzufertigen.

Von diesen Auflagen, soweit sie eben gefördert waren, erhielten je eine, unter der Bedingung Kenntniss fördernder oder lückenfüllender Gegengaben:

der jetzt verstorbene Professor E. Desor zu Neuchatel,
das Lindenschmidtsche Museum zu Mainz,
das Museum germanischer Alterthümer zu Nürnberg,
die naturforschende Gesellschaft in Danzig,
die Alterthumsgesellschaft Prussia zu Königsberg in Preussen,
die physikalisch-ökonomische Gesellschaft zu Königsberg in Preussen,

das Alterthümer-Museum zu Weissenfels,

das kulturhistorische Museum zu Buxtehude,

und endlich, nebst allen auch den in meinem Besitz befindlichen Originalen, das Stadtmuseum zu Graudenz.

Von Herrn von Ossowski zu Krakau, welcher den grössten Theil der in meinem Besitz befindlichen Urnen gezeichnet und gemessen hat, empfing ich als Gegengabe einige Photographien bemerkenswerther Alterthümer.

Aus Weissenfels erhielt ich das Lichtbild einer auf einem Urnenscherben vor dem Brennen eingeritzten sehr merkwürdigen Zeichnung, vom Herrn Professor Desor aber erhielt ich eine nicht unbeträchtliche Anzahl lauter lückenfüllender und zugleich sehr lehrreicher Original-Gegengaben aus den Pfahlbauten des Neuchateller Sees: — unter diesen letzteren auch das Scherbenstück eines sehr dicken Gefässes aus gebranntem Thon mit eingeknetetem grobem Kies, welches Gefäss augenscheinlich aus freier Hand geformt worden ist, denn es zeigt an seiner Innenseite die Eindrücke schlanker Finger, welche glättend in senkrechter und an der Aussenseite solcher, die in wagerechter Richtung gestrichen haben.

In jener Zeit (vor etwa 20 Jahren) war man sehr geneigt anzunehmen, dass die in Westpreussen gefundenen Begräbniss-Gefässe aus gebranntem Thon, deren Wände und wagrecht laufende Verzierungen verbogen und nicht geradelaufend sind, aus freier Hand geformt worden wären.

Auch wurden vereinzelte Stimmen laut, welche behaupteten, die schwarze und graue Farbe der vorgeschichtlichen Thongefässe stamme von Graphit her, und solche mit glänzend schwarzer Oberfläche seien glasirt.

Schon in früher Jugend, noch als Knabe in meiner Vaterstadt, bin ich sehr viel in der Werkstatt des Töpfermeisters Napp daselbst gewesen, habe mit grosser Lust von Allem, was darin vorging Kenntniss und Theil daran genommen, habe auch auf der Scheibe gedreht, in Thon modellirt und mit vor dem Brennofen gesessen. Ich habe diese Theilnahme für die Thonbildnerei nicht bloss nicht verloren, sondern deren in dem Maasse mehr gewonnen, als ich als Jüngling und Mann vielfach die Gelegenheit fand und wahrnahm, mich in Ziegeleien, Steingut-, Porcellan- und Thonwaarenfabriken umzusehen, und mit meinen steigenden chemischen und physikalischen Kenntnissen immer tiefere Einsicht, auch in die Nebenzweige dieses Kunsthandwerks zu gewinnen.

Jene Annahmen über das Herstellen dünnwandiger Urnen mit wagerechten Verzierungslinien aus freier Hand wollte mir nicht in den Sinn, so lange sie nicht durch Beweise erhärtet war.

Die Verwendung von Graphit, wie sie zur Herstellung der feuerfesten Graphittigel stattfindet, hier in der norddeutschen Ebene, in der kein Graphit vorkommt, zur Erzeugung der schwarzen Bestattungsurnen, schien mir ein entschiedener Irrthum zu sein, besonders, nachdem ich in den ersten Jahrzehnten meiner Ansiedelung hier in Graudenz, vom Jahre 1837 an, zu jedem Jahrmarkte grosse Mengen von matt-schwarz-grauen, dem rohen Eisenguss sehr ähnlichen, auch mit glänzenden Strichen verzierten Töpferwaaren, wagenweise ankommen, auspacken und verkaufen sah. Kochtöpfe mit einem Henkel, Schmoortriegel (Töpfe) mit 2 Henkeln, Triegel oder Tiegel (Pfannen) mit einer walzig-wagerecht abstehenden Handhabe mit und ohne Füsse, und Testen (Schalen, Schüsseln, auch als Deckel zu gebrauchen) innen glatte, oder auch durch rhomboidisch sich kreuzende Einritzungen rauh gemachte, sog. Tobakstesten, um sich selbst seinen Schnühwke (Schnupftabak) zu reiben, selbst solche, mit 2 Henkeln und einem durchlöcherten Boden versehene, als Durchschlag zu brauchende sowie wirkliche Deckel mit einem Knopfe zum Anfassen, waren die Hauptgeschirre. Die Art war unter dem Namen „Kaschubsche Töpf" ganz allgemein bekannt, die Geschirre zeigten sehr gefällige Gestalten, eine flotte Mache, und waren aus einem, trotz der reichlichen Beimengung von nur mässig feinem Sande, offenbar sehr bildsamem Thone hergestellt. Das Geschirr war sehr billig; das zum Kochen bestimmte wurde aber nicht blos deshalb in fast allen Küchen verwendet, sondern, weil von ihm behauptet wurde, dass es aufs Feuer gesetzt, nicht so leicht zerspringe als das aus reinerem und feinerem Thon gebrannte rohe oder glasirte. Manches Geschirr hielt für manche Flüssigkeiten nicht ganz dicht, sondern sickerte durch nach Art der Alkarazzas und diesem Uebelstande suchten die Köchinnen dadurch abzuhelfen, dass sie das neue Geschirr mit Fett einliessen.

In dem Maasse als die Porcellan-, Gusseisen und die verschiedenen Arten der Eisenblechgefässe im Preise sanken und eine immer allgemeinere Verwendung fanden, wurden auch immer weniger „Kaschubsche Töpfe" gebraucht und zu Markt gebracht, bis vor etwa 35—30 Jahren diese Jahrmarktswaare gänzlich ausblieb.

Als diejenigen Stimmen der Alterthumsforscher laut wurden, die da meinten, dass die hier gefundenen schwarzgrauen Urnen ihre Farbe einer Beimengung von Graphit verdankten, suchte ich vergebens hier am Orte noch einige solcher altmodischen Kaschub'schen Töpfe aufzutreiben, oder auch nur zu erfahren, wo dieselben früher angefertigt worden waren oder etwa noch gemacht würden; und nur den langen und unermüdlich fortgesetzten Bemühungen des Fräulein Adelheid Brüss in Tuchel, jetzt Frau Buchhändler Weber in Königsberg verdankte ich die letzten Geschirre dieser Art, welcher der Töpfermeister Maslonkowski zu Kamionken bei Neuenburg in Westpreussen noch gemacht hatte, sowie ein Stückchen ungebrannten, drehfertigen Thones. Diesen letzten Rest von Fabrikaten eines, wie es scheint, eben untergegangenen Gewerbebetriebes theilte ich zwischen der naturforschenden Gesellschaft in Danzig, der physikalisch-ökonomischen Gesellschaft in Königsberg und dem städtischen Museum in Graudenz.

Meine Bitte, mir einige von dem hiesigen Töpfermeister Maschlitzki alten Urnen nach nachgebildete Gefässe mit schwarz zu brennen, konnte der Töpfermeister Maslonkowski zu Kamionken bei Neuenburg nicht mehr erfüllen, da ihn Krankheit gezwungen hatte, die Topfdreherei aufzugeben, und ich seinen Vorschlag als für mich zu kostspielig und umständlich von der Hand weisen musste, der dahin ging, hier in Graudenz das zur Füllung eines Ofens erforderliche Geschirr aufertigen und in Kamionken brennen zu lassen.

Noch lange, ehe die Mittheilung des Herrn Dr. Tischler in Königsberg in den Schriften der physikalisch-ökonomischen Gesellschaft 1881, Sitzungsbericht p. 13/14 (nach Sehested: Fortidsminder og oldsager fra Egnen on Broholm p. 345—351) über die noch gegenwärtig auf Jütland gebräuchliche Herstellung von dünnwandigen fast gar nicht oder nur nur kaum verbogenen, auch mit Strichverzierungen geschmückten und schwarz gebrannten Töpfergeschirren aus freier Hand, bekannt gemacht wurde, zeigte ich dem bereits genannten Töpfermeister Maschlitzki von hier meine zum grössten Theil aus Steinkistengräbern hiesiger Gegend stammenden Bestattungsurnen nebst Deckeln und Schalen mit der Bitte, mir seine Ansicht darüber mitzutheilen, wie dieselben wohl gemacht worden wären, indem ich ihm zugleich auch sagte, dass sich Ansichten dafür geltend machten, dass dieselben aus freier Hand hergestellt, durch Graphit schwarz gefärbt, oder auch wohl glasirt sein könnten.

Nach Herrn Maschlitzkis Ansicht befindet sich unter den jetzt im Graudenzer Museum befindlichen Urnen keine mit einer Glasur überzogene; die glänzenden Urnen, Deckel, Schalen oder deren Scherben verdanken ihren Glanz nur einer Politur des getrockneten Geschirrs vor dem Brande, die erhalten wird, wenn man das Gefäss mit einem harten und glatten Gegenstande einem Flaschenboden, einem polirten Feuersteine oder dergleichen glatt reibt, wodurch es einen Spekglanz erhält. Damit dieser Glanz recht lebhaft werde, muss die zu polirende Stelle keine groben Körner enthalten, weshalb sie mit Schlicker (den beim feinen Abdrehen gewonnenen Schlamm) oder auch mit sehr fein geschlemmtem Thon überzogen wird. Bei der grossen Urne aus Ksiondsken, und bei der kleinen Deckelurne aus dem Klinzkauer Steinkistengrabe ist der Gegensatz des polirten Halses und des durch eingedrückten Granitgrus grobkörnig glimmerglitzernd gemachten Bauches mit feinem Kunstgefühl zu wohlthuender Wirkung gebracht worden. Bei einigen anderen Urnen ist der Versuch, diese schmückenden Gegensätze hervorzubringen, weniger gelungen, bei den meisten garnicht versucht. Die schwarzgraue Farbe ist in der Weise erzeugt, wie bei den Kaschubschen Töpfen, wovon weiter die Rede sein wird.

Einige wenige Geschirre, vorzugsweise aber der zerbrochene schalenartige Deckel mit Falz aus den weissen Bergen bei Paparzyn, Kreis Kulm, verdankt seinen schönen Glanz zwar auch dem Poliren, aber die tiefschwarze Oberfläche auf der röthlichgrauen Scherbenmasse verdankt er dem Ueberfange mit einem Schlickerbeisatz, der den Töpfern nicht mehr bekannt, aber keine Glasur ist.

Der schweizerische, dicke ganz offenbar aus freier Hand gemachte und die Streichspuren der Finger zeigende Scherben ist von ganz anderer Masse und ganz anders gearbeitet, als die alten westpreussischen Urnen und deren Scherben. Dass auch diese aus freier Hand gemacht sein sollen, ist zu bezweifeln, dahingegen wäre eine andere Erklärung vielleicht zutreffender.

Bevor nämlich die Töpfer auf der jetzt ganz allgemein und nur allein noch gebräuchlichen Töpferscheibe drehten, drehten sie auf der Blockscheibe oder dem Blocke, welcher auch auf alten Zunftpetschaften noch abgebildet ist.

Die Töpferscheibe besteht aus einer senkrechten starken eisernen an den betreffenden sich reibenden Stellen sauber abgedrehten Spindelstange, die mit ihrem stumpf zugespitzten unteren Ende in einer im Boden befestigten Pfanne aus Stirnholz und kurz unter ihrem oberen Ende in einer festen, zu öffnenden und zu schliessenden Gabelstange, mit der Innenseite einer Speckschwarte umhüllt, läuft und gut in Oel gehalten wird.

Auf dem oberen Ende trägt sie die kleinere Kopfscheibe oder den Scheibenkopf, auf welchem der Thon zu Geschirren gestaltet wird, und kurz über dem unteren Ende eine grössere, dickere und recht schwere Scheibe, das Scheiben- oder Fussblatt, das der Töpfer mit seinen nackten Fussohlen in drehende Bewegung setzt, und das zugleich als Schwungrad dient. Steht die Spindel genau senkrecht in festen Leitungen, wird sie hinreichend in gutem Oele gehalten, und sind Kopfscheibe und Fussblatt eben und vollkommen fest in einem Winkel von genau 90 Gr. an der Spindel angebracht, so bildet das Ganze mit dem dazu gehörigen Sitze für den Dreher eine zwar sehr einfache, aber recht leicht zu handhabende und zuverlässig arbeitende Maschine, auf der er, wenn er sonst nur fest im Kreuz und in den Oberarmen, und feinfühlig und geschickt in den Unterarmen, Händen und Fingern ist, die saubersten Dreharbeiten herstellen kann.

Ein Anderes war es aber mit dem Block oder der Blockscheibe. Diese bestand aus dem walzenrunden fest in den Boden gesetzten, trockenen, geglätteten und nicht mehr biegsamen Stämmchen eines jungen Hartholz-Baumes.

Auf diese feststehende oben stumpf zugespitzte Spindel wurde ein drehbares Gestell gehängt. Dieses bestand aus einem an seiner oberen Seite ebenen Klotze aus hartem Holze, dem Scheibenkopfe. In die untere Seite dieses Klotzes oder Blockes wurde eine Vertiefung als Pfanne hineingearbeitet, bestimmt, den Spindelkopf aufzunehmen und sich auf ihm zu drehen. Es waren ferner noch mehrere, gewöhnlich sechs nicht durchgehende Löcher in diese Unterseite des Blockes gebohrt oder auch wohl nur mit einem glühenden Eisen hineingebrannt, in welche Löcher eben so viele gerade, glatte; trockene, steife junge Hartholz-Stämmchen oder auch vom Drechsler gedrehte Sprossen eingesetzt und fest verkeilt wurden, die gleichlaufend mit ihren anderen Enden in eine grössere klotzartige Scheibe, den Fussblock oder auch Fussblatt, eingesetzt und gleichfalls fest verkeilt wurden. In der Mitte dieses Fussblockes befand sich ein Loch, das möglichst genau, jedoch ohne sich zu klemmen um den Spindelstamm herumgriff.

Stülpte man nun das ganze Gestell, bestehend aus dem durch Sprossen mit dem Scheibenkopfe verbundenen Fussblocke über den Spindelstamm, so dass der Scheibenkopf mit seiner Pfanne auf die Spindelstammspitze zu stehen kam, so hatte man gleichfalls eine mit den Füssen in Bewegung zu setzende Maschine, auf deren oberer Fläche man Thongefässe drehen konnte, und dies war die Blockscheibe.

Blockscheibe nach einem von Maschlitzki in Thon angefertigtem Modell.

Während aber eine gut gebaute Töpferscheibe sich ganz gleichmässig wagerecht mit ihrer fest verbundenen senkrechten Eisenspindel um ihre Achse dreht, kann auch der bestgebaute Block diese Drehung nicht ohne gewisse schlackernde und wippende Abweichungen sowohl aus der senkrechten, als auch aus der wagerechten Richtung machen. Zur Milderung dieses Uebelstandes wurde die Stammspindel da, wo sich der Fussblock um sie drehte mit in Theer getränkten Leinenlappen umwickelt, und ebenso, wie die Spindelspitze nebst Kopfpfanne ordentlich mit Theer geschmiert erhalten. Damit das Fussblatt die gehörige Schwere bekam und auch als Schwungrad von einem Fusstoss eine Weile in Bewegung blieb, wurden ihm möglichst viel grosse Eisennägel eingeschlagen und Eisenreifen umgelegt. Die das Blatt mit dem Kopf verbindenden Sprossen waren aber besonders bei einem leichten, schlecht schwingenden Block, bei welchem fortwährend getreten werden musste, eine Plage für den Dreher, weil er sich die Fussknöchel daran wund stiess und rieb, die deshalb für diese Arbeit mit Lappen bebunden wurden.

Es ist wohl erklärlich, dass selbst ein geschickter Dreher nicht gleich mit jedem Blocke gute Arbeit liefern konnte, sondern sich erst mit seinem wackeligen Werkzeuge eingearbeitet haben musste. Es wird aber auch erklärlich erscheinen, dass selbst der geschicklichste Dreher auf seinem ihm ganz vertrauten Blocke niemals so gute und genaue Arbeit liefern konnte als auf einer guten Scheibe, denn alle, auf einem Klotz gedrehten Geschirre werden immer Seitenwände haben, die sich bei genauer Prüfung etwas schief erweisen und wagerechte Linien in den Rändern, Bauch- und Halsansätzen oder Verzierungen zeigen, die in kürzeren oder längeren Wellen von den gleichmässig wagerechten Linien abweichen. Genau diese Eigenschaften haben die in den Steinkistengräbern und die in der blossen Erde gefundenen Urnen und anderen Gefässe des Graudenzer Stadtmuseums, womit aber nicht behauptet werden soll, dass diese wirklich so gemacht sind, sondern nur, dass sie, wenn sie auf dem Blocke gedreht worden wären, so aussehen müssten, als es der Fall ist."

Herr Maschlitzki theilte mir ferner noch Folgendes mit:

Im Königreiche Polen, südlich von Gollub, betrieben vor etwa 50 Jahren noch viele kleinere Landleute neben ihrer Ackerwirthschaft die Töpferei als häusliches Gewerbe. Wo dies der Fall war, befand sich in der Wohnstube neben dem Fenster der Block mit der Sitzbank des Drehers, und gut drehbarer Thon war stets vorräthig. Je nachdem nun die Landwirthschaft Zeit liess, oder ein Jahrmarkt in der Nähe war, jüdische Feiertage oder sonst eine gute Gelegenheit bevorstand, die Geschirre zu verkaufen. wurden solche gedreht, getrocknet, gebrannt und nicht blos für den eigenen Gebrauch, sondern eben auch zum Verkauf.

Viele Kinder solcher Landleute gingen, natürlich erst nur zum Zeitvertreib, an den Drehblock des Vaters, wenn derselbe gerade leer stand und erreichten bald eine ganz anerkennenswerthe Geschicklichkeit, und eben aus diesen Kindern gingen dann vorzugsweise die Dreher hervor, welche wunderbar saubere Arbeiten trotz ihres doch so mangelhaften Werkzeuges, des wackeligen Blockes, fertig stellten.

Je mehr Sand dem Thone beigemengt war, desto besser trocknete er, aber die Waare war mürber; je reiner der Thon war, desto leichter bekam er Risse beim Trocknen, aber desto härter und fester war auch das Geschirr.

Dieses wurde theils roh gebrannt, theils nach einer älteren Art, die auch jetzt noch in Tolkemit gebräuchlich sein soll, glasirt, nämlich geknispelt.

Während beim wirklichen Glasiren Quarzsand und Bleioxyd oder wie der Töpfer es nennt, Versatzsand mit Bleiasche oder auch Bleiglätte nur für sich oder mit färbenden Metallaschen versetzt, unter Wasser auf einer Präparirmühle zum feinsten Schlamm zerrieben, schmanddünn mit Wasser angerührt, sehr gleichmässig und dünn über das trockene Stück gegossen und dann gebrannt wird, wobei sich Bleiglas (kieselsaures Bleioxyd) bildet und das Stück mit einer dünnen aufgeschmolzenen Glasurschicht bedeckt, wird beim Knispeln nur feiner Versatz, d. i. Quarzsand mit Bleiasche oder Bleiglätte in einer Test' gemengt, auf das zuvor mit einem dünnen aus Roggenmehl und Wasser gekochten noch nassen Kleister (Schlicht) bestrichene Gefäss gesiebt, getrocknet und dann gebrannt.

Die Juden kauften nur unglasirtes Geschirr unmittelbar aus dem Ofen, weil das geknispelte nach ihrer Glaubensmeinung durch den Anstrich mit Mehlkleister für den „Ostrigen Gebrauch" verunreinigt worden war.

Wenn die erforderliche Menge von Geschirr fertig war, wurde der Brennofen hergerichtet.

Derselbe war ein Feld-Kesselofen und auf folgende Art hergestellt*): Es wurde ein länglich rundes Loch mit senkrechten Wänden in den Boden gegraben, von ungefähr 5 Fuss grösstem Durchmesser und 2—3 Fuss Tiefe und zu jedem Schmalende dieses Loches ein schräg hinabführender Zugang, der am Ofen so viel tiefer war, dass der vor dem Schörloche (Feuerloche) stehende Brenner bequem den Ofeninhalt übersehen und das Brennen (Schören) besorgen konnte.

Die Sohle des Ofens wurde mit Ziegelbrocken in Lehm glatt ausgelegt und die Seitenwände wurden ebenso mit Ziegeln und Lehm glatt aus- und so hoch aufgemauert, dass sie etwa 2 Fuss in die Erde kamen und wohl noch etwas mehr über die Erde herausreichten.

An jedem Schmalende wurde ein kleines Gewölbeloch zum Einlegen des Holzes und Feuers, das Feuerloch, Schür- oder Schörloch ausgespart. Ungefähr 6—9 Zoll vor jedem der beiden Feuerlöcher an der Innenseite des Ofens wurde eine senkrechte dünne feste Wand aus Ziegeln in Lehm aufgemauert, und dicht über dem Feuerloche mit der Ofenwand durch Ziegeln verbunden, Ständer genannt. An diese beiden Ständer sich anschliessend wurde, gleichlaufend mit der Umfassungsmauer, noch eine kleine dünne und niedrige Mauer aus Ziegelsteinen und Ziegelbrocken aufgesetzt, welche Zwischenräume von etwa 3 Zoll zwischen sich liessen. Auf die Kante dieser Aufmauerung wurden mit dem einen Ende Ziegeln gelegt, die mit dem anderen Ende auf einem kleinen Vorsprunge in der Umfassungsmauer ruhten, und auch etwa 3 Zoll von einander entfernt waren, so dass an jeder Seite, von Schörloch zu Schörloch in der unteren Ofenecke ein Kanal mit durchbrochenen Wänden, der Schörgang (Schürgang) herumlief.

Nachdem dieser ganz hergestellt war, wurde der mittlere Theil des Ofens, reichlich so hoch als der Schörgang mit Ziegelbrocken und Geschirrscherben locker aufgefüllt, wobei die sich von selbst zwischen ihnen bildenden Zwischenräume belassen wurde. Diese Aufschüttung, deren Oberfläche möglichst eben gelegt wurde, hiess der Hals. Auf diesem Halse wurden nun die zu brennenden und getrockneten Geschirre möglichst dicht aufgestellt (aufgeflien, anfgetleiot), indem man zu unterst und zunächst dem Schörgange das stehende Geschirr, Töpfe, Kannen u. dgl. aufrecht und möglichst dicht aneinander gepackt, hineinsetzte und in der Mitte bis über 1 Fuss hoch über den Ofenrand hinaus aufbaute. Das Flachzeug, Schüsseln, Testen, Deckel u. dgl., wurde dagegen vom Rande aus, schräg nach der Mitte zu angelegt, so dass es ganz oben

*) Das von Meschlitzki in Thon angefertigte Modell eines solchen Feldofens hat Herr Scharlock noch nachträglich der Gesellschaft zum Geschenk gemacht.

kuppelartig das übrige Zeug bedeckte, und dass die Spitze dieses Kuppelgewölbes wohl als ein 3 Fuss hoher Aufbau über den Ofenrand hervorragte. Bei nicht glasirtem Geschirr wurden die grösseren Stücke auch noch voll kleiner gepackt. Der so beschickte Ofen wurde nun mit Scherbeln (Scherben zerbrochener Geschirre von früheren Bränden herrührend, 3—5 Zoll hoch bedeckt, bescherbelt) und das Brennen konnte beginnen.

Schon bei dem Einsetzen wurden in den Feuerlöchern kleine Feuerchen angezündet, die zwar den Töpfer durch ihren Rauch etwas belästigten, ihm aber durch dessen Entweichen zeigten, ob die Beschickung gut oder schlecht gemacht war, und nebenbei auch das den Ofen füllende Geschirr schon anwärmten. Nun aber wurden die in den Feuerlöchern entzündeten Holzscheite in den Schörgängen weiter geschoben und neue Scheite eingelegt, wo denn die Flammen und die Hitze nicht blos durch die in den Schörgängen befindlichen Zwischenräume, sondern auch durch die im Halse befindlichen Lücken hindurch schlugen und das ganze Geschirr gleichmässig umspülten. Das Feuern begann sehr allmählich mit Kleinfeuer und steigerte sich vorsichtig bis zum Starkfeuer, wobei der Brenner, indem er das Aeussere des Ofens fleissig beobachtete, hiernach das Vertheilen der Feuerbrände in den Schörlöchern leitete. Wenn nun das Geschirr gar, der Brand fertig war, was man daran erkannte, dass die Asche des verbrannten Holzes als trockener weisslicher Staub auf der Oberfläche des Ofens erschien, und in der Dunkelheit der Ofen wie eine Gluth aussah, dann wurden beim Herunterbrennen der letzten Kühlfeuer die Feuerlöcher schnell vermauert, und der Ofen wurde zum Abkühlen sich selbst überlassen. War dies nun, je nach Umständen in 6—9 Stunden geschehen, dann wurde er erst abgescherbelt und dann ausgepackt, wo bei gelungenem Brande das Geschirr fest und klingend war, bei dem Rohzeuge die Farbe, entsprechend den Eigenschaften des Thones roth bis weisslich-gelbgrau und bei der glasirten Waare die Glasur gut und gleichmässig geflossen erschien.

Nun gab es aber noch eine andere Art des Brennens, bei dem die Oefen mit ihren Schörgängen ebenso beschaffen waren und das Einsetzen des Geschirres, sowie das Brennen bis zum Garwerden ganz in der beschriebenen Weise betrieben wurde. War dieser Punkt aber eingetreten und der Ofen in voller Gluth, dann wurden schnell die Schörgänge mit recht fettem Kiehn gefüllt, die Feuerlöcher so schnell wie irgend möglich vermauert und der ganze Ofen, besonders aber die aufgebaute Kuppel mit Rasen und mit Erde dicht und fest zugedeckt."

Nach dem Verkühlen sah das ausgepackte Geschirr nun aber dunkel-schwarzgrau aus, genau so, wie die „Kaschubschen Töpfe".

Die Töpfer, welche ihr Geschirr so brannten, hiessen „Schwarzbrenner.

Die ganz grauschwarzen Begräbniss-Urnen und Scherben stammen von ganz wohlgelungenen, die heller grauen und graufleckigen von theilweise misslungenen Schwarzbränden her.

Der bereits erwähnte in dem Paparzyner Steinkistengrabe in den weissen Bergen 1879 gefundene und im Graudenzer Stadtmuseum unter No. 327 vorhandene Deckelscherben mit der tiefschwarzen Farbe auf der bräunlich-grauen Innenmasse ist nicht glasirt, wohl aber gut polirt und mit einem Schlicker überzogen, der mit einer, uns Töpfern jetzt nicht mehr bekannten Masse versetzt ist, welche bei dem letzten Beschicken des Ofens mit Kiehn diese schöne tiefschwarze Färbung angenommen hat.

So weit Herr Maschlitzki.

Wenn nun auch nicht mehr festgestellt werden kann, ob unsere Urnen nach Art der Jütischen Töpfe aus freier Hand aus einem auf festem Brette gedrehten Thonklumpen oder auf Blockscheiben gedreht, mit Torf gar und schwarzgebrannt, oder nach Art der Kaschubschen Töpf mit Holz ge- und mit Kiehn schwarzgebraunt worden sind, so ist es doch von Wichtigkeit, durch einen Fachmann einen noch auf eigener Anschauung beruhenden Bericht über eine ältere bereits fast vergessene Art des Topfdrehens und des Schwarzbrennens zu haben, der für die Herstellung der schwarzgrauen Begräbniss-Urnen, Töpfe und Schalen auch nicht schlechthin ausgeschlossen ist, wenn die Gestaltung aus der auf fester Unterlage gedrehten Thonmasse auch sicher sehr lange Zeit zuvor geübt worden ist, ehe man zum Geschirrdrehen auf dem Blocke kam.

Als ich zuerst im Jahre 1837 von den Kaschubschen Töpfen hörte, meinte ich, sie seien nur schwarz berusst; als ich aber die ersten neuen für meine Wirthschaft gekauften schwarzgrauen Töpfe zu Gesicht bekam, die gar nicht abfärbten und auch im Innern des Scherbens ebenso beschaffen waren, wusste ich mir diese Sache nicht zu erklären. Nachdem es mit der allgemeineren Einführung der Gasbeleuchtung aber mehrfach beobachtet wurde, dass das Leuchtgas, welches eigentlich nur aus dem starkleuchtenden Doppelt-Kohlenwasserstoff bestehen sollte, beim zu starken Erhitzen der Gasretorten in den kaum leuchtenden Einfach-Kohlenwasserstoff verwandelt wird, indem es einen Theil seines Kohlenstoffes an den heissen Retortenwänden in Gestalt einer grauschwarzen, fast diamantharten Masse (der Retortenkohle) absetzt, von der bei den ersten sogenannten elektrischen Sonnen feine Stifte als Elektricitätsleiter und Pole benutzt wurden, da war es mir gar nicht mehr zweifelhaft, dass hier in dem hellroth glühenden Topfgeschirr ein der Retortenkohle entsprechender Kohlenstoff aus den an ätherischem Oel und Leuchtgas so reichen Destillations- und Verkohlungserzeugnissen des Kiehns abgesetzt würde, der die nicht abschmutzende Gusseisenfarbe des Kaschubschen Geschirres erzeuge.

Die Sache wurde mir sehr anschaulich, als Marsh die gleichlaufende Entdeckung machte, dass Arsenwasserstoff durch eine glühende Glasröhre geleitet, seinen Arsen in Gestalt eines spiegelnden grauen Ringes absetzt, worauf die jetzt allgemein gebräuchliche Marsh'sche Methode gegründet wurde, um Arsenik bei chemischen Untersuchungen zu ermitteln, auszuscheiden und demnächst durch andere Prüfungsmittel zweifellos festzustellen.

Die Ursache der tief schwarzen polirten Schicht auf den grauen Urnendeckelscherben von Paparzin, den ich hier beifüge, habe ich durch chemische Untersuchung nicht mehr ermitteln können. Es ist mir auch nicht mehr gelungen, eine solche Schicht durch Versuche herzustellen, weil diejenigen Urnen mit körnig rauhen, glimmerschillernden Bäuchen und glatten polirten Hälsen, die Herr Maschlitzki einigen alten Ursprungsurnen auf mein Gesuch nachgebildet hatte, von dem Schwarzbrenner Maslonkowski in Kamionken nicht mehr mitgebrannt werden konnten, und bei dem Versuche als rothe Töpferwaare aus dem gewöhnlichen Töpferofen kamen, welchen Versuch Herr Maschlitzki mit wenig Vertrauen und nur auf mein ganz besonderes Bitten ausführte, nämlich die mit Fett getränkten, fest in Sägespäne verpackten und mit einer dicken Sandschicht überschütteten Urnen, jede in einem besonderen zugedeckten Topfe mitzubrennen.

Diese in der Gestalt, dem rauhen Bauch und dem glatten Halse ge-, in der Farbe beim Brennen aber misslungenen Nachbildungen habe ich der physikalisch-ökonomischen Gesellschaft übergeben.

Zur Herstellung eines tiefschwarz werdenden Ueberzuges beim Schwarzbrennen habe ich bei einigen der Maschlitzkischen Urnen dem Ueberfangsschlick ziemlich viel von dem gelb-bräunlichen, schlammfeinen aus Eisen-Oxydul-Oxyd-Hydrat bestehenden Eisenocker beimengen lassen, der sich an den Osträndern des alten Weichselüberschwemmungsgebietes da bildet, und oft ganze Wiesengräben ausfüllt, wo von Mergelschichten herrührende kalkhaltige mit solchen Quellen sich mischen, die schwefelsaures, von zersetztem Schwefelkies herrührendes Eisen-Oxydul-Oxyd enthalten. Solcher Eisenocker verliert beim Brennen in offenem Feuer sein Hydratwasser, verwandelt sich zum grossen Theil in Oxyd, und wird dann, wenn dies in der Glühhitze mit hinreichendem Kohlenwasserstoff in Berührung kommt und bleibt zu schwarzem Oxydul reducirt, worauf auch die Herstellung des Ferrum oxydulatum nigrum mehrerer alter Pharmacopoeen beruhte.

Mein Versuch musste fehlschlagen, weil nicht die Kohlenwasserstoff-Atmosphäre hergestellt werden und erhalten bleiben konnte, die in der Glühhitze des Schwarzbrennofens herrscht und bis zum Verkühlen darin bleibt.

Obwohl die mit einem polirten Feuersteinkeil, wie die mit einem glatten Flaschenboden geriebene Oberfläche eines feinen Schlicküberfanges beim Reiben einen auch nach dem Brennen bleibenden Speckglanz annimmt, so meine ich doch, dass der Glanz mancher Urnen und Urnenscherben ein stärkerer sei, als der, der allein auf diese Schwarzbrennerart erzeugt wird und glaube, ein solcher sei zu erreichen, wenn dem reinen oder dem ockerhaltigen Thonschlick eine bindende Masse beigemischt würde, die eine feste, glänzende schwer verbrennliche Kohle giebt. Solche Kohlen werden von stickstoffhaltigen Körpern gebildet. Als hierzu geeignet halte ich ihres Käsegehaltes wegen etwas eingedampfte Magermilch, der man, damit ihr Käsestoff nicht gerinne, ein wenig Sodaauflösung oder Blut, dem man, damit sein Faserstoff nicht gerinne, etwas Essig zusetzen müsste. Die stickstoffhaltige Kohle beider ist glänzend, dicht und schwer verbrennlich und dürfte die Verfolgung dieser Idee wahrscheinlich zu einem erwünschten Ziele führen.

Ich selbst bin leider schon längst durch andere Arbeiten, die meine Zeit vollständig in Anspruch nehmen, verhindert, meine Versuche in dieser Richtung fortzusetzen.

Sitzung am 5. Februar 1885.

Herr Dr. Pancritius, welcher vom 23. April bis 26. Mai 1884 die Passarge bereist hatte, hielt einen Vortrag über dieselbe. Die Passarge entspringt zwischen Grieslienen und Hohenstein in einer grossen moorigen Wiese, circa 160 m über dem Meeresspiegel. Sie zieht sich hier aus mehreren kleinen Sprinden zusammen und besitzt beim Passiren der Hohensteiner Chaussee bereits eine Breite von 0,90 m, während die Tiefe 0,1—0,5 m beträgt. Der Grund ist moorig, versandet jedoch sehr bald und lässt hier und da Mergel durchblicken.

Der ganze Lauf des Flusses beträgt 120 km und ist in nordnordwestlicher Richtung. Die Passarge durchfliesst in ihrem oberen Lauf 5 Seen: den Hohensteiner Stadt-, den Wemitter-, den Sarong-, den Langguter- und Eissing-See. Ferner wird der Fluss in seinem Laufe von 11 Mühlen gesperrt. Die Breite des Flusses beträgt im Maximum etwas über 30 m und steht im umgekehrten Verhältnisse zur Tiefe, indem mit zunehmender Tiefe immer eine Verengerung des Flussbettes stattfindet. Die Tiefe schwankt von 0,2 bis circa 6 m, an einer, in der Nähe der Braunsberger Kreuzkirche gelegenen Stelle. Sie mündet mit 1—2 m Tiefe.

Die sich an Breite und Tiefe anschliessende Strömung des Flusses ist stark und schwankt zwischen 1 und 2,5 m in der Sekunde, jedoch lässt sich eine feste Zahl für den oberen Lauf des Flusses kaum aufstellen, da hier die Strömung durch die vielen Mühlen zu stark beeinflusst wird.

Die Ufer des Flusses sind grösstentheils bergig und machen breiten Wiesenthälern nur an wenigen Orten Platz, z. B. von Sporthenen bis Spanden, während ein schmales Wiesenufer häufiger den Fluss umsäumt. Die hohen Ufer sind viel bewaldet, die Wiesenufer fast immer von Erlen, seltener von Weiden eingefasst.

Der Flussgrund ist grössentheils Sand, im oberen Lauf oft grober Kies und an Orten mit dicht herantretenden hohen Ufern steinig. Schlickig dagegen ist der Grund selten, höchstens ein schmaler Saum am Ufer.

Eine genaue Beschreibung der Flora war dem Vortragenden nicht möglich, da zur Zeit der Bereisung wenig davon vorhanden war, ihn interessirte vorzüglich das massenhafte, für die Fischerei wichtige Vorkommen von Pflanzen. Der ganze Oberlauf des Flusses bis zum Sarong-See verwächst fast vollständig durch Krautbänke von Myriophyllum, hinter dem Sarong-See tritt Potamogeton, Nuphar luteum, Nymphea alba, Sagittaria sagittifolia und Elodea canadensis häufig auf. Der untere Lauf des Flusses ist möglichst frei.

Die Beschaffenheit der 5 durchflossenen Seen ist in Kurzem folgendes: Der Hohensteiner Stadtsee ist ein gleichförmig sich vertiefendes Becken von ca. 25 Morgen Grösse und 5 m Tiefe. Das Ostufer ist bewaldet und das ganze Ufer von einer Kiesbank umgeben, letzteres haben alle 5 Seen gemein. Der Wemitter-See, circa 180 Morgen gross, und der Sarong-See von 600 Morgen zeigen gleiche Verhältnisse, indem beide ohne flache Buchten zu haben, von der sie umgebenden Kiesbank steil abfallen. Das Becken beider Seen ist gleichförmig muldenartig und hat als grösste Tiefe bei ersterem 14 m, bei letzterem 16 m. Die Ufer des Wermitter-Sees sind wenig erhaben und kahl, während der Sarong-See hohes Nord- und Südufer hat. Seine schmalen Ost- und Westufer (Ein- und Ausfluss der Passarge) sind Wiesenufer. Das Nordufer des Sarong-Sees ist bewaldet und von Rohr umsäumt. Der Grund beider Seen ist Moder. Die beiden letzten Seen, der Langguter- und der Eissing, zeigen wieder gleiche Verhältnisse. Beide zeichnen sich durch vorzüglich klares Wasser, festen Grund und grosse Tiefe aus. Der Langguter-See hat als grösste Tiefe 26 m, die Gleichförmigkeit seines Beckens wird nur durch 2 Erhebungen, welche als Inseln hervortreten, gestört, er ist mit Bäumen umpflanzt, wenn nicht

Wald seine wenig hohen Ufer bedeckt, die noch mit Rohrkämpen bewachsen sind. Der Eissing-See ist bis 47 m tief, doch ist sein Becken durch fortwährende Unebenheiten gestört, die die Fischerei sehr mühsam machen, ausserdem tritt die Elodea so mächtig auf, dass Schleppnetze nicht zu brauchen sind. Die Ufer sind grösstentheils erhaben, wenig bewaldet und mit Rohr eingefasst.

Die den Fluss bevölkernde Fische sind folgende: 1) Flussbarsch (Perca fluviatilis) im ganzen Flusslaufe, wo es die Tiefe gestattet, besonders reichlich im Sarong- und Wemitter-See, 2) Kaulbarsch (Acerina cernua) in den Seen häufiger als im Fluss, 3) Kaulkopf (Cottus gobio), zwischen Kalkstein und Schwenkitten häufig, 4) Stichling (Gasterosteus aculeatus) im ganzen Fluss und den Seen häufig, hat in den letzten Jahren an Zahl sehr abgenommen, 5) Quappe (Lota vulgaris) wird immer seltener, 6) Karpfen (Cyprinus carpio) wird unterhalb Braunsberg nicht zu selten gefangen, oberhalb gar nicht, 7) Karausche (Carassius vulgaris) und 8) Schleihe (Tinca vulgaris) in den Seen, 9) Barbe (Barbus fluviatilis) nicht zu häufig, 10) Gründling (Gobio fluviatilis) häufiger im oberen, als im unteren Lauf, 11) Bitterling (Rhodeus amarus) im Fluss selten, in den Seen etwas häufiger, 12) Bressem (Abramis brama) nur im unteren Lauf nicht häufig, der Eissing-See in grösserer Menge, jedoch in letzter Zeit sehr zurückgegangen, 13) Zärthe (Abramis vimba) nur als Haffeinwanderer zu betrachten, 14) Gieben (Blicca björkna) an der Mündung häufig, oberhalb und in den Seen seltener, 15) Uckelei (Alburnus lucidus) im Sarong- und Wemitter-See in ungeheurer Menge, auch im oberen Flusslauf ziemlich häufig, 16) Rapfen (Aspius rapax) sehr selten, 17) Rothauge (Scardinius erythrophthalmus) in der ganzen Passarge, besonders im Eissing-See, 18) Plötze (Leuciscus rutilus) im Flusse häufig, sehr zahlreich im Sarong- und Wemitter-See, 19) Döbel (Squalius cephalus) häufig, 20) Häsling (Squalius leuciscus) ziemlich zahlreich, 21) Nase (Chondrostoma nasus) um Schwenkitten in kolossaler Menge, 22) Schlammpitzker (Cobitis fossilis), 23) Schmerle (Cobitis barbatula), 24) Steinbeisser (Cobitis taenia) nicht zu selten, 25) Stint (Osmerus eperlanus) als Haffeinwanderer, 26) Lachs (Trutta salar), 1827 sollen die letzten gefangen sein, 27) Bachforelle (Trutta fario) nicht zu selten, 28) Hecht (Esox lucius) im mittleren Lauf ziemlich häufig, besonders im Eissing, 29) Aal (Anguilla vulgaris) fast vollständig verschwunden, 30 Flussneunauge (Petromyzon fluviatilis) unterhalb Braunsberg in grosser Menge, 31) Bachneunauge (Petromyzon Planeri) im oberen Lauf sehr häufig. Von grosser Wichtigkeit ist auch der Krebs (Astacus fluviatilis), der die Passarge und die Seen in grosser Menge bevölkert.

Der grösste Feind der Fische ist der Mensch, der durch sinnlose Raubfischerei den Bestand des Flusses äusserst reducirt. Als zweiter Räuber ist die Fischotter zu nennen, welche namentlich den mittleren und unteren Lauf unsicher macht. Von den Vögeln, welche den Fischen nachstellen, nannte Redner: den grauen Reiher, die Sumpf- oder Wiesenweihe und den Eisvogel. Fischadler sind selten, Kormorane nie beobachtet. Unter den Fischen selbst befinden sich auch Räuber, wie Hecht und Barsch, als Laichräuber wurden Kaulkopf, Stichling und Aal bezeichnet.

Der Fluss ist grösstenteils von den Adjacenten und Mühlenbesitzern gegen geringen Pachtzins verpachtet, der Ertrag wäre höher, wenn für geeignete Laichplätze gesorgt wäre. Wie willkommen solche den Fischen sind, zeigt die in folgender Weise betriebene Raubfischerei: es werden in der Nähe der Ufer Pfähle eingeschlagen und dazwischen Kieferäste gelegt, da diese Stellen mit grosser Vorliebe von Barsch und Plötze aufgesucht werden, so stellt man Reusen darunter auf, in welchen sich die Fische fangen. Im Eissing-See wird ein sehr ergiebiger Krebsfang betrieben.

Redner wirft die Frage auf, ob eine rationelle Bewirthschaftung der Passarge und ihrer Seen im Stande ist, höhere Erträge zu liefern, und bejaht dieselbe. Die kostbaren Fische müssen vermehrt und die Raubfischerei möglichst beschränkt werden. Für die Vermehrung des Lachses und Aales ist gesorgt, auch hat die Königl. Regierung den Bau von 3 Lachsleitern angeordnet und die Mühlenbesitzer haben die Anlage von Aalleitern zugesagt, um die Lachsforelle zu vermehren, müssen Schonreviere angelegt werden. Die Raubfischerei liesse sich durch Bildung von Genossenschaften längst des Flusses beseitigen.

Herr Dr. Jentzsch sprach über die Aufgaben, der Heimathskunde Ostpreussens, er wünschte die Herausgabe eines Atlasses zu billigem Preise, welcher alles enthalten sollte, was auf die Heimathskunde Bezug hat, neue Angabe von Eisenbahnen, Chausseen, Flüssen, Seen, Waldverhältnissen, Verbreitung der verschiedenen Confessionen etc. Er war der Ansicht, dass derselbe eine weite Verbreitung finden würde.

Sitzung am 5. März 1885.

Herr Dr. Jentzsch legte 119 Messtischblätter in photographischen Copien der Generalstabsaufnahme vor, die noch nicht veröffentlicht sind und die er der Güte des Generalstabes verdankt. Es waren Aufnahmen aus Ost- und Westpreussen; von allen Messtischblättern, welche später photographisch vervielfältigt werden, sind der Gesellschaft zum Selbstkostenpreise Exemplare zugesichert. Der Vorsitzende sprach dem Generalstabe und Herrn Dr. Jentzsch den Dank der Gesellschaft aus.

Herr Professor Dr. E. Berthold hielt einen Vortrag über die objectiv wahrnehmbaren Veränderungen der belichteten Netzhaut. Nach einer kurzen Beschreibung des gröberen anatomischen Baues des Auges schildert der Vortragende die feine histiologische Structur der Netzhaut und versucht dieselbe durch in sehr vergrössertem Maassstabe hergestellten Abbildungen (die Retina von Max Schultze) zur Anschauung zu bringen. Von den verschiedenen Schichten, aus denen die Netzhaut gebildet wird, stellen die Stäbchen und Zapfen, wie das seit der Entdeckung der Radialfasern der Netzhaut durch H. Müller (1851) feststeht, die letzten Endigungen des nervus opticus dar, sie sind als die eigentlichen percipirenden Elemente der Netzhaut aufzufassen. Es lässt sich leicht beweisen, dass die Schichten der Netzhaut, welche vor den Stäbchen und Zapfen liegen, und der Sehnerv selbst vom Lichte nicht erregt werden.

Der Eintrittsstelle des Sehnerven entspricht nämlich eine dunkle Stelle im Gesichtsfelde, der sogenannte blinde Fleck (von Mariotte in der Mitte des 17. Jahrhunderts entdeckt). Fixirt man bei geschlossenem linken Auge ein kleines auf ein Blatt Papier gezeichnetes Kreuz mit dem rechten Auge, so kann man durch entsprechende Annäherung dieses Blattes an das beobachtende Auge einen kleinen Kreis, der rechts vom Kreuz gezeichnet ist, zum Verschwinden bringen. Nahert man nun das Blatt dem Auge noch mehr, so tritt der Kreis wieder im Gesichtsfelde auf. Es giebt also eine ganz bestimmte Entfernung dies Blattes vom Auge, in welcher der Kreis aus dem Gesichtsfelde verschwindet. Untersucht man genauer, auf welche Stelle des Augengrundes hierbei der Kreis fallen würde, so findet man, dass es die Eintrittsstelle des Sehnerven ist. Der beste Beweis für die Richtigkeit der Anschauung, dass es die Stäbchen- und Zapfenschicht ist, durch welche das Bild im Auge zur Wahrnehmung gelange, ist die von H. Müller gegebene Erklarung des Purkinjéschen Aderversuches. Durch seitliche Beleuchtung der Sclera des menschlichen Auges lassen sich die Schatten der baumförmig verzweigten Netzhautgefässe zur Beobachtung bringen. Da sich die Blutgefässe bis an die Zwischenkörnerschicht der Netzhaut erstrecken, so bleiben zur Perception ihres Schattenbildes nur die äusseren Körner mit den Stäbchen und Zapfen zur Auswahl übrig. Dass letztere mit den äusseren Körnern in continuo stehen, wies H. Müller nach, somit mussten die Stäbchen oder Zapfen, oder beide zusammen die Nervenenden sein (siehe Max Schultzes Anatomie und Physiologie der Retina p. 3). Waren auch hiermit die Endapparate des Sehnerven, in denen seine Erregung stattfinden müsse, gefunden, so wusste man doch über den eigentlichen Vorgang dieser Erregung, über die Art, wie die Aetherschwingungen in den Stäbchen und Zapfen zur Wirkung kommen, noch nichts Genaueres. Nach der Daguerreschen Entdeckung der Wirkung des Lichtes auf Jodsilber stellte Moser, der frühere Professor der Physik an unserer Universität, zuerst die geistreiche Hypothese auf, dass die Netzhauterregung auf einem photochemischen Processe beruhe, eine Hypothese, welche 1876 eine glanzende Bestätigung fand. Vor der ausführlichen Schilderung dieser photochemischen Processe sind jedoch die photoelectrischen Eigenschaften der Netzhaut zu erwähnen. E. du Bois-Reymond hatte schon 1849 nachgewiesen, dass bei einer Verbindung des künstlichen Querschnittes oder des natürlichen Längsschnittes des Sehnerven mit einem beliebigen Punkte der Aussenfläche des Augapfels, vorzugsweise der Hornhaut, ein electrischer Strom vorhanden sei. Dabei zeigte es sich, dass der Querschnitt des Nerven sich constant negativ verhielt gegen jeden beliebigen Punkt der Aussenfläche des Augapfels. Sechszehn Jahre später nahm Holmgren die Untersuchungen wieder auf. Er konnte im wesentlichen die von du Bois-Reymond aufgestellte Thatsache bestätigen. Er ging aber noch einen bedeutungsvollen Schritt weiter, indem er die naheliegende Vermuthung, dass eine Schwankung der Retinaströme eintreten werde, wenn die Netzhaut des Auges der Wirkung des Lichtes ausgesetzt werde, durch den Versuch zur Gewissheit erhob. Die Stromesschwankung spiegelt gleichsam den Erregungsvorgang im Auge ab und stellt das bis dahin nicht aufgewiesene Zwischenglied zwischen den Lichtbildern auf der Retina und der Lichtempfindung im Gehirn dar. Kehren wir jetzt zu den photochemischen Eigenschaften der Netzhaut zurück, so muss zuerst die Mittheilung von Fr. Boll (weiland Professor in Rom) vom 12. November 1876 an die Berliner

Akademie erwähnt werden, dass die Stäbchenschicht der Retina aller Geschöpfe im lebenden Zustande nicht farblos sei, wie man bisher meinte, sondern purpurroth. Im Leben, sagt Boll, würde die Eigenfarbe der Netzhaut beständig durch das ins Auge fallende Licht verzehrt, in der Dunkelheit wiederhergestellt, und im Tode halte sie sich nur einige Augenblicke. Diese purpurrothe Farbe der Netzhaut, der sogenannte Sehpurpur, hat die Eigenschaft auch im Tode nur durch das Licht gebleicht zu werden, er ist ganz unabhängig vom physiologisch frischen Zustande der Netzhaut. Schützt man einzelne Stellen einer auf Glas ausgebreiteten Netzhaut, die mit einem dünnen Deckglase bedeckt wird, durch millimeterbreite Staniolstreifen, welche man auf das Deckglas aufklebt, vor den Strahlen des Lichtes, so zeigen sich nach Abnahme des Deckglases, an den von Staniolstreifen geschützten Stellen schöne Bänder unveränderten Purpurs, also ein positives Photogramm (Kühne). Ist die Netzhaut gebleicht, so kehrt der Sehpurpur weder im Dunkeln, noch in anders farbenem Licht zurück. So lange aber die Retina im Auge auf der Chorioidea nur hinter capillaren Schichten des Glaskörpers Luft und Licht ausgesetzt blieb, erhielt sich stets der Sehpurpur. Man kann sich leicht davon überzeugen, dass es nur die Chorioidea mit dem Retinaepithel ist, welche den Purpur vor dem Bleichen im Lichte schützt. Ja, die gebleichte Netzhaut gewinnt sogar ihren Sehpurpur wieder, wenn sie recht glatt auf das entblösste Pigment der Retina zurückgelegt wird. Die Netzhaut verhält sich also nicht nur wie eine photographische Platte, sondern wie eine photographische Werkstatt, worin der Arbeiter durch Auftragen neuen lichtempfindlichen Materials die Platte immer wieder vorbereitet und zugleich das alte Bild verwischt (Kühne). Es gelang Kühne, den Sehpurpur durch Galle zu lösen und rein darzustellen. Da der Sehpurpur nur in den Stäbchen und nie in den Zapfen der Netzhaut des Menschen und vieler Thiere vorkommt, da ferner die Macula lutea, die Stelle unseres schärfsten Sehens, die wir zum Fixiren gebrauchen, nur Zapfen allein enthält, so ist damit bewiesen, dass der Sehpurpur zum Sehen nicht unbedingt erforderlich ist. Nach kurzer Erwähnung Drapers, dass die Erregung der belichteten Netzhaut durch Erwärmung derselben zu erklären sei, dass also unter dem Einfluss des Lichtes photothermische Vorgänge in der Netzhaut stattfinden können, geht der Vortragende zu den erst kürzlich von Th. W. Engelmann entdeckten photomechanischen Veränderungen der Netzhaut über. Engelmann fand, dass die Zapfeninnenglieder sich unter Einwirkung des Lichtes verkürzen, im Dunkeln verlängern. Es scheint aber nur der an Protoplasma erinnernde Theil des Zapfeninnengliedes von der Limitans externa bis an das Aussenglied beweglich zu sein. Er bleibt daher immer in Continuität mit dem zugehörigen Zellkörper der äusseren Körnerschicht. Seine Verkürzung ist von Verdickung, seine Streckung von Verdünnung begleitet, deren Betrag die Annahme von Volumänderungen auszuschliessen scheint. Er verhält sich also in dieser Beziehung wie contractiles Protoplasma oder Muskelfasern. Genau so wie die Zapfeninnenglieder bewegen sich auch unter gleichen Beleuchtungsbedingungen die Pigmentzellen der Netzhaut. Man könnte daraus schliessen, dass beide Bewegungen in causaler Beziehung zu einander ständen derart, dass die eine Erscheinung nicht ohne die andere eintreten könne. Es giebt jedoch Bedingungen, unter denen die Zapfen sich maximal verkürzen, ohne dass das Pigment sich aus der Dunkelstellung entfernt und umgekehrt. Die photomechanischen Reactionen der Pigmentzellen oder Zapfen treten bei Belichtung nur eines Auges stets in beiden Augen gleichzeitig auch bei geköpften Fröschen auf, wenn das Gehirn erhalten blieb. Nach Zerstörung des Gehirns mit Messer oder Nadel blieben die Lichtwirkungen stets auf das direct beleuchtete Auge beschränkt. Man ist daher gezwungen, eine durch Nervenbahnen vermittelte Association der Zapfen- und Pigmentzellen beider Augen, also ein sympathisches Zusammenwirken beider Netzhäute anzunehmen. Trotz unserer jetzigen Kenntniss von elektrischen, chemischen, thermischen und mechanischen Veränderungen der belichteten Netzhaut, die bei der Sehnervenerregung sicherlich eine wichtige Rolle zu spielen haben, bleibt uns der eigentliche Vorgang der Erregung, wie also die vorhingenannten Veränderungen in der Netzhaut eine Lichtempfindung zur Folge haben, einstweilen, ja vielleicht für immer, ein ungelöstes Räthsel.

Herr Professor Dr. Chun sprach über die antropomorphen Affen. An der Hand einer neuerdings für das zoologische Museum erworbenen Collection von Gorilla- und Orangschädeln suchte er einerseits die Differenzen zwischen jugendlichen und erwachsenen Thieren, sowie andererseits zwischen den menschlichen Schädeln und denen der antropomorphen Affen klar zu legen. Insbesondere betonte er die Wichtigkeit der Schädelnähte für das Verständniss des physiognomischen Habitus der erwachsenen Thiere und wies namentlich darauf hin, dass bei den antropomorphen Affen im Gegensatz zum Menschen auffällig lange die Nähte an der Basis des Hirnschädels persistiren. Da relativ frühe die Stirnnaht, Pfeilnaht und Lambdanaht schwindet, während noch länger die Nähte des Gesichtsschädels getrennt bleiben, so erklärt sich die starke Prognathie des Gesichtsschädels bei dem erwachsenen Thiere. Ja, nach dem Alter zeigen die Orangschädel auffallende Differenzen — ein Umstand, der irrthümlich zur Aufstellung mehrerer in Borneo vorkommenden Orangarten Veranlassung gab. Der Vortragende entschied sich indessen für das Vorkommen zweier Arten von Orangs, deren eine kleinere im unzugänglichen Innern von Borneo heimisch ist, und stützte sich bei dessen Auffassung auf einen vorgezeigten Schädel, der von allen bisher beschriebenen auffällig abweicht, insofern er keine Andeutung der mächtigen Muskelkämme aufweist, obwohl er einem ganz alten Thiere angehört. Den Schluss des Vortrags bildeten unter Demonstrationen eines neuerdings für das zoologische Museum erworbenen weiblichen Gorillas und des wohlerhaltenen Kopfes eines Nasenaffen Bemerkungen über die historische Entwickelung unserer Kenntnisse und über die Lebensweise des antropomorphen Affen.

Herr Dr. Tischler legt das Werk: „Fundstatistik der vorrömischen Metallzeit im Rheingebiete" von Freiherr v. Tröltsch vor. Es ist dies Werk mit Freude zu begrüssen, als der erste Versuch, das in zahlreichen Sammlungen Süddeutschlands zerstreute Material übersichtlich zu gruppiren. Die nächste Hauptaufgabe der vergleichenden Archäologie besteht darin, die Funde und Formen nach ihrer Zeitstellung und ihrem localen Vorkommen zu ordnen. Die erste Aufgabe kann nur durch eingehende kritische Untersuchung und Vergleichung der Funde gelöst werden, und ist vom Verfasser die Gruppirung nach Bronzezeit, Hallstädter- und La Tène-Periode, unternommen. Die alte Eintheilung der Vorgeschichte in Stein-, Bronze- und Eisenzeit kann, obwohl lange Zeit heftig bekämpft, auch für das hier in Betracht kommende Gebiet vollständig aufrecht erhalten werden, nur passt sie nicht mehr in dieser Allgemeinheit. Die vorrömische Eisenzeit gliedert sich in die Hallstädter- und La Tène-Periode. Aber auch in der Bronzezeit kann man deutlich verschiedene Phasen unterscheiden: Eine ältere, durchaus reine Bronzezeit, die in zahlreichen Hügeln von Böhmen an durch Süddeutschland bis nach Frankreich hinein vollständig gleichmässig auftritt, und eine jüngere, wie sie in den meisten Bronzestationen der Schweizer Pfahlbauten vertreten ist. Diese letztere läuft nun zeitlich entschieden eine Weile der Hallstädter Eisenperiode parallel; es finden sich einige Stücke (getriebene Bronzegefässe, Bronzerasirmesser, Ringe, Formen der Bronzeschwerter) sowohl unter den Funden der einen wie der anderen Kategorie — es sind zwei Culturströmungen, die eine Zeit lang, zum Theil local getrennt, nebeneinander hergehen. Wenn man die Formen also in einzelne Kategorien einordnen will, machen gerade diese eine gewisse Schwierigkeit, sie müssten eigentlich noch eine gesonderte Klasse bilden. Ebenso ist der Uebergang der Hallstädter zur La Tène-Periode — Culturen, die auf der Höhe ihrer Entwickelung durchaus von einander verschieden sind — eine noch näher aufzuklärende Phase. Manche Formen, wie z. B. die hohlen aufgeschlitzten Armringe sind beiden gemeinsam. Wenn man daher bei einzelnen Stücken nicht ganz sicher ist, ob ihre Stellung eine ganz richtige ist, so berührt indessen dies den Hauptinhalt des Werkes durchaus nicht und schmälert seinen Werth nicht im Mindesten.

Hier hat der Verfasser die wichtigsten typischen Formen in deutlicher Zeichnung dargestellt und dann für jede Form die Vorkommnisse in Süddeutschland und der Schweiz mitgetheilt mit Berücksichtigung der Funde in den Nachbargebieten, Frankreich, Italien, Oesterreich. Gegenden, welche aber nicht in gleicher Vollständigkeit behandelt werden konnten. Es stützt sich die Zusammenstellung hauptsächlich auf die eigenen Studien des Verfassers in den zahlreichen Museen des Gebietes. Diese Arbeit ist von grosser Bedeutung. Man kann die Verbreitung aller einzelnen Formen studiren, man erkennt die Existenz gewisser auf kleinere Gebiete beschränkten Localformen, man ersieht die Sammlungen, in denen sich die betreffenden Stücke befinden. Alles dies sind wichtige und unentbehrliche Hilfsmittel für den, welcher tiefer in die Lösung der urgeschichtlichen Fragen eindringen will, und werden jedem — wie der Vortragende in einzelnen Fällen selbst empfunden hat — von grösstem Nutzen sein. Denn das Werk will eben in die Fragen selbst noch nicht eindringen, es ist eine Vorstudie, die erst, indem sie richtig angewandt wird, ihren vollen Nutzen gewährt.

Es ist natürlich, dass bei dem grossen Eifer, mit dem man in Süddeutschland jetzt an den meisten Orten die prähistorische Forschung verfolgt, jährlich eine Fülle neuer Entdeckungen hinzukommt, dass somit die Aufzählung unvollständig wird. Das konnte aber nicht anders erwartet werden, und es musste die Arbeit einmal begonnen werden. Solche Ergänzungen können von zweierlei Art sein, entweder Funde von schon bekannten Formen, die dann also wesentlich nichts neues bringen, oder Formen, die in einem bestimmten Gebiete geradezu neu sind. Letzteres ist seltener der Fall, stösst doch aber gelegentlich jedem auf, der nach einer Reihe von Jahren die Sammlungen wieder durchsieht. Besonders tritt dies jetzt ein, weil, angeregt durch die Wirksamkeit der deutschen anthropologischen Gesellschaft, eine Reihe von Localforschern entstanden ist, welche kleinere, früher unberücksichtigte Gebiete ihren Forschungen unterzieht. Dadurch werden grosse Lücken in den Fundorten beseitigt, und so dürften gerade die Karten des Werkes, welche die Verbreitung der nach den chronologischen Hauptabschnitten geordneten Fundgruppen darstellen, späterhin mehr ausgefüllt werden, und besonders diese Karten werden an Bedeutung wesentlich gewinnen, wenn die östlichen und westlichen Nachbargebiete — Oesterreich und Frankreich erst klarer dargestellt sein werden.

Von den Karten hat wohl die grösste Bedeutung die der Verbreitung der vorrömischen Münzen. Es ist wahrscheinlich, dass diese merkwürdigen Stücke schon früher die Aufmerksamkeit erregt haben, als viele andere Alterthümer, und dass diese Karte bereits ein ziemlich grosses Bild gewähren wird.

Besonders hervorzuheben ist das äusserst geringe Eindringen der Münzen nach Norddeutschland, während die La Tène-Cultur sonst hier glänzend vertreten ist.

Diese Unvollkommenheiten liegen in der Natur der Sache begründet, da eben ja solche statistische Zusammenstellungen ewig unvollständig bleiben müssen.

Was aber bisher vorhanden war, hat der Verfasser in äusserst vollständiger Weise mit grösster Mühe zusammengebracht und sich dadurch ein grosses Verdienst um die Wissenschaft erworben. Es gilt nun das Werk zu vervollständigen und weiter auszudehnen.

Herr Dr. Tischler legt ferner die Copie eines zu Rondsen bei Graudenz gefundenen Bronzeeimers vor. Das Original befindet sich mit den Rondsener Funden im Alterthums-Museum zu Graudenz. Die Copie ist von Herrn Florkowski, Conservator dieses Museums, in Gyps und Steinpappe ausgeführt und in den Farben des Originals bemalt. Sie ist vorzüglich gelungen und der Preis von 15 Mk., für den sie Herr Florkowski an Museen ablässt, ein durchaus mässiger. Dieser Eimer gehört zu einer interessanten Klasse von Bronzegefässen, auf die besonders Undset aufmerksam gemacht hat*). Diese vasenförmigen Eimer, deren Henkel nach unten in 2 Fortsätze gespalten auslaufen, sind vollständig oder meist nur sehr fragmentarisch in einer Anzahl von Exemplaren gefunden zu Neuhof bei Ueckermünde (Pommern), 2 bei Lüneburg, zu Borgfeld (vielleicht) und Böhlsen (Hannover) zu Meisdorf bei Ballensted (Pr. Sachsen). Zu Münsterwalde bei Marienwerder (Westpreussen) ist ein ähnlich geformter Bronzeeimer nur mit verschiedenen Henkeln gefunden (Berliner Museum), in dem ein zusammengebogenes Spät-La Tène-Schwert lag.

Der Inhalt des als Aschen-Urne dienenden Rondsener**) Eimers war ein zusammengebogenes zweischneidiges Spät-La Tène-Schwert mit Bronzescheide, ein ein-

---

*) Undset: Das erste Auftreten des Eisens in Nord-Europa. Hamburg 1882. p. 5?3 Bronceeimer wie Taf. XXIV Fig. 1: p. 237, 283, 288.

**) Eine kurze Beschreibung dieses interessanten Gräberfeldes siehe Zeitschrift für Ethnologie. Berlin 1885 Heft 1.

schneidiges Schwert, eine eiserne Spät-La Tène-Fibel, Schildhenkel und ein räthselhaftes Bronzegeräth.

Das Schwert ist denen von Alesia nahe verwandt und mit einem des Spät-La Tène-Gräberfeldes von Nauheim fast identisch. Wir haben hier also einen Fund vor uns, der annähernd der Mitte des 1. Jahrhunderts v. Chr. angehört. Das Gräberfeld von Rondsen gehört zum Theil dieser Periode, zum Theil der frühen Kaiserzeit (ca. 1. Jahrh. n. Chr.) an und ist daher seine Erforschung für die Erkenntniss dieser Uebergangsperiode um Christi Geburt in Westpreussen, die bisher in Ostpreussen fast gar nicht vertreten ist, von ganz besonderer Wichtigkeit. Interessant ist das Factum, welches sich hier wie an zahlreichen anderen Funden Norddeutschlands (Schlesien, Pommern, Pr. Sachsen, Hannover) herausstellt, dass am Ende des 1. Jahrh. v. Chr. die Stämme, welche diese Gegenden bewohnten, die also nur Germanen sein können, dieselben Waffen führten als die Gallier, die Bewohner des jetzigen Frankreichs.

Sitzung am 2. April 1885.

Herr Professor Dr. Marek bespricht in seinem Vortrage über Moorcultur die Ursachen, welche zur Torfbildung Veranlassung geben, die Pflanzen, welche die Moore zusammensetzen, die verschiedenen Arten der Moore, deren geographische Verbreitung, stoffliche Zusammensetzung und Vertheilung in den verschiedenen Provinzen Preussens. Die alten Provinzen Preussens enthalten 200,4 Quadratmeilen Moor, Ostpreussen 36,4 Quadratmeilen. Im Ganzen dürfte die Ausdehnung der Moore in Preussen incl. der neuen Provinzen auf 2 Millionen Hectar geschätzt werden. Die Asche frischer Torfpflanzen ist reich an Alkalien. Durch den Vertorfungsprocess treten Veränderungen ein, die sich sowohl auf die äussere Beschaffenheit des Moores, wie in der stofflichen Zusammensetzung der Moorasche kundgiebt. Die Alkalien werden ausgelaugt und der Gehalt an Kalk, Phosphorsäure, Eisen und Thonerde nimmt relativ zu. Nach Art der Entstehung sind zwei Hauptgruppen von Mooren zu unterscheiden, Grünlands- und Hochmoore. Erstere sind kalkreicher und erfordern eine andere Cultur wie Hochmoore. Redner bespricht hierauf die verschiedentlichen Nutzungen der Moore und deren Culturen. Bei den letzteren werden die Ueberdüngungen mit Erde und Compost, die künstlichen Düngungen, das Brennen der Moore, die Entwässerungen, die Rigolculturen, die Rimpausche Dammcultur und die in Holland vornehmlich zur Ausführung gebrachte Fehncultur besonders besprochen und dabei vielfach auf die neuen auf Moorkultur bezugnehmenden wissenschaftlichen Untersuchungen eingehend Rücksicht genommen.

Herr Professor Dr. R. Caspary spricht über zwei Sporenpflanzen, die im Norden und auf den europäischen Gebirgen stellenweise mit Ausschluss der Schweizer Alpen auf dem Boden von Seen vorkommen und kleinen nicht blühenden Binsen ähnlich sehen: Isoëtes lacustris L. und echinospora Durieu. Sie finden sich auch in Preussen. Isoët. lac. in 35 Seen (Kreis Neustadt, Carthaus, Berent, Allenstein). Isoët. echinospora in 3 (Kreis Neustadt). Isoët. lac. wird lebend aus Seen des Kreises

Neustadt vorgezeigt und ihre verschiedenen Formen, die kleinere bis etwa 12 cm hoch mit aufrechten Blättern (fr. stricta), die mit geraden bis zu 15 cm hohen, gespreizten Blättern (fr. patens), die mit zurückgekrümmten gespreizten Blättern, die schon vor 1847 von Tausch in Böhmen gefunden und von ihm als fr. falcata bezeichnet ist, an die sich fr. circinata J. Gay mit zum Theil uhrfederig aufgerollten Blättern anschliesst, besprochen. Ferner eine Form mit sehr langen Blättern: longifolia bis 27 cm lang, bei uns vorkommend. Die Blätter legen sich, wenn die Pflanze aus dem Wasser gezogen wird, in 1—3 Büscheln pinselförmig zusammen, was an lebenden Pflanzen dargethan wird. Diese Form wächst auf moorigem Boden in der Tiefe der Seen von 5—9 Fuss und tiefer und bildet die Hauptbestände der Pflanze, die oft wiesenartig sind. Davon ist als Extrem eine fr. maxima von A. Blytt in Norwegen aufgestellt, die bis $1^1/_2$ Fuss hoch wird. v. Klinggraeff II. hat eine Spielart mit glatten Sporen (fr. leiospora) unterschieden, die er besonders im Ottalsiner See, Kreis Neustadt, gefunden hat; er behauptet, dass bei dieser glattsporigen Pflanze die Blätter um 45 Gr. abstehen; dieses ist nicht allgemein richtig. Glatte Sporen kommen bei allen Formen vor. v. Klinggraeff II. hätte die Verpflichtung gehabt, zu beweisen, dass die glatten Sporen keine unreifen seien. Die Frage nach der Reife der Sporen hat sich v. Klinggraeff gar nicht gestellt. Um sie zu beantworten, hat Professor Caspary sich aus 3 Seen des Kreises Neustadt, dessen sämmtliche Seen er 1884 in 8 Wochen untersuchte, Ende März frische Isoëtes lacustris kommen lassen. Die Sporen der äusseren Blätter waren jedenfalls als reife zu betrachten, auch sie zeigten sich glatt; obenein haben sie gekeimt. Die fr. leiospora ist also anzuerkennen. Isoëtes echinospora hat Professor Caspary in einem neuen See des Kreises Neustadt entdeckt: im Grabowko, zwischen Bieschkowitz und Försterei Wigodda.

Sitzung am 7. Mai 1885.

Der Vorsitzende widmete nachstehenden Nachruf dem Geheimen Rath Professor Dr. **Carl Theodor Ernst von Siebold.**

Seitdem wir zum letzten Mal versammelt waren, hat die Gesellschaft eines ihrer ältesten und berühmtesten Mitglieder durch den Tod verloren, einen Mann, welcher zwar kein geborener Preusse war, aber durch eine Reihe von Jahren mehr für die Naturgeschichte von Ost- und Westpreussen geleistet hat, als irgend ein anderer. Carl Theodor Ernst v. Siebold ist am 7. April d. J. in München nach längerem Siechthum 81 Jahre alt gestorben.

Der Verstorbene gehörte der berühmten Gelehrten-Familie dieses Namens an, welche seit der Mitte des vorigen Jahrhunderts eine ununterbrochene Reihe von bedeutenden Aerzten und Naturforschern hervorgebracht hat. Alle diese Herren waren in Würzburg ansässig, nur einer starb in Berlin, alle waren Mediciner und zum grössten Theil berühmte Geburtshelfer, alle waren Professoren und selbst zwei Frauen in der Familie studirten Geburtshilfe und erlangten die academische Doctorwürde.

Unser Carl v. Siebold war ein Grosssohn des ersten berühmten Gelehrten jener Familie, des Carl Kaspar v. Siebold, welcher zu Niedeck im Herzogthum Jülich

1736 geboren, später nach Würzburg übersiedelte und dort der Stammvater der Gelehrtenfamilie wurde. Carl v. Siebold erblickte in Würzburg am 16. Februar 1804 das Licht der Welt, empfing dort seine Schul- und Universitätsbildung, ging aber später nach Berlin und absolvirte dort seine Examina als Arzt, so dass er unmittelbar danach in unsere Provinz als Kreisphysicus nach Heilsberg kam. Hier fing er an sich neben seiner Amtsthätigkeit mit zoologischen Arbeiten zu beschäftigen und sich namentlich dem Studium der Fauna des Landes zuzuwenden.

Diese Bestrebungen erregten in dem jungen arbeitslustigen Mann bald den Wunsch, in einer grösseren, namentlich in einer Universitätsstadt zu leben, wo literarische Hilfsmittel und der Verkehr mit anderen Gelehrten jede wissenschaftliche Thätigkeit fördern mussten. In Königsberg hatte damals Carl Ernst v. Bär seine grossen Arbeiten über die Entwickelung des Eies der Säugethiere beendigt und genoss einen bedeutenden Ruf, es lag daher nahe, dass unser Carl v. Siebold hierher zu kommen strebte, was ihm auch im Jahre 1834 gelang, indem er das hiesige Stadtphysicat bekam. Leider aber machte sich die Sache nicht so, wie v. Siebold erwartet hatte, Herr v. Bär verliess bald darauf Königsberg, um einem Ruf an die Academie in Petersburg Folge zu leisten, und als sich Siebold habilitiren wollte, um v. Bärs Vorlesungen fortzusetzen, konnte er die Erlaubniss dazu nicht erlangen, weil er katholisch, die Albertina aber damals streng lutherisch war. Obgleich v. Siebold für seine Thätigkeit hier einige Gesinnungsgenossen fand und damals auch Mitglied unserer Gesellschaft wurde, welche die Erforschung der Naturgeschichte der Provinz auf ihr Programm geschrieben hatte, so war ihm doch seine ganze Stellung verleidet und er verliess Königsberg schon nach einem Jahre, um in Danzig als Director der Entbindungs- und Hebammenlehranstalt einzutreten, zu welchem Amte er 1839 auch das Stadtphysicat übernahm. So war denn unser v. Siebold wie alle Mitglieder der Familie Geburtshelfer geworden.

Aber die Beschäftigung mit zoologischen und vergleichend anatomischen Arbeiten war ihm doch zu sehr ans Herz gewachsen, als dass er sich gänzlich von ihr hätte lossagen können. So gab er die Danziger Stellung schon 1840 wieder auf, um als Professor für sein Specialfach nach Erlangen zu gehen.

In die Jahre von 1834—1854, also bis lange nach dem Fortgange von Danzig fallen die Arbeiten v. Siebolds über die Naturgeschichte preussischer Thiere. Als er Danzig verliess, nahm er in einer kurzen Ansprache an die Provinz, welche im 25. Bande der „Preussischen Provinzialblätter" abgedruckt ist, Abschied von derselben und erklärte, dass er auch in späteren Jahren für seine hier begonnenen Arbeiten weiter thätig sein werde. Diese Zusage hat er in vollem Maasse erfüllt, denn wie bereits angeführt wurde, gehen seine Arbeiten bis in das Jahr 1854. Eine der ersten Arbeiten im Jahre 1836 betraf das mehrfach beobachtete Vorkommen des Oleanderschwärmers in der Provinz Westpreussen, im Jahre 1837 berichtigte er einen Irrthum über das angebliche Vorkommen von Schildkröten in der Ostsee. Es war nämlich eine lebende Carettschildkröte in der Nähe von Danzig aus der See gefischt worden, die im Mittelländischen Meere lebt. v. Siebold wies nach, dass dieses Thier nur durch Zufall auf einem Schiff aus südlichen Gegenden in die Ostsee gekommen und dort über Bord gefallen sein könne. Im Jahre 1838 veröffentlichte v. Siebold einen grösseren Aufsatz über die Kolumbatzer Fliege in Preussen, und diesmal trat unser

Forscher nicht blos als Zoologe, sondern auch als Physicus auf. Es hatte sich nämlich jene Fliege, eine Species der Gattung Simulia, die auch sonst bei uns beobachtet war, in grossen Schwärmen gezeigt und Kühe auf der Weide überfallen und getödtet. v. Siebold interessirte sich sofort lebhaft für die Sache; sammelte die betreffenden Beobachtungen aus der Gegend von Danzig und gab an, wie man das Vieh vor solchen Angriffen schützen und hinterher curiren könne.

In den Jahren 1837—1842 hat v. Siebold wiederholt kritische und ergänzende Aufsätze über die damals neu erschienenen Werke: 1) Lorecks Fauna prusica, 2) Bujacks Naturgeschichte der höheren Thiere veröffentlicet und hat noch zuletzt 1842 eine grössere Arbeit als „Neue Beiträge zur Wirbelthierfauna Preussens" folgen lassen.

Für die höheren in der Provinz Preussen vorkommenden Thiere war, wie wir gesehen haben, mancherlei geschehen. Von den Mollusken aber wusste man wenig und von den Gliederthieren waren auch nur die Käfer in früherer Zeit von Kugelan und Illiger theilweise bearbeitet worden. Hier griff nun v. Siebold mit Eifer an, sammelte, was er von niederen Thieren bekommen konnte, suchte die noch niemals bearbeiteten Ordnungen möglichst sicher zu bestimmen und veröffentlichte als erste Grundlage der Kenntniss unserer Fauna in den Jahren 1838 bis 1851 nacheinander 13 Verzeichnisse preussischer Mollusken und Insecten. Jeder der sich in jener Zeit mit entomologischen Sammlungen und Studien beschäftigt hat, wird sich noch dankbar jener Publikationen v. Siebolds erinnern, von welchen viele auch bis jetzt ihren vollen Werth behalten haben und der Fortsetzung harren.

Im Jahre 1840 folgte v. Siebold einem Rufe nach Erlangen, ging 1845 nach Freiburg im Breisgau, wohin er als Professor der Physiologie, vergleichenden Anatomie und Zoologie berufen worden, dann 1850 nach Breslau als Professor der Physiologie; zuletzt aber 1853 nach München als Professor der Physiologie und vergleichenden Anatomie, später auch der Zoologie.

Während dieser Zeit der Wanderungen veröffentlichte v. Siebold eine Reihe von wissenschaftlichen Arbeiten, welche sich meistens auf die Fortpflanzung und Metamorphose der Gliederthiere bezogen, 1848 auch ein Lehrbuch der vergleichenden Anatomie der wirbellosen Thiere. 1849 begründete er mit Kölliker zusammen die „Zeitschrift für wissenschaftliche Zoologie", ein Werk, das stets an der Spitze der zoologischen Literatur gestanden hat.

In München, woselbst v. Siebold über 30 Jahre thätig gewesen ist, traten die bedeutendsten Arbeiten an die Oeffentlichkeit, unter anderem im Jahre 1854 das Werk über Band- und Blasenwürmer, 1856 die Schrift über „die wahre Parthenogenesis bei Schmetterlingen und Bienen", ein Thema, welches von ihm selbst und anderen fortgesetzt bearbeitet wurde und vielfach ganz neue und interessante Vorgänge aus dem Leben der Insecten bekannt werden liess. 1863 erschien ein Buch, an welchem Siebold sehr lange gearbeitet hatte, nämlich „die Süsswasserfische von Mitteleuropa". Hier handelte es sich nämlich darum, die ganz eigenthümlichen Lebenserscheinungen der in grossen Tiefen der schweizerischen und bayerischen Alpenseen lebenden Fische zu ergründen. Als der Verfasser bei Gelegenheit der Naturforscherversammlung nach Königsberg gekommen war, machte er von hier aus eine Excursion nach den masurischen Seen; um auch diese auf ihre Fische zu untersuchen und fand auch hier manches Interessante. Zwischen diesen grossen Arbeiten hat v. Siebold fortwährend kleine Aufsätze über verschiedene Gegenstände aus dem Gebiete der Physiologie, Biologie, Zoologie u. s. w. meist in Zeitschriften veröffentlicht, so dass die Gesammtzahl der einzelnen von ihm publicirten Arbeiten eine sehr grosse ist, auf welche hier natürlich nicht näher eingegangen werden kann.

Schon aus den kurzen Mittheilungen über das Leben unseres Gelehrten geht hervor, dass derselbe ein Mann von grosser Arbeitskraft war, der Bedeutendes geschaffen hat. Vor allem aber müssen wir hervorheben, dass unser eigenes Vaterland, die Provinz Preussen, diesem Manne sehr viel verdankt, und dass es unsere Pflicht ist, sein Andenken stets hoch zu halten.

Der Vorsitzende ersuchte als äusseres Zeichen der Achtung und Verehrung, die der Verstorbene stets genossen, die Anwesenden, sich von ihren Plätzen zu erheben, was bereitwilligst geschah.

Herr Dr. Tischler spricht unter Vorzeigung von Abbildungen über die Darstellungen von Waffen und Costümen auf alten Bronzen der Hallstadt-Italischen Periode. Während zu Beginn der Eisenzeit in Italien nördlich und südlich des Apennins eine annähernd gleiche Cultur herrschte, trat später eine scharfe Trennung und eine verschiedenartige Entwickelung ein. Im Süden bildet sich die eigentlich etruskische Cultur aus, während nördlich die grosse Nekropole von Bologna in continuirlich fortschreitender Folge ein ganz anderes Bild gewährt, bis ca. im 5. Jahrhundert vor Christi die Etrusker ihre Eroberungen nördlich über den Apennin ausdehnten, worauf dann eine Ausgleichung stattfand, wie sie auf dem Begräbnissplatze der Certosa zu Bologna zu Tage tritt. Es stimmt dies Verhältniss wenig zu der Annahme einer Einwanderung der Etrusker von Norden, während der Einzug einer vielleicht nicht sehr grossen Schaar von der Seeseite, die mit der unterworfenen einheimischen Bevölkerung verschmolz, sich viel besser mit den archäologischen Verhältnissen verträgt. Nördlich vom Apennin kann man eine Reihe verschiedener Gebiete unterscheiden, die sich östlich über die Alpen hinaus und dann um die ganze Kette herum durch Oesterreich, Süddeutschland bis nach Frankreich (Franche Comté, Burgund) hinein erstrecken, die alle in ihrer Cultur und Hinterlassenschaft einen gemeinsamen Zug aufweisen. Besonders stehen die aneinander grenzenden Gebiete immer in naher Verwandtschaft, wenngleich sie in der Gesammtheit ihres Inventars sich gegeneinander abgrenzen. Je weiter man aber nach Westen kommt, desto grössere Unterschiede gegen den östlichen Ausgangspunkt treten zu Tage. Wenn nun die Geräthe und Schmucksachen, die wir in den zahlreichen Gräbern dieser sogenannten Italo-Hallstädter Periode finden, zum Theil einander sehr ähnen, so dass sie anfänglich jedenfalls aus einer gemeinsamen Quelle stammen, so treten andererseits in jenen getrennten Gebieten eine Menge Localformen auf, welche auf eine hochentwickelte einheimische Industrie und Technik daselbst schliessen lassen. Zu den früher schon systematisch untersuchten Gebieten, dem von Bologna und von Hallstadt, sind neuerdings andere dazwischenliegende getreten, so das Euganeische Gebiet, in welchem die Nekropole von Este durch Prosdocimi gründlich erforscht ist, und das Krainer Gebiet, wo die Nekropole von Watsch, die Hügel von St. Margareten u. a. m. in das Wiener Hofmuseum, das Provinzialmuseum von Laibach und die Sammlung des Fürsten Ernst zu Windischgrätz in Wien ganz ausserordentliche archäologische Schätze geliefert haben. Ein näheres Eingehen in diese interessanten Entdeckungen ist hier nicht angänglich. Es soll nur ein besonders wichtiger Punkt herausgegriffen werden. In Norditalien wie in Krain und benachbarten Gegenden Südtirols sind eine Anzahl von Bronzeeimern (meist die konisch verjüngenden situlae) gefunden mit figürlichen Darstellungen aus dem häuslichen und kriegerischen Leben. Die besterhaltenen sind eine Situla zu Bologna, eine zu Este (woselbst noch mehrere andere), eine zu Watsch in Krain. Am letzteren Orte ist noch ein prächtiges Gürtelblech mit einer Kampfscene gefunden (im Besitze von Fürst Windischgrätz). Die zahlreichen übrigen Gefässe sind nur in Fragmenten vorhanden. Die Gefässe sind in mehrere Zonen getheilt, deren unterste meist einen Zug phantastischer Thiere, Einhörner, Sphinxe, geflügelte Löwen etc. enthält. In den andern finden sich kriegerische Aufzüge und die verschiedenartigsten Scenen des öffentlichen und Privatlebens dargestellt. So zeigt die Situla von Bologna das Opfer mit allen Vorbereitungen, ein Mahl, Preiskämpfer — eine oft sich wiederholende Darstellung —, den Hirten, den Holzhauer etc. Zu Este wird u. a. ein Pferdekauf dargestellt. Der Eimer von Watsch bringt einen pomphaften Leichenzug mit dem Leichenschmaus und den obligaten Preiskämpfern. Alle diese Gefässe zeigen in ihren zwar recht unkünstlerisch aber doch realistisch treu gehaltenen Darstellungen eine durchaus übereinstimmende Tracht. Die Männer haben meist flache, gemusterte Tellermützen, die Priester mehrfach breitkrämpige Hüte, die vollständig den jetzigen Jesuitenhüten ähnen. Wir sehen hier anliegende Kleider mit Aermeln und enganliegende ärmellose Umhängemäntel, gewürfelt oder in senkrecht herablaufende gemusterte Streifen getheilt. Die Frauen haben ein enganliegendes Unterkleid mit Aermeln, darüber ein Oberkleid mit einer den Kopf umhüllenden Kapuze. Hosen sind nicht bemerkbar. Interessanter ist aber noch die Bewaffnung, welche besonders auf der Situla von Bologna und dem Gürtelbleche von Watsch erscheint. Auf der obersten Zone jenes Eimers tritt ein langer Zug von Kriegern auf in vier verschiedenen Waffengattungen, drei Trupps Fussoldaten und ein Trupp Reiterei. Die Reiter und ein Trupp Fussoldaten haben Celte von der Form mit breiter dünner Klinge mit Flügeln, wie sie aus Eisen und Bronze sich in den Gräbern Krains und Norditaliens findet. Die übrigen tragen Lanzen, eine längere mit Lanzenfuss oder eine kürzere. Die Schilde der Lanzenträger sind von drei Formen: oval, mehr viereckig und rund. Wahrscheinlich enthielten sie keine Metalltheile, es hat sich davon auch nichts in den Gräbern erhalten. Die Kleidung besteht in einer kurzärmeligen, verzierten Jacke. Am interessantesten sind aber die Helme, deren jeder Trupp einen anderen trägt. Die Reiter haben einen mit rundem Kopf und breiter Krämpe, wie ein ganz entsprechender zu Hallstadt gefunden ist. Die Infanteristen mit leichtem Speer tragen einen Helm mit grossem, hinten lang herabhängenden Helmkamme, wie ihn alle drei Krieger auf dem Gürtelbleche zu Watsch besitzen. Entsprechende Helme sind zu Watsch gefunden, die vorne und hinten ein Häkchen tragen, eines in Gestalt eines Pferdekopfes, zum Befestigen des Kammes und oben zur seitlichen Begrenzung derselben entweder zwei Bronzekämme oder zwei Figuren, die das Abgleiten desselben verhindern. Ein ähnlicher ist auf einem Fragmente von Matrei dargestellt. Die mit Celten bewaffneten Infanteristen tragen einen kegelförmigen Helm; vielleicht stellt ein zu Oppeano gefundenes kegelförmiges, mit Thierfiguren bedecktes Bronzegefäss einen solchen Helm vor. Höchst auffallend sind die Helme der schweren Infanterie, oben in eine Spitze auslaufend und unten herum mit Buckeln besetzt. Man würde sich von ihnen kein rechtes Bild machen können, wenn nicht glücklicherweise zu Watsch mehrere solche Helme entdeckt wären, die, obwohl in Einzelheiten etwas abweichend, doch unzweifelhaft in diesen merkwürdigen Abbildungen dargestellt sind. Dieselbe bestanden aus einem mit Leder überzogenen Geflecht gespaltener Haselruthen und waren aussen rundherum mit sechs gewölbten Bronzescheiben besetzt und oben von einer siebenten in eine hohe Eisenspitze auslaufenden gekrönt. Die Zwischenräume waren dicht mit kleinen Bronzeknöpfchen oder Nägelchen mit runden Köpfen ausgefüllt. Aehnliche Helme scheinen auch auf einem Fragmente von St. Marein in Krain dargestellt zu sein. So finden sich die dargestellten Trutz- und Schutzwaffen also auch sämmtlich in den Gräbern wieder, woselbst das Schwert fehlt, das auch keiner dieser Krieger trägt — während es in Hallstadt und Süddeutschland so häufig ist. — Welchem Volke aber diese Eimer zuzuschreiben sind, ist noch schwer zu entscheiden. Es scheint fast, als ob die Euganeer und Krainer einander näher stehen, und auffallend ist es jedenfalls, dass man die merkwürdigsten Helme gerade nur in Krain gefunden hat. Sollte also hier das Centrum der Fabrikation gelegen haben, so könnte der Bologneser Eimer als ein versprengtes Stück angesehen werden.*) Doch muss dies noch als durchaus offene Frage betrachtet werden, das Alter der Objecte lässt sich annähernd in das 6. Jahrhundert v. Chr. setzen. Waffen und Costüme von wesentlich verschiedenem Charakter zeigt die gravirte Bronceschеide eines prachtvollen, zu Hallstadt gefundenen Schwertes, welches einer jüngeren Zeit, dem Beginne der La Tène-Periode angehört und in seiner Form mit den Schwertern von den grossen Begräbnissplätzen der Champagne übereinstimmt. Die Schilde zeigen längliche Buckel, wie sie sich in diesen Gräbern mehrfach gefunden haben, während die Helme nicht den in gallischen Gräbern gefundenen trichterförmigen entsprechen und wahrscheinlich nicht aus Metall, sondern aus Leder bestehen — die Helme des gemeinen Volkes. Aeusserst roh erscheinen gegen diese immerhin noch ziemlich primitiven Darstellungen die Abbildungen auf den Felszeichnungen Schwedens, wo man aber auf einer solchen zu Nedre Hede und Ooster Röd noch immer den Bronceschild mit getriebenen Buckeln, wie er ja im Norden mehrfach gefunden ist, und die Schwertscheide mit dem für die Hallstädter Schwerter charakteristischen Endbeschlage erkennen kann.

Herr Dr. Richard Klebs sprach über neue geologische Beobachtungen über die Verbreitung der Braunkohlen in Ostpreussen. Das Bestreben Braunkohlen zu

*) Die Beschreibung einer 2. Situla von Bologna (Brizio: Sulla nuova situla di Bronzo figurata trovata in Bologna. Deputazione di storia patria di Romagna 1884 kam dem Vortragenden erst nach Druck dieses Auszuges zu Gesicht. Dieselbe enthält Wagenwettfahrten, Kriegeraufzüge etc. Brizio setzt sie zeitlich noch später, ins 4. Jahrhundert, was doch fraglich.).

finden, welche abbauwürdig seien, ist in unserer Provinz seit langer Zeit sehr rege gewesen. An verschiedenen Orten sind in früheren Jahren Unternehmungen in grösserem und kleinerem Maassstabe vorgenommen worden, welche aber bis jetzt stets ungünstige Resultate gegeben haben. Nicht allein sind diese vielfachen Bohrungen etc. dadurch ohne Nutzen gewesen, dass sie keine produktive Kohle gaben, sondern mehr dadurch, dass die dabei erlangten Resultate nicht in der Weise Geologen von Fach zugänglich gemacht sind, dass sie wissenschaftlich verwerthet werden konnten. Denn gerade die Braunkohlenformation in Ostpreussen bietet aus Gründen, die der Vortragende näher erläuterte, selbst dem Fachmann grosse Schwierigkeiten in der Parallelisirung der Schichten aus verschiedenen Gegenden. Bis jetzt ist unsere genaue Kenntniss über die Braunkohlen in ihrer Lagerung nur auf zwei, vielleicht drei Gebiete beschränkt; auf das des samländischen Strandes, welches Professor Dr. Zaddach klassisch bearbeitet, und auf das von Heilsberg, welches der Vortragende in den Jahren 1881 bis 1884 studirt hat. Die Heiligenbeiler Kohlen sind vom Vortragenden im Jahre 1878 allerdings gleichfalls untersucht worden, indes nicht in der speciellen Weise wie die vom Samland und von Heilsberg, weil Zeit und Umstände das Eingehen auf alle Details unmöglich machten. Der Vortragende ging dann auf die Gliederung unseres Tertiärs ein, zu welchem die Braunkohlenformation gehört, und auf die Horizonte in welchen die Kohlen selbst lagern. Aus der oberen Etage der Braunkohlenformation ist als mächtigstes Flötz das von Warnicken bekannt, welches 2 m, aus der mittleren Etage das von Gr. Hubnicken, welches 1,7 m stark ist. Aehnlich sind die Mächtigkeitsverhältnisse bei Birkenau und Warnikam in der Gegend von Heiligenbeil. Bei Heilsberg erreichen an einzelnen Stellen die Kohlen 3 m Mächtigkeit und lagern in einem geologischen Horizont, welcher die Zaddachsche obere und mittlere Abtheilung der Braunkohlenformation in sich begreift. Gerade bei Heilsberg konnte die Schichtenfolge des ostpreussischen Tertiärs sehr eingehend studirt werden, da der Vortragende auf Kosten des Staates Schürfarbeiten im grösseren Maassstabe vornehmen konnte und zwei Bohrlöcher, welche der durch Brunnenanlagen in unserer Provinz rühmlichst bekannte Herr Pöpke aus Anclam der guten Sache wegen vornehmen liess, Profile bis zu 60 m Mächtigkeit lieferten. Sehr unterstützt wurden die Heilsberger Untersuchungen durch den Gräfeschen Bohrapparat, den der Vortragende zu schnellen Bohrungen bis zu 10 m sehr empfahl und dessen Construction und einfache Handhabung er erläuterte. Ausser den Kohlen aber bietet das Heilsberger Tertiär noch das Interessante, dass nach Ansicht des Vortragenden die im Simserthale zu Tage tretenden Thone zu den tiefsten Ablagerungen in dem ostpreussischen Tertiär gehören und Schichten entsprechen, wie wir solche von Geidau in 87—194, in Markehnen von 92—110, in Königsberg durchschnittlich in 55—65 m Tiefe kennen. Danach würde in geringer Tiefe unter dem Spiegel der Simser die Kreideformation bei Heilsberg anstehen und ein Uebergreifen der eigentlichen Braunkohlen- über die glaukonitische (Bernstein-) Formation stattfinden. In Zusammenhang hiermit dürften dann auch die fraglichen Kreideaufschlüsse von Jacknitz bei Zinten und von Wackern bei Pr. Eylau zu bringen sein. Der Vortragende ging dann auf die Verbreitung der eigentlichen Kohle bei Heilsberg und auf die Schichtenstörungen in derselben näher ein und erläuterte an einer Reihe von Photographien und Fundstücken den Einfluss der einzelnen Diluvialschichten auf die dortige Braunkohlenformation und wies auf die wissenschaftlich äusserst interessante Thatsache hin, dass sich in der ältesten Diluvialzeit bei Heilsberg stellenweise eine Süsswasserfauna entwickelt habe.

Hierauf hielt Herr Dr. Franz, Observator der Sternwarte, einen Vortrag über: Messungen des Magnetismus von eisernen Tiefbrunnenröhren und Eisenbahnschienen in Königsberg. Am 25. April theilte mir Herr Dr. Jentzsch mit, dass er soeben erfahren habe, dass sich an dem noch nicht ganz vollendeten Tiefbrunnen in der Trainkaserne auf dem Oberhaberberge hierselbst magnetische Erscheinungen zeigten, und bat mich die Sache zu untersuchen. Sofort begab ich mich dorthin und sah, dass allerdings Eisentheile, welche dem oberen Ende der über 200 m langen eisernen Brunnenröhre etwa bis auf 3 cm genähert wurden, angezogen und festgehalten wurden; die Brunnenröhre ist also stark magnetisch. Ueber die Ursache des Magnetismus kann kein Zweifel bestehen; dieselbe ist im Erdmagnetismus zu suchen. Denn ebenso wie jedes Eisenstäbchen, welches einem Magnetpole genähert und durch Influenz oder Vertheilung des Magnetismus zu einem Magneten gemacht wird, so wird auch jeder Stab durch den Erdmagnetismus magnetisch und zwar um so mehr, je mehr er die Richtung einer im Schwerpunkt aufgehängten Magnetnadel, einer Inklinationsnadel hat, und nur dann wird er nicht magnetisirt, wenn er senkrecht zur Richtung der Inklinationsnadel steht. Der Magnetismus tritt aber auch um so stärker auf, je länger die Eisenstücke sind, je mehr Masse sie haben und je länger sie in der für die Entstehung des Magnetismus günstigen Stellung bleiben. Da wir es hier nun mit Eisenröhren von 200 m Länge zu thun haben, die bereits seit $2^1/_2$ Jahren in derselben senkrechten Stellung sind, so bestehen hier Verhältnisse von aussergewöhnlicher Grösse welche zu genauerer Untersuchung und zu einer Messung einladen. Daher versuchte ich am 27. April mit einer Magnetnadel 1. an dem Tiefbrunnen der Trainkaserne auf dem Oberhaberberg und ebenso 2. an dem fast vollendeten, über 250 m tiefen Brunnen der Kürassierkaserne auf dem Schlossplatz, 3. am Südende der Schienen der Pferdebahn in der Kronenstrasse und 4. am Nordende der Schienen der Ostpreussischen Südbahn auf den Südbahnhof Messungen des Magnetismus zu machen, da bei allen diesen Punkten aus demselben Grunde starker Magnetismus vermuthet werden musste. Es wurde erstens die Ablenkung und zweitens die Schwingungsdauer der Magnetnadel beobachtet. Um die Ablenkung zu finden, wurde die Magnetnadel in gleichen, gemessenen Entfernungen (1 m, 0,5 m und so weiter) östlich und westlich vom Polende so gehalten, dass in beiden Fällen der Nullpunkt ihres Zifferblatts nach demselben Azimut oder derselben Himmelsgegend hinzeigte, und dann die Stellung der Magnetnadel auf dem Zifferblatt abgelesen. Das Mittel beider Ablesungen giebt den magnetischen Meridian, die halbe Differenz der Ablesungen die Ablenkung an, welche die Magnetnadel durch den Pol (das Ende der Brunnenröhre oder der Schienen) erfährt. Nach dem Satze vom Parallelogramm der Kräfte ist die Horizontalkomponente der anziehenden Kraft des Magnetpols dem Sinus des Ablenkungswinkels, die Horizontalkomponente des Erdmagnetismus dem Cosinus dieses Winkels proportional. Ihr Verhältniss ist also gleich der trigonometrischen Tangente des Ablenkungswinkels. — Um die Schwingungsdauer zu finden, wurde die Anzahl der Schwingungen der Magnetnadel in 10 Sekunden nach der Taschenuhr gezählt und die Schwingungsdauer der Magnetnadel auf der Sternwarte, wo sie nur unter dem Einfluss des Erdmagnetismus stand, mit dem Chronograph durch gleichzeitiges Einregistriren mit den Sekundenschlägen einer Pendeluhr bestimmt. Ebenso wie bei Pendelschwingungen gilt hier die Relation:

$$T = \sqrt{\frac{c}{g}}$$

wenn T die Schwingungsdauer, c eine Konstante, die vom Trägheitsmoment und der magnetischen Stärke der Magnetnadel abhängig ist, und g die Horizontalkomponente der auf die Nadel wirkenden Anziehungskräfte ist. Es ist aber $g^2 = h^2 + m^2$, wenn h die Horizontalkomponente des Erdmagnetismus, m die Horizontalkomponente des Magnetismus des Pols in der gemessenen Entfernung ist. Die Messungen, sowohl der Ablenkungen wie auch der Schwingungsdauer, die in verschiedenen horizontalen Entfernungen von den Polen, d. h. von den Enden der Brunnenröhren und der Eisenbahnschienen gemacht wurden, zeigten, dass die anziehende Kraft nicht dem Quadrate der Entfernung, sondern nahezu der einfachen Entfernung proportional ist. So überraschend diese Erscheinung Anfangs erschien, so wird sie doch durch die Theorie bestätigt. Denn bei diesen Magneten von so aussergewöhnlicher Länge ist der entfernte Pol zunächst ohne Einfluss auf die Magnetnadel. Bei dem nahen Pole, also bei Brunnenröhren bei dem oberen Pole ist aber der Magnetismus nicht in einem Punkte concentrirt, sondern über eine längere Strecke von mindestens mehreren Metern nahezu gleichmässig vertheilt. Wir haben es also mit der Anziehung nicht eines Punktes, sondern einer auf einer Seite unbegrenzten graden Linie auf die Magnetnadel zu thun. Die Anziehung einer unendlich langen Linie auf einen Punkt ist aber, wie man durch eine einfache Integration erkennt, umgekehrt proportional der einfachen Entfernung, und ebenso gilt dies für die Horizontalkomponente der Anziehung einer einseitig unbegrenzten Linie, da diese die Hälfte der Anziehung der beiderseitig unbegrenzten Linie ist. Hiermit sind die Messungen in verschiedenen Entfernungen berechnet und auf 1 m Abstand reducirt. Störende Eisenwasser beeinträchtigten die Messungen, die mit dem primitiven Apparat natürlich nur rohe sein konnten, und daher beschränke ich mich darauf, die Resultate in abgerundeten Zahlen anzugeben. Vergleicht man die Horizontalkomponente der Anziehung, in 1 m Entfernung vom Pole, mit der Horizontalkomponente des Erdmagnetismus, so findet man bei dem Südende der Schienen der Pferdeeisenbahn Anziehung $= \frac{1}{4}$ des Erdmagnetismus, bei dem Nordende der Schienen der Südbahn denselben Werth, bei dem Tiefbrunnen der Kürassierkaserne Anziehung $= \frac{3}{4}$ des Erdmagnetismus, bei der Trainkaserne dagegen Anziehung fünfzehnmal so gross wie der Erdmagnetismus! Am 5. Mai mass ich den Magnetismus auf der Kürassierkaserne noch einmal, nachdem zur Hinablassung des kupfernen Filters neue Eisenmassen in die Brunnenröhre hineingeführt waren, und fand ihn wesentlich verstärkt. Die Anziehung ergab sich in 1 m Entfernung fünfmal so gross wie der Erdmagnetismus. Allerdings spricht der Umstand, dass die Magnetnadel hier eine starke Inklination von 68 Grad hat, dafür, dass senkrechte Eisenmassen unter gleichen Umständen stärker magnetisch werden als wagrechte, aber der auffallend starke Magnetismus des Tiefbrunnens der Trainkaserne erscheint als eine nicht genügend aufgeklärte Erscheinung. Schliesslich sei noch erwähnt, dass natürlich überall der Magnetismus in dem von der Theorie geforderten Sinne auftrat. Nennt man den Pol der Magnetnadel, welcher nahezu nach Norden zeigt, den Nordpol, so hatten die Tiefbrunnen oben einen Südpol ebenso das Südende der Pferdebahn, dagegen war das Nordende der Eisenbahn ein Nordpol.

Herr Rittmeister Fleischer machte darauf aufmerksam, dass bei den Bohrungen in der Trainkaserne Dynamitexplosionen angewandt seien und die Erschütterungen vielleicht zur Verstärkung des Magnetismus beigetragen hätten. Auch sei der Brunnen im Winter zugedeckt und unbeobachtet gewesen und daher vielleicht das allmähliche Entstehen des Magnetismus an demselben nicht früher bemerkt worden.

Sitzung am 11. Juni 1885.

Herr Professor L. Hermann hielt einen Vortrag über neuere Untersuchungen betreffend die thierische und menschliche Bewegung, besonders mit Hilfe der Momentan-Photographie.

Der Vortragende entwickelte die Principien der Gangtheorie der Gebrüder Weber, und die von ihnen angewandten Untersuchungsmethoden. Ferner erörterte er die besonders von Marey erfundenen graphischen Verfahren zur Registrirung sämmtlicher Acte und Grössen im menschlichen und thierischen Gange und im Fluge der Vögel. Sodann ging er auf die von Muybridge in San-Francisco zuerst eingeführte Methode der Momentan-Photographie, und auf deren Umgestaltung durch Marey näher ein, und zeigte Kopien so gewonnener Bilderreihen vor. Zum Schluss machte der Vortragende Bemerkungen über das Schwimmen, und über die mechanische Bedeutung der Schwimmblase der Fische.

Herr Dr. Klien sprach: „Ueber einige pflanzenphysiologische Versuche.“ Auf dem Gebiete der Erforschung der Pflanzenernährung bedient man sich vorzugsweise zweier Culturmethoden: der Wasser- und Sandcultur. Diese beiden Methoden unterscheiden sich dadurch von einander, dass bei ersterer nur destillirtes Wasser verwendet wird, in welchem die zur Anwendung kommenden Nährstoffe theils gelöst, theils suspendirt sind, während bei der Sandcultur ausgewaschener Sand als Medium zur Verwendung gelangt, der mit bestimmten Nährstoffen durchtränkt wird. Die Wassercultur hat aber gegenüber der andern den Vorzug, dass sie mit reinen Materialien arbeiten kann und auch die Pflanzen bis zur Wurzelspitze herunter sichtbar sind. Zur Ernährung und zum Aufbau des Pflanzenkörpers sind bestimmte Elementarstoffe absolut unentbehrlich, doch werden auch entbehrliche Elemente in geringeren, einige aber auch nicht selten in grösseren Mengen (Silicium, Mangan) von den Pflanzen aufgenommen.

Ausser Wasser sind es: Kali, Kalk, Magnesia, Eisenoxyd, Kohlensäure, Salpetersäure, Schwefelsäure, Phosphorsäure und Chlor, welche zur Ernährung chlorophyllgrüner Pflanzen durchaus nothwendig sind, und darum diese Stoffe — ausser Kohlensäure — in einer Normalnährstofflösung nicht fehlen dürfen. In geeigneter Weise kann man diese Nährstoffe etwa in folgenden Verbindungen und Mengenverhältnissen den Pflanzen in Lösung zuführen: 0,207 g Chlorkalium, 0,456 g salpetersauren Kalk, 0,171 g schwefelsaures Magnesia, 0,133 g phosphorsaures Eisenoxyd und 0,033 g phosphorsaures Kali. Die Kohlensäure, welche der Lösung nicht zugefügt wird, erhält die Pflanze in hinreichender Menge aus der atmosphärischen Luft. Der Referent hat in solcher Nährstofflösung, welche 1 g des genannten Salzgemisches in einem Liter Wasser gelöst enthielt, viele Pflanzen bis zur vollkommensten Entwickelung gebracht. Es wurden z. B. Zuckerrüben mit 15 pCt. Zucker, Kartoffelknollen mit 19 pCt. Stärke, die verschiedensten Getreidearten mit sehr schön ausgebildeten Körnern und auch Holzgewächse mehrere Jahre lang unter solchen Culturbedingungen erzogen. Fehlt natürlich nur einer der unentbehrlichen Nährstoffelemente, so wird das Wachsthum der Pflanze vollständig unterdrückt und es kann daher durch eine einseitige Zufuhr eines im Boden fehlenden Nährstoffelementes die Unfruchtbarkeit desselben eventuell plötzlich beseitigt werden. Ist somit die Wasserculturmethode recht dazu geeignet, für jeden in die Pflanze aufgenommenen Baustoff die Bedeutung nachforschen zu können, welche ihm in den im Organismus sich abspielenden Vorgängen zufällt, so benutzt man diese Methode auch mit Vortheil zur Nachforschung über die Wirkung verschiedener krankheitserregender Stoffe (Gifte) auf das Wachsthum der Pflanzen. In der hiesigen Versuchsstation wurden in der letzten Zeit mehrere derartige Arbeiten ausgeführt, welche auch praktische Bedeutung hatten. So wurde z. B. dem Referenten ein rhodanhaltiges Ammoniak-Superphosphat zur Prüfung eingeschickt, welches bei der Abscheidung des Ammoniaks aus dem Leuchtgase auf trocknem Wege gewonnen worden war und was eventuell im grossen Maassstabe fabricirt werden sollte, wenn dessen Gehalt an Rhodanammonium (Schwefelcyanammonium) den Kulturpflanzen nicht schädlich sein sollte. Der Düngungsversuch auf dem Felde hatte ergeben, dass nach erfolgter Düngung die Pflänzchen von Gerste und Hafer in den ersten Wochen auffallend zurückblieben, ein krankes Aussehen bekamen, die Blattspitzen braungelb wurden und vertrockneten. Nach einigen Wochen erholten sich zwar die Pflänzchen der mit dem rhodanhaltigen Dünger bestreuten Parzellen wieder und suchten den auf den anderen Flächen wachsenden Pflanzen nachzueilen. Immerhin konnte die verloren gegangene Vegetationszeit nicht wieder eingeholt werden, was eine geringere Ernteausbeute zur Folge hatte. Nebenbei wurden auch Wasserculturversuche in rhodanhaltiger Nährstofflösung angestellt und auch Gerste und Hafer als Versuchspflanzen gewählt. Wo einem Liter Nährstofflösung 0,09 g reines Rhodanammonium zugefügt worden war, begannen die Keimpflänzchen bald an zu kränkeln und gingen nach und nach zu Grunde, während eine gleiche Anzahl Pflänzchen nach dem Hinzufügen von reinem schwefelsaurem Ammoniak, welches derselben Menge Stickstoff im Rhodanammonium entsprach, sich kräftig weiterentwickelten. Bei älteren Pflanzen mit 6—8 Blättchen schienen obige Mengen Rhodan keinen schädlichen Einfluss auszuüben, doch erkrankten sie bald bei Vermehrung des Rhodans um das Doppelte und selbst bei fast ausgewachsenen Pflanzen führte eine Zufuhr von 0,1 g pro Liter nach einiger Zeit den Tod herbei, während schwefelsaures Ammoniak in ziemlich grossen Mengen immer mit günstigem Erfolge der Nährstofflösung beigegeben werden konnte. Namentlich in den Blattspitzen der in rhodanhaltiger Lösung erzogenen Pflanzen konnte die Gegenwart von Rhodan mittelst Eisenchloridlösung mit grösster Schärfe nachgewiesen werden und nehmen somit die Pflanzen Rhodan in unveränderter Form auf. Nach den Untersuchungsresultaten scheint es, als wenn die Zersetzung des Rhodans unter dem Einfluss des Lichtes im oberirdischen Theile der Pflanze vor sich ginge und die Zersetzungsprodukte erst störend wirkten. — Vom Referenten wurden zwei gleichalterige Haferpflanzen vorgezeigt, von denen die eine zu einem Liter Nährstofflösung 0,1 g reines Rhodanammonium vor 14 Tagen zugefügt bekommen hatte, während in die Lösung der anderen Pflanze anstatt Rhodanammonium die entsprechende Menge schwefelsaures Ammoniak gegeben worden war. Bei der Rhodanpflanze hatte das Wachsthum aufgehört, die Blätter waren weiss-gelb geworden und die sonstige Krankheit zeigte grosse Aehnlichkeit mit derjenigen, welche man bei Einwirkung von schwefliger Säure auf das Pflanzenwachsthum beobachten kann. Die in rhodanfreier Lösung gewachsene Pflanze war vollkommen gesund und stand im üppigsten Wachsthum.

Es folgte die **General-Versammlung**, der nur die Wahl neuer Mitglieder oblag. Es wurden gewählt

zu ordentlichen Mitgliedern:

Herr Kaufmann Holldack,
" Eisenbahndirector Krüger,
" Kaufmann O. Meyer,
" Regierungs-Medicinalrath Dr. Nath;

zum auswärtigen Mitgliede:

Herr Dr. Hagedorn in Mohrungen.

Lottermoser.

Sitzung am 1. Oktober 1885.

Herr Dr. Klien hielt einen Vortrag über den Einfluss der Qualität des Bodens auf die Beschaffenheit der Pflanzen.

Er theilte zunächst mit, dass die von ihm in der letzten Sitzung vorgezeigte ¾ Meter hohe Haferpflanze, welche vom Samen aus in Nährstofflösung — also unter Ausschluss von Wurzelboden gewachsen sei — eine Höhe von 1,8 Meter erreicht und eine sehr grosse Samenmenge produzirt hätte.

Die Mineralstoffe, welche zur Ernährung und vollständigen Ausbildung der Pflanzen nöthig sind, sind nicht gleichartig bei sämmtlichen Pflanzen vertheilt, sondern die Menge und Zusammensetzung der mineralischen Nährstoffe (Asche) ändert sich bei den verschiedenen Pflanzenfamilien und ist auch in den einzelnen Pflanzentheilen zu verschiedenen Jahreszeiten eine andere. Zu ihrer Ernährung nehmen die Pflanzen aber auch meist viel grössere Mengen von Nährstoffen auf, als sie zur Ausbildung nöthig haben, wenn sie in einem sehr fruchtbaren Erdreiche wachsen. Der Aschengehalt der Pflanzen ist so gewissermassen mit ein Zeichen für die Ueppigkeit und Nahrkraft eines Bodens. Die Fruchtbarkeit wird aber nicht allein durch den Gehalt an Gesammtnahrung im Boden bedingt, sondern sie hängt vor Allem von demjenigen Nährstoffe ab, welcher in geringster Menge darin vertreten ist; der im Minimum vorhandene Nährstoff muss darum vom Landwirth und Gärtner gesucht und künstlich ersetzt werden. Die Beschaffenheit der Pflanzen und ihrer Früchte wird wesentlich von der Nährstoffmischung im Boden beeinflusst, wofür der Redner zahlreiche Beispiele anführte. Sandig-lehmiger und nährstoffreicher Boden mit durchlassendem Untergrund, der sich leicht erwärmt und in lebhaftem Verkehr mit der Atmosphäre steht, giebt bei ausreichender Pflege und guter Bearbeitung mit das nahrhafteste und gesundeste Futter, während nährstoffarme, kalte und undurchlässige Böden sehr geringwerthige Futterpflanzen produziren. Stickstoffreichthum des Bodens begünstigt die Entwickelung der Blattorgane und liefert im Allgemeinen eiweissreiche Pflanzen mit einem relativ verminderten Gehalt an stickstofffreien Extractstoffen (Kohlenhydrate), während umgekehrt die Phosphorsäure in Begleitung von Kali, Magnesia etc. die Fruchtbildung und das Ausreifen der Pflanzenindividuen fördert. Der assimilirbare Stickstoff reagirt aber viel stärker auf den Pflanzenorganismus, als die genannten Mineralstoffe, so dass er bei einigem Vorwalten die die Fruchtbildung beeinträchtigt und das Ausreifen verhindert, oder im Uebermasse die Pflanzen zum Vergeilen bringt. Ueberreich an Stickstoff ist z. B. die Jauche. Darum hat man bei der Spüljaucherieselung, welche jetzt auch für Königsberg Interesse gewinnt, mit mancherlei Schwierigkeiten zu kämpfen. Hierzu kommt noch,

6

dass in der Spüljauche der Gehalt an Kochsalz so bedeutend ist, dass es viele Pflanzen giebt, denen leicht zu grosse Mengen davon geboten werden. Die Beeinträchtigung wächst mit der geilen Entwickelung, weil bei andauernd trockener Hitze im Sommer die Salzkonzentration grösser wird und dann selbst weniger empfindliche Pflanzen geschädigt werden. Könnte die Spüljauche nur von 20 Menschen auf ein Hektar Land ausgebreitet werden, so würde man unter diesen Bedingungen allerdings bauen können, was Landwirthschaft und Gärtnerei überhaupt hervorzubringen vermögen. Hierauf muss aber eine Rieselwirthschaft, die nicht ad libitum rieseln kann, ein für allemal verzichten, zumal die gewöhnliche Schwemmkanalisation gerade zu den Zeiten die meiste Spüljauche liefert, wo sie am wenigsten für den Pflanzenbau zu gebrauchen ist. Die Auswahl der Pflanzen für Rieselland ist darum sehr wichtig. Zunächst eignen sich für solches Land am besten die Gemüsepflanzen, worauf die Grünfutterpflanzen und einige Gräser folgen. Das Rieselheu ist in Folge des hohen Salzgehaltes sehr hygroskopisch und lässt sich darum schwer aufbewahren und trocken erhalten. Bohnen, Erbsen, Wicken etc. werden leicht von Pilzkrankheiten befallen, die Hackfrüchte gern von Insekten und Würmern heimgesucht und verläuft der Reifeprozess bei den Getreidearten höchst ungleichmässig. Längere Zeit stark gerieselte Ländereien liefern schliesslich Pflanzen, die so reich an Stickstoff und Kali sind, dass sie als konzentrirte Jauche aufgefasst und zum Düngen anderer Ländereien benutzt werden könnten. Was der Landwirth unter Raubbau versteht, ist für die Rieselwirthschaft das rationelle Ziel hinsichtlich des Stickstoffs. Es muss nur dafür gesorgt werden, dass die im Minimum vorhandenen Nährstoffe (Phosphorsäure) ebenfalls den Rieselfeldern gegeben werden. Für Grossstädte ist die Spüljauchenrieselung ein noch immer nicht gelöstes Problem. Vor Allem hat man hier neben passender Oberflächengestaltung der Rieselfelder für die erforderliche Drainage und für wirksame Entwässerung zu sorgen. Dann müssten die Rieselanlagen so beschaffen sein, dass die Spüljauchenpächter ad libitum rieseln können, also dass sie zu jeder Zeit die ihnen überflüssig erscheinende Jauche zurückweisen dürfen; das erforderliche Quantum Flüssigkeit müssten sie jedoch bestimmt erhalten, wenn das Deficit auch nur durch Fluss- oder Grundwasser gedeckt würde. Endlich hätte der Rieselpächter noch dafür zu sorgen, dass das Nährstoffverhältniss im Rieselboden ein möglichst günstiges ist, so dass eine Zufuhr von geeigneten Hilfsdüngemitteln (Phosphate) anzuwenden wäre.

Unter diesen schwierigen Umständen würde dann auch die Spüljauchenrieselung äusserst lohnend werden, indem die meisten unserer Kulturpflanzen sich auf solchen Rieselboden von recht guter Beschaffenheit gewinnen lassen würden.

Herr Professor Dr. Langendorff bespricht die Abbe'schen Ansichten über das Zustandekommen des mikroskopischen Bildes und über die Grenzen des mikroskopischen Unterscheidungsvermögens und erörtert einige praktische Verbesserungen, die an neueren Mikroskopen getroffen sind.

Sitzung am 5. November 1885.

Herr Dr. Jentzsch legte Messtischblätter des Generalstabes vor, welche der Gesellschaft für die Herstellungskosten überlassen sind. Bereits früher sind solche schon der Gesellschaft vorgezeigt. Die erste Gruppe enthielt 109 Blätter und wurde für den Selbstkostenpreis uns abgegeben, die zweite Gruppe von 39 Blättern ist zum Geschenk gemacht, die dritte, jetzt vorliegende Gruppe von 27 Blättern wie schon erwähnt uns für die Herstellungskosten überlassen. Die Aufnahme von Ost- und Westpreussen ist fast fertig, doch sind erst wenige Blätter veröffentlicht. Die Blätter sind dadurch so werthvoll, dass man die Höhe jeden Ortes vom Meeresspiegel leicht ablesen kann, da sie Höhencurven enthalten.

Der Vorsitzende sprach dem Generalstabe den Dank der Gesellschaft aus.

Herr Oberlehrer Czwalina sprach über „Neuere Forschungen über Entstehung und Verbreitung der Gewitter". Nach Sohnke liegt an Gewittertagen die Grenzschicht in der Luft, über welcher Frost herscht, viel tiefer als sonst; das wird bewiesen durch Luftschichtfahrten und die Vergleichung der Temperatur an verschieden hohen Beobachtungsorten, die bei Gewittern eine viel schnellere Temperaturabnahme als sonst zeigen. Letzteres, von Sohnke für Freiburg im Breisgau und einen Ort des Schwarzwaldes nachgewiesen, zeigt sich nach Beobachtungen von Assmann ebenso deutlich in Thüringen, wo die Spitze des Inselberges mit verschiedenen Städten in Bezug auf die Temperaturerniedrigung verglichen wurde. Ueberhaupt aber senkt sich die Grenzfläche des Frostes nach Mittag beträchtlich. Aufsteigende Luftströme nun, durch die Erwärmung des Bodens veranlasst, und also auch Nachmittags am häufigsten auftretend, müssen um so höher sich erheben, je mehr Feuchtigkeit sie enthalten und in je kältere Luft sie kommen. Durch die Ausdehnung in grösserer Höhe wird ihr Wasserdampf zu kleinen Wassertröpfchen, dabei wird Wärme frei und diese giebt neuen Auftrieb. Kommen nun diese warmen, mit Wassertröpfchen beladenen Luftströme in kalte, Eiskrystallchen führende Schichten, so entsteht Gewitter. Man beobachtet auch immer über den aufsteigenden Cumuluswolken eine Cirrhusschicht, wenn ein Gewitter beginnt, und der Anfang desselben fällt bei weitem am häufigsten in die frühen Nachmittagsstunden, wo die aufsteigenden Luftströme am leichtesten in die nöthige Höhe gelangen. — Die Elektricität des Gewitters entsteht nun dadurch, dass die Wassertröpfchen und Eistheilchen sich aneinander reiben. Das ist leicht experimentell nachzuweisen, wenn man komprimirte feuchte Luft ausströmen lässt; die bei der Ausdehnung durch die Abkühlung entstehenden Wassertröpfchen machen alle Metalle durch ihre Reibung negativ, Eis positiv elektrisch; letzteres umsomehr, je kälter es ist, aber nicht mehr, wenn es mit einer Schmelzschicht von Wasser bedeckt ist, so dass also Wasser an Wasser reibend keine Elektricität hervorruft. Es sind aber bei diesen Versuchen besondere Vorsichtsmassregeln nothwendig: die Ausströmungsöffnung darf nicht zu klein sein und der Hahn muss sehr schnell geöffnet werden; sonst reiben sich die Wassertröpfchen bereits an der Ausströmungsröhre selbst und übertragen auf das entgegenstehende Metall ihre eigene positive Elektricität. Die Nichtbeachtung dieses Umstandes macht die Versuche von Koppe über Entstehung von Elektricität durch Reibung warmer und kalter Luftströme ungiltig, der auch das Gewitter nur auf letzteren Vorgang zurückführen wollte. Die mächtigen Entladungen des Blitzes werden dadurch erklärt, dass die kleinen Wassertröpfchen zu grösseren Regentropfen zusammenfliessen, die im Vergleich zu jenen eine viel kleinere Oberfläche haben, auf der also die Spannung der Elektricität sehr steigen muss. Von der Verbreitung der Gewitter handeln besonders v. Bezold für Bayern und Assmann für Mitteldeutschland. Ersterer hat die Akten der Feuerversicherung, die in Bayern staatlich ist, in Bezug auf zündende Blitze verglichen, und zieht nur solche in Betracht. Da zeigt sich nun zuerst, dass seit 50 Jahren die Häufigkeit der zündenden Blitze beträchtlich, fast auf das Dreifache, zugenommen hat; diese Zunahme ist aber nicht kontinuirlich, sondern wechselt mit Jahren geringerer Blitzhäufigkeit ab, und der Gang dieser Erscheinung zeigt eine merkwürdig genaue Uebereinstimmung mit der Periode der Sonnenflecken, so dass die Jahre, in welche das Maximum der letzteren fällt, die geringste Anzahl von zündenden Blitzen aufweisen. Die Städte zeigen dem flachen Lande gegenüber eine viel geringere, noch nicht halb so grosse Blitzgefahr. In Bayern ziehen die schadenbringenden Gewitter regelmässig auf zwei grossen Strassen vom Bodensee nach Osten und vom nördlichen Schwarzwalde nach Nordosten; der westliche Böhmerwald ist wenig von ihnen betroffen. In Mitteldeutschland entstehen Gewitter sehr oft lokal und breiten sich nicht weit aus, so dass, während jeder einzelne Beobachtungsort im Jahre nur wenig über 20 Gewitter hat, im ganzen Gebiet deren jährlich 150 gezählt werden. Sie bewirken dort eine gleichmässigere Vertheilung des Regens; in den gewitterfreien Monaten ist die Ostseite der Gebirge viel trockener als die Westseite; Hagelschläge aber treffen ganz vorzugsweise die Niederungen östlich von Gebirgszügen. Zum Schluss legt der Vortragende eine merkwürdige Photographie eines Blitzes vor, auf welcher sich drei parallele Züge nebeneinander zeigen und die wohl nur so zu erklären ist, dass der Blitz oscillirend mehrmals hintereinander dieselbe Bahn zurückgelegt hat. Er erwähnt dabei, dass er diese seltene Erscheinung am 2. Juli dieses Jahres selbst sehr schön zwischen Tapiau und Arnau vom Dampfer aus beobachtete. Wohl 50 bis 60 Blitze fuhren dieselbe Bahn 2- bis 3mal, mehrere 4- bis 5mal, ja einer sogar 8mal unmittelbar hintereinander vom Himmel zur Erde. Er forderte auf, auf ähnliche Vorkommnisse zu achten.

Herr Dr. Jentzsch sprach über den Nachweis einer Interglacialzeit für Norddeutschland.

Sitzung am 3. Dezember 1885.

Herr Professor Chun sprach über das Verhältniss zwischen Fläche und Masse im thierischen Körper. Er suchte nachzuweisen, dass der komplizirte Bau der höheren Thiere in erster Linie durch ihre Grösse bedingt wird insofern durch Bildung neuer Flächen das bei der Vergrösserung entstehende Missverhältniss zwischen Volumen und Oberfläche ausgeglichen wird. An der Hand der Rechnung wurde das Verhältniss zwischen Fläche und Masse eines Infusors als annähernd gleich demjenigen einer Schlange gefunden und schliesslich wurde betont, dass die Energie der Leistung gleich grosser Thiere bedeutender ist bei den mit günstiger entwickelter Fläche als bei den mit relativ ungünstiger ausgestatteten. Schliesslich wurde der Versuch gemacht, die Erscheinungen der Zelltheilung und Faltung der Keimblätter aus dem angedeuteten Gesichtspunkt zu erklären.

Herr Dr. Franz macht Mittheilungen über den teleskopischen, periodischen Tuttleschen Kometen, welcher in diesem Jahre nach den Rechnungen des Königsberger Astronomen Joh. Rahts wieder aufgefunden ist. Der Komet wurde am 9. Januar 1790 von Méchain in Paris entdeckt und von ihm selbst vom 9. Januar bis 1. Februar und von Messier vom 11. bis 22. Januar beobachtet. Méchains Beobachtungen sind aber nirgends veröffentlicht worden. Im Jahre 1858 wurde am 4. Januar von Tuttle in Cambridge bei Boston (Mass.) und unabhängig davon am 11. Januar von Bruhns in Berlin ein Komet entdeckt, dessen Elemente grosse Aehnlichkeit mit denen des Méchainschen Kometen von 1790 zeigten. Die Identität beider Kometen, die von Tuttle in Amerika und von Pape in Europa vermuthet war, wurde zur Gewissheit erhoben, als aus den Beobachtungen von 1858 folgte, dass der Lauf des Kometen einer parabolischen Bahn nicht angeschlossen werden konnte, sondern eine Ellipse mit einer Umlaufszeit von nahe 14 Jahren erforderte. In der Zwischenzeit war der Komet viermal und zwar in den Jahren 1803, 1817, 1830 und 1844 unbemerkt zum Perihel zurückgekehrt. Im Jahre 1830 hätte er wohl beobachtet werden können; allein da er nur in den Morgenstunden vor Sonnenaufgang sichtbar war, blieb er unentdeckt. In den übrigen 3 Jahren und ebenso bei der diesjährigen Erscheinung war er kaum sichtbar, weil die Richtung von der Erde nach dem Kometen nahe an der Sonne vorbeiging und der Komet weit von der Erde entfernt blieb. Nun unternahmen gleichzeitig Clausen in Dorpat und Friedrich Tischler in Königsberg die schwierige Aufgabe, durch Berechnung der Störungen, welche der Komet zwischen 1790 und 1858 von den Planeten erlitten hatte, die beiden Erscheinungen von 1790 und 1858 mit einander zu verbinden. Am genauesten wurden die Störungen von Tischler berechnet und so Fundamente geschaffen, mit Hilfe derer eine Vorausberechnung für die nächste Erscheinung des Kometen möglich war. Tischler, der leider im französischen Kriege 1870 fiel, hat auch kurze Zeit vor seinem Tode noch die Bahnelemente für 1871 berechnet, und nachdem dieselben in seinen hinterlassenen Papieren von Luther aufgefunden waren, gelang es nach einer von Hind in Greenwich daraus berechneten Aufsuchungstabelle den beiden Beobachtern Borelly in Marseille und Winnecke in Karlsruhe, den Kometen am 12. beziehungsweise 15. Oktober 1871 wieder aufzufinden. Er wurde auf der nördlichen Halbkugel bis zum 15. Dezember und in Kapstadt bis zum 30. Januar 1872 beobachtet. Diese neuen Beobachtungen suchte nun Rahts, dem der Vortragende die vorstehenden Mittheilungen im wesentlichen verdankte, mit denen von 1858 möglichst gut in Verbindung zu bringen, und mit Hilfe der dadurch sich ergebenden Bahnelemente berechnete er sorgfältig die Störungen von Mars, Jupiter und Saturn nach der Hansen-Tietjenschen Methode, während er die Störungen von Merkur, Venus, Erde und Uranus nach der Besselschen Methode dadurch berücksichtigte, dass er den Kometen auf den gemeinsamen Schwerpunkt derselben und der Sonne bezog. Aus den sich so ergebenden Bahnelementen leitete Rahts eine Ephemeride ab, nach der der Komet am 8. August 1885 von Perrotin in Nizza aufgefunden und bis zum 22. August zwölfmal dort beobachtet wurde. Der Komet war nur in jeder Nacht 10 bis 15 Minuten lang schwach sichtbar, denn kaum war er nach seinem Aufgange sichtbar geworden, so verschwand er auch bald in der anbrechenden Morgendämmerung. So ist es nur der genauen Vorausberechnung (der Komet wich von dem vorausberechneten Orte nur 12 Sekunden in Rektascension und 5 Bogenminuten in Deklination ab) zu verdanken, dass es gelang, den Kometen in der diesjährigen, so ungünstigen Erscheinung wenigstens auf einer Sternwarte wieder aufzufinden.

Herr Dr. Franz machte dann einige kurze Mittheilungen über den Andromedanebel. Von diesem hellen, selbst mit blossem Auge sichtbaren Nebelfleck und seinen beiden Nachbarnebeln legte er eine schöne Zeichnung vor, die nach Beobachtungen am grossen Refraktor zu Cambridge bei Boston (Mass.) von Trouvelot gemacht ist. Nahe bei der dichtesten Stelle des Nebels leuchtete plötzlich am 16. August 1885 ein neuer Stern 6. bis 7. Grösse auf, auf den Dr. Hartwig in Dorpat zuerst aufmerksam machte und der bald immer schwächer wurde, so dass er im Anfang Dezember 12. Grösse und kaum noch sichtbar war. Sein Ort wurde mit dem hiesigen Heliometer, so oft es anging, gemessen.

Auf Anregung des Herrn Professor Caspary wurde noch über den prachtvollen Sternschnuppenfall vom 27. November 1885 berichtet, der durch den Durchgang der Erde durch einen Theil, vermuthlich den ersten Kopf des Bielaschen Kometen verursacht wurde und eine Wiederholung des Phänomens vom 27. November 1872 war. Trotz vielfach trüben Himmels zählte Dr. Franz 300 Sternschnuppen in 14 und nachher ebenso viele in 9 Minuten und fand als Radiant derselben: Rektascension 24° 27′, Deklination 44° 17′ für 7 Uhr Abends. Hieraus und aus der Umlaufszeit des Bielaschen Kometen leitete er folgende Elemente ab:

Periheldurchgang	1885 Dezember 27,9
mittlere tägliche Bewegung . .	536″ 06′
Neigung	13° 12′
Knoten	245° 42′
Perihel	111° 0′
Excentricitätswinkel	49° 6′

welche gut mit den Elementen des Bielaschen Kometen übereinstimmen und aus denen eine Ephemeride zur Aufsuchung der Kometen auf der südlichen Halbkugel abgeleitet wurde.

Herr Dr. Jentzsch knüpfte an den Vortrag Bemerkungen über Meteoriten an, die theils aus nickelhaltigem Eisen theils aus anderen Gesteinen mit schön krystallisirten Mineralien wie Olivin bestehen.

Derselbe legte Quarz mit eingesprengtem Golde aus Venezuela vor, ein Geschenk des Herrn Simski, dann Photographien von Sprudellöchern und schliesslich einen Atlas von Gesteinphotographien, ein Geschenk des Verfassers Dr. Lehmann. Es ist schwierig Gesteine abzubilden oder zu photographiren. Dr. Lehmann hatte dieselben angeschliffen und dann photographiren lassen, durch dieses Verfahren war die Struktur deutlich zu erkennen. Dr. Jentzsch sprach über die Bildung krystallisirter Schiefer und kam zu dem Schluss, dass es mechanische Ursachen sind, die zur Bildung derselben Anlass gegeben haben.

Es wurde zur **General-Versammlung** übergegangen und die Wahl neuer Mitglieder zunächst vorgenommen.

Zu ordentlichen Mitgliedern wurden gewählt:

1. Herr Privatdocent Dr. Brandt,
2. " Direktor Busch (leider bereits verstorben),
3. " Hauptmann Donisch,
4. " Dr. Gisevius,
5. " Professor Dr. Hahn,
6. " Dr. Rahts, Assistent an der Sternwarte,
7. " Professor Dr. Stieda,
8. " Oberlehrer Dr. Wittrin.

Zu auswärtigen Mitgliedern:

1. Herr Geologe Dr. Ebert in Neustadt W.-P.,
2. " Dr. Kade in Berlin.

Schliesslich erfolgte die Wahl des Vorstandes durch die vorgeschriebene Zettelwahl. Der bisherige Vorstand wurde einstimmig wiedergewählt, so dass derselbe für das nächste Jahr zusammengesetzt ist wie folgt:

Präsident: Sanitätsrath Dr. Schiefferdecker,
Direktor: Medizinalrath Professor Dr. Möller,
Sekretair: Stadtrath Lottermoser,
Kassenkurator: Kommerzienrath Weller,
Rendant: Hofapotheker Hagen,
Bibliothekar und auswärtiger Sekretair: Dr. Tischler.

Lottermoser.

Bericht für 1885

über die

Bibliothek der physikalisch-ökonomischen Gesellschaft

von

Dr. Otto Tischler.

Die Bibliothek befindet sich im Provinzial-Museum der Gesellschaft, Lange Reihe 7, 2 Treppen hoch. Bücher werden an die Mitglieder gegen vorschriftmässige Empfangszettel Vormittags bis 12 und Nachmittags von 2 Uhr an ausgegeben. Dieselben müssen spätestens nach 3 Monaten zurückgeliefert werden.

Verzeichniss

derjenigen Gesellschaften, mit welchen die physikalisch-ökonomische Gesellschaft in Tauschverkehr steht, sowie der im Laufe des Jahres 1885 eingegangenen Werke.

(Von den mit † bezeichneten Gesellschaften kam uns 1885 keine Sendung zu.)

Die Zahl der mit uns in Tauschverkehr stehenden Gesellschaften hat 1885 um folgende 9 zugenommen:

Frankfurt a. M. Verein für Geschichte und Alterthumskunde.
Lübben. Niederlausitzer Gesellschaft für Anthropologie und Urgeschichte.
Meiningen. Hennebergischer alterthumsforschender Verein.
Worms. Alterthumsverein.
Toulouse. Société archéologique du Midi de la France.
Florenz. Sezione fiorentina della Società Africana d'Italia.
Budapest. Archäologische Abtheilung des königl. Ungarischen National-Museums.
Trentschin. Naturwissenschaftlicher Verein des Trentschiner Comitats.
Lissabon. Section des travaux géologiques de Portugal.

Nachstehendes Verzeichniss bitten wir zugleich als Empfangsbescheinigung ansehen zu wollen statt jeder besonderen Anzeige. Besonders danken wir noch den Gesellschaften, welche auf Reclamation durch Nachsendung älterer Jahrgänge dazu beigetragen haben, Lücken in unserer Bibliothek auszufüllen. In gleicher Weise sind wir stets bereit solchen Reclamationen nachzukommen, soweit es der Vorrath der früheren Bände gestattet, den wir immer zu ergänzen streben, so dass es von Zeit zu Zeit möglich wird, auch augenblicklich ganz vergriffene Hefte nachzusenden.

Diejenigen Herren Mitglieder der Gesellschaft, welche derselben ältere Jahrgänge der Schriften zukommen lassen wollen, werden uns daher im Interesse des Schriftentausches zu grossem Danke verpflichten.

Wir werden fertan allen Gesellschaften, mit denen wir in Correspondenz stehen, unsere Schriften franco durch die Post zusenden und bitten soviel als möglich den gleichen Weg einschlagen zu wollen, da sich dies viel billiger herausstellt als der Buchhändlerweg. Etwaige Beischlüsse bitten wir ergebenst an die resp. Adresse gütigst befördern zu wollen.

Belgien.

1. Brüssel. Académie Royale des sciences des lettres et des arts. 1) Bulletin, 3. Serie 6 (Année 52). 3. Serie 7, 8 (53). 2) Mémoires couronnés et Mémoires des savants Etrangers in 4° 45, 46. 3) Mém. cour. et autres Mém. in 8° 36. 4) Mémoires de l'Académie in 4° 45. 5) Annuaire 50, 51 (1884, 85).
2. Brüssel. Académie Royale de Médecine. Bulletin, 3. Serie 19 (1885).
3. Brüssel. Société Entomologique Belge. Annales 28, 29 (1884, 85).
4. Brüssel. Société malacologique de Belgique. 1) Annales 15 (1880) 18 (1883). 2) Procès-verbaux (auch in den Annalen enthalten) 14 (1885) p. 1—79.
5. Brüssel. Société Royale de botanique de Belgique. Bulletin 24 (1885).
† 6. Brüssel. Commissions Royales d'art et d'archéologie.
7. Brüssel. Société Belge de Microscopie. 1) Annales 9. 2) Bulletin (auch in den Annalen enthalten) 11 1 — 12 1.
8. Brüssel. Société Belge de Géographie. Bulletin 9 (1885).
† 9. Brüssel. Observatoire Royal.
10. Brüssel. Société d'Anthropologie. Bulletin 3 (1884, 85).
11. Lüttich. Société Royale des sciences. Mémoires, 2. Serie 12.
12. Lüttich. Société géologique de Belgique. 1) Annales 10, 11. Tables générales Tome 1—10. 2) Catalogue des ouvrages de géologie, de minéralogie et de paléontologie et des cartes géologiques qui se trouvent dans les principales bibliothèques de Belgique, par Dewalque. Liège. 1884.

† 13. Lüttich. Institut archéologique.
† 14. Namur. Société archéologique.

Dänemark.

15. Kopenhagen. Kongelig Dansk Videnskabernes Selskab (Société Royale des sciences). 1) Oversigt over Forhandlinger. Bulletin 1884 2. 3. 1885 1. 2. 2) Skrifter, naturvidenskabelig og matematisk Afdeling (Mémoires, Classe des sciences) 6 Raekke I 11, II 7, III 1, 3.
† 16. Kopenhagen. Naturhistorisk Forening.
17. Kopenhagen. Kongelig Dansk Nordisk Oldskrift Selskab (Société royale des antiquaires du Nord). 1) Aarböger for Nordisk Oldkyndighed og Historie 1884 4. Tillaeg. 1885 1–3.
18. Kopenhagen. Botanisk Forening, Botanisk Tidskrift 14 4.

Deutsches Reich.

† 19. Altenburg. Naturforschende Gesellschaft des Osterlandes.
† 20. Augsburg. Naturhistorischer Verein.
† 21. Bamberg. Naturforschende Gesellschaft.
† 22. Bamberg. Historischer Verein für Oberfranken.
23. Berlin. K. Preussische Akademie der Wissenschaften. 1) Sitzungsberichte 1884 40 bis Schluss. 1885 1–39. 2) Abhandlungen. Physikalische 1884 (2 Hefte).
24. Berlin. Botanischer Verein für die Provinz Brandenburg. Verhandlungen Jahrgang 26 (1884).
25. Berlin. Deutsche geologische Gesellschaft. Zeitschrift 36 4 (1884). 37 1, 2, 3. (1885).
26. Berlin. Verein zur Beförderung des Gartenbaues in den Preussischen Staaten. Gartenzeitung, Jahrgang IV 1885.
† 27. Berlin. Physikalische Gesellschaft.
28. Berlin. Kgl. Landes-Oekonomie-Collegium. Landwirthschaftliche Jahrbücher 14 (1885).
29. Berlin. Gesellschaft naturwissenschaftlicher Freunde. Sitzungsberichte 1884.
30. Berlin. Gesellschaft für Anthropologie, Ethnologie und Urgeschichte. Verhandlungen 1884 Octb. bis Decbr., 1885 Jan. bis Mai.
31. Berlin. Geologische Landesanstalt und Bergakademie. 1) Geologische Specialkarte von Preussen und den Thüringischen Staaten (1/25000), je 1 Blatt, mit 1 Heft Erläuterungen. Gradabtheilung 45 13–15, 19–21, 25–27. 55 24, 30. 56 19, 23–25, 29, 30. 57 19–21, 25–27. 2) Abhandlungen zur geologischen Specialkarte IV 4, V 2 mit Atlas, V 3, 4, VI 1 mit Atlas, VI 2, VII 1.
32. Berlin. Kaiserlich Statistisches Amt. 1) Monatshefte 1885. 2) Statistik des Deutschen Reichs. Neue Folge. 5 (Landw. Betriebsstatistik n. d. allg. Berufszählung 5/6 1882). 6 (Gewerbestatistik n. d. Berufszählung 5/6 1882. 13 (Kriminalst. 1883). 14 (Ausw. Waarenverkehr 1884). 15 (Ausw. Waaren-

verkehr 1884 2). 16 2 (D. Wasserstrassen 1884). 17 1 (St. der Seeschiffahrt 1884.) 3) Statistisches Jahrbuch für das Deutsche Reich 6 (1885).

33. Berlin. K. Preussisches Statistisches Bureau. Zeitschrift 25 (1885) 1 3.
34. Bonn. Naturhistorischer Verein der Preussischen Rheinlande und Westfalens. 1) Verhandlungen 41 2 (1884), 42 1. 2) Autoren und Sachregister zu den Bänden 1—40.
† 35. Bonn. Verein von Alterthumsfreunden im Rheinlande.
36. Braunsberg. Historischer Verein für Ermland. Zeitschrift für die Geschichte und Alterthumskunde des Ermlandes VIII 1 (1884).
† 37. Braunschweig. Verein für Naturwissenschaft.
38. Bremen. Naturwissenschaftlicher Verein. Abhandlungen 9 2.
39. Bremen. Geographische Gesellschaft. Deutsche geograph. Blätter. VIII (1885).
40. Breslau. Schlesische Gesellschaft für vaterländische Cultur. Jahresbericht 62.
41. Breslau. Verein für das Museum Schlesischer Alterthümer. Schlesiens Vorzeit in Wort und Bild. Bericht 58, 59 (Bd. IV 14, 15).
42. Breslau. Verein für Schlesische Insectenkunde. Zeitschrift für Entomologie 10.
43. Breslau. K. Oberbergamt. Production der Bergwerke, Salinen und Hütten im Preussischen Staate i. J. 1884.
† 44. Chemnitz. Naturwissenschaftliche Gesellschaft.
45. Chemnitz. Kgl. Sächsisches meteorologisches Institut. Jahrbuch II (1884).
† 46. Coburg. Anthropologischer Verein.
† 47. Colmar. Société d'histoire naturelle.
48. Danzig. Naturforschende Gesellschaft. 1) Schriften. Neue Folge VI 2. 2) Bericht über die Verwaltung der Sammlungen des Westpr. Provinzial-Museums 1885.
49. Darmstadt. Verein für die Erdkunde und mittelrheinisch geologischer Verein. Notizblatt. Neue Folge 5.
50. Darmstadt. Historischer Verein für das Grossherzogthum Hessen. 1) Archiv für Hessische Geschichte und Alterthumskunde 15 3. 2) Quartalsblätter 1884. 1885 1, 2. 3) Die Einhard Basilika zu Steinbach.
† 51. Dessau. Naturhistorischer Verein.
52. Donaueschingen. Verein für Geschichte und Naturgeschichte der Baar und angrenzenden Landestheile. Schriften 5 (1885).
53. Dresden. Verein für Erdkunde. Jahresbericht 21.
54. Dresden. Naturwissenschaftliche Gesellschaft Isis. Festschrift zur Feier des 50 jährigen Bestehens $^{14}/_{5}$ 1885.
† 55. Dresden. Gesellschaft für Natur- und Heilkunde. Jahresbericht 1884/85.
† 56. Dürkheim a. d. H. Pollichia, naturwissenschaftlicher Verein der Rheinpfalz.
57. Eberswalde. Forstakademie. 1) Beobachtung der forstlich meteorologischen Stationen. Jahrgang 10 (1884) 7—12. 11 (85) 1—6. 2) Jahresbericht 10 (1884).
† 58. Elberfeld. Naturwissenschaftliche Gesellschaft.
59. Emden. Naturforschende Gesellschaft. Jahresbericht 1883/84.
60. Emden. Gesellschaft für bildende Kunst und vaterländische Alterthümer. Jahrbuch VI 2.

61. Erfurt. Akademie gemeinnütziger Wissenschaften. Jahrbuch. Neue Folge. Heft 12, 13.
† 62. Erlangen. Physikalisch-medicinische Societät.
† 63. Frankfurt a. M. Senkenbergische naturforschende Gesellchaft.
64. Frankfurt a. M. Physikalischer Verein. Jahresbericht 1883/84.
65. Frankfurt a. M. Verein für Geographie und Statistik.
66. Frankfurt a. M. Verein für Geschichte und Alterthumskunde. 1) Mittheilungen IV, V 1—3, VI 1, 2. VII. 2) Verzeichniss der Abhandlungen und Notizen zur Geschichte Frankfurts. 3) Donner v. Richter und Riese: Heddernheimer Ausgrabungen. Frankfurt 1885.
67. Freiburg im Breisgau. Naturforschende Gesellschaft. Verhandlungen 8 3.
† 68. Fulda. Verein für Naturkunde.
† 69. Gera. Verein von Freunden der Naturwissenschaften.
70. Giessen. Oberhessische Gesellschaft für Natur- und Heilkunde. Hoffmann: Resultate der wichtigsten pflanzen-phänologischen Beobachtungen in Europa. Giessen 1885.
† 71. Görlitz. Naturforschende Gesellschaft.
72. Görlitz. Oberlausitzische Gesellschaft der Wissenschaften. Neues Lausitzisches Magazin 61 1.
73. Göttingen. K. Gesellschaft der Wissenschaften. Nachrichten 1884.
74. Greifswald. Naturwissenschaftlicher Verein für Vorpommern und Rügen. Mittheilungen 16.
75. Greifswald. Geographische Gesellschaft. Jahresbericht 2 (1883—84).
76. Güstrow. Verein der Freunde der Naturgeschichte in Meklenburg. Archiv 38 (1884).
77. Halle. Kaiserlich Leopoldino-Carolinische Deutsche Akademie der Naturforscher. Leopoldina 21 (1885).
78. Halle. Naturforschende Gesellschaft. 1) Abhandlungen 16 3. 2) Berichte über die Sitzungen 1884.
79. Halle. Naturwissenschaftlicher Verein für Sachsen und Thüringen. Zeitschrift für Naturwissenschaften. 4. Folge 3 6. 4 1—4.
† 80. Halle. Verein für Erdkunde.
† 81. Hamburg. Naturwissenschaftlicher Verein von Hamburg-Altona.
82. Hamburg. Verein für naturwissenschaftliche Unterhaltung. Verhandlungen 1882—82.
83. Hamburg. Geographische Gesellschaft. Mittheilungen 1885.
† 84. Hanau. Wetterauische Gesellschaft für die gesammte Naturkunde.
85. Hannover. Naturhistorische Gesellschaft. Jahresbericht 33 (1882—83.)
86. Hannover. Historischer Verein für Niedersachsen. 1) Nachricht 27. 2) Africa auf der Ebstorfer Weltkarte von Sommerbrodt.
87. Hannover. Geographische Gesellschaft. Jahresbericht 6 (1884/85).
† 88. Hannover. Gesellschaft für Microscopie.
† 89. Heidelberg. Naturhistorisch-medicinischer Verein.
90. Jena. Gesellschaft für Medicin und Naturwissenschaft. Jenaische Zeitschrift für Naturwissenschaft 19 1—3. Suppl. 1, 2 (Sitzungsberichte).

91. Insterburg. Alterthumsgesellschaft. 1) v. Schack: Der Kriegszug des Ordens nach der Insel Gothland und die Vernichtung der Vitalienbrüder im Jahre 1398 (Vorlesung a $^{8}/_{3}$ 1885). 2) Hoening: Der Generalbescheid des Insterburgischen Amts i. J. 1638 (Vortrag 30/1 1885). 3) Polenz: Chronik der in Ostpreussen gelegenen Seiner Hoheit dem Herzoge von Anhalt gehörigen Norkittenschen Güter (abgeschlossen 1881). 4) Jahresbericht 1884/85. 5) Verzeichniss der Sammlungen 1885. 6) Ehmcke: Die ausgestorbenen und aussterbenden Thiere Ostpreussens.

92. Insterburg. Landwirthschaftlicher Centralverein für Littauen und Masuren. 1) Georgine, landwirthschaftliche Zeitschrift. Jahrgang 53 (1885). 2) Jahresbericht 1884.

† 93. Karlsruhe. Naturwissenschaftlicher Verein.

94. Karlsruhe. Grossherzogliches Alterthums-Museum. 1) Die Grossherzogliche Alterthumssammlung in Karlsruhe. Antike Bronzen. Darstellungen in unveränderlichem Lichtdrucke. Herausgegeben von Wagner. Neue Folge II, III. 2) Wagner: Hügelgräber und Urnenfriedhöfe in Baden und Karlsruhe 1885.

† 95. Kassel. Verein für Naturkunde.

† 96. Kassel. Verein für Hessische Geschichte und Landeskunde.

† 97. Kiel. Universität.

98. Kiel. Naturwissenschaftlicher Verein für Schleswig-Holstein. Schriften 6 1.

99. Kiel. Ministerial-Commission zur Erforschung der Deutschen Meere. Ergebnisse der Beobachtungsstationen an den Deutschen Küsten. 1884.

† 100. Kiel. Schleswig-Holsteinisches Museum für vaterländische Alterthümer.

† 101. Klausthal. Naturwissenschaftlicher Verein Maja.

102. Königsberg. Alt-Preussische Monatsschrift, herausgegeben von Reicke und Wichert. 22 (1885).

103. Königsberg. Ostpreussischer Landwirthschaftlicher Central-Verein. Königsberger Land- und forstwirthschaftliche Zeitung 21 (1884).

† 104. Landshut. Botanischer Verein.

105. Leipzig. Sächsische Gesellschaft der Wissenschaften. 1) Abhandlungen der mathematisch-physikalischen Klasse 13 2—4. 2) Berichte über die Verhandlungen der math.-phys. Klasse 1884, 1885.

106. Leipzig. Verein für Erdkunde. 1) Mittheilungen 1884. 2) Geistbeck (Dr. Alois): Die Seen der Deutschen Alpen, mit Atlas 1883.

107. Leipzig. Naturforschende Gesellschaft. Sitzungsberichte. Jahrgang 11 (1884).

108. Leipzig. Museum für Völkerkunde. Bericht 12 (1884).

109. Leipzig. Geologische Landesuntersuchung des Königreichs Sachsen. Specialkarte des Königreichs Sachsen $^{1}/_{25000}$, je 1 Blatt mit 1 Blatt Erläuterungen. Blatt 18, 30, 41, 57, 124, 135, 144, 151, 152, 154—156.

110. Lübben. Nieder-Lausitzer Gesellschaft für Anthropologie und Urgeschichte. Mittheilungen Heft 1.

111. Lübeck. Naturhistorisches Museum. Jahresbericht 1884.

† 112. Lüneburg. Naturwissenschaftlicher Verein für das Fürstenthum Lüneburg.

113. Magdeburg. Naturwissenschaftlicher Verein. Jahresber. 13—15 (1882—84).
114. Mannheim. Verein für Naturkunde. Jahresbericht 1883/84.
† 115. Marburg. Gesellschaft zur Beförderung der gesammten Naturwissenschaften.
116. Marienwerder. Historischer Verein für den Regierungsbezirk Marienwerder. Zeitschrift Heft 13—15.
117. Meiningen. Hennebergischer altorthumsforschender Verein. 1) Beiträge zur Geschichte deutschen Alterthums 4 (1841). 5 (1845). Neue Beiträge 1 (1858), 3 (1867), 4 (1883). 2) Einladungsschrift zur 15. Jahresfestfeier 14/11 1847. 3) Einladungsschrift zur Feier des 50jährigen Bestehens 1882.
118. Metz. Académie. Mémoires, 2 Periode 62 (3. Serie 10) 1880/81.
119. Metz. Société d'histoire naturelle. Bulletin. 2. Ser. 16.
120. Metz. Verein für Erdkunde. Jahresbericht 6 (1883—84).
121. München. K. Bairische Akademie der Wissenschaften. 1) Sitzungsberichte der mathematisch-physikalischen Klasse 1885 1—3. 2) Abhandlungen der mathematisch-physikalischen Klasse 15 2.
122. München. Geographische Gesellschaft. Jahresbericht 9 (1884).
123. München. Historischer Verein von Oberbayern. 1) Oberbayrisches Archiv für vaterländische Geschichte 42. 2) Jahresbericht 46, 47 (1883—84).
124. Münster. Westphälischer Provinzialverein für Wissenschaft und Kunst. Jahresbericht 13 (1884).
† 125. Neisse. Philomathie.
126. Nürnberg. Naturhistorische Gesellschaft. Jahresbericht 1884.
127. Nürnberg. Germanisches Museum. 1) Anzeiger I 1 (1884). 2) Mittheilungen I 1 (1884). 3) Katalog der im Germ. Mus. befindlichen Glasgemälde aus älterer Zeit 1884. 4) v. Borch: Beiträge zur Rechtsgeschichte des Mittelalters mit besonderer Rücksicht auf die Ritter und Dienstmannen fürstlicher und gräflicher Herkunft.
128. Offenbach. Verein für Naturkunde. Bericht 24, 25.
† 129. Oldenburg. Oldenburger Landesverein für Alterthumskunde.
130. Osnabrück. Naturwissenschaftlicher Verein. Jahresbericht 6 (1883—84).
† 131. Passau. Naturhistorischer Verein.
132. Posen. Gesellschaft der Freunde der Wissenschaften.
133. Regensburg. Zoologisch-mineralogische Gesellschaft. Correspondenzblatt 38.
134. Regensburg. K. Bairische botanische Gesellschaft. Flora, allgemeine botanische Zeitung. Neue Reihe 42 (ganze 67) 1884.
† 135. Reichenbach im Vogtlande. Vogtländischer Verein für allgemeine und specielle Naturkunde.
136. Schmalkalden. Verein für Hennebergische Geschichte und Landeskunde. Zeitschrift. Supplementheft 3 (Geisthirt: Historia Schmalcaldica III).
137. Schwerin. Verein für Mecklenburgische Geschichte und Alterthumskunde. Jahrbücher und Jahresberichte 50 (1885).
138. Sondershausen. Botanischer Verein für Thüringen. Irmischia, Correspondenzblatt des Vereins 4 12, 5 (1885) 1—9.
139. Stettin. Entomologischer Verein. Entomologische Zeitung. Jahrgang 45.

140. Stettin. Gesellschaft für Pommersche Geschichte und Alterthumskunde. Baltische Studien 35.
141. Strassburg. Commission für die geologische Landesuntersuchung von Elsass-Lothringen. Abhandlungen zur geologischen Specialkarte. Band II 3 mit Atlas, III 1, IV 1, 2.
142. Stuttgart. Verein für vaterländische Naturkunde in Würtemberg. Jahreshefte 41.
143. Stuttgart. Königlich Statistisches Landes-Amt. Würtembergische Vierteljahrshefte für Landesgeschichte. Jahrgang 7 (1883).
† 144. Thorn. Towarzystwa Naukowego.
145. Tilsit. Litauische Literarische Gesellschaft. Mittheilungen Heft 10.
† 146. Trier. Gesellschaft für nützliche Forschungen.
147. Wiesbaden. Nassauischer Verein für Naturkunde. Jahrbücher 37.
148. Wiesbaden. Verein für Nassauische Alterthumskunde und Geschichtsforschung. Annalen 18.
149. Worms. Alterthumsverein. 1) Die Römische Abtheilung des Paulus-Museums zu Worms von A. Weckerling. 2) Geschichte des Archivs der weiland freien Stadt und freien Reichsstadt Worms (Boos: Bericht über Neuordnung des Archivs 1882). 3) Becker: Beiträge der Frei- und Reichsstadt Worms und und der daselbst seit 1527 errichteten höheren Schulen. 1880. 4) Soldau: Der Reichstag zu Worms 1521 (1883).
† 150. Würzburg. Physikalisch-medicinische Gesellschaft.
151. Zwickau. Verein für Naturkunde. Jahresbericht 1884.

Frankreich.

152. Albeville. Société d'Emulation. Bulletin 1881—84.
† 153. Amiens. Société Linnéenne du Nord de la France.
154. Apt. Société litéraire scientifique et artistique.
155. Auxerre. Société des sciences historiques et naturelles de l'Yonne. Bulletin 38 2.
156. Besançon. Société d'Emulation du Doubs. Mémoires 5. Serie 8 (1883).
† 157. Bordeaux. Académie nationale des sciences belles lettres et arts.
158. Bordeaux. Société Linnéenne. Actes 37 (4 Serie 7).
159. Bordeaux. Société des sciences physiques et naturelles. Mémoires 3. Serie 1.
160. Bordeaux. Société de géographie commerciale. Bulletin 2. Serie 8 (1885).
† 161. Caën. Société Linnéenne de Normandie.
† 162. Caën. Académie des sciences arts et belles lettres.
† 163. Caën. Association Normande.
† 164. Chambéry. Académie de Savoie.
165. Cherbourg. Société nationale des sciences naturelles et mathématiques. 1) Mémoires 24 (3. Ser. 4). 2) Catalogue de la Bibliothèque 3.
† 166. Dijon. Académie des sciences arts et belles lettres.

† 167. Dijon. Société d'agriculture et d'industrie agricole du département de la Côte d'or.
† 168. La Rochelle. Société des sciences naturelles de la Charente inférieure.
† 169. Lille. Société des sciences, de l'agriculture et des arts.
170. Lyon. Académie des sciences des belles' lettres et des arts. Mémoires, Classe des sciences 27.
171. Lyon. Société Linnéenne. Annales, Nouvelle Série 30 1 1883.
172. Lyon. Société d'agriculture, d'histoire naturelle et des arts utiles. 5. Serie 6 (1883).
† 173. Lyon. Muséum d'histoire naturelle.
† 174. Lyon. Association des amis des sciences naturelles.
† 175. Lyon. Société d'anthropologie.
176. Montpellier. Académie des sciences et des lettres. Mémoires de la section de Médécine 8 3.
† 177. Nancy. Académie de Stanislas.
† 178. Paris. Académie des sciences.
179. Paris. Société centrale d'horticulture. Journal. 3. Serie 7 (1885).
† 180. Paris. Société de botanique de France.
181. Paris. Société de géographie. 1) Bulletin 1885. 2) Comte rendu des séances de la commission centrale 1885.
† 182. Paris. Société zoologique d'acclimation.
183. Paris. Société philomatique. Bulletin. 7. Serie 9 1—3. (1884—85).
184. Paris. Société d'Anthropologie. Bulletin. 3. Serie 7 4, 5, 8 1—3.
† 185. Paris. Ministère de l'Instruction publique.
186. Paris. Ecole polytechnique. Journal, Cahier 54.
187. Rochefort. Société d'agriculture des belles lettres et des arts.
† 188. Semur. Société des sciences historiques et naturelles.
† 189. Toulouse. Académie des sciences, inscriptions et belles lettres. Mémoires 8. Serie 6.
190. Toulouse. Société archéologique du midi de la France. Séances 1/4—22/7 1884.
191. Alger. Société algérienne de climatologie des sciences physiques et naturelles. Bulletin 21 (1884).

Grossbritannien und Colonieen.

192. Cambridge. Philosophical society. Proceedings V 1—4.
† 193. Dublin. Royal Irish Academy.
† 194. Dublin. Royal geological society of Ireland.
195. Dublin. Royal Dublin Society. Scientific transactions. 2. Ser. Vol. III 4—6.
196. Edinburgh. Botanical society. Transactions and Proceedings 15 2, 16 1 (1885).
197. Edinburgh. Geological society. Transactions IV 3, V 1.
198. Glasgow. Natural history society. Proceedings V 3, 1 1.

† 199. Liverpool. Literary and philosophical Society.

200. London. Royal Society. 1) Proceedings 37, 38 235—239. 2) Philosophical transactions 175 1, 2. 3) List of Members 1/12 1884.

201. London. Linnean Society. 1) Journal of Zoology 17 103, 18, 19 108. 2) Journal of Botany 21 134—137. 3) List of Members 1884—85.

202. London. Henry Woodward. Geological Magazine. 2. Ser. Decade III. Vol. II (1885).

† 203. London. Nature.

204. London. Anthropological Institute of Great Britain and Ireland. Journal 14 1, 15 1, 2.

205. London. Chamber of Commerce. Journal IV 36—46.

† 206. Manchester. Philosophical society.

207. Calcutta. Asiatic Society of Bengal. 1) Journal 53 Part. I Special Number 1884. Part. II 3, 54. Part. I 1, 2. Part. II 1, 2. 2) Proceedings 1884 11. 1885 1—8. 3) Centenary Review of the Asiatic Society from 1784—1883.

208. Calcutta. Geological survey of India. 1) Memoirs in 8° 21. 2) Records 18 1—3. 3) Memoirs in 8° (Palaeontologia Indica) Ser. IV, Vol. I 4, 5. III 5. (Indian posttertiary Vertebrata). Ser. X, Vol. III 6. (Indian tertiary and posttertiary Vertebrata). Ser. XIII, Vol. IV 3, 4, 5. (Salt Range Fossils). Ser. XIV I 3 fasc. V (Tertiary and upper cretaceous fossiles of Western Sund).

† 209. Montreal. Royal Society of Canada.

† 210. Montreal. Geological and natural history survey of Canada.

† 211. Ottawa. Field naturalists club.

212. Shanghai. China branch of the Royal Asiatic society. Journal. New ser. 18 (1883). 19 (1884). 20 1—3. (85).

213. Sydney. Royal Society of N. S. Wales. 1) Journal and Proceedings 17 (1883). 18 (84). 2) Ferdinand v. Müller: Index perfectus ad Caroli Linnaei species plantarum nempe earum primam editionem. Melbourne 1880.

214. Toronto. Canadian Institute. Proceedings II 3. III 1, 2.

215. Wellington. New Zealand Institute. 1) Transactions and Proceedings 17 (1884). 2) Annual report on the Colonial Museum and laboratory 10 (1883/84).

Holland und Colonieen.

216. Amsterdam. Koninglijke Akademie van Wetenschapen. 1) Verslagen en Mededeelingen. Afdeeling Naturkunde 19, 20. 2) Jaarboek 1883.

217. Amsterdam. Koninglijke Zoologisk Genootschap „Natura artis magistra". Bijdragen tot de Dierkunde. Afl. 2.

218. s'Gravenhag. Nederlandsch Entomologische Vereeniging. Tijdschrift voor Entomologie 27 3, 4. 28 1, 2.

219. Groningen. Genootschap ter Bevordering der naturkundigen Wetenschapen. Verslag 83, 84.

220. Haarlem. Hollandsche Maatschappij ter Bevordering van Nijverheid. Tijdschrift 4 Reeks. Deel 9 (1885).

221. Haarlem. Hollandsche Maatschappij ter Bevordering der naturkundigen Wetenschapen (Société Hollandaise des sciences). Archives néerlandaises des sciences exactes et naturelles 19 3—5. 20 1—3.
222. Haarlem. Musée Teyler. Archives 2. Ser. II 2.
† 223. Leyden. Herbier Royal.
224. Leyden. Nederlandsche Dierkundige Vereenigung. Tijdschrift IV 2—4.
† 225. Luxembourg. Institut Royal Grandducal.
† 226. Luxembourg. Section historique de l'Institut Royal Grand-ducal.
227. Luxembourg. Société de botanique. Mémoires 9—10 (1883—84).
228. Nijmwegen. Nederlandsche botanische Vereenigung. Nederlandsch Kruidkundig Archief 2. Ser. IV 3.
† 229. Utrecht. Physiologisch Laboratorium der Utrechtsche Hoogeschool.
† 230. Utrecht. Kon. Nederlandsch Meteorologisch Institut.
231. Batavia. Kon. Naturkundige Vereeniging in Nederlandsch Indie. 1) Naturkundig Tijdschrift voor Nederl. Indie. 44 (8. Ser. 5). 2) Catalogus der Bibliothek.
† 232. Batavia. Bataviaasch Genootschap der Kunsten en Wetenschapen.
233. Batavia. Magnetisch en meteorologisch Observatorium. 1) Regenwaarnemingen in Nederlandsch Indie. 6 (1884). 2) Observations made at the magnetical Observatory at Batavia VI 2 part 1, 2.

Italien.

234. Bologna. Accademia delle scienze. Memorie 3. Ser. 5.
235. Catania. Accademia Gioenia di scienze naturali. Atti 3. Ser. 18.
236. Florenz. Accademia economica agraria dei Georgofili. Atti 4. Ser. 8 (63 im Ganzen).
237. Florenz. T. Caruel: Nuovo giornale botanico italiano 17 (1885).
238. Florenz. Società Italiana di antropologia etnologia e psicologia comparata. 14 3, 4. 15 1, 2.
239. Florenz. Sezione fiorentina della Società Africana d'Italia. Bulletino I 1, 2.
† 240. Genua. Giacomo Doria. Museo civico.
241. Mailand. Reale Istituto Lombardo. Rendiconti 2. Ser. 18 (1885).
† 242. Mailand. Società Italiana di scienze naturali.
243. Modena. Società dei naturalisti. 1) Memorie 3. Ser. 2, 3. 2) Rendiconti delle adunanze 3. Ser. 1, 2 (1883, 84).
† 244. Neapel. Accademia delle scienze fisiche e matematiche.
245. Neapel. Deutsche zoologische Station. Mittheilungen 6.
246. Neapel. Società africana d'Italia. Bulletino 4 1—5. (1885).
247. Padua. Società Veneto-Trentina. Atti IX 3.
† 248. Palermo. Reale Accademia di scienze lettere e belle arti.
249. Pisa. Società Toscana di scienze naturali. 1) Memorie IV 3. 2) Processi verbali IV p. 144—266. VI 6.

250. Reggio nell' Emilia. Bulletino di paletnologia Italiana. 10 11, 12. 11 1–10. (1885).

251. Rom. R. Accademia dei Lincei. 1) Transunti 3. Ser. VIII 1–16. 2) Rendiconti I 1–27. 3) Osservazioni meteorologiche fatte al R. Osservatorio del Campidoglio. Luglio-Dicembre 1884.

252. Rom. Società geografica italiana. Bulletino 2. Ser. X (1885).

253. Rom. Comitato geologico d'Italia. Bolletino 16 1–10. (1885).

† 254. Sassari. Circolo di scienze mediche e naturali.

255. Turin. R. Accademia delle scienze. 1) Atti 21. 2) Bolletino dell' Osservatoria della regia Università 19 (1884). 3) L'Ottica di Claudio Tolomeo da Eugenio scrittore del Secolo XII ridotta in Latino sovra la traduzione araba di un testo inperfetto, pubblicata da Gilberto Gori (Torino 1885.)

† 256. Venedig. Istituto Veneto di scienze lettere ed arti.

† 257. Verona. Accademia d'agricoltura, commercio ed arti.

Japan.

258. Yokuhama. Deutsche Gesellschaft für Natur- und Völkerkunde Ost-Asiens. Mittheilungen IV 33.

† 259. Tokio. Seismological Society of Japan.

Mexico.

† 260. Mexico. Sociedad de geografia y estadistica de la republica mexicana.

† 261. Mexico. Museo nacional.

Nord-Amerika (Union).

† 262. Albany. N. Y. Albany Institute.

263. Boston. American Academy of Arts and sciences. Proceedings 20 (New Series 12).

264. Boston. Society of natural history. 1) Proceedings 22 23. 2) Memoirs III 8–10.

† 265. Cambridge. Peabody Museum of american archaeology.

266. Cambridge. Museum of comparative Zoology at Harvard College. 1) Bulletin XI 7–11. XII 1, 2. 2) Memoirs X 4. XIV No. 1 Part. 1. XVI. 3) Annal report 25 (1884–85).

† 267. Chicago. Academy of science.

† 268. Cincinnati. Ohio Mechanic's Institute.

† 269. Columbus. Landbaubehörde.

† 270. Davenport (Jowa). Academy of natural sciences.

† 271. Indianopolis. State of Indiana.

272. Jowa-City. Professor Gustavus Hinrichs. 1) Weather Service. 1. Report Sept.-Dec. 1881, 1882. 2. Biennial report of the Central Station 3. 3) Bulletin Jan.-May 1883. 4. Season in Jowa. Calender for 1884.
† 273. Little Rock. State of Arkansas.
† 274. Madison. Wisconsin Academy of arts and lettres.
† 275. Milwaukee. Naturhistorischer Verein von Wiskonsin.
† 276. New-Haven. Conecticut Academy of arts and sciences.
277. New-York. Academy of Sciences. Annals III 3–6.
278. Philadelphia. Academy of natural sciences. Proceedings 1884 3. 1885 1, 2.
279. Philadelphia. American philosophical Society for promoting useful knowledge. 1) Proceedings 22 117–119. 2) Register of papers published in the transactions and proceedings of the A. Ph. S. 1881.
280. Salem. American association for the advancement of science. Proceedings of the meeting 32.
281. Salem. Essex Institute. Bulletin 16 (1884).
† 282. Salem. Peabody Academy of science.
283. San Francisco. California Academy of sciences. Bulletin 1884 2, 3.
† 284. St. Louis. Academy of science.
285. Washington. Smithsonian Institution. 1) Smithsonian report 1883. 2) Contributions to knowledge 24, 25.
286. Washington. Departement of agriculture. Report 1884.
† 287. Washington. War Department.
† 288. Washington. Treasury Department.
289. Washington. U. S. Geological Survey. Monographs 7—8.

Oesterreich-Ungarn.

† 290. Aussig. Naturwissenschaftlicher Verein.
291. Bistritz. Gewerbeschule. Jahresbericht 11.
292. Bregenz. Vorarlberger Museumsverein. Jahresbericht 23 (1883—84).
293. Brünn. K. K. Mährisch-Schlesische Gesellschaft zur Beförderung des Ackerbaues, der Natur- und Landeskunde. Mittheilungen 64 (1884).
294. Brünn. Naturforschender Verein. Verhandlungen 22.
295. Budapest. K. Ungarische Akademie der Wissenschaften. 1) Ungarische Revue 1885 1–10. 2) Mathematisch-naturwissenschaftliche Berichte aus Ungarn II. 3) Almanach 1885. 4) Nemzetgazdasági és Statistikai Évkönyv (Statistisches Jahrbuch II 1884). 5) Matematikai és természettudományi Értesitö (Naturwissenschaftlicher und mathematischer Anzeiger) III 1–5. (1884). 6) Matematikai Értekezések (Mathematische Abhandlungen XI 1–9. 7) Természettudományi Értekezések (Naturwissenschaftliche Abhandlungen XIV 2–8.
296. Budapest. K. Ungarisches National-Museum. Természetrajzi Füzetek (Naturhistorische Hefte, Ungarisch mit Deutscher Revue) IX 1, 2.
297. Budapest. K. Ungarisches National-Museum. Archäologische Abtheilung.

Archaeologiai Értesitö (Archäologischer Anzeiger) 3, 4 (1870). 6 (72). 7 (73). 9 (75). 13 († 6,9). 14 († 2). Neue Folge I 2 (82). II (83). III 1, 2 (84). IV 1, 2 (84). V 1—8 (85).

298. Budapest. Ungarische geologische Anstalt. Mittheilungen aus dem Jahrbuche VII 2—4.

299. Budapest. Maghyaroni Földtani Társulat (Ungarische geologische Gesellschaft) Földtani Közlöny (Geologische Mittheilungen) 15 (1885).

† 300. Budapest. Magyar természettudományi Társulat (Ungarischer naturwissenschaftliche Gesellschaft). Die Vorgangenheit und Gegenwart der K. Ungarischen naturwissenschaftlichen Gesellschaft. Budapest 1885.

† 301. Gratz. Naturwissenschaftlicher Verein für Steiermark.

302. Hermannstadt. Siebenbürgischer Verein für Naturwissenschaften. Verhandlungen und Mittheilungen 34, 35.

303. Hermannstadt. Verein für Siebenbürgische Landeskunde. Archiv 19 3, 20 1, 2.

304. Innsbruck. Ferdinandeum. Neue Folge 29.

305. Innsbruck. Naturwissenschaftlich medicinischer Verein. Bericht 14 (1883/84).

306. Késmark. Ungarischer Karpathenverein. Jahrbuch 12 (1885).

307. Klagenfurt. Naturhistorisches Landes-Museum für Kärnthen. 1) Jahresbericht 17. 2) Bericht über die Wirksamkeit 1884. 3) Seeland: Diagramme der magnetischen und meteorologischen Beobachtungen 1884.

† 308. Klausenburg. Siebenbürgischer Museumsverein.

309. Klausenburg. Magyar növénytani Lapok (Ungarische botanische Blätter, herausgegeben von August Kanitz) VIII.

310. Krakau. K. Akademie der Wissenschaften. 1) Rozprawy i sprawozdania z Posiedzén (Sitzungsberichte 12). 2) Pamietnik IX. 3) Zbiór Wiadomósci do Antropologii Krajowéj (Sammlung von anthropologischen Berichten). Dodatok do Tomo IX: Sprawa Wykopalisk Mnikowskich. 4) Franke: Jan Brosck (J. Broscius) Akademik Krakowski 1585—1652.

311. Linz. Museum Francisco-Carolinum. Bericht 43.

† 312. Linz. Verein für Naturkunde in Oesterreich ob der Enns.

† 313. Prag. K. Böhmische Gesellschaft der Wissenschaften.

314. Prag. Naturhistorischer Verein Lotos. Lotos, Jahrbuch für Naturwissenschaft. Neue Folge 6 (ganze 34).

315. Prag. Museum des Königreichs Böhmen. Památky archaeologické XII 9—12

316. Pressburg. Verein für Natur- und Heilkunde. Mittheilungen 16.

317. Reichenberg i Böhmen. Verein der Naturfreunde.

† 318. Salzburg. Gesellschaft für Landeskunde. 1) Geschichte der Stadt Salzburg von Zillner 1885. 1) Mittheilungen 25 (1885).

319. Treutschin. Trencsen megyei természettudományi egylet (Naturwissenschaftlicher Verein des Trentschiner Comitats). Évkönyv (Jahrbuch) 7 (1885).

† 320. Triest. Società Adriatica di scienze naturali.

† 321. Triest. Museo civico di storia naturale.

† 322. Wien. K. K. Akademie der Wissenschaften.

323. Wien. Geologische Reichsanstalt. 1) Jahrbuch 34 4. 35 1—3. 2) Verhand-

lungen 1884 13 bis Schluss. 1885 1. 3) Abhandlungen XI 1. 4) Die Meteoriten-Sammlung des K. K. Mineralogischen Hofkabinets von Dr. A. Brezina (Sep. aus d. Jahrbuch 1885, Heft I).

324. Wien. K. K. Geographische Gesellschaft. Mittheilungen 27 (Neue Folge 17) 1884.

325. Wien. K. K. Zoologisch botanische Gesellschaft. Verhandlungen 34 (1884). 35 1. Personen- und Ortsregister 3. Reihe 1871—80.

326. Wien. Anthropologische Gesellschaft. Mittheilungen 14 (Neue Folge 4) 4. 15 1.

327. Wien. Verein zur Verbreitung naturwissenschaftlicher Kenntnisse. Mittheilungen 24 (1883/84).

328. Wien. Oesterreichische Centralanstalt für Meteorologie und Erdmagnetismus. Jahrbücher. Neue Folge 20 (1883).

329. Wien. Verein für Landeskunde von Niederösterreich. 1) Topographie von Niederösterreich II 14, 15. 2) Blätter. Neue Folge 13 (1884).

Portugal.

† 330. Lissabon. Academia real das Sciencias.

/331. Lissabon. Secção das trabalhos geologiques de Portugal (Section des travaux géologiques Communicacões I (1885).

Russland.

332. Dorpat. Naturforschende Gesellchaft. 1) Schriften I. 2) Sitzungsberichte VII 1. 3) Archiv für die Naturkunde Liv-, Est- und Kurlands. 2. Ser. X 1.

333. Dorpat. Gelehrte estnische Gesellschaft. Verhandlungen 12 (1884).

334. Helsingfors. Finska Vetenskaps Societet (Societas scientiarium fennica). 1) Bidrag till kännedom af Finlands Natur och Folk 39—42. 2) Öfversigt af Förhandlingar 26 (1883—84). 3) Acta XIV.

† 335. Helsingfors. Finlands geologiska undersökning.

336. Helsingfors. Societas pro fauna et flora fennica. Meddelanden 11.

† 337. Helsingfors. Finska fornminnesförening (Suomen Muinaismuisto).

338. Mitau. Kurländische Gesellschaft für Litteratur und Kunst. Sitzungsberichte 1883.

339. Moskau. Société impériale des naturalistes. Bulletin 1884 2.

340. Moskau. Musées public et Roumiantzow. Numismatisches Kabinet. Catalog der Münzen I (1884).

341. Odessa. Société des naturalistes de la nouvelle Russie. Sapiski IX, X 1.

342. Petersburg. Kaiserliche Akademie der Wissenschaften. 1) Mémoires 32 1—18. 33 1. 2) Bulletin 30 1, 2.

343. Petersburg. Observatoire physique central. Annalen 1883.

344. Petersburg. Societas entomologica Rossica. Horae 18 (1884).

345. Petersburg. K. Russische Geographische Gesellschaft. 1) Iswestija (Bulletin) 21 (1885). 2) Otschet 1884.

346. **Petersburg.** K. Botanischer Garten. Acta horti petropolitanis (Trudy) VIII 3. IX 1.
347. **Petersburg.** Comité géologique. 1) Memoires II 1 (Allgemeine geologische Karte von Russland. Blatt 71). 2) Iswestija (Bulletin) 4 (1885) 1–3.
348. **Riga.** Naturforschender Verein. Correspondenzblatt 27, 28.

Schweden und Norwegen.

† 349. **Bergen.** Museum.
† 350. **Drontheim.** K. Norsk. Videnskabernes Selskab.
† 351. **Gothenburg.** Vetenskaps och Vitterhets Samhället.
† 352. **Kristiania.** K. Norsk Universitet.
† 353. **Kristiania.** Videnskabernes Selskab.
354. **Kristiania.** Forening til Norske fortids mindesmerkers Bevaring. 1) Aarsberetning 1883. 2) Kunst och Handverk fra Norges Fortid (Nicolaysen). Heft IV.
355. **Kristiania.** Den Norske Nordhavs Expedition 1876–78 (herausgegeben von der Norwegischen Regierung). XII. Zoologie (Spongidae von G. Armauer Hansen.) XIII. Zoologie (Pennatulidae von Danielsen und Koren.) XIII. Zoologie (Crustaceae I. a. b. von Sars.)
† 356. **Kristiania.** Geologische Landesuntersuchung von Norwegen.
357. **Lund.** Universität. 1) Acta Universitalis Lundensis 20 (Mathematik und Naturwissenschaft.) 2) Accessionskatalog der Bibliothek. 1883. 1884.
358. **Stockholm.** K. Vetenskaps Akademie Oefversigt af Förhandlingar 41 6–10, 42 1–5.
359. **Stockholm.** K. Vitterhets historie och Antiquitets Akademie. 1) Antiquarisk Tidskrift VII. 4. 2) Månadsblad 1884.
360. **Stockholm.** Entomologiska Förening. Entomologisk Tidskrift 5 3–4.
† 361. **Stockholm.** Bohusläns Hushällnings-Selskap.
362. **Stockholm.** Geologiska Förening. Förhandlingar. VII. 8–13.
363. **Stockholm.** Sveriges geologiska Undersökning. (Institut Royal géologique.) 1) Ser. Aa. Geologische Karte 1:80000 mit je 1 Heft. Beschreibung 87. 93. 95. 96. 2) Ser. Ab. Karte im Massstab 1:200000 Blatt 8. 3) Ser. C. Mémoires diverses 69. 70. 72. 73. (4°). 67. 68. 71. 74–77. (8°).
364. **Tromsö.** Museum. 1) Aarshefter 8. 2) Aarsberetning 1884.
365. **Upsala.** Société Royale des sciences (Regia Societas scientiarum). 1) Nova Acta XII. 2. 2) Bulletin mensuel de l'Observatoire météorologique de l'Université d'Upsal 16 (1884).

Schweiz.

366. **Basel.** Naturforschende Gesellschaft. Verhandlungen VII. 3.
367. **Bern.** Naturforschende Gesellschaft. Mittheilung 1884 2. 3. 1885.
368. **Bern.** Allgemeine Schweizerische Gesellschaft für die gesammten Natur-

wissenschaften. Verhandlungen der 67. Jahresversammlung zu Luzern. Compte rendu des travaux présentés à la 67. Session à Lucerne. 16—18. September 1884.

369. Bern. Geologische Commission der schweizerischen naturforschenden Gesellschaft. 1) Geologische Karte der Schweiz 1 : 100 000 Blatt 14. 2) Matériaux pour la Carte géologique de la Suisse. Livr. 18 (Descr. géol. de Vaud, Fribourg et Bern avec un tableau des terrains et 13 planches).

370. Bern. Universität. 83 akademische Schriften.

371. Chur. Naturforschende Gesellschaft Graubündtens. Jahresbericht 27. 28.

† 372. Frauenfeld. Thurgauische naturforschende Gesellschaft.

373. Genf. Société de physique et d'histoire naturelle.

374. Genf. Société de géographie. Le Globe 24 1. 2. (1885.)

375. Lausanne. Société Vaudoise des sciences naturelles. Bulletin XX. 91. XXI. 92.

† 376. Neuchâtel. Société des sciences naturelles.

377. Schaffhausen. Schweizer Entomologische Gesellschaft. Mittheilungen VII. 2—4.

378. St. Gallen. Naturwissenschaftliche Gesellschaft. Bericht 1882/83.

379. Zürich. Naturforschende Gesellschaft. Vierteljahrsschrift 26—29.

380. Zürich. Antiquarische Gesellschaft. 1) Anzeiger für Schweizerische Alterthumskunde 1885. 2) Mittheilungen. XXI. 6.

Süd-Amerika.

† 381. Buenos-Aires. Museo publico.

382. Buenos-Aires. Sociedad Cientifica Argentina Annales XIX.

383. Cordoba. Academia nacional de Ciencias de la Republica Argentina. 1) Boletin VI. 2—4. 2) Actas V. 2.

† 384. Rio de Janeiro. Instituto historico geografico e etnografico de Brasil.

385. Rio de Janeiro. Museo nacional. Conférence faite au Musée au présence de sa M. M. impériale 11. 11. 1884 par le Dr. Ladislas Netto.

Angekauft 1885.

Globus. Illustrirte Zeitschrift für Länder- und Völkerkunde 47, 48 (1885).

Petermann. Geographische Mittheilungen 1885. Ergänzungsheft 74—80.

Annalen der Physik und Chemie. Neue Folge 24 — 26 (1885). Beiblätter 9 (1885).

Archiv für Anthropologie XVI.

Zeitschrift für Ethnologie 17 (1885).

Th. v. Bayer. Reiseeindrücke und Skizzen aus Russland. Stuttgart. J. G. Cotta 1885.

Bock. Im Reiche des weissen Elephanten. 14 Tage im Lande und am Hofe des Königs von Siam. Deutsch von Schröter. Leipzig. F. Hirt & Sohn. 1885.
Forbes. Wanderungen eines Naturforschers im Malayischen Archipel 1878—1883. A. d. Engl. von R. Teuscher. Bd. I. Jena. Costenoble 1886.
Jaworsky. Reise der Russichen Gesandschaft in Afghanistan und Buchara in den Jahren 1878—79. (A. d. Russischen von Petri). Bd. II. Jena. Costenoble 1885.
Kolberg. Nach Equador. Freiburg. Herder. 1885.
Lansdell. Russisch Central-Asien nebst Kuldscha, Buchara, China, Merw. Deutsch von H. v. Wobeser. I. II. Leipzig. Hirt & Sohn. 1885.
Nordenskiöld. Studien und Forschungen, veranlasst durch meine Reisen im hohen Norden. Populär-wissenschaftliches Supplement der Umsegluug Asiens und Europa's auf der Vega. Leipzig. F. A. Brockhaus. 1885.
Prschewalsk. Reisen in Tibet und im oberen Laufe des gelben Flusses. (A. d. Russischen von Stein-Nordheim). Jena. H. Costenoble. 1885.
Radloff. Aus Sibirien. Lose Blätter aus dem Tagebuche eines reisenden Linguisten. 2. Bände. Leipzig. F. O. Weigel. 1884.
Retzius. Finnland. Schilderungen aus seiner Natur, seiner alten Cultur. Deutsch von Appel. Berlin. G. Reimer. 1885.
Sellin. Das Kaiserreich Brasilien. (Das Wissen der Gegenwart 36, 37. Der Welttheil Amerika 2, 3). Leipzig. G. Freitag. 1885.
Schliemann. Tiryns. Der Prähistorische Palast der Könige von Tiryns. Leipzig. F. A. Brockhaus. 1886.
Stanley. Der Congo. 2 Bände. Deutsche Ausgabe. Leipzig. F. A. Brockhaus. 1885.
Thomson. Durch Massai-Land. Forschungsreise in Ost-Africa zu den Schneebergen und wilden Stämmen zwischen dem Kilimandscharo und Victoria Njansa (Deutsch von Freeden). Leipzig. F. A. Brockhaus. 1885.
Werner. Das Kaiserreich Ostindien und die angrenzenden Gebirgsländer n. d. Reisen der Gebrüder Schlaginweit und anderer neuerer Forscher dargestellt. Jena. Costenoble 1884.
Zöller. Die deutschen Besitzungen an der westafrikanischen Küste: Das Togo-Land und die Sklavenküste. Stuttgart. W. Spemann. 1885.
Expedition zur Erforschung der Ostsee. Berlin 1873.
Kolmodin. Sverges Siluriska Ostracoder. Upsala 1869.
v. Könen. Paleocene Fauna von Kopenhagen. Göttingen 1885.
Lindström. Authozoa perforata of Gotland. Stockholm 1870.
Messtischblätter von Ost- und Westpreussen: 149 Blatt photographische Copien. (Gegen Erstattung der Herstellungskosten 146 Blatt von d. Königl. Landesaufnahme, 3 Blatt von d. Königl. Geolog. Landesanstalt.)
Nötling. Fauna d. baltischen Cenoman-Geschiebe. Berlin 1885.
Palaeontographica, herausgegeben von Zittel. Bd. 32. Stuttgart 1885/86.
Römer. Lethaea erratica. Berlin 1885.
Schmidt. Russisch-Deutsches Wörterbuch. Leipzig 1884.
Zittel. Handbuch der Paläontologie. Bd. I. Lief. 8. München 1885.

Geschenke 1885.

Ninni. Rapporto a. s. e. il ministro di agricoltura, industria e commercio sui progressi della dita grego par estendere la pescicoltura ad introdure la cocleo coltura nel fondo situato nei comuni censuari di Luguguana e Caorle. Roma. 1885.

Jentzsch. Beiträge zum Ausbau d. Glacialhypothese. Berlin 1885. (Verf.).

Kleinert. Der Gypsstock von Wapno. Bromberg. 1878. (Verf.)

J. Lehmann. 10 Blatt Photographien von Strudellöchern des Chemnitzthales. (Verf.)

Messtischblätter von Ost- und Westpreussen: 39 Blatt photographischer Copien (von d. Königl. Landesaufnahme [Generalstab]).

Produktion der Bergwerke, Salinen und Hütten im preussischen Staate im Jahre 1884. Berlin 1885. (Von Herrn Oberpräsident von Schlieckmann).

Reuter. Die Beyrichien der obersilurischen Diluvialgeschiebe Ostpreussens. Königsberg 1885. (Verf.).

Speck. Beitrag zur Kenntniss der granitischen Diluvialgeschiebe in Ost- und Westpreussen. Königsberg 1885. (Verf.)

Trautschold. Traces de l'étage tongrien près de Kamyschloff. Jekaterinburg 1882.

Wada. Die Kaiserl. Geologische Reichsanstalt von Japan. Berlin 1885. (Diese beiden von Dr. Jentzsch.)

Wahnschaffe. Gletschererscheinungen b. Velpke u. Daundorf. Berlin 1880.

do. Entstehung d. oberen Diluvialsandes. Berlin 1881.

do. Vorkommen geschiebefreien Thones in den obersten Schichten des unteren Diluviums b. Berlin. Berlin 1882.

do. Glaciale Druckerscheinungen im norddeutschen Diluvium. Berlin 1882.

Druck von R. Leupold in Königsberg in Pr.

Erklärung der Abbildungen.

Fig. 1. *Abies balsamea.* Horizontaler Längsschnitt durch das zweitjüngste (1879) Stammende. 28. XII. 1881. $\frac{24}{1}$.

M. das Mark, *H.* das Holz, *R.* die Rinde, *S.* Knospenschuppe. *a.* = rundliche, meist gebräunte Markzellen am Ende des 1879er Markes, *l.* = oberste, häufig fehlende Zellreihen, an deren Stelle die Lücke, *s.* = Scheidewand, *m.* = Markzellen des 1880er Triebes.

„ 2. *A. balsamea.* Medianschnitt der ruhenden Knospe eines Astes am 24. XII. 1881. $\frac{22}{1}$.

a. = älteres Mark, *l.* = Lücke, *s.* = Scheidewand, *m.* = Knospenmark, *r.* = ringförmiger Träger der Knospenschuppen = *k.*, *h.* = Harzbehälter in demselben.

„ 3. *A. balsamea.* Medianschnitt der fortwachsenden Spitze eines Astes am 16. VII. 1881. $\frac{140}{1}$. Markzellen.

„ 4. *A. balsamea.* Medianschnitt am Grunde des diesjährigen und Ende des vorjährigen Triebes eines Astes. 16. VII. 1881. $\frac{140}{1}$.

s. = oberste Zellen der Scheidewand, *m.* = Markzellen.

„ 5. *A. balsamea.* Medianschnitt der 1881er Endknospe eines Astes. 24. XII. 1881. $\frac{300}{1}$. Zellen vom unteren Rande der Scheidewand.

„ 6. *A. balsamea.* Längsschnitt der Zapfenaxe. $\frac{24}{1}$.

a. = Mark des Zapfenstieles, *l.* = korkähnliches Gewebe, *s.* = Scheidewand, *m.* = Mark der Zapfenspindel.

„ 7. *Picea excelsa.* Längsschnitt durch die ruhende Endknospe des Stammes. 19. IV. 1885. $\frac{12}{1}$.

a. = altes Mark, *l.* = Lücke, *s.* = Scheidewand, *m.* = Knospenmark.

Fig. 8. *P. excelsa.* Einzelne Zelle der jüngsten Scheidewand. 10. I. 1882. $\frac{300}{1}$.

„ 9. *P. excelsa.* Mehrere Zellen der jüngsten Scheidewand im Verbande. 10. I. 1882. $\frac{600}{1}$.

z. = Zellenraum, *k.* = Zellkern, *p.* = Pore, *w.* = Zellwand.

„ 10. *P. excelsa.* Längsschnitt der Endknospe. 10. I. 1882. $\frac{140}{1}$. Markzellen im Verbande vom Ende des vorjährigen Triebes.

„ 11. *P. excelsa.* Medianschnitt des 1880er Triebes eines Stammes. 14. II. 1882. $\frac{24}{1}$.

a. = altes Mark, *l.* = Lücke, *s.* = Scheidewand, *m.* = junges Mark.

„ 12 *P. excelsa.* Medianschnitt des 1880er Triebes. 14. II. 1882. $\frac{140}{1}$. Veränderte Markzellen am Ende des Schosses.

„ 13. *P. excelsa.* Medianschnitt wie v. $\frac{140}{1}$. Unveränderte, poröse Markzellen in der Nähe des Triebendes.

„ 14. *P. excelsa.* Medianschnitt wie v. $\frac{140}{1}$. *m.* = jüngere Markzellen (1880) vom Beginn des Triebes, *s.* = oberste Scheidewandzellen.

„ 15. *Larix europaea.* Längsschnitt eines fünfjährigen Nadelzweiges. *M.* = Mark, *H.* = Holz, *a.* = Spitze des Zweiges, *m.* = einzelner Markkörper, *s.* = dessen Scheidewand, *l.* Lücke.

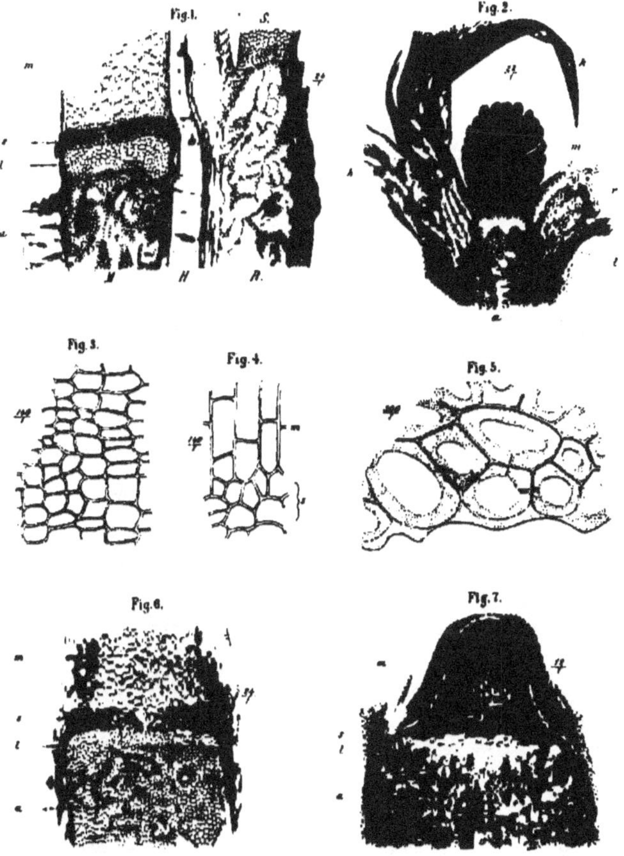

C. Fritzsch u. C. Trenkel gez. C. F. Schmidt lith.

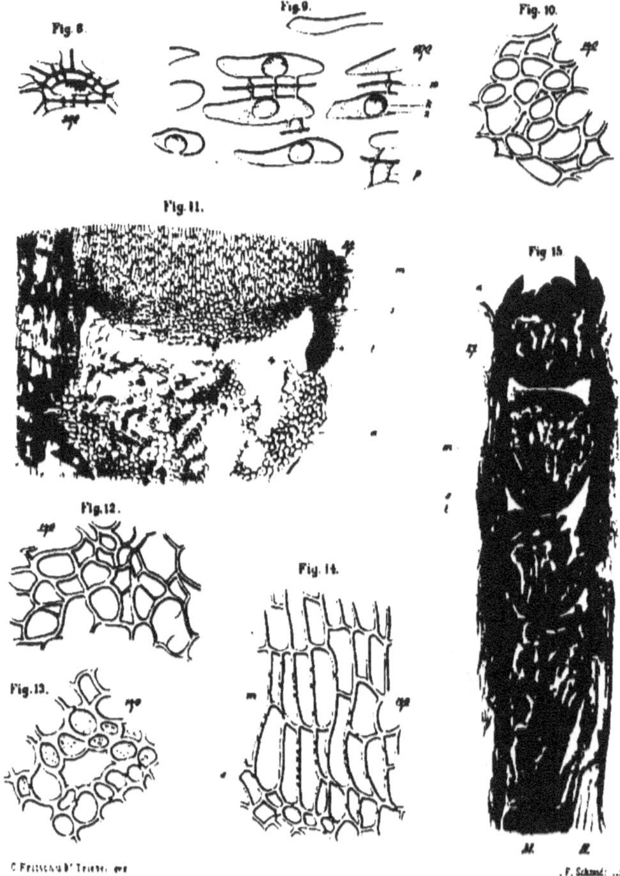
Fig. 8.
Fig. 9.
Fig. 10.
Fig. 11.
Fig. 12.
Fig. 13.
Fig. 14.
Fig. 15.

SCHRIFTEN

DER

PHYSIKALISCH-ÖKONOMISCHEN GESELLSCHAFT

ZU

KÖNIGSBERG i. Pr.

SIEBENUNDZWANZIGSTER JAHRGANG.

1886.

KÖNIGSBERG.
IN COMMISSION BEI KOCH & REIMER.
1887.

Inhalt des XXVII. Jahrganges.

Abhandlungen.

Sitzungsberichte.

Verzeichniss der Mitglieder

der

physikalisch-ökonomischen Gesellschaft

am 1. Juli 1886*).

Protector der Gesellschaft.

Herr Ober-Präsident der Provinz Ostpreussen Dr. v. Schlieckmann. 6. 4. 82.

Vorstand.

1. Sanitätsrath Dr. med. Schiefferdecker, Präsident. 15. 12. 48.
2. Medicinalrath Professor Dr. Moeller, Director. 8. 1. 47.
3. Stadtrath Lottermoser, Secretair. 17. 6. 64.
4. Commerzienrath Weller, Cassen-Curator. 29. 6. 60.
5. Hofapotheker Hagen, Rendant. 30. 6. 51.
6. Dr. Otto Tischler, Bibliothekar und auswärtiger Secretair. 1. 12. 65.

Ehrenmitglieder.

1. Herr v. Dechen, Wirkl. Geh. Rath, Oberberghauptmann, Dr., Excellenz, Bonn. 5. 3. 80.
2. " W. Hensche, Dr., Medicinalrath, Stadtältester. 24. 10. 23.
3. " v. Horn, Dr., Wirklicher Geh. Rath, Ober-Präsident a. D., Excellenz, Berlin W, Landgrafenstrasse 11. 4. 6. 69.
4. " Emile Lavasseur, Membre de l'Institut in Paris. 7. 6. 78.
5. " Neumann, Dr., Professor, Geh. Regierungsrath. 16. 2. 27.
6. " v. Rénard, Dr., Geheimrath in Moskau. 19. 12. 62.
7. " v. Scherzer, Dr., Ministerialrath, K. K. Generalconsul in Genua. 4. 6. 80.
8. " Torell, Dr., Professor, Geheimrath in Berlin. 3. 12. 80.
9. " Virchow, Dr., Professor, Geheimrath in Berlin. 3. 12. 80.

---

*) Die beigesetzten Zahlen bezeichnen Tag und Jahr der Aufnahme.

Ordentliche Mitglieder.

1\. Herr Albrecht, Dr., Dir. d. Prov.-Gewerbeschule a. D. 16. 6. 43.
2\. „ Andersch, A., Comm.-R. 21. 12. 49.
3\. „ Aschenheim, Dr., Prassnicken. 4. 6. 68.
4\. „ Baenitz, C., Dr., Lehrer. 1. 12. 65.
5\. „ v. Batocki-Bledau. 4. 12. 68.
6\. „ Baumgart, Dr. Professor. 6. 12. 73.
7\. „ Baumgarten, Dr., Prof. 1. 12. 76.
8\. „ Becker, Apothekenbesitzer. 8. 12. 80.
9\. „ Becker, M., Commerz.-Rath. 7. 12. 82.
10\. „ Becker, J., Kaufmann. 7. 12. 82.
11\. „ Beer, Rechtsanwalt. 1. 6. 82.
12\. „ v. Behr, Oberlehrer, Prof. 12. 6. 46.
13\. „ Borent, Dr. 7. 12. 77.
14\. „ Bernecker, Bankdirector. 4. 6. 80.
15\. „ Bertholdt, Dr. med., Prof. 4. 12. 68.
16\. „ Besch, Oberlehrer. 6. 6. 73.
17\. „ Bessel-Lorck, Königl. Landes-Bauinspector. 6. 12. 83.
18\. „ Bezzenberger, Dr. Prof. 6. 12. 83.
19\. „ Bielitz, Major. 4. 12. 74.
20\. „ Bienko, Partikulier. 2. 6. 60.
21\. „ Biesko, Reg.-Bauführer. 6. 12. 83.
22\. „ Blochmann, Dr. 4. 6. 80.
23\. „ Böhm, Oberamtmann. 1. 7. 59.
24\. „ Bohn, Dr. med., Professor. 21. 12. 60.
25\. „ Bon, Rittergutsbesitzer. 1. 6. 66.
26\. „ Born, Apothekenbesitzer. 7. 12. 82.
27\. „ Brandt, Dr., Privatdocent. 3. 12. 85.
28\. „ Braun, Candidat. 3. 12. 80.
29\. „ Bujack, Dr., Oberlehrer. 13. 12. 61.
30\. „ Caspary, J., Dr., Professor. 3. 12. 80.
31\. „ Caspary, R., Dr., Professor. 1. 7. 59.
32\. „ Cholevius, L., Dr., Oberlehrer. 5. 6. 68.
33\. „ Chun, Dr., Professor. 6. 12. 83.
34\. „ Cohn, J., Commerzienrath. 3. 12. 69.
35\. „ Conditt, B., Kaufmann. 19. 12. 62.
36\. „ Conrad, Rittergutsbesitzer in Görken p. Trömpau. 7. 6. 78.
37\. „ Coranda, Dr. 4. 12. 84.
38\. „ Crüger, Posthalter u. Kaufm. 1. 12. 81.
39\. „ Cynthius, Kreisphysikus, Sanitätsrath, Dr. 5. 6. 74.
40\. „ Czwalina, Dr., Gymnasial-Lehrer. 3. 12. 69.
41\. „ Döbbelin, Zahnarzt. 7. 6. 72.
42\. „ Dohrn, Dr., Prof., Geh. Medicinalrath. 6. 12. 83.
43\. „ Donisch, Hauptmann. 3. 12. 85.
44\. „ Douglas, Rentier. 28. 6. 61.
45\. „ Eichert, Apothekenbesitzer. 6. 6. 73.
46\. „ Ellendt, Dr., Oberl., Prof. 6. 12. 67.
47\. Herr Erdmann, Dr. med. 1. 6. 82.
48\. „ Falkenheim, Dr. med. 4. 6. 77.
49\. „ Falkson, Dr. med. 1. 7. 59.
50\. „ Falkson, R., Dr., Privatdocent. 7. 12. 82.
51\. „ Fischer, Ober-Landesgerichts-Rath. 21. 12. 60.
52\. „ Fleicher, Rittmeister. 5. 6. 84.
53\. „ Fleischmann, Dr., Prof. 27. 5. 86.
54\. „ Franz, Dr. 7. 12. 77.
55\. „ Friedländer, Dr., Prof., Geheimrath. 23. 12. 59.
56\. „ Fröhlich, Dr. 7. 6. 72.
57\. „ Fuhrmann, Oberlehrer. 13. 12. 61.
58\. „ Gädeke, H., Geh. Commerzienrath. 16. 12. 86.
59\. „ Gädeke, Rittergutsbesitzer, Powayen. 6. 6. 79.
60\. „ Gamm, Fabrikant. 2. 6. 76.
61\. „ Gebauhr jun., Kaufm. 7. 12. 77.
62\. „ Gisevius, Dr. 3. 12. 85.
63\. „ Graf, Stadtrath. 1. 12. 81.
64\. „ v. Gramatzki, Landesdir. 5. 6. 84.
65\. „ Grünhagen, Dr., Professor. 1. 12. 81.
66\. „ Grunewald, Fabrikant chirurgischer Instrumente. 3. 12. 80.
67\. „ Grunewald, Zimmermstr. 7. 12. 77.
68\. „ Gutzeit, Buchhändler. 5. 12. 79.
69\. „ Guthzeit, Dr. med. 5. 6. 74.
70\. „ Haarbrücker, F., Kaufm. 6. 12. 72.
71\. „ Häbler, Gen.-Landsch.-R. 6. 12. 64.
72\. „ Hagen, Stadtrath. 6. 6. 79.
73\. „ Hagen, Hofapotheker. 30. 6. 51.
74\. „ Hagen, Justizrath. 6. 12. 83.
75\. „ Hahn, Dr., Professor. 3. 12. 85.
76\. „ Hay, Dr. med., Privatdocent. 1. 6. 59.
77\. „ Hay, A., Partikulier. 1. 12. 81.
78\. „ Heilmann, Rentier. 5. 6. 65.
79\. „ Hennig, Dr. 6. 12. 78.
80\. „ Herbig, Apothekenbesitzer. 4. 6. 80.
81\. „ Hermann, Dr., Professor. 4. 12. 84.
82\. „ Hertz, Dr. med. 7. 12. 82.
83\. „ Heydeck, Professor. 6. 12. 73.
84\. „ Heumann, Fabrikdirector. 6. 6. 79.
85\. „ Hieber, Dr. med. 10. 6. 70.
86\. „ Hirsch, Dr. med., Sanit.-R. 2. 7. 52.
87\. „ Hirschfeld, Dr., Professor. 6. 12. 78.
88\. „ Hirschfeld, Dr. 6. 6. 79.
89\. „ Hoffmann, Bürgermeister. 6. 12. 72.
90\. „ Holldack, Kaufmann. 11. 6. 85.
91\. „ Hueser, Ingenieur. 27. 5. 86.
92\. „ Jacobson, Julius, Geh. Medicinalrath, Dr. med., Prof. 1. 7. 59.

93. Herr Jaffé, Dr., Professor. 6. 12. 73.
94. " Jentzsch, Dr., Privatdocent. 4. 6. 75.
95. " Jereslaw, Lion, Kaufm. 1. 12. 76.
96. " Iblo, Dr. 3. 12. 75.
97. " Ipsen, Stadtrath. 6. 6. 79.
98. " Kade, Prem.-Lieutenant. 4. 12. 84.
99. " Kahle, Apothekenbesitzer. 3. 12. 75.
100. " Karow, akadem. Maler. 6. 12. 83.
101. " Klebs, Dr., Geologe an der K. geolog. Landesanstalt in Berlin. 4. 6. 77.
102. " Kleiber, Prof., Director. 6. 12. 72.
103. " Klien, Dr. 4. 6. 77.
104. " Kluge, Generalagent. 7. 12. 77.
105. " Knobbe, Dr., Oberlehrer. 15. 12. 43.
106. " Koch, Buchhändler. 3. 12. 75.
107. " Kowalewski, Apotheker. 6. 12. 67.
108. " Krah, Landes-Baurath. 2. 6. 76.
109. " Krahmer, Justizrath. 21. 12. 60.
110. " Krause, Amtsgerichtsrath. 3. 12. 69.
111. " Kreiss, Generalsecretair, Hauptm. 4. 6. 75.
112. " Krohne, Kaufmann. 5. 12. 79.
113. " Krüger, Director der Ostpr. Südbahn. 11. 6. 85.
114. " Künow, Conservator. 4. 12. 74.
115. " Kunze, Apothekenbesitzer. 7. 12. 77.
116. " Langendorff, Dr., Prof. 4. 12. 84.
117. " Laser, Dr. med. 21. 12. 60.
118. " Lehmann, Dr. med. 24. 12. 59.
119. " v. Leibitz, Hauptmann. 5. 6. 84.
120. " Lentz, Dr., Professor. 1. 7. 59.
121. " Leo, Stadtrath. 7. 12. 77.
122. " Liedtke, Prediger. 5. 6. 74.
123. " Lindemann, Dr., Prof. 6. 12. 83.
124. " Lohmeyer, Dr., Prof. 3. 12. 69.
125. " Lossen, Dr., Professor. 17. 6. 78.
126. " Lottermoser, Stadtrath. 17. 6. 64.
127. " Luchhau, Dr. 4. 6. 80.
128. " Ludwich, Dr., Professor. 6. 6. 79.
129. " Luther, Dr., Professor. 25. 6. 47.
130. " Magnus, Dr. med., Sanitäts-Rath. 4. 7. 51.
131. " Magnus, E., Dr. med. 5. 6. 68.
132. " Magnus, L., Kaufmann. 3. 12. 80.
133. " Marek, Dr., Professor. 6. 12. 78.
134. " Maschke, Dr. med. 10. 6. 70.
135. " Meier, Ivan, Kaufmann. 3. 12. 69.
136. " Merguet, Oberlehrer. 5. 6. 74.
137. " Meschede, Dr., Director. 6. 12. 73.
138. " Meyer, O., Kaufmann. 11. 6. 85.
139. " Michels, Chefredacteur. 1. 6. 82.
140. " Michelson, Dr. 6. 12. 83.
141. " Milentz, Apothekenbes. 23. 12. 59.
142. " Mischpeter, Dr., Realschullehrer. 7. 6. 72.
143. " Möller, Dr., Professor, Medicinal-Rath. 8. 1. 47.
144. Herr v. Morstein, Oberlehrer, Dr. 4. 12. 74.
145. " Motherby, Rittergutsbes. in Arnsberg p. Creuzburg. 6. 6. 79.
146. " Müller, Rector. 7. 6. 67.
147. " Müller, Secretair der Kunstakademie. 1. 12. 76.
148. " Münster, Dr. med., Prof. 4. 6. 80.
149. " Musack, Fabrikbesitzer. 4. 12. 74.
150. " Nath, Dr., Reg.- und Medicinalrath. 11. 6. 85.
151. " Naumann, Apotheker. 24. 6. 57.
152. " Naunyn, Dr., Professor. 4. 12. 74.
153. " Neumann, Dr., Prof., Medicinalrath. 23. 12. 59.
154. " Neumann, Prem.-Lieut. 27. 5. 86.
155. " Olck, Oberlehrer. 7. 6. 72.
156. " v. Olfers, Dr., Rittergutsbesitzer in Metgothen. 7. 6. 72.
157. " Oltersdorf, Kaufmann. 4. 6. 80.
158. " Packheiser, Apothekenbes. 7. 6. 72.
159. " Pape, Dr., Professor. 6. 12. 78.
160. " Passarge, Oberlandesgerichts-Rath. 13. 12. 61.
161. " Patze, Apotheker und Stadtrath. 29. 6. 38.
162. " Peise, Corpsapotheker. 7. 6. 78.
163. " Peter, Kaufmann. 7. 12. 77.
164. " Peters, Oberlehrer. 4. 6. 77.
165. " Pincus, Medicinalrath, Dr., Professor. 4. 12. 68.
166. " Prin jun., Kaufmann. 6. 12. 78.
167. " Rahts, Dr. 3. 12. 85.
168. " Rauscher, Oberlandesgerichts-Rath. 7. 12. 82.
169. " Richter, Dr., Prof., Departements-Thierarzt. 13. 12. 61.
170. " Ritthausen, Dr., Prof. 23. 12. 59.
171. " Rosenfeld, H., Kaufm. 7. 6. 78.
172. " Rupp, Dr. med. 6. 12. 72.
173. " Saalschütz, Dr., Professor. 6. 6. 73.
174. " Samter, Dr. med. 29. 6. 60.
175. " Samuel, Dr. med., Prof. 23. 12. 57.
176. " Sanio, Realschullehrer. 1. 6. 82.
177. " Sauter, Dr., Director a. D. der höheren Töchterschule. 16. 12. 53.
178. " Schellong, Dr. 4. 12. 84.
179. " Schepke, Kaufmann. 7. 12. 77.
180. " Schiefferdecker, Realschul-Direct. a. D. 17. 12. 41.
181. " Schiefferdecker, Dr., Sanitätsrath. 15. 12. 48.
182. " Schimmelpfennig, Kaufm. 6. 6. 79.
183. " Schlesinger, Dr. med. 19. 12. 62.
184. " Schmidt, E., Rentier. 1. 6. 82.
185. " Schneider, Dr. med., Prof. 4. 6. 69.
186. " Schönborn, Geheimer Medicinalrath. Dr., Professor. 4. 12. 74.

187. Herr Schreiber, Dr., Professor. 3. 12. 80.
188. „ Schröder, Dr. 3. 12. 80.
189. „ Schröter, Dr. med. 23. 12. 59.
190. „ Schröter, Commerzienrath. 7. 12. 77.
191. „ Schüssler, Apothekenbes. 1. 12. 81.
192. „ Schuhmacher, Dr. med. 4. 12. 68.
193. „ Schwanbeck, Dr. med. 6. 12. 72.
194. „ Schwenkner, Apotheker. 1. 12. 81.
195. „ Selke, Oberbürgermeister. 3. 12. 75.
196. „ Seydel, Dr. 6. 6. 79.
197. „ Seydler, Apotheker. 4. 12. 74.
198. „ Simon, Geheimer Commerzienrath. 7. 12. 77.
199. „ Simon, Dr. jur., Kaufm. 7. 12. 77.
200. „ Simony, Civilingenieur. 1. 6. 66.
201. „ Simsky, C., chirurg. Instrumentenmacher. 1. 6. 66.
202. „ Sommer, Dr., Prof. 23. 12. 59.
203. „ Sommerfeld, Dr. med. 7. 12. 52.
204. „ Sotteck, Dr. med., Sanitätsrath. 17. 12. 52.
205. „ Spirgatis, Dr., Professor. 17. 12. 56.
206. „ v. Steinberg-Skirbs, Dr., General-Arzt z. D., 2. 6. 76.
207. „ Stellter, O., Justizrath. 21. 12. 60.
208. „ Stetter, Dr. med., Privatdocent. 7. 12. 82.
209. „ Stieda, Dr., Professor. 3. 12. 85.
210. „ Symanski, Landgerichtsrath. 9. 6. 71.
211. Herr Theodor, Stadtrath a. D. 7. 12. 77.
212. „ Tieffenbach, Gymnasial-Lehrer. 6. 12. 73.
213. „ Tischler, Dr., 1. 12. 65.
214. „ Tischler, Gutsbesitzer, Losgehnen. 5. 6. 74.
215. „ Unterberger, Dr. 7. 6. 83.
216. „ Vanhöffen, Oberlehrer. 27. 5. 86.
217. „ Vogelgesang, Dr. 5. 6. 74.
218. „ Volkmann, Dr., Professor. 27. 5. 86.
219. „ Walter, Dr., Professor. 3. 12. 75.
220. „ Warkentin, Stadtrath. 6. 12. 73.
221. „ Wedthoff, Ober-Reg.-Rath. 9. 6. 71.
222. „ Weger, Dr., Sanitätsrath. 14. 6. 39.
223. „ Weller, Commerzienrath. 29. 6. 60.
224. „ Weller, L., Kaufmann. 4. 6. 80.
225. „ Wendland, Director der Ostpr. Südbahn. 6. 12. 72.
226. „ Wichler, F., Kaufmann. 7. 12. 77.
227. „ Wilutzky, Ad., Hof-Lithograph. 10. 6. 70.
228. „ Winbeck, Feuerwerks-Hauptmann. 4. 6. 80.
229. „ Wittrin, Dr., Oberlehrer. 3. 12. 85.
230. „ Wyszomierski, Dr., Russ. Consul. 5. 6. 68.
231. „ Zacharias, Dr. med., Sanitätsrath. 2. 7. 52.
232. „ Zimmermann, Apotheker. 4. 6. 80

Auswärtige Mitglieder.

1. Herr Albrecht, Dr., Professor in Brüssel. 1. 6. 77.
2. Alterthums-Gesellschaft in Elbing.
3. Herr Auger, Dr., Director, Graudenz. 4. 12. 74.
4. „ Arppe, Ad. Ed., Prof. der Chemie in Helsingfors. 19. 12. 62.
5. „ v. Baehr, Rittergutsbes., Gr. Ramsau p. Wartenburg. 6. 6. 7 .
6. „ Baxendell, Jos., Secretair der naturforsch. Gesellschaft zu Manchester. 19. 12. 62.
7. „ Benefeldt, Rittergutsbes., Quoossen p. Gallingen. 5. 6. 84.
8. „ Berendt, Dr., Professor, Berlin NW, Dorotheenstr. No. 61. 1. 6. 66.
9. „ Behrens, Alb., Rittergutsbesitzer auf Seemen bei Gilgenburg. 19. 12. 62.
10. „ Berent, Rittergutsbesitzer auf Arnau. 1. 12. 65.
11. „ Beyrich, Dr., Prof., Geh. Bergrath in Berlin, Franz. Str. 29. 6. 12. 67.
12. Herr Blell, Rentier, Lichterfelde b. Berlin. 5. 12. 79.
13. „ Böhm, Rittergutsbesitzer, Glaubitten per Korschen. 7. 6. 72.
14. „ v. Bönigk, Freiherr, Major a. D., Postdirector in Demmin in Pommern. 1. 12. 76.
15. „ Börnstein, Dr., Prof. in Berlin NW, Platz am neuen Thor 1 A. 6. 12. 72.
16. „ v. Bohlschwing, Rittergutsbesitzer, Schönbruch, Kreis Friedland, Ostpr. 6. 12. 78.
17. „ Bresgott, Kreisbaumst., Mohrungen. 5. 12. 79.
18. „ v. Bronsart, Rittergutsbesitzer auf Schettnienen per Braunsberg. 21. 12. 60.
19. „ Bruhn, Oscar, Kaufmann, Insterburg. 5. 12. 79.
20. „ Brusina Spiridion, Vorsteher der zoolog. Sammlungen am naturhistor. Museum in Agram. 4. 12. 74.

21. Herr Buchinger, Dr., Prof. in Strassburg. 6. 12. 67.
22. „ Bohse, Fr., Dr., Director des naturforsch. Vereins zu Riga. 9. 6. 71.
23. „ de Caligny, Anatole, Marquis, Château de Sailly pr. Fontenay St. Père. 7. 2. 66.
24. „ Canestrini, Dr., Professor in Padua. 17. 6. 64.
25. „ v. Cesati, Vincenz, Baron in Neapel. 19. 12. 62.
26. „ Claassen, Rittergutsbes., Warnikam p. Ludwigsort. 3. 12. 80.
27. Conradi'sche Stiftung in Jenkau. 18. 12. 63.
28. Copernikus-Verein in Thorn. 7. 12. 66.
29. Herr Copes, F. S., Dr., New-Orleans. 6. 12. 72.
30. „ Czudnowitz, Dr., Insterburg. 1.12.81.
31. „ Daemers de Cachard, L., Professor in Brüssel. 7. 6. 78.
32. „ Danehl, Rector in Zinten. 7. 6. 78.
33. „ Dittrich, Lehr. in Wormditt. 6.12.78.
34. „ zu Dohna-Schlodien, Graf, Obermarschall, Burggraf, Excell., p. Lauk. 21. 12. 61.
35. „ Dorn, Dr., Professor in Halle a. d. S., Burgstrasse 21. 7. 6. 72.
36. „ Dohrn, C. A., Dr., Präsident des entomologischen Vereins in Stettin. 29. 6. 60.
37. „ Dorien, Dr. med., Sanitätsrath, Lyck. 19. 12. 62.
38. „ Dorr, Dr., Oberlehrer, Elbing. 6.12.78.
39. „ Dromtra, Ottom., Kaufmann in Allenstein. 13. 12. 61.
40. „ Drope, Pächter in Grünlinde p. Grünhayn. 7. 12. 77.
41. „ Duchartre, P., Professor der Botanik und Mitglied der Akademie zu Paris. 19. 12. 62.
42. „ Ebers, Dr., Neustadt, Westpr. 3.12.85.
43. „ Eckert, Landschaftsrath, Czerwonken per Lyck. 7. 6. 78.
44. „ Erchenbrecher, Dr., Salzbergwerk Neu-Stassfurt p. Stassfurt. 5. 12. 79.
45. „ Erikson, Director des Königl. Gartens in Haga bei Stockholm. 4. 12. 67.
46. „ Flügel, Felix, Dr., Leipzig. 18.12.63.
47. „ Frisch, A., Oberamtmann auf Stanaitschen. 16. 12. 64.
48. „ Fröhlich, Lehrer in Thorn. 3.12.75.
49. „ Fröhlich, Rendant in Culm. 7.12.77.
50. „ Geinitz, Dr., Prof., Geh. Hofrath, Dresden. 1. 12. 76.
51. „ Gerstaeker, Dr., Prof., Greifswald. 19. 12. 62.
52. Herr Giesebrecht, Dr., Prof., München. 1. 6. 59.
53. „ v. Glasow, Lieutenant, Lokehnen per Wolittnick. 3. 12. 80.
54. „ Gandoger in Aras (Rhône). 7.12.82.
55. „ v. Gossler, Minister der Geistlichen, Unterrichts- und Medizinal-Angelegenheiten, Excellenz, Berlin. 4. 6. 69.
56. „ Gottheil, E., i. New-Orleans. 6.12.72.
57. „ Greiff, Wirkl. Geh. Rath, Excellenz, Berlin, Genthinerstr. 13. 1. 12. 71.
58. „ Grentzenberg, Kaufmann, Danzig. 21. 12. 60.
59. „ Grenda, Landgerichtsrath in Lyck. 2. 6. 76.
60. „ Grewingk, Dr., Professor in Dorpat. 16. 12. 64.
61. „ Güllich, Forstkassenrendant, Braunsberg. 7. 12. 77.
62. „ Gürich, Regierungsrath in Breslau. 6. 12. 72.
63. „ Haber, Lehrer, Lüneburg. 27. 5. 86.
64. „ Hagedorn, Dr., Mohrungen. 11.6.85.
65. „ Hagen, Dr., Professor, Cambridge, Amerika. 15. 12. 43.
66. „ Hagen, A., Stadtrath in Berlin. 2. 7. 52.
67. „ Hagen, Gutsbesitzer auf Gilgenau per Passenheim. 4. 6. 69.
68. „ Hartung, G., Dr. in Heidelberg, per Adr. A. J. Ernst in Heidelberg. 2. 7. 58.
69. „ Hasemann, Kreisschulinspector, Marienwerder. 7. 12. 82.
70. „ Hasenbalg, Director in Sprottau. 3. 12. 75.
71. „ Hecht, Dr., Kreisphysikus in Neidenburg. 19. 12. 62.
72. „ Helmholtz, Dr., Prof., Geh. Rath in Berlin. 21. 12. 49.
73. „ Helwich, Apotheker, Bischofstein. 3. 12. 80.
74. „ Hensche, Rittergutsbesitzer auf Pogrimmen p. Kleschowen. 7. 6. 67.
75. „ v. Heyden, Major z. D., Dr. in Bockenheim, Schlossstrasse. 1. 6. 66.
76. „ Heubach, Rittergutsbesitzer in Kapkeim per Lindenau. 6. 6. 79.
77. „ Hilbert, Dr., Sensburg. 27. 6. 81.
78. „ Hinrichs, G., Professor in Jowa-city. 1. 12. 65.
79. Historischer Verein in Marienwerder.
80. Herr Hooker, Dr., Jos. Dalton, R. N., F. R., S., F. L. S. etc. Royal Gardens, Rew. 19. 12. 62.
81. „ Horn, Amtm., Oslanin b. Putzig. 7.6.72.

82. Herr Horn, Rechtsanwalt, Insterburg. 7. 12. 77.
83. „ Hoyer, Gutsbesitzer in Swaroschin per Dirschau. 3. 12. 75.
84. „ Hundertmark, Pfarrer, Insterburg. 3. 12. 80.
85. „ Issel, Arthur, Dr., Professor, Genua. 4. 12. 74.
86. „ Jensen, Dr., Director in Dalldorf bei Berlin. 1. 6. 82.
87. „ Kado, Dr., Berlin. 3. 12. 85.
88. „ Kaesewurm, C., Darkehmen. 4. 12. 74.
89. „ Kascheike, Apotheker in Drengfurth. 21. 12. 60.
90. „ Kersand, Dr., Geh. Ober-Medicinalrath in Berlin, Tempelhofer Ufer 31. 4. 12. 68.
91. „ King, V. O., Dr. in New-Orleans. 6. 12. 72.
92. „ Kirchhoff, Dr., Prof., Geheimrath in Berlin. 15. 12. 48.
93. „ Knoblauch, Dr., Prof., Geheimrath in Halle a. S. 23. 12. 59.
94. „ Koch, Rittergutsbes. auf Powarben per Trömpau. 28. 6. 61.
95. „ Körnicke, Dr., Prof. in Poppelsdorf. 21. 12. 60.
96. „ Krauseneck, Rittergutsbesitzer auf Schanwitz p. Gutenfeld. 7. 12. 77.
97. „ Krauseneck, Buchdruckereibesitzer in Gumbinnen. 4. 6. 77.
98. „ Krieger, Dr., Oberlehrer, Tilsit. 3. 12. 69.
99. „ Kröhnert, Lehrer, Sportehnen per Liebstadt. 5. 12. 79.
100. „ Krosta, Dr., Stadtschulrath in Stettin. 4. 6. 69.
101. „ Krosta, Pfarrer, Rydzowen p. Milken. 1. 2. 76.
102. „ Kühn, Reg.-Rath in Breslau. 3. 12. 75.
103. „ Kuhn, Landrath in Fischhausen. 1. 12. 65.
104. „ Lange, Dr., Professor in Kopenhagen. 12. 6. 64.
105. „ Lefévre, T., in Brüssel. 1. 12. 76.
106. „ Le Jolis, Dr. in Cherbourg. 27. 6. 62.
107. „ Leistner, Dr. i. Eydtkuhnen. 1. 6. 82.
108. „ Lepkowski, Dr., Prof. in Krakau. 1. 12. 76.
109. „ Lindenschmit, L., Dr., Director des römisch-germanisch. Museums in Mainz. 3. 12. 75.
110. „ Lipschitz, Dr., Professor in Bonn. 21. 12. 55.
111. Litterarischer Verein Mohrungen. 27. 5. 86.
112. Herr Lovén, Prof. in Stockholm. 6. 12. 67.
113. Herr Mack, Rittergutsbes., Althof-Ragnit. 4. 6. 77.
114. „ Maske, Rentier, Göttingen. 26. 6. 63.
115. „ Meibauer, Rechtsanwalt in Conitz. 4. 12. 74.
116. „ Meyer, A., Pächter, Schwesternhof b. Caymen p. Wulfshöfen. 4. 12. 74.
117. „ Meyer, Dr., Kreisphysikus in Heilsberg. 1. 6. 82.
118. „ Minden, Partikulier in Dresden, Altstadt, Winkelmannstr. 24, part. 17. 12. 52.
119. „ Möhl, H., Dr., Schriftführer des naturhistorischen Vereins in Cassel. 5. 6. 68.
120. „ Mörner, Dr., Sanitätsrath, Kreisphysikus in Pr. Stargardt. 17. 6. 64.
121. „ Momber, Professor, Oberlehrer in Danzig. 10. 6. 70.
122. „ Mühl, Amtsgerichtsrath a. D. und Stadtrath in Breslau, Gr. Feldstr. 10. 8. 12. 72.
123. „ Mühl, Forstmeister in Wiesbaden. 6. 2. 72.
124. „ Müttrich, Dr., Prof. in Neustadt-Eberswalde. 1. 7. 59.
125. „ Nagel, R., Dr., Professor, Oberlehrer in Elbing. 18. 12. 63.
126. Naturwissenschaftlicher Verein in Bromberg. 7. 6. 67.
127. Herr Neumann, Amtsgerichtsrath in Mohrungen. 5. 12. 79.
128. „ Oelrich, Rittergutsbesitzer, Bialutten p. Illowo, Kr. Neidenburg. 19. 12. 62.
129. „ Oudemans, A. J. A., Professor in Amsterdam. 17. 6. 64.
130. „ Pavenstädt, Rittergutsbesitzer in Weitzdorf p. Rastenburg. 1. 12. 76.
131. „ Pehlke, Kaufm., Bartenstein. 4. 6. 80.
132. „ Peter, Dr., Conservator in München, Türkenstrasse 51 III. 7. 6. 83.
133. „ Podlech, Gutsb. in Mollehnen. 5. 6. 74.
134. „ Popke, Bohrunternehmer, Anklam. 5. 6. 84.
135. „ Praetorius, Dr., Professor, Oberlehrer in Conitz. 4. 12. 74.
136. „ Prang, Apotheker, Bartenstein. 5. 12. 79.
137. „ Preuschoff, Propst in Tolkemit. 18. 12. 63.
138. „ v. Pulszki, F., Ritter, Director des Königl. Ungar. National-Museums in Budapest. 1. 12. 76.
139. „ v. Puttkamer, Minister des Innern, Berlin, Excellenz. 1. 12. 71.
140. „ Puttlich, Rittergutsbesitzer, Sandlack p. Bartenstein. 5. 6. 84.

141. Herr Radde, Dr., Direct. des Kaukasischen Museums in Tiflis. 5. 6. 74.
142. " Rast, Gutsbesitzer, Schippenbeil. 9. 6. 71.
143. " v. Recklinghausen, Professor in Strassburg. 17. 6. 64.
144. " Reissner, E., Dr., Prof. in Dorpat. 9. 12. 62.
145. " v. Rode, Gutsbesitzer, Babbeln bei Gr. Karpowen. 4. 6. 80.
146. " v. Rode, Landschaftsrath, Rauschken per Usdau. 2. 6. 76.
147. " Romer, Dr., Prof., Grosswardein. 4. 12. 72.
148. " Rosenbohm, Apotheker, Graudenz. 5. 12. 79.
149. " Rumler, Oberlehrer, Gumbinnen. 4. 6. 77.
150. " Rygh, Dr., Professor in Christiana. 7. 12. 77.
151. " v. Sadowski, Dr. in Krakau. 1. 12. 76.
152. " v. Sanden, Rittergutsbesitzer, Raudonatschen p. Kraupischken. 3. 12. 80.
153. " Scharlok, J., Apotheker in Graudenz. 7. 6. 67.
154. " Schenk, Dr., Professor, Geh. Hofrath in Leipzig. 27. 6. 62.
155. " Schiefferdecker, Dr. med., Prosector in Göttingen. 6. 12. 72.
156. " Schlicht, Kreisschulinspector in Rössel. 16. 2. 78.
157. " Schliemann, H., Dr. in Athen. 4. 6. 77.
158. " Schreiber, Dr., Lehrer a. d. Königl. technischen Lehranstalten in Chemnitz. 1. 12. 76.
159. " Schuhmann, Landgerichtsrath in Braunsberg. 6. 12. 73.
160. " Seidlitz, Dr., Charlottenthal p. Ludwigsort. 4. 6. 77.
161. " de Selys-Longchamp, E., Baron, Akademiker in Lüttich. 2. 6. 60.
162. " Semper, O., in Altona. 1. 12. 76.
163. " Seżoner, Adolph, in Wien. 27. 6. 62.
164. " Seydler, Fr., Rector in Braunsberg. 29. 6. 60.
165. " Siegfried, Rittergutsbes. auf Skandlack per Barten. 28. 6. 61.
166. " Siegfried, Rittergutsbes. auf Carben bei Heiligenbeil. 6. 12. 72.
167. " Siegfried, Rittergutsbes. auf Pluttwinnen p. Laptau. 6. 12. 78.
168. Herr Simson, E., Dr., Präsident d. Reichsgerichts, Wirkl. Geh. Rath, Excell., Leipzig. 4. 7. 51.
169. " Sohnke, Dr., Prof., Jena. 16. 12. 64.
170. " Sonntag, Ad., Dr. med., Kreisphysikus, Sanitätsrath in Allenstein. 13. 12. 61.
171. " Steinhardt, Dr., Oberlehrer i. Elbing. 6. 12. 72.
172. " Steppuhn, Rittergutsbes., Liekeim per Bartenstein. 7. 12. 77.
173. " Stöckel, Generalsecretair, Stobingen per Insterburg. 3. 12. 75.
174. " Strüvy, Rittergutsbesitzer, Worlack per Landsberg, Ostpr. 1. 12. 76.
175. " v. Tettau, Freiherr, Rittergutsbes. auf Tolks p. Bartenstein. 21. 12. 60.
176. Thiel, Dr., Sanitätsrath, Kreisphysik. in Bartenstein. 6. 12. 72.
177. " Todaro, A., Dr., Professor, Senator, Director des botanischen Gartens in Palermo. 1. 12. 76.
178. " Treichel, Rittergutsbesitzer, Hoch-Paleschken p. Alt-Kischau. 2. 6. 76.
179. " Tulasne, L. R., Akademiker in Paris. 9. 12. 62.
180. " Vigouroux, Schulinspect. in Wartenburg. 4. 12. 74.
181. " Vogt, C., Professor, Genf. 1. 12. 71.
182. " Voigdt, Dr., Pfarrer a. D., Rittergutsbesitzer auf Dombrowken. 11. 6. 41.
183. " Wahlberg, P. E., best. Secretair der Akademie der Wissenschaften zu Stockholm. 19. 12. 62.
184. " Wahlstedt, L. J., Dr. in Lund. 17. 6. 64.
185. " Waldeyer, Dr., Professor in Berlin. 19. 12. 62.
186. " Wangerin, A., Dr., Prof. in Halle a. d. S., Burgstr. 27. 6. 12. 73.
187. " Wartmann, Dr., Prof. in St. Gallen. 17. 6. 64.
188. " Waterhouse, G. R., Esq. Dir. d. Brit. Mus. in London. 18. 12. 63.
189. " Weiss, Apotheker in Caymen per Wulfshöfen. 6. 12. 72.
190. " Werdermann, Rittergutsbesitzer auf Corjeiten p. Germau. 7. 6. 78.
191. " Wiebe, Geh. Regierungs-Baurath in Berlin. 19. 12. 62.
192. " v. Zander, Dr., Landrath in Heinrichswalde. 7. 6. 78.
193. " Ziehe, Dr., prakt. Arzt in Gerdauen. 6. 12. 78.
194. " Zinger, Lehrer, Pr. Holland. 5. 6. 84.

Einige neue Pflanzenreste aus dem samländischen Bernstein.

Von

Robert Caspary.

Nebst Tafel I.

Ausser 8 Pflänzchen der Lebermoose, in 5 Bernsteinstücken enthalten, sind alle andern im Folgenden von mir beschriebenen Pflanzenreste königsberger Sammlungen entnommen, denen der Herren Dr. med. Sommerfeldt, Apotheker Kowalewski, Professor Schumann, jetzt dem altstädt. Gymnasium gehörig, der Firma Stantien & Becker, der meinigen und ganz besonders der des Herrn Konservator Künow.

Lebermoose.

Goeppert (Goeppert u. Berent der Bernstein, u. die in ihm befindl. Pflanz. d. Vorwelt 1845 S. 113 — angeführt unter I) beschrieb 3 Arten Lebermoose, gab auch dazu unbrauchbare Abbildungen. Goeppert (Ueber die Bernsteinflora. Monatsber. Berlin. Akad. 1853, angeführt als II) behauptete, dass die 3 von ihm früher beschriebenen Arten noch jetzt lebenden angehörten und führte 8 andere ausserdem auf, die er alle mit jetzt lebenden identificirt, wozu in keinem einzigen Falle ein hinlänglicher Grund vorlag. Mit Recht erklärt sich Gottsche (Botan. Centralblatt Bd. XXV 1886 95 u. 121) gegen dies Verfahren, verwirft die Bezeichnungen Goepperts u. giebt den 28 Pflänzchen, die er in 28 Bernsteinstücken fand, neue Namen, aber — fügt keine Beschreibungen oder Abbildungen hinzu, so dass seine Arbeit unbenutzbar ist. Ich habe in 35 Bernsteinstücken 39 Lebermoosreste gesehen, die ich in folgenden 17 Arten, eine davon mit einer Spielart, beschrieben habe.

1. **Jungermannia sphaerocarpoides Casp.** Blätter ganzrandig, einlappig, umgekehrt-eiförmig, rundlich, unterer Rand an der Axe aufgekrümmt, so dass der aufgerichtete Theil $^1/_4$—$^1/_3$ des oberen Blatttheils beträgt; das Blatt also auf der untern Seite am Hinterrande sackartig; Blätter 2-zeilig, wagrecht und sich deckend oder weitläuftiger und unter grossen spitzen Winkeln schief zur zickzackigen Axe gerichtet. (Bild 1 u. 2). 2 Bruchstücke.

Ich sah das Original der Goeppert'schen Jungermannia sphaerocarpa des Bernstein's (Goeppert II.), welches er für identisch mit Jung. sphaerocarpa Hook. hält, die jetzt in England, Frankreich und in Deutschland, in letzterem jedoch höchst selten, lebt. Ich untersuchte von der jetzt lebenden Pflanze Nro. 495 von Rabenhorst's Hep. europ. aus Dresdens Nähe, kann aber den Beweis der Identität mit der fossilen

Pflanze nicht für erbracht halten um so weniger als von der fossilen nur kurze Stückchen ohne Fructifikation gefunden sind; die fossile Pflanze ist der jetzt lebenden nur ähnlich. Bei der fossilen Pflanze ist der aufgeschlagene Hinterrand des Blattes breiter und länger, als bei der der Jetztwelt angehörigen.

2. Jungermannia dimorpha Casp. Das fadenförmige Stämmchen im untern Theil mit 2-zeiligen, kleinen, kurz-eiförmigen oder kurz länglich eiförmigen, auf ihrer Spitze 2-zahnigen, selten dreizahnigen weitläuftig stehenden Blättern besetzt, die weniger breit als der Stamm sind. Sie gehen gegen die Endknospe zu in umgekehrt eiförmige, breitere dicht liegende, sich dachziegelig deckende, ganzrandige Blätter über. Beiblätter (Amphigastria) nicht da. (Bild 3 u. 4). 1 Stämmchen.

3. Phragmicoma magnistipulata Casp. Blätter zweizeilig, wagerecht und sich dachziegelig deckend, oder von der Axe unter grossen spitzen Winkeln abstehend, umgekehrt-eiförmig, schief, ganzrandig, einlappig, am Hinterrande unterseits sackförmig dadurch, dass der Saum desselben sich nach der Stammspitze aufschlägt. Die Breite des aufgeschlagenen Theils $^1/_5$ — $^1/_4$ der des wagerechten obern Blatttheils. Der umgeschlagene Theil verläuft allmälig am Seitenrande des Blatts in diesen und ist am Hinterrande mehr oder weniger geschwungen. Beiblätter gross, ihre Breite $^1/_4$ — $^1/_3$ der ganzen Laubbreite, umgekehrt-eiförmig, ganzrandig, das untere das obere deckend. (Bild 5). 1 Bruchstück.

4. Phragmicoma contorta Casp. (Jungermannites contortus Goepp. et Berendt. I 114 Taf. VI Fig. 40 u. 41. Lejeunia serpyllifolia Goepp. II (nicht Libert). Blätter schief-eiförmig, ganzrandig, breit abgerundet, einlappig, 2-zeilig, dachziegelig sich deckend, oder auch von der Axe schief abstehend; der Hinterrand geschwungen, sein Saum etwas aufgerichtet, (so dass ein kleiner Sack entsteht) und erst am Seitenrande in den Rand des oberen Blatttheils übergehend; Beiblätter querrechteckig, Ecken gerundet, Oberrand breit und sanft ausgerandet; das untere deckt das obere. (Bild 6). 1 Stämmchen.

Dies Moos hat die obigen Synonyme Goepperts, wie mich Goepperts Original des berlin. mineral. Museums belehrte. Es ist von Lejeunia serpyllifolia Libert (vergleiche die Abbildung bei Hook. Brit. Jung. t. 42) sehr verschieden, welche Beiblätter hat, die rundlich sind und spitzwinklig und tief 2-spaltig.

5. Phragmicoma suborbiculata Casp. (Radula complanata Goepp. nicht Dumort. nach Goepp. II gemäss dem Original Goepperts in Berendt's Sammlung). Blätter schief-umgekehrt-eiförmig, einlappig, Hinterrand sackbildend aufgeschlagen, gewölbt, der aufgeschlagene Theil allmälig am Seitenrande des oberen Blatttheils in diesen verlaufend; Blätter zweizeilig, dachziegelig sich deckend, wagrecht, Beiblätter rundlich, querelliptisch, nierenförmig, das untere das obere deckend, so breit als der vierte Theil der Laubbreite. (Bild 7). 1 Stämmchen, nämlich Goepperts Original.

Kann Radula complanata Dum. nicht sein, da diese sehr grosse Hinterlappen hat und keine Beiblätter.

Var. **sinuata** Casp. Hinterrand des Blatts meist geschwungen; der sackartig aufgeschlagene Theil etwa $^1/_4$ der Breite des oberen Blatttheils, nicht $^1/_6$—$^1/_7$, wie bei der Hauptform; der aufgeschlagene Theil des Hinterrandes nimmt etwas mehr als die Hälfte seiner Länge, nicht wie bei der Hauptform fast dessen ganze Länge ein. (Bild 8). 1 Stämmchen. Einige zwischen der Hauptform und Spielart in den

Eigenschaften vermittelnde Blätter machten die Trennung beider Reste als die verschiedenen Arten nicht zulässig.

6. Lejeunia latiloba Casp. Blatt 2-lappig, Vorderlappen etwa doppelt so lang, als der Hinterlappen, schief umgekehrt-eiförmig, ganzrandig, vor dem Übergang in den Hinterlappen am Hinterrande stark geschwungen, konkav; Hinterlappen rechteckig oder eiförmig-rechteckig, etwa $^1/_3$ so breit als der Vorderlappen, obere Aussenspitze breit gerundet, nicht über die Bucht zwischen Vorder- und Hinterlappen vorgezogen; Blätter 2-zeilig, wagrecht, dachziegelig; Beiblätter fast kreisrund, etwas elliptisch, mit schmalem und spitzwinkligem Ausschnitt oben, der $^3/_5$—$^1/_2$ der Länge des Beiblatts beträgt, Lappen spitzwinklig und spitz. Die Breite der Beiblätter beträgt fast $^1/_5$ der Breite des ganzen Laubes. (Bild 9). 2 Stämmchen in 2 verschiedenen Bernsteinstücken.

Ist der Lejeunia serpyllif. Lib. ähnlich.

7. Lejeunia Schumanni Casp. Vorderlappen nierenförmig-kreisrund, ganzrandig, da wo er an den Hinterlappen stösst bogig nach aussen begränzt, ohne alle Schwingung. Blätter 2-zeilig, wagrecht, dachziegelig. Hinterlappen eiförmig-dreieckig, ganzrandig, aufgeschlagen, etwa halb so breit und halb so lang. als der Vorderlappen; die nach aussen gewandte Spitze gerundet. Beiblätter gross, kreisrund-nierenförmig, etwa $^1/_3$ so breit als das Laub, bis zur Hälfte der Höhe gespalten, die 2 Lappen spitz oder zugespitzt, Seitenrand jederseits 1—2-buchtig, zum Theil mit einem Zahn, selten ganzrandig. (Bild 10). 2 Stämmchen in 2 Bernsteinstücken.

Dem verstorbenen Professor Dr. Julius Schumann, Oberlehrer am altstädtischen Gymnasium zu Ehren benannt.

8. Lejeunia pinnata Casp. Blätter 2-zeilig, ohne sich zu decken, 2-lappig. Vorderlappen kurz-länglich, fast doppelt so lang als breit, ganzrandig, fast lineal, Spitze breit gerundet. Hinterlappen fast dreieckig, nicht ganz halb so lang als der Vorderlappen, an der Axe lang angeheftet, nach ihrer Spitze hinauflaufend, einen Sack mit dem Vorderlappen bildend, am oberen Rande gerundet, und hier nach aussen mit einem spitzen Zahn, auch zum Theil noch mit kleineren der Axe näher liegenden. Beiblätter weitläuftig, fast elliptisch, kurz länglich, tief spitzwinklig bis zur halben Länge gespalten mit 2 spitzen, spitzenwinkligen Lappen oben. (Bild 26. Die beiden obern Blätter a u. b, sonst fast zerstört, zeigen die Hinterlappen unversehrt). 1 Fetzen, dessen linke Seite zerstört war.

9. Madotheca linguifera Casp. Blatt zweilappig; Vorderlappen breit umgekehrt-eiförmig, wagrecht, flach oder schwach am Seitenrande zurückgekrümmt; Blätter 2-zeilig, dachziegelig. Hinterlappen gross, $^2/_3$—$^3/_4$ so lang als der Vorderlappen, und wohl mehr als halb so breit, länglich-eiförmig, stets mit den Seitenrändern etwas nach aussen gerollt, nach hinten gerichtet. Beiblatt lanzettlich, zungenförmig, fast 4 mal so lang als breit, allmälig zugespitzt, spitz oder spitzlich, selten doppelt breiter und gespalten. (Bild 11). 1 Stämmchen, das an den meisten Stellen auf der untern Seite sehr schlecht erhalten ist und an der besten auch durch Zersetzung gelitten hat.

Ist von Madotheca platyphylla Dum. und laevigata Dum. der Jetztzeit sehr verschieden durch die verhältnissmässig bedeutendere Grösse der Hinterlappen, deren Richtung schiefabwärts, während sie bei den genannten lebenden Pflanzen, schiefaufrecht ist und das schmale, lanzettliche, spitze Beiblatt, das bei den beiden lebenden Arten sehr breit und stumpf ist.

10. Lophocolea polyodus Casp. Blätter einlappig, eiförmig, oben 2zahnig, Zähne spitz, Ausschnitt auch spitz und spitzwinklig, in den jüngern Blättern die Zähne zurückgekrümmt. Blätter auf den Zweigspitzen dachziegelig, später entfernter stehend und sich nicht, oder wenig deckend, wagrecht. Beiblätter nierenförmig, 5—7zahnig oder spaltig, Zähne 1—3mal so lang als breit, öfters mit 1—2 Seitenzähnen. (Bild 12 und 13). 1 Stämmchen.

Verwandt der Loph. heterophylla N. v. E. (vgl. Hook. Brit. Jung. tab. 31), jedoch ist bei ihr die Ausrandung der Blätter gerundet und die Beiblätter sind nur 2—3spaltig; verwandt auch mit Loph. Hookeriana N. v. E. (als Jungerm. bidentata in Hook. Brit. Jung. t. 30), jedoch ist die Ausrandung der Blätter auch bei ihr nicht so scharf und spitzwinklig und meist gerundet, die Beiblätter 2—3spaltig, die Lappen lang lanzettlich und mit ähnlichen Lappen zum Theil seitlich versehen.

11. Radula oblongifolia Casp. Vorderlappen ein drittel bis fast doppelt so lang als breit, schief-eiförmig oder die längeren fast lineallänglich, breit gerundet, Hinterlappen schief-rautenförmig, $^5/_8$ bis fast $^7/_8$ so lang als der Vorderlappen und $^1/_2$—$^3/_4$ so breit als dieser, äussere obere Spitze abgerundet, stumpf, Blätter wagrecht, sich mehr oder weniger dachziegelig deckend. Beiblätter nicht vorhanden (Bild 25). Viele und astreiche Stammstückchen in einem Stück Bernstein.

Der Radula complanata ähnlich, jedoch sind die Vorderlappen der fossilen Pflanze beträchtlich länger.

12. Frullania primigenia Casp. Durchmesser des Laubes in wagrechter Richtung 0,198—0,318 mm; Vorderlappen umgekehrt eiförmig, theils sich deckend und dachziegelig, theils unter spitzen Winkeln von der Axe abstehend. Die aufgerollten Hinterlappen umgekehrt eiförmig, unten gestutzt, ihre Br. und Lge. — 1) 0,085 und 0,1136
2) 0,0494 und 0,125

Beiblätter nicht zu finden. Einige junge Kapselanlagen da; die entwickeltste F (Bild 14 von der Seite und 15 von oben) hat noch einige umgekehrt eiförmige, stumpfe, spitzliche grössere Hüllblätter und endlich 3 sehr grosse, ganz glatte (nicht wie bei Frull. dilatata warzige), die der eiförmigen innersten Hülle, von der nur die Spitze vorsteht, dicht anliegen. — Ein verästeltes Stämmchen, leider an vielen Stellen durch fremdartige Stoffe und Zerstörung undeutlich.

13. Frullania truncata Casp. Vorderlappen wagrecht, kurz-länglich-eiförmig, breit abgerundet auf der Spitze, Hinterlappen aufgerollt umgekehrt-eiförmig, unten gestutzt, 0,06—0,10 mm etwa breit an dickster Stelle und $^5/_4$ bis annähernd doppelt so lang, Beiblätter spatelförmig, oben mit tiefem und spitzwinkligem Einschnitt, Lappen auf der Spitze gestutzt, ungefähr so breit oben als der Grund des Beiblatts, die gestutzte Fläche zum Theil gezähnelt. (Bild 16 und 21). 19 Stämmchen in 19 Bernsteinstücken. Die Beiblätter fehlen in den meisten Pflänzchen und die Zugehörigkeit zu dieser Art ist daher nur nach der Grösse und sonstigen übereinstimmenden Verhältnissen bei solchen Resten ermittelt. Einzelne Stämmchen mit gipfelständiger Kapselanlage, die jedoch über eine abgeplattete Kugel von 0,47 mm Durchmesser und 0,369 mm Höhe nie hinausgekommen war. Die Blätter dachziegelig sich deckend oder ziemlich weitläufig und vereinzelt bei einigen Exemplaren.

14. Frullania varians Casp. Vorderlappen rundlich, umgekehrt-eiförmig, ganzrandig, Hinterlappen aufgerollt, umgekehrt-eiförmig, unten gestutzt, 0,9—0,10 mm im dicksten Theil breit, entweder gewölbt oder die Aussenseite auf die Innenseite eingesunken und somit der Hinterlappen aussen napfförmig; Beiblätter spatelförmig, oben gezähnelt, oder auch wohl 2lappig durch einen mittleren Einschnitt (Bild 17 und 18.). Ein verästeltes Stämmchen. Der Oberlappen wagrecht oder später abstehend.

15. Frullania tenella Casp. Vorderlappen schief kurz länglich, umgekehrt-eiförmig, Hinterlappen aufgerollt, umgekehrt-eiförmig, unten gestutzt, 0,08—0,09 mm im breitsten Theil breit und $^4/_3$—$1^1/_3$mal so lang. Beiblatt fast elliptisch oder kurz eiförmig, oben tief spitzwinklig gespalten, Lappen spitz, Seiten gewölbt oder selten mit einem Zahn auf der Seite (Bild 21). 2 Stammstückchen, zum Theil sehr schlecht erhalten, in 2 Bernsteinstücken. Etwas grösser als vorige Art, Beiblätter, wie die von Lejeunia latiloba Bild 9 und L. pinnata Bild 26.

16. Frullania acutata Casp. Vorderlappen eiförmig, ganzrandig, kurz zugespitzt, Spitze spitzlich. Hinterlappen aufgerollt, umgekehrt-eiförmig, unten gestutzt. Beiblätter länger wie breit, fast elliptisch, oben mit tiefem spitzwinkligem Einschnitt, Lappen spitz und spitzwinklig, Seiten gewölbt, ganzrandig oder mit einem Zahn. (Bild 23). Ein Stämmchen und eine abgerissne Zweigspitze (Bild 24), welche Hüllblätter einer Fructifikation oben zeigte.

17. Frullania magniloba Casp. (Jungermannites Neesianus Goepp. et Ber. I. S. 113 Taf. VI. Fig. 34—37. Jungermannia crenulata Goepp., nicht Sm., vrgl. Göppert II). Vorderlappen umgekehrt-eiförmig, ganzrandig, an der Zweigspitze wagrecht, dachziegelig. weiter ab abstehend, Br. : Lge. = 0,24 mm: 0,27 mm (Mittel aus 4 Messungen). Hinterlappen gross, aufgerollt, walzig-eiförmig, unten gestutzt, oben gerundet. Br. : Lge. = 0,138 mm : 0,223 mm.

Beiblätter nicht vorhanden (Bild 19 und 20). 1 Stämmchen, Original Goeppert's von seiner Hand bezeichnet mit: „Jungermannia crenulata. Breslau. Den 2. Febr. 1868"; kann jedoch Jungermannia crenulata, die Hinterlappen nicht hat (vgl. Hook. Brit. Jung. t. 73), nicht sein, sondern ist eine ächte Frullania. Goeppert identificirt Jungermannia crenulata Sm. (Goeppert II., S. 9. Sonderabdruck) mit seinem Jungermannites Neesianus (Goeppert und Berent I Taf. VI. Fig. 34—37). Das Original Goepperts seiner Abbildung a. O. habe ich nicht gesehen; es ist aber ohne Zweifel mit seinem andern Original von 1868 nicht identisch und Goeppert hat 2 verschiedene Pflanzen als Jungerm. crenulata bezeichnet.

Ist der Frullania dilatata N. v. E. der Jetztwelt nicht ganz unähnlich, aber abgesehen davon, dass die fossile Pflanze nicht in allen Theilen vorliegt, also Identität durchaus nicht ausgesprochen werden könnte, hat Frull. dil. rundliche nicht umgekehrt-eiförmige, mit längerem Grunde dem Stamm aufsitzende, kürzere Vorderlappen und verhältnissmässig auch kürzere und breitere Hinterlappen.

Unter den Lebermoosen, die ich im Bernstein sah, ist keines, das aus dem Rahmen der Gattungen, die das mittlere Europa heute hat, hinausfällt, aber auch keines, das mit einer jetzt lebenden Art für identisch gehalten werden kann.

Koniferen.

18. Pinus cembrifolia Casp. 5 Nadeln in einem Kleinzweige, unten durch Schuppenblätter, von denen nur der Grund geblieben ist, zusammengehalten. Leider die Länge der Nadeln nicht bestimmbar, in einem der 2 Stücke, die mir zu Gebot standen, 52$^1/_2$ mm lang, aber die Spitzen fehlten. Auf der Rückseite der einzelnen Nadeln, welche 0,819 mm breit sind, keine Spaltöffnungen, auf den Seitenflächen 3—4 Reihen elliptischer Spaltöffnungen. Die Aussenkanten der Nadeln haben oben einige weitläuftige Zähne, die Innenkante hat solche Zähne in ihrem ganzen Verlauf. — Die Nadeln von Pinus Strobus sind dünner, die von Pinus Cembra denen der fossilen Pflanze an Dicke gleich; daher der Name. 2 Bernsteinstücke mit je einem Exemplar; jedoch nur die Scheide an einem unten erhalten.

19. Cupressinanthus Casp. Dieser Gattungsname soll nur bezeichnen, dass männliche Blüthen von Cupressineen gemeint sind, die vorläufig einer bestimmten Gattung nicht zugewiesen werden können.

C. polysaccus Casp. Männliche Blüthe 15 mm lang, zwischen den Spitzen der Staubblätter 5—6 mm dick. Ordnung der Staubblätter vielleicht 8/21. Unten einige der Axe anliegende dicke schuppenartige Hochblätter mit Spaltöffnungen unten auf den Seiten des Rückens, und Franzensaum am Rande. Die Staubblätter lang-länglich, bis 3 mm lang, 1,1—1,2 mm breit, fast unter 60° abstehend, nachenförmig, Spitze gerundet, wie der Rand eingekrümmt; Staubsäcke zu 8—9 um den Grund der Staubblätter auf den Blattkissen, scheinbar auf der Axe, unter dem Blatt etwa 6, über ihm 2—3, jedoch keiner in der Mediane. Staubsäcke eiförmig, kurz länglich 0,35—0,44 mm hoch; reissen unregelmässig auf.

20. Cupressinanthus magnus Casp. Männliche Blüthe 12 mm lang, 4$^1/_2$ zwischen den Spitzen der Stammblätter im Durchmesser. Alle Blätter in der Blüthe in 3zähligen Quirlen, unten 2 Quirle dicker, schuppenartiger der Axe angedrückter Hochblätter; die Staubblätter dreieckig-eiförmig, nachenförmig, stehen fast wagrecht ab, sind kurz gestielt; Rand zart sägezahnig; Staubsäcke kuglig, 8—9 um den Grund jedes Staubblatts, auf der obern Seite bloss 3—4, keiner in der Mediane oben über dem Blatt, sie sitzen scheinbar der Axe, d. h. dem Blattkissen auf. Durchmesser der Säcke, die unregelmässig aufreissen, 0,26—0,33 mm. Eine Blüthe.

21. Widdringtonites oblongifolius Goepp. fr. longifolia Casp. Blätter lineal-lanzettlich, 2$^1/_2$—3$^1/_2$ mm, ja über 4 mm lang, und 0,4—0,416 mm breit, oder gegen die Mitte zu sehr schwach verbreitert und von da an wieder an Breite abnehmend, spitz, breit sitzend, am Stamm hinablaufend, Blattkissen durch 2 Furchen, je eine rechts und links begrenzt, innere Seite des Blattes mit schwach vortretender Mittelrippe und auch etwas erhabenem Rande gesäumt, zwischen Rand und Mittelrippe durchweg ein Spaltöffnungsstreif. Rücken schwach gewölbt, ohne sichtbare Mittelrippe, am Grunde rechts und links beginnt ein Spaltöffnungsstreif, der sich über die Blattkissen (scheinbar auf der Axe) weit hinunterzieht. — Einige vielblättrige Äste. — Blätter nach $^2/_5$ geordnet unter spitzen Winkeln ziemlich gerade abstehend.

22. Widdringtonites lanceolatus Casp. Blätter auch, wie es scheint, nach $^2/_5$ geordnet, lineal-lanzettlich, breit sitzend, am Stamm hinablaufend, Blattkissen durch je eine Furche rechts und links begrenzt, Blätter spitz, 3$^1/_2$—4 mm lang und etwa

0,6 mm breit, Mittelrippe mit 2 Längserhabenseiten unten stark vorspringend; zwischen diesen und zwei andern Längserhabenheiten in der Nähe des Randes längs der ganzen Unterseite des Blattes rechts und links je ein Spaltöffnungsstreif vorhanden, der sich auch über das Blattkissen (scheinbar über die Axe) hinzieht. Oben 3 Längserhabenseiten, eine mittlere und 2 seitliche, auch zwischen diesen rechts und links je ein Spaltöffnungsstreif über die ganze Blattlänge verlaufend. — 1 Ästchen.

23. Sequoia Sternbergii Heer. Blätter nach $^2/_5$ wahrscheinlich gestellt, $3^1/_2$—4 mm lang und 1 mm breit. — 1 Aststück.

24. Sequoia Couttsiae Heer. Form mit schuppenartigen, eingekrümmten Blättern. — 2 Aststückchen.

Acerinea.

25. Acer Scharlokii Casp. 2 Blüthen dicht neben und übereinander. Blüthe fast 5 mm hoch, Stiel nicht da. Kelchblätter 4 (?), lineal, stumpf, 4—5 mal so lang als breit, gewimpert. Blumenblätter lineal, etwa 3 mal so lang als die Kelchblätter, unter grossen spitzen Winkeln abstehend, gewimpert; es scheinen 6 (?) jeder Blüthe zuzukommen, denn es sind 12 (?) da, wahrscheinlich fehlen einige. Staubblätter 13 da; wahrscheinlich fehlen einige, $^1/_4$ an Länge etwa die Blumenblätter überragend; Antheren kurz elliptisch, oben und unten ausgerandet, unbehaart, 4-fächrig, mit Längsriss aufspringend. 1 Exemplar. — Herrn Apotheker Julius Scharlok in Graudenz zu Ehren benannt, dem eifrigen und geschickten Erforscher der Flora des Kreises Graudenz.

Oxalidacea.

26. Oxalidites brachysepalus Casp. Eine junge Frucht $6^1/_4$ mm lang, mit fünf, $^1/_2$ mm langen freien fadenförmigen Griffelresten oben; Frucht fünffurchig und 5-kantig, länglich, doppelt so lang als breit ohne die Griffel und ohne den Blüthenstiel, fast ellipsoidisch, oben gestutzt, in der Mitte am breitesten; 5 unterständige nierenförmige am Rande etwas ausgefressen krause Kelchblätter. 1 Stück.

Campanulacea?

27. Carpolithus specularioides Casp. Ein anscheinend drehrunder Fruchtknoten von $2^1/_2$ mm Länge, dessen Grund leider fehlt, trägt 5 spatelig-lineale Kelchblätter. Alle übrigen Blüthentheile fehlen. Der ganze Rest ist 8 mm hoch; er sieht einer jungen Frucht, deren Korolle mit den Staubblättern und dem Griffel abgeworfen sind, von Specularia Speculum DC. höchst ähnlich, ohne dass mit Sicherheit in ihm eine Campanulacee nachgewiesen ist.

Cupulifera.

28. Quercus Klebsii Casp. Perigon kreiselförmig (trichterig-glockig), $2^1/_2$—3 mm lang, oben etwa $1^3/_4$ mm breit, unbehaart, fünfzahnig, Zähne dreieckig, ungefähr so hoch, als breit, spitzlich, Staubblätter etwa 9—10, wenig das Perigon überragend; Antheren elliptisch, oben und unten etwas ausgerandet, oder die Spitze (auf demselben Blüthenstande) schwach und stumpflich mukronat. Brakteen lineal-lanzettlich, ungefähr so lang als das Perigon; Blüthenaxe dicht mit Sternhaaren besetzt. — 1 Blüthestand. Benannt nach dem Staatsgeologen Herrn Dr. Richard Klebs.

Pilze.

29. **Stilbum succini Casp.** Etwa ½ mm hoch, Stiel in der Mitte 0,1 mm dick, Kopf stark gewölbt, mit stumpfer Kante am Grunde, 0,216 mm im Durchmesser, Sporen schon verstreut, jedoch noch viele auf dem Kopf und auch dem Stiel haftend, elliptisch, 0,0066–0,0079 lang, braunroth. — 1 Ex. auf einer Unterlage, die wahrscheinlich Vogelkoth ist. Ausgezeichnet erhalten, dem Stilbum vulgare sehr ähnlich.

30. **Gonatobotrys primigenia Casp.** Aufrechte Fäden 0,074 — 0,189 mm hoch und 0,0042—0,0071 mm dick. Im untern Theil die Fäden schmutzig tiefbraun, und hier selten mit gerader Seitenwand, oft etwas wellig, meist fast rosenkranzartig, indem Einschürungen mit Anschwellungen dicht bei einander wechseln. Oben sitzen auf den letzten 2—3 Anschwellungen ringsum viele fast gestielte elliptische durchscheinende schmutzig braune Sporen, etwa 0,0019 mm lang und fast halb so breit. Die letzte Anschwellung ist meist eiförmig, zugespitzt, fast farblos und trägt auf der Spitze einen Sporenhaufen. — Auf einem nicht sicher deutbaren Blüthenrest. Ist dem Gonatobotrys fusca Saccardo Fung. ital. 48 ähnlich, aber die angeschwollenen Glieder stehen bei dem fossilen Pilz ganz dicht.

31. **Ramularia oblongispora Casp.** Kurze aufrechte Fäden 0,045—0,051 mm hoch und 0,0028—0,0042 mm dick sind fast farblos, gegliedert. Die Glieder 2—3 mal so lang als breit, fast walzig oder tonnenartig, Fäden oben 1—4ästig, die Glieder der Äste fallen als elliptische Keimkörner ab. — Auf dem Griffel eines Blüthenrestes. Die Gattung Ramularia fasse ich in der Weise, wie Saccardo l. c. 995 u. ff.

32. **Torula heteromorpha Casp.** Fäden, die aus kurz elliptischen oder fast länglichen, schmutzig-braunen Gliedern bestehen, die 0,0057—0,0071 mm im Durchmesser haben und nur so lang oder wenig länger sind; oft haben die Fäden auch Äste; 3—30 solcher Glieder, die dicht auf einander folgen, endigen beiderseits mit langem dünnem vegetativem Faden, der nur 0,0011—0,0014 mm dick ist und selten Gliederung erkennen lässt. — Frei ohne Unterlage in einem Stück Bernstein.

33. **Torula globulifera Casp.** Verästelte Fäden bestehen aus kuglichen oder fast kuglichen tief schmutzig-braunen Zellen, die 0,0026—0,0066 mm im Durchmesser haben. Selten zwischen ihnen vegetative auch verästelte sehr dünne walzige Fäden von 0,0018 mm Durchmesser. — Mehrere Haufen oder Bruchstücke dieses Pilzes frei in einem Stück Bernstein; auch auf einer nicht erkennbaren Unterlage.

34. **Acremonium succineum Casp.** Über Blätter und Axe von Widdringtonites oblongifolius Goepp. fr. longifolia ziehen sich oberflächlich tief-braune 0,0042 mm dicke verästelte walzige Fäden hin, die hie und da senkrecht ebenso dicke und 0,085—0,096 mm hohe Fäden aufsteigen lassen, die mit einem umgekehrt eiförmigem, fast kuglichem Kopf von etwa 0,0227 mm Länge und 0,017 mm Breite endigen.

Beobachtungen

der

Station zur Messung der Temperatur der Erde

in verschiedenen Tiefen

im botanischen Garten zu Königsberg in Pr.

Januar 1879 bis December 1880.

Herausgegeben von Dr. **E. Mischpeter.**

Da Herr Professor Dr. E. Dorn, jetzt in Halle, durch andere Arbeiten an der Herausgabe der Beobachtungen verhindert ist, so habe ich dieselbe übernommen. Die restierenden Jahrgänge will ich so schnell wie es irgend möglich ist bearbeiten, und es erfolgen hier zunächst die beiden Jahrgänge 1879 und 1880 der Beobachtungen in derselben Anordnung wie die früheren.

Am 22./23. Februar 1879 wurde die Station von einem sehr bedauerlichen Unfall betroffen. Am 23. Februar erhielt ich von Herrn Gartenmeister Einicke, der die Ablesungen an den Thermometern macht, die Nachricht, dass er das Quecksilber bei E_{24} nicht zu sehen vermöge. Eiligst begab ich mich nach dem botanischen Garten und überzeugte mich, dass das Thermometer äusserlich durchaus unverletzt, jedoch das Quecksilber bei demselben vor der Skala vollständig verschwunden war. Das deutete natürlich auf einen Bruch an irgend einer Stelle unterhalb des Erdbodens. Bis heute ist die Sache unaufgeklärt, und die Beobachtungen konnten vom 22. Februar 1879 an E_{24} nicht mehr gemacht werden.

Am 18. Januar 1879 stellte ich eine Bestimmung der Nullpunkte bei den Thermometern I^1 und IV an, fand dieselben jedoch gegen meine Bestimmung am 20. April 1877 unverändert.

Der Quecksilberfaden bei Thermometer VII riss in der Zeit vom 1. bis 7. December 1879 wiederholt. Erst am 9. December konnte ich eine ernstliche Reparatur vornehmen, die auch von dauerndem Erfolg war. Für die Berechnung des Monatsmittels sind die entsprechenden Angaben von IV benutzt.

Januar 1879.

	Luftthermometer											
	III. In Glas			IV. In Kupfer			V frei			VII.		
	7	2	8	7	2	8	7	2	8	7	2	8
1	4,02	5,06	8,38	4,08	0,03	3,32	4,00	5,00	3,18	5,08	6,02	[illegible]
2	0,19	0,68	0,35	0,15	0,43	- 0,05	0,36	0,82	0,45	0,47	0,27	[illegible]
3	- 0,06	0,27	0,87	- 0,76	0,53	0,59	- 0,50	0,19	0,45	- 0,11	0,47	[illegible]
4	- 1,75	0,30	- 1,75	- 1,40	0,15	- 1,78	- 1,71	0,02	- 1,45	- 0,98	- 0,22	[illegible]
5	- 2,24	- 0,22	5,10	2,22	- 0,29	- 4,75	- 2,14	1,18	- 1,60	2,09	- 1,72	[illegible]
6	- 2,52	0,80	- 5,17	- 2,36	- 0,09	- 5,60	- 2,14	0,75	- 5,25	- 2,21	- 0,88	[illegible]
7	- 8,69	- 3,77	15,39	- 8,52	5,23	- 15,01	- 7,79	5,09	- 14,20	- 8,32	- 4,93	- 15,6?
8	- 8,87	- 1,67	6,35	- 5,70	- 2,58	6,18	- 5,16	- 8,09	- 6,12	5,89	- 3,25	[illegible]
9	- 9,09	7,52	9,10	8,31	8,29	- 8,05	- 8,62	- 8,10	- 8,79	- 8,90	- 8,58	[illegible]
10	- 12,92	7,10	- 7,98	11,98	7,47	- 7,71	- 11,62	- 7,41	7,75	11,86	- 7,50	- 7,2?
11	- 5,95	- 8,85	- 4,06	- 5,80	3,93	4,75	- 3,50	4,09	- 1,00	- 5,96	- 1,49	[illegible]
12	- 5,27	- 8,73	4,58	- 5,23	3,07	4,70	- 5,12	- 3,96	1,90	- 5,27	- 4,28	[illegible]
13	5,47	- 3,46	- 4,04	- 5,83	- 3,70	4,75	5,16	- 3,70	- 4,60	- 5,48	- 4,05	[illegible]
14	4,98	- 2,10	- 3,60	- 4,27	- 2,36	3,52	4,17	- 2,44	- 3,43	4,13	- 2,90	- 8,1?
15	4,16	3,37	- 6,08	- 4,61	- 3,56	- 6,66	- 1,21	- 3,57	6,56	4,43	- 3,55	[illegible]
16	6,81	- 3,63	5,80	- 6,66	4,17	- 5,73	6,97	- 1,13	4,50	- 6,80	- 5,04	[illegible]
17	- 1,86	1,31	- 5,06	- 4,75	4,27	5,00	1,29	1,30	4,73	- 4,81	- 4,78	[illegible]
18	5,06	3,49	- 6,27	- 5,04	- 3,80	- 6,08	4,61	- 3,81	- 6,59	- 4,97	- 3,98	[illegible]
19	- 5,87	- 3,08	- 6,07	- 5,90	- 3,37	- 5,60	5,41	3,17	- 5,16	5,73	- 4,13	[illegible]
20	5,04	- 3,04	- 6,87	- 5,60	- 3,32	- 6,85	- 5,16	- 3,34	- 6,46	- 5,35	- 4,05	- 7,1?
21	- 7,18	7,48	- 9,38	- 7,51	- 8,00	9,05	- 7,92	7,76	- 8,02	7,60	8,70	[illegible]
22	- 12,92	3,45	9,90	- 12,27	6,37	9,53	11,62	- 6,85	- 9,79	- 12,39	- 6,80	[illegible]
23	- 13,12	- 6,44	4,58	- 12,70	- 6,06	1,16	12,48	6,55	- 4,80	- 13,01	- 6,60	- 4,51
24	- 3,85	- 0,70	- 1,35	- 3,80	- 1,30	1,40	3,78	- 1,27	- 1,27	3,74	- 1,64	[illegible]
25	- 1,02	1,08	- 2,56	- 1,26	0,91	- 2,36	- 0,96	0,80	2,44	- 0,70	0,62	[illegible]
26	8,21	- 3,45	1,60	- 7,29	- 1,27	4,70	7,11	4,56	- 4,61	7,94	- 5,27	[illegible]
27	- 4,26	- 2,82	- 3,85	- 4,37	- 2,74	3,80	- 2,87	3,01	- 3,78	4,21	- 3,55	[illegible]
28	1,02	0,83	- 1,75	1,88	0,15	1,71	1,71	0,06	1,62	1,08	0,22	[illegible]
29	- 3,85	- 5,80	- 8,13	- 4,27	- 6,08	- 8,04	1,21	- 6,03	7,75	4,51	- 6,42	[illegible]
30	- 17,91	- 1,83	15,85	- 17,71	9,87	- 15,78	17,52	9,91	14,93	17,65	9,85	- 18,5?
31	- 10,09	- 6,19	- 15,59	- 18,67	11,15	- 15,90	17,97	- 11,29	14,63	19,07	11,29	- 18,5?
	5,97	- 2,01	- 5,75	- 5,89	3,17	5,67	- 5,57	- 3,64	5,99	- 5,85	- 3,90	- 5,6?

Februar 1879.

	7	2	8	7	2	8	7	2	8	7	2	8
1	- 19,56	- 6,08	- 14,92	- 19,13	- 10,83	- 14,20	- 18,60	- 6,87	- 15,06	- 18,01	- 10,90	- 14,91
2	- 16,98	- 5,79	- 6,08	- 13,37	- 5,80	- 6,08	- 18,21	- 5,90	6,07	- 18,89	- 6,42	- 6,12
3	- 19,92	- 0,70	- 10,85	- 13,95	- 6,18	- 9,91	- 13,13	- 6,46	- 10,67	- 18,28	- 5,58	- 10,28
4	- 7,89	- 0,22	- 10,20	- 7,71	- 4,85	- 9,20	- 7,89	- 5,16	- 10,14	- 7,98	- 5,21	- 9,70
5	- 11,91	- 5,08	- 9,05	- 13,37	- 5,09	- 8,02	- 12,80	- 5,93	- 9,42	- 12,18	- 5,06	- 9,00
6	- 8,45	0,27	- 1,40	- 8,22	- 0,14	- 1,71	- 8,00	- 0,41	- 1,43	- 8,30	- 0,70	- 1,11
7	1,08	1,80	1,50	1,01	1,74	1,19	0,89	1,42	1,80	1,31	1,92	2,00
8	2,48	2,20	2,96	2,61	1,97	2,09	2,27	2,14	2,32	2,39	2,50	2,77
9	2,00	3,01	3,04	2,96	2,80	3,05	2,76	2,65	3,01	2,95	3,08	3,35
10	4,08	3,60	1,78	3,78	3,47	1,75	3,68	3,05	1,80	4,23	3,08	2,00
11	3,81	4,02	3,56	3,95	4,30	3,38	3,08	4,00	4,01	4,08	4,12	4,31
12	1,81	5,31	1,78	1,69	4,33	1,79	1,61	4,25	1,84	2,08	4,01	1,81
13	- 0,16	0,50	- 0,73	- 0,19	- 0,05	- 0,56	0,02	0,02	- 0,77	- 0,22	0,10	- 0,76
14	- 1,29	- 0,16	- 2,26	- 1,21	- 0,06	- 2,14	- 1,18	- 0,69	- 2,24	- 1,15	- 0,68	- 1,91
15	- 5,86	9,16	- 2,74	- 5,19	- 2,26	- 2,57	- 6,07	0,02	- 3,04	- 4,28	1,42	- 2,21
16	- 2,00	- 1,80	- 2,26	- 2,94	- 2,22	- 1,80	- 1,67	- 2,14	- 2,56	- 2,41	- 2,97	- 2,18
17	- 6,98	- 2,56	- 4,05	- 6,65	- 3,32	- 4,60	- 6,30	- 3,21	- 4,82	- 4,80	- 3,66	- 4,81
18	- 6,26	0,95	- 2,26	- 6,17	- 0,24	- 2,05	- 8,87	- 0,32	- 2,24	- 4,19	- 1,07	- 2,13
19	- 1,95	1,08	- 0,14	- 1,83	0,10	- 0,42	- 1,62	0,49	- 0,42	- 1,88	0,08	- 0,90
20	- 1,68	1,63	- 2,26	- 1,50	0,91	- 2,05	- 1,23	0,58	- 2,24	- 1,37	0,16	- 2,13
21	- 7,88	6,77	- 1,21	- 7,61	0,05	- 2,14	- 7,02	- 0,41	- 2,24	- 7,94	0,89	- 2,15
22	- 0,67	2,20	- 3,22	0,05	1,20	- 3,74	0,58	0,98	- 3,04	- 0,14	0,71	- 2,08
23	- 2,03	0,52	- 2,02	- 2,00	2,70	- 1,62	- 2,31	1,06	- 2,08	- 2,52	2,00	- 2,13
24	0,03	2,03	0,91	0,53	2,46	0,80	0,80	2,27	1,15	0,85	2,98	1,55
25	- 0,02	2,08	- 0,05	- 0,29	1,07	0,02	0,02	1,71	- 0,14	0,16	1,02	0,19
26	- 0,98	0,05	0,59	- 0,19	0,03	0,45	- 0,11	0,45	0,50	- 0,49	0,85	0,85
27	- 0,06	1,07	0,19	0,00	0,91	0,02	0,02	0,58	0,27	0,00	1,04	0,47
28	- 4,14	2,08	- 0,11	- 3,56	1,09	- 0,28	- 3,30	1,28	- 0,30	- 3,44	1,21	- 0,80
	- 3,54	1,49	- 2,14	- 3,36	- 0,33	- 2,11	- 3,10	- 0,31	- 2,22	- 3,07	- 0,42	- 2,0?

Januar 1879.

Erdthermometer														
1" tief			1' tief			2' tief			4' tief			8' tief	16' tief	24' tief
7	2	8	7	2	8	7	2	8	7	2	8	7	7	7
— 3,33	2,76	1,46	0,96	1,15	1,12	1,74	1,82	1,76	4,01	4,00	4,02	7,11	9,30	9,12
0,29	0,99	0,22	1,09	1,09	1,11	1,87	1,88	1,98	3,99	3,99	3,97	7,04	9,29	9,12
0,10	0,22	0,29	1,10	1,15	1,21	1,76	1,91	1,94	3,95	3,94	3,93	6,89	9,24	9,13
0,11	0,19	0,11	1,19	1,20	1,18	1,95	1,93	1,95	3,92	3,91	3,89	6,87	9,24	9,12
— 0,01	0,33	— 0,35	1,22	1,21	1,17	1,93	1,94	1,87	3,88	3,87	3,86	6,87	9,21	9,11
— 0,09	0,19	— 0,21	1,15	1,18	1,16	1,91	1,94	1,93	3,86	3,86	3,85	6,81	9,16	9,09
— 0,84	— 0,19	— 2,01	1,10	1,09	1,05	1,93	1,92	1,96	3,85	3,83	3,81	6,78	9,15	9,08
— 1,09	— 0,44	— 1,26	1,01	1,09	0,98	1,91	1,85	1,91	3,80	3,79	3,79	6,71	9,09	9,08
— 2,10	— 2,26	— 2,00	0,92	0,82	0,78	1,81	1,80	1,75	3,77	3,74	3,73	6,65	9,06	9,08
— 3,50	— 3,07	— 2,99	0,63	0,56	0,51	1,70	1,63	1,50	3,71	3,70	3,69	6,58	9,04	9,07
— 2,01	— 1,48	— 1,43	0,16	0,44	0,45	1,52	1,48	1,17	3,67	3,66	3,63	6,53	9,01	9,06
— 1,40	— 1,30	1,41	0,42	0,40	0,40	1,42	1,39	1,37	3,65	3,60	3,60	6,48	9,00	9,06
— 1,63	— 1,30	— 1,46	0,40	0,34	0,34	1,34	1,32	1,29	3,60	3,50	3,49	6,46	8,98	9,06
— 1,43	— 1,97	— 1,08	0,32	0,31	0,31	1,28	1,26	1,25	3,47	3,48	3,42	6,38	8,93	9,05
— 1,33	— 1,21	— 1,83	0,31	0,32	0,30	1,22	1,22	1,20	3,39	3,39	3,39	6,34	8,91	9,04
— 2,12	— 1,66	— 1,78	0,24	0,19	0,27	1,16	1,15	1,13	3,34	3,31	3,31	6,27	8,87	9,04
— 1,71	— 1,60	— 1,69	0,06	0,17	0,17	1,09	1,09	1,08	3,27	3,26	3,22	6,23	8,86	9,03
— 1,81	— 1,60	— 2,11	0,12	0,10	0,04	1,03	1,04	1,01	3,22	3,20	3,19	6,18	8,82	9,03
— 2,19	— 1,73	— 1,94	0,06	0,02	0,04	0,91	0,96	0,93	3,15	3,14	3,14	6,13	8,81	9,02
— 2,08	— 1,49	— 2,11	0,01	0,01	0,00	0,91	0,90	0,88	3,12	3,08	3,05	6,09	8,77	9,01
— 2,94	— 2,97	— 3,30	0,11	— 0,14	— 0,20	0,85	0,85	0,82	3,01	3,01	3,01	6,01	8,72	8,99
— 4,31	— 3,98	— 4,06	— 0,34	— 0,41	0,49	0,81	0,77	0,74	2,98	2,98	2,94	5,97	8,69	8,99
— 5,40	— 3,92	— 3,00	0,70	— 0,82	— 0,76	0,70	0,63	0,60	2,91	2,89	2,88	5,96	8,67	8,98
— 2,15	1,28	— 1,16	5,58	— 0,49	0,31	0,58	0,56	0,58	2,86	2,83	2,81	5,90	8,66	8,97
— 0,99	— 0,50	0,95	0,26	0,22	0,18	0,57	0,55	0,57	2,79	2,76	2,76	5,85	8,66	9,08
— 2,13	— 1,33	— 2,13	— 0,15	— 0,24	— 0,32	0,68	0,56	0,54	2,75	2,72	2,72	5,78	8,62	8,99
— 3,00	1,76	— 1,83	0,40	— 0,44	— 0,41	0,52	0,52	0,48	2,69	2,67	2,67	5,74	8,57	8,97
— 1,40	— 1,78	— 0,84	0,34	— 0,31	— 0,23	0,41	0,49	0,49	2,65	2,63	2,61	5,69	8,55	8,96
— 1,42	— 1,97	— 2,63	0,30	0,21	0,29	0,42	0,48	0,49	2,60	2,58	2,58	5,62	8,51	8,95
— 5,56	— 4,39	— 6,09	0,70	— 0,36	— 1,11	0,47	0,44	0,37	2,58	2,57	2,56	5,60	8,49	8,95
— 7,04	— 5,78	— 6,42	1,68	1,87	— 1,17	0,29	0,25	0,21	2,50	2,53	2,51	5,55	8,47	8,94
— 1,66	— 1,54	1,82	0,08	0,21	0,23	1,18	1,18	1,16	3,32	3,30	3,29	6,31	8,88	9,04

Februar 1879.

1" tief 7	1" tief 2	1" tief 8	1' tief 7	1' tief 2	1' tief 8	2' tief 7	2' tief 2	2' tief 8	4' tief 7	4' tief 2	4' tief 8	8' tief 7	16' tief 7	24' tief 7
— 7,60	— 5,98	— 6,53	— 1,55	— 2,49	— 2,46	0,13	0,08	0,05	2,49	2,46	2,45	5,49	8,45	8,92
— 6,45	— 5,19	— 4,58	— 2,70	— 2,30	— 2,51	— 0,15	— 0,15	— 0,22	2,40	2,30	2,34	5,46	8,41	8,92
— 6,31	— 4,08	— 5,08	— 2,42	— 2,42	— 2,24	— 0,20	— 0,22	— 0,24	2,31	2,30	2,28	5,12	8,38	8,91
— 4,72	— 3,81	— 4,75	— 2,32	— 2,21	— 2,12	— 0,27	— 0,28	— 0,30	2,21	2,22	2,19	5,34	8,34	8,89
— 5,75	— 4,26	— 4,06	— 2,30	— 2,49	— 2,26	— 0,34	— 0,40	— 0,40	2,16	2,10	2,04	5,31	8,31	8,89
— 3,60	— 2,10	— 2,05	— 2,22	— 1,96	— 1,79	— 0,41	— 0,43	— 0,40	2,06	2,03	2,01	5,28	8,28	8,89
— 1,06	— 0,65	— 0,12	— 1,19	— 1,11	— 0,86	— 0,32	— 0,26	— 0,28	2,01	1,95	1,95	5,21	8,25	8,88
0,22	0,33	0,51	— 0,55	— 0,40	— 0,25	— 0,11	— 0,14	— 0,05	1,95	1,91	1,96	5,16	8,25	8,87
0,71	0,76	0,92	— 0,11	— 0,09	— 0,05	0,02	0,02	0,04	1,87	1,88	1,88	5,13	8,21	8,88
1,22	1,14	0,78	0,01	0,34	0,06	0,09	0,06	0,10	1,87	1,86	1,87	5,07	8,18	8,86
1,43	1,76	1,26	0,08	0,10	0,11	0,11	0,11	0,12	1,87	1,86	1,85	5,05	8,16	8,85
0,64	2,46	1,06	0,14	0,14	0,14	0,18	0,14	0,17	1,83	1,82	1,83	5,01	8,14	8,86
0,40	0,22	0,30	0,19	0,16	0,16	0,19	0,17	0,17	1,83	1,81	1,82	4,96	8,11	8,84
0,12	0,28	0,08	0,17	0,16	0,17	0,19	0,19	0,18	1,82	1,83	1,81	4,89	8,06	8,80
— 0,41	0,42	0,22	0,18	0,20	0,18	0,21	0,24	0,20	1,82	1,84	1,83	4,85	8,03	8,77
— 0,25	— 0,27	— 0,05	0,22	0,22	0,21	0,22	0,20	0,20	1,83	1,82	1,82	4,84	8,02	8,78
— 1,11	— 0,75	— 1,08	0,22	0,19	0,19	0,22	0,21	0,21	1,80	1,82	1,82	4,80	7,99	8,76
— 0,94	— 0,13	— 0,27	0,18	0,19	0,20	0,21	0,20	0,21	1,81	1,83	1,84	4,74	7,93	8,74
— 0,29	0,04	0,09	0,19	0,19	0,21	0,21	0,23	0,24	1,84	1,83	1,84	4,73	7,92	8,73
— 0,11	0,07	— 0,18	0,22	0,21	0,22	0,24	0,25	0,26	1,84	1,83	1,82	4,68	7,88	8,72
— 1,38	0,19	— 0,35	0,18	0,19	0,18	0,29	0,30	0,28	1,77	1,82	1,83	4,64	7,85	8,72
— 0,10	0,09	0,10	0,17	0,19	0,20	0,29	0,29	0,33	1,84	1,84	1,86	4,63	7,82	8,70
— 0,02	0,48	0,26	0,24	0,19	0,18	0,34	0,35	0,35	1,87	1,87	1,87	4,62	7,82	
0,20	0,32	0,26	0,06	0,20	0,19	0,36	0,36	0,37	1,88	1,87	1,88	4,59	7,78	
0,23	0,37	0,22	0,19	0,22	0,23	0,38	0,37	0,39	1,88	1,88	1,88	4,56	7,76	
0,23	0,28	0,25	0,28	0,22	0,22	0,41	0,41	0,42	1,88	1,88	1,89	4,54	7,73	
0,23	0,35	0,22	0,28	0,24	0,23	0,44	0,46	0,47	1,80	1,89	1,90	4,50	7,69	
0,11	0,37	0,26	0,24	0,22	0,23	0,48	0,40	0,50	1,90	1,91	1,93	4,48	7,67	
— 1,24	— 0,92	— 0,82	— 0,42	— 0,42	— 0,35	0,12	0,11	0,18	1,95	1,94	1,94	4,98	8,00	

März 1879.

	Luftthermometer											
	III. In Glas			IV. In Kupfer			V. frei			VII.		
	7	2	8	7	2	8	7	2	8	7	2	8
1	2,92	10,78	— 8,85	— 2,65	8,32	3,98	— 2,40	1,71	3,07	— 2,79	2,00	— [illegible]
2	— 3,37	8,67	— 5,31	3,08	2,46	— 5,33	2,57	1,68	— 4,60	— 3,25	2,58	— [illegible]
3	1,23	1,88	0,14	0,66	1,49	0,19	0,71	1,11	0,02	— 0,96	0,85	— [illegible]
4	— 1,02	2,08	0,27	— 0,91	1,70	0,24	0,51	1,41	0,23	— 1,37	1,06	[illegible]
5	— 0,58	5,26	1,02	— 0,43	3,50	— 0,91	— 0,24	3,06	— 0,67	— 0,98	2,27	— [illegible]
6	1,11	6,24	1,92	1,10	4,63	1,97	1,10	3,95	1,84	1,15	3,07	[illegible]
7	0,96	7,62	— 0,02	0,82	4,58	0,05	0,78	3,48	0,15	0,77	3,54	[illegible]
8	0,30	3,81	1,61	— 1,26	3,08	1,73	— 0,20	2,52	1,75	0,09	2,31	[illegible]
9	0,51	5,55	1,47	0,05	4,29	1,49	0,54	3,18	1,75	0,77	3,43	[illegible]
10	1,59	4,26	2,20	1,39	3,80	2,22	1,53	3,67	2,18	1,58	3,43	[illegible]
11	2,00	2,07	— 0,62	1,97	2,26	— 0,43	1,96	2,00	— 0,71	2,00	2,00	— [illegible]
12	— 2,64	1,89	— 1,71	— 2,94	— 0,23	— 1,50	2,87	0,84	— 2,57	2,71	— 1,07	— [illegible]
13	— 1,51	0,91	— 3,45	1,94	— 0,06	3,22	1,71	— 0,84	3,00	— 1,83	— 1,37	— [illegible]
14	— 1,83	5,55	— 3,45	— 2,38	1,01	3,82	2,53	0,45	— 3,25	— 2,49	— 0,90	— [illegible]
15	— 5,71	4,22	— 4,58	5,34	0,77	— 4,85	5,50	— 0,84	1,78	6,04	— 0,97	— [illegible]
16	— 8,09	4,42	4,08	8,00	0,28	4,75	7,53	— 0,11	— 4,30	— 7,98	0,08	— [illegible]
17	— 10,87	6,04	— 6,20	— 10,40	1,11	— 8,47	— 9,48	— 0,02	— 5,37	10,23	0,38	— [illegible]
18	— 8,69	1,80	0,19	— 7,99	0,77	0,10	7,32	0,80	0,11	— 7,86	0,20	[illegible]
19	— 1,02	3,80	— 1,02	— 1,40	2,56	— 0,01	— 1,96	2,18	— 0,71	— 1,91	1,62	— [illegible]
20	— 2,72	6,85	— 2,24	— 2,46	4,10	— 1,88	— 2,14	2,31	— 2,01	— 2,61	2,16	— [illegible]
21	— 7,48	5,08	— 5,87	— 7,01	0,53	— 5,81	7,22	— 1,62	— 5,08	— 7,37	— 1,45	— [illegible]
22	8,57	6,24	3,93	— 8,00	1,49	3,80	— 7,32	0,20	— 3,43	7,34	1,28	— [illegible]
23	— 7,16	5,35	— 5,51	— 7,04	— 0,29	5,41	6,80	1,27	5,03	— 7,07	— 1,64	— [illegible]
24	— 8,77	6,21	— 4,26	— 8,57	1,40	— 4,19	— 8,06	0,02	— 3,78	8,22	0,16	— [illegible]
25	— 6,27	4,22	— 3,65	— 6,08	1,01	— 3,92	— 5,56	0,02	— 3,00	6,00	— 0,52	— [illegible]
26	4,74	0,29	— 4,06	— 4,75	— 0,60	— 4,65	— 4,43	0,50	— 4,21	5,19	— 1,72	— [illegible]
27	— 3,98	8,75	— 3,45	— 4,27	3,61	— 3,22	4,21	0,98	— 2,87	— 4,06	0,31	— [illegible]
28	— 6,56	8,19	— 3,04	— 6,66	4,39	— 2,84	6,37	1,32	— 2,83	6,50	1,00	— [illegible]
29	— 4,98	14,77	— 2,04	— 5,23	8,25	— 1,88	4,70	4,47	— 1,27	5,95	3,27	— [illegible]
30	2,64	8,80	1,47	2,84	2,24	1,49	2,44	2,52	1,41	— 2,98	1,78	[illegible]
31	1,39	6,57	1,80	1,11	5,16	1,01	1,02	1,47	1,15	0,85	4,23	[illegible]
	— 3,11	+ 5,32	2,10	— 3,16	+ 2,35	— 1,98	— 2,89	+ 1,31	1,40	— 3,44	1,10	— [illegible]

April 1879.

	7	2	8	7	2	8	7	2	8	7	2	8
1	2,30	13,59	4,22	1,87	10,04	4,00	1,66	8,57	3,91	1,62	8,70	4,81
2	3,73	21,27	8,27	3,92	17,42	7,77	8,14	15,17	7,67	3,16	15,53	[illegible]
3	4,82	21,27	0,77	4,39	17,80	9,95	4,84	16,04	9,53	1,31	16,60	[illegible]
4	4,91	18,34	5,03	4,79	14,60	4,78	4,25	13,00	5,04	4,51	13,00	[illegible]
5	2,60	15,37	4,62	2,36	11,87	4,39	2,18	9,97	4,63	2,08	9,78	[illegible]
6	2,41	8,48	5,55	2,46	8,06	5,35	2,48	7,80	5,34	2,39	7,93	[illegible]
7	— 0,06	12,08	8,01	— 0,19	9,78	2,94	0,02	7,24	3,05	— 0,45	7,51	[illegible]
8	2,89	7,46	5,84	2,65	6,16	5,84	2,70	6,37	5,73	2,54	5,97	[illegible]
9	2,76	15,58	2,48	2,17	11,14	2,46	2,18	9,89	2,76	2,01	9,51	[illegible]
10	0,43	6,05	0,71	0,15	5,95	0,82	0,15	4,81	0,89	— 0,22	9,08	[illegible]
11	1,61	11,59	2,72	1,01	8,19	2,91	0,98	7,20	3,09	0,85	6,90	[illegible]
12	1,84	5,85	4,22	1,78	4,53	4,15	1,71	4,43	4,04	1,42	4,19	[illegible]
13	2,00	6,12	3,81	2,46	5,11	3,10	2,29	1,95	3,91	2,27	4,70	[illegible]
14	1,23	8,75	2,60	0,91	6,76	2,86	1,10	6,07	2,74	1,08	5,47	[illegible]
15	3,49	15,17	0,35	3,18	11,11	1,97	2,74	9,62	1,28	2,23	8,93	[illegible]
16	2,60	6,77	9,24	2,26	5,98	0,11	2,27	5,77	0,10	2,00	6,16	[illegible]
17	5,03	18,95	8,19	4,49	17,35	8,35	4,34	17,17	8,66	4,16	17,50	[illegible]
18	10,37	6,32	7,81	9,79	5,35	7,28	9,44	5,21	7,37	0,70	4,70	[illegible]
19	0,41	9,87	3,01	9,32	9,42	9,08	8,89	8,09	2,01	3,27	8,46	[illegible]
20	4,14	9,68	2,20	8,42	7,48	2,12	2,98	6,93	2,62	2,77	6,34	[illegible]
21	3,61	21,27	8,07	3,42	16,14	8,89	3,48	16,48	8,75	3,96	16,22	[illegible]
22	7,68	19,11	12,85	6,90	16,45	10,21	6,84	15,87	12,87	6,62	15,87	[illegible]
23	10,02	17,20	6,24	10,08	15,10	6,92	10,83	14,87	7,28	10,17	14,42	[illegible]
24	5,18	15,91	2,68	4,68	11,62	2,94	4,81	10,18	8,18	4,08	8,85	[illegible]
25	9,23	8,19	4,06	3,52	7,59	4,00	3,61	6,09	4,34	3,54	6,02	[illegible]
26	4,10	4,70	3,01	3,95	4,49	3,04	1,00	4,60	3,18	3,68	4,20	[illegible]
27	4,34	5,48	4,81	1,21	5,21	4,89	4,54	5,21	4,84	3,97	5,08	[illegible]
28	5,08	7,21	3,57	4,87	6,90	3,61	1,43	6,84	3,91	4,59	6,74	[illegible]
29	4,62	11,08	4,70	4,49	9,35	4,08	1,35	8,66	4,81	4,81	7,88	[illegible]
30	5,23	9,89	7,06	6,16	9,02	7,42	5,21	8,92	7,71	5,24	8,66	[illegible]
	3,90	11,76	5,08	3,60	9,71	4,70	3,55	8,95	5,17	3,44	8,86	[illegible]

März 1879.

Erdthermometer 1" tief 7	1" tief 2	1" tief 8	1' tief 7	1' tief 2	1' tief 8	2' tief 7	2' tief 2	2' tief 8	4' tief 7	4' tief 2	4' tief 8	8' tief 7	10' tief 7
0,09	0,48	0,29	0,24	0,23	0,24	0,50	0,50	0,50	1,91	1,92	1,93	4,47	7,66
− 0,22	0,51	0,26	0,24	0,25	0,25	0,52	0,53	0,53	1,92	1,94	1,94	4,17	7,62
0,06	0,20	0,28	0,24	0,24	0,24	0,54	0,54	0,56	1,92	1,95	1,94	4,45	7,50
0,24	0,25	0,31	0,24	0,23	0,26	0,59	0,57	0,57	1,95	1,95	1,94	4,41	7,45
0,25	0,72	0,21	0,26	0,26	0,25	0,57	0,56	0,58	1,95	1,94	1,95	4,41	7,45
0,24	1,20	0,65	0,26	0,27	0,27	0,59	0,59	0,60	1,95	1,95	1,98	4,40	7,51
0,20	1,55	0,23	0,24	0,26	0,26	0,61	0,61	0,62	1,94	1,98	1,96	4,37	7,47
0,19	1,20	0,89	0,25	0,27	0,28	0,64	0,62	0,63	1,96	1,97	1,97	4,36	7,47
0,20	1,95	0,73	0,26	0,28	0,29	0,64	0,65	0,65	1,98	1,98	1,99	4,35	7,44
0,84	2,01	1,18	0,29	0,28	0,29	0,68	0,67	0,68	1,99	1,99	1,99	4,34	7,41
1,06	1,00	0,37	0,32	0,20	0,29	0,71	0,68	0,70	1,99	1,98	2,00	4,33	7,41
− 0,19	0,22	0,08	0,28	0,29	0,30	0,71	0,69	0,73	1,97	1,98	1,99	4,30	7,45
− 0,10	0,18	− 0,29	0,31	0,32	0,37	0,74	0,74	0,74	1,99	1,99	1,98	4,30	7,46
− 0,27	0,40	0,14	0,31	0,32	0,32	0,75	0,77	0,77	1,97	1,99	1,99	4,27	7,40
− 0,74	0,27	− 0,05	0,33	0,34	0,34	0,78	0,78	0,78	1,98	2,01	2,00	4,24	7,32
− 1,18	0,20	0,21	0,34	0,35	0,36	0,84	0,83	0,80	2,02	2,01	2,08	4,25	7,27
− 2,29	0,36	− 0,15	0,35	0,36	0,37	0,81	0,84	0,85	2,00	2,02	2,03	4,25	7,26
− 2,59	0,00	0,08	0,36	0,38	0,38	0,84	0,86	0,87	2,01	2,02	2,08	4,20	7,23
− 0,18	0,48	0,24	0,38	0,38	0,40	0,87	0,87	0,88	2,01	2,03	2,03	4,20	7,19
− 0,21	0,25	0,26	0,40	0,42	0,48	0,89	0,90	0,89	2,02	2,04	2,05	4,18	7,18
− 2,48	0,33	0,02	0,40	0,41	0,41	0,91	0,92	0,91	2,06	2,07	2,02	4,18	7,16
− 3,92	0,41	0,28	0,37	0,41	0,42	0,91	0,93	0,94	2,05	2,05	2,05	4,17	7,11
− 3,36	0,20	− 1,77	0,37	0,37	0,44	0,93	0,92	0,96	2,04	2,06	2,03	4,16	7,11
− 3,84	0,35	− 0,11	0,29	0,31	0,31	0,89	0,89	0,89	2,05	2,06	2,04	4,13	7,07
− 2,85	0,23	− 0,89	0,25	0,28	0,32	0,85	0,86	0,87	2,03	2,04	2,02	4,12	7,04
− 1,90	− 0,00	− 1,29	0,26	0,28	0,30	0,84	0,84	0,84	2,08	2,02	2,02	4,11	7,03
− 2,18	0,81	− 0,82	0,22	0,26	0,28	0,83	0,83	0,83	2,01	2,02	2,01	4,11	7,01
− 2,20	0,81	− 0,12	0,21	0,23	0,25	0,82	0,81	0,79	2,00	2,01	2,01	4,09	7,00
− 2,76	2,19	0,26	0,17	0,20	0,20	0,78	0,78	0,79	1,99	1,99	1,98	4,07	6,97
− 1,02	0,17	0,28	0,28	0,27	0,30	0,79	0,76	0,78	1,97	1,97	1,98	4,08	6,94
0,93	1,12	0,42	0,30	0,30	0,30	0,77	0,79	0,79	1,95	1,96	1,98	4,05	6,93
− 0,99	0,67	0,00	0,31	0,30	0,31	0,74	0,74	0,75	1,99	1,99	2,00	4,25	7,28

April 1879.

1" tief 7	1" tief 2	1" tief 8	1' tief 7	1' tief 2	1' tief 8	2' tief 7	2' tief 2	2' tief 8	4' tief 7	4' tief 2	4' tief 8	8' tief 7	10' tief 7
0,46	4,47	3,42	0,30	0,33	0,38	0,70	0,81	0,83	1,94	1,94	1,95	4,04	6,91
1,19	10,66	7,96	0,36	0,56	0,56	0,81	0,86	0,90	1,94	1,94	1,95	4,02	6,90
2,38	11,84	6,25	0,56	1,11	1,63	1,02	1,07	1,36	1,94	1,94	1,94	4,03	6,90
2,38	10,99	7,96	1,57	2,15	2,98	1,59	1,77	2,00	1,94	1,96	1,99	4,01	6,86
1,74	9,07	4,56	2,14	2,06	3,32	2,07	2,13	2,33	1,99	2,02	2,06	3,97	6,84
3,38	5,44	4,55	2,67	2,92	3,07	2,47	2,48	2,51	2,09	2,12	2,16	3,97	6,81
1,11	6,37	3,35	2,52	2,61	2,94	2,56	2,54	2,54	2,21	2,23	2,27	3,98	6,82
2,48	4,65	4,54	2,62	2,78	3,12	2,55	2,56	2,60	2,31	2,31	2,38	3,96	6,79
2,81	9,02	4,42	2,97	3,46	3,37	2,74	2,92	2,98	2,43	2,44	2,50	3,97	6,77
1,63	4,19	2,44	3,25	3,13	3,27	3,00	3,06	3,04	2,56	2,60	2,64	3,99	6,77
1,02	7,54	4,20	2,50	3,27	3,85	2,94	2,96	3,04	2,72	2,77	2,80	4,01	6,73
3,40	4,08	3,81	3,47	5,44	3,65	3,26	3,26	3,28	2,85	2,88	2,90	4,01	6,71
3,44	4,37	3,73	3,24	3,95	3,58	3,26	3,26	3,29	2,97	3,00	3,03	4,02	6,69
1,97	6,64	3,30	3,22	3,92	3,55	3,28	3,47	3,39	3,06	3,03	3,14	4,06	6,68
2,80	11,07	4,26	3,21	4,20	4,90	3,81	3,44	3,71	3,14	3,19	3,20	4,08	6,66
2,44	4,78	6,98	3,97	3,83	4,21	3,82	3,74	3,77	3,23	3,27	3,35	4,12	6,66
4,65	12,96	6,67	4,42	6,21	4,62	3,92	4,36	4,08	3,45	3,45	3,41	4,15	6,64
7,30	5,74	8,01	6,27	4,58	6,77	4,33	3,90	4,87	3,45	3,58	3,54	4,17	6,63
4,46	4,40	3,58	5,81	3,08	4,91	5,08	4,10	4,61	3,63	3,70	3,76	4,20	6,61
8,38	5,74	3,68	4,23	4,27	4,98	4,54	4,40	4,37	3,83	3,88	3,91	4,22	6,60
8,10	12,60	8,56	3,08	4,99	6,05	4,18	4,29	4,58	3,92	3,94	3,98	4,27	6,58
5,60	18,92	11,18	5,64	6,50	7,50	4,89	5,04	5,45	3,98	4,03	4,06	4,31	6,58
[illegible]	13,20	8,06	7,43	6,50	8,22	5,83	6,01	6,26	4,09	4,16	4,22	4,35	6,56
[illegible]	10,07	5,82	7,22	7,92	7,20	6,93	6,30	6,26	4,33	4,40	4,16	4,38	6,54
[illegible]	6,68	3,93	6,34	6,14	6,26	6,15	6,01	5,94	4,60	4,68	4,69	4,46	6,53
[illegible]	5,62	4,50	5,96	5,69	5,76	5,65	5,75	5,69	4,75	4,77	4,81	4,49	6,51
[illegible]	5,03	5,27	5,43	4,48	5,02	5,55	5,48	5,51	4,82	4,82	4,85	4,55	6,50
[illegible]	6,78	5,30	5,84	5,00	5,75	5,42	5,41	5,42	4,86	4,90	4,96	4,60	6,48
[illegible]	7,48	5,85	5,50	5,02	5,90	5,43	5,41	5,44	4,88	4,87	4,88	4,66	6,47
[illegible]	7,40	7,30	5,71	5,84	6,11	5,48	5,49	5,56	4,89	4,89	4,91	4,71	6,46
[illegible]	7,76	5,55	5,56	3,88	4,47	3,75	3,81	3,86	3,23	3,82	3,85	4,19	6,67

Mai 1879.

	Luftthermometer											
	III. In Glas			IV. In Kupfer			V. frei			VII.		
	7	2	8	7	2	8	7	2	8	7	2	8
1	1,99	4,20	3,40	4,08	1,68	8,61	4,79	4,64	3,91	4,80	4,81	3,78
2	8,01	8,92	3,80	9,90	8,25	8,90	3,91	7,37	4,21	9,89	6,93	3,98
3	5,63	21,76	2,80	5,45	15,97	2,84	5,17	13,57	3,74	4,78	11,04	3,16
4	4,71	21,63	4,20	4,87	18,04	4,29	4,00	15,20	4,90	4,35	13,24	4,07
5	6,24	26,07	8,50	6,73	21,57	8,85	6,10	16,69	8,06	5,47	14,53	8,98
6	10,13	25,46	11,92	10,28	20,70	11,62	10,61	18,11	11,80	9,40	16,87	[illegible]
7	8,75	9,46	0,99	7,48	8,68	2,70	7,48	18,01	8,48	6,70	7,20	2,09
8	8,65	9,40	9,41	4,05	8,25	3,42	3,13	7,97	3,91	2,73	7,01	6,77
9	4,06	10,70	7,46	4,00	10,28	7,18	3,91	9,58	7,37	8,93	9,02	7,37
10	9,92	10,29	6,65	8,87	9,50	6,56	8,94	9,48	6,99	8,66	8,85	6,81
11	5,31	6,49	4,62	5,35	5,60	4,63	5,12	6,07	4,77	5,08	5,70	4,70
12	1,62	5,79	4,42	4,08	5,59	4,39	4,77	5,55	4,55	4,89	5,08	4,40
13	6,12	22,53	5,03	5,98	18,00	4,87	5,60	15,95	5,64	5,85	13,04	5,16
14	11,02	21,27	5,81	11,73	18,72	5,74	11,70	16,57	6,20	9,32	14,98	5,80
15	9,01	23,30	7,05	9,76	19,35	6,00	9,36	17,34	7,41	7,51	15,07	7,00
16[1]	8,67	23,71	6,65	14,38	19,69	6,61	8,01	17,17	7,37	8,16	14,20	6,70
17[2]	9,89	21,88	5,44	14,66	16,79	5,60	8,41	15,17	6,50	8,85	12,39	5,88
18	6,44	16,51	13,22	6,13	14,52	13,22	6,07	14,44	13,22	5,86	13,84	14,05
19	12,73	19,23	15,17	12,40	18,24	14,05	12,57	17,34	14,74	12,77	17,86	13,87
20	12,73	25,83	9,89	12,80	24,22	9,69	11,83	20,56	10,10	10,85	18,07	9,98
21	10,50	29,25	11,71	10,47	24,77	11,62	10,40	23,11	12,14	10,00	19,88	11,70
22	14,18	31,31	12,42	13,00	26,06	12,85	14,27	25,52	12,91	13,16	22,78	12,46
23	14,48	31,04	14,11	13,45	27,58	13,80	13,57	25,69	14,31	13,08	20,99	14,26
24	15,25	32,19	14,77	11,55	27,68	14,52	14,65	26,88	14,74	14,30	21,77	14,84
25	14,97	25,18	17,30	14,00	25,61	16,70	14,01	21,67	16,91	14,84	23,20	16,88
26	16,59	26,26	20,17	16,45	23,70	19,54	16,04	22,93	19,71	15,08	22,03	20,10
27	18,62	32,06	22,49	18,03	30,62	21,87	18,38	28,58	21,90	18,66	28,31	22,96
28	18,81	29,19	21,08	18,64	28,20	21,42	18,33	27,33	21,42	18,89	27,39	21,41
29	19,31	30,72	22,57	18,92	27,03	22,25	18,63	27,07	22,07	18,81	26,16	22,70
30	18,95	30,72	15,01	13,91	25,74	14,71	13,87	25,80	15,35	13,77	25,89	14,89
31	15,99	23,58	16,80	15,68	22,59	16,45	15,52	21,98	16,91	16,90	22,78	16,48
	10,85	21,28	10,92	10,04	18,64	10,20	10,01	17,58	10,57	9,64	16,02	[illegible]

Juni 1879.

	7	2	8	7	2	8	7	2	8	7	2	8
1	15,17	13,86	19,84	15,15	29,16	19,06	15,00	24,36	18,89	15,46	23,62	19,65
2	17,00	28,23	15,78	16,45	24,07	15,49	16,17	23,02	16,04	16,22	21,66	15,64
3	14,44	25,34	19,64	14,42	23,70	19,35	13,96	22,16	19,49	14,09	22,78	19,65
4	17,28	17,20	11,67	16,55	16,45	11,72	10,90	16,18	12,48	16,68	15,37	11,70
5	9,48	13,10	9,48	9,31	12,54	9,62	9,08	12,27	10,00	9,05	10,51	9,40
6	10,70	21,76	10,21	10,56	16,94	9,79	10,40	16,48	10,40	10,09	14,77	10,09
7	9,40	24,52	12,81	9,16	21,00	12,50	9,10	20,35	18,00	9,20	18,51	12,29
8	11,50	27,86	13,55	11,14	25,64	13,17	11,18	23,11	14,00	10,47	21,22	13,16
9	14,48	24,12	14,41	13,70	21,01	14,93	13,70	19,92	14,74	13,58	19,57	14,22
10	12,22	32,15	11,11	11,62	25,98	13,98	11,88	25,22	14,32	11,16	22,62	14,14
11	14,48	30,64	17,12	13,26	26,51	16,00	13,00	23,80	17,00	13,08	23,17	16,58
12	14,36	29,12	16,80	14,04	25,64	16,45	13,83	24,19	16,91	14,69	22,09	16,80
13	15,17	33,61	13,95	14,52	28,59	11,04	14,40	26,15	14,91	15,45	21,04	18,54
14	14,77	31,87	15,17	14,23	26,27	11,76	14,40	25,82	15,61	14,42	23,17	14,69
15	13,95	17,00	13,90	13,80	16,16	13,07	13,70	15,52	13,87	13,24	15,15	13,49
16	12,82	29,92	17,61	12,40	26,61	17,42	12,57	24,75	17,73	12,80	24,08	17,74
17	19,48	31,70	22,57	18,97	28,68	21,36	18,50	27,68	22,11	19,27	27,70	22,51
18	19,76	21,27	15,78	19,85	20,12	15,50	19,10	19,92	16,04	19,65	19,05	16,13
19	17,61	28,03	18,98	17,37	27,58	18,67	16,91	24,68	18,97	16,71	25,00	19,27
20	16,31	32,27	17,34	15,37	30,29	17,06	15,82	25,52	18,24	15,84	25,12	18,13
21	18,22	30,64	21,68	17,61	29,13	21,28	17,00	25,52	21,66	17,74	26,54	21,56
22	18,42	29,49	24,78	18,11	29,27	20,66	17,98	26,77	20,78	17,98	25,80	20,79
23	15,90	24,36	16,11	15,63	23,41	16,07	15,70	21,21	16,74	15,45	19,76	15,92
24	16,64	27,31	16,80	16,35	26,61	16,45	15,61	22,16	16,91	15,84	22,51	16,68
25	17,20	19,97	15,66	16,94	19,56	15,49	16,48	18,29	16,04	16,60	18,02	15,64
26	14,15	16,31	13,43	14,04	15,97	13,26	14,81	15,61	13,65	13,92	15,45	13,85
27	15,58	15,58	14,61	14,76	15,49	14,52	14,74	14,44	14,65	14,69	13,92	14,42
28	16,47	20,15	15,99	16,31	24,53	15,73	15,17	22,07	16,26	15,45	19,73	15,64
29	17,20	20,78	15,33	16,24	20,32	15,10	16,48	22,01	15,61	16,79	18,93	15,45
30	14,00	18,14	14,44	14,06	17,90	14,33	14,70	17,08	14,69	14,77	17,25	14,88
	15,17	24,06	15,09	14,78	20,17	15,02	14,90	21,53	15,50	14,78	20,59	15,70

1) 2) Falsche Ablesung von IV den 16. u. 17. morgens.

Mai 1879.

Erdthermometer													
1" tief			1' tief			2' tief			4' tief			8' tief	10' tief
7	2	8	7	2	8	7	2	8	7	2	8	7	7
5,10	5,39	4,03	5,85	5,72	5,66	5,00	5,57	5,55	4,92	4,94	4,94	4,77	6,46
4,64	6,62	5,46	5,31	5,44	5,73	5,44	5,40	5,42	4,98	4,98	4,99	4,77	6,46
5,08	14,20	7,06	5,50	6,67	7,54	5,46	5,61	5,93	4,98	4,99	4,99	4,84	6,45
4,98	14,82	7,57	6,37	7,01	7,80	6,00	6,12	6,37	5,02	5,04	5,07	4,88	6,44
5,57	15,90	9,97	6,70	7,66	8,71	6,40	6,44	6,76	5,08	5,16	5,18	4,91	6,43
7,88	16,68	11,76	7,84	8,77	9,65	7,01	7,10	7,30	5,22	5,26	5,32	4,95	6,43
8,04	9,61	6,80	8,72	8,67	8,50	7,50	7,62	7,62	5,37	5,46	5,55	4,99	6,43
8,10	7,61	5,85	7,21	7,01	7,10	7,31	7,00	6,90	5,57	5,64	5,67	5,08	6,41
8,31	8,36	7,98	6,87	6,67	7,06	6,74	6,64	6,90	5,69	5,70	5,71	5,07	6,41
7,44	9,08	7,85	6,90	7,22	7,80	6,66	6,69	6,78	5,71	5,72	5,71	5,10	6,42
6,40	6,83	6,06	7,12	6,93	6,88	6,79	6,72	6,71	5,78	5,74	5,78	5,21	6,42
5,51	6,81	5,03	6,48	6,45	6,42	6,57	6,48	6,14	5,72	5,77	5,78	5,23	6,42
5,77	12,73	7,06	6,21	6,82	7,54	6,85	6,88	6,55	5,77	5,79	5,78	5,27	6,40
6,23	15,80	9,31	6,97	8,21	9,01	6,69	6,82	7,15	5,75	5,79	5,81	5,30	6,40
7,47	16,97	10,54	8,03	9,25	9,92	7,36	7,51	7,76	5,80	5,85	5,90	5,35	6,41
7,61	16,89	10,36	8,66	9,48	10,22	7,93	7,90	8,23	5,90	5,98	6,05	5,39	6,40
8,80	16,86	10,01	9,06	9,74	10,29	8,32	8,40	8,53	6,06	6,21	6,22	5,49	6,40
7,80	11,97	11,58	9,35	9,12	9,50	8,68	8,50	8,51	6,29	6,35	6,40	5,50	6,41
11,08	15,09	12,39	9,52	10,15	10,61	8,56	8,66	8,81	6,47	6,50	6,57	5,53	6,42
10,46	17,62	12,84	10,11	10,72	11,92	9,01	9,11	9,32	6,60	6,67	6,71	5,56	6,41
10,14	20,02	13,97	10,48	11,35	12,32	9,45	9,58	9,85	6,81	6,85	6,92	5,63	6,41
11,77	21,43	14,06	11,48	12,24	13,13	10,07	10,19	10,48	7,00	7,00	7,14	5,69	6,41
12,14	21,26	15,16	12,05	12,90	13,58	10,65	10,75	10,09	7,25	7,34	7,43	5,75	6,42
13,90	22,36	16,26	12,78	13,10	14,06	11,15	11,21	11,47	7,58	7,64	7,72	5,82	6,42
12,21	20,48	17,05	13,27	14,01	14,47	11,69	11,73	11,89	7,88	7,94	8,02	5,92	6,41
14,86	20,00	18,24	18,79	14,41	14,36	12,08	12,12	12,31	8,18	8,50	8,28	6,02	6,46
[illegible]	21,75	20,12	14,47	15,90	16,08	12,51	12,64	12,84	8,40	8,50	8,61	6,07	6,44
[illegible]	23,80	20,95	15,50	16,28	17,00	13,25	18,36	18,66	8,73	8,90	8,98	6,17	6,45
[illegible]	22,76	19,46	16,39	16,78	17,15	13,97	14,03	14,24	9,08	9,18	9,29	6,29	6,45
[illegible]	21,64	17,20	16,29	16,82	18,60	14,32	14,20	14,11	9,46	9,56	9,66	6,41	6,46
[illegible]	18,76	16,75	15,56	15,20	15,50	14,21	14,04	14,00	9,82	9,88	9,94	6,52	6,46
[illegible]	15,53	11,64	9,69	10,18	10,70	8,83	8,86	9,02	6,54	6,61	6,65	5,46	6,41

Juni 1879.

7	2	8	7	2	8	7	2	8	7	2	8	7	7
14,26	21,10	18,24	14,71	15,16	15,80	13,57	13,66	13,86	10,06	10,08	10,15	6,69	6,50
15,06	18,59	16,72	15,42	15,34	15,61	14,01	13,94	14,00	10,22	10,21	10,32	6,82	6,51
14,14	19,20	17,80	14,87	15,17	15,67	13,95	13,86	13,97	10,34	10,36	10,42	6,93	6,50
15,74	16,21	14,32	15,28	15,17	15,08	14,04	13,97	13,96	10,49	10,51	10,55	7,06	6,51
[illegible]	13,46	12,24	13,98	13,79	13,69	13,68	13,46	13,34	10,60	10,61	10,64	7,21	6,51
11,52	14,12	12,29	13,00	12,94	13,11	13,04	12,82	12,75	10,65	10,65	10,66	7,33	6,53
10,18	16,98	14,18	12,50	12,71	13,22	12,57	12,42	12,45	10,61	10,61	10,58	7,45	6,53
11,81	18,10	15,18	12,92	13,48	14,15	12,54	12,50	12,68	10,57	10,54	10,52	7,57	6,57
13,38	16,24	14,81	13,50	13,66	13,94	12,85	12,80	12,86	10,51	10,51	10,52	7,66	6,59
12,30	19,74	15,69	13,19	13,69	14,48	12,79	12,77	12,80	10,52	10,52	10,54	7,76	6,61
13,16	19,00	16,61	13,87	14,16	14,77	13,09	13,04	13,19	10,54	10,54	10,56	7,84	6,61
13,84	20,42	17,05	14,27	14,78	15,36	13,34	13,36	13,53	10,63	10,68	10,65	7,89	6,64
14,81	21,58	16,61	14,60	15,25	15,80	13,74	13,73	13,88	10,70	10,74	10,77	7,98	6,67
14,98	21,87	17,38	15,97	15,08	16,23	14,10	14,12	14,26	10,84	10,86	10,95	8,05	6,68
14,81	15,24	14,75	15,56	15,15	15,02	14,87	14,26	14,17	11,01	11,04	11,09	8,15	6,73
12,76	20,72	17,09	14,15	14,70	14,44	13,93	13,81	13,93	11,14	11,17	11,20	8,19	6,74
16,39	22,81	20,40	15,26	15,93	16,73	14,16	14,21	14,16	11,22	11,24	11,27	8,29	6,76
17,76	19,24	16,75	16,57	16,52	16,42	14,85	14,58	14,33	11,33	11,36	11,49	8,36	6,80
15,81	21,94	18,42	15,75	16,12	16,57	14,82	14,80	14,90	11,50	11,55	11,59	8,41	6,82
16,19	23,28	19,07	16,28	16,64	17,25	15,00	15,01	15,22	11,66	11,68	11,75	8,53	6,84
[illegible]	22,90	20,31	16,72	16,93	14,43	15,40	15,97	15,51	11,82	11,84	11,91	8,60	6,87
[illegible]	24,10	20,89	17,19	17,54	18,08	15,68	15,67	15,83	12,00	12,01	12,06	8,73	6,92
[illegible]	20,01	17,62	17,54	17,35	17,36	16,02	15,97	15,96	12,15	12,20	12,27	8,79	6,94
[illegible]	20,87	17,93	16,65	16,80	17,10	15,84	15,70	15,72	12,25	12,36	12,40	8,87	6,96
[illegible]	17,29	16,51	16,47	16,32	15,55	15,72	15,58	15,53	12,49	12,50	12,54	8,06	6,98
[illegible]	15,83	14,75	15,85	15,70	15,51	15,87	15,24	15,14	12,56	12,57	12,58	9,06	7,02
[illegible]	15,02	14,94	15,02	14,95	14,95	14,90	14,75	14,69	12,60	12,59	12,58	9,15	7,03
[illegible]	20,16	17,07	14,56	15,16	15,91	14,50	14,44	14,88	12,57	12,83	12,55	9,25	7,06
[illegible]	18,91	16,46	15,00	15,80	16,08	14,88	14,80	14,88	12,54	12,50	12,52	9,36	7,13
[illegible]	16,27	18,07	15,20	15,26	15,18	14,86	14,74	14,09	12,52	12,53	12,53	9,49	7,19
[illegible]	19,05	16,57	15,11	15,20	15,41	14,25	14,17	14,27	11,20	11,30	11,34	8,16	6,76

Juli 1879.

	Luftthermometer											
	III. In Glas			IV. In Kupfer			V. frei			VII.		
	7	2	8	7	2	8	7	2	8	7	2	[illegible]
1	15,40	26,81	14,20	15,68	26,12	13,04	14,44	21,85	14,57	14,61	19,40	[illegible]
2	14,95	29,27	22,08	14,57	26,61	21,33	14,35	24,49	21,90	14,69	25,00	[illegible]
3	12,80	15,58	15,78	12,97	15,49	15,49	13,44	15,21	15,17	12,77	14,98	[illegible]
4	13,47	20,58	14,20	13,12	19,83	14,01	13,35	19,40	14,05	13,54	19,90	[illegible]
5	13,26	15,54	13,95	12,83	14,66	13,00	12,57	14,31	13,74	13,27	14,98	[illegible]
6	13,75	16,90	13,95	13,56	15,59	13,26	13,00	15,35	13,83	13,54	14,84	[illegible]
7	13,87	24,72	14,52	15,05	23,08	14,52	14,44	20,41	14,95	14,22	17,98	[illegible]
8	15,27	26,07	15,20	16,15	25,78	15,87	14,31	21,64	16,22	14,46	20,08	[illegible]
9	15,58	22,09	18,34	15,19	21,77	17,52	14,05	19,92	17,61	14,77	19,95	[illegible]
10	14,77	23,90	14,20	14,62	22,60	14,01	14,52	21,08	14,74	14,88	20,08	[illegible]
11	13,47	25,83	13,63	13,75	22,74	13,07	13,00	20,35	13,87	12,77	18,13	[illegible]
12	13,22	18,67	13,55	12,23	17,56	13,07	12,91	14,81	13,41	12,85	14,68	[illegible]
13	13,67	30,90	15,09	13,45	28,20	15,78	12,64	22,80	16,13	13,24	20,37	[illegible]
14	13,95	29,37	19,84	13,55	27,09	19,49	13,05	24,19	19,40	13,92	23,39	[illegible]
15	16,03	16,90	16,47	15,50	16,55	15,97	15,82	16,48	16,17	15,57	15,68	[illegible]
16	14,65	28,19	17,09	14,02	27,09	17,42	14,31	24,86	18,11	14,69	23,69	[illegible]
17	16,83	34,98	17,32	15,81	31,85	16,94	15,61	27,38	17,77	15,68	24,42	[illegible]
18	17,28	30,00	16,90	17,42	30,02	16,45	16,48	26,55	17,98	17,21	24,31	[illegible]
19	16,11	33,49	16,51	15,97	29,85	16,35	16,04	25,81	17,12	15,45	24,31	[illegible]
20	15,99	17,91	16,39	15,97	18,14	16,11	16,13	17,68	16,91	15,64	16,98	[illegible]
21	22,08	33,07	13,95	21,77	30,96	14,04	21,55	28,71	14,22	21,91	27,08	[illegible]
22	17,60	17,61	16,08	17,52	17,42	16,55	17,47	17,86	16,95	17,26	17,30	[illegible]
23	16,64	18,26	15,09	16,55	17,90	15,49	16,92	17,00	16,13	16,45	16,45	[illegible]
24	15,54	31,45	14,97	15,87	28,59	14,90	15,17	22,54	15,17	15,64	21,20	[illegible]
25	12,41	15,25	14,15	12,40	14,90	14,01	12,66	14,71	14,22	12,62	14,49	[illegible]
26	13,55	16,17	13,55	13,41	14,52	13,12	13,44	14,22	13,44	13,35	14,34	[illegible]
27	14,15	25,67	14,56	13,89	23,51	14,18	13,58	20,13	14,25	14,46	19,19	[illegible]
28	15,58	24,16	13,99	15,25	22,74	13,60	11,74	18,97	14,81	14,77	17,66	[illegible]
29	15,90	27,00	16,07	15,20	25,64	15,97	14,83	20,87	16,04	14,93	19,01	[illegible]
30	14,98	31,94	16,16	14,83	28,61	15,97	14,40	24,06	16,74	14,15	22,62	[illegible]
31	15,25	30,64	16,72	15,25	27,58	16,21	15,00	22,97	16,91	14,69	22,05	[illegible]
	15,03	24,30	15,77	14,90	23,00	15,43	14,70	20,07	15,88	14,84	19,46	[illegible]

August 1879.

	7	2	8	7	2	8	7	2	8	7	2	[illegible]
1	16,99	33,90	16,98	16,84	29,51	16,55	15,95	27,15	17,48	15,72	23,39	[illegible]
2	15,90	35,28	16,92	16,68	30,72	16,45	15,06	28,45	17,34	16,07	24,92	[illegible]
3	15,83	34,02	17,77	15,68	29,76	17,62	15,95	26,29	18,11	15,30	25,85	[illegible]
4	14,89	35,52	23,90	14,90	32,92	22,74	14,87	28,54	22,71	13,92	27,80	[illegible]
5	19,72	38,77	20,37	19,45	35,46	20,12	19,23	31,55	20,78	19,84	29,24	[illegible]
6	15,09	26,97	20,53	15,00	25,74	20,32	15,05	24,67	20,56	15,07	23,17	[illegible]
7	18,42	28,25	13,95	18,14	28,06	14,04	18,20	26,08	14,81	18,32	26,27	[illegible]
8	14,97	28,52	15,25	15,00	25,71	15,06	14,74	21,77	16,04	14,88	20,08	[illegible]
9	14,24	19,35	15,70	14,11	17,91	15,59	14,22	18,76	16,04	14,11	18,50	[illegible]
10	13,55	24,64	13,75	13,65	24,09	14,42	13,79	18,03	14,09	13,54	17,63	[illegible]
11	14,56	15,50	14,11	14,12	15,34	14,66	14,52	15,00	14,48	14,69	14,88	[illegible]
12	16,20	24,85	15,05	16,11	22,84	16,15	15,70	19,58	15,28	15,70	18,59	[illegible]
13	15,37	23,30	16,51	15,28	21,43	16,16	15,43	20,35	17,00	15,37	19,54	[illegible]
14	16,47	30,02	16,55	15,97	25,18	16,45	15,05	23,15	17,34	16,49	21,28	[illegible]
15	16,15	24,20	15,01	16,07	20,42	16,02	15,82	20,85	15,61	15,45	20,03	[illegible]
16	11,92	24,85	11,92	11,62	21,87	11,62	11,96	21,90	11,96	12,89	21,48	[illegible]
17	11,85	22,49	13,95	11,14	20,42	13,75	11,48	20,01	14,74	11,74	20,52	[illegible]
18	12,00	22,40	14,36	11,02	20,42	14,39	12,05	19,98	15,26	12,12	20,26	[illegible]
19	14,06	19,52	16,04	14,83	19,11	16,07	14,31	17,68	16,65	14,08	18,18	[illegible]
20	16,49	22,60	15,77	16,35	20,90	15,15	16,22	20,35	15,82	15,84	20,45	[illegible]
21	13,55	29,20	16,96	13,55	22,25	16,94	13,70	21,21	17,34	14,20	20,45	[illegible]
22	14,56	27,37	22,08	14,52	25,15	21,52	14,74	24,73	21,65	14,69	25,85	[illegible]
23	18,62	28,00	17,61	18,88	27,38	17,42	18,11	26,51	18,20	18,19	27,08	[illegible]
24	14,36	21,70	16,08	14,52	21,18	16,21	14,48	20,33	16,04	14,22	20,87	[illegible]
25	15,50	28,20	14,38	15,25	21,38	14,01	15,26	21,17	15,17	15,45	19,50	[illegible]
26	15,17	21,76	15,17	14,76	20,80	11,50	14,74	20,44	15,95	16,07	20,71	[illegible]
27	15,17	19,58	12,40	15,00	18,98	12,25	15,17	17,86	13,41	14,99	17,78	[illegible]
28	13,56	15,17	15,99	13,41	15,00	15,63	13,44	14,83	15,87	13,46	15,18	[illegible]
29	16,67	21,68	16,20	16,28	20,20	16,21	18,20	19,58	16,89	18,91	19,85	[illegible]
30	15,58	20,05	15,37	15,34	19,35	15,00	15,17	18,20	15,52	15,18	18,13	[illegible]
31	13,02	20,05	14,97	13,07	19,35	11,90	13,22	18,63	15,17	13,35	18,51	[illegible]
	15,52	25,10	16,24	15,08	22,98	15,77	15,42	21,71	16,54	14,82	21,30	[illegible]

Juli 1879.

Erdthermometer													
1" tief			1' tief			2' tief			4' tief			6' tief	10' tief
7	2	8	7	2	8	7	2	8	7	2	8	7	7
14,96	20,08	15,87	14,71	15,08	15,47	14,82	14,53	14,51	12,51	12,51	12,51	9,49	7,16
13,90	21,71	18,48	14,98	16,48	16,18	14,57	14,54	14,70	12,52	12,52	12,51	9,57	7,20
15,11	15,50	15,84	16,07	15,71	15,65	14,94	14,93	14,81	12,52	12,52	12,56	9,61	7,22
15,48	17,26	15,84	14,87	15,06	15,20	14,68	14,64	14,65	12,58	12,50	12,58	9,67	7,27
16,51	14,98	14,64	14,79	14,71	14,98	14,55	14,28	14,37	12,58	12,58	12,56	9,73	7,27
18,41	14,58	14,93	14,41	14,40	14,43	14,30	14,13	14,12	12,58	12,56	12,57	9,81	7,34
14,02	18,90	16,60	14,15	14,61	15,09	14,01	13,97	14,10	12,52	12,50	12,50	9,88	7,36
14,02	18,79	16,01	14,77	14,78	15,00	14,30	14,18	14,28	12,40	12,47	12,47	9,87	7,41
14,96	19,26	17,04	14,70	15,10	16,20	14,26	14,27	14,40	12,46	12,46	12,50	9,93	7,42
14,75	19,24	16,06	15,31	16,34	15,95	14,56	14,60	14,67	12,47	12,48	12,51	9,95	7,46
13,62	18,21	14,86	15,20	15,10	16,21	14,70	14,50	14,58	12,60	12,51	12,52	9,99	7,49
13,91	14,98	14,17	14,71	14,18	14,46	14,49	14,34	14,27	12,58	12,56	12,58	10,05	7,53
13,09	19,67	16,42	14,07	14,09	15,28	14,07	14,01	14,17	12,76	12,76	12,67	10,07	7,58
13,70	19,38	17,95	14,92	15,16	15,70	14,42	14,40	14,52	12,56	12,56	12,57	10,12	7,61
15,75	16,04	16,15	15,02	15,19	15,52	14,73	14,73	14,74	12,57	12,67	12,60	10,15	7,64
14,45	20,36	17,62	15,09	15,58	15,88	14,63	14,61	14,74	12,62	12,63	12,65	10,20	7,66
14,96	22,20	18,15	15,53	15,90	16,58	14,80	14,84	15,06	12,67	12,68	12,70	10,29	7,70
16,08	22,78	18,25	16,20	16,02	17,25	15,29	15,31	15,52	12,74	12,70	12,78	10,36	7,74
16,19	22,40	18,20	16,73	16,98	17,50	15,76	15,72	15,93	12,84	12,90	12,93	10,31	7,79
16,54	17,88	17,06	16,98	16,96	16,77	16,04	15,92	15,90	12,99	13,02	13,05	10,36	7,80
12,36	22,38	14,81	17,18	16,50	16,01	15,75	15,60	15,68	13,17	13,14	13,12	10,41	7,85
17,42	17,05	17,28	17,14	17,01	16,36	16,01	16,07	16,00	13,18	13,20	13,22	10,42	7,86
16,63	16,51	16,44	16,55	16,93	16,32	15,90	15,77	15,77	13,28	13,32	13,34	10,48	7,89
14,87	20,25	16,98	15,70	15,91	16,36	15,52	15,40	15,47	13,36	13,30	13,39	10,51	7,92
13,96	14,73	14,70	15,70	15,34	15,24	15,46	15,31	15,19	13,37	13,38	13,40	10,58	7,96
14,08	14,27	14,08	14,92	14,71	14,65	14,98	14,77	14,68	13,37	13,35	13,35	10,64	8,01
[illegible]	18,14	15,69	16,55	14,71	15,24	14,51	14,41	14,51	13,31	13,27	13,30	10,68	8,02
,81	17,07	15,17	14,98	14,90	15,10	14,63	14,55	14,61	13,23	13,19	13,19	10,73	8,03
[illegible]	17,50	16,01	14,57	14,80	15,24	14,55	14,47	14,56	13,17	13,15	13,13	10,76	8,08
14,63	20,14	17,12	15,08	15,48	16,01	14,67	14,68	14,85	13,12	13,12	13,12	10,79	8,11
15,21	19,80	17,58	15,72	16,01	16,44	15,06	15,06	15,21	13,11	13,11	13,12	10,85	8,15
14,81	18,46	16,27	15,41	15,47	15,72	14,86	14,79	14,85	12,81	12,82	12,83	10,20	7,60

August 1879.

1" tief 7	1" tief 2	1" tief 8	1' tief 7	1' tief 2	1' tief 8	2' tief 7	2' tief 2	2' tief 8	4' tief 7	4' tief 2	4' tief 8	6' tief 7	10' tief 7
15,88	21,80	18,14	16,10	16,44	17,01	15,98	15,40	15,57	13,18	13,18	13,19	10,83	8,16
15,98	23,30	18,84	16,51	16,96	17,63	15,71	15,78	16,00	13,22	13,25	13,28	10,87	8,19
16,31	22,04	18,76	17,07	17,14	17,80	16,17	16,21	16,22	13,33	13,40	13,41	10,88	8,24
15,09	19,84	21,28	17,08	17,91	18,35	16,29	16,34	16,54	13,56	13,52	13,53	10,91	8,27
18,40	25,96	21,26	18,11	18,71	19,26	16,85	16,97	17,16	13,59	13,64	13,66	10,95	8,29
17,35	21,80	20,19	18,61	18,54	18,78	17,18	17,32	17,38	13,65	13,80	13,88	10,98	8,31
18,19	23,48	17,30	18,29	18,02	18,78	17,06	17,22	17,40	14,05	14,00	14,08	11,05	8,34
16,85	19,88	17,43	17,60	17,57	17,83	17,15	16,95	16,95	14,11	14,15	14,19	11,09	8,38
15,94	19,89	16,81	17,04	16,94	17,11	16,81	16,59	16,58	14,20	14,20	14,20	11,16	8,41
15,08	17,06	15,45	16,57	16,30	16,20	16,39	16,17	16,09	14,24	14,22	14,24	11,20	8,46
14,98	15,11	15,07	15,84	15,01	15,00	15,92	15,67	15,61	14,21	14,18	14,17	11,28	8,48
15,23	16,86	15,89	15,89	15,47	15,72	15,42	15,39	15,35	14,11	14,12	13,92	11,31	8,48
15,08	18,85	17,20	15,41	15,90	16,20	15,90	15,70	15,41	14,06	13,06	14,01	11,37	8,52
15,84	20,66	17,93	15,78	16,30	16,92	15,48	15,32	15,71	13,98	14,00	13,98	11,41	8,54
16,01	19,60	16,91	16,46	16,67	16,80	15,84	15,86	15,91	13,91	13,97	13,98	11,45	8,57
18,49	19,75	18,49	15,85	16,21	15,84	15,81	15,72	15,81	13,98	14,00	13,97	11,48	8,58
18,18	18,72	16,12	15,70	15,95	16,81	15,74	15,60	15,61	13,98	13,99	14,00	11,50	8,61
13,70	19,25	16,44	15,70	16,06	16,50	15,61	15,54	15,64	13,98	13,98	13,98	11,53	8,64
14,60	16,18	16,15	15,86	15,70	15,77	15,64	15,50	15,48	13,91	13,94	13,98	11,55	8,67
16,35	18,98	16,90	15,54	16,07	16,43	15,36	15,40	15,54	13,93	13,95	13,95	11,58	8,69
14,15	19,40	17,47	15,66	15,96	16,44	15,49	15,41	15,56	13,91	13,90	13,95	11,62	8,74
15,93	21,02	19,87	16,09	16,67	17,21	15,67	15,61	15,89	13,93	13,93	13,94	11,66	8,78
17,30	22,08	19,02	16,97	17,53	18,00	16,11	16,25	16,11	13,93	13,94	13,97	11,64	8,79
,49	18,65	17,27	17,23	17,20	17,20	16,50	16,41	16,42	14,02	14,05	14,07	11,66	8,80
,09	19,87	16,74	16,72	16,94	17,16	16,24	16,22	16,28	14,12	14,14	14,15	11,68	8,84
,18	19,00	17,08	16,37	16,71	17,03	16,16	16,08	16,15	14,18	14,20	14,22	11,71	8,87
[illegible]	17,00	15,87	16,44	16,51	16,54	16,10	16,02	16,00	14,22	14,22	14,22	11,74	8,88
[illegible]	14,67	15,08	15,80	15,45	15,44	15,81	15,61	15,50	14,22	14,22	14,22	11,70	8,92
[illegible]	18,05	16,84	15,65	16,00	16,28	15,39	15,44	15,55	14,20	14,18	14,20	11,80	8,96
[illegible]	16,72	16,03	15,91	15,81	15,93	15,58	15,45	15,48	14,16	14,13	14,16	11,84	8,98
[illegible]	18,23	16,17	15,89	15,73	16,06	15,99	15,28	15,39	14,18	14,11	14,10	11,88	9,04
[illegible]	19,56	17,28	16,41	16,59	16,90	16,00	15,96	15,97	13,94	13,95	13,90	11,57	[illegible]

September 1879.

	Luftthermometer											
	III. In Glas			IV. In Kupfer			1' frei			VII.		
	7	2	9	7	2	9	7	2	9	7	2	9
1	14,77	19,07	12,32	14,52	18,04	12,21	14,88	17,25	12,88	14,60	16,79	[illegible]
2	13,14	16,72	12,44	12,78	15,97	12,25	13,00	15,26	12,80	13,54	14,49	[illegible]
3	11,89	15,17	15,25	11,82	15,00	15,25	11,70	14,85	15,17	14,51	15,15	[illegible]
4	13,34	20,90	14,56	13,17	21,98	14,30	18,35	20,05	15,17	13,54	21,18	[illegible]
5	12,87	16,83	9,40	12,59	18,00	9,02	10,92	17,12	10,61	12,77	16,22	[illegible]
6	7,74	18,02	18,26	8,01	17,42	13,07	8,32	17,84	13,44	7,70	17,86	[illegible]
7	8,27	22,90	16,25	8,50	21,28	15,00	8,88	20,87	15,17	8,93	21,52	[illegible]
8	12,86	29,25	21,68	12,40	27,48	20,80	12,57	26,20	20,87	12,89	27,70	[illegible]
9	17,40	28,92	21,27	17,08	27,38	20,10	17,34	26,50	21,21	17,44	27,50	[illegible]
10	17,81	23,10	15,15	17,90	21,98	15,10	17,90	20,05	15,89	17,74	20,00	[illegible]
11	12,12	22,60	13,75	12,26	21,18	13,55	12,67	19,92	14,22	12,20	17,86	[illegible]
12	11,92	26,07	14,97	11,87	23,00	14,81	12,57	20,87	15,30	12,01	20,01	[illegible]
13	10,19	21,60	14,48	10,56	20,92	14,52	10,80	19,66	14,74	10,70	19,57	[illegible]
14	14,61	26,87	18,62	14,66	23,90	18,01	14,83	23,20	18,80	14,49	24,81	[illegible]
15	15,70	18,02	10,74	15,08	17,80	10,56	15,92	17,51	11,57	15,64	16,08	[illegible]
16	10,27	21,52	19,55	10,42	20,08	18,45	10,74	19,10	14,40	10,55	18,48	[illegible]
17	12,44	20,13	12,98	12,45	19,25	12,73	12,78	19,97	13,35	12,31	18,81	[illegible]
18	9,82	23,06	15,66	9,21	22,50	16,49	9,60	21,73	15,05	9,13	22,00	[illegible]
19	13,22	26,34	18,01	18,17	24,19	18,98	18,44	23,71	18,97	18,16	24,54	[illegible]
20	15,99	24,72	15,99	15,97	23,51	15,59	16,20	21,12	16,28	15,88	21,98	[illegible]
21	13,79	19,21	15,37	13,84	18,63	15,25	14,74	17,90	16,16	14,11	18,18	[illegible]
22	13,29	26,05	16,11	13,21	23,51	15,78	13,78	22,76	16,13	13,85	23,90	[illegible]
23	12,28	22,41	15,01	12,35	20,90	14,76	12,70	20,28	15,70	12,20	20,08	[illegible]
24	11,96	18,29	16,07	12,01	17,23	15,87	12,29	16,91	15,91	12,01	17,92	[illegible]
25	12,73	22,09	14,48	12,64	20,80	14,23	12,60	19,92	14,74	13,16	20,11	[illegible]
26	11,89	19,97	11,10	11,29	18,77	10,65	11,57	18,87	11,70	11,24	18,78	[illegible]
27	6,00	20,06	11,02	5,98	18,14	11,72	6,59	17,77	12,57	6,24	18,02	[illegible]
28	10,48	16,92	11,92	9,98	16,35	11,96	10,70	15,87	12,27	10,28	15,45	[illegible]
29	10,49	16,95	11,51	10,56	15,68	11,38	11,09	14,98	12,01	10,58	15,07	[illegible]
30	10,78	18,17	10,70	10,76	14,90	10,42	11,00	14,74	11,18	10,77	14,08	[illegible]
	12,27	21,21	13,55	12,26	20,15	14,24	12,82	19,95	15,14	12,31	19,20	[illegible]
	October 1879.											
1	7,86	17,12	10,29	7,77	16,45	10,08	8,86	15,70	10,79	7,86	15,84	10,47
2	7,05	16,68	11,02	7,14	15,97	10,66	7,63	15,36	11,06	7,05	15,84	[illegible]
3	10,82	14,88	9,20	10,76	14,14	8,87	11,00	18,87	9,58	10,96	13,98	[illegible]
4	6,18	15,78	10,21	6,09	14,62	10,56	6,50	14,81	10,61	6,24	14,30	[illegible]
5	9,20	12,98	8,75	9,07	11,76	8,06	9,81	11,40	9,01	9,24	12,89	[illegible]
6	8,19	15,09	10,29	7,48	14,81	10,18	7,90	14,70	10,92	8,55	14,30	[illegible]
7	10,80	14,77	9,18	10,28	13,65	9,21	10,49	13,48	9,79	10,53	13,24	[illegible]
8	7,88	12,98	7,25	7,77	12,11	7,18	8,20	12,27	8,23	8,08	12,16	[illegible]
9	8,05	12,85	7,05	8,18	12,11	6,99	8,91	12,14	7,89	8,54	11,51	[illegible]
10	10,02	12,77	9,16	10,52	12,11	9,11	10,71	11,40	9,44	10,55	11,24	[illegible]
11	6,65	13,34	6,16	6,70	11,28	6,94	6,97	10,92	6,84	7,01	10,66	[illegible]
12	8,79	12,78	8,07	8,79	12,50	8,89	8,92	12,14	8,66	8,21	12,30	[illegible]
13	3,89	12,12	10,02	4,00	11,91	10,42	4,51	11,40	10,49	4,43	11,89	[illegible]
14	11,55	9,86	4,34	9,50	8,01	4,15	9,10	7,23	4,86	8,93	8,79	[illegible]
15	3,09	6,67	1,89	2,84	7,18	1,49	3,30	6,98	2,22	3,55	7,81	[illegible]
16	1,84	7,86	2,44	2,07	6,66	2,46	2,61	6,59	3,05	2,00	6,54	[illegible]
17	− 1,96	14,28	1,59	− 2,07	7,77	1,59	− 1,27	6,50	2,27	− 1,72	7,51	[illegible]
18	0,99	2,93	2,08	1,11	2,91	3,04	1,69	3,14	3,09	1,15	2,47	[illegible]
19	0,43	6,80	4,70	0,72	6,75	4,03	1,10	6,54	5,08	0,96	6,54	[illegible]
20	6,81	11,50	8,67	7,01	11,24	8,05	7,02	11,27	8,57	7,12	11,70	[illegible]
21	6,81	8,75	4,02	7,01	8,40	4,58	6,80	8,14	4,86	6,98	8,08	[illegible]
22	5,08	8,27	5,49	4,87	7,91	5,35	5,34	7,80	5,73	5,08	7,70	[illegible]
23	8,01	7,05	7,25	2,99	6,90	7,28	8,08	7,02	7,37	8,24	7,01	[illegible]
24	6,97	13,67	8,49	6,80	12,40	8,25	6,97	10,96	8,44	7,01	10,47	[illegible]
25	8,67	11,10	6,01	8,73	10,76	5,85	8,75	10,40	6,41	8,98	10,81	[illegible]
26	5,92	9,24	8,85	5,94	9,21	8,25	6,07	9,10	8,98	5,88	9,32	[illegible]
27	8,55	10,98	8,43	8,54	10,76	8,35	8,57	10,06	8,75	8,55	10,70	[illegible]
28	7,38	9,06	6,08	7,42	9,31	5,94	7,58	9,10	6,16	7,70	8,81	[illegible]
29	5,43	7,66	6,05	5,49	7,72	6,00	5,73	7,63	7,02	5,08	7,58	[illegible]
30	6,65	8,67	6,24	6,80	8,30	6,42	6,13	8,84	6,53	6,74	8,16	[illegible]
31	1,72	11,00	1,55	1,78	8,30	1,49	2,27	8,58	2,18	2,89	7,47	[illegible]
	6,10	11,86	6,87	5,91	10,46	6,75	6,36	10,13	7,20	6,89	10,17	[illegible]

September 1879.

Erdthermometer													
1" tief			1' tief			2' tief			4' tief			8' tief	10' tief
7	2	8	7	2	8	7	2	8	7	2	8	7	7
13,07	16,90	14,40	15,74	15,75	15,70	15,43	15,37	15,33	14,07	14,08	14,07	11,90	9,01
13,60	15,48	14,24	15,03	15,02	15,07	15,16	14,94	14,90	14,04	14,04	14,02	11,89	9,03
12,73	14,92	14,05	14,50	14,42	14,52	14,78	14,64	14,62	13,98	13,95	13,94	11,90	9,00
13,77	17,86	15,48	14,48	14,84	16,12	14,55	14,53	14,59	13,90	13,89	13,86	11,94	9,11
11,57	16,80	13,37	14,56	15,30	14,85	14,56	14,40	14,30	13,80	13,76	13,77	11,89	9,11
10,98	15,81	14,15	13,76	13,98	16,36	14,32	14,16	14,17	13,73	13,73	13,72	11,92	9,12
10,67	18,43	16,08	13,94	14,14	14,71	14,11	14,08	14,13	13,64	13,62	13,58	11,95	9,17
13,08	21,36	19,08	14,74	15,08	15,98	14,23	14,34	14,61	13,53	13,52	13,52	11,98	9,19
16,87	22,74	20,40	16,10	16,70	17,98	15,01	15,25	15,51	13,52	13,51	13,58	11,97	9,23
17,68	19,25	16,85	17,17	16,98	16,81	15,93	15,98	15,87	13,59	13,62	13,69	11,96	9,25
13,96	18,81	15,70	15,92	15,96	16,00	15,67	15,54	15,49	13,73	13,77	13,80	11,87	9,28
13,96	18,89	15,94	15,58	16,68	15,78	15,38	15,38	15,29	13,79	13,81	13,84	11,94	9,28
12,98	17,90	15,68	15,21	16,38	15,69	15,20	15,09	15,14	13,82	13,83	13,84	11,96	9,32
14,08	20,70	18,63	15,40	16,00	16,38	15,11	15,21	15,34	13,81	13,83	13,81	11,93	9,34
15,98	17,03	14,90	16,27	16,20	15,95	15,54	15,58	15,48	13,91	13,81	13,81	11,92	9,35
11,90	18,22	15,28	14,80	15,17	15,42	15,18	15,03	14,99	13,88	13,87	13,85	11,93	9,35
13,48	17,39	14,87	14,97	15,28	15,47	14,96	14,92	14,96	13,82	13,88	13,81	11,94	9,39
11,89	19,41	16,54	14,72	15,17	15,65	14,85	14,83	14,91	13,79	13,80	13,77	11,95	9,39
14,90	20,49	18,48	15,32	15,87	16,40	14,99	15,07	15,23	13,76	13,77	13,75	11,96	9,43
16,46	18,58	16,75	16,22	16,23	16,28	15,42	15,15	15,47	13,74	13,83	13,79	11,97	9,44
16,22	16,70	16,08	15,92	15,83	15,90	15,46	15,44	15,36	13,83	13,88	13,85	12,00	9,47
14,58	20,20	16,96	15,47	15,98	16,34	15,23	15,20	15,39	13,85	13,90	13,88	11,98	9,49
13,87	18,77	16,64	15,67	15,90	16,18	15,39	15,37	15,42	13,96	13,90	13,88	11,99	9,50
17,90	16,81	15,84	15,69	16,43	15,46	15,40	15,29	15,22	13,87	13,90	13,90	11,99	9,51
13,06	17,03	15,28	15,02	15,07	15,24	15,03	14,97	14,94	13,90	13,91	13,89	12,01	9,53
12,91	16,24	13,66	14,80	14,86	14,88	14,85	14,79	14,75	13,86	13,88	13,85	12,01	9,54
[illegible]	16,81	13,58	13,93	14,19	14,39	14,50	14,88	14,32	13,80	13,82	13,79	12,03	9,56
[illegible]	14,67	13,29	14,09	13,97	14,04	14,26	14,18	14,11	13,73	13,72	13,69	12,08	9,58
[illegible]	13,72	12,74	13,74	13,67	13,66	14,02	13,94	13,87	13,64	13,60	13,57	12,06	9,59
11,99	13,85	12,84	13,39	13,50	13,61	13,74	13,69	13,67	13,54	13,56	13,47	12,06	9,60
13,45	17,00	14,22	15,38	15,25	15,50	14,93	14,93	14,92	13,78	13,77	13,76	11,95	9,32

October 1879.

1" tief 7	1" tief 2	1" tief 8	1' tief 7	1' tief 2	1' tief 8	2' tief 7	2' tief 2	2' tief 8	4' tief 7	4' tief 2	4' tief 8	8' tief 7	10' tief 7
10,89	14,17	12,00	13,00	13,09	13,16	13,54	13,45	13,39	13,41	13,39	13,35	12,05	9,61
9,81	13,80	12,40	12,65	12,80	12,92	13,27	13,18	13,17	13,29	13,28	13,25	12,04	9,62
11,56	13,01	11,53	12,77	12,76	12,77	13,10	13,06	13,04	13,18	13,15	13,11	12,04	9,65
8,77	13,18	11,17	12,11	12,22	12,33	12,84	12,75	12,68	13,07	13,04	12,99	12,00	9,67
10,81	11,55	10,38	12,07	12,02	11,96	12,63	12,50	12,45	12,96	12,89	12,86	12,00	9,70
9,24	14,26	11,98	11,56	12,07	12,35	12,30	12,29	12,38	12,80	12,76	12,72	11,97	9,71
11,08	13,03	11,19	12,18	12,50	12,48	12,38	12,44	12,44	12,66	12,64	12,61	11,95	9,71
10,19	13,11	10,67	12,08	12,39	12,34	12,30	12,40	12,38	12,57	12,55	12,52	11,92	9,72
7,34	11,77	9,73	11,12	11,48	11,57	12,22	12,05	12,00	12,49	12,47	12,43	11,89	9,74
10,87	11,35	10,96	11,92	11,41	11,40	11,87	12,98	11,80	12,35	12,37	12,33	11,85	9,77
8,02	11,11	9,28	11,01	11,27	11,27	11,08	11,65	11,62	12,26	12,25	12,22	11,81	9,77
9,26	10,90	9,88	10,69	10,74	10,87	11,40	11,36	11,32	12,17	12,12	12,08	11,76	9,77
7,13	10,51	10,20	10,34	10,40	10,58	11,19	11,09	11,04	12,03	12,01	11,95	11,74	9,80
10,91	9,19	7,71	10,75	10,57	10,12	11,07	11,03	10,97	11,86	11,90	11,84	11,69	9,82
5,88	8,22	5,07	9,62	9,47	9,24	10,72	10,56	10,46	11,75	11,74	11,68	11,65	9,83
4,89	7,80	5,65	8,54	8,65	8,61	10,05	9,90	9,70	11,62	11,55	11,50	11,59	9,83
2,76	7,65	5,03	7,79	7,59	7,93	9,46	9,35	9,19	11,38	11,37	11,28	11,56	9,83
3,91	4,50	4,92	7,48	7,26	7,21	9,00	8,84	8,71	11,14	11,07	11,01	11,49	9,85
3,51	6,20	5,87	6,92	7,01	7,29	8,60	8,41	8,39	10,98	10,90	10,78	11,43	9,86
6,57	9,39	6,90	7,31	7,81	8,15	8,38	8,45	8,55	10,64	10,57	10,50	11,38	9,87
7,98	8,11	6,17	8,31	8,89	8,86	8,74	8,80	8,80	10,40	10,36	10,32	11,31	9,91
6,30	7,89	7,02	7,98	8,06	8,13	8,73	8,71	8,69	10,29	10,25	10,22	11,19	9,87
5,15	7,26	7,45	7,78	7,84	7,27	8,68	8,50	8,59	10,17	10,15	10,12	11,15	9,88
7,05	9,03	8,56	8,06	8,35	8,51	8,50	7,65	8,71	10,07	9,95	10,03	11,07	9,90
6,79	9,81	7,30	8,66	8,81	8,68	8,89	8,98	8,92	9,98	9,95	9,91	11,01	9,90
6,87	8,40	8,98	8,07	8,35	8,46	8,91	8,84	8,67	9,93	9,91	9,90	10,91	9,90
[illegible]	9,88	8,31	8,02	8,87	9,01	8,89	8,96	9,08	9,87	9,88	9,88	10,84	9,93
[illegible]	10,03	7,72	8,96	8,02	8,80	9,11	9,10	9,00	9,90	9,85	9,84	10,78	9,92
[illegible]	7,38	7,70	8,55	8,48	8,50	9,04	8,96	8,94	9,84	9,83	9,82	10,75	9,92
[illegible]	8,47	7,85	8,42	8,49	8,57	8,88	8,87	8,85	9,81	9,80	9,80	10,63	9,91
[illegible]	8,19	8,14	8,19	8,27	8,10	8,61	8,78	8,76	9,74	9,74	9,73	10,58	9,92
[illegible]	10,01	8,62	9,78	9,88	9,98	10,49	10,51	10,50	11,43	11,41	11,40	11,48	9,81

November 1879.

	Luftthermometer											
	III. In Glas			IV. In Kupfer			V. frei			VII.		
	7	2	8	7	2	8	7	2	8	7	2	8
1	0,19	4,02	4,46	0,58	4,49	4,59	0,80	4,51	4,86	0,47	4,43	4,70
2	5,92	6,24	4,82	5,98	6,08	4,87	6,16	6,16	5,08	6,24	6,08	5,08
3	3,41	9,08	2,90	3,56	6,92	2,12	8,82	4,77	2,41	8,65	5,12	2,66
4	0,71	5,15	0,11	1,01	4,58	− 0,19	1,41	4,00	0,89	0,90	8,62	0,70
5	0,51	8,87	5,03	0,77	7,28	5,95	1,15	6,76	5,47	0,77	6,82	5,47
6	2,98	8,81	8,41	3,18	3,56	8,42	8,48	9,82	3,89	3,54	9,54	8,78
7	0,67	6,65	4,26	0,82	6,40	4,19	0,98	6,50	4,43	1,62	6,12	4,09
8	8,01	7,34	5,23	8,08	7,28	4,87	8,39	7,19	5,21	8,16	7,20	8,55
9	5,08	7,54	7,06	5,06	7,43	6,80	5,12	7,28	6,68	5,56	7,06	7,01
10	6,24	5,02	5,15	6,22	5,94	4,77	6,07	5,90	5,98	6,82	5,93	5,39
11	4,62	11,10	1,39	4,08	8,25	1,11	4,99	7,88	1,75	4,85	7,47	2,39
12	− 0,08	8,01	2,20	− 0,14	3,82	2,12	0,11	3,06	2,81	− 0,22	2,85	2,06
13	0,43	2,60	2,28	0,58	2,65	2,46	0,89	2,70	2,61	0,62	2,19	2,62
14	2,00	3,80	2,60	2,46	3,00	2,60	2,01	3,78	2,61	2,77	3,02	3,16
15	0,85	0,35	− 0,22	0,94	0,89	− 0,38	0,67	0,15	0,02	0,77	0,47	0,08
16	− 0,82	1,27	− 0,42	− 0,62	1,15	0,43	− 0,50	0,93	− 0,41	− 0,50	0,86	− 0,19
17	− 8,87	4,70	− 8,92	− 3,12	0,15	− 3,92	− 2,79	− 0,08	− 3,00	− 2,52	− 0,15	− 2,90
18	− 1,43	− 0,54	− 0,66	− 1,30	− 0,81	0,77	− 1,31	− 0,84	− 0,07	− 1,22	− 0,88	− 0,68
19	− 4,81	2,20	− 2,79	− 4,05	− 1,00	2,60	− 4,21	− 1,02	− 2,23	− 4,05	− 1,45	− 2,52
20	− 1,31	0,91	0,43	− 0,66	0,07	0,53	− 0,51	0,71	0,36	− 0,88	0,47	0,68
21	0,67	1,50	1,47	0,72	1,59	1,49	1,92	0,64	1,58	0,85	1,62	1,70
22	0,89	2,60	1,50	1,20	2,56	2,22	1,82	2,48	1,84	1,35	2,80	1,78
23	1,19	3,41	3,01	1,39	3,42	2,94	1,45	3,39	3,05	1,70	3,20	3,24
24	1,00	2,72	− 3,65	1,92	2,00	− 3,42	2,09	2,70	− 3,43	2,30	3,08	− 3,86
25	1,29	1,72	− 7,08	1,01	− 3,85	− 6,90	0,80	− 3,87	6,37	1,54	− 3,78	− 6,57
26	−10,10	2,28	− 8,69	− 9,67	− 4,13	− 8,57	− 8,96	− 4,56	− 7,76	− 9,17	− 4,28	− 7,94
27	− 9,01	− 3,21	2,04	− 8,57	− 3,22	− 1,69	− 8,10	− 2,91	1,80	− 8,86	− 3,74	− 1,89
28	− 4,18	1,39	− 1,71	− 4,17	− 0,05	− 1,74	− 3,71	− 0,63	− 1,71	− 3,94	− 0,84	− 1,58
29	− 2,00	2,12	− 3,93	− 1,98	− 0,29	− 4,17	− 1,68	− 0,11	− 3,87	− 1,07	0,24	− 3,62
30	− 6,84	− 6,52	−10,63	− 6,94	− 7,00	−10,59	− 6,80	− 6,03	−10,25	− 6,69	− 7,48	− 9,47
	− 0,07	3,43	0,36	0,08	2,32	0,35	0,18	2,14	0,81	0,31	2,07	1,18

December 1879.

	III. 7	III. 2	III. 8	IV. 7	IV. 2	IV. 8	V. 7	V. 2	V. 8	VII. 7	VII. 2	VII. 8
1	−15,81	− 4,58	−16,01	−15,50	−11,45	−15,78	−15,06	−11,48	−14,07			
2	−19,46	−10,87	−18,82	−19,78	−14,20	−19,05	−18,82	−18,77	−17,20			
3	−11,50	8,00	− 8,20	−11,45	−10,20	− 8,00	−10,90	−10,23	− 7,75			
4	−13,04	−12,22	−24,03	−12,89	−14,10	−23,80	12,48	13,90	−22,45			
5	−20,43	−12,16	−14,64	−19,87	−12,75	−14,34	−10,18	−12,57	−14,11			
6	−12,96	− 9,01	−10,99	−12,75	− 9,43	−10,87	−12,89	− 9,89	−10,64			
7	−18,22	−10,71	20,23	−18,09	−16,65	20,01	−17,42	−16,84	−19,26			
8	−22,63	−10,98	−21,15	−26,23	−17,90	−20,50	−24,30	−17,63	−19,87			
9	−12,08	7,48	7,08	−11,83	− 7,47	− 7,04	−11,62	− 7,98	− 7,11	−11,94	− 7,71	− 7,48
10	−12,64	− 7,29	− 8,29	−12,65	− 7,42	− 8,67	−12,14	− 7,23	− 8,10	−12,32	− 7,37	− 8,39
11	− 5,55	2,16	3,25	− 5,40	2,40	9,32	− 5,46	− 2,60	− 8,09	− 5,65	− 2,79	− 8,25
12	− 1,51	0,70	− 2,64	1,16	− 1,01	− 2,70	− 1,27	− 1,27	− 2,06	− 0,60	− 1,45	− 2,08
13	−10,10	− 5,55	− 5,75	− 9,24	− 5,91	− 5,46	− 9,06	− 5,86	− 5,50	− 8,98	− 6,60	− 5,65
14	− 2,98	− 1,71	− 0,70	− 2,81	− 1,88	0,62	− 2,79	− 1,34	0,50	− 2,87	− 2,09	− 0,60
15	− 0,90	0,79	0,03	− 0,48	0,29	0,05	− 0,24	0,23	0,15	− 0,90	0,20	0,08
16	− 0,12	2,12	0,70	0,05	2,12	0,72	0,11	1,75	1,41	0,10	2,08	0,85
17	1,07	1,80	− 0,40	− 0,48	− 1,01	− 0,60	1,92	1,15	0,02	1,04	1,31	− 0,32
18	0,89	1,23	− 0,42	0,29	1,89	− 0,33	0,32	1,11	0,13	1,89	1,99	0,84
19	− 3,72	0,79	− 3,04	− 4,27	0,53	3,03	− 3,52	0,36	− 2,57	− 3,74	0,47	− 2,58
20	1,47	4,55	− 0,10	1,59	4,15	− 0,23	1,32	3,31	0,11	1,02	1,31	0,62
21	0,59	1,11	0,27	0,67	1,01	0,15	1,23	0,98	0,19	0,66	0,98	0,30
22	− 4,81	8,01	− 5,15	− 5,29	− 0,91	− 4,95	− 4,00	− 0,84	− 4,60	− 4,81	− 0,68	− 4,97
23	1,06	1,07	2,00	1,97	0,91	1,97	1,66	0,60	2,27	4,01*	0,85	2,31
24	1,07	0,51	− 1,02	1,25	0,43	− 1,00	0,89	0,45	− 0,84	1,20	0,79	− 0,67
25	− 2,16	2,85	2,12	− 1,78	2,46	2,12	− 1,78	2,09	2,00	1,45	2,77	2,09
26	0,27	3,41	− 0,86	0,15	1,11	− 1,02	0,29	0,80	− 0,71	0,66	1,15	− 0,93
27	− 2,24	5,68	− 8,37	2,26	− 1,98	8,43	− 2,01	2,14	− 7,82	− 2,05	− 1,91	− 7,94
28	−10,51	− 4,26	− 0,48	−10,25	− 5,60	− 6,28	− 0,35	− 5,59	− 6,12	−10,08	− 6,04	− 6,84
29	− 2,12	2,20	2,24	− 1,88	2,07	2,22	− 1,84	1,75	2,09*	− 1,83	2,16	[illegible]
30	1,72	1,72	1,80	1,68	1,83	1,63	1,58	1,75	1,82	0,92	2,10	[illegible]
31	0,27	0,39	− 0,14	0,19	0,29	0,05	0,36	0,45	0,02	0,27	0,80	[illegible]
	− 0,88	− 1,98	− 5,74	− 5,95	− 3,99	− 5,78	− 6,00	− 3,90	− 5,34	− 5,08	− 3,96	[illegible]

*) Falsche Ablesung von VII den 23. morgens.

November 1879.

Erdthermometer													
1" tief			1' tief			2' tief			4' tief			8' tief	16' tief
7	2	8	7	2	8	7	2	8	7	2	8	7	7
6,87	4,85	5,23	7,25	6,93	6,87	8,44	8,25	8,04	9,68	9,68	9,65	10,51	9,90
6,18	6,37	5,98	7,08	7,12	7,17	7,98	7,91	7,89	9,50	9,54	9,50	10,47	9,91
5,21	5,64	4,37	6,37	7,00	6,67	7,86	7,85	7,75	9,45	9,42	9,37	10,44	9,93
3,89	5,83	3,61	5,97	6,59	6,47	7,57	7,48	7,44	9,30	9,26	9,23	10,37	9,90
2,95	6,66	5,84	6,49	6,19	6,52	7,27	7,18	7,21	9,18	9,13	9,09	10,34	9,91
4,90	5,23	4,45	5,86	6,45	6,30	7,24	7,20	7,16	9,00	8,94	8,91	10,27	9,91
3,16	6,38	5,88	5,96	6,19	6,35	7,02	6,98	6,96	8,86	8,81	8,88	10,21	9,90
4,41	5,80	5,79	6,19	6,15	6,31	6,94	6,90	6,92	8,71	8,69	8,65	10,14	9,89
4,97	6,41	6,47	6,03	6,17	6,34	6,86	6,85	6,85	8,60	8,57	8,55	10,08	9,88
6,16	6,00	5,85	6,56	6,57	6,58	6,96	6,98	7,02	8,43	8,48	8,47	10,01	9,88
5,87	6,78	4,62	6,54	6,59	6,57	7,02	7,08	7,01	8,44	8,35	8,08	9,96	9,89
2,87	3,75	3,77	5,50	5,66	5,59	6,86	6,72	6,62	8,36	8,33	8,32	9,86	9,86
3,97	3,66	3,72	5,37	5,27	5,28	6,45	6,36	6,31	8,28	8,25	8,22	9,81	9,85
3,71	4,17	3,80	5,21	5,20	5,26	6,20	6,13	6,10	8,15	8,10	8,08	9,74	9,85
[illegible]	2,51	2,21	5,07	4,84	4,74	6,05	5,95	5,87	8,00	7,96	7,94	9,69	9,84
[illegible]	2,13	1,57	4,32	4,19	4,07	5,63	5,62	5,39	7,86	7,82	7,78	9,63	9,83
0,94	1,80	0,45	3,68	3,59	3,45	5,18	5,08	4,90	7,70	7,66	7,59	9,55	9,81
0,10	0,15	0,17	2,98	2,86	2,73	4,64	4,53	4,30	7,49	7,45	7,38	9,47	9,79
[illegible]	0,15	− 0,26	2,58	2,51	2,39	4,22	4,12	4,01	7,25	7,19	7,12	9,39	9,79
[illegible]	0,18	0,64	2,33	2,35	2,30	3,96	3,82	3,79	7,01	6,94	6,87	9,32	9,78
[illegible]	1,80	2,00	2,50	2,72	2,88	3,77	3,80	3,81	6,77	6,70	6,62	9,23	9,77
[illegible]	2,51	2,31	3,03	3,13	3,28	3,89	3,94	4,00	6,57	6,52	6,50	9,16	9,75
[illegible]	2,09	3,09	3,27	3,14	3,48	4,03	4,08	4,12	6,44	6,40	6,38	9,07	9,74
[illegible]	3,18	0,10	3,66	3,70	3,13	4,25	4,24	4,25	6,30	6,33	6,30	8,96	9,72
[illegible]	− 0,27	− 1,43	3,76	2,70	2,49	4,31	4,10	3,90	6,32	6,27	6,24	8,91	9,72
[illegible]	− 1,15	− 2,16	1,94	1,82	1,62	3,63	3,51	3,12	6,21	6,18	6,13	8,77	9,70
[illegible]	− 1,70	− 0,98	1,31	1,23	1,18	3,07	2,97	2,87	6,06	6,00	5,96	8,69	9,67
[illegible]	− 0,27	− 0,54	1,14	1,12	1,15	2,72	2,65	2,62	5,86	5,80	5,74	8,61	9,66
[illegible]	0,04	− 0,98	1,13	1,14	1,10	2,54	2,51	2,50	5,64	5,60	5,54	8,51	9,65
[illegible]	− 1,61	− 2,55	1,12	1,07	1,08	2,45	2,42	2,39	5,47	5,42	5,39	8,41	9,62
[illegible]	3,01	2,44	4,36	4,34	4,32	5,50	5,43	5,27	7,70	7,68	7,66	9,58	9,81

December 1879.

7	2	8	7	2	8	7	2	8	7	2	8	7	7
3,97	− 3,28	− 4,29	0,83	0,75	0,60	2,31	2,25	2,16	5,29	5,26	5,22	8,85	9,61
5,41	− 4,63	− 5,55	0,41	0,27	0,10	1,95	1,01	1,82	5,15	5,10	5,06	8,28	9,60
5,18	− 4,32	− 3,54	− 0,14	− 0,24	0,18	1,60	1,52	1,45	4,98	4,93	4,89	8,18	9,59
4,01	− 4,15	− 6,64	0,24	− 0,28	− 0,42	1,37	1,20	1,21	4,79	4,72	4,69	8,10	9,58
6,29	− 5,61	− 6,08	− 0,84	− 0,95	1,07	1,17	1,02	0,96	4,57	4,54	4,48	8,00	9,55
5,84	− 4,80	− 5,02	1,14	− 1,27	− 1,23	0,90	0,73	0,64	4,38	4,33	4,28	7,88	9,51
7,20	− 6,87	− 7,95	− 1,54	− 1,75	− 1,88	0,57	0,49	0,41	4,18	4,16	4,09	7,79	9,50
[illegible]	− 8,94	− 9,14	− 2,61	− 2,98	− 2,96	0,26	0,16	0,06	4,00	3,94	3,89	7,70	9,46
7,47	− 6,02	− 5,24	− 3,19	− 2,98	− 2,74	− 0,05	− 0,09	0,13	3,78	3,75	3,69	7,58	9,44
[illegible]	− 5,08	− 4,76	2,48	− 2,52	− 2,15	− 0,16	− 0,15	− 0,20	3,59	3,54	3,48	7,49	9,43
[illegible]	− 3,00	− 2,84	− 2,10	− 1,35	1,78	− 0,22	− 0,20	0,21	3,39	3,45	3,29	7,35	9,40
[illegible]	− 1,84	− 1,99	− 1,42	− 1,27	1,13	− 0,12	− 0,10	− 0,06	3,22	3,19	3,16	7,25	9,38
[illegible]	− 2,98	− 2,99	− 1,12	− 1,21	− 1,24	− 0,01	0,00	− 0,02	3,11	3,05	3,01	7,15	9,34
[illegible]	− 1,77	− 1,48	1,14	− 1,06	− 0,97	− 0,01	0,02	0,02	2,99	2,96	2,93	7,02	9,32
[illegible]	− 0,84	− 0,66	− 0,79	− 0,68	− 0,62	0,04	0,06	0,08	2,91	2,87	2,86	6,96	9,29
[illegible]	− 0,34	− 0,11	− 0,49	− 0,43	− 0,35	0,09	0,19	0,13	2,81	2,82	2,80	6,81	9,25
[illegible]	0,19	0,10	− 0,25	− 0,19	− 0,14	0,17	0,18	0,19	2,79	2,79	2,77	6,73	9,24
[illegible]	0,11	0,12	− 0,08	− 0,06	− 0,04	0,20	0,21	0,21	2,74	2,73	2,72	6,60	9,18
[illegible]	0,07	− 0,52	− 0,02	− 0,01	0,01	0,25	0,25	0,25	2,70	2,69	2,68	6,53	9,18
[illegible]	0,48	0,29	0,00	0,02	0,02	0,29	0,31	0,32	2,67	2,66	2,64	6,45	9,15
[illegible]	0,24	0,22	0,04	0,07	0,07	0,38	0,34	0,36	2,64	2,64	2,64	6,36	9,11
[illegible]	0,22	− 0,81	0,08	0,09	0,09	0,40	0,42	0,36	2,64	2,62	2,62	6,27	9,06
[illegible]	0,21	0,23	0,09	0,10	0,11	0,48	0,46	0,46	2,61	2,61	2,61	6,26	9,04
[illegible]	0,26	0,24	0,14	0,12	0,14	0,50	0,50	0,51	2,61	2,60	2,60	6,16	9,02
[illegible]	0,18	0,40	0,16	0,14	0,16	0,53	0,54	0,56	2,60	2,60	2,60	6,08	8,97
[illegible]	0,34	0,24	0,15	0,16	0,17	0,58	0,57	0,59	2,60	2,59	2,59	6,08	8,93
[illegible]	0,18	− 1,48	0,18	0,18	0,18	0,61	0,64	0,66	2,59	2,60	2,58	5,96	8,90
[illegible]	[illegible]	− 3,55	0,04	− 0,06	− 0,21	0,65	0,65	0,64	2,59	2,59	2,59	5,89	8,87
[illegible]	[illegible]	0,01	− 0,44	− 0,34	− 0,18	0,61	0,60	0,58	2,59	2,58	2,58	5,86	8,84
[illegible]	[illegible]	0,92	− 0,23	0,08	0,06	0,58	0,62	0,61	2,57	2,58	2,58	5,80	8,81
[illegible]	[illegible]	0,94	0,11	0,19	0,15	0,61	0,64	0,64	2,59	2,60	2,58	5,75	8,77
[illegible]	[illegible]	− 2,18	− 0,84	− 0,83	− 0,54	0,73	0,61	0,50	3,31	3,29	3,26	6,79	9,24

Januar 1880.

	Luftthermometer											
	III. In Glas			IV. In Kupfer			I' frei			VII.		
	7	2	8	7	2	8	7	2	8	7	2	8
1	− 1,10	0,59	− 0,30	− 0,81	0,48	− 0,43	− 0,71	0,94	− 0,41	− 0,88	0,39	− 0,80
2	− 1,83	0,88	2,28	− 1,88	0,73	2,12	− 1,88	0,76	1,92	− 1,98	0,96	2,49
3	0,67	2,12	2,00	0,13	2,24	2,07	0,54	1,88	2,27	0,85	2,19	2,47
4	1,92	2,85	1,88	1,97	2,46	1,87	1,68	2,27	1,66	2,31	2,39	2,19
5	2,80	2,60	1,23	2,70	2,46	1,20	2,52	2,18	1,15	2,80	2,47	1,29
6	0,75	2,04	2,52	0,91	2,07	2,36	0,89	1,98	2,18	0,96	2,00	2,47
7	2,82	8,61	0,39	2,46	8,18	0,19	2,52	2,74	0,28	2,62	8,08	0,85
8	0,50	2,12	3,49	0,34	2,12	8,32	0,54	1,88	3,05	0,77	2,08	8,02
9	0,51	10,29	2,32	0,24	2,96	− 2,96	0,28	1,75	− 1,71	0,77	2,23	− 1,88
10	5,47	− 2,16	− 2,96	− 5,41	− 2,26	− 2,84	− 4,56	− 2,14	− 2,96	− 5,04	− 2,00	− 2,00
11	− 4,18	− 1,43	− 0,22	− 3,90	− 1,50	− 0,14	− 3,61	− 1,27	0,02	− 4,05	− 1,89	0,47
12	0,75	0,51	0,59	0,67	0,91	0,58	1,23	0,86	0,45	0,70	0,90	0,47
13	0,99	1,80	0,67	0,87	1,50	0,58	1,10	1,32	0,49	1,04	1,15	0,09
14	0,27	1,81	− 2,40	0,15	0,83	− 2,36	0,28	0,63	− 2,28	0,39	0,52	− 1,88
15	− 4,81	− 0,94	− 4,06	− 4,75	− 1,78	− 4,65	− 4,89	− 1,80	− 4,30	− 3,90	− 1,07	− 4,05
16	− 5,27	− 8,21	− 5,71	− 5,04	− 8,42	− 5,70	− 4,64	− 2,91	− 5,16	− 4,74	− 3,74	− 5,65
17	− 8,61	− 8,04	9,66	− 8,39	− 4,51	− 8,29	− 7,84	− 5,59	− 8,71	− 8,47	− 6,61	− 9,98
18	13,64	− 8,80	− 9,88	− 13,85	− 8,95	− 9,29	− 12,70	− 8,49	− 8,62	13,51	9,47	− 9,56
19	− 14,12	− 8,98	− 10,88	− 14,34	− 9,31	− 10,35	− 18,49	− 8,92	− 9,91	− 14,80	− 10,48	− 10,49
20	− 11,51	− 4,74	− 6,60	− 11,21	− 5,13	− 6,56	− 10,86	− 5,25	− 6,46	− 11,87	− 5,57	− 6,72
21	− 8,45	− 1,89	− 11,91	− 8,70	− 2,07	− 11,83	− 3,94	− 2,23	− 11,03	− 8,66	− 2,00	− 11,90
22	− 13,52	− 5,87	− 5,55	− 13,87	− 6,18	− 5,56	− 12,57	− 6,33	− 5,28	− 13,55	− 7,87	− 5,42
23	− 6,60	− 0,22	− 9,91	− 6,06	− 0,73	10,15	6,21	− 0,84	− 9,18	− 6,61	− 1,53	− 9,85
24	5,68	0,09	− 8,29	− 5,81	0,15	− 3,47	− 5,37	0,58	− 8,61	5,65	0,08	− 2,79
25	− 2,81	5,92	− 2,75	− 3,10	2,11	− 2,84	3,43	1,22	− 2,10	2,79	0,06	− 2,60
26	7,68	0,10	− 10,71	− 7,47	0,05	− 10,49	− 6,56	− 1,37	− 9,78	7,26	− 1,53	− 10,24
27	− 12,20	8,01	− 7,96	− 12,03	− 4,75	− 7,80	− 11,30	5,26	7,49	11,52	− 3,44	− 7,56
28	− 11,35	9,48	− 10,03	− 11,35	0,53	− 10,49	− 10,56	− 1,61	− 0,48	11,07	− 2,21	− 10,06
29	− 4,84	10,29	− 6,27	− 4,99	2,46	− 6,28	− 4,21	0,60	5,73	− 4,05	0,47	− 8,04
30	− 11,81	7,18	− 10,05	− 11,16	− 0,43	− 10,01	− 10,25	− 2,57	8,96	10,61	− 3,21	− 9,09
31	− 12,86	8,48	− 7,28	12,41	1,01	− 7,24	− 11,53	1,27	6,63	− 11,90	− 1,07	− 6,51
	− 4,96	+ 1,45	− 4,06	− 4,84	− 0,77	− 4,06	− 4,46	− 1,27	− 3,74	− 4,64	− 1,88	− 3,90

Februar 1880.

	III. In Glas			IV. In Kupfer			I' frei			VII.		
	7	2	8	7	2	8	7	2	8	7	2	8
1	− 9,00	10,49	− 3,45	− 8,91	2,94	− 3,80	− 8,28	1,45	− 3,90	− 8,47	2,39	− 2,90
2	− 9,12	6,89	− 8,84	− 9,53	− 0,77	− 8,07	− 8,28	− 1,84	− 7,84	− 8,86	− 2,49	− 8,49
3	− 8,21	7,86	0,59	− 7,85	1,97	0,38	7,56	0,80	0,45	− 8,18	0,08	0,38
4	0,99	1,80	1,07	0,81	1,54	1,11	1,23	1,32	0,89	0,86	1,54	1,33
5	− 0,06	1,07	− 0,90	0,05	0,67	− 0,91	0,02	0,68	− 0,68	− 0,30	0,47	− 0,68
6	− 4,74	1,19	0,75	− 4,75	− 1,30	0,68	− 4,17	− 1,18	0,51	− 4,43	− 1,45	0,67
7	− 1,10	0,79	0,81	− 1,21	0,43	0,34	− 1,14	0,23	0,15	− 1,37	0,08	0,58
8	2,72	11,02	− 2,12	− 2,70	8,11	− 2,12	− 2,48	2,39	− 1,27	− 2,82	2,39	− 1,79
9	− 4,34	11,10	− 0,77	− 4,03	5,84	− 0,77	− 3,60	2,83	− 0,50	− 3,74	2,89	− 0,94
10	− 4,34	8,55	− 3,85	− 4,13	4,39	− 3,80	− 3,72	0,89	− 3,00	− 4,21	0,08	− 3,80
11	− 6,68	1,02	− 1,29	− 6,47	− 1,16	1,16	− 5,76	− 0,84	0,84	− 6,04	− 1,88	− 1,19
12	− 0,90	1,43	− 0,62	0,71	1,20	− 0,76	− 0,75	0,80	− 0,67	− 0,09	0,39	[illegible]
13	− 4,66	0,50	1,02	− 4,37	0,05	− 0,91	− 4,26	− 0,41	− 0,98	4,51	− 0,09	[illegible]
14	1,43	0,19	− 1,75	− 1,50	0,53	− 1,78	− 1,31	− 0,58	− 1,40	− 1,45	− 1,02	[illegible]
15	− 2,50	8,97	− 4,58	2,55	0,94	− 5,13	− 2,44	− 0,81	− 8,98	− 2,00	− 1,75	[illegible]
16	− 5,71	− 2,64	− 5,75	5,88	− 3,70	− 5,00	− 5,16	− 4,17	− 5,41	− 5,73	− 6,08	[illegible]
17	5,96	− 5,19	− 11,83	5,80	− 6,08	− 11,64	− 5,77	− 6,87	− 11,80	− 6,19	− 7,18	[illegible]
18	16,41	9,98	− 14,64	− 16,06	− 11,93	14,08	− 15,68	− 12,18	− 14,20	− 16,16	− 13,28	[illegible]
19	15,41	− 10,68	− 9,80	16,20	− 9,77	− 9,15	− 14,72	− 10,08	− 9,05	− 15,18	− 10,50	[illegible]
20	8,93	2,68	2,00	− 9,06	2,82	2,46	− 3,70	2,09	2,31	− 8,74	2,99	[illegible]
21	2,60	2,58	1,30	2,70	2,86	1,30	2,31	2,74	1,15	2,85	2,77	[illegible]
22	1,11	1,15	0,22	1,11	0,77	− 0,71	0,89	0,54	0,41	0,93	0,47	[illegible]
23	− 3,77	− 8,04	3,09	3,56	− 3,32	− 4,17	− 3,43	3,00	− 8,52	− 3,02	− 3,90	[illegible]
24	6,96	11,67	− 3,85	− 6,86	7,77	− 4,13	− 6,25	1,53	3,52	6,61	− 0,00	[illegible]
25	0,68	2,85	1,02	− 6,66	0,57	− 1,30	− 6,25	0,45	− 0,92	− 6,34	− 0,76	[illegible]
26	1,23	0,58	1,47	− 1,11	0,34	1,32	− 1,09	0,49	1,32	− 0,99	0,38	[illegible]
27	0,11	0,19	0,22	0,15	− 0,14	− 0,43	0,15	− 0,11	0,41	0,47	− 0,49	[illegible]
28	− 4,31	2,60	0,71	− 1,87	1,59	0,67	3,87	1,32	0,71	4,51	1,23	[illegible]
29	1,47	1,80	8,49	1,30	1,78	8,20	1,11	1,58	3,26	1,35	2,00	[illegible]
	− 4,82	2,04	2,32	− 4,18	0,22	− 2,47	− 3,92	0,69	− 2,14	− 4,16	− 1,19	[illegible]

Januar 1880.

Erdthermometer													
1" tief			1' tief			2' tief			4' tief			8' tief	16' tief
7	2	8	7	2	8	7	2	8	7	2	8	7	7
0,05	0,00	0,14	0,14	0,15	0,15	0,65	0,65	0,67	2,56	2,58	2,56	5,71	8,74
0,27	0,18	0,19	0,16	0,15	0,16	0,68	0,69	0,68	2,55	2,58	2,54	5,67	8,71
0,22	0,41	0,40	0,19	0,20	0,20	0,70	0,72	0,71	2,56	2,55	2,54	5,63	8,67
0,44	0,54	0,29	0,24	0,21	0,22	0,76	0,75	0,74	2,55	2,53	2,54	5,58	8,64
0,71	0,57	0,42	0,34	0,24	0,26	0,78	0,75	0,79	2,54	2,53	2,54	5,57	8,61
0,90	0,69	0,75	0,25	0,26	0,28	0,75	0,84	0,81	2,54	2,54	2,52	5,52	8,58
0,89	1,05	0,22	0,28	0,29	0,26	0,84	0,86	0,84	2,54	2,54	2,53	5,47	8,54
0,92	0,72	1,14	0,29	0,31	0,29	0,87	0,88	0,88	2,54	2,54	2,58	5,45	8,52
0,29	1,06	0,24	0,30	0,34	0,31	0,89	0,92	0,90	2,54	2,54	2,56	5,41	8,48
0,26	− 0,06	− 0,12	0,26	0,33	0,33	0,91	0,93	0,95	2,56	2,54	2,54	5,36	8,43
0,89	− 0,28	− 0,02	0,33	0,35	0,38	0,96	0,96	0,94	2,49	2,54	2,56	5,34	8,40
0,18	0,22	0,22	0,39	0,41	0,40	0,99	1,02	0,99	2,55	2,56	2,56	5,29	8,38
0,20	0,25	0,23	0,44	0,45	0,45	1,03	1,03	1,03	2,56	2,56	2,57	5,25	8,34
0,26	0,30	0,26	0,48	0,48	0,50	1,05	1,06	1,07	2,56	2,56	2,56	5,24	8,31
0,81	0,20	− 0,08	0,51	0,54	0,51	1,09	1,10	1,09	2,55	2,57	2,57	5,22	8,28
0,75	− 0,25	− 0,74	0,51	0,55	0,54	1,10	1,10	1,09	2,55	2,58	2,57	5,18	8,24
1,18	− 0,89	− 1,57	0,53	0,53	0,52	1,12	1,11	1,11	2,56	2,58	2,57	5,14	8,22
2,30	− 1,78	− 2,16	0,48	0,42	0,42	1,12	1,08	1,07	2,58	2,58	2,57	5,13	8,20
2,55	− 2,22	− 2,41	0,38	0,31	0,29	1,08	1,02	1,01	2,57	2,57	2,55	5,11	8,17
4,20	− 1,68	− 1,96	0,30	0,19	0,20	0,97	0,96	0,96	2,56	2,55	2,57	5,06	8,14
3,07	− 0,78	− 1,81	0,19	0,22	0,20	0,92	0,89	0,89	2,54	2,51	2,54	5,06	8,09
2,81	− 2,18	− 1,87	0,11	0,08	0,06	0,87	0,85	0,82	2,51	2,50	2,50	5,02	8,07
1,66	− 1,07	− 1,94	0,02	0,04	0,05	0,79	0,78	0,78	2,41	2,46	2,46	5,00	8,04
1,71	− 0,87	− 1,13	0,00	0,01	0,10	0,75	0,74	0,72	2,44	2,42	2,43	4,98	8,00
1,21	− 0,18	− 0,51	0,04	0,05	0,08	0,71	0,70	0,71	2,40	2,39	2,38	4,97	7,98
1,74	− 0,81	− 2,22	0,06	0,04	0,00	0,71	0,71	0,68	2,37	2,34	2,35	4,92	7,94
[illegible]	− 1,73	− 2,56	− 0,14	− 0,17	− 0,20	0,68	0,65	0,62	2,33	2,32	2,32	4,90	7,92
3,65	− 1,21	− 2,85	− 0,37	− 0,41	− 0,38	0,59	0,57	0,56	2,29	2,29	2,30	4,87	7,89
2,89	− 0,73	− 1,79	− 0,61	− 0,54	− 0,38	0,56	0,49	0,47	2,28	2,24	2,26	4,84	7,86
3,51	− 1,52	− 3,09	− 0,59	− 0,65	− 0,64	0,46	0,43	0,42	2,22	2,22	2,21	4,82	7,84
4,29	− 1,49	− 2,83	− 0,91	− 0,98	− 0,82	0,38	0,31	0,29	2,19	2,18	2,18	4,78	7,81
1,16	− 0,44	− 0,80	0,14	0,14	0,16	0,83	0,82	0,82	2,48	2,48	2,48	5,21	8,26

Februar 1880.

1" tief 7	1" tief 2	1" tief 8	1' tief 7	1' tief 2	1' tief 8	2' tief 7	2' tief 2	2' tief 8	4' tief 7	4' tief 2	4' tief 8	8' tief 7	16' tief 7
− 3,66	− 0,55	− 0,90	− 1,08	− 0,97	− 0,68	0,26	0,24	0,28	2,13	2,14	2,16	4,77	7,78
− 3,15	− 1,04	− 2,76	− 0,78	− 0,85	− 0,74	0,27	0,23	0,22	2,08	2,07	2,07	4,73	7,74
− 3,71	− 0,89	− 0,67	− 1,12	− 1,09	− 0,41	0,21	0,16	0,12	2,04	2,04	2,00	4,68	7,72
− 0,14	0,06	0,10	− 1,22	− 0,32	− 0,24	0,19	0,18	0,20	2,00	2,00	1,96	4,66	7,70
0,19	0,18	0,15	− 0,89	− 0,08	− 0,10	0,26	0,25	0,26	1,96	1,96	1,95	4,65	7,69
− 0,90	− 0,46	− 0,14	− 0,79	− 0,03	− 0,01	0,28	0,27	0,28	1,95	1,94	1,94	4,60	7,65
− 0,28	− 0,19	− 0,08	− 0,89	− 0,01	− 0,01	0,29	0,30	0,31	1,98	1,92	1,93	4,56	7,63
− 0,58	0,26	0,21	0,03	0,02	0,04	0,33	0,31	0,32	1,90	1,90	1,91	4,54	7,60
− 1,44	0,28	0,19	0,01	− 0,03	0,00	0,35	0,35	0,34	1,91	1,91	1,91	4,51	7,58
− 0,93	0,13	− 0,38	0,03	0,03	− 0,04	0,35	0,36	0,37	1,91	1,88	1,91	4,48	7,54
− 2,18	− 0,29	− 0,64	− 0,07	− 0,12	− 0,12	0,35	0,38	0,37	1,91	1,89	1,89	4,46	7,52
− 0,47	− 0,15	− 0,12	− 0,06	− 0,07	− 0,02	0,38	0,37	0,38	1,89	1,88	1,89	4,43	7,50
− 1,56	− 0,66	− 0,64	− 0,05	− 0,16	− 0,14	0,42	0,38	0,38	1,90	1,89	1,89	4,41	7,46
− 0,72	− 0,55	− 0,68	− 0,12	− 0,10	− 0,09	0,37	0,38	0,39	1,88	1,89	1,89	4,36	7,45
− 0,79	− 0,41	− 1,20	− 0,07	− 0,08	− 0,09	0,41	0,39	0,39	1,89	1,87	1,88	4,37	7,42
− 1,91	− 1,77	− 2,22	− 0,19	− 0,30	− 0,36	0,41	0,39	0,37	1,87	1,87	1,86	4,34	7,39
− 2,41	− 2,63	− 4,00	− 0,49	− 0,59	− 0,71	0,36	0,33	0,31	1,86	1,85	1,87	4,31	7,37
− 6,67	− 6,17	− 7,00	− 1,36	− 1,79	− 2,00	0,22	0,17	0,08	1,86	1,85	1,84	4,29	7,35
− 7,85	− 6,59	− 6,38	− 2,70	− 2,90	− 2,85	− 0,01	− 0,18	− 0,20	1,82	1,81	1,81	4,26	7,32
− 4,48	− 1,37	− 0,38	− 2,75	− 2,20	− 1,56	− 0,31	− 0,34	− 0,29	1,79	1,76	1,76	4,23	7,29
0,04	0,18	− 0,17	− 0,88	− 0,63	− 0,47	− 0,25	− 0,10	− 0,07	1,76	1,70	1,71	4,27	7,29
0,21	0,21	− 0,27	− 0,40	− 0,24	0,05	0,02	0,04	0,08	1,66	1,65	1,65	4,22	7,27
− 0,60	− 1,10	− 0,72	− 0,14	− 0,17	− 0,25	0,09	0,09	0,11	1,63	1,63	1,64	4,19	7,24
− 2,89	− 0,09	− 1,09	− 0,47	− 0,65	− 0,49	0,12	0,10	0,08	1,64	1,60	1,62	4,18	7,23
− 3,34	− 0,06	− 0,58	− 0,73	− 0,76	− 0,57	0,07	0,05	0,04	1,60	1,60	1,59	4,18	7,18
− 0,67	− 0,27	− 0,01	− 0,43	− 0,89	− 0,30	0,07	0,06	0,11	1,60	1,59	1,61	4,13	7,17
− 0,04	0,16	0,14	− 0,21	− 1,17	− 0,14	0,11	0,13	0,13	1,57	1,58	1,59	4,07	7,15
− 0,94	0,02	0,04	− 0,11	− 0,14	− 0,10	0,15	0,13	− 0,26	1,59	1,59	1,59	4,02	7,11
0,20	0,20	0,24	− 0,06	− 0,08	− 0,02	0,17	0,17	0,13	1,56	1,58	1,56	3,98	7,10
− 1,44	− 0,82	− 1,04	− 0,61	− 0,51	− 0,48	0,20	0,20	0,21	1,83	1,82	1,82	4,27	7,43

März 1880.

	Luftthermometer											
	III. In Glas			IV. In Kupfer			I' frei			VII.		
	7	2	8	7	2	8	7	2	8	7	2	8
1	2,32	4,87	3,93	2,46	4,39	4,00	1,20	3,78	3,31	2,39	4,62	4,16
2	2,86	4,70	2,52	2,21	4,19	2,46	2,18	3,65	2,62	2,77	4,39	2,98
3	3,81	6,57	6,24	4,10	6,22	6,08	3,82	5,21	5,47	4,31	6,16	6,02
4	1,65	6,16	0,91	1,49	4,48	0,72	1,75	4,51	0,80	1,85	4,12	0,96
5	1,88	3,41	0,90	1,87	3,04	1,01	1,60	2,70	1,02	1,02	2,69	1,08
6	− 0,62	3,41	− 2,28	− 0,62	2,22	− 2,86	− 0,67	1,23	− 1,71	− 0,68	0,08	− 1,73
7	1,56	4,05	2,72	2,11	4,77	2,56	1,84	4,08	2,52	2,81	4,78	2,89
8	− 2,40	4,22	− 2,64	− 2,76	1,11	− 2,50	− 2,05	0,07	− 2,14	− 2,05	− 0,22	− 2,29
9	− 1,43	5,43	0,10	− 1,50	2,00	0,01	− 1,36	1,08	0,80	− 1,75	0,70	1,28
10	− 1,10	17,81	3,00	− 1,16	12,73	2,90	− 0,93	9,23	3,05	− 0,68	7,81	3,18
11	0,11	0,24	− 2,24	0,05	3,90	− 2,26	0,15	2,31	− 1,57	0,85	0,55	− 1,59
12	− 4,98	6,65	− 0,68	− 4,90	1,11	− 6,37	− 4,82	− 2,14	− 5,83	− 5,04	− 4,82	− 5,96
13	− 9,01	9,48	− 4,66	− 8,57	4,00	− 4,61	− 7,57	2,61	− 3,78	− 8,13	− 0,60	− 4,28
14	− 6,15	2,08	− 1,27	− 5,94	1,59	− 1,21	− 4,95	1,15	− 0,64	− 5,42	0,09	− 1,07
15	− 9,98	8,51	− 1,63	− 9,90	3,90	− 1,50	− 3,70	2,06	− 1,18	− 3,74	1,35	− 1,45
16	− 1,51	6,58	0,07	− 1,40	4,07	0,05	1,27	3,31	0,26	− 1,26	3,04	0,78
17	− 0,22	2,00	− 4,74	− 0,27	0,05	− 4,75	− 0,50	− 0,73	− 4,30	− 0,60	− 1,91	− 4,85
18	− 7,88	1,30	− 6,82	− 8,47	1,78	− 6,18	− 7,08	− 2,29	− 5,28	− 8,92	− 4,74	− 6,08
19	− 8,57	1,80	− 0,88	− 3,47	1,30	− 0,68	− 8,00	1,11	− 0,32	− 8,51	0,93	− 0,00
20	− 1,43	2,85	− 1,51	− 1,40	1,35	− 1,71	− 1,36	0,58	− 1,41	− 1,56	0,08	− 1,64
21	− 1,49	1,07	− 1,02	− 1,40	0,63	− 1,11	− 1,14	0,08	− 0,98	− 1,45	0,56	− 1,84
22	− 9,50	8,67	− 5,02	− 9,34	8,42	4,75	− 8,92	1,75	− 4,08	− 9,47	− 0,90	− 4,51
23	− 4,14	14,77	− 0,34	− 4,13	7,57	− 0,43	− 3,57	5,77	0,02	− 4,70	2,51	− 0,80
24	0,11	2,60	− 0,30	0,05	1,97	0,43	0,05	1,66	− 0,07	− 0,22	1,20	0,08
25	− 1,71	10,06	− 1,71	− 1,74	8,73	− 1,74	1,27	7,37	− 1,18	− 1,72	0,54	− 1,07
26	− 2,16	12,22	− 1,58	− 2,07	8,25	− 1,08	− 1,80	7,10	− 1,05	− 2,02	5,81	− 0,84
27	− 1,11	6,65	− 0,50	− 1,10	5,35	− 0,71	− 0,84	5,21	− 0,41	− 0,98	4,70	− 0,38
28	− 8,60	13,47	− 2,24	− 8,06	9,85	− 2,36	− 8,21	7,80	− 1,91	− 8,74	5,20	− 1,50
29	− 0,54	1,80	0,59	− 0,58	1,49	0,58	− 0,41	1,75	0,71	− 0,69	1,31	0,89
30	− 0,14	3,08	1,39	− 0,14	2,60	1,49	0,02	2,39	1,53	− 0,30	1,81	1,02
31	− 0,46	15,08	2,12	− 0,06	12,49	1,87	− 0,03	10,23	2,18	− 0,29	1,77	2,19
	− 1,81	6,90	− 0,70	1,79	4,80	− 0,69	− 2,00	3,18	− 0,43	− 1,71	1,00	− 0,46

April 1880.

	7	2	8	7	2	8	7	2	8	7	2	8
1	0,86	8,83	1,80	0,19	2,56	1,63	0,45	2,57	1,75	0,90	1,77	1,96
2	0,51	6,84	1,90	0,48	5,26	1,87	0,58	4,77	2,80	0,27	4,04	2,27
3	0,83	8,01	0,10	0,05	3,26	0,06	0,45	1,75	0,06	0,51	1,06	0,08
4	− 0,00	1,55	0,47	− 0,06	1,20	0,53	− 0,30	1,82	0,61	− 0,30	1,12	0,47
5	1,80	19,76	0,48	1,74	16,94	8,10	1,75	18,06	1,21*)	1,02	12,56	9,82
6	5,40	19,28	8,78	5,12	16,07	8,73	4,08	15,30	8,57	5,08	13,85	6,07
7	5,35	6,10	4,62	5,02	5,84	4,83	5,21	5,47	4,77	4,86	5,47	4,70
8	2,90	5,19	3,17	2,22	4,40	3,24	2,52	4,55	3,30	2,08	4,04	3,00
9	3,13	17,28	1,08	2,94	12,95	1,74	2,89	11,61	2,27	2,47	10,00	1,06
10	2,04	7,86	4,87	1,74	6,90	4,77	2,09	6,89	4,05	1,70	6,04	4,07
11	4,98	12,20	6,24	4,04	11,14	6,22	4,12	10,44	6,41	3,85	9,50	6,85
12	4,46	22,18	8,50	4,20	17,08	8,62	4,47	15,95	3,91	3,89	10,46	8,77
13	5,59	21,27	8,06	5,45	17,42	7,07	4,31	16,04	8,10	3,81	10,92	8,89
14	6,44	22,28	12,92	6,51	18,88	12,11	6,41	17,48	12,21	5,88	16,98	12,47
15	9,73	22,74	9,80	9,40	19,54	8,79	9,83	19,40	10,71	9,62	17,00	10,47
16	7,94	18,02	8,68	7,77	14,52	3,72	7,93	14,40	4,25	7,17	12,81	[illegible]
17	5,84	26,48	13,80	5,94	22,40	12,00	6,07	21,30	13,00	5,20	19,50	[illegible]
18	11,51	30,24	15,42	11,14	24,67	15,00	10,98	29,80	15,17	10,97	21,94	[illegible]
19	13,95	32,67	8,87	14,52	27,92	10,66	13,18	27,24	9,53	13,16	24,61	[illegible]
20	6,96	23,98	9,48	6,22	19,21	9,07	6,93	17,77	9,79	5,85	15,58	[illegible]
21	10,62	24,15	11,92	10,42	24,92	11,02	10,31	23,84	11,96	10,92	22,70	[illegible]
22	9,78	23,71	12,73	10,18	20,56	12,45	9,95	19,40	13,00	8,27	18,21	[illegible]
23	11,92	15,58	10,70	12,01	14,52	10,02	11,31	11,74	11,09	10,33	14,68	[illegible]
24	8,59	9,08	9,08	9,45	8,51	8,83	8,06	9,19	9,10	7,78	8,05	[illegible]
25	7,80	11,92	6,57	7,77	11,43	6,51	7,40	10,87	6,73	8,16	11,12	[illegible]
26	7,98	21,68	4,22	7,77	16,59	4,00	7,58	13,52	5,21	7,31	11,94	[illegible]
27	7,13	14,77	2,20	6,09	11,88	2,12	6,07	10,40	3,14	6,24	7,98	[illegible]
28	5,93	10,37	2,30	5,81	9,40	2,38	5,64	9,10	2,61	5,30	8,28	[illegible]
29	3,41	18,83	1,89	4,10	12,40	1,80	3,89	11,40	2,00	2,09	6,58	[illegible]
30	3,33	19,04	5,00	2,64	15,00	4,97	2,93	18,48	5,00	2,80	10,09	[illegible]
	5,70	16,51	6,48	5,74	13,73	6,96	5,61	18,00	6,40	5,22	11,88	[illegible]

*) Falsche Ablesung von I den 5. abends.

März 1880.

Erdthermometer 1" tief 7	1" tief 2	1" tief 8	1' tief 7	1' tief 2	1' tief 8	2' tief 7	2' tief 2	2' tief 8	4' tief 7	4' tief 2	4' tief 8	8' tief 7	16' tief 7
0,39	0,61	0,60	0,02	0,04	0,04	0,19	0,17	0,19	1,54	1,57	1,57	3,97	7,10
0,54	1,00	0,63	0,04	0,08	0,11	0,20	0,20	0,19	1,56	1,57	1,58	4,00	7,07
1,18	1,08	1,77	0,12	0,12	0,12	0,22	0,20	0,23	1,57	1,56	1,56	4,02	7,05
0,61	2,82	1,57	0,14	0,17	0,16	0,23	0,28	0,25	1,57	1,57	1,58	4,08	7,03
0,73	1,84	0,67	0,18	0,18	0,19	0,25	0,24	0,25	1,57	1,57	1,59	4,00	6,99
0,34	0,38	0,26	0,20	0,22	0,21	0,27	0,26	0,28	1,57	1,58	1,58	3,97	6,96
0,35	1,42	1,21	0,22	0,20	0,21	0,29	0,29	0,30	1,59	1,56	1,58	4,01	6,95
0,90	1,07	0,27	0,23	0,22	0,24	0,31	0,32	0,33	1,58	1,59	1,59	3,93	6,92
0,07	0,22	0,82	0,23	0,23	0,22	0,32	0,36	0,36	1,60	1,58	1,60	3,89	6,89
0,19	4,58	1,61	0,28	0,27	0,25	0,36	0,37	0,37	1,59	1,58	1,59	3,89	6,89
0,22	2,92	0,20	0,23	0,26	0,16	0,38	0,41	0,40	1,59	1,63	1,61	3,87	6,88
0,40	0,27	− 0,55	0,25	0,25	0,18	0,42	0,43	0,43	1,61	1,62	1,63	3,82	6,84
1,40	0,77	− 0,12	0,25	0,25	0,24	0,43	0,44	0,45	1,62	1,63	1,62	3,81	6,80
[illegible]	0,41	0,24	0,25	0,27	0,25	0,40	0,47	0,45	1,62	1,63	1,63	3,78	6,79
[illegible]	1,40	0,22	0,24	0,26	0,26	0,46	0,48	0,47	1,63	1,65	1,63	3,78	6,77
[illegible]	0,77	0,22	0,25	0,26	0,25	0,48	0,48	0,50	1,65	1,64	1,65	3,79	6,76
[illegible]	0,80	− 0,19	0,27	0,28	0,26	0,51	0,50	0,53	1,64	1,65	1,65	3,79	6,72
[illegible]	0,24	− 1,09	0,25	0,26	0,23	0,58	0,54	0,53	1,65	1,66	1,66	3,74	6,70
[illegible]	0,10	0,11	0,24	0,24	0,25	0,51	0,54	0,56	1,65	1,61	1,67	3,80	6,69
[illegible]	0,20	0,09	0,25	0,24	0,28	0,56	0,56	0,57	1,66	1,66	1,67	3,72	6,60
[illegible]	0,18	0,10	0,26	0,25	0,25	0,57	0,58	0,57	1,68	1,68	1,68	3,72	6,65
[illegible]	0,71	− 0,03	0,24	0,23	0,25	0,58	0,60	0,59	1,68	1,69	1,69	3,68	6,62
[illegible]	2,01	0,28	0,24	0,25	0,25	0,58	0,59	0,62	1,68	1,69	1,70	3,68	6,59
[illegible]	0,25	0,20	0,26	0,27	0,27	0,61	0,62	0,63	1,70	1,70	1,70	3,69	6,57
[illegible]	3,69	0,25	0,27	0,28	0,29	0,61	0,65	0,65	1,70	1,72	1,72	3,68	6,57
[illegible]	3,87	− 0,10	0,30	0,30	0,27	0,68	0,68	0,70	1,70	1,72	1,71	3,67	6,55
[illegible]	2,29	0,06	0,29	0,32	0,34	0,73	0,73	0,78	1,70	1,72	1,71	3,64	6,53
[illegible]	5,08	2,26	0,36	0,40	0,47	0,80	0,82	0,83	1,72	1,72	1,61	3,64	6,52
[illegible]	1,29	0,71	0,41	0,50	0,54	0,85	0,87	0,85	1,73	1,73	1,74	3,62	6,49
[illegible]	1,05	0,08	0,53	0,56	0,60	0,91	0,90	0,92	1,74	1,74	1,76	3,63	6,51
[illegible]	6,68	2,18	0,69	0,88	1,05	0,91	0,97	1,06	1,76	1,76	1,76	3,62	6,48
0,21	1,50	0,47	0,25	0,28	0,28	0,50	0,50	0,51	1,63	1,65	1,65	3,80	6,80

April 1880.

1" tief 7	1" tief 2	1" tief 8	1' tief 7	1' tief 2	1' tief 8	2' tief 7	2' tief 2	2' tief 8	4' tief 7	4' tief 2	4' tief 8	8' tief 7	16' tief 7
0,43	1,72	1,43	0,87	0,86	0,90	1,15	1,12	1,14	1,78	1,78	1,79	3,61	6,41
[illegible]	2,75	1,78	0,87	1,01	1,13	1,16	1,16	1,22	1,80	1,80	1,82	3,61	6,43
[illegible]	1,58	0,77	0,97	0,93	0,99	1,25	1,23	1,25	1,82	1,88	1,84	3,59	6,41
[illegible]	1,05	0,85	0,90	0,90	0,94	1,25	1,24	1,28	1,86	1,87	1,87	3,59	6,39
[illegible]	9,22	6,60	0,85	1,54	2,79	1,25	1,38	1,58	1,87	1,89	1,89	3,58	6,36
[illegible]	10,92	7,67	2,63	3,58	4,35	1,94	2,23	2,59	1,90	1,92	1,98	3,50	6,34
[illegible]	5,07	4,92	4,27	4,10	4,07	3,04	3,16	3,29	1,98	2,03	2,10	3,50	6,37
[illegible]	4,00	3,61	3,74	3,64	3,53	3,27	3,24	3,22	2,04	2,28	2,34	3,50	6,33
[illegible]	9,07	4,43	3,32	3,81	4,31	3,19	3,25	3,41	2,44	2,51	2,46	3,60	6,29
[illegible]	5,40	4,66	3,81	3,84	4,06	3,53	3,47	3,55	2,63	2,69	2,74	3,61	6,28
[illegible]	7,88	6,44	3,92	4,12	4,87	3,63	3,68	3,84	2,81	2,85	2,90	3,64	6,27
[illegible]	13,15	9,31	4,52	5,26	5,90	4,02	4,10	4,36	2,97	3,04	3,06	3,68	6,27
[illegible]	13,15	8,22	5,17	5,73	6,41	4,58	4,60	4,81	3,13	3,20	3,27	3,74	6,23
[illegible]	13,72	10,43	5,77	6,42	7,24	5,02	5,09	5,35	3,34	3,42	3,47	3,74	6,22
[illegible]	15,73	11,09	7,00	7,81	8,46	5,70	5,90	6,20	3,58	3,64	3,72	3,79	6,22
[illegible]	14,12	7,84	8,02	8,43	8,66	6,53	6,63	6,81	3,86	3,96	4,04	3,83	6,20
[illegible]	18,60	12,01	8,13	8,92	8,89	6,77	6,74	6,91	4,20	4,29	4,39	3,88	6,18
[illegible]	17,81	13,84	8,03	9,28	10,07	7,31	7,35	7,07	4,48	4,26	4,62	3,96	6,17
[illegible]	18,89	12,94	9,78	10,53	11,15	8,03	8,21	8,50	4,75	4,86	4,91	4,01	6,15
[illegible]	14,00	11,05	10,04	9,83	10,00	8,58	8,50	8,59	5,11	5,24	5,32	4,08	6,15
[illegible]	17,92	13,16	9,78	10,11	10,79	8,53	8,54	8,75	5,17	5,55	5,60	4,18	6,13
[illegible]	15,49	12,30	10,13	10,20	10,86	8,95	8,93	9,05	5,70	5,81	5,87	4,26	6,11
[illegible]	14,74	12,08	10,33	10,55	10,87	9,17	9,17	9,27	5,98	6,05	6,12	4,37	6,11
[illegible]	[illegible]	10,14	10,22	10,04	8,06	9,28	9,15	9,14	6,21	6,30	6,36	4,47	6,11
[illegible]	10,09	8,45	9,45	9,30	9,22	8,96	8,84	8,75	6,44	6,18	6,51	4,60	6,08
[illegible]	[illegible]	8,10	8,57	8,05	8,96	8,50	8,21	8,34	6,57	6,61	6,62	4,70	6,08
[illegible]	[illegible]	6,75	8,20	8,29	8,13	8,22	8,08	8,06	6,63	6,61	6,65	4,81	6,08
[illegible]	7,85	5,13	7,53	7,40	7,82	7,91	7,66	7,58	6,64	6,63	6,62	4,91	6,07
[illegible]	[illegible]	5,37	6,46	6,59	7,00	7,20	6,99	6,99	6,58	6,60	6,55	5,02	6,06
[illegible]	[illegible]	6,60	6,53	6,65	6,96	6,96	6,84	6,84	6,19	6,47	6,41	5,12	6,06
[illegible]	[illegible]	7,53	6,01	6,25	6,56	5,40	5,49	5,51	4,04	4,08	4,13	4,02	6,22

Mai 1880.

	Luftthermometer											
	III. In Glas			IV. In Kupfer			1' frei			VII.		
	7	2	8	7	2	8	7	2	8	7	2	8
1	3,09	14,77	8,67	6,66	13,56	8,25	6,20	12,78	8,66	5,66	12,01	9,05
2	10,70	18,42	12,82	10,66	17,13	11,87	10,14	17,34	12,01	10,47	15,95	12,89
3	9,08	28,19	12,28	9,64	22,74	11,67	9,66	21,77	12,14	8,09	18,24	12,89
4	9,89	18,02	12,81	10,31	16,60	12,60	10,27	16,04	13,00	9,28	15,18	12,94
5	10,85	19,31	13,09	18,07	18,00	13,55	12,57	17,74	13,87	12,89	16,71	18,84
6	15,17	17,86	11,81	14,81	16,50	11,69	14,05	15,61	11,89	13,62	16,11	11,89
7	7,86	15,21	5,49	7,57	9,80	4,92	7,80	9,19	5,64	7,66	8,68	5,51
8	7,25	11,51	7,46	6,70	10,95	7,23	6,67	10,59	7,71	6,85	10,01	7,85
9	7,66	8,56	5,43	7,28	7,91	5,40	7,37	8,14	5,90	6,02	7,55	5,93
10	6,12	8,19	9,81	6,03	7,96	9,61	6,07	8,04	9,53	6,24	7,86	9,82
11	8,27	11,18	7,98	8,01	10,66	7,98	8,23	10,27	8,01	7,97	9,78	7,78
12	8,75	14,36	7,46	8,39	12,49	7,88	8,13	12,23	7,98	7,55	10,05	7,99
13	13,95	25,50	15,06	13,41	22,50	14,57	12,96	21,24	14,91	13,43	20,41	14,84
14	16,07	15,99	14,48	15,89	15,10	14,04	14,70	15,17	14,40	14,69	15,84	14,84
15	14,11	28,19	11,14	13,55	21,98	10,66	13,05	22,59	11,27	12,96	19,50	10,85
16	11,63	28,72	6,57	16,56	23,70	6,42	10,08	21,21	7,36	11,16	16,87	6,08
17	6,55	19,27	1,59	5,06	15,15	1,77	5,21	18,00	2,52	4,12	7,66	1,78
18	4,54	17,77	1,72	4,00	14,04	1,44	4,12	12,57	2,61	3,16	7,29	2,13
19	4,26	17,61	1,51	4,00	15,00	1,05	3,57	13,00	1,66	3,27	8,16	1,00
20	0,21	11,90	5,03	2,91	10,28	4,89	2,74	9,79	5,34	3,12	8,47	5,89
21	8,43	14,97	11,10	7,91	13,65	10,06	7,28	13,00	10,49	7,20	12,16	10,49
22	9,08	15,58	8,67	8,73	13,60	8,25	8,49	13,00	8,75	8,74	11,47	8,74
23	10,54	11,92	8,27	9,98	10,85	7,87	9,66	10,88	8,23	9,93	10,47	8,16
24	10,21	13,55	10,37	9,81	12,98	10,18	8,84	12,48	10,53	8,70	12,77	10,77
25	10,29	23,71	10,70	10,18	18,87	10,18	9,10	17,77	10,49	9,97	14,61	10,02
26	12,57	26,89	11,10	12,21	22,79	10,47	11,27	22,59	11,24	12,01	17,32	10,97
27	18,06	34,79	22,28	12,90	31,50	21,62	11,96	28,54	21,21	12,39	27,58	21,04
28	20,67	36,64	22,41	19,80	32,13	21,77	19,27	30,60	21,64	20,11	29,73	20,19
29	10,29	17,69	10,41	10,08	16,16	10,28	10,74	15,26	10,92	10,47	18,92	10,18
30	11,51	13,85	10,71	11,14	12,64	10,56	11,18	12,78	11,04	10,85	12,01	10,64
31	10,62	14,36	13,14	10,32	13,55	13,07	10,74	13,44	13,00	10,47	13,00	13,16
	9,53	18,42	10,61	9,87	16,25	9,71	9,43	15,43	10,13	9,37	14,79	9,95

Juni 1880.

	7	2	8	7	2	8	7	2	8	7	2	8
1	13,79	24,64	16,80	13,07	21,57	16,45	12,68	20,44	16,30	12,85	19,05	16,88
2	15,42	32,70	15,78	14,62	28,20	15,49	14,27	26,81	16,13	15,07	23,89	15,45
3	14,77	34,79	19,43	11,14	30,19	18,92	13,78	28,97	18,37	14,88	24,66	19,50
4	15,87	15,17	12,08	14,66	15,10	11,77	14,71	13,83	12,57	15,36	15,37	12,77
5	14,93	24,32	10,41	14,42	21,77	10,28	13,96	19,49	10,87	14,38	17,74	[illegible]
6	6,65	14,77	10,09	6,61	13,07	9,79	6,98	12,57	10,01	7,01	11,62	[illegible]
7	9,69	13,14	10,41	9,69	12,45	10,03	10,31	12,14	10,23	10,12	11,70	10,47
8	11,51	21,35	10,29	11,14	16,84	9,98	11,40	16,48	10,57	11,54	13,54	[illegible]
9	12,78	24,60	11,51	12,21	21,28	11,14	12,05	19,62	11,61	12,01	18,13	[illegible]
10	12,40	27,37	20,70	12,11	25,16	20,17	11,70	24,23	20,06	12,39	24,24	[illegible]
11	17,73	30,64	13,55	17,28	25,64	13,26	16,91	25,95	14,23	16,52	20,70	[illegible]
12	16,76	34,71	22,90	16,02	29,51	22,25	16,44	30,26	22,83	14,96	25,89	21,47
13	21,19	34,96	18,02	20,32	30,34	17,56	20,31	30,00	18,20	20,49	26,58	[illegible]
14	20,45	28,68	22,49	19,35	21,28	21,77	19,53	20,91	21,90	18,84	21,29	[illegible]
15	18,06	28,72	18,83	17,23	24,48	18,04	16,91	23,80	18,20	17,00	22,05	[illegible]
16	15,09	31,04	18,42	15,54	25,40	17,80	15,17	26,21	18,08	15,64	21,67	[illegible]
17	16,84	30,56	17,32	15,97	26,61	16,94	16,00	27,46	17,68	16,08	23,58	[illegible]
18	16,80	31,45	10,55	16,03	27,24	16,07	16,13	26,28	16,40	15,84	23,85	[illegible]
19	17,86	30,64	13,85	16,90	25,78	14,04	17,00	26,38	14,74	16,98	20,35	[illegible]
20	11,51	21,27	11,10	11,43	17,90	10,85	11,61	19,06	12,05	11,81	14,80	[illegible]
21	13,63	22,38	12,73	13,21	19,51	12,59	12,78	20,44	13,44	13,31	16,98	[illegible]
22	13,84	31,45	14,36	12,07	26,32	14,01	13,00	27,59	15,17	13,24	21,45	[illegible]
23	13,91	32,59	21,39	13,45	28,25	21,04	18,48	28,11	21,21	13,89	25,85	[illegible]
24	17,49	26,86	18,02	16,73	24,57	17,56	16,65	22,93	18,03	16,30	22,92	[illegible]
25	18,22	30,45	17,65	17,42	19,93	17,47	17,68	20,18	18,11	16,08	20,03	[illegible]
26	15,09	22,20	14,61	15,84	19,83	14,30	15,61	19,66	14,83	15,18	18,40	[illegible]
27	15,99	20,94	12,73	15,26	17,90	12,25	15,34	18,63	12,96	14,81	15,98	[illegible]
28	13,55	29,61	15,09	13,02	24,33	15,49	12,37	24,57	16,25	10,16	20,19	[illegible]
29	13,89	23,04	15,58	13,21	19,35	15,10	13,87	19,06	15,61	13,70	18,08	[illegible]
30	16,28	29,00	16,80	16,07	23,80	16,59	16,39	22,98	17,04	16,14	21,56	[illegible]
	14,45	26,26	15,08	14,52	22,45	15,31	14,51	22,53	15,83	14,19	20,00	[illegible]

Mai 1880.

Erdthermometer													
1" tief			1' tief			2' tief			4' tief			8' tief	16' tief
7	2	8	7	2	8	7	2	8	7	2	8	7	7
[illegible]	9,49	8,56	6,92	6,83	7,41	6,79	6,76	6,84	6,16	6,35	6,38	5,20	6,06
7,84	13,86	11,16	7,27	8,00	8,84	7,01	8,14	7,38	6,28	6,27	6,26	5,28	6,06
8,01	13,30	11,85	8,49	8,92	9,80	7,71	7,80	8,06	6,26	6,31	6,32	5,34	6,06
[illegible]	12,79	11,99	9,12	9,50	9,95	8,87	8,42	8,56	6,35	6,50	6,47	5,38	6,06
[illegible]	13,83	12,53	9,80	10,02	10,38	8,76	8,88	8,94	6,51	6,60	6,65	5,41	6,08
[illegible]	13,23	12,35	10,28	10,47	10,66	9,11	9,10	9,31	6,74	6,80	6,87	5,48	6,08
[illegible]	10,13	8,61	10,36	10,09	9,80	9,80	9,33	9,28	6,98	7,02	7,07	5,58	6,08
7,41	9,57	9,08	9,02	10,49	9,18	9,01	8,81	8,84	7,16	7,16	7,23	5,59	6,09
[illegible]	8,47	7,58	9,87	8,74	8,85	8,71	8,63	8,54	7,25	7,29	7,25	5,64	6,09
[illegible]	7,77	8,57	8,96	8,00	8,17	8,37	8,24	8,18	7,20	7,28	7,32	5,72	6,11
[illegible]	9,98	8,71	8,28	8,40	8,57	8,12	8,12	8,17	7,27	7,25	7,25	5,78	6,13
[illegible]	10,52	9,10	8,43	8,60	8,90	8,20	8,18	8,27	7,23	7,22	7,24	5,87	6,13
[illegible]	14,84	13,36	8,87	9,38	10,33	8,07	8,41	8,79	7,22	7,28	7,26	5,93	6,13
[illegible]	13,88	13,40	10,58	10,82	11,08	9,21	9,38	9,53	7,28	7,30	7,37	5,98	6,14
[illegible]	16,17	13,15	11,01	11,80	11,85	9,77	9,82	10,06	7,45	7,51	7,55	6,04	6,17
[illegible]	15,51	10,71	11,08	11,20	11,49	10,23	10,15	10,21	7,67	7,73	7,77	6,10	6,18
[illegible]	10,92	7,02	10,34	9,88	9,83	10,15	9,90	9,74	7,89	7,92	7,90	6,14	6,19
[illegible]	9,08	6,52	8,88	8,49	8,75	9,34	9,08	8,96	8,02	8,03	8,03	6,20	6,19
[illegible]	8,70	5,61	7,95	7,83	8,01	8,72	8,49	8,37	8,01	7,96	7,98	6,27	6,19
[illegible]	7,99	7,03	7,26	7,31	7,75	8,18	8,00	7,98	7,91	7,87	7,84	6,34	6,20
[illegible]	9,87	9,40	7,60	7,95	8,35	7,98	7,98	8,03	7,74	7,75	7,69	6,41	6,23
[illegible]	10,57	9,51	8,45	8,64	8,98	8,24	8,90	8,40	7,66	7,63	7,64	6,45	6,25
[illegible]	9,75	9,13	8,96	8,87	9,02	8,57	8,51	8,59	7,63	7,64	7,64	6,52	6,25
[illegible]	10,59	10,29	8,71	8,87	9,24	8,58	8,56	8,67	7,68	7,67	7,69	6,56	6,26
[illegible]	13,19	10,19	9,24	9,53	10,07	8,78	8,82	9,01	7,70	7,72	7,74	6,59	6,29
[illegible]	14,81	12,05	9,80	10,28	10,95	9,22	9,28	9,51	7,77	7,77	7,83	6,62	6,30
[illegible]	18,09	17,33	10,53	11,13	12,81	9,80	9,86	10,22	7,98	7,91	7,97	6,67	6,30
[illegible]	21,00	19,41	12,72	13,36	14,39	10,98	11,15	11,56	8,06	8,11	8,19	6,69	6,33
[illegible]	18,00	12,47	13,80	13,34	13,06	12,09	12,08	12,01	8,34	8,44	8,58	6,73	6,34
[illegible]	12,09	11,55	12,21	12,00	11,91	11,71	11,58	11,46	8,72	8,80	8,89	6,78	6,37
[illegible]	12,13	12,36	11,66	11,50	11,57	11,27	11,17	11,11	8,97	9,01	9,04	6,84	6,38
[illegible]	12,02	10,62	9,50	9,68	9,98	9,06	8,89	9,11	7,46	7,49	7,51	6,07	6,18

Juni 1880.

1" tief 7	1" tief 2	1" tief 8	1' tief 7	1' tief 2	1' tief 8	2' tief 7	2' tief 2	2' tief 8	4' tief 7	4' tief 2	4' tief 8	8' tief 7	16' tief 7
[illegible]	16,59	15,02	11,63	11,86	12,55	11,10	11,10	11,28	9,08	9,11	9,12	6,98	6,41
[illegible]	18,08	16,02	12,61	12,90	13,75	11,58	11,60	11,90	9,17	9,17	9,23	7,00	6,41
[illegible]	13,40	17,57	13,55	13,82	14,66	11,29	12,85	12,02	9,29	9,32	9,41	7,09	6,43
[illegible]	14,38	18,96	14,53	14,21	14,01	13,03	13,00	12,99	9,50	9,54	9,64	7,15	6,45
[illegible]	15,40	13,46	13,48	13,46	13,71	12,88	12,70	12,78	9,76	9,80	9,87	7,24	6,46
[illegible]	13,44	11,58	12,78	12,37	12,51	12,09	12,35	12,23	9,96	9,99	10,01	7,31	6,48
[illegible]	12,38	10,90	11,97	11,94	11,82	12,00	11,84	11,74	10,06	10,08	10,09	7,41	6,51
[illegible]	13,06	11,70	12,30	11,72	12,00	11,81	11,59	11,70	10,09	10,06	10,08	7,45	6,52
[illegible]	15,42	12,56	11,50	11,83	12,31	11,54	11,45	11,58	10,07	10,06	10,08	7,60	6,55
[illegible]	18,05	16,83	11,78	12,22	13,23	11,56	11,51	11,76	10,04	10,03	10,04	7,68	6,56
[illegible]	21,12	16,25	13,42	14,10	15,09	12,30	12,39	12,81	10,08	10,01	10,07	7,76	6,59
[illegible]	23,27	20,91	14,60	15,25	16,55	13,22	13,33	13,78	10,14	10,20	10,29	8,82	6,61
[illegible]	24,86	19,79	16,56	17,12	17,98	14,44	14,62	15,04	10,37	10,47	10,59	7,89	6,62
18,67	20,57	20,82	17,45	17,45	17,64	15,49	15,44	15,61	10,79	10,84	10,97	7,94	6,65
17,85	21,23	18,93	17,56	17,50	17,77	16,77	15,74	15,83	11,18	11,21	11,38	8,00	6,66
14,78	21,29	18,19	16,45	16,46	17,17	15,67	15,40	15,47	11,52	11,61	11,70	8,11	6,68
15,27	22,38	18,63	16,37	16,65	17,48	15,50	15,28	15,53	11,81	11,84	11,90	8,21	6,78
15,80	26,25	18,60	16,73	17,11	17,85	15,72	15,63	15,84	11,98	12,00	12,06	8,31	6,73
15,94	22,04	17,98	16,94	17,11	17,80	15,99	15,86	16,04	12,15	12,18	12,28	8,44	6,76
19,62	18,41	15,04	16,63	16,83	16,66	16,05	15,82	15,75	12,33	12,42	12,41	8,54	6,79
18,24	18,91	15,76	15,58	15,74	16,38	15,56	15,30	15,37	12,48	12,51	12,53	8,63	6,82
19,94	21,84	17,09	15,46	15,88	16,82	15,31	15,17	15,32	12,55	12,55	12,56	8,70	6,82
14,17	26,20	20,31	16,07	16,54	17,57	15,51	15,45	15,69	12,58	12,60	12,63	8,91	6,88
17,28	23,07	19,67	17,40	17,63	18,37	16,10	16,14	16,30	12,65	12,67	12,75	9,08	6,90
17,26	20,80	19,14	17,70	17,84	18,36	16,58	16,55	16,60	12,90	12,86	12,92	9,12	6,90
16,79	20,92	17,44	17,71	17,80	19,05	16,76	16,67	16,94	13,00	13,08	13,10	9,28	6,95
15,74	18,98	15,75	17,06	17,12	17,20	16,62	16,44	16,41	13,20	13,24	13,26	9,31	6,98
18,59	21,40	17,77	16,04	16,36	17,26	16,81	15,94	16,04	13,31	13,33	13,38	9,44	7,01
15,09	17,70	16,79	16,73	16,49	16,70	16,81	16,07	16,03	13,38	13,35	13,41	9,55	7,03
18,01	20,53	17,68	16,32	16,51	17,03	15,94	15,84	15,94	13,41	13,41	13,43	9,65	7,08

Juli 1880.

	Luftthermometer											
	III. In Glas			IV. In Kupfer			V. frei			VII.		
	7	2	8	7	2	8	7	2	8	7	2	8
1	18,14	34,91	17,20	17,92	31,01	17,04	17,25	28,50	17,47	17,17	27,12	17,74
2	18,54	30,64	18,80	17,66	26,61	18,88	17,51	24,63	18,20	18,05	23,01	19,50
3	17,28	33,16	20,49	16,84	28,79	19,83	16,91	26,98	20,26	17,00	24,93	20,22
4	18,75	26,15	22,08	18,14	23,22	21,42	18,37	22,88	21,90	17,97	22,02	22,13
5	15,89	22,90	17,65	15,29	20,37	17,06	15,17	20,01	17,88	15,45	20,01	17,59
6	14,80	16,80	18,95	14,88	16,02	19,55	14,22	15,87	18,78	14,23	15,57	18,99
7	15,25	31,04	20,00	14,31	27,63	19,73	14,27	24,66	19,96	14,10	23,48	20,16
8	17,04	33,28	22,24	16,45	28,88	21,88	16,35	28,54	21,55	16,88	26,00	22,80
9	18,42	37,35	24,28	17,71	32,71	24,04	17,77	31,46	23,84	17,97	28,35	23,51
10	18,75	37,28	22,00	18,04	31,79	21,28	18,29	31,90	21,73	18,13	25,98	21,39
11	19,50	19,43	16,84	19,25	17,95	16,40	18,89	16,87	16,48	19,27	17,74	16,60
12	16,72	34,42	20,58	16,74	30,40	20,03	16,04	28,11	20,85	15,84	25,89	20,49
13	17,81	33,16	17,61	17,87	28,74	17,32	16,91	29,44	18,11	17,74	24,28	17,44
14	20,70	34,42	18,42	19,50	29,76	18,04	19,58	30,04	19,06	19,08	23,98	17,28
15	17,49	34,79	18,30	16,94	29,51	17,80	16,21	30,02	18,80	17,09	24,85	18,24
16	16,88	34,71	20,49	16,35	30,90	19,54	16,48	29,10	20,35	16,41	26,89	20,41
17	17,20	37,07	23,03	16,65	33,28	23,17	16,91	32,85	23,39	17,02	29,20	23,47
18	22,98	21,85	18,42	22,25	20,46	17,90	21,85	20,78	18,16	21,71	21,52	18,13
19	18,28	32,71	17,61	18,88	28,11	17,47	18,54	26,04	18,16	18,24	24,35	17,98
20	16,80	20,00	16,30	16,16	23,51	15,97	15,95	21,90	16,52	16,68	20,64	16,39
21	13,43	18,54	14,77	13,31	16,21	14,32	13,65	15,30	14,52	13,46	16,41	14,98
22	16,23	26,97	14,11	15,54	21,91	18,55	14,00	21,28	14,65	15,41	19,27	14,42
23	13,87	21,82	17,24	13,31	26,12	16,74	13,00	22,54	17,25	13,08	21,22	17,08
24	14,28	27,37	14,77	13,75	22,35	14,14	13,87	20,44	14,40	14,49	19,27	14,38
25	17,40	30,96	15,58	16,55	19,83	15,00	16,22	18,84	15,61	16,07	18,51	15,08
26	18,18	29,12	16,92	17,42	28,10	16,31	17,17	22,41	16,95	16,68	21,20	16,71
27	14,30	16,80	13,22	13,04	15,49	13,21	14,41	16,08	13,78	14,53	15,07	13,50
28	16,30	32,63	16,38	15,54	27,09	15,87	15,17	25,22	16,48	15,76	21,61	16,39
29	16,23	25,34	15,10	15,87	22,35	15,49	15,43	20,82	16,17	15,84	20,08	16,22
30	14,85	18,42	16,80	14,28	17,47	16,11	14,61	17,68	16,35	13,92	17,59	16,60
31	16,80	15,86	14,80	16,02	15,00	14,71	15,61	15,70	15,17	15,53	15,57	15,37
	17,00	29,27	17,98	16,49	24,88	17,52	16,36	23,74	17,95	16,50	22,00	17,86

August 1880.

	7	2	8	7	2	8	7	2	8	7	2	8
1	12,05	19,68	13,14	11,91	17,18	12,59	11,92	14,40	12,98	11,81	16,18	13,50
2	11,07	15,25	14,08	13,50	14,01	14,14	12,66	14,18	14,05	13,16	18,92	14,00
3	16,72	28,84	16,99	16,21	22,25	15,54	15,61	23,71	16,48	15,84	20,22	[illegible]
4	15,54	19,80	17,86	15,25	19,07	17,08	15,61	16,44	17,04	15,64	15,90	[illegible]
5	16,80	20,05	18,42	16,31	19,73	18,00	16,48	19,40	18,29	16,23	19,54	[illegible]
6	16,51	24,41	17,61	16,11	20,46	17,04	16,17	20,01	17,21	16,22	19,84	[illegible]
7	16,31	27,57	19,81	15,87	24,88	18,58	16,17	21,85	19,06	16,30	21,61	[illegible]
8	17,82	33,57	18,99	16,55	31,45	18,03	16,65	27,38	18,37	16,49	26,16	[illegible]
9	16,92	26,15	18,10	16,36	24,98	17,80	16,39	22,59	18,30	16,22	22,02	[illegible]
10	16,92	24,96	18,02	16,70	22,25	17,90	16,91	21,55	18,61	16,90	20,83	[illegible]
11	20,86	29,00	19,89	20,17	26,17	19,64	19,03	25,95	20,26	19,65	24,40	[illegible]
12	24,21	31,41	23,10	19,73	28,25	22,39	19,49	27,50	22,89	19,76	25,77	[illegible]
13	20,98	38,37	23,71	20,32	35,81	23,22	19,83	30,56	23,94	20,41	29,00	[illegible]
14	21,76	36,58	18,83	20,94	33,11	18,43	21,21	31,64	18,72	21,67	28,08	[illegible]
15	20,87	31,45	21,10	19,83	27,88	20,80	19,92	26,64	21,51	19,57	24,19	[illegible]
16	18,91	32,27	19,19	18,77	26,22	18,97	19,10	24,92	19,62	18,59	23,89	[illegible]
17	18,67	27,78	17,09	18,19	28,02	17,42	18,63	23,15	18,30	18,21	21,86	[illegible]
18	19,23	32,67	15,58	18,52	26,41	15,39	18,16	25,90	16,04	17,80	21,41	[illegible]
19	15,50	33,90	14,86	15,00	28,08	14,18	14,78	25,05	15,61	15,15	21,34	[illegible]
20	13,95	31,81	17,58	13,65	25,16	16,94	14,00	23,80	17,47	14,73	24,01	[illegible]
21	13,98	31,10	16,10	13,55	26,30	16,40	14,22	25,18	17,00	13,84	23,85	[illegible]
22	14,40	28,19	16,88	13,55	24,19	16,74	14,13	24,67	17,08	13,82	23,89	[illegible]
23	15,58	27,37	17,28	15,30	23,99	17,08	15,21	24,57	16,16	15,57	22,82	[illegible]
24	16,30	27,62	16,11	15,97	24,24	15,97	16,48	24,79	17,21	16,49	23,80	[illegible]
25	14,31	29,11	15,29	14,52	24,19	15,10	14,48	24,14	16,22	14,38	22,90	[illegible]
26	11,92	26,97	13,14	11,62	20,12	13,12	12,27	19,92	13,87	11,02	19,08	[illegible]
27	9,97	26,07	12,32	9,74	20,46	12,30	9,75	20,26	13,13	9,74	18,97	[illegible]
28	10,82	19,56	15,02	10,66	18,00	15,00	11,48	18,20	15,52	11,16	17,86	[illegible]
29	12,57	27,02	15,17	12,40	22,15	14,81	14,70	21,04	15,87	12,85	19,09	[illegible]
30	11,51	31,86	14,86	11,24	25,74	14,14	11,83	26,16	15,43	11,35	22,51	[illegible]
31	12,78	29,00	16,88	12,49	25,40	16,74	13,38	25,86	17,47	12,69	23,88	[illegible]
	15,96	27,00	17,35	15,51	24,09	16,84	15,65	23,14	17,49	15,50	[illegible]	[illegible]

Juli 1880.

Erdthermometer													
1" tief			1' tief			2' tief			4' tief			8' tief	16' tief
7	2	8	7	2	8	7	2	8	7	2	8	7	7
16,95	23,81	18,82	16,65	17,28	18,15	16,08	16,04	16,33	13,42	13,41	13,47	9,78	7.10
17,59	21,42	19,89	17,66	17,69	18,29	16,60	16,56	16,70	13,48	13,49	13,55	9,85	7.13
17,54	23,09	20,42	17,84	18,04	18,69	16,82	16,78	16,97	13,60	13,62	13,67	9,93	7.16
[illegible]	20,59	20,66	18,14	18,10	18,53	17,14	17,06	17,12	13,74	13,79	13,82	10,02	7.20
[illegible]	19,21	17,78	18,25	18,08	18,06	17,22	17,11	17,12	13,88	13,98	13,97	10,11	7.23
[illegible]	16,05	14,99	17,04	16,61	16,43	16,88	16,62	16,41	14,04	14,06	14,07	10,19	7.27
[illegible]	21,19	18,96	15,69	16,19	17,11	16,00	15,81	16,00	14,11	14,07	14,07	10,27	7.30
[illegible]	22,40	20,30	16,91	17,90	18,08	16,27	16,28	16,48	14,05	14,02	14,07	10,36	7.35
[illegible]	25,12	22,00	17,77	18,92	19,48	16,79	16,84	17,13	14,02	14,04	14,05	10,44	7.37
[illegible]	25,55	22,24	18,98	19,40	20,20	17,60	17,61	17,87	14,11	14.14	14,19	10,52	7.41
[illegible]	18,95	18,88	19,78	19,29	19,00	18,23	18,17	18,10	14.26	14,34	14,40	10,59	7.46
[illegible]	23,38	20,42	17,89	18,19	19,00	17,75	17,51	17,62	14,52	14,56	14,59	10,65	7.50
[illegible]	20,81	19,69	18,53	18,80	19,50	17,81	17,73	17,89	14,66	14,67	14,70	10,73	7.52
[illegible]	24,57	20,53	18,81	19,27	19,80	18,02	17,96	18,15	14.74	14.75	14,80	10,81	7.58
[illegible]	25,00	20,85	19,19	19,47	20,19	18,33	18,23	18,41	14,85	14,89	14,92	10,90	7.61
[illegible]	24,64	21,39	19,26	19,40	20,31	18,54	18,99	18,57	14,98	15,00	15,04	10,99	7.64
[illegible]	26,10	21,08	19,65	19,92	20,80	18,77	18,69	18,91	15,12	15,14	15,18	11,06	7.68
[illegible]	22,95	19,84	20,13	20,46	20,52	19,24	19,24	19,25	15,25	15,29	15,34	11,15	7.72
[illegible]	23,29	19.71	19,44	19,64	19,95	19,04	18,85	18,87	15,42	15.47	15,51	11,24	7.77
[illegible]	21,07	18,29	19,20	19,04	19,27	18,83	18,64	18,59	15,56	15,60	15,56	11,34	7,82
[illegible]	16,52	16,25	18,11	17,85	17,73	18,46	18,18	17,95	15,61	15,62	15,63	11,44	7.86
[illegible]	19,28	16,77	17,00	17,08	17,56	17,53	17,84	17,28	15,62	15,60	15,59	11,51	7,88
[illegible]	20,01	17,98	16,61	16,79	17,52	17,12	16,80	16,94	15,51	15,47	15,45	11,61	7,95
[illegible]	18,57	16,21	17,01	16,98	17,26	17,08	16,90	16,93	15,39	15,38	15,34	11,70	7,99
[illegible]	18,05	16,90	16,62	16,74	17,06	16,80	16,67	16,69	15,30	15,25	15,25	11,75	8,08
[illegible]	19,48	17,76	16,58	16,78	17,39	16,83	16,52	16,64	15,19	15,15	15,14	11,88	8,05
[illegible]	15,96	15,18	16,84	16,46	16,52	16,70	16,58	16,46	15,10	15,09	15,00	11,87	8.11
[illegible]	20,53	17,80	15,92	17,11	17,19	16,22	16,11	16,27	15,00	15,04	15,02	11,92	8,12
[illegible]	18,20	17,38	16,86	16,87	17,19	16,49	16,46	16,52	14,97	14,97	14,95	11,96	8,17
[illegible]	16,82	17,00	16,54	16,45	16,68	16,48	16,27	16,38	14,93	14,94	14,92	11,98	8,24
[illegible]	16,90	16,21	16,25	16,46	16,66	16,26	16,17	16,22	14,92	14,92	14,91	12,01	8,27
[illegible]	21,14	18,80	17,77	17,94	18,39	17,34	17,25	17,31	14,69	14,70	14,72	10,90	7,68

August 1880.

7	2	8	7	2	8	7	2	8	7	2	8	7	7
[illegible]	14,95	14,68	15,96	15,53	15,50	16,18	15,91	15,60	14,86	14,86	14,84	12,03	8,30
[illegible]	14,45	14,63	15,02	14,98	15,08	15,56	15,97	15,31	14,81	14,77	14,77	12,05	8,33
[illegible]	10,04	17,13	14,94	15,43	16,23	15,18	15,16	15,95	14,68	14,65	14,60	12,07	8,36
[illegible]	16,98	17,04	16,03	15,55	16,08	15,63	15,60	15,61	14,54	14,53	14,53	12,09	8,42
[illegible]	17,98	18,12	16,12	16,26	16,66	15,69	15,89	15,81	14,50	14,49	14,51	12,11	8,45
[illegible]	18,77	17,92	16,70	16,82	17,10	15,98	16,04	16,14	14,49	14,49	14,52	12,12	8,49
[illegible]	18,91	18,65	16,70	16,81	17,29	16,21	16,16	16,31	14,65	14,66	14,58	12,12	8,53
[illegible]	21,08	19,00	16,90	17,22	17,80	16,44	16,30	16,56	14,62	14,62	14,66	12,13	8,57
[illegible]	20,38	18,96	17,16	17,57	18,07	16,72	16,70	16,83	14,68	14,68	14,78	12,13	8,62
[illegible]	19,22	18,79	17,70	17,57	17,85	16,98	16,91	16,98	14.76	14,80	14,84	12,10	8,64
18,39	22,47	20,08	17,78	18,23	18,88	16,98	17,04	17,24	14,87	14,88	14,94	12,14	8,67
18,87	22,69	21,96	18,63	18,86	19,53	17,48	17,52	17,08	14,97	14,99	15,01	12,17	8,71
19,70	24,70	22,99	19,31	19,53	20,22	17,95	18,00	18,18	15,11	15,16	15,20	12,20	8,75
20,40	25,96	21,44	20,00	20,20	20,62	18,52	18,36	18,75	15,27	15,36	15,39	12,23	8,78
19,81	22,99	21,75	19,94	19,88	20,30	18,87	18,74	18,90	15,52	15,56	15,61	12,30	8,83
19,47	22,59	20,52	19,77	19,71	19,94	18,83	18,73	18,75	15.71	15,78	15,80	12,31	8,86
19,13	21,20	20,02	19,57	19,53	19,80	18,71	18,64	18,67	15,88	15,92	15,93	12,38	8,89
17,86	22,24	18,54	18,99	19,02	19,36	18,59	18,43	18,45	15,99	16,02	16,04	12,45	8,92
16,02	21,51	18,11	18,25	18,29	18,81	18,20	18,08	18,08	16,06	16,00	16,08	12,52	8,95
15,17	20,40	18,03	17,85	17,83	18,30	17,98	17,77	17,75	16,05	16,08	16,06	12,58	8,99
15,38	21,02	17,07	17,65	17,76	18,20	17,70	17,57	17,63	16,13	16,03	15,99	12,67	9.12
15,03	23,15	19,16	17,84	18,08	18,75	17,52	17,18	17,66	15,96	15,94	15,94	12,73	9,15
15,53	23,97	19,64	17,69	18,45	19,15	17,67	17,62	17,86	15,91	15,89	15,89	12,79	9,10
16,71	24,54	19,55	18,29	19,00	19,61	17,92	17,94	18,16	15,89	15,89	15,89	12,84	9,12
15,96	25,56	19,00	18,24	18,08	19,35	18,09	18,01	18,18	15,90	15,92	15,91	12,88	9,14
14,00	21,35	16,58	17,82	17,90	18,27	18,01	17,80	17,70	16,08	15,97	15,94	12,91	9,17
12,73	21,32	16,25	16,64	17,13	17,71	17,18	17,26	17,27	15,94	15,96	15,92	12,94	9,21
12,89	17,39	16,08	15,04	16,42	16,68	17,07	16,84	16,77	15,87	15,84	15,81	12,98	9,24
13,78	[illegible]	17,78	16,15	16,81	17,55	16,57	16,56	16,70	15,75	15,73	15,69	13,00	9,28
18,83	[illegible]	17,88	16,53	17,24	18,02	16,78	16,72	16,95	15,63	15,63	15,58	13,04	9,31
14,37	[illegible]	18,98	16,96	17,66	18,45	16,96	16,95	17,19	15,56	15,54	15,55	13,06	9,34
[illegible]	[illegible]	18,66	17,50	17,76	18,21	17,10	17,16	17,20	15,36	15,37	15,38	12,46	8,84

September 1880.

	Luftthermometer											
	III. In Glas			IV. In Kupfer			1' frei			VII.		
	7	2	8	7	2	8	7	2	8	7	2	8
1	12,04	30,06	19,56	11,92	26,75	19,16	12,14	25,48	19,49	12,01	25,50	19,78
2	15,17	20,97	16,90	14,62	24,57	15,97	14,68	24,84	16,87	11,69	23,77	16,64
3	17,73	24,08	16,72	17,04	21,28	16,50	17,34	20,91	17,08	16,79	20,64	16,98
4	17,12	23,30	16,09	16,89	21,09	15,00	17,21	21,38	15,70	16,98	20,48	15,76
5	12,08	31,24	20,17	12,69	28,06	19,83	13,13	25,84	20,28	12,77	25,50	20,41
6	17,30	28,08	17,45	17,42	25,78	17,08	17,77	25,35	17,86	17,36	25,31	17,98
7	17,61	23,83	17,12	17,92	21,87	16,89	17,43	21,47	17,17	17,28	20,91	17,06
8	14,56	22,20	14,28	14,28	18,07	14,14	14,41	17,91	14,57	14,98	18,32	14,77
9	12,57	21,20	11,02	12,25	20,27	10,76	12,61	19,02	11,81	12,58	19,57	11,63
10	10,98	20,94	10,78	10,47	17,76	10,28	10,06	18,20	11,28	10,17	18,20	11,24
11	11,02	19,11	9,50	10,71	16,81	9,50	11,05	16,41	9,97	10,55	16,45	9,28
12	6,89	10,89	11,59	6,46	16,91	11,28	6,84	16,61	11,70	7,01	16,99	12,01
13	7,70	22,28	11,51	7,62	18,87	11,24	7,80	18,11	11,27	7,89	18,24	12,12
14	7,06	21,68	13,43	7,09	18,67	13,45	7,37	18,24	13,44	7,47	18,43	13,77
15	11,43	21,98	11,71	10,90	19,73	11,62	11,53	19,23	12,57	11,04	17,97	12,54
16	9,56	22,60	16,15	9,21	20,42	15,87	9,49	20,58	16,39	9,02	19,35	16,29
17	13,47	20,34	18,75	13,21	18,14	13,65	13,61	18,20	13,87	13,46	17,82	13,98
18	11,10	21,84	14,36	10,76	20,80	14,17	11,09	19,92	14,65	11,82	19,65	14,69
19	12,65	19,43	14,08	12,11	18,14	13,55	12,57	16,91	14,41	12,58	16,71	14,30
20	13,34	19,80	12,78	12,98	18,77	12,30	13,13	18,46	12,57	12,98	18,59	12,69
21	11,80	12,16	10,02	11,14	11,72	10,42	11,96	11,27	10,92	11,47	11,62	10,98
22	13,39	16,11	13,55	13,17	15,25	13,31	13,00	15,26	13,61	13,39	14,90	13,84
23	11,59	13,39	10,85	11,14	12,50	10,80	11,18	12,66	10,92	11,04	12,51	11,16
24	10,86	13,55	11,51	10,80	12,69	11,11	11,14	12,83	11,41	11,01	12,79	11,54
25	9,16	15,89	11,51	8,87	14,70	11,81	9,10	14,44	12,05	9,09	14,15	12,20
26	12,24	13,95	12,57	11,91	13,21	12,35	12,01	14,00	12,70	12,12	13,24	12,85
27	10,82	19,89	10,86	10,86	17,82	10,90	11,03	17,04	11,01	11,01	16,14	11,35
28	9,32	22,28	10,96	9,21	19,50	10,66	9,02	19,75	11,48	15,15	18,86	11,47
29	12,24	18,54	8,59	12,35	16,84	8,54	12,57	16,65	9,31	12,39	15,98	9,43
30	13,24	14,03	11,35	12,90	13,48	11,24	12,57	13,26	11,27	12,69	13,54	11,49
	12,17	21,84	13,31	11,91	18,69	13,12	12,20	18,64	13,50	12,29	17,94	13,07

October 1880.

	7	2	8	7	2	8	7	2	8	7	2	8
1	6,96	15,78	10,45	6,08	13,45	10,28	6,24	13,00	10,06	6,17	12,85	10,58
2	11,71	18,06	12,82	11,76	12,59	12,40	11,61	12,66	12,57	12,20	12,69	12,66
3	10,49	8,67	5,61	10,42	7,28	5,35	10,49	7,23	5,77	10,99	7,78	6,08
4	5,27	5,23	6,04	5,11	4,68	6,10	5,55	5,98	6,21	5,47	6,21	6,78
5	6,81	13,55	8,27	6,56	11,87	8,15	6,59	11,70	8,49	6,81	11,43	8,86
6	7,96	18,83	13,75	7,82	17,08	13,55	8,01	16,78	13,78	7,90	10,52	13,94
7	13,75	15,25	12,82	13,75	14,71	12,11	13,96	14,52	12,28	14,30	14,49	12,81
8	5,92	12,73	6,28	5,98	10,28	6,42	6,11	10,40	5,98	6,24	9,62	6,02
9	3,37	10,21	5,10	3,32	7,77	5,11	3,48	7,90	5,30	3,66	7,80	5,85
10	2,28	8,59	5,08	2,41	7,28	5,06	2,70	6,93	5,21	2,09	6,16	5,80
11	3,41	10,94	3,80	3,42	8,97	4,19	3,57	9,01	4,81	3,46	8,55	4,54
12	− 0,22	12,57	3,81	− 0,20	10,08	3,56	0,15	9,84	4,12	0,27	9,82	4,27
13	2,92	5,84	6,69	2,06	5,81	6,32	2,88	5,94	6,50	2,39	5,58	6,85
14	7,78	9,00	3,84	7,62	7,77	3,76	7,87	7,80	3,82	7,74	7,86	3,95
15	1,28	6,85	7,86	1,15	7,28	7,87	1,38	7,02	7,98	1,02	6,88	8,16
16	8,92	11,10	6,24	8,82	10,56	6,32	9,10	10,08	6,50	9,40	10,43	6,66
17	7,25	12,12	8,37	7,28	11,14	8,15	8,10	10,89	8,28	7,91	10,77	8,47
18	8,06	10,70	8,07	7,87	10,18	8,59	8,19	9,07	8,66	8,05	10,01	8,63
19	7,18	9,81	3,41	7,14	8,73	2,34	7,10	8,36	2,61	7,08	8,89	3,54
20	− 1,02	9,08	2,72	− 1,01	7,09	2,89	− 0,84	6,63	2,87	− 0,41	5,74	2,81
21	3,41	3,78	2,00	3,52	3,30	2,46	3,61	3,48	3,05	3,94	3,08	3,16
22	0,55	7,05	− 0,62	0,84	4,39	− 0,58	0,67	3,18	− 0,41	0,85	3,27	− 0,15
23	− 1,81	6,24	− 1,88	− 1,81	3,90	− 1,78	− 1,58	3,57	− 1,23	− 1,71	2,98	− 1,58
24	− 3,00	7,98	− 1,19	− 3,61	4,87	− 1,26	− 3,84	3,95	− 0,91	− 3,82	2,89	− 0,96
25	0,35	6,79	0,71	0,29	5,65	0,53	0,45	4,77	1,82	0,58	4,70	1,15
26	0,19	2,00	4,54	0,10	2,46	4,19	0,15	2,82	4,34	0,20	2,81	4,64
27	3,49	4,78	0,19	3,42	3,42	0,06	3,57	4,21	0,51	3,54	3,58	0,51
28	− 0,10	0,90	− 0,22	0,00	0,77	− 0,11	0,15	0,90	− 0,20	0,08	0,70	− 0,20
29	0,19	1,80	6,24	0,06	1,50	5,89	0,20	1,75	6,03	0,47	1,60	[illegible]
30	0,21	2,64	− 0,22	0,15	1,87	− 0,06	0,45	1,84	− 0,28	0,30	2,00	[illegible]
31	1,27	6,73	3,01	0,87	5,06	2,89	1,82	4,30	3,00	1,35	4,81	[illegible]
	3,90	8,98	4,06	3,90	7,49	4,09	3,91	7,31	5,07	4,17	7,16	[illegible]

September 1880.

Erdthermometer														
1" tief			1' tief			2' tief			4' tief			8' tief	16' tief
7	2	8	7	2	8	7	2	8	7	2	8	7	7
14,92	24,69	19,81	17,97	17,84	18,66	17,22	17,15	17,37	15,83	15,54	15,54	13,00	9,37
15,51	24,18	18,99	17,57	18,18	18,80	17,35	17,34	17,54	15,51	15,54	15,56	13,09	9,04
17,87	23,10	18,32	18,09	18,29	18,59	17,58	17,60	17,63	15,56	15,58	15,60	13,12	9,42
17,88	20,20	17,75	17,93	18,12	18,28	17,55	17,52	17,56	15,62	15,68	15,63	13,13	9,46
14,48	24,46	20,32	17,10	17,77	18,74	17,34	17,91	17,47	15,65	15,66	15,65	13,13	9,49
17,74	23,97	19,50	18,22	18,74	19,16	17,61	17,90	17,85	15,67	15,67	15,69	13,16	9,52
17,74	20,98	18,45	18,38	18,57	18,75	17,81	17,81	17,96	15,71	15,73	15,73	13,17	9,56
16,00	18,06	15,87	17,80	17,76	17,44	17,09	17,58	17,49	15,76	15,77	15,79	13,18	9,58
13,75	19,56	14,69	16,37	16,82	16,81	17,04	16,84	16,79	15,78	15,80	15,77	13,20	9,61
[illegible]	17,76	13,00	15,46	15,62	15,83	16,43	16,19	16,18	15,73	15,70	15,67	13,21	9,64
12,01	15,77	12,06	14,80	14,93	14,93	15,82	15,61	15,47	15,59	15,56	15,48	13,23	9,67
8,68	16,78	13,18	13,41	13,86	14,12	15,00	14,88	14,84	15,40	15,35	15,29	13,25	9,67
9,49	18,07	13,62	13,36	13,90	14,59	14,03	14,53	14,60	15,17	15,10	15,00	13,25	9,78
9,84	18,13	14,47	13,50	14,03	14,76	14,51	14,40	14,59	14,94	14,86	14,80	13,25	9,75
[illegible]	18,70	11,87	14,02	14,09	15,21	14,54	14,55	14,71	14,71	14,67	14,64	13,26	9,80
[illegible]	18,14	16,23	14,16	14,08	15,40	14,68	14,62	14,80	14,56	14,54	14,54	13,23	9,81
[illegible]	16,58	14,46	14,08	15,02	15,12	14,95	14,90	14,91	14,48	14,45	14,45	13,22	9,85
[illegible]	18,56	15,05	14,26	15,01	15,50	14,73	14,70	14,96	14,49	14,40	14,41	13,18	9,87
[illegible]	15,75	14,09	14,96	14,98	15,66	14,95	14,88	14,90	14,38	14,35	14,37	13,15	9,90
[illegible]	16,65	13,88	14,59	14,70	14,72	14,70	14,72	14,70	14,34	14,31	14,32	13,11	9,93
[illegible]	10,23	12,44	14,27	14,08	13,96	14,59	14,48	14,28	14,31	14,28	14,27	13,07	9,95
[illegible]	14,78	14,06	13,61	13,87	14,09	14,18	14,13	14,14	14,25	14,22	14,19	13,06	9,99
[illegible]	12,21	12,48	13,94	13,67	13,67	14,17	14,05	14,01	14,11	14,12	14,11	13,02	10,00
[illegible]	13,08	12,07	13,28	13,64	13,54	13,87	13,81	13,78	14,06	14,08	14,00	12,98	10,02
[illegible]	13,52	12,81	13,01	13,00	13,24	13,70	13,55	13,52	13,97	13,98	13,90	12,98	10,05
[illegible]	13,68	12,97	13,12	13,30	13,39	13,50	13,49	13,50	13,81	13,82	13,79	12,93	10,06
[illegible]	16,23	12,75	13,08	13,36	13,65	13,46	13,46	13,44	13,73	13,72	13,60	12,91	10,09
[illegible]	16,61	13,81	12,98	13,64	14,08	13,47	13,46	13,59	13,65	13,64	13,61	12,87	10,12
[illegible]	14,00	11,87	13,31	13,43	13,49	13,61	13,54	13,53	13,57	13,57	13,57	12,92	10,14
[illegible]	13,14	12,59	12,87	12,82	13,06	13,45	13,29	13,26	13,56	13,52	13,50	12,92	10,15
[illegible]	17,18	14,98	14,00	14,41	15,56	15,45	15,41	15,32	14,75	14,77	14,75	13,10	9,79

October 1880.

1" tief 7	1" tief 2	1" tief 8	1' tief 7	1' tief 2	1' tief 8	2' tief 7	2' tief 2	2' tief 8	4' tief 7	4' tief 2	4' tief 8	8' tief 7	16' tief 7
[illegible]	13,54	11,17	12,90	12,45	12,60	13,11	12,98	12,95	13,46	13,44	13,42	12,78	10,18
[illegible]	11,78	11,89	12,35	12,31	12,36	12,90	12,82	12,77	13,35	13,34	13,29	12,74	10,20
[illegible]	10,23	7,94	12,20	10,97	12,57	12,70	12,60	12,49	13,28	13,20	13,16	12,70	10,22
[illegible]	7,41	7,27	11,43	10,10	9,92	12,08	11,72	12,50	13,12	13,06	13,01	12,66	10,21
[illegible]	11,28	9,58	9,88	10,16	10,59	11,19	11,11	11,15	12,92	12,89	12,81	12,60	10,28
[illegible]	13,80	12,98	10,15	10,08	11,23	11,15	11,14	11,26	12,85	12,70	12,54	12,58	10,22
[illegible]	13,87	12,89	11,81	12,25	12,42	11,61	11,82	11,97	12,47	12,42	12,89	12,53	10,31
[illegible]	10,98	8,24	11,08	11,31	11,11	12,02	11,87	11,73	12,87	12,34	12,38	12,48	10,27
[illegible]	7,49	6,64	9,88	9,30	9,36	11,37	11,06	10,83	12,34	12,02	12,28	12,41	10,28
[illegible]	8,98	6,29	8,07	8,51	8,58	10,43	11,17	10,04	12,23	12,15	12,11	12,36	10,30
[illegible]	9,10	6,10	8,22	8,60	8,65	9,90	9,69	9,67	12,01	11,91	11,85	12,30	10,30
[illegible]	9,82	6,84	7,79	8,17	8,14	9,47	9,34	9,35	11,78	11,60	11,59	12,24	10,33
[illegible]	6,01	6,00	7,67	7,57	7,71	9,21	9,04	8,98	11,46	11,39	11,58	12,19	10,33
[illegible]	9,44	5,76	8,08	8,57	8,15	8,96	9,04	9,11	11,21	11,14	11,07	12,11	10,33
[illegible]	7,51	7,51	7,61	9,60	7,93	8,97	8,85	8,83	10,98	10,93	10,87	12,06	10,35
[illegible]	9,85	8,12	8,49	8,90	9,02	8,98	9,07	9,20	10,80	10,75	10,71	11,95	10,36
[illegible]	10,02	8,65	8,72	8,90	9,21	9,26	9,28	9,40	10,64	10,64	10,60	11,86	10,35
[illegible]	9,42	8,56	9,08	9,16	9,24	9,48	9,44	9,49	10,59	10,58	10,58	11,77	10,35
[illegible]	8,40	6,03	8,35	8,94	8,49	9,46	9,42	9,36	10,54	10,54	10,55	11,68	10,35
[illegible]	6,74	4,48	7,10	7,00	7,23	8,80	8,61	8,50	10,51	10,49	10,47	11,61	10,37
[illegible]	4,45	8,71	6,49	6,52	6,49	8,20	8,02	7,92	10,41	10,34	10,29	11,52	10,37
[illegible]	4,19	1,59	6,07	5,27	5,23	7,60	7,33	7,12	10,18	10,12	10,06	11,48	10,38
[illegible]	4,30	1,67	4,48	4,73	4,98	6,72	6,54	6,70	9,95	9,86	9,78	11,39	10,37
[illegible]	3,90	0,59	4,37	4,22	4,37	6,92	6,12	6,04	9,64	9,55	9,46	11,31	10,39
[illegible]	4,76	1,81	3,98	4,37	4,53	5,87	5,80	5,84	9,33	9,24	9,16	11,23	10,39
[illegible]	2,02	3,60	3,91	3,81	4,00	5,70	5,56	5,40	9,02	8,98	8,84	11,15	10,37
[illegible]	3,67	2,73	4,45	4,70	4,65	5,56	5,62	5,09	8,75	8,67	8,61	11,04	10,38
[illegible]	1,64	0,88	4,17	3,98	3,72	5,61	5,48	5,67	8,52	8,45	8,42	10,99	10,37
[illegible]	1,59	4,30	3,41	3,93	3,80	5,13	5,01	4,98	8,33	8,27	8,20	10,82	10,38
[illegible]	[illegible]	0,93	4,30	4,01	3,72	5,17	5,19	5,09	8,12	8,05	8,01	10,69	10,36
[illegible]	[illegible]	3,00	3,21	3,39	3,78	4,86	4,75	4,79	7,95	7,88	7,94	10,58	10,39
[illegible]	[illegible]	6,04	7,76	7,82	7,80	8,06	8,89	8,80	10,92	10,87	10,88	11,86	10,32

November 1880.

	Luftthermometer											
	III. In Glas			IV. In Kupfer			V. frei			VII.		
	7	2	8	7	2	8	7	2	8	7	2	8
1	0,51	5,43	0,39	0,58	8,80	0,53	0,80	8,48	0,80	0,70	3,98	0,70
2	− 1,10	1,30	− 1,02	− 0,48	1,89	− 1,26	− 0,88	1,41	− 0,84	− 0,68	1,35	− 0,84
3	− 3,04	4,62	− 3,04	− 2,89	2,94	− 3,18	− 2,53	2,18	− 2,08	− 2,60	1,90	− 2,97
4	− 4,68	3,80	− 1,02	− 4,65	1,39	− 1,01	− 4,47	0,58	− 0,71	− 4,51	0,31	− 0,84
5	1,80	4,66	0,79	1,87	4,05	0,72	1,88	4,04	1,23	1,96	3,81	1,00
6	3,41	7,46	3,93	3,32	6,85	3,90	3,26	6,78	4,04	3,16	6,93	4,28
7	5,11	7,38	6,40	5,16	7,18	6,92	5,21	6,97	6,46	5,16	7,05	6,98
8	5,43	5,80	5,31	5,85	5,50	5,16	5,01	5,25	5,30	5,58	5,70	5,47
9	0,11	6,65	− 2,34	0,29	2,07	− 2,41	0,96	1,02	− 1,88	0,66	1,23	− 1,41
10	− 2,94	2,12	− 1,77	− 2,36	0,77	− 1,59	− 2,14	0,71	− 1,81	− 2,13	0,47	− 1,37
11	− 5,06	3,57	− 1,81	− 4,73	1,49	− 1,30	− 4,43	0,89	− 1,01	− 4,32	0,66	− 1,29
12	− 1,02	3,57	0,50	− 1,01	2,41	0,63	− 1,01	2,18	0,89	− 0,72	1,92	1,04
13	3,41	6,24	6,49	3,32	5,84	6,02	3,48	5,08	6,33	3,62	5,97	6,51
14	7,46	8,35	10,20	7,48	8,15	9,98	7,89	8,62	9,65	8,16	8,68	10,36
15	9,08	8,65	3,89	8,78	6,27	3,90	8,88	0,37	3,91	9,92	6,62	4,08
16	1,27	6,24	1,80	1,11	4,00	1,44	1,32	3,82	2,35	1,81	3,50	1,92
17	9,00	11,10	6,65	8,78	9,60	6,42	8,75	0,57	6,50	9,01	9,74	6,70
18	6,08	6,20	5,48	6,01	5,94	5,54	6,16	6,07	5,64	6,35	6,01	5,77
19	0,19	4,38	6,24	0,19	4,05	5,94	0,36	4,17	6,11	0,06	4,12	6,38
20	5,15	2,20	0,11	5,12	1,63	0,00	5,12	1,62	0,02	5,20	1,62	0,04
21	− 1,51	7,40	− 2,00	− 1,61	5,35	− 2,17	− 1,50	3,35	− 1,50	− 1,15	3,85	− 1,45
22	− 3,21	1,76	0,19	− 3,08	1,25	0,05	− 2,66	1,02	0,30	− 2,00	1,23	− 0,47
23	0,29	1,90	− 0,03	0,96	1,59	0,19	1,10	1,71	0,02	1,38	1,70	0,08
24	1,15	6,82	− 0,50	1,01	4,82	− 0,48	1,23	3,22	− 0,32	1,21	2,77	− 0,19
25	1,07	7,05	4,30	1,01	5,25	4,34	1,15	4,47	4,21	1,15	4,23	4,31
26	5,27	6,80	4,62	5,25	6,61	4,49	5,30	6,33	4,77	5,47	6,47	4,70
27	5,68	7,05	5,84	5,74	7,04	5,79	5,79	7,02	5,64	5,78	7,29	5,81
28	5,15	5,47	4,62	4,97	5,11	4,58	5,12	5,25	4,77	5,27	5,31	4,70
29	4,22	5,03	4,74	4,34	4,87	3,80	4,34	4,90	4,86	4,43	5,00	4,81
30	4,02	5,02	5,84	4,63	5,84	5,64	4,88	5,81	5,64	4,94	5,78	5,85
	2,14	5,45	2,52	2,15	4,49	2,37	2,29	4,17	2,64	2,72	4,17	2,07

December 1880.

	III. 7	III. 2	III. 8	IV. 7	IV. 2	IV. 8	V. 7	V. 2	V. 8	VII. 7	VII. 2	VII. 8
1	5,06	4,99	3,93	5,74	4,87	3,90	5,00	4,81	4,93	6,04	5,08	4,04
2	3,21	4,34	1,48	3,18	4,44	1,44	3,18	4,34	1,92	3,16	4,74	1,82
3	− 1,67	0,99	− 6,40	− 1,50	− 0,48	− 6,18	− 2,01	− 2,01	− 6,33	− 1,75	− 2,56	− 5,81
4	− 5,68	− 1,71	− 9,50	− 5,56	− 0,66	− 9,58	− 5,50	− 4,78	− 9,48	− 5,27	− 5,27	− 9,13
5	− 2,79	1,39	− 0,70	− 2,74	0,10	− 0,13	− 2,48	1,28	− 1,10	− 2,49	1,50	− 0,56
6	− 7,56	− 0,50	−10,71	− 7,42	− 5,70	−10,68	− 7,11	− 6,80	−10,13	− 7,18	− 8,09	−10,42
7	− 7,40	3,53	− 2,40	− 7,02	2,07	− 2,17	− 6,93	2,79	− 2,14	− 7,18	3,50	− 2,21
8	1,64	2,32	4,70	1,25	2,07	4,41	1,53	2,00	4,47	1,62	2,23	4,78
9	4,82	6,08	2,16	5,06	5,40	1,92	4,68	4,51	1,84	5,24	5,47	2,00
10	− 1,27	10,62	− 0,22	− 0,91	7,28	− 0,09	1,18	3,05	− 0,28	− 0,72	2,89	− 0,80
11	0,84	10,29	1,08	0,77	5,70	1,01	0,89	3,62	0,89	1,15	3,35	1,19
12	0,31	4,02	1,64	0,53	8,20	1,30	0,03	8,74	1,82	0,77	3,91	1,04
13	1,07	4,72	− 1,02	0,82	2,23	− 0,91	0,71	1,28	− 1,27	0,77	1,46	− 0,26
14	− 2,56	5,84	− 4,56	− 2,55	2,89	− 4,89	− 2,40	− 0,41	− 4,47	− 2,41	− 0,80	− 4,48
15	− 8,05	3,37	− 6,02	− 8,19	− 0,96	− 6,37	− 7,84	− 1,58	− 6,46	− 7,86	− 1,70	− 6,19
16	− 6,07	− 3,14	− 7,32	− 5,94	− 3,75	− 7,14	− 5,08	− 3,43	− 6,80	− 5,96	− 4,10	− 7,14
17	− 5,47	− 0,62	− 7,08	− 5,61	− 1,01	− 7,42	− 5,03	− 2,14	− 7,19	− 5,08	− 2,21	− 7,18
18	−12,01	− 9,09	− 8,25	−11,33	− 9,43	− 7,71	−11,41	− 9,05	− 7,44	−11,45	− 9,28	− 7,94
19	− 0,40	2,08	1,80	0,76	1,69	1,49	− 1,27	1,32	1,32	− 0,22	1,02	1,70
20	2,00	1,88	0,81	2,17	1,49	0,29	2,09	1,32	0,36	2,62	1,46	0,47
21	1,07	4,23	3,61	1,01	3,95	3,47	1,15	3,02	3,44	1,08	4,31	3,86
22	0,48	3,53	− 1,68	0,05	1,73	− 1,68	0,19	0,11	− 1,71	0,55	0,39	− 1,43
23	1,49	− 0,42	− 1,31	1,04	− 0,06	− 1,21	− 1,92	0,71	− 1,09	− 1,94	− 0,09	− 1,07
24	1,89	0,90	0,67	1,78	0,96	0,53	1,49	0,75	0,54	1,81	0,93	0,81
25	3,41	3,37	2,00	2,75	2,94	1,59	3,44	2,87	1,88	3,02	3,24	1,86
26	− 0,82	1,80	1,51	− 0,77	1,49	1,25	− 0,67	1,45	1,15	− 0,68	1,50	1,34
27	0,35	6,05	− 0,86	0,29	3,13	− 1,01	0,58	1,10	0,71	0,68	1,08	− 0,80
28	− 3,25	3,67	− 3,35	3,42	5,06	− 3,42	− 3,17	2,83	3,17	− 3,06	1,00	− 3,47
29	− 0,86	0,91	2,20	− 0,91	0,77	1,97	− 0,73	0,98	2,01	− 0,84	1,28	[illegible]
30	3,21	4,08	3,01	3,04	4,34	3,49	2,87	4,00	3,48	3,16	4,16	[illegible]
31	0,91	4,78	1,51	1,20	4,19	1,49	1,10	3,87	1,71	1,01	0,98	[illegible]
	− 1,16	2,56	− 1,16	− 1,21	1,63	− 1,83	− 1,13	0,80	− 1,80	− 0,79	0,78	[illegible]

November 1880.

Erdthermometer												
1" tief			1' tief			2' tief			4' tief			8' tief	16' tief
7	2	8	7	2	8	7	2	8	7	2	8	7	7
[illegible]	2,66	1,98	3,69	3,55	3,39	4,81	4,76	4,73	7,78	7,69	7,67	10,45	10,95
[illegible]	2,18	0,77	3,19	3,39	3,95	4,62	4,56	4,54	7,57	7,54	7,51	10,31	10,93
[illegible]	3,04	0,66	2,89	3,08	3,22	3,40	4,92	4,95	7,42	7,38	7,34	10,23	10,93
[illegible]	0,80	0,24	2,68	2,50	2,53	4,24	4,13	4,04	7,29	7,21	7,16	10,11	10,92
[illegible]	3,21	1,89	2,43	2,77	3,09	3,94	3,91	3,98	7,10	7,02	6,99	9,97	10,91
[illegible]	5,16	4,24	3,25	3,50	4,01	4,12	4,21	4,35	6,91	6,86	6,83	9,85	10,90
[illegible]	5,77	5,49	4,45	4,74	4,96	4,63	4,78	4,92	6,78	6,76	6,72	9,74	10,89
[illegible]	5,87	5,30	5,12	5,25	5,32	5,17	5,28	5,36	6,71	6,71	6,72	9,63	10,87
[illegible]	2,92	0,64	4,96	4,50	4,03	5,45	5,31	5,15	6,76	6,78	6,70	9,51	10,30
[illegible]	0,76	0,54	3,27	3,01	2,89	4,78	4,57	4,39	6,89	6,81	6,79	9,41	10,34
[illegible]	0,72	0,39	2,53	2,51	2,41	4,13	4,00	3,90	6,75	6,71	6,78	9,32	10,21
[illegible]	1,17	1,20	2,30	2,40	2,58	3,75	3,68	3,69	6,60	6,65	6,59	9,24	10,19
[illegible]	4,54	5,21	2,97	3,39	3,88	3,77	3,89	4,05	6,41	6,38	6,35	9,14	10,17
[illegible]	8,01	8,74	4,87	5,62	6,11	4,30	4,81	5,16	6,30	6,26	6,28	9,05	10,16
[illegible]	7,88	4,26	6,60	6,91	6,43	5,70	5,94	6,06	6,29	6,29	6,31	8,98	10,14
[illegible]	4,42	2,71	5,19	4,84	4,73	5,79	5,58	5,48	6,39	6,43	6,48	8,90	10,11
[illegible]	8,14	6,19	5,69	5,70	5,97	6,35	5,49	5,64	6,52	6,52	6,54	8,81	10,08
[illegible]	6,10	5,87	5,90	5,88	5,95	5,79	5,85	5,89	6,55	6,58	6,58	8,74	10,05
[illegible]	4,18	4,80	5,40	5,05	5,06	6,87	5,71	5,61	6,62	6,63	6,64	8,66	9,99
[illegible]	3,20	1,29	5,31	5,17	4,66	6,01	5,61	5,51	6,67	6,68	6,68	8,60	10,00
[illegible]	4,47	0,81	3,70	3,78	3,79	5,13	4,91	4,88	6,64	6,66	6,64	8,56	9,94
[illegible]	0,61	0,58	3,07	2,86	2,73	4,56	4,35	4,22	6,50	6,57	6,57	8,52	9,95
[illegible]	1,90	1,16	2,61	2,73	2,85	3,97	3,91	3,90	6,46	6,40	6,35	8,48	9,93
[illegible]	3,11	1,00	2,54	2,78	2,89	3,79	3,78	3,78	6,27	6,21	6,17	8,44	9,90
[illegible]	3,98	3,42	2,59	2,78	3,16	3,69	3,67	3,73	6,10	6,04	6,01	8,39	9,87
[illegible]	5,41	4,00	3,59	4,06	4,31	3,91	4,10	4,26	5,91	5,90	5,88	8,34	9,84
[illegible]	3,06	5,64	4,36	4,57	4,87	4,43	4,59	4,88	5,85	5,84	5,84	8,28	9,82
[illegible]	5,19	4,69	4,97	4,99	4,98	4,89	4,94	4,99	5,85	5,85	5,80	8,21	9,80
[illegible]	4,91	4,69	4,87	4,88	4,90	5,05	5,05	5,00	5,91	5,91	5,94	8,15	9,75
[illegible]	5,00	5,50	5,00	5,11	5,27	5,12	5,16	5,28	5,96	5,97	6,00	8,08	9,72
[illegible]	3,95	3,15	3,97	4,08	4,14	4,56	4,69	4,71	6,59	6,57	6,56	9,07	10,09

December 1880.

7	2	8	7	2	8	7	2	8	7	2	8	7	7
[illegible]	5,27	4,75	5,42	5,85	5,84	5,81	5,86	5,10	6,02	6,09	6,04	8,08	9,69
[illegible]	4,72	2,85	4,94	4,89	4,77	5,34	5,25	5,21	6,07	6,09	6,10	7,97	9,67
[illegible]	0,83	0,22	3,71	3,40	3,68	4,62	4,08	4,47	6,12	6,11	6,11	7,95	9,63
[illegible]	0,24	− 0,63	2,67	2,56	2,38	4,11	3,98	3,85	6,08	6,03	6,01	7,91	9,60
[illegible]	0,09	0,23	2,10	2,03	2,00	3,59	3,48	3,38	5,92	5,89	5,84	7,88	9,58
[illegible]	− 0,77	− 2,61	1,82	1,74	1,59	2,24	3,15	3,06	5,75	5,68	5,64	7,84	9,56
[illegible]	− 0,29	0,08	1,40	1,30	1,41	2,91	2,81	2,77	5,54	5,48	5,45	7,82	9,53
[illegible]	0,28	0,08	1,41	1,43	1,46	2,70	2,67	2,62	5,36	5,29	5,25	7,77	9,51
[illegible]	2,75	1,89	1,46	1,55	1,73	2,56	2,59	2,56	5,17	5,17	5,13	7,72	9,47
[illegible]	2,18	0,39	1,55	1,71	1,67	2,57	2,54	2,51	5,06	4,98	4,97	7,69	9,45
[illegible]	3,09	0,88	1,64	1,76	1,89	2,60	2,49	2,54	4,93	4,88	4,85	7,62	9,43
[illegible]	2,54	1,66	1,68	1,80	2,04	2,62	2,51	2,57	4,81	4,78	4,77	7,55	9,40
[illegible]	1,81	0,38	1,88	1,82	1,77	2,58	2,56	2,52	4,70	4,68	4,68	7,47	9,37
[illegible]	0,92	− 0,06	1,57	1,57	1,49	2,44	2,42	2,38	4,62	4,58	4,60	7,40	9,34
[illegible]	0,21	− 0,75	1,36	1,29	1,32	2,35	2,31	2,28	4,54	4,51	4,50	7,32	9,31
[illegible]	− 0,60	− 1,28	1,19	1,20	1,16	2,22	2,18	2,17	4,47	4,43	4,43	7,24	9,28
[illegible]	− 0,39	− 1,02	1,00	1,09	1,06	2,13	2,04	2,07	4,40	4,36	4,34	7,16	9,25
[illegible]	− 2,07	− 2,72	0,85	0,88	0,79	2,05	1,99	1,93	4,33	4,30	4,27	7,10	9,22
[illegible]	0,04	0,22	0,80	0,90	0,84	1,90	1,86	1,85	4,24	4,22	4,22	7,01	9,20
[illegible]	0,30	0,22	0,86	0,80	0,89	1,83	1,81	1,79	4,17	4,15	4,13	6,94	9,17
[illegible]	1,20	1,26	0,94	0,97	0,94	1,81	1,80	1,80	4,10	4,08	4,06	6,88	9,15
[illegible]	0,54	0,26	0,95	0,98	0,99	1,76	1,75	1,75	4,01	3,99	3,96	6,85	9,13
[illegible]	0,15	0,00	0,97	0,99	1,00	1,74	1,74	1,76	3,94	3,92	3,89	6,77	9,10
[illegible]	0,80	0,39	1,04	1,01	1,05	1,75	1,75	1,75	3,88	3,87	3,87	6,71	9,07
[illegible]	2,45	1,64	1,14	1,25	1,40	1,77	1,80	1,89	3,84	3,82	3,80	6,65	9,05
[illegible]	0,78	0,79	1,32	1,30	1,31	1,90	1,91	1,99	3,78	3,78	3,77	6,58	9,01
[illegible]	1,99	0,34	1,23	1,29	1,26	1,88	1,89	1,88	3,75	3,75	3,75	6,49	8,97
[illegible]	1,92	− 0,85	1,18	1,27	1,18	1,87	1,88	1,88	3,71	3,71	3,73	6,45	8,94
[illegible]	0,98	0,55	1,10	1,15	1,17	1,84	1,83	1,82	3,69	3,71	3,69	6,38	8,91
[illegible]	[illegible]	2,94	1,24	1,42	1,43	1,89	1,96	1,94	3,68	3,67	3,66	6,33	8,90
[illegible]	[illegible]	1,97	1,21	2,03	2,16	2,14	2,19	2,25	3,65	3,64	3,64	6,26	8,86
[illegible]	[illegible]	0,44	1,61	1,70	1,71	2,55	2,52	2,53	4,66	4,63	4,62	7,22	9,38

Monatsmittel 1879.

	Luftthermometer											
	III. In Glas			IV. In Kupfer			I' frei			VII.		
	7	2	8	7	2	8	7	2	8	7	2	8
Januar . .	− 5,97	− 2,61	− 5,75	− 5,80	− 3,17	− 5,67	− 5,57	− 3,64	− 5,39	− 5,65	− 3,90	− 5,68
Februar . .	− 3,54	1,40	− 2,14	− 3,36	− 0,33	− 2,11	− 3,16	− 0,31	− 2,22	− 3,07	− 0,42	− 2,00
März . . .	− 3,41	5,32	− 2,10	− 3,10	+ 2,85	− 1,98	− 2,89	1,31	− 1,80	− 3,44	1,10	− 1,78
April . . .	3,89	11,76	5,08	3,60	9,71	4,70	3,55	8,95	5,17	3,44	8,66	4,65
Mai . . .	10,35	21,26	10,32	10,04	18,64	10,29	10,01	17,58	10,57	9,64	16,02	10,38
Juni . . .	15,17	24,06	15,83	14,78	23,17	15,62	14,60	21,53	15,59	14,78	20,59	15,78
Juli . . .	15,03	24,36	15,77	14,90	23,00	15,43	14,70	20,67	15,88	14,84	19,46	15,69
August . .	15,22	25,10	16,23	15,08	22,08	15,77	15,42	21,71	16,54	14,82	21,30	16,34
September .	12,27	21,21	13,55	12,26	20,15	14,24	12,82	19,35	15,14	12,34	19,20	14,73
October . .	6,10	11,36	6,67	5,91	10,46	6,75	6,56	10,13	7,26	6,80	10,17	7,23
November .	− 0,07	3,43	0,38	0,08	2,32	0,35	0,13	2,14	0,81	0,81	2,07	1,13
December .	− 6,35	− 1,89	− 5,74	− 5,95	− 3,98	− 5,78	− 6,00	− 3,99	− 5,34	− 5,98	− 3,96	− 5,73
Jahresmittel	5,31	12,14	5,89	4,86	10,44	5,63	4,99	9,62	6,02	4,85	9,19	5,89

Monatsmittel 1880.

	7	2	8	7	2	8	7	2	8	7	2	8
Januar . .	− 4,86	+ 1,45	− 4,06	− 4,84	− 0,77	− 4,06	− 4,46	− 1,27	− 3,74	− 4,64	− 1,38	− 3,80
Februar . .	− 4,32	2,04	− 2,32	− 4,18	0,22	− 2,47	− 3,92	− 0,69	− 2,14	− 4,16	− 1,12	− 2,25
März . . .	− 1,81	6,30	− 0,70	− 1,79	4,80	− 0,69	− 2,00	3,18	− 0,48	− 1,71	1,90	− 0,46
April . . .	5,79	16,51	6,46	5,74	13,73	6,86	5,61	13,00	6,46	5,22	11,53	6,70
Mai . . .	9,19	18,42	10,04	9,87	16,25	9,71	9,43	15,43	10,13	9,87	13,79	9,98
Juni . . .	14,43	26,26	15,68	14,52	22,45	15,91	14,51	22,53	15,83	14,19	20,00	15,54
Juli . . .	17,00	28,27	17,18	16,49	24,88	17,52	16,36	23,74	17,95	16,50	22,00	17,06
August . .	15,96	27,90	17,35	15,51	24,09	16,84	15,65	23,14	17,49	15,59	21,79	17,41
September .	12,17	21,84	13,31	11,91	18,69	13,12	12,20	18,64	13,56	12,29	17,94	13,67
October . .	3,96	8,86	4,96	3,90	7,49	4,89	3,91	7,31	5,07	4,17	7,16	5,19
November .	2,14	5,49	2,52	2,15	4,48	2,37	2,20	4,17	2,64	2,72	4,17	2,67
December .	− 1,16	2,56	− 1,16	− 1,21	1,43	− 1,33	− 1,13	0,80	− 1,30	− 0,79	0,78	− 1,15
Jahresmittel	5,78	13,83	6,67	5,67	11,49	6,46	5,70	10,83	6,79	5,73	9,72	6,79

Monatsmittel 1879.

Erdthermometer													
1" tief			1' tief			2' tief			4' tief			8' tief	16' tief
7	2	8	7	2	8	7	2	8	7	2	8	7	7
− 1,06	− 1,54	− 1,82	0,08	0,21	0,23	1,18	1,18	1,16	3,32	3,30	3,29	6,31	8,88
− 1,24	− 0,62	− 0,82	− 0,42	− 0,42	− 0,36	0,12	0,11	0,13	1,95	1,94	1,94	4,93	8,00
− 0,99	0,67	0,06	0,31	0,30	0,31	0,74	0,74	0,75	1,89	1,89	2,00	4,25	7,28
3,36	7,76	5,56	5,56	3,88	4,47	3,75	3,81	3,86	3,22	3,32	3,35	4,19	6,87
9,03	15,53	11,64	9,69	10,28	10,70	8,83	8,86	9,02	6,54	6,61	6,65	5,46	6,43
14,56	19,07	16,57	15,11	15,26	15,44	14,25	14,17	14,27	11,29	11,30	11,34	8,15	6,76
14,81	18,46	16,27	15,41	15,17	15,72	14,86	14,79	14,85	12,81	12,82	12,88	10,20	7,06
15,47	19,56	17,26	16,41	16,30	16,90	16,00	15,96	15,97	13,98	13,95	13,96	11,37	8,59
13,45	17,09	14,22	15,08	15,25	15,50	14,93	14,96	14,92	13,78	13,77	13,76	11,05	9,32
7,75	10,61	8,62	9,78	9,88	9,93	10,49	10,51	10,50	11,43	11,41	11,40	11,48	9,81
2,18	3,01	2,41	4,36	4,84	4,32	5,50	5,43	5,37	7,70	7,66	7,66	9,58	9,81
− 2,61	− 1,85	− 2,18	− 0,54	− 0,58	− 0,54	0,53	0,51	0,50	3,31	3,29	3,26	6,79	9,24
6,21	8,93	7,22	7,59	7,54	7,82	7,59	7,61	7,61	7,61	7,61	7,62	7,89	8,20

Monatsmittel 1880.

1" tief 7	1" tief 2	1" tief 8	1' tief 7	1' tief 2	1' tief 8	2' tief 7	2' tief 2	2' tief 8	4' tief 7	4' tief 2	4' tief 8	8' tief 7	16' tief 7
− 1,16	− 0,44	− 0,60	0,14	0,14	0,16	0,83	0,82	0,82	2,48	2,48	2,48	5,91	8,26
− 1,44	− 0,92	− 1,04	− 0,61	− 0,51	− 0,43	0,20	0,20	0,21	1,88	1,82	1,82	4,27	7,43
− 0,21	1,59	0,47	0,25	0,28	0,28	0,50	0,50	0,51	1,63	1,65	1,65	3,80	6,80
5,48	10,29	7,52	6,01	6,25	6,56	5,49	5,49	5,51	4,04	4,08	4,13	4,02	6,22
9,07	12,02	10,60	8,50	9,08	9,98	9,06	8,90	9,11	7,46	7,49	7,51	6,07	6,18
14,47	19,41	16,62	15,16	15,31	15,89	14,28	14,29	14,43	11,29	11,32	11,34	8,22	6,93
16,65	21,14	18,83	17,77	17,94	18,29	17,34	17,25	17,31	14,69	14,70	14,72	10,99	7,08
16,17	21,09	18,66	17,50	17,76	18,24	17,10	17,16	17,26	15,36	15,37	15,38	12,46	8,84
13,14	17,18	14,98	14,90	14,41	15,56	15,45	15,41	15,32	14,75	14,77	14,75	13,10	9,79
5,25	7,49	6,04	7,76	7,82	7,89	8,36	8,89	8,86	10,92	10,87	10,88	11,86	10,32
2,91	3,95	3,15	3,97	4,08	4,14	4,66	4,69	4,71	6,59	6,57	6,56	9,07	10,00
0,33	1,10	0,44	1,61	1,70	1,71	2,55	2,52	2,53	4,66	4,63	4,62	7,22	9,28
6,72	9,49	7,95	7,81	7,82	8,20	8,04	8,02	8,05	7,98	7,98	7,99	8,02	8,15

Bericht

über die 24. Versammlung des preussischen botanischen Vereins zu Pr. Stargard am 6. October 1885.

Vom Vorstande.

Mit einer Tafel.

Dem in Memel 1884 gefassten Beschlusse gemäss wurde die Versammlung des preussischen botanischen Vereins 1885 zu Pr. Stargard am 6. October abgehalten. Die Herren Apotheker H. Sievert, Gymnasiallehrer Schöttler und Apotheker C. Steinbrück hatten gefälligst die Geschäftsführung in Pr. Stargard übernommen und in sehr gelungener Weise durchgeführt.

Die schon am 5. October angelangten Mitglieder des Vereins machten am Nachmittage dieses Tages nach dem Schützenhause und von da längs der Ferse im königlichen Belauf Kochankenberg eine Exkursion unter Führung der Herren Gymnasiallehrer Schöttler, Dr. Riechert und Apotheker Steinbrück. Trotz vorgerückter Jahreszeit wurden noch gefunden: Tunica prolifera, **Potentilla rupestris** (in Blüthe), Armeria vulgaris, Seseli annuum, Digitalis ambigua, **Ervum pisiforme**, Viola mirabilis, Euonymus europaeus wenig, und **Euonymus verrucosus** sehr zahlreich, aber bloss kleine Sträucher. Professor Caspary, der die Gegend vor 13 Jahren untersucht hatte, konnte sicher angeben, dass damals nur sehr wenige Exemplare von letzter Pflanze vorhanden waren; sie hatten sich seitdem bedeutend vermehrt. Im Schiesshause wurde die Aufmerksamkeit auf einen stark verzweigten Ast einer Ulme gelenkt, der aus dem Gerichtsgarten stammte und zahlreiche Knollen aufwies, die mit Beiknospen bedeckt waren. Die Ursache dieser Missbildung konnte natürlich nicht ermittelt werden. Der Wirth des Schiesshauses schenkte eine Photographie dieser auffallenden Bildung dem Vorsitzenden des Vereins.

Nach eingetretener Dunkelheit und kurzer Rast im Schützenhause kehrten die Theilnehmer an der Exkursion nach Pr. Stargard zurück und verbrachten den Abend im Saale des R. Wolff'schen Gasthauses in geselliger Unterhaltung, an der zahlreiche Bürger der gastlichen Stadt sich lebhaft betheiligten. Herr Bürgermeister Mörner hiess die bereits erschienenen Mitglieder des Vereins im Namen der Stadt willkommen, worauf ihm der Vorsitzende des Vereins Professor Caspary mit warmen Worten dankte. Der Direktor des königlichen Gymnasiums Herr Dr. Heinze hielt an die Versammelten eine Ansprache, in welcher er die Zwecke des Vereins darlegte, sie zur Unterstützung lebhaft empfahl und dadurch bewirkte, dass sofort von den Anwesenden eine nicht unerhebliche Zahl als Mitglieder in den Verein eintrat.

Am folgenden Tage, den 6. October, früh 8½ Uhr eröffnete Professor Caspary die Sitzung im Saale des Gasthauses von R. Wolff. Er giebt an, dass die Mitgliederzahl im letzten Jahre sich nur wenig vermehrt habe, bedauert den Tod des Pfarrer Carolus-Plauthen, theilt mit, dass die in Memel gefassten Beschlüsse über die Vereinsthätigkeit so viel als möglich ausgeführt seien, der Kreis Memel sei zum zweiten Mal von stud. rer. nat. Knoblauch untersucht, die Kreise Neustadt und Berent ergänzungsweise von stud. rer. nat. Lemcke, die Umgegend von Neuenburg und der Kreis Schwetz von Lehrer Grütter-Luianno, eine grosse Zahl Seen etwa 180 der Kreise Berent und Kartaus habe er selbst (der Vorsitzende) seine früheren Untersuchungen derselben ergänzend näher erforscht. Professor Caspary stattet Grüsse von vielen Vereinsmitgliedern ab, die verhindert waren, zum Theil durch die ungleiche Lage der Herbstferien in Ost- und Westpreussen, an der Versammlung theilzunehmen, nämlich von den Herren John Reitenbach-Oberstrass bei Zürich, Oberlehrer Kuck-Insterburg, Apotheker Weiss dem älteren Caymen, Apotheker Kühn-Insterburg, Ross-Berlin, Apotheker Rosenbohm-Graudenz, Apotheker Kunze dem jüngeren Königsberg, Lehrer Frölich-Thorn, Dr. Preuss-Thorn, Apotheker Ludwig-Christburg, v. Hohmeier-Stolp, Dr. med. Hilbert-Sensburg, stud. rer. nat. Otto Strübing. Durch Krankheit verhindert waren Scharlok-Graudenz und der erste Schriftführer des Vereins, Conrektor Seydler. Dann legt der Vorsitzende die von den Abwesenden eingegangenen Mittheilungen und Geschenke zur Vertheilung vor.

Apotheker Kühn schickt aus dem Kreise Darkehmen: Carex Schreberi, Cirsium acaule, Bidens radiatus (1 Exempl.) u. cernuus, Geranium columinumb u. G. dissectum, Gypsophila muralis, Polygonum minus, Veronica opaca, Calamintha Acinos, Carex vulpina, Salix depressa, Carex vulgaris, C. digitata, C. muricata, Galeopsis pubescens, Campanula bononiensis u. rapunculoides, Glyceria plicata, Isopyrum thalictroides, Adoxa moschatellina, Acer Pseudoplatanus, Cirsium rivulare.

Stud. rer. nat. O. Strübing sendet folgende von ihm 1884 gesammelten Schweizerpflanzen: *) Pinguicula vulgaris L., Katzensee C. Z. — P. alpina L., Trichterhauser Mühle C. Z. — Veronica saxatilis Scop., Gotthardhospiz-Hospenthal C. U. — Schoenus nigricans L., Trichterhauser Mühle C. Z. — Eriophorum Scheuchzeri Hopp., Gotthardhospiz-Hospenthal C. U. — Phleum alpinum L., Airolo-Val Tremula C. T. — Poa alpina L., Airolo-Val Tremula C. T. — Poa alpina v. vivipara, Adermatt C. U. — Galium rubrum L., Airolo C. T. — G. montanum Vill., Airolo-Val Tremula C. T. — Alchemilla alpina L., Rigi C. Schwyz. — Globularia cordifolia L., Speer C. Gl. — Plantago alpina L., Speer C. Gl. — P. montana Lam., Speer C. Gl. — Viola biflora L., Val Tremula C. T. — V. tricolor v. alpestris, Gotthardhospiz-Hospenthal C. U. — Drosera intermedia Hayn., Pfäffikoner See C. Z. — Bupleurum stellatum L., Gotthardpass C. U. — Azalea procumbens L., Gotthardhospiz C. U. — Nonnea lutea, Sonnenberg C. Z. — Primula farinosa L., Kloster Einsiedeln C. Schwyz. — Primula viscosa All., Gotthardhospiz C. U. — Soldanella pusilla Baumg., Pilatus C. Luzern. —

---

*) C. bedeutet Canton, Z. Zürich, T. Tessin, Gl. Glarus, U. Uri, G. Graubündten.

S. alpina L., Rigi Staffel C. Schwyz. — Androsace Chamaejasme Host, Speer C. Gl. — Gentiana campestris L., Ponte-Samaden C. G. — G. nivalis L., Albulapasshöhe C. G. — G. verna L., Pilatus C. Luzern. — G. acaulis L., Rigi C. Schwyz. — Campanula pusilla Haenke, Raggatz-Pfeffers C. St. Gallen. — Phyteuma haemisphaericum L., Engadin C. G. — Ph. pauciflorum L., Speer C. Gl. — Ph. betonicifolium Vill., Sentis C. Appenzell. — Ph. Halleri All., Airolo C. T. — Rumex nivalis Heg., Gotthardhospiz-Hospenthal C. U. — Polygonum alpinum L., Speer C. Gl. — Epilobium Fleischeri Hochst., Morteratschgletscher C. T. — Dianthus silvestris Wulf, Furkapass C. Unterwalden. — Gypsophila repens L., Abulapass C. T. — Silene rupestris L., Airolo C. T. — S. acaulis L., Speer, Gotthard, Glarnisch. — Alsine laricifolia Crantz, Morteratschgletscher. — Chorleria sedoides L., Morteratschgletscher. — Sempevivrum montanum L., Engadin C. G. — S. tectorum L., Pontresina C. G. — Saxifraga aspera L., Rhonegletscher C. Unterwalden. — S. aizoides L., Schynpass C. G. — S. stellaris L., Andermatt-Göschenen C. U. — S. rotundifolia L., Teufelsbrücke C. U. — S. exarata Vill., Glärnisch C. Gl. — Reseda lutea L., Waldshut (Baden). — Euphorbia verrucosa Lam., Altstätten C. Z. — Dryas octopetala L., Speer C. Gl. — Sieversia montana Sprgl., Pilatus C. Luzern. — Rosa pomifera Herrm., Airolo C. G. — Ranunculus aconitifolius L., Rigi C. Schwyz. — R. alpestris L., Rigi C. Schwyz. — Pedicularis rostrata L., Gotthardhospiz-Hospenthal C. U. — P. tuberosa L., Gotthardhospiz-Hospenthal C. U. — P. foliosa L., Speer C. Gl. — Erynus alpinus L., Speer C. Gl. — Linaria alpina Mill., Albulapasshöhe C. G. — Teucrium montanum L., Julierpass C. G. — T. Chamaedrys L., Schynpass C. G. — Calamintha alpina Lam., Airolo C. T. — Hutschinsia alpina R. Br. Gotthardhospiz C. U. — Polygala Chamaebuxus L., Ütli C. Z. — P. corsica Bor., Airolo C. T. — Coronilla montana Scop, Pontresina, Bad St. Moritz C. G. — Trifolium alpinum L., Engadin C. G. — Bellidiastrum Michelii Cass., Uto Staffel C. Z. — Leontopodium alpinum Cass., Piz Languard C. G. — Aster alpinus L., Bergün-Weissenstein C. G. — Achillea atrata L., Morteratschgletscher C. G. — Crepis alpestris Tausch, Hospenthal C. U. — Homogyne alpina Cass., Rigi C. Schwyz. — Hieraciam Jacquini Vill., Hohentwiel (Baden). — Leucanthemum alpinum Lam., Furkapass C. Unterwalden. — Orchis fusca Jacq., Sihlthal C. Z. — Gymnadenia conopea R. Br., Albiskette C. Z. — Nigritella angustifolia Rich., Bergün-Weissenstein C. G. — Carex ornithopoda Willd., Sihlwald C. Z. — C. firma Host., Gotthardhospiz C. U. — C. Davalliana Sm., Ütli C. Z. — Arum maculatum L., Sihlwald C. Z. — Botrychium Lunaria Sm., Hospenthal-Andermatt C. U.

Sehr interessant ist, dass Herr Strübing im Lunau'er Walde, Kreis Kulm, auf dem seinem Vater gehörigen Theil, zwischen Zalesie und Waldhof, Vorwerk von Paparczyn, in einem Bruch ein Sträuchlein Salix myrtilloides L. entdeckt hat; 5. Standort im Kreise Kulm.

Apotheker Weiss-Caymen der ältere sendet: Rosa mollis Sm. f. ad venustam vergens, determ. Christ. An Gräben zwischen Wangen und Waldhaus Bendisen. Juni-August 1885. — Geum strictum + urbanum, f. ad urbanum vergens et f. ad strictum vergens. Caymen: an Grabenufern zwischen Gebüsch. — Geum rivale + strictum. Caymen 1885. — Lappa maior + tomentosa. Caymen. August 1885. leg. Walter Weiss. — Silene noctiflora L. Felder bei Caymen. — Euphorbia Chamaesyce L. Aus dem Garten des Herrn Weiss in Caymen; aus Samen getrockneter Pflanzen, welche im botanischen Garten zu Breslau verwildert waren, gezogen. — Cuscuta europaea L. b) Viciae Koch et Schönh. Wickenfeld bei Sielkeim.

Apotheker Weiss sendet auch auf Ersuchen des Vorsitzenden über die von ihm bei Caymen aufgefundenen 2 Formen von Geum strictum + urbanum folgende Beschreibung: „*Sehr veränderlich.* **Pollen:** Kaum nennenswerth gut; **Blüthen:** Hiervon oft die Hälfte gleich nach dem Verblühen absterbend; Fruchtköpfchen kaum halb so gross als die der Eltern. **Früchtchen:** Meist sehr verkümmert (1—2 mm lang), ein geringer Prozentsatz 4—6 mm lang mit längerem Griffel, dem Fruchtkopf ein gehörntes Aussehen gebend. — **Wurzel** stärker, tiefer wurzelnd als die von strictum. Geruch von **mir** nie bemerkt. — **Stengel:** Etwas gebogen aufsteigend und dunkelbraun in abnehmender Färbung bis zum zweiten Laubblatt, dann grün und gerade aufsteigend; von Nebenblatt- und Blattstielleisten kantig, stark mit theils abstehenden, theils abwärtsgebogenen borstlichen Haaren — unter den Nebenblättern stärker — besetzt; geringer die Nebenaxen und oft fast kahl die stielrunden Fruchtstiele. Kleine warzenartige Erhöhungen wie bei strictum sehr selten. — **Wurzelblätter.** Endlappen: Dreitheilig oder -lappig, mehr oder weniger ausgebuchtet mit in Grösse und Form sehr wechselnden Fiederblättchen. Behaarung am stärksten an den sehr hervortretenden Blattnerven und den Seiten der Blattlappen (Wimperhaare), weniger am Stengel, aber stets stärker als bei urbanum. — **Laubblätter:** Bis zur obersten Verzweigung des Stengels dreilappig, die untere lang gestielt mit 2—6 Fiederblättchen, die obern meistens ohne dieselben und kurz gestielt, zuletzt lanzettlich ungetheilt. — **Nebenblätter:** In der Grösse und Form sehr verschieden, meistens grösser als bei strictum, mit sehr hervortretenden Nerven; Zahnung und Behaarung wie bei den Wurzelblättern. — **Blüthen- und Fruchtstengel: Aufsteigend oder etwas geneigt.** — **Blumenblätter: Wagerecht abstehend,** grösser als bei urbanum, in der Form etwas — oft in einer Blüthe — verschieden. — **Kelchlappen:** Nach dem Erblühen meistens **bis an den Stengel und bleibend** zurückgeschlagen. Durch Zusammenwachsen von Kelchlappen und Kelchanhängsel wird solches bisweilen verhindert, ähnlich wie bei strictum. — **Fruchtköpfchen:** Halbkugelförmig; die Früchtchen bald locker wie bei urbanum, bald dicht anliegend und seitrückwärts gebogen wie bei strictum. — **Griffel:** Im Anfange sehr verschieden gefärbt, später die jeder Pflanze eigenthümliche Farbe annehmend, welche dem Fruchtkopf entweder eine **rothbraune** oder **fahl röthlich** oder **gelblich grüne Farbe** ertheilt. Auch wechseln die Längenverhältnisse der einzelnen Theile je nach der Farbe desselben."

„Durch dieses fühle ich mich veranlasst, zwei Formen, welche ich in Folgendem zu präcisiren mir erlaube, anzunehmen:

Alte Form. Als Bekannte bereits unter dem vorl. N. f. ad strictum vergens verabfolgt.	**Neue Form,** ad urbanum vergens.
Griffel (bei Lupenvergrösserung).	
1. **Gelbgrünlich** ähnlich wie bei strictum.	1. Rothbraun.
2. Die obere Hälfte des untern Theils **öfter** röthlich gefleckt.	2. Die obere Hälfte des untern Theils mit gelbgrünlichen Flecken.

Alte Form.	Neue Form.

Längenverhältnisse der einzelnen Theile.

Alte Form.	Neue Form.
3. Unterer Griffeltheil 2—2¹/₃ mal so lang als der etwas behaarte obere.	3. 2¹/₂—3 mal so lang als der etc. obere.

Haare der Früchtchen

Alte Form.	Neue Form.
4. Bedecken den untern Griffeltheil bis zu ²/₃.	4. Bis zur Hälfte.

Fruchtkopfbau

Alte Form.	Neue Form.
5. Vorwaltend an **strictum** erinnernd.	5. Oft fast zum Verwechseln an urbanum erinnernd.

Blüthezeit: Juni, Juli bis August. (Erste Blüthe etwa den 10. Juni). Höhe 60—100 auch 120 cm."

Dr. med. Hilbert von Tossens in Oldenburg nach Sensberg übergesiedelt sandte der Versammlung folgende Pflanzen. Von Tossens, Oldenburg 1884 gesammelt: Salicornia herbacea, Obione portulacoides, Schoberia maritima, Aster Tripolium, Artemisia maritima. — Aus dem Kreise Sensburg 1885 gesammelt: Drosera rotundifolia, Parnassia palustris, Andromeda poliifolia, Equisetum palustre, Utricularia vulgaris, Equisetum hiemale, und was besonders Interesse erregte: Salix myrtilloides von 2 Standorten, aus dem sogenannten „Kessel" bei Sensburg (25. August 1885) und von „der Insel", langgestreckte Halbinsel im Czos-See bei Sensburg. Dass Salix myrtilloides bei Sensburg wuchs, hatte der Vorsitzende schon 1875 erkannt, indem er fand, dass ein von Apotheker Aschmann bei Sensburg gesammelter Weidenzweig, der ohne Zeit- und nähere Ortsangabe im Herbarium des königlichen botanischen Gartens lag und von Professor E. Meyer unrichtig als Salix livida bestimmt war, Salix myrtilloides ist.

Pharmazeut Schmitt-Graudenz sendet zur Ansicht: „**Anemone ranunculoides flor. tribus.** Wald zwischen Orle und Mühle Slupp, Kreis Graudenz. Mai 1885. — **Anemone silvestris.** Blätter aus dem Rondsen'er Wäldchen. Juli 1885. — **Puccinia Adoxae.** Wald zwischen Orle und Mühle Slupp. — **Aecidium Ranunculacearum** auf Anemone nemorosa. Wald bei Orle. April 1885. — **Puccinia Euphorbiacearum** auf Euphorbia Esula. Bei Klodtken sehr häufig. Mai 1885. — **Paris quadrif.** mit 5 und 6 Blättern. Park von Mischke. Mai 1885. — **Thesium ebracteatum L.** Von einem neuen Standort im Kreise Graudenz dem Rondsen'er Wäldchen. Mai 1885. — *Zur Vertheilung:* **Androsace septentrionalis L.** Von einem neuen Standorte im Kreise Graudenz: Grandfeld und Dorfkirchhof bei Rondsen. Mai 1885. — **Armeria vulgaris Willd. Graudenz.** Festungsabhänge. **Schwetz.** Marsau, Lubin. Juni 1885. — **Astragalus arenarius L.** Rondsener Wäldchen. Juli 1885. — **Campanula sibirica L.** Festungswälle, Wallgräben. Juli 1885. — **Carex digitata L.** Weichselabhänge bei Stremoczyn. Mai 1885. — **Colutea arborescens L.** Verwildert in den Festungsplantagen. Juli 1885. — **Epipactis rubiginosa.** Rondsener Wäldchen. Juli 1885. — **Eryngium planum L.** Im Weichselgebiete häufig. Juli 1885. — **Falcaria Rivini Host.** Im Weichselgebiete häufig. Juli 1885. — **Helian-**

themum vulgare L. Rondsener Wäldchen und Festungsgebiet. Juli 1885. — **Hyssopus officinalis L.** Verwildert in ehemaligen Gärten der Festung. Juli 1885. — **Nonnea pulla DC.** Zuchthauskirchhof und Festungsabhänge. Juli 1885. — **Mercurialis perennis L.** Ossaabhänge bei Mühle Slupp und bei Stremoczyn. Mai 1885. — **Ononis hircina Jacq.** Kuntersteiner Wiesen, Kreis Graudenz, Weichselland bei Michelau, Kreis Schwetz, 1885, sowie Memelufer bei Tilsit 1884. — **Ornithopus perpusillus Brot.** Auf einigen Gräbern des Zuchthauskirchhofes. Juli 1885. — **Paris quadrifolius L.** Park von Mischke. Mai 1885. — **Prunella grandiflora Jacq.** Festungsabhänge. Juli 1885. — **Pulmonaria angustifolia L.** Im Rondsen'er Wäldchen. Mai 1885. — **Salvia pratensis L.** Festungsabhänge, Dorf Marsau, Kreis Schwetz. Juli 1885. — **Salix myrtilloides L.** Von den durch Scharlok und Rosenbohm entdeckten Standorten, zwei Sphagneten bei Gottersfeld, Kreis Kulm. Juli 1885. — **Saxifraga granulata L.** Sandige Hügel bei Mühle Slupp, Weichselufer zwischen Stremoczyn und Rondsen. Mai 1885. — **Saxifraga tridactylites L.** Acker am Rudnick-See. Mai 1885."

Herr Lehrer Georg Froelich-Thorn sendet folgende Mittheilungen über seine Exkursionen im Kreise Pr. Stargard und Marienwerder: „28. 5. 85. Pelplin, Oberförsterei Pelplin, Adl. Lipinken, Marienwill, Neuhof. O.-F. Pelplin. Lathyrus montanus. — Adl. Lipinken: Saxifraga tridactylites, Arabis Gerardii, Carex canescens, Alchemilla vulg. — **Barbaraea vulgaris.** — Pelpliner Forst zw. Adl. Lipinken und Marienwill: Lathyrus montanus. **Aquilegia vulgaris.** Rubus saxatilis, R. Idaeus, **Evonymus verrucosa,** Asperula odorata, Hepatica triloba, Hierochloa australis, Salvia pratensis b) rostrata, Ranunculus polyanthemus, Convallaria maialis, Lonicera Xylosteum. — Acker bei Neuhof: Equisetum silvaticum.

Pelplin. Chenopodium Bonus Henricus, Geum intermedium Willd., Fragaria moschata, Falcaria Rivini, Ranunculus arvensis, Allium Scorodoprasum.

29. 5. Pelplin-Rauden-Alt Liebenau-Sprauden (Kr. Marienwerder), Wola: Barbaraea vulgaris. — Rauden: Falcaria Rivini, Ranunculus arvensis. — Raudenmühle: Petasites officinalis. — Auf einem Hügel zw. Raudenmühle und Alt Liebenau: ***Orchis mascula.*** — In der Niederung zw. Alt Liebenau und Sprauden: ***Adonis aestivalis*** unter Weizen Z[4]. — An der Chaussee zw. Alt Liebenau und Sprauden: Aiuga genevensis.

30. 5. Zw. Raikau und dem Forst: Fragaria viridis, Salvia pratensis b) rostrata, Aiuga genevensis. — Im Wäldchen südlich von Raikau: Sambucus racemosa (anscheinend wild). — Acker zw. Raikau und Pelplin: Camelina microcarpa, Equisetum silvaticum.

20. Juli 1885. Im Wäldchen bei Rosenthal bei Pelplin: Sambucus racemosa, Calamagrostis neglecta. — Pelplin: Camelina microcarpa, Anthemis Cotula, Panicum humifusum, Sisymbrium officinale b) leiocarpum. — An der Chaussee b. Polko: Trifolium elegans. — Oberförsterei Pelplin: Chenopodium polyspermum a) cymosum. — Acker bei Adl. Lipinken: Polygonum Convolvulus b) pterocarpum. — Im Unterholz nordwestlich von Adl. Lipinken: Verbascum Thapsus, Hypericum montanum, Ervum cassubicum, Lilium Martagon, **Cimicifuga foetida,** Vicia tenuifolia, **Peucedanum Cervaria, Scabiosa columbaria.** — In der Wengermuz bei Roppoch: Potamogeton alpina.

30. 7. 85. Dorf Rauden: Anthemis Cotula, **Atriplex roseum, Atriplex hastatum.** — Am Wege von Rauden nach der Niederung: Conium maculatum, **Trifolium fragi-**

forum, Dipsacus silvester, Verbena officinalis, Melilotus officinalis. — Abhänge östlich von Rauden: Picris hieracioides, Melampyrum arvense, Stachys recta, Scabiosa ochroleuca. — Niederung längs der Abhänge zwischen Alt Liebenau und Rauden: Allium oleraceum, Sonchus arvensis b) laevipes. — Unter Getreide in der Nähe der Schlucht zw. Sprauden und Adl. Liebenau: Astragalus Cicer, Lathyrus tuberosus. In der Schlucht: Vicia tenuifolia (Frucht), Veronica Teucrium, Astragalus Cicer, Allium oleraceum. — Dorf Adl. Liebenau: Chenopodium Bonus Henricus, Coronopus Ruellii."

Ausserdem sendet Herr Froelich zur Vertheilung aus der Gegend von Thorn: Ervum hirsutum fr. fissa Fröl., Luzula sudetica, Omphalodes scorpioides, Phleum Boehmeri fr. vivipara, Ostericum pal., Sisymbrium Sinap., Euphorbia dulc., Scabiosa suaveolens.

Scharlok-Graudenz sendet zur Vertheilung Impatiens Nolim tangere fl. cleistogam. in seinem Garten gewachsen und ***Ranunculus Steveni*** Andrzejowski von einer Wiese bei Klodtken, von Scharlok daselbst 1884 entdeckt.

Von Ranunculus Steveni Andr. schickt Scharlok ausserdem eine beträchtliche Menge von Umrisszeichnungen in natürlicher Grösse, die von seiner Enkelin Frl. Anna Keibel angefertigt waren, zur Ansicht der Versammelten. Die Zeichnungen waren von folgender eingehender Beschreibung aller einzelnen Theile der Pflanze und Angabe der Literatur begleitet.

Ranunculus Steveni Andrz. bei Graudenz.

(Mit Abbildung.)

Literatur: Besser, Enum. 1822, p. 22. — Reichenbach in Flora 1822, p. 292. Wimmer et Grabowski, Fl. Sil. 1829, p. 132 (als Ran. acris β. serotinus). — Reichenbach, Fl. excurs. 1833, p. 724. — Reichenbach, Icones fl. germ. VIII 1838, p. 11. — Ledebour, Fl. ross. I (1842), p. 41 (als Ran. acris var.) — v. Klinggraeff, Fl. v. Preussen, 1848, p. 8. — Koch, Syn. Ed. III Pars I 1857, p. 15 (als Form von R. acris.) — Neilreich, Diagnosen 1867, p. 5. — Knapp, Pflanz. Galiziens u. d. Bukowina 1872, 268. — Fiek-Uechtritz, Flora 1881, p. 12.

Beschreibung des Ranunc. Stev.,

gefunden auf einer Wiese bei Mühle Klodtken, in Gemeinschaft von Ranunculus acer L. und R. repens L. Mai und Juni 1885.

Grundaxe dick fleischig, etwas spröde, wagrecht, bis schrägaufsteigend-kriechend, mit langen und ziemlich dicken Wurzelfasern; meist nur mit einer End-knospe, weit seltener sich theilend und mit 2 Endknospen.

Länge eines Jahrestriebes, gemessen bei 6 Pflanzen vom vorjährigen bis zum diesjährigen Stengel 34, 38, 41, 42, 42, 43 mm. — Gesammtlänge von dem, in seine Gefässbündel sich auflösenden Ende bis zum Stengel der blühenden Pflanze, gemessen bei 4 Pflanzen, 55, 74, 76, 90 mm.

Ihr Gipfel ist im Frühlinge, besonders aber im Herbste mit den stark behaarten Scheiden der frischen Grundblätter umgeben. Sowie diese verwesen, hinterlassen sie zuerst den in seine Gefässbündel sich auflösenden Blattgrund, und, wenn auch dieser verwest ist, an den Stellen der Blattnarben kurze, steife, anliegende Haare.

Bei jungen Sommertrieben, die frisch grünlich-weiss aussehen, aber beim Trocknen dunkel werden, rücken die schwarzen Scheidengründe mit ihren Gefässbündeln auseinander, wodurch die Axe das Ansehen eines Equisetum erhält.

So oft es mir gelang, auch das älteste Ende der Grundaxe mit aus der Erde zu bekommen, fand ich dies aus einer mit Humus gefüllten Röhre bestehend, die aus einer dicken brüchigen, in ihre Gefässbündel sich auflösenden Haut gebildet war.

Diese Verwesung scheint mit dem 3. Altersjahre der Axe einzutreten, und ihrem Gipfeltriebe zu folgen.

Stengel stielrund, einfach oder von der Mitte ab verzweigt, mit feinen, anliegenden Haaren in der Jugend dicht besetzt; sowie die Stengel in die Länge treiben, rücken die Haare auseinander, sitzen dann oft recht weitläuftig, und fallen endlich ab, so dass der untere Theil alter Stengel gewöhnlich kahl ist. Bis 0,8 m hoch.

Bei Pflanzen von gleicher Höhe ist der Stengel dicker als bei R. acer L., hat dünnere Seitenwandungen und eine weichere Behaarung wie dieser, ist immer nur grün und niemals bläulich bereift.

Grundblätter langgestielt. Spreiten bei kreisförmigem Umriss und herzförmigem Grunde 3 theilig, 5 lappig, mit meist 3 zipfeligen, keilförmigen, eingeschnitten gezähnten Lappen.

Die Stiele umfassen mit etwas bauchigen Scheiden die Grundaxe, verschmälern sich über der Scheide, sind in ihrer Mitte ganz flach, und im Grunde und unter den Spreiten tiefer rinnig. Die Scheiden sind innen glatt, aussen mit mässig weichen und langen Haaren sehr dicht besetzt, dieselben liegen am Grunde der Scheide an, werden höher hinauf abstehend bis zu einem Winkel von 90°, legen sich dann wieder an und sind kurz über der Scheide wieder angepresst; sie sind grüngelblich bis fuchsig, und werden späterhin dunkelbraun. — Die Stiele sind kurz über den Scheiden am dichtesten, jung und kurz dichter, ausgewachsen ziemlich spärlich, mit anliegenden weichen Haaren bedeckt, von denen aber viele bis zum Vermodern der Stiele bleiben.

Stengelblätter. Die unteren den Grundblättern ähnlich, und manchmal ziemlich lang gestielt, die höheren handförmig, kurzgestielt, die oberen fast sitzend, eingeschnitten mit 3—5 zähnigen, linienlanzettlichen etwas keilförmigen Zipfeln, die allerobersten sitzend, sehr schmal, aus etwas breiterem Grunde zugespitzt.

Sämmtliche Blattspreiten sind mit seidenweichen Haaren besetzt; an den Oberseiten sind diese kürzer, und stehen weniger dicht; an den Unterseiten sind sie länger, stehen bei der Blattentfaltung sehr dicht, und sind dann seidenglänzend, rücken aber bei dem Auswachsen der Spreite auseinander.

Bei vielen Grund- und auch noch bei manchen unteren Stengelblättern findet sich an der untern Seite des Spreitengrundes ein schmaler Gürtel schwärzlicher Haare, der sich bis auf den Gipfel des Blattstiels erstreckt, aber diese Farbe beim Trocknen verliert.

Blüthenstand ein lockeres Dichasium mit langen Blüthenstielen.

Blüthenstiele stielrund, nicht gefurcht, fast seidenartig behaart, besonders dicht unter den Blüthen oder gar unter den Knospen.

Kelche ausgebreitet.

Kelchblätter eiförmig, etwas ausgehöhlt, mit häutigem Rande, der meist gelb ist, auf dem Rücken langseidenhaarig, an der Spitze des stumpfen Knickes mit einer dunkleren, schwärzlichröthlichen Linie.

Blumenkronblätter mit einer Honigschuppe versehen; — mit kurzem Nagel; Seiten schwach abgerundet; Spitze abgerundet, ganzrandig, aber auch ausgerandet und eingekerbt; — goldgelb.

Staubblätter und Blüthenstaub. In einer Blüthe wurden gezählt: 57 Staubgefässe, deren Fäden 0,75 bis 3,00 mm lang und deren Beutel 1,20 bis 1,75 mm lang waren; 697 gute, strotzende Blüthenstaubkörner = 49,221 % gute, 54 zweifelhafte, 665 schlechte (zusammen 719 schlechte) Blüthenstaubkörner = 50,779 % schlechte. In einer anderen Blüthe von einer anderen Pflanze: 62 Staubgefässe mit Fäden 2,00 bis 3,00 mm lang und Beuteln 1,25 bis 1,45 mm lang; 917

gute strotzende Blüthenstaubkörner = 63,285 % gute, 383 sehr zweifelhafte, 149 ganz schlechte, (zusammen 532 schlechte) = 36,715 % schlechte.

Fruchtköpfchen kuglig, nicht verlängert.

Früchtchen unregelmässig-verkehrt eirund-kugelförmig, etwas gewölbt, nach dem kaum abgesetzten Rande zu etwas abgeflacht; — ganz reif dunkelbraun mit kaum hellerem Rande; — kahl; — und mit dem Griffel gekrönt.

Der Griffel steigt aus breitem, flachem Grunde bis etwa zu 1/3 der ganzen Frucht auf, und biegt sich mit seiner stumpflichen Spitze kurz schnabelförmig nach der vorgestreckten Bauchseite des Früchtchens um; er trägt auf dem Scheitel, ein wenig an der Rückenseite herablaufend, die an den hervorragenden, erhärteten Papillen erkennbare Narbe, die viel heller als das Früchtchen, an der Spitze fast weiss ist.

Mit dem Griffel genommene Früchte ergaben (in mm) das Verhältniss Länge: Breite = 2,60 mm : 1,90 mm; 2,70 : 1,60; 3,00 : 2,00; 3,10 : 2,00; 3,30 : 1,90; 3,60 mm : 2,40 mm.

Fruchtboden unbehaart.

Eine mit Blattschuppenresten besetzte Grundaxe bildete Jacob Sturm in seiner Flora von Deutschland XIII. 7. 1802 bei Ranunculus Traunsteineri Hoppe ab.

Die Grundaxe treibt mitunter von einem Stengel aus nach zwei entgegengesetzten Richtungen je einen Stammspross.

Bei 2 Pflanzen mit sehr langen, schmalen Lappen, auch einigen spreizenden Zipfeln und Zähnen glaubte ich auf den Bastard R. acer — Steveni schliessen zu dürfen. Bei einer dieser Pflanzen ist diese Meinung als irrig erwiesen, weil die Pflanze 87,73 % gute Blüthenstaubkörner hatte, doch bin ich zweifelhaft, ob ich sie dem R. acer oder dem R. Steveni zuzählen soll.

Die vorstehende Beschreibung ist gegeben um eine weitere Nachforschung nach Ranunculus Steveni im Vereinsgebiet zu veranlassen. Fernere Beobachtungen, besonders Kreuzung mit Ranunc. acer werden über seine Artrecht zu entscheiden haben.

Im Anschluss an diese Mittheilungen über Ran. Steveni waren zur Vergleichung ebenso ausführliche über Ranunc. acer und R. lanuginosus beigelegt, auch getrocknete Exemplare von Ran. montanus W. und R. Gouani W. Hoffentlich veröffentlicht Herr Scharlok selbst einmal das Wesentliche dieser Untersuchungen. Der knappe Raum verbietet die Darlegung derselben an dieser Stelle.

Ein Telegramm von Herrn Max Hoyer, Lehrer an der Landwirthschaftsschule zu Schweidnitz in Schlesien beglückwünscht die Versammlung.

Von Dr. Paul Preuss-Thorn sind an Herrn Gymnasiallehrer Schoettler Pflanzen zur Vertheilung eingesandt, theilweise aus Berlins Umgegend und dem westlich. Deutschland (Gentiana germanica, Centaurea solstitialis, Polygala amara, Astragulus danicus, Bupleurum rotundif., Orchis laxifl., O. Rivini, Avena praecox, Sanguisorba minor, Osmunda regalis, Linaria spuria, Aiuga Chamaepitys, Illecebrum verticillatum, Drosera intermedia, Epilobium tetragonum), theils aus der Weichselgegend (Chaeturus Marrubiastrum, Thesium intermedium, Liparis Loeselii, Alsine viscosa, Allium ursinum, Astragalus Cicer, Orchis ustulata, Gentiana amarella, Oxytropis pilosa, Juncus capitatus, Fumaria Vaillantii, Lycopodium inundatum, Linaria Elatine, Allium acutangulum, Trifolium Lupinaster, Lavatera thuringica, Androsace septentrionalis, Inula hirta). Es war leider unmöglich von letzteren, die allein für den Verein ein näheres Interesse haben, während der Versammlung ein genaueres Verzeichniss zu nehmen.

Es folgt dann der

Bericht über die botanischen Exkursionen in den Kreisen Neustadt, Kartaus und Berent

von stud. rer. nat. Alf. Lemcke.

Um ergänzende Untersuchungen der Kreise Neustadt, Kartaus und Berent im Auftrage des botan. Vereins für den Spätsommer zu unternehmen, begab ich mich zunächst nach Occalitz, wo ich am 4. August anlangte und bei Herrn Rittergutsbesitzer Hering sehr freundliche Aufnahme fand. Ich untersuchte von Occalitz aus den Südwestzipfel des Kreises Neustadt östlich bis zur Leba und südlich bis zum Gr. Klenczan-See. 5. 8. 95. Zwischen Occalitz und dem Occalitz-Labuhn'er Grenzbach: Hydrocotyle vulgaris (in einem Tümpel am Wege); am Occalitz-Labuhn'er Grenzbach) zwischen dem Occalitz-Labuhn'er Weg und Wussow): Avena flavescens, **Polygonatum verticillatum** $V^3 Z^3$, **Festuca silvatica** $V^3 Z^4$, Carex remota, C. silvatica, Orchis maculata, **Aquilegia vulgaris** (Frucht), Glyceria nemoralis, Thalictrum aquilegif., ***Carex pulicaris*** $V^1 Z^2$, ***Juncus obtusiflorus*** $V^1 Z^3$, Monotropa Hypopitys, Circaea alpina und **Circaea lutetiana** $V^1 Z^4$, Triticum caninum, Achillea Ptarmica; am Südufer desselben Baches im Kreise Lauenburg (Pommern) von der Grenze des Neustädt'er Kreises bis Wussow: Clinopodium vulgare, Anthericum ramosum, Hypericum montanum, Pimpinella magna; zwischen Wussow und dem Wussow-See im Kreise Lauenburg: Monotropa Hypopitys b) hirsuta. Lilium Martagon (Laub), auf einer Waldwiese: Hydrocotyle vulgaris, in der Wussow'er Forst Lycopodium Selago $V^1 Z^2$, **Goodyera repens** $V^3 Z^3$, Stachys annua $V^2 Z^3$; am Wussow-See im Kreise Lauenburg: Rhynchospora alba $V^1 Z^5$, im Kreise Neustadt: Viola epipsila, **Veronica scutellata var. parmularia.** 6. 8. 85. Wiesen zwischen Occalitz und Werder: Scirpus uniglumis, Geranium palustre, Juncus filiformis, Thalictrum aquilegifolium, **Centaurea austriaca** $V^3 Z^3$; in Werder: Chenopodium polyspermum; Haide zwischen Werder und Kanterschin: **Erica Tetralix** $V^1 Z^5$, Eriophorum latifolium, Viola epipsila, zwischen Kanterschin und Dzinzelitz: **Erica Tetralix** $V^1 Z^2$, Juncus squarrosus; zwischen Dzinzelitz und Poppow. im Kreise Lauenburg: Anthyllis Vulneraria, Ornithopus perpusillus, Trifolium alpestre. 7. 8. 85. Im Dorfteich von Occalitz: Potamogeton pusilla; am Wege zwischen Occalitz und Werder: Chenopodium Bonus Henricus; am ersten kleinen See nördlich vom Wege zwischen Werder-Wilhelmsdorf und Abbau Wilhelmsdorf: Drosera longifolia $V^1 Z^3$, am zweiten kleinen Tümpel nördlich bei Abbau-Wilhelmsdorf: Viola epipsila, Peplis Portula; zwischen Abbau Wilhelmsdorf und Linde: Hypericum humifusum, in einem Wäldchen nördlich vom Wege: Anthyllis Vulneraria; zwischen Linde und Grünlinde: **Pulsatilla vernalis** (Blätter), **Juncus supinus fr. fluitans** (in einem Tümpel). In Wahlendorf: Chenopodium Bonus Henricus; Westufer des Sees von Wahlendorf: **Scirpus setaceus** $V^3 Z^3$, **Veronica scutellata var parmularia** $V^3 Z^4$, Peplis Portula; Südufer des Dombrowo-See: **Myriophyllum alterniflorum** (am ganzen Seerande in 2 Fuss Wassertiefe), **Scirpus setaceus** $V^3 Z^2$, Litorella lacustris, **Veronica scutellata var. parmularia, Isoëtes lacustris** (ausgeworfen); am Westufer des See's auf sumpfiger Wiese: Drosera longifolia; im Walde am Nordufer des Dombrowo-See: Monotropa Hypopitys fr. hirsuta. Regen. 8. 8. 85. Moszick-See, östlich vom Wege zwischen Werder und Wahlendorf: **Myriophyllum**

alterniflorum V^4 Z^2, Litorella lacustris (in 1 Fuss Wassertiefe rings um den See), **Scirpus setaceus** V^3 Z^{1-3}, **Veronica scutellata var. parmularia** V^1 Z^3, **Lobelia dortmanna** (Laub; ausgeworfen); hohes Südufer des Moszick-See: **Pirola media** V^2 Z^3, **Aspidium montanum** V^2 Z^3; am Wege zwischen dem Moszick-See und Wahlendorf: Radiola linoides V^1 Z^2, Ornithopus perpusillus; Ostufer des Wahlendorf'er Sees: **Scirpus setaceus**, Peplis Portula, **Elatine Hydropiper** V^3 Z^{2-3}, Potentilla norvegica (an der Dorfstrasse); Bruch am Nordufer des Wook-See: **Erica Tetralix** V^1 Z^3, **Rhynchospora alba** V^4 Z^5; im NO. des Wook-Sees: **Lobelia dortmanna** (in 1—4 Fuss Wassertiefe, in grosser Menge). Lycopodium inundatum V^1 Z^5 (am Südufer des Sees); **Sparganium simplex fr. fluitans** (am Westufer des Sees). — Anhaltender Regen. — 9. 8. 85. Occalitzer Wald: Pirola uniflora V^3 Z^{2-3}, Polygonatum anceps. Anhaltender Regen. 10. 8. 85. Haide an der Werder-Buckowin'er Grenze, an einem Sumpfe: **Erica Tetralix** V^1 Z^3, **Scirpus caespitosus** V^4 Z^4, Eriophorum latifolium; **Lycopodium complanatum b) Chamaecyparyssus** V^3 Z^4; am kleinen See südwestlich von Wahlendorf: Rhynchospora alba Z^3, Scheuchzeria palustris V^2 Z^2, Juncus supinus, Sparganium minimum: an einem Tümpel südlich davon: Sparganium minimum; im und am Karpionki-See: Litorella lacustris, **Isoëtes lacustris**, Sparganium minimum, **Juncus supinus fr. fluitans**, Stellaria uliginosa, **Lobelia dortmanna** (Laub), **Elatine Hydropiper.** 11. 8. 85. Am Occalitz-Labuhn'er Grenzbach: **Bromus asper**, Carex silvatica, **Brachypodium silvaticum**, Rumex sanguineus fr. genuina, ausser den am 5. 8. 85. erwähnten Pflanzen; im Labuhn'er Walde, Kreis Lauenburg: Molinia coerulea fr. silvatica; am Bache zwischen Labuhn und Wussow, Kreis Lauenburg in Pommern: Actaea spicata, Triticum caninum, Bromus asper, Brachypodium silvaticum, Crepis virens, Pulsatilla vernalis (Laub); zwischen Wussow und Occalitz am Bache, der bei Wussow mit dem südlichern Occalitz-Labuhn'er Grenzbach zusammenfliesst, im Kreise Lauenburg: Brachypodium silvaticum; im Kreise Neustadt: **Potamogeton alpina** V^3 Z^4, **Blechnum Spicant** V^3 Z^3, **Rubus Bellardi** Z^3, **Polygonatum verticillatum** V^1 Z^2, Cardamine amara. 12. 8. 85. Torfbruch südlich vom Wege zwischen Wilhelmsdorf und Kanterschin: **Scirpus caespitosus**, Salix aurita + repens; an einem Tümpel südlich vom Wege: Ranunculus divaricatus, Juncus supinus, **Scirpus setaceus**, Bidens minimus, Radiola linoides, **Veronica scutellata var. parmularia**; zwischen Kanterschin und Klutschau, auf einem Lehmacker: Chenopodium Bonus Henricus; Leba-Thal zwischen Klutschau und Abbau Strepsch: Helianthemum Chamaecystus, Scrophularia aquatica; im Flusse: Sagittaria sagittifolia; in Strepsch: Chenopodium Bonus Henricus; zwischen Miloschewo und Linde: Helianthemum vulgare, **Scirpus caespitosus.**

13. 8. 85. Ueberfahrt nach Mirchau, Kreis Kartaus. Zwischen Mirchau und Bontsch: Agrimonia odorata, **Brachypodium silvaticum.** Regen und Gewitter. 14. 8. 85. Zwischen Mirchau und Neue Mühle: **Atriplex hortense**, Triticum caninum, Rumex sanguineus; zwischen Neue Mühle und Libagosch-See: Phegopteris polypodioides; Mirchau'er Forst, Jagen 74: Glyceria nemoralis, Calamagrostis lanceolata, **Blechnum Spicant**; Nordostufer des Libagosch-See: Pirola uniflora, Lycopodium annotinum, Circaea alpina; Nordufer des Sees östlich vom Gr. Klenczan-See: Sanicula europaea, Hydrocotyle vulgaris, Hypericum montanum, **Rubus Bellardi**, Ranunculus Lingua; Nordufer des Gr. Klenczan-See: Sparganium minimum, **Rubus Bellardi**, **Scirpus setaceus** V^1 Z^3, Radiola linoides, **Pulsatilla vernalis** (Laub), Potamogeton compressa;

zwischen Kaminitzamühl und U. F. Mirchau, in der Mirchau'er Forst: **Pirola media** V^{1} Z^{3}. 15. 8. 85. Anhaltender Regen ebenso 16. 8. 85 Nachmittag Exkursion nach den kleinen Waldseen südlich vom Mirchau-Kaminitza'er Wege. Ich fand an beiden Seen: Scheuchzeria palustris, Carex limosa, Rhynchospora alba, **Scirpus caespitosus.** Am See in Jagen 69: **Scirpus caespitosus.** 17. 8. 85. Zwischen Mirchau und Strissabudda an einer Steinmauer: **Asplenium Trichomanes** V^{1} Z^{4}; zwischen Strissabudda und Staniszewo: Origanum vulgare; in Staniszewo: Chenopodium Bonus Henricus; am Damnitza-Bach zwischen Staniszewo und Glusino: Vicia villosa. Regen. 18. 8. 85. Zwischen Mirchau und U. F. Mirchau: **Rubus Bellardi, Blechnum Spicant** (in Jag. 66); zwischen U. F. Mirchau und Libagosch-See: Lathyrus silvester fr. ensifolius, **Blechnum Spicant**; Südwestufer des Libagosch-See: **Rubus Bellardi, Blechnum Spicant,** Circaea alpina; Südufer des Kl. Klenczan-See: Stellaria glauca; Südufer des Gr. Klenczan-See: Hydrocotyle vulgaris, Circaea alpina, **Festuca silvatica** V^{3} Z^{4}, Lycopodium Selago, Radiola linoides, Lycopodium inundatum, Stellaria glauca, **Rubus Bellardi**; [in und am Biala-See: **Chara aspera, Rubus Bellardi.** 19. 8. 85. Mirchauer Forst zwischen Mirchau und Libagosch-See: **Blechnum Spicant**; Waldsee westlich vom Wege im Jagen 94: Carex filiformis, C. limosa, Scheuchzeria palustris; in der Mirchau'er Forst Jagen 102: **Laserpitium prutenicum**; zwischen Kobillass und Grünlinde: Stachys annua, **Stachys arvensis** V^{3} Z^{4}; zwischen Grünlinde und Linde: **Pulsatilla vernalis** (Laub); in Linde: Pulicaria vulgaris; zwischen Linde und Abbau Strepsch: **Pimpinella magna** γ.) **laciniata Wallr.**; von Strepsch über Miloschewo nach Nowahutta; am Wege zwischen den beiden letzten Dörfern: Lathyrus silvester fr. ensifolius; zwischen Nowahutta und Mirchau: Stellaria glauca. 20. 8. 85. Zwischen Mirchau und Neue Mühle: Pimpinella nigra; Leba-Ufer zwischen Nowahutta und Miloschewo: Geranium pratense, **Potamogeton alpina,** Vicia villosa, Rumex sanguineus; zwischen Miloschewo und Lewinno, Wald südlich vom Wege: **Lycopodium complanatum** V^{1} Z^{3}; über Bendargau längs Damnitza-Bach bis Glusino und über Staniszewo nach Strissabudda; zwischen Strissabudda und Mirchau: Agrimonia odorata.

22. 8. 85. Ueberfahrt nach Gr. Czapielken, im Südosten des Kreises Kartaus. 23. 8. 85. Nach Eisenhammer Luisenhof; Bembernitz-Fliess zw. Luisenhof u. Ober-Kahlbude: Actaea spicata V^{3} Z^{3}, Viola mirabilis V^{3} Z^{2-3}, Asarum europaeum V^{3} Z^{2}, **Aconitum variegatum** V^{3} Z^{3}, Pulmonaria obscura, **Digitalis ambigua** V^{4} Z^{1-2}, Mercurialis perennis V^{2} Z^{3}, **Bromus asper** V^{3} Z^{3}, **Struthiopteris germanica** V^{3} Z^{3}, Lathyrus niger V^{1} Z^{3}, **Festuca silvatica** V^{3} Z^{2}; zwischen Ober-Kahlbude und Oel-Mühle längs linkem Radaune-Ufer, Kreis Danzig: Thalictrum minus V^{4} Z^{3}, Mentha silvestris a) nemorosa V^{3} Z^{3}, Asarum europaeum V^{1} Z^{3}, Thalictrum aquilegifolium V^{1} Z^{3}, Hypericum montanum, Polygonum dumetorum, Oenothera biennis, Alliaria officinalis V^{1} Z^{3}, **Struthiopteris germanica** V^{1} Z^{3}, **Digitalis ambigua** V^{1} Z^{3}, Origanum vulgare, **Bromus asper** V^{2} Z^{3}, **Tunica prolifera** V^{3} Z^{3}, Anthericum ramosum V^{4} Z^{3}; zwischen Oel-Mühle und Nieder-Prangenau: Pimpinella nigra; zwischen Nieder-Prangenau und Ziegelei Babenthal: Carlina vulgaris, Pimpinella nigra, Agrimonia odorata; zwischen Ziegelei Babenthal und Gr. Czapielken in der Stangenwald'er Forst: Polygonatum anceps, **Digitalis ambigua** V^{1} Z^{1}. 24. 8. 85. Zwischen Gr. Czapielken und Buschkau: Achillea Ptarmica, in der Stangenwald'er Forst: **Brachypodium silvaticum,** Geranium sanguineum, Carex remota, Pirola uniflora V^{3} Z^{3}, **Rubus Bellardi,** Cuscuta Epithymum

auf Tragopogon prat. und Plantago lanceol.; in der bewaldeten Schlucht südlich von Ober-Buschkau: Actaea spicata $V^{2} Z^{2}$, Thalictrum aquilegifolium $V^{1} Z^{2}$, **Brachypodium silvaticum** $V^{3} Z^{2}$, **Aconitum variegatum** $V^{1} Z^{3}$, **Bromus asper** $V^{3} Z^{2}$, **Festuca silvatica** $V^{1} Z^{1}$, **Ranunculus cassubicus** (Grundblätter) $V^{1} Z^{2}$, Lathyrus niger; linkes Ufer der Kladau zw. Buschkau und Meisterswalde: **Aconitum variegatum** $V^{2} Z^{2}$, Thalictrum aquilegifolium, Triticum caninum $V^{1} Z^{2}$; Nordufer des Mariensee: **Elatine Hydropiper** $V^{2} Z^{4}$, **Myriophyllum alterniflorum, Callitriche autumnalis,** Limosella aquatica, Potamogeton gramineus fr.) heterophylla, Potamogeton pusilla. — 25. 8. 85. Zw. Gr. Czapielken und Helenenhof: Pimpinella nigra, Festuca rubra fr. arenaria, Achillea Ptarmica; Lappin'er See, Südostufer: Stellaria glauca, Litorella lacustris $V^{2} Z^{4}$, Limosella aquatica; zw. dem Nordende des Lappin'er See und Kl. Czapielken: Avena flavescens. — 26. 8. 85. Zw. Gr. Czapielken und Marschau, längs Bembernitz-Fliess: **Aconitum variegatum** $V^{4} Z^{1-2}$, Thalictrum angustifolium $V^{2} Z^{2}$, **Bromus asper** $V^{3} Z^{1}$, Neottia Nidus avis $V^{1} Z^{1}$ (Fr.), **Digitalis ambigua** $V^{3} Z^{2}$, Thalictrum aquilegifolium $V^{3} Z^{2}$, **Festuca silvatica** $V^{1} Z^{3}$, Polygonatum anceps, Paris quadrifolius, **Brachypodium silvaticum** $V^{1} Z^{2}$, Carex silvatica $V^{1} Z^{2}$, Mercurialis perennis $V^{1} Z^{3}$; zw. Marschau und Sommerkau'er See, am Waldrande nördlich vom Wege: Actaea spicata $V^{2} Z^{2}$, **Digitalis ambigua** $V^{2} Z^{1-2}$, **Centaurea austriaca** (1 Ex.); zw. Sommerkau'er See und Krug Babenthal: **Centaurea austriaca** $V^{1} Z^{4}$, **Digitalis ambigua** $V^{2} Z^{2}$, **Aquilegia vulgaris** (Frucht) $V^{1} Z^{2}$. In der Schlucht südlich vom Krug Babenthal zw. der Chaussee und der Radaune: Saponaria officinalis, **Salix pruinosa**, Helianthemum Chamaecystus, Viola mirabilis, Lonicera Xylosteum, **Bromus asper**, Thalictrum aquilegifolium, **Lilium Martagon** (Fr.), Asarum europaeum, **Digitalis ambigua, Aconitum variegatum, Brachypodium silvaticum,** Mercurialis perennis, **Bupleurum longifolium** $V^{3} Z^{2}$; am rechten Radaune-Ufer zw. Krug Babenthal und Ruthken dieselben Pflanzen mit Ausnahme der drei zuerst aufgezählten, ausserdem: Triticum caninum, Actaea spicata, Lathyrus niger, Scabiosa columbaria, Hypericum montanum, Carlina vulgaris, Polygonatum anceps, **Epipactis latifolia** $V^{2} Z^{2}$; von Ruthken nach Rheinfeld, Ostufer des Rheinfeld'er See: **Veronica scutellata var. parmularia.** — 27. 8. 85. Lappiner See, Nordwestufer: Litorella lacustris, Hypericum montanum, Pimpinella nigra; zw. Lappin und Lichtenfeld: Salix aurita + repens; Lichtenfeld'er See: Limosella aquatica, Peplis Portula; Grabenrand zw. Lichtenfeld'er und Rheinfeld'er See: **Centaurea austriaca** $V^{2} Z^{2}$; in Rheinfeld: Chenopodium Bonus Henricus; zw. Rheinfeld und Krissau: **Gentiana campestris,** Helianthemum vulgare, Scabiosa columbaria $V^{1} Z^{2}$, Eriophorum latifolium. — 28. 8. 85. Forst zw. Gr. Czapielken und Stangenwalde: **Rubus Bellardi**; Schlucht in der Stangenwald'er Forst östlich von der Chaussee: Paris quadrifolius, Lycopodium Selago; an der Chaussee zw. Stangenwalde und Mariensee: Pimpinella nigra; Insel im Marien-See.

29. 8. 85. Ueberfahrt nach Kleschkau, Kreis Berent. 30. 8. 85—2. 9. 85 krank. 3. 9. 85. Zw. Kleschkau und dem Langen See: Alchemilla arvensis; am und im Langen See: **Elatine Hydropiper,** Limosella aquatica; an den nordöstlich davon gelegenen Seen: Hypericum humifusum, **Myriophyllum alterniflorum,** Limosella aquatica, **Elatine Hydropiper, Ranunculus reptans**; zw. Lindenberg und Krangen: Mentha silvestris; zwischen Krangen und Grabowitz, Kreis Pr. Stargard an einem kleinen Waldsee: Scheuchzeria palustris, **Juncus supinus fr. fluitans,** Utricularia vulgaris und **intermedia** (in einem torfigen Graben), Carex limosa; Ferseufer zw. Grabowitz und Reinwasser,

Kreis Berent: Sagittaria sagittifolia, Polygonum dumetorum, Scabiosa columbaria; zw. Reinwasser und Waldowken: Carlina vulgaris; zw. Woldowken und Kleschkau: Melilotus officinalis, Anthyllis Vulneraria, Vicia villosa. — 4. 9. 85. Rückkehr nach Königsberg.

Von Oberlehrer Witt-Löbau langt eine Sendung Pflanzen zur Vertheilung aus Kreis Löbau an: Linnaea borealis Gron., Alt-Eiche. — Saxifraga Hirculus L., Kellerode. — Equisetum hiemale L., Rinnek. — Carlina vulgaris L., Rinnek und Kosten. — Centaurea maculosa Lmk., Rinnek. — Thesium ebracteatum Hayne, Rosenthal. — Arabis arenosa Scop., Rosenthal. — Hypericum montanum L., Kosten. — Hypericum humifusum L., Zajonskowo. — Marrubium vulgare L., Mortung. — Arnoseris minima Sk., Zajonskowo. — Cimicifuga foetida L., Kosten. — Hieracium praealtum Vill., Kosten. — Phegopteris Dryopteris Fée., Kosten. — Aspidium spinulosum Sw., Kosten. — Aspidium Thelypteris Sw., Kosten. — Cystopteris fragilis, Forstrevier Kosten.

Conrector Seydler-Braunsberg sendet folgenden Bericht über seine botanischen Excursionen von 1885 ein:

„Bei dem schönen Herbstwetter im vorigen Jahre blühten noch eine Menge Pflanzen zum zweiten Male, so dass ich noch am 1. November auf einem kurzen Ausfluge in die nächste Umgebung von Braunsberg nicht weniger als 65 in schönster Blüthe sammeln konnte, darunter Anagallis phoenicea, Berteroa incana, Centaurea Cyanus, Campanula rapunculoides, Gypsophila muralis, Knautia arvensis, Matricaria Chamomilla, Ranunculus acer, Rubus Idaeus, Tragopogon orientalis, Tithymalus Esula, Peplus und helioscopius. Den 21. November hatte ich Gelegenheit, im Garten des Herrn Rittergutsbesitzers v. Brandt-Rossen einen blühenden an einer Pyramidenpappel sich gegen 20 Fuss emporklammernden **Epheu** zu beobachten. Am 9. März 1885 starben in der Kl. Amtsmühle zu Braunsberg zwei Kinder im Alter von 3 und 4 Jahren in Folge des Genusses der Wurzelstücke des Wasserschierlings (Cicuta virosa). An demselben Tage übersandte mir Herr Gutsbesitzer Grube-Koggenhöfen bei Elbing aus seinem Garten **blühende Epheuzweige** von einem Stamme, der 30 Jahre alt ist und $2^1/_2$ Fuss über dem Erdboden einen Durchmesser von 3 Zoll hat. Am 18. März erhielt ich durch Herrn Gutspächter Kähler-Ottenhagen aus dem Gutsgarten in Gr. Barthen bei Löwenhagen **Hedera Helix mit reifen Früchten.**

Ich sammelte im Kreise Braunsberg den 2. Mai bei Rodelshöfen Ribes nigrum und rubrum, Prunus Padus, Oxalis Acetosella; den 13. Mai am linken Passargeufer Lamium amplexicaule und maculatum, Veronica hederifolia, Salix purpurea u. a.; den 23. Mai auf dem rechten Passargeufer in der Aue bei Braunsberg **Potentilla collina** und Tithymalus Esula mit Aecidium Euphorbiae; den 3. Juni in Pfahlbude an der Mündung der Passarge Alliaria officinalis, Barbaraea stricta, Petasites tomentosus, Orchis incarnata; den 6. Juni im Walde zwischen Hagendorf, Lichtnau und Packhausen Calla palustris, Cardamine amara, **Valeriana simplicifolia, Pirola uniflora,** *Listera cordata, Veronica montana* (der dritte von mir in Ostpreussen aufgefundene Standort), Thysselinum palustre, Drosera rotundifolia, **Ranunculus cassubicus,** Stellaria glauca und uliginosa, **Carex Schreberi;** am Wege zwischen Lichtwalde und Packhausen Orchis Morio, am Ackerrande am Torfbruch bei Lichtwalde **Myosotis versicolor;** den 9. Juni auf der Wiese zwischen der Sekundärbahn und der Lindenau'er

Chaussee Hesperis matronalis, verwildert, Bromus racemosus; den 12. Juni auf der Aue bei Braunsberg Tithymalus Esula in den verschiedensten Formen mit einfachem Stengel ohne Doldenstrahlen, mit blühenden und nicht blühenden Aesten, mit schmalen und breiteren Blättern; den 17. Juni in der Umgebung des Braunsberg'er Bahnhofs **Matricaria discoides**, zwischen Grafenmorgen und der Ostbahn Crepis biennis, Thalictrum angustifolium und die seltene Form von Leucanthemum vulgare Link. **ohne Strahl**; den 26. Juni am Haffufer bei Frauenburg Archangelica officinalis in Menge, **Scirpus Tabernaemontani** und maritimus, Juncus alpinus; an der Baudebrücke Achillea Millefolium var. **lanata**, Anthericum ramosum, Vicia cassubica, **Spiraea Filipendula**, Platanthera bifolia Rrchb. mit mehreren Stengelblättern; den 24. Juni auf dem sumpfigen Moor zwischen der Kl. Amtsmühle und Regitten ***Crepis succisifolia***, auf der Aue am rechten Passargeufer bei Braunsberg zum ersten Male ***Bunias orientalis;*** den 2. Juli im Garten des Herrn Baurath Bertram hierselbst **Lathyrus sativus**, verwildert; den 4. Juli zwischen dem Bahnhofe und Güterschuppen ***Plantago arenaria***, eine wandernde Pflanze, bisher von mir bei Braunsberg nicht gesehen, ebenso ***Potentilla digitato-flabellatata*** Al. Br. et Bouch.; den 5. Juni unter den Eichen bei Rodelshöfen Dianthus Armeria, ***Dianthus Armeria* + *deltoides***, Hypericum quadrangulum, Equisetum arvense var. nemorosum in 2—3 Spitzen auslaufend; zwischen der Badestelle in der Passarge und Rodelshöfen ***Allium Scorodoprasum;*** den 7. Juli am Waldrande zwischen Fehlau und Zagern Leucanthemum vulgare mit auffallend starker Behaarung, im Grunde bei Zagern Coronaria flos cuculi mit gefüllten Blumen, bei Fehlau Galium verum und ochroleucum; den 9. Juli auf dem rechten Passargeufer Myosotis caespitosa, Juncus compressus und auf einem Acker Calendula officinalis, wahrscheinlich mit Gartendünger hierher gebracht; den 12. Juli im Walschthale bei Mehlsack ***Equisetum maximum***; den 14. Juli im Braunsberg'er Stadtwald Rubus Bellardi, zwischen dem Stadtwalde und Marienfelde **Hypericum humifusum**, Ranunculus polyanthemus, Juncus squarrosus und filiformis; den 28. Juli im kalthöfener Walde bei der Kl. Amtsmühle Serratula tinctoria, **Digitalis ambigua**, an der Landstrasse zwischen der Kl. Amtsmühle und Birkmannshöfchen Galium ochroleucum Wlf. unter den Eltern; den 31. Juli am rechten Passargeufer zwischen der Ziegelei und dem Chausseehause Salix amygdalina var. discolor zum zweiten Male in diesem Jahre blühend; den 1. August zwischen der Mühle und der Eisenbahnbrücke bei Bömenhöfen **Mentha silvestris; Laserpitium prutenicum** und ausser der Hauptform noch ein monströses Exemplar mit durchwachsener Dolde. Herr Rittergutsbesitzer Höpfner-Bömenhöfen machte mich auf ein mit schwedischem Klee (Trifolium hybridum) bestandenes durch ein Insekt verheertes Feld aufmerksam. Sämmtliche Blätter waren durch den kleinen Rüsselkäfer Apion Trifolii vollständig skelettirt. Ich sammelte ferner noch im Kreise Braunsberg den 20. August an der Sandgrube am Oberthor bei Braunsberg **Geranium dissectum**, Veronica opaca Fr., an der alten Stadtmauer am Oberthor **Chenopodium murale**; den 22. August auf der sumpfigen Moorwiese zwischen Regitten und der Kl. Amtsmühle **Dianthus superbus** in Menge; den 24. August am linken Passargeufer zwischen Braunsberg und der Kreuzkirche Artemisia Absinthium, im Graben an der Sekundärbahn Festuca arundinacea, Equisetum palustre var. polystachyum in verschiedenen Formen; den 1. September an den Scheunen in der Ritterstrasse **Festuca distans**, auf dem evangelischen Kirchhofe Stenactis annua, verwildert; den 2. September im Braunsberg'er Stadtwalde **Vinca minor** (ob wirklich wild, ist noch festzustellen), Laserpitium prutenicum, ausser der Hauptform auch die mit kahlem Stengel, auf den Aeckern zwischen dem Walde und Marienfelde Veronica serpyllifolia var. **tenella**, Radiola linoides, Aphanes arvensis; den 19. September auf Aeckern bei Braunsberg **Lamium hybridum** zahlreich.

Im Kreise Heiligenbeil sammelte ich den 11. Juni im königl. Forstrevier Damerau zwischen Braunsberg und Heiligenbeil Ranunculus polyanthemus, Thalictrum aquilegifolium, ***Veronica montana,*** **Vinca minor**, ***Carex pilosa*** und pilulifera, **Festuca silvatica**, Neottia Nidus avis, Phegopteris Dryopteris und polypodioides, Cystopteris fragilis Bernh.; den 19. Juni im Rossen'er Walde Rhamnus Frangula mit Aecidium Rhamni, **Polypodium vulgare**, Galium boreale, auf dem Mühlenberge Sempervivum soboliferum mit **Uredo Sempervivi**; den 18. Juli bei Otten auf einem mit Cuscuta Trifolii Bab. befallenen Kleefelde **Crepis nicaeensis,** im naheliegenden Gebüsche Hieracium boreale, am Bache **Aconitum variegatum**, Pimpinella magna, Asperula odorata, Triticum caninum und vulgare mit begrannter Aehre. Hier hatte ich auch Gelegenheit, ein Rübenfeld zu beobachten, welches durch die Larven der Rübenblattwespen (Athalia spinarum) gänzlich zerstört war; sämmtliche Blätter waren skelettirt. Ich sammelte ferner im Kreise Heiligenbeil den 19. Juli im Walde bei Pellen **Pyrola chlorantha**, Rubus saxatilis, bei Jäcknitz am Wege der nach Zinten führt **Erythraea pulchella,** welche jetzt nach der Drainage nur noch in geringer Zahl vorkommt. — Den 26. Juli machte ich auf dem Dampfer Braunsberg eine Ausflucht nach Gr. Bruch auf der frischen Nehrung, Kreis Fischhausen. Die Exkursion war nicht sehr ergiebig. In dem königl. Forstrevier, welches die Breite der Nehrung einnimmt, sammelte ich **Pirola chlorantha,** minor, **uniflora** und secunda, Epipactis atrorubens, Erigeron acer var. **droebachensis**, Astragalus arenarius, roth und weiss blühend, Hieracium umbellatum var. **coronopifolium,** Honckenya peploides, Potentilla reptans, Anthyllis Vulneraria var. **maritima,** Sedum boloniense, Artemisia Absinthium, Arabis arenosa, Equisetum hiemale und ausserdem noch zu bestimmende Rubi und Lichenes.

Bei einem Besuche in Ottenhagen, Kreis Königsberg, sammelte ich den 5. August auf Haideboden an der Chaussee zwischen Ottenhagen und Lindenau Alectorolophus maior var. **angustifolius**, Scabiosa ochroleuca, am Waldrande bei Gr. Barthen Dianthus arenarius, Veronica spicata mit einer und mehreren endständigen Trauben, Potentilla cinerea, nur Blattexemplare mit Aecidium Potentillae, Senecio erraticus, Hieracium umbellatum var. **linariifolium.**

Zur Ansicht und Bestimmung wurden mir eingesandt: 1) Von Herrn Gymnasiallehrer Krieger den 27. Mai bei Liebemühl gesammelte Pflanzen als: Paris quadrifolius, Actaea spicata, **Viola mirabilis,** ***Ajuga pyramidalis,*** Cerastium arvense, Lonicera Xylosteum, Scorzonera humilis, Pirola uniflora, Asperula odorata; von demselben aus der Gegend zw. Pillau und Neuhäuser Scabiosa ochroleuca, Artemisia campestris var. sericea, Anthyllis Vulneraria, Eryngium maritimum, Astragalus arenarius, Epipactis atrorubens und von der Chaussee zwischen Alt-Pillau und Neuhäuser **Tithymalus Cyparissias;** 2) von Herrn Dr. med. Hagedorn aus der königl. Forst Taberbrück, Belauf Pörschken bei Sonnenborn, Kreis Mohrungen, ***Lilium Martagon;*** 3) von Herrn Bauinspector Friedrich aus der Umgegend von Braunsberg Clavaria flava; 4) von Herrn Lehrer Dewnarowitz den 4. September im Walde bei Kreuzdorf bei Frauenburg gesammelt:

Calla palustris mit zwei Blüthenscheiden; 5) von Herrn Landrath Oberg zwei seltene Pilze, **Peziza exotica** aus dem Stadtwalde und **Peziza cochleata** aus seinem Garten; 6) von meinem Zöglinge, dem Tertianer Schrade, einen flachen Zapfen von Pinus silvestris aus dem Rossen'er Walde bei Braunsberg."

Schliesslich wurde eine grosse Anzahl seltener Pflanzen, die Conrector Seydler eingeschickt hatte, an die Anwesenden vertheilt.

Herr stud. rer. nat. Knoblauch erstattet dann

Bericht über die botanische Untersuchung des Kreises Memel im Jahre 1885.

Die von Herrn Professor Caspary mir übertragene zweite Untersuchung des Kreises Memel wurde von mir in der Zeit vom 7. Mai bis 15. September 1885 ausgeführt. Ich bereiste den Kreis zweimal und untersuchte ihn ergänzend mit Rücksicht auf meine vorjährigen Exkursionen.

Von meinen Funden seien besonders hervorgehoben: Poa sudetica (22. 6. 85), Campanula Cervicaria (10. 9. 85), Lunaria rediviva (7. 7. 85), Gymnadenia conopea, Inula salicina, Epilobium tetragonum (18. 7. 85), Goodyera repens (27. 7. 85), Utricularia intermedia, Thalictrum simplex (5. 8. 85), Helianthemum Chamaecistus (19. 8. 85), Trifolium fragiferum, von Ballastpflanzen: Salvia verticillata (1. Südermole Memels, 2. Chaussee nördlich von Purmallen, Lepidium latifolium (19. 8. 85) und Bunias orientalis (1. städtischer Kirchhof Memels, 2. Nordermole, 3. Immersatt). — Herr Gutsbesitzer Scheu-Löbarten fand Juni 85 Avena flavescens auf Mingewiesen südlich Pilatischken (Schmidt-Matz) rechts der Minge zwischen Sudmanten-Hans und Dawillen.

Für die Unterstützung meiner Untersuchungen namentlich von Seiten des Herrn Landrath Cranz, des Herrn Oberförster Schoeppfer-Klooschen, der Herren Gutsbesitzer Scheu-Löbarten, v. Schulze-Miszeiken, v. Dressler-Friedrichsgnade, des Herrn Pfarrer Jussas-Dt. Crottingen und des Herrn Dr. Labes-Prökuls sage ich besten Dank.

Folgendes sind die Hauptergebnisse meiner Exkursionen.

Vom 7. bis 11. 5. 85 in Miszeiken. — 7. 5. 85. Zw. Miszeiken und Kerren-Görge: Elodea canadensis. Dautzkurr-Narmund. — 8. 5. 85. Miszeikener Park: Carex digitata, Lathyrus vernus; zw. Kl. Daupern und der Chaussee: Equisetum hiemale $V^1 Z^4$. Zw. Todden-Jacob und Dautzkurr-Krieger: Equisetum hiemale, **Viola arenaria**; zw. D.-K. und Dawillen: Viola arenaria. Zw. Galten und Jodeischen: Saponaria officinalis. — 9. 5. 85. Schmeltelle. Rechtes Ufer zw. Miszeiken und Szilluppen: Equisetum boreale. Gehölz nördlich von Zenkuhnen: **Lathraea squamaria** $V^1 Z^3$, **Corydalis intermedia**, Gagea minima. Kaufmännische Plantage östlich von Mellneraggen: Lycopodium Selago $V^1 Z^2$, Veronica hederifolia (auch zw. Leuchtthurm und Bommelsvitte). — 11. 5. 85. Rechtes Schmeltelleufer zw. Zenkuhnen und Buddelkehmen: Gagea minima, Corydalis intermedia.

12. 5. 85. Umzug nach Löbarten. — Rechtes Mingeufer zw. Sudmanten-Hans und Dawillen: Viola arenaria, V. mirabilis, Lathyrus vernus, Asarum europaeum, Veronica Teucrium. Gehölz zw. Griegszen und Kiaunoden: Corydalis intermedia, Mercurialis perennis, Stellaria Holostea, Hepatica triloba, Ranunculus cassubicus. Minge zw. Baiten und Gedminnen: Gagea minima, Lathyrus vernus, Thalictrum

aquilegifolium, Viola arenaria; Minge zw. G. und Szernen: Th. aquilegifolium, Lonicera Xylosteum, Lycopodium Selago; westlich des Szernen'er Gutswaldes: **Carex stricta Good**, Chara fragilis. — 13. 5. 85. Zw. Löbarten und Ilgejahnen: Senecio vernalis; zw. Mauszellen und Chaussee: Carex caespitosa. — 15. 5. 85. Minge zw. Szernen und Gröszuppen: **Carex stricta**; Minge zw. G. und Rooken: Thalictrum aquilegifolium; Minge zw. der Kissuppe und Buttken: **Veronica Teucrium**. Zw. Rooken und Jodicken: **Polygala amara**. Chaussee zw. Kissinnen und Szernen: Viola arenaria. — 18. 5. 85. Zw. Hennig-Hans und Jodeischen: Polygala amara. Zw. Dawillen und Toddlen-Jacob: Viola arenaria + canina, Equisetum hiemale; zw. Naussoden und Langallen: Polygala amara. Wald östlich von Kl. Jagschen: Lathyrus vernus, L. montanus, Ranunculus cassubicus. — 19. 5. 85. Zw. Girngallen und Adl. Lappenischken: Carex flacca; in d. Lappenischke zw. G. und Wallehnen: **Carex pulicaris**. — 20. 5. 85. Szernener Gutswald: Viola arenaria, **Phegopteris polypodioides**, Ph. Dryopteris, Carex caespitosa, Equisetum boreale. Zw. Szernen und Jurgen: **Botrychium Lunaria**. — 21. 5. 85. In Szernen: Symphytum officinale. — 22. 5. 85. Luseze, Jag. 67: Phegopteris Dryopteris; Jag. 66: Viola epipsila, Carex caespitosa; Jag. 61: Thalictrum flavum; Gestell zw. Jag. 62 und 61: Viola epipsila + palustris; Jag. 62: **Carex paradoxa**; westlicher Theil von Jag. 67: Carex digitata. In Oberförsterei Klooschen 700 Rothbuchen gepflanzt, gut gedeihend, 2 Ex. etwa 15 m hoch. — 23. 5. 85. Schmeltelle zw. Buddelkehmen und Gr. Szarde: Ranunculus bulbosus, Equisetum boreale. Zw. Löbarten und Dautzkurr: Polygala amara. — 25. 5. 85. Zw. Hennig-Hans und Jodeischen: **Sesleria coerulea**. Gehölz von Dautzkurr: Carex caespitosa. Zw. Löbarten und Sudmanten-Haus: Ranunculus bulbosus; Minge zw. S. und Szernen: Lonicera Xylosteum. Zw. Löbarten und Hennig-Hans: Barbaraea arcuata.

26. 5. 85. Umzug nach Blimatzen. — Chaussee nördlich von Forsthaus Aszpurwen: **Sesleria coerulea** V[1] Z[2]. Wewirszo zw. Stoneiten und Stankaiten: **Struthiopteris germanica**, Phegopteris Dryopteris, Asarum europaeum, Viola mirabilis, Aspidium cristatum, Lathyrus vernus, Astragalus glycyphyllus, **Aiuga genevensis**, Lychnis Viscaria, Spiraea Filipendula. Aisse gegenüber Aissehnen: Thalictrum aquilegifolium. — 27. 5. 85. Jag. 21, 22, 27, 31, 34, 35: Andromeda poliifolia. Jag. 26: Equisetum boreale; Jag. 32, 34: Phegopteris Dryopteris. — 28. 5. 85. Zw. Degeln und Blimatzen: **Aiuga genevensis**. Jag. 40: Carex digitata, Lathyrus vernus. Jag. 38: L. montanus. Jag. 41, 34: Phegopteris Dryopteris. Jag. 43: **Phegopteris polypodioides**. Jag. 39: Lathyrus vernus. — 29. 5. 85. Jag. 50: Polygala amara. Zw. Paaszkenkrug und Paaszken: Sesleria coerulea. Weg nordwestlich von Paaszkenkrug: Viola arenaria, **Sesleria coerulea**. Zw. Paaszken und Kojellen: **Orchis mascula** β. **speciosa**, Equisetum boreale; zw. Gellszinnen und Piktazen: Polygala amara. — 31. 5. 85. Wewirszo zw. Szeppoten und Begeden: **Struthiopteris germanica, Geranium silvaticum**. Jag. 15: Listera ovata. Wiese nordwestlich von Jag. 18: Mercurialis perennis, **Polygonatum verticillatum**, **Daphne Mezereum**, Viola mirabilis, Orchis incarnata, Arabis arenosa. Jag. 19: Carex paradoxa.

1. 6. 85. Umzug nach Pröculs. — Gehölz westlich des Bahnhofs Pröculs: Pirola uniflora, Equisetum boreale, Carex arenaria, **Myrica Gale**, **Botrychium Lunaria**, Orchis mascula β. speciosa. Tyrusmoor, Jag. 114: Typha latifolia, Aspidium cristatum, Calla palustris; am Kanal: Botrychium Lunaria und Alyssum calycinum. —

2. 6. 85. In den Waldchen nordöstlich vom Tyrusmoor: **Scirpus pauciflorus.** Zw. Dorf Stragna und Grezen: Orchis incarnata. — 3. 6. 85. Linkes Mingeufer zw. Gut Proculs und Protniszken: **Allium Scorodoprasum** V¹ Z². Buttken'er Wald: Viola epipsila, Cornus sanguinea. — 4. 6. 85. — 5. 6. 85. Szwenzelner Moor: Senecio paluster, Carex paniculata. — 6. 6. 85. Kr. Heidekrug. Zw. Gr. Szlaszen und Russ: Carex filiformis. Zw. Brioniszkken und Colonie Bredszull: **Cenolophium Fischeri Koch.** Bredszuller Moor: Rubus Chamaemorus. Ibenhorster Forst, Jag. 102: Carex riparia. Jag. 111: Milium effusum, Ulmus effusa. Jag. 123: Stellaria frieseana. Jag. 133: Lathyrus paluster. — 7. 6. 85. Jag. 39: Carex paradoxa. Jag. 128: Stellaria uliginosa. — 8. 6. 85. Werder Helena: **Hierochloa borealis.** 9. 6. 85. Kr. Memel: Luseze, Jag. 73: **Stellaria frieseana,** Viola epipsila, Mercurialis perennis, **Circaea alpina, Polypodium vulgare.** — 10. 6. 85. Jag. 69: Carex digitata. Jag. 68: Polygala amara; östlich desselben (Kanal): **Lathyrus paluster,** Symphytum officinale, Thalictrum flavum. Jag. 77: Stellaria frieseana, Circaea alpina, Polypodium vulgare. Jag. 86: **Listera cordata** V¹ Z², **Chimophila umbellata, Linnaea borealis** (auch in 85). In Jag. 62 u. 67: Hepatica triloba; in Jag. 67: Asarum europaeum. — 11. 6. 85. O. F. Kloeschen (Wäldchen): Equisetum boreale, **Ranunculus fluitans** (in der Minge).

12. 6. 85. Umzug nach Memel. — Zw. Kl. Tauerlauken und der Ringel: Barbaraea arcuata, **Fragaria viridis.** Dange zw. Kl. Tauerlauken und Daugallen: Equisetum boreale. Bachthal südlich von Kl. T.: Lychnis Viscaria, Fragaria viridis, Crataegus monogyna. — 13. 6. 85. Bürgerfelder Memels: Symphytum officinale. Dange zw. Luisenhof und Kl. Tauerlauken: **Ranunculus Lingua,** Carex paradoxa, Salix rubra, Spiraea Filipendula, Echium vulgare, Lychnis Viscaria. Dange zw. Gr. Tauerlauken und Purmallen: **Struthiopteris germanica** V¹ Z², **Botrychium Lunaria** V¹ Z²⁻³. Purmallebach östlich der Chaussee: Phegopteris Dryopteris, **Ph. polypodioides.** Palwen nördlich der städtischen Plantage: **Scirpus pauciflorus.** — 15. 6. 85. Zw. Bommelsvitte und Leuchtthurm, nördlicher Weg: **Euphorbia Esula,** Silene nutans, **Geranium molle** (Gehölz). Plantage Memels: Equisetum boreale; am Swiane-Teich: Carex teretiuscula, **Corallorrhiza innata.** — 16. 6. 85. Städtischer Kirchhof und Nordermole: **Bunias orientalis.** Zw. Bommelsvitte und Leuchtthurm: **Valerianella olitoria.** — 17. 6. 85. Glacis des Plantagenfort: Echium vulgare, Tragopogon floccosus, **Alyssum calycinum.** Kur. Nehrung, südlich des Sandkruges: **Polygala comosa** (Plantage).

18. 6. 85. Umzug nach Dt. Crottingen. — Dange östlich von Dt. Crottingen: Carex flacca, **Potentilla reptans** (Abhänge). — 19. 6. 85. Linkes Dangeufer zw. Dt. Crottingen und Dautzin-Niclau: **Polygonatum verticillatum, Stellaria uliginosa,** Geum urbanum + rivale, Ranunculus cassubicus, Viola mirabilis, **Actaea spicata,** Orchis mascula β. speciosa, Carex dioica, **Eriophorum latifolium,** Serratula tinctoria. — 20. 6. 85. Bahne oberh. Gut Szudebarsden: Orchis mascula β. speciosa, **Vicia silvatica.** Bebruhne zw. Schule Wallehnen und der Dange: **Potentilla reptans, Arabis Gerardi** V¹ Z³, Ulmus montana With, **Geranium silvaticum.** Bach südlich von Talutten: **Polygonatum verticillatum** Z³. — 22. 6. 85. Zw. der Dange und Zarthen, zw. Wallehnen und Woiduszen, zw. Corallen und Dorf Szudebarsden: **Scirpus pauciflorus.** In der Lappenischke zw. Wallehnen und Girngallen: **Daphne Mezereum,** Ranunculus cassubicus, Cornus sanguinea, **Eriophorum latifolium;** ebenda zw. G. und Adl. Lappenischken: ***Poa sudetica,*** Ulmus effusa. — 23. 6. 85. Dange zw. Gündullen und Megallen: Scirpus pauciflorus,

Botrychium Lunaria, Silene nutans. — 24. 6. 85. Nordermole Memels: Gypsophila paniculata, Centaurea paniculata. Südermole: **Hippophaë rhamnoides.** Kur. Nehrung. Hirschwiese: Lathyrus paluster. In der Ostsee zw. Sandkrug und Schwarzort: **Zostera marina.** — 25. 6. 85. Schwarzorter Strand: **Chimophila umbellata** und Salix livida (Wäldchen). Grikiun: **Carex Pseudo-Cyperus,** C. digitata, Polypodium vulgare. — 26. 6. 85. Zw. Gasthaus Collaten und Paul-Narmund: Geranium pratense. — 27. 6. 85. Gehölz zw. Dt. Crottingen und Patra: Scirpus pauciflorus, Carex fulva, C. dioica. Wald zw. Ilgauden und Kiacken: Serratula tinctoria, Orchis mascula β. speciosa, **Polygonatum verticillatum,** Carex fulva, C. paradoxa. Zw. Gibbischen und der Chaussee: Scirpus pauciflorus, **Listera ovata,** Carex fulva. Zw. Szurlig und Immersatt: **Polygala comosa, Calamagrostis neglecta;** in J.: **Bunias orientalis.** — 29. 6. 85. Gehölz nördlich von Stanz-Schlaudern: Carex fulva, Orchis mascula β. speciosa, **Geranium silvaticum,** Scirpus pauciflorus. — 30. 6. 85. Gehölz zw. Patra und der Nimmersatt'er Chaussee: **Trifolium spadiceum, Carex pulicaris.** Zw. Gut Collaten und Podszeit-Niclau: **Nasturtium barbaraeoides Tausch.** Kiefernwald nördlich vom Collaten'er See: Polypodium vulgare, **Fragaria moschata.** — 1. 7. 85. Zw. Brusdeilinen und Szeipen, Gehölz: Carex fulva, **C. pulicaris.** Zw. Szeipen und Grabben: Trifolium spadiceum, Typha latifolia. — 2. 7. 85. Rechtes Ekitteufer zw. Szabern und Johannishof: Struthiopteris germanica, Actaea spicata, Vicia silvatica, Triticum caninum. Zw. Carallischken und Grünheide: Carex flacca. — 3. 7. 85. Baugskorallener Wald: Carex fulva, C. pulicaris, Rubus suberectus, Trifolium spadiceum, Equisetum hiemale, **Pedicularis Sceptrum Carolinum, Gymnadenia conopea.** Mikaitischkener Wald: die beiden Letzteren und Listera ovata. Hieracium caesium.

5. 7. 85. Umzug nach Plicken. — 6. 7. 85. Packmohrener Wald, südlich der Ekitte: Listera ovata, Scirpus pauciflorus, **Pedicularis Sceptrum Carolinum, Inula salicina,** Ranunculus cassubicus, Orchis incarnata; **Arabis Gerardi** und **Hieracium cymosum** an der Ekitte. Ekitte bis Friedrichsgnade. — 7. 7. 85. Rechtes Ekitteufer zw. Friedrichsgnade und Raddeilen: Cystopteris fragilis, **Polygonatum verticillatum,** Actaea spicata; linkes Ufer: ***Lunaria rediviva*** V^3 Z^{3-4}, Stellaria Holostea, **Asperula odorata** V^1 Z^{2-3}. Gehölz nordwestlich Corallischken: **Pimpinella magna.**

9. 7. 85. Umzug nach Miszeiken. — Zw. Baugskorallen und Dinwethen: Carex flacca. — 10. 7. 85. Zw. Miszeiken und Hennig-Hans: Scirpus pauciflorus. — 11. 7. 85. Miszeikener Wald: Campanula persicifolia var. eriocarpa; Miszeikener Park: Festuca gigantea. Schmeltelle zw. Park und Podszeit-Stankus: Ranunculus divaricatus, Sparganium ramosum. — 13. 7. 85. Dauperner Moor: Aspidium cristatum, **Scheuchzeria palustris,** Rhynchospora alba. Zw. Gr. und Kl. Daupern, Weg südlich der Chaussee: Scirpus pauciflorus, **Carex pulicaris, Gladiolus imbricatus.** Zw. Slapzil und Bajohr-Mitzko: **Gymnadenia conopea** V^1 Z^{3-4}.

14. 7. 85. Umzug nach Löbarten. — Minge zw. Sudmanten und Dawillen: Fragaria viridis, **Allium Scorodoprasum, Scirpus acicularis, Actaea spicata,** Hieracium caesium, Campanula persicifolia var. eriocarpa, Mercurialis perennis, Lonicera Xylosteum, Cuscuta europaea. — 15. 7. 85. Wald zw. Löbarten und Ilgejahnen: Carex fulva, C. pulicaris, Scirpus pauciflorus. Gehölz von Dautzkurr-Narmund: Epilobium parviflorum. — 16. 7. 85. Minge zw. Szernen und Godminnen: Fragaria viridis, **Epipactis latifolia** V^1 Z^1, Circaea alpina, **Potamogeton lucens** (in der Minge), Struthio-

pteris germanica (Bach), Thalictrum flavum. Minge zw. Gedminnen und Baiten: Equisetum hiemale, Senecio paludosus. Zw. B. und Griegszen: Scirpus pauciflorus, Carex pulicaris, Eriophorum latifolium. — 17. 7. 85. Schmeltelle zw. Sziluppen und Zenkuhnen: Sparganium ramosum. Gehölz nördlich von Zenkuhnen: Festuca gigantea, Epilobium roseum, Eupatorium cannabinum. Schmeltelle zw. Zenkuhnen und Buddelkehmen: Cornus sanguinea, Viola mirabilis, Triticum caninum, Vicia silvatica. Zw. Gut Dumpen und der Szernen'er Chaussee: Sparganium minimum, Scirpus pauciflorus. — 18. 7. 85. Szernen'er Gutswald: Circaea alpina, **Epilobium tetragonum, Glyceria plicata Fr., Microstylis monophyllos**. Schutzbezirk Szernen, Jag. 141: **Carlina vulgaris.** Zw. Grabszten und Margen: Carex pulicaris, C. dioica; zw. Margen und Sznauksten: Scirpus pauciflorus, Geranium sanguineum. — 19. 7. 85. Szernener Wald, südlich der Chaussee: Verbascum Thapsus, Carlina vulgaris (Jag. 130), Monotropa Hypopitys fr. glabra (Jag. 139), **Potamogeton pusilla** und Chara fragilis, Senecio silvaticus. Linkes Mingeufer westlich des Szernen'er Waldes: Epilobium roseum, **Scirpus compressus,** Chara fragilis. — 20. 7. 85. In Löbarten: Anagallis arvensis. Zw. Dötzken und Jodeischen-Jahn: **Carex Pseudo-Cyperus**; zw. J.-J. und Nausseden-Jacob: Monotropa Hypopitys β. hirsuta. — 21. 7. 85. Zw. Memel und Gr. Tauerlauken: Triticum caninum. In Gr. Szarde: Nepeta Cataria. Schmeltelle in Sudmanten: Potamogeton crispa. Zw. Casparischken und Labatag: Scirpus pauciflorus. — 22. 7. 85. Gehölz südlich von Nausseden-Jacob: Rubus suberectus; zw. Baben und Grambowischken: **Carex pulicaris,** C. fulva. C. dioica, **Gymnadenia conopea, Inula salicina,** Sparganium minimum, Agrostis canina. — 23. 7. 85. Minge zw. Sudmanten und Szernen: Scirpus compressus.

24. 7. 85. Umzug nach Pröculs. — 25. 7. 85. Rechtes Mingeufer zw. Pröculs und Woweriszken: **Nasturtium barbaraeoides Tsch.**, Rubus suberectus, Cuscuta europaea. Linkes Ufer zw. Mingekrug und Gut Pröculs: Geranium silvaticum; ebenda zw. Gut Pröculs und Protniszken: **Libanotis montana**, Nasturtium barbaraeoides. Südlich des Buttken'er Waldes: **Lycopodium inundatum.** Wald, südwestlicher Theil: **Microstylis monophyllos**; östlich des Waldes: **Ranunculus Lingua.** — 26. 7. 85. Tyrusmoor, Jag. 114: Carex Pseudo-Cyperus, Utricularia vulgaris. Luseze, Jag. 71: Rubus plicatus f. umbrosa, Jag. 78: Monotropa Hypopitys. — 27. 7. 85. Jag. 64: Triticum caninum, **Gladiolus imbricatus**; Jag. 63: **Carex riparia**; Jag. 79: Senecio silvaticus; Jag. 86: **Goodyera repens.** — 28. 7. 85. Zw. Bratziszken und der Minge, Bach: Ranunculus Lingua. Zw. Wilkieten und Zillkoten: Lycopodium inundatum V^1 Z^2. — 29. 7. 85. Tyrusmoor, Jag. 113: **Utricularia intermedia,** U. vulgaris. Drawöhne zw. Meyenhof und Stryck: **Alisma arcuatum fr. graminifolium Casp.,** Scirpus maritimus, **Potamogeton lucens.** Szwenzelner Moor: Agrostis canina, Ultricularia vulgaris. — 31. 7. 85. Weiden und Heiden zw. Wilkomeden und Kebbeln: Carex pulicaris, Scirpus pauciflorus, Agrostis canina. Wäldchen der O. F. Klooschen: Libanotis montana, Epipactis latifolia. — 1. 8. 85. Carlsberg, Schmelz. Luseze, Jag. 89: **Linnaea borealis.**

2. 8. 85. Umzug nach Aszpurwen. — 3. 8. 85. Jag. 30: Chimophila umbellata. Jag. 35: Monotropa Hypopitys b. hirsuta. — 4. 8. 85. Jag. 36—38, 40, 42, 44. — 5. 8. 85. Wewirsze zw. Szeppoten und Begeden: Silene nutans, **Thalictrum simplex,** Wiese nördlich von Jag. 18: **Gymnadenia conopea**; Abhang nördlich von Jag. 18: Vicia silvatica, Botrychium Lunaria, Geranium sanguineum. — 6. 8. 85. Jag. 39 u. 41. — 7. 8. 85. Zw. Szaukeln und Dorf Asz-

purwen: Lolium temulentum. — 8. 8. 85. Wäldchen zw. Paaszkenkrug und Szidellen: Equisetum hiemale, Grabszten, Jurgen. — 10. 8. 85. Jag. 50: Utricularia minor. Zw. Degeln und Szaukeln: **Lycopodium inundatum** $V^1 Z^3$, Gentiana Amarella. Zw. Sz. und Szilleningken: Scirpus compressus; zw. Aglohnen und Paaszken: **Chara foetida** fr. longibracteata.

11. 8. 85. Umzug nach Heidekrug. — Augstumal'er Torfbruch westlich von Trackseden: Rubus Chamaemorus, Utricularia vulgaris. Linkes Szieszе-Ufer zw. Heidekrug und Werden: Silene tatarica. — 12. 8. 85. Wald zw. Szibben und Grabuppen: Viola arenaria. Rechtes Szieszе-Ufer zw. G. und Werden: Trifolium alpestre, Rubus plicatus.

13. 8. 85. Umzug nach Skirwieth (Kr. Heidekrug). — In Russ an der Pokallna: **Achillea cartilaginea, Cucubalus baccifer.** In Skirwieth: Malachium aquaticum. — 14. 8. 85. Ibenhorst'er Forst, Jag. 39: Orchis latifolia, Carex Pseudo-Cyperus. — 17. 8. 85. In Colonie Bismarck: Elsholzia Patrini.

18. 8. 85. Umzug nach Gr. Tauerlauken. — 19. 8. 85. Nordermole Memels: Campanula rapunculoides. Zw. Bommelsvitte und Leuchtthurm, südlicher Weg: **Helianthemum Chamaecistus**; nördlicher Weg: Allium oleraceum, *Lepidium latifolium L.* a. glabrum. Bommelsvitte'scher Kirchhof: **Falcaria Rivini**, Medicago media. — 20. 8. 85. Städt. Plantage, Ostrand südlich des Swiane-Teichs: **Gentiana Pneumonanthe.** Zw. Memel und Gr. Tauerlauken: Gentiana Amarella. — 21. 8. 85. Städt. Plantage, südlicher Theil: Malachium aquaticum. Kaufmännische Plantage, an einem Graben nördlich des Mellneraggen'er Kirchhofs: **Corallorrhiza innata.** Zw. Seebad Försterei und holländ. Mütze: Campanula persicifolia b) eriocarpa; Ostseestrand: Elodea canadensis und **Potamogeton zosterifolia** von der See ausgeworfen. — 22. 8. 85. Dange zw. Luisenhof und Kl. Tauerlauken: **Utricularia intermedia.** — 23. 8. 85. Kur. Nehrung, Haffseite zw. Sandkrug und Hirschwiese: **Trifolium fragiferum,** Festuca arundinacea, Atriplex litorale. Hirschwiese: Rumex maritimus, Scirpus acicularis, Senecio paluster. — 25. 8. 85. Dangewiesen zw. Kl. Tauerlauken und Königswäldchen: Epipactis palustris, **Centaurea austriaca,** Agrostis canina, **Carex limosa.** In Bommelsvitte, Plantagenstrasse: Chenopodium Vulvaria. Gr. Tauerlaukener Bach: **Chaerophyllum aromaticum.** — 26. 8. 85. Dange zw. Gr. Tauerlauken und Purmallen: Cuscuta europaea, Rubus suberectus, **Holcus mollis.** Purmallebach östlich der Chaussee: Nasturtium barbaraeoides. Gündullener Bach: Epilobium parviflorum, Triticum caninum, Mentha sativa.

27. 8. 85. Umzug nach Dt. Crottingen. — In Dt. Crottingen: **Typha angustifolia.** Zw. Adl. Gut Crottingen und Szlaaszen: Fumaria officinalis, Typha latifolia, **Mentha aquatica,** Ranunculus Lingua. — 28. 8. 85. Bahne zw. Gut Szudebarsden und Wittiunen: Astragalus glycyphyllos, Mentha aquatica, Triticum caninum, Allium oleraceum, **Potentilla reptans.** Lappenischke zw. Girngallen und Adl. Lappenischken: **Brachypodium silvaticum, Milium effusum, Circaea lutetiana.** — 29. 8. 85. Zw. Gaussen und Szodeiken-Jacob: Gentiana Amarella, **Nasturtium barbaraeoides**; zw. Altszeiken-Jahn und Patra: Gentiana Amarella. — 31. 8. 85. Zw. Blinden und Karkelbek: Agrostis canina, Gentiana Amarella. Zw. Nimmersatt und Strand: Silene tatarica; in N.: Cuscuta Epithyinum. — 1. 9. 85. Zw. Immersatt und Szurlig: *Alyssum montanum*; zw. Szeipen und Grabben: Nasturtium barbaraeoides. — 2. 9. 85. In Gr.

Tauerlauken: Cystopteris fragilis. — 3. 9. 85. Südermole Memels: Aster Tripolium, Trifolium fragiferum, Scirpus maritimus, Ononis repens, **Salvia verticillata**, Papaver dubium. Dünen südlich des Sandkruges: Malachium aquaticum. Dünen zw. Sandkrug und Schwarzort: Ammophila baltica, Salix daphnoides + repens. — 5. 9. 85. Schwarzorter Wald, Theil nördlich der Försterei: Rubus suberectus, Linnaea borealis, Hieracium caesium, Aspidium spinulosum b) dilatatum. — 6. 9. 85. Schwarzorter Strand, südlich des Rettungsschuppen: Salix daphnoides + repens: zw. Station 22 und 23: **Lathyrus maritimus, Eryngium maritimum.** Haffseite südlich von Dorf Schwarzort: **Peplis Portula.** — 7. 9. 85. Zw. Stanszen und Dt. Crottingen: Cuscuta Epithymum. — 8. 9. 85. Linkes Ekitteufer zw. Friedrichsgnade und Raddeilen: Campanula latifolia, **Brachypodium silvaticum.** Ekitte gegenüber Johannishof: Brachypodium silvaticum. — 9. 9. 85. Zw. Gr. Kurschen und Gaaszen: Gentiana Amarella. — 10. 9. 85. Bebruhne zw. Schule Wallehnen und der Dange: Brachypodium silvaticum. Lappenischke zw. Girngallen und Adl. Lappenischken: **Campanula Cervicaria,** in den beiden südlichen Jagen: **Polygonatum verticillatum.** — 11. 9. 85. Zw. Plicken und Schattern: Gentiana Amarella. — 12. 9. 85. Nach Memel. — 14. 9. 85. Wald zw. Löbarten und Ilgejahnen: **Lycopodium inundatum.** — 15. 9. 85. Rückreise nach Königsberg.

Herr Lehrer Max Grütter in Luianno erstattet dann

Bericht über seine Exkursionen in der Umgegend von Neuenburg und Luianno.

20. Juli. **Neuenburg, Hübschmann'sche Schlucht bei Neuthal, Schluchten bei Unterberg und Weide, Sprindt, Belauf Doberau bis zur Ostbahn. Auf einer Mauer an der evangelischen Kirche**: Linaria Cymbalaria Z^2; **an der Fähre**: Potentilla supina; **in der Hübschmann'schen Schlucht**: Libanotis montana Z^1, Cimicifuga foetida, Dianthus deltoides, Chaerophyllum aromaticum; **in der Unterberg'er Schlucht**: Vicia tenuifolia Z^{4-5}, Melampyrum arvense Z^3, Circaea lutetiana Z^3, Daphne Mezereum, Phegopteris Dryopteris Z^2, Epilobium montanum, Ophioglossum vulgatum Z^2; **auf Aeckern zw. Unterberg und Weide**: Alchemilla arvensis, Salsola Kali; **in Weide**: Conium maculatum, Physalis Alkekengi Z^{4-5}; **Schlucht zw. Weide und Sprindt**: Dianthus Armeria Z^2, Hedera Helix, Carex remota; **auf Aeckern daselbst**: Alsine viscosa, Juncus capitatus Z^1; **an einem Tümpel**: Centunculus minimus; **im Belauf Doberau**: Scabiosa Columbaria, Peucedanum Cervaria Z^1, Carex montana Z^3, Lycopodium annotinum; **zwei kleine Tümpel an der Bahn; am nördlichen**: Scheuchzeria palustris, Eriophorum gracile, Salix myrtilloides Z^3; **am südlichen**: Rhynchospora alba, Drosera anglica. — 21. Juli. **Neuenburg, Stadtwald, See in demselben, Bruch nördlich vom See, zurück durch den Stadtwald, Brüche vor demselben. — Zw. Neuenburg und dem Stadtwalde unweit des alten Kirchhofes**: Ophioglossum vulgatum Z^{2-3}, Botrychium Matricariae Z^2, Teesdalea nudicaulis; **im Stadtwalde**: Ervum cassubicum Z^1, Pirola chlorantha, Carex montana (2 Standorte), Carex pilulifera: **am See im Stadtwalde**: Scheuchzeria palustris, Carex limosa, Carex filiformis, Malaxis paludosa Z^2, Salix myrtilloides (mit etwas behaarten Blättern) Z^1; **im Bruch nördlich vom See**: Scheuchzeria palustris, Malaxis paludosa Z^{1-4}, Rhynchospora alba Z^4; **im Stadtwalde**: Lilium Martagon, Carex montana, Thesium ebracteatum, Laserpitium prutenicum, Aquilegia vulgaris, Hypericum montanum; **auf Brüchen vor**

dem Stadtwalde: Juncus supinus b) fluitans, Dianthus deltoides Carex limosa; Ammophila arenaria **auf Sand zw. dem Stadtwalde und Sprindt.** — 22. Juli. **Neuenburg, Ziegelei an der Weichsel, Hundeschlucht, Kozielec, Wessel, Fiedlitz, Münsterwalde, Münsterwald'er Forst, Brüche bei Hartigswalde, Osterwitt, Pienenskowo, Eichstädt, Bechlin, Neuenburg. Bei Neuenburg**: Anthemis Cotula; **Abhänge an der Weichsel zw. der Ziegelei und der Hundeschlucht**: Brachypodium pinnatum, Libanotis montana, Dianthus prolifer, Inula salicina Z^{2}; **Acker unweit der Hundeschlucht**: Alchemilla arvensis, Euphorbia exigua Z^{3-4}; **in der Hundeschlucht**: Gentiana cruciata Z^{4-5}, Cimicifuga foetida Z^{2}, Picris hieracioides, Daphne Mezereum, Brachypodium pinnatum, Brachypodium silvaticum Z^{2-3}, Ervum silvaticum, Inula salicina, Digitalis ambigua; **Kozielec'er Wald**: Gentiana cruciata Z^{1-2}, Dianthus deltoides, Epilobium montanum; **im Walde zw. Kozielec und Wessel**: Laserpitium prutenicum, Serratula tinctoria, Peucedanum Cervaria Z^{2}, Trifolium rubens Z^{2-3}, Microstylis monophyllos Z^{3}, Prunella grandiflora Z^{2}, Epipactis rubiginosa; **zw. Wessel und Fiedlitz**: Spiraea Filipendula, Allium fallax, Peucedanum Cervaria, Lathyrus niger, Microstylis monophyllos Z^{1-2}, Pirus torminalis Z^{1}, Digitalis ambigua; **zw. Fiedlitz und Münsterwalde**: Aquilegia vulgaris; **in der Kämpe**: Rosa rubiginosa, Silene tatarica, Petasites tomentosus, Cucubalus baccifer; **am Weichselabhang südl. von Münsterwalde**: Gentiana cruciata Z^{2}, Dianthus prolifer; **in Münsterwalde**: Amarantus retroflexus; **in der Münsterwald'er Forst**: Digitalis ambigua, Cimicifuga foetida Z^{1}, Spiraea Filipendula; **auf Brüchen bei U. F. Hartigswalde**: Carex dioica, Alchemilla vulgaris, Carex paradoxa, Scirpus compressus; **in einem Gehölz zw. Osterwitt und Pienenskowo**: Carlina vulgaris, Leontodon hispidus nebst Leontodon hastilis. — 23. Juli. **Neuenburg, Belauf Doberau, Bruch südlich vom Stadtwaldsee; grosser Bruch bei Doberau; zwei Brüche an der Ostbahn östl. vom Czarne-See; zw. dem Czarne- und Lonk'er See; am Lonk'er See; Belauf Mittelwald, Bruch südlich vom Czarne-See; Bruch südlich vom Lonk'er-See; Kl. Plochotschin; Kl. Warlubien über Sprindt nach Neuenburg. Bruch im Belauf Doberau, rechts vom Wege nach Doberau**: Peplis Portula, Veronica scutellata, Juncus supinus; **im Belauf Doberau**: Lathyrus niger, Peucedanum Cervaria, Anthyllis Vulneraria Z^{1}, Carex montana; **Bruch südl. vom See im Stadtwalde**: Polystichum cristatum; **Bruch nordwestl. von Doberau**: Carex filiformis, Carex limosa; Rhynchospora alba, Scheuchzeria palustris; Drosera rotundifolia Z^{2-3}, Drosera intermedia V^{3} Z^{5}, Drosera anglica Z^{1}; Malaxis paludosa Z^{1}, Salix myrtilloides Z^{1}. Betula pubescens mit Frucht, Drosera obovata; **zwei Brüche an der Bahn, auf dem südlichen**: Carex limosa, Malaxis paludosa, Carex dioica, Drosera anglica; Scheuchzeria palustris; **in einem Gehölz zwischen dem Czarne- und Lonk'er-See**: Carlina vulgaris; **in einem Erlenbruch am Wege nach Espenhöhe**: Circaea alpina: **am Lonk'er See**: Stellaria glauca, Polygala comosa, Salix nigricans Z^{1}, Liparis Loeselii Z^{1}; **im Belauf Mittelwald**: Carex pilulifera, Carex montana; Peucedanum Cervaria; **auf dem Bruch südlich vom Czarne-See**: Radiola linoides, Drosera anglica Z^{2}; **im Bruch südlich vom Lonk'er See**: Scheuchzeria palustris; Rhynchospora alba; Drosera anglica; Carex limosa, Drosera obovata; Malaxis paludosa, Liparis Loeselii, Carex filiformis; **zw. dem Lonk'er See und Kl. Plochotschin**: Carex pilulifera, Hypochoeris glabra, Ammophila arenaria, Alchemilla arvensis, Teesdalea nudicaulis. — 24. Juli. **Vormittag und Nachmittag bis 4 Uhr Regen. Dann Exkursion nach der Schlucht bei Neuthal.** Rosa tomentosa, Dianthus Armeria Z^{2}, Seseli annuum, Fragaria collina, Picris hieracioides, Brachypodium pinnatum, Rosa rubiginosa, Melampyrum arvense Z^{2},

Carlina vulgaris, Crepis paludosa, Daphne Mezereum, Lonicera Xylosteum, Mercurialis perennis. — 25. Juli. **Neuenburg, Milewo, Milewo'er Wald, Bruch zw. Czarne-See und Sabudownia, Belauf Mittelwald, Rad-See, Schrewin, Südufer des Radsees. Neuenburg an der Hardenberg'er Chaussee**: Verbena officinalis, Cuscuta Epithymum auf Achillea Millefolium und Artemisia campestris; **in Milewo**: Datura Stramonium, Stachys annua Z^{1-2}, Amarantus retroflexus, Conium maculatum; **im Milewo'er Walde**: Carex pilulifera, Pirola chlorantha, Teesdalea nudicaulis; **auf dem Bruch im Milewo'er Walde**: Polystichum cristatum, Carex limosa, Rhynchospora alba, Scheuchzeria palustris; **auf dem Bruch zw. Czarne-See und Sabudownia**: Scheuchzeria palustris, Eriophorum gracile, Senecio paluster; **Belauf Mittelwald**: Gypsophila fastigiata; **bei Espenhöhe**: Galeopsis versicolor; **am Nord-Ufer des Rad-Sees**: Cyperus fuscus; Naias maior (von den Wellen angespülte Zweige am Ufer); **im Walde nördlich von Schrewin**: Prunus Padus, Cytisus, capitatus; **am Südufer des Radsees**: Salix nigricans, Carex distans, Epipactis palustris, Senecio paludosus. **Ein anhaltender, heftiger Regen nöthigt mich zur Rückkehr; auf derselben noch gefunden: im Belauf Mittelwald**: Lathyrus silvester, Digitalis ambigua; **auf dem Lehmwege im Walde**: Chenopodium polyspermum Z^1, Setaria glauca, Hypochoeris glabra. — 27. Juli. **Neuenburg, Konschitz, Unterberg, Weide, Kl. und Gr. Kommorsk, Gr. Sibsau, Ober-Grupp'er Forst, Flötenau, Elisenau, Nieder-Gruppe, Gr. Lubin, Sanskau, Montau, Treul, Konschitz. Bei Konschitz**: Chenopodium glaucum, Amarantus Blitum, Lactuca Scariola; **bei Unterberg**: Epilobium roseum, Setaria glauca; **bei Weide**: Salsola Kali; **Kl. Kommorsk**: Echinospermum Lappula; **in Gr. Kommorsk**: Chenopodium glaucum, Chenopodium rubrum, Potentilla supina; **zw. Gr. Kommorsk und Gr. Sibsau**: Scabiosa ochroleuca, Erythraea pulchella Z^{1-2}, Scirpus compressus; **in Gr. Sibsau**: Verbena officinalis, Datura Stramonium; **in der Nähe des Drei Mohren-Kruges**: Koeleria glauca; **in der Nähe der Montaubrücke zw. Nieder-Gruppe und Gr. Lubin**: Rumex Hydrolapathum, **in der Montau**: Elodea canadensis, **bei Gr. Lubin in der Kämpe**: Cucubalus baccifer, Reseda Luteola; **bei Vorwerk Sanskau am Weichseldamm**: Sisymbrium Sinapistrum Z^{2-3}, Senecio saracenicus; **in der Kämpe**: Lathyrus paluster, Thalictrum flavum; Achillea cartilaginea; **auf einem Kartoffelacker bei Vorwerk Sanskau**: Chenopodium polyspermum; **am Damm zw. Gr. und Kl. Sanskau**: Stenactis annua, Verbascum Blattaria Z^1; **zw. Kl. Sanskau und Montau**: Reseda Luteola, Silene tatarica; **in Montau unweit des Damm-Kruges**: Conium maculatum; **bei Treul**: Dipsacus silvester; Achillea cartilaginea; **zw. Treul und Konschitz**: Scirpus maritimus. — 28. Juli. **Neuenburg, Nordufer des Doberau'er Sees, Belauf Doberau, Bel. Mittelwald, Bruch am Udschitz-See im Fronza'er Walde, Bliesawen, Gr. Wolfsbruch, Südspitze des Montassek-Sees, U. F. Hammer, Heidemühl, Gr. Plochotschin'er Wald, Neuenburg. Am NO. Ufer des Doberau'er Sees**: Botrychium Matricariae Z^{2-3}, Ophioglossum vulgatum Z^4; **am Nordufer desselben**: Drosera anglica Z^2, Cyperus flavescens Z^{2-3}, Centunculus minimus Z^4, Juncus capitatus Z^3; **Belauf Doberau, zw. Jagen 6 und 10**: Lycopodium complanatum; **Belauf Mittelwald**: Gypsophila fastigiata; **auf dem Bruch am Udschitz-See**: Carex dioica; **an einem Graben bei Bliesawen**: Cyperus flavescens; Potentilla supina; **auf dem Sphagnetum am Südende des Montassek-Sees**: Carex limosa, Drosera anglica; **im Gr. Plochotschin'er Walde zw. Heidemühl und der Försterei**: Silene tatarica Z^2, Erigeron acer b) droebachiensis, Oxytropis pilosa (auf zwei Stellen Z^3 und Z^2), **östl. von der Försterei**: Digitalis ambigua, Lycopodium complanatum. — 29. Juli. **Anhaltender Regen.** — 30. Juli. **Neuenburg, Sprindt, Südufer**

des Doberau'er Sees, Bel. Doberau, Sawadda, Sawadda-See, Kl. Warlubien, Kl. Plochotschin, Gr. Plochotschin'er Wald, Montau bis Bunkau'er Mühle, Bunkau'er Wald, Warlubien, Sprindt, Neuenburg. Auf feuchtem Sande am Rande der Bülowsheid'er Forst bei Sprindt: Centunculus minimus, Peplis Portula, Avena caryophyllea, Radiola linoides; **im Belauf Doberau zw. Sprindt und dem See:** Peucedanum Cervaria Z^2; **am Südufer des Doberau'er Sees:** Radiola linoides, Avena caryophyllea, Salix aurita + repens, Botrychium Matricariae Z^{3-4}, Eriophorum gracile, Drosera anglica, Scheuchzeria palustris, Carex limosa; **im Belauf Doberau:** Thalictrum minus, Goodyera repens Z^{1-2}, Erigeron acer b) droebachiensis, Gypsophila fastigiata; **östlich von Sawadda in einer jungen Schonung:** Sempervivum soboliferum; **am Sawadda-See:** Senecio viscosus, Salsola Kali, Scirpus compressus; **im Sawadda-See:** Potamogeton pectinata; **an einem Graben bei Kl. Plochotschin:** Carex vesicaria Z^3; **auf einem Ackerrande zw. Kl. Plochotschin und dem Walde:** Valerianella dentata, Trifolium fragiferum Z^2, Setaria glauca; **am Rande des Plochotschin'er Waldes:** Alchemilla arvensis V^3 Z^5; **auf einem Torfstich im Pl. Walde:** Carduus nutans V^2 Z^3; **in der Nähe der Montau:** Phegopteris Dryopteris, Hedera Helix; **in der Hagen'er Forst an einem Bache, der zur Montau fliesst:** Agrimonia odorata, Cimicifuga foetida Z^1; **an der Montau:** Daphne Mezereum, Phegopteris Dryopteris, Ribes alpinum; **im Bankau'er Walde am Wege nach Warlubien:** Botrychium rutaceum Z^{1-2}, Silene tatarica Z^3, Juncus squarrosus; **zw. Warlubien und Sprindt:** Anthyllis Vulneraria. — 31. Juli. **Neuenburg, Konschitz, Montau, Weichseldamm bis Treul, Damm zw. Treul und der Montau, Montau abwärts bis zur Brücke. Zw. Konschitz und der Montau-Brücke:** Cuscuta lupuliformis auf Salix amygdalina und viminalis, Achillea cartilaginea, Polygonum dumetorum, Galeopsis versicolor; **an der Montau bis zum Weichseldamm:** Limosella aquatica, Potentilla supina, Cuscuta lupuliformis, Leersia oryzoides, Chenopodium polyspermum, Acorus Calamus; **in der Montau:** Elodea canadensis; **in der Kämpe:** Euphorbia lucida Z^5, Thalictrum flavum, Potentilla supina, Petasites officinalis, Senecio saracenicus; **am Weichseldamm:** Reseda Luteola, Erisymum hieraciifolium, Conium maculatum, Campanula sibirica Z^1, Euphorbia lucida; **am Montaudamm:** Silene tatarica, Dipsacus silvester; **auf einem Acker an der Montau unweit der letzten Schleuse:** Lolium temulentum, Silene noctiflora, Linaria minor. — 1. August. **Neuenburg, Kozielec'er Wald, Wessel, Fiedlitz, Münsterwalde, Münsterwald'er Forst bei Wessel. An den bewaldeten Abhängen am Wege von Neuenburg nach Münsterwalde, westl. von Kozielec:** Phleum Boehmeri, Sedum boloniense. Fragaria collina; **im Kozielec'er Walde bis zur Försterei:** Impatiens Noli tangere; **im Walde zw. der Försterei und Gr. Wessel:** Thalictrum minus, Thalictrum aquilegifolium, Digitalis ambigua, Spiraea Filipendula, Serratula tinctoria, Carlina vulgaris, Laserpitium prutenicum, Lathyrus pisiformis Z^{2-3}, Prunella grandiflora, Dracocephalum, Ruyschiana Z^4, Trifolium rubens Z^1, Microstylis monophyllos Z^2, Epipactis rubiginosa, Daphne Mezereum, Cimicifuga foetida (Blätter), Lathyrus niger, Peucedanum Cervaria; **in Kl. Wessel:** Geranium molle; **zw. Kl. Wessel und Fiedlitz:** Pirola uniflora, Sanicula europaea, Aconitum variegatum (Blätter), Gypsophila fastigiata, Pulmonaria angustifolia, Dianthus deltoides; **zw. Fiedlitz und Münsterwalde:** Aquilegia vulgaris (Blätter), Ervum cassubicum, Lathyrus silvester, Platanthera bifolia; **auf einem Acker am Rande der Münsterwald'er Forst:** Oxalis stricta; **in der Münsterwald'er Forst**

zw. Münsterwalde und Gr. Wessel: Lycopodium complanatum, Galium verum b) ochroleucum, Daphne Mezereum, Phegopteris Dryopteris, Sanicula europaea, Epipactis rubiginosa, Trollius europaeus, Polygonatum multiflorum. — 3. August. **Abreise nach Lnianno. Nachmittag Exkursion nach dem See zu beiden Seiten der Bahn. Zw. Lnianno und dem See:** Salsola Kali, Lolium remotum, Radiola linoides, Avena praecox, Veronica scutellata b) parmularia, Hypericum humifusum, Juncus squarrosus, Lycopodium inundatum, Gnaphalium luteo-album, Centunculus minimus; **am und auf dem Sphagnetum nördlich von der Bahn:** Peplis Portula, Veronica scutellata b) parmularia, Juncus supinus, Scheuchzeria palustris, Rhynchospora alba, Drosera anglica, Drosera intermedia V^3 Z^5. Utricularia minor, Carex limosa, Eriophorum gracile, Lycopodium inundatum, Drosera obovata, Carex filiformis; **am Bahndamm zw. beiden Sphagneten:** Hieracium Auricula, Alchemilla arvensis, Potentilla norvegica, Veronica scutellata b) parmularia, Erigeron acer b) droebachiensis; **auf dem Sphagnetum südlich von der Bahn:** Rhynchospora alba, Scheuchzeria palustris, Drosera intermedia, Drosera anglica, Eriophorum gracile, Andromeda poliifolia, Carex limosa, Lycopodium inundatum. Carex filiformis, Ledum palustre, Utricularia minor und intermedia Z^1; **am Sphagnetum südlich von der Bahn:** Radiola linoides, Juncus squarrosus, Drosera anglica, Lycopodium inundatum, Hydrocotyle vulgaris, Avena praecox, Drosera intermedia, Juncus Tenageia, Gnaphalium luteo-album, Hypericum humifusum, Peplis Portula; **in Lnianno:** Sisymbrium officinale b) leiocarpum, Oxalis stricta. — 4. August. **Lnianno, See südöstl. von Lnianno, Johannisberg'er Holz, Bialle-Wiese, zurück durch das Johannisberg'er Holz nach Lnianno. Am See südöstl. von Lnianno:** Peplis Portula, Juncus squarrosus, Lycopodium inundatum, Hypericum humifusum, Veronica scutellata b) parmularia, Scirpus setaceus, Centunculus minimus, Gnaphalium luteo-album, Potentilla norvegica; **im Johannisberg'er Holz:** Carlina acaulis, Larix decidua, Luzula sudetica b) pallescens, Botrychium Lunaria, Botrychium rutaceum (je zwei Standorte), Achyrophorus maculatus, Lathyrus silvester, Carlina vulgaris, Pulmonaria angustifolia, Leontodon hastilis nebst L. hispidus, Carlina acaulis b) caulescens, Orchis maculata, Erigeron acer b) droebachiensis; **auf der Bialle-Wiese:** Equisetum silvaticum, Salix aurita + repens, Salix depressa, Epipactis palustris, Crepis succisifolia, Saxifraga Hirculus, Carex paradoxa; in einem Birkenbruch: Betula humilis; **auf dem Rückwege im Johannisberg'er Holz:** Dianthus arenarius, Carex pilulifera, Euphorbia Cyparissias, Carlina acaulis. — 5. August. **Lnianno, Stenzlau, Wiesen am Mukrz-Fliess, Belauf Rehhof, Bienzewo- und Czarnowo-See, Cisbusch, Wiese zw. Cisbusch und dem Ebensee, Hutta, Eichwald, Lnianno. Auf Aeckern zw. Lnianno und Stenzlau:** Setaria glauca, Arnoseris pusilla; **auf einer Wiese:** Hieracium Auricula; **auf Wiesen am Mukrz-Fliess:** Vaccinium uliginosum, Juncus squarrosus, Equisetum silvaticum, Rumex Hydrolapathum, Alectorolophus minor, Hypericum humifusum; **in einem Gebüsch am Mukrz-Fliess:** Serratula tinctoria, Hieracium boreale; **auf einem Bruch im Belauf Rehhof:** Radiola linoides, Hydrocotyle vulgaris, Veronica scutellata b) parmularia, Potentilla norvegica Z^1, Peplis Portula; **im Belauf Rehhof:** Carlina acaulis, Lycopodium complanatum; **am Bienzewo-See:** Drosera anglica, Andromeda poliifolia, Carex limosa, Utricularia minor, Hydrocotyle vulgaris; **am Czarnowo-See:** Inula salicina Z^5 (auf einer Wiese), Drosera anglica, Carex limosa, Ledum palustre; **auf einem Leinacker östl. v. Mukrz:** Lolium remotum;

auf einem anderen bei Elbenhorst: Camelina dentata; **im Cisbusch:** Stellaria nemorum, Crepis paludosa, Milium effusum, Taxus baccata, Phegopteris Dryopteris, Circaea alpina, Euonymus verrucosus, Asperula odorata; **auf Wiesen zw. Cisbusch und dem Ebensee:** Epipactis palustris, Polygala comosa, Saxifraga Hirculus, Alectorolophus minor, Betula humilis, Carex vesicaria, Succisa pratensis; **auf einem Acker unweit des Hutta'er Kirchhofes:** Alchemilla arvensis, Alsine viscosa, Setaria glauca; **am Kirchhof von Hutta:** Sempervivum soboliferum, Sarothamnus scoparius; **bei Eichwald:** Chondrilla juncea; Hypericum humifusum. — 6. August. **Lnianno, Bahndamm bis Mukrz-Fliess, Wiesen am Mukrz-Fliess; im Belauf Rehhof an der Bahn, Czarnowo-See, Mukrz, Mukrz-See, Cisbusch, Wiesen südl. vom Cisbusch; Hutta, Andreasthal, Lnianno. Am Bahndamm:** Dianthus arenarius, Hypochoeris glabra, Potentilla collina, Radiola linoides, Arnoseris pusilla, Avena caryophyllea, Hypericum humifusum, Juncus squarrosus, Gypsophila fastigiata, Ervum hirsutum, Carlina acaulis; **auf den Wiesen am Mukrz-Fliess:** Sanguisorba officinalis, Veronica scutellata b) parmularia, Potentilla digitato-flabellata, Salix aurita + repens, Epipactis palustris; **im Belauf Rehhof in der Nähe des Mukrz-Fliess:** Orchis maculata, Hypericum quadrangulum, Alectorolophus minor, Epipactis palustris, Dracocephalum thymiflorum, Hypericum humifusum, Potentilla procumbens; **auf Wiesen zw. Mukrz-Fliess und Czarnowo-See:** Carex dioica, Serratula tinctoria; **am Czarnowo-See:** Scheuchzeria palustris; **im Bel. Lindenbusch zw. Czarnowo-See und Mukrz:** Hedera Helix, Lycopodium Selago, Quercus sessiliflora; **in Mukrz:** Malva neglecta; **am Mukrz-See:** Cyperus fuscus, Chenopodium rubrum; **auf Aeckern am Westufer des Mukrz-See:** Camelina dentata, Lolium remotum, Centunculus minimus, Juncus capitatus, Radiola linoides, Myosurus minimus, Alsine viscosa, Alectorolophus minor; **auf Wiesen westl. vom Cisbusch:** Betula humilis; **im Cisbusch:** Hedera Helix, Melica uniflora Z^4, Brachypodium silvaticum; **auf Brüchen südlich vom Cisbusch:** Listera ovata, Salix livida, Gymnadenia conopea (2 Standorte), Pedicularis Sceptrum Carolinum, Potentilla collina. — 7. August. **Kleiner See südl. von Lnianno, See südl. vom Bahnhof, Andreasthal, Gehölz westl. von Wentfin. Darauf Regen. Am Seechen südl. von Lnianno:** Potentilla norvegica, Lycopodium inundatum Z^5, Drosera anglica, Drosera intermedia, Scirpus setaceus Z^3, Juncus Tenageia Z^{4-5}, Veronica scutellata b) parmularia, Centunculus minimus, Rhynchospora alba Z^2; **am See südl. vom Bahnhof:** Hydrocotyle vulgaris, Potentilla norvegica, Gnaphalium luteo-album, Juncus Tenageia, Juncus capitatus, Veronica scutellata b) parmularia; **auf dem Sphagnetum des Sees:** Lycopodium inundatum, Drosera obovata Z^2, Rhynchospora alba, Ledum palustre; **auf Aeckern zw. dem See und Andreasthal:** Centunculus minimus, Hypericum humifusum, Arnoseris pusilla, Hieracium Auricula, Hypochoeris glabra, Juncus capitatus, Medicago lupulina a) genuina, Polycnemum arvense unter Ornithopus sativus, Alsine viscosa; **auf Aeckern zw. Andreasthal und Wentfin:** Alsine viscosa, Juncus capitatus, Setaria glauca, Alchemilla arvensis; **auf einem kleinen Bruch:** Scheuchzeria palustris; Rhynchospora alba; **an demselben:** Hydrocotyle vulgaris; **am Wege vom Bruch nach dem Gehölz:** Avena caryophyllea; **auf den Brüchen am Gehölz:** Lycopodium inundatum, Vaccinium uliginosum, Carex vesicaria; **im Gehölz:** Lathyrus silvester, Salix Caprea, Carlina acaulis; Drosera anglica **auf einem kleinen Bruch zw. dem Gehölz und Wentfin.** — 8. August. **Lnianno, Sternbach, Rischkefliess bis Rischke, Marienfelde, See**

nördl. von Lnianno. In Lnianno: Malva rotundifolia und Malva neglecta; **auf Aeckern zw. Lnianno und Sternbach:** Potentilla collina, Centunculus minimus, Scirpus setaceus Z^1, Juncus capitatus Z^{2-3}; **bei Sternbach:** Viscum album auf Populus monilifera, Sinapis alba (verwildert), Sinapis arvensis (einziger Standort), Amarantus retroflexus; **im Gutsgarten:** Dianthus deltoides, Amarantus Blitum, Oxalis stricta; **an einem Tümpel zw. Sternbach und Rischke:** Carex vesicaria, Hypericum humifusum; **am Rischke-Fliess:** Epilobium roseum, Carex flava, Selinum Carvifolia, Leersia oryzoides, Hypericum montanum, Rumex maximus, Rumex Hydrolapathum, Lactuca muralis, Rumex aquaticus; **am Abhange am Fliess:** Elymus arenarius auf zwei Stellen Z^{1-2} und Z^4; **an einem Graben zw. Rischke und Marienfelde:** Carlina vulgaris 0,60—0,80 m hoch, (vielköpfig, 1 Exemplar mit 12 Köpfen), Hieracium Auricula, Hieracium laevigatum, Potentilla norvegica Z^{1-2}, Potentilla procumbens; **am Marienfeld'er See:** Carex vesicaria, Potentilla mixta, Potentilla collina; **in Marienfelde:** Chenopodium polyspermum, Sisymbrium officinale (verum! im Gebiete sehr selten); **zw. Marienfelde und Lnianno:** Onopordon Acanthium, Avena caryophyllea, Erythraea pulchella, Carlina acaulis, Thesium ebracteatum, Scorzonera humilis, Alectorolophus minor, Juncus squarrosus, Centunculus minimus, Alsine viscosa; **am See nördl. von Lnianno:** Hieracium Auricula, Limosella aquatica, Cyperus fuscus, Scirpus lacustris, Scirpus Tabernaemontani, Potentilla supina, Galium Mollugo b) ochroleucum. Auf meinen Frühjahrsexkursionen fand ich **bei Laskowitz in einem kleinen Birkengehölz:** Ulex europaeus, Sambucus racemosa; **am Schwarzwasser zw. U. F. Grüneck und Ottersteig:** Crepis praemorsa, Polystichum spinulosum b) dilatatum, Triticum caninum; **im Cisbusch:** Lathraea Squamaria, Taxus baccata, Euonymus verrucosus, Phegopteris Dryopteris; **im Forstrevier Lindenbusch, Bel. Grünhof:** Sanicula europaea, Silene infracta; im Sommer **im Bel. Rehhof:** Pirola media; **in der Charlottenthal'er Forst bei Bremin:** Gymnadenia conopea. — Sehr interessant waren die Exkursionen, die ich im Spätsommer unternahm. Auf diesen fand ich am 12. August. **Am Rischke-Fliess:** Rubus nemorosus; **im Fliess:** Potamogeton pectinata; **in der Sternbach'er Forst:** Carex montana, Geranium molle. — 19. August. **Gatzki:** Chenopodium urbicum, Alsine viscosa. -- 20. August. **Am Bahndamm bei Falkenhorst:** Rudbeckia hirta; **am Fliess zw. Falkenhorst u. Dritschmin:** Mimulus luteus, Trifolium fragiferum; **auf Aeckern bei Dritschmin:** Polycnemum arvense, Avena strigosa; **in Dritschmin:** Stachys annua, Verbena officinalis, Pulicaria vulgaris, Chenopodium urbicum, Elscholzia Patrini; **auf dem Torfstich westl. von Falkenhorst:** Hieracium pratense + Pilosella. — 23. August. **Bei Marienthal:** Lycopodium inundatum; **auf einer Wiese bei Stenzlau:** Polygonum Bistorta (aus der Aehre kommen viele ziemlich langgestielte, kleinere Aehren). — 26. August. **Am Ebensee:** Cirsium acaule, Rubus nemorosus; **im Ebensee:** Potamogeton curvifolia, Potamogeton pectinata, P. perfoliata. **Blondzminer See:** Lycopodium inundatum, Rubus nemorosus, Carlina vulgaris; **auf den Sumpfwiesen westlich vom Ebensee:** Gentiana Cruciata (leider waren die Wiesen kurz vorher gemäht); **auf Aeckern am Ebensee:** Centunculus minimus. — 29. August. **Am See südl. von Lnianno an der Bahn:** Cyperus flavescens (auf zwei Stellen); **am See auf der Nordseite der Bahn:** Cyperus fuscus. — 30. August. **Am Bach zw. Neuhaus und Rischke'r Wiese:** Lycopodium Selago, Epilobium tetragonum; **auf der Rischke'r Wiese:** Saxifraga Hirculus, Leersia oryzoides, Hieracium pratense;

Abhänge am Pruski-Fliess zw. Rischke'r Wiese und Wiersch: Phegopteris polypodioides, Cystopteris fragilis, Viola mirabilis, Actaea spicata, Cimicifuga foetida, Polypodium vulgare, Epilobium roseum; **am Hammer-Fliess zw. Hammer und Lischin**: Lycopodium inundatum, Rubus nemorosus; **auf Aeckern bei Lischin**: Linaria arvensis. — 31. August. **Auf dem grossen Bruch zw. Luianno und Schiroslaw**: Salix myrtilloides, Sal. myrt. + repens, Utricularia minor, Utricularia intermedia, Scheuchzeria palustris, Rhynchospora alba, Carex limosa, Potamogeton gramineа nebst f. heterophylla (beide blühend); **am Südrande des Bruches**: Potentilla procumbens; **auf einem Acker nördl. vom Bruch**: Senecio viscosus; **in Schiroslaw**: Marrubium vulgare, Pulicaria vulgaris, Stachys arvensis, Nepeta Cataria; **in Falkenhorst**: Marrubium vulgare. — 2. September. **Bei Eichdorf**: Botrychium Matricariae. — 3. September. **In Wentfin**: Chenopodium urbicum, Pulicaria vulgaris; **auf einem Bruch zw. Luianno und Wentfin**: Scheuchzeria palustris, Carex limosa, Trifolium fragiferum. — 5. September. **Mehrere kleine Brüche am Wege nach Schiroslaw**: Salix myrtilloides, Lycopodium inundatum, Scheuchzeria palustris, Gnaphalium luteo-album, Potentilla norvegica, Cyperus fuscus, Carex filiformis, Juncus Tenageia, Rhynchospora alba; **auf einer Sumpfwiese nordöstl. von Marienfelde**: Saxifraga Hirculus, Epipactis palustris; **an einem Tümpel unweit Schiroslaw**: Potentilla procumbens, Gnaphalium luteo-album. — 9. September. **Brüche zw. Dritschmin und Falkenhorst, südl. von der Bahn**: Potentilla norvegica, Potentilla procumbens, Juncus Tenageia, Juncus supinus, Gnaphal. luteo-album. — 10. September. **Am See südöstl. von Luianno**: Cyperus flavescens; **auf Wiesen zw. Abbau Luianno und Wentfin**: Hieracium Auricula, Cirsium acaule nebst f. caulescens, Erythraea pulchella, Trifolium fragiferum; **auf Aeckern bei Abbau Wentfin**: Linaria minor, Silene noctiflora. — 11. September. **An einem feuchten Platze am Wege v. Luianno nach Wentfin**: Veronica scutellata b) parmularia; **zwei Tümpel bei Abbau Wentfin**: Hydrocotyle vulgaris, Juncus capitatus, Centunculus minimus, an beiden: Cyperus flavescens; **am Nordrande des Berges zw. Siemkau und Jeziorken**: Cirsium acaule nebst b) caulescens, Gentiana Amarella; **Wiese bei Hintersee**: Gentiana Amarella, Cirsium acaule (1 Exemplar caulescens); **auf Aeckern zw. Hintersee und Andreasthal**: Centunculus minimus; **auf Heiden**: Lycopodium inundatum, Hydrocotyle vulgaris, Botrychium Matricariae.

Nachträglich die Mittheilung, dass ich am 7. Juli 1885 bei Bahnhof Luianno ***Lepidium micranthum*** Ledeb. var. apetalum, offenbar durch den Eisenbahnverkehr aus Russland eingeschleppt, fand.

Es wird eine ¼ stündige Pause fürs Frühstück um 12½ Uhr gemacht.

Nach Wiedereröffnung der Sitzung theilt der Vorsitzende den Bericht über die Kasse mit, welche die Herren Professor Dr. **Lentz** und Apotheker **Mielentz** geprüft haben.

Königsberg, den 3. October 1885.

„In der dreiundzwanzigsten Versammlung des preussischen botanischen Vereins zu Memel am 7. October 1884 wurden zu Prüfern der Kasse des botanischen Vereins erwählt Apothekenbesitzer **Mielentz** und Prof. **Spirgatis**. In Vertretung des letzteren hatte Prof. Dr. **Lentz** die Güte das Amt zu übernehmen. Gedachte Herren fanden sich am 3. October 1885 bei dem Schatzmeister Herrn Apothekenbesitzer **Schuessler** ein und fanden bei der Revision folgendes Resultat vor:

Nach Einsicht des Kassenbuches betrug

die Einnahme	2 919 Mk.	26 Pf.
die Ausgabe	2 429 "	85 "
Bestand	489 Mk.	41 Pf.

Dieser Bestand von 489 Mk. 41 Pf. wurde richtig vorgefunden.

Die laut Kassenabschluss vom 30. September 1884 nachgewiesenen 4 proc. Ostpreuss. Pfandbriefe im Betrage von . . . . 11 725 Mk.
und die im Laufe des Jahres 1885 angekauften 4 proc. Pfandbriefe
No. 10 836 über 1000 Mk. . . . . 1 000 "
12 725 Mk.
zwölftausend siebenhundert fünfundzwanzig Mark waren ebenfalls vorhanden; ebenso auch die zugehörigen Coupons.

Lentz. Mielentz."

Auf diesen Bericht hin wird die Kasse von der Versammlung für richtig geführt erklärt. Zu Prüfern der Kasse werden fürs nächste Jahr die Herren Apotheker Packheiser und Eichert erwählt.

Für Abhaltung der nächsten Versammlung sind Einladungen von Sensburg und Insterburg eingegangen; der letzteren Stadt wird der bequemeren Lage wegen der Vorzug gegeben.

Es wird dann beschlossen die muthmasslich für 1886 dem Verein zur Verfügung stehenden 1 200 Mk. zu verwenden 1) zur Untersuchung des Kreises Strasburg, 2) des Kreises Ortelsburg, 3) zur Erforschung mangelhaft bekannter Stellen der Kreise Kartaus und Berent.

Der bisherige Vorstand wird durch Acclamation wieder gewählt.

Herr Professor Dr. Prätorius legt dann folgende für den Kreis Konitz neue oder seltene Pflanzen vor und vertheilt sie an die Anwesenden:

Lobelia Dortmanna L. Kl. Barsch-See. 30. 8. 85. Neu für Konitz. — **Gagea arvensis** Schult. Auf dem Acker des Besitzers Sengers hinter dem Pulverhause unweit des Schind-Angers in grosser Menge. 28. 4. 85. — **Malva borealis** Wallman, (M. rotundifolia L.). Im Dorfe Schlagenthin in Menge 12. 8. 85. Sonst ist hier statt derselben als Strassenunkraut nur Malva neglecta Wallr. — **Mentha silvestris** L. Neuer Standort an den Quellen hinter dem Schützenhause. 25. 8. 85. — **Mentha silvestris** L. v. nemorosa Willd. Walkmuhl 26. 7. 85. Ebenfalls neuer Standort. — **Botrychium rutaefolium** A. Br. Exercierplatz 19. 6. 85. Am 7. Juli 1885 ist dieser bisher brachgelegene Platz umgepflügt worden. — **Botrychium matricariaefolium** A. Br. wie vorige. — **Botrychium Lunaria** Sw. In ungeheurer Menge an der Schanze des Exercierplatzes. 19. 6. 85. — **Alectorolophus minor.** W. und Grab. Auf dem Exercierplatze neben der Chaussee. Neuer Standort. 19. 6. 85. — **Pedicularis silvatica** L. Kl. Barsch-See. 30. 8. 85. — **Erythraea Centaurium** Pers. Gr. Barsch-See. 30. 8. 85. — **Erythraea Centaurium** aus Abrau weissblühend, an derselben Stelle Jahr für Jahr. 25. 7. 85. — **Carlina acaulis** L. Königl. Wald bei Ragnitz. 30. 8. 85. Neuer Standort. — **Sweertia perennis** L. Abrau. 12. 8. 85. — **Tofieldia calyculata** Whlnb. Abrau. 25. 7. 85 und 12. 8. 85. — **Epilobium palustre** L. Abrau. 12. 8. 85. **Lysimachia vulgaris** L. sehr weichhaarig. Chausseeböschung im Walde bei Buschmühl. 30. 8. 85. — **Linnaea borealis** L. Der alte Standort hinter Kathrinchenkrug an der Chaussee. Blühend. 5. 7. 85. — **Lycopodium complanatum** L. Gr. Barsch-See. 30. 8. 85. — **Pulsatilla patens** Mill. 19. 4. 85. Stadtwald bei Buschmühl. — **P. vernalis** Mill. Wie vorige. — **Asclepias Vincetoxicum** L. Zweite Insel im Müskendorf'er See. 20. 6. 85. — **Veronica longifolia** L. Zweite Insel im Müskendorf'er See. 20. 6. 85. — **Veronica latifolia** L. Erste Insel im Müskendorf'er See. 20. 6. 85. — **Cornus alba** L. Zweite Insel im Müskendorf'er See. 20. 6. 85. — **Salix pentandra** L. Zweite Insel im Müskendorf'er See. 20. 6. 85. — **Salix daphnoides** Vill. Wie vorige. — **Arabis hirsuta** Scp. Zweite Insel im Müskendorf'er See. 20. 6. 85. — **Hieracium praemorsum** L. Erste Insel im Müskendorf'er See. 20. 6. 85. — **Dianthus superbus** L. Abrau und Walkmühl. 25 7. 85. — **Dianthus deltoides** L. Abrau-Schlagenthin. 25. 7. 85. — **Centaurea austriaca** Willd. Abrau. 25. 7. 85. — **Gymnadenia conopea** R. Br. Abrau. 25. 7. 85. — **Epipactis palustris** Cratz. Abrau. 25. 7. 85. — **Saxifraga Hirculus** L. Abrau. 25. 7. 85. — **Astragalus Cicer** L. Abrau. 25. 7. 85. — **Hypericum quadrangulum** L. Abrau. 25. 7. 85. — **Betonica officinalis** L. mit zwei Blüthenähren. Abrau. 25. 7. 85. — **Cardamine amara** L. violett in Menge in einem Graben unweit des Schützenhauses. 22. 5. 85. — **Iris germanica** L. viertheilig. 19. 6. 84. In meinem Garten. — **Cineraria hybrida** W. Topfpflanze. Blüthe durchwachsen. 31. 3. 85. — **Pirus malus** L. aus meiner Baumschule mit fiedertheiligen Blättern, maulbeerähnlich. Sommer 1885.

Professor Prätorius legt von Herrn Gymnasiallehrer Zielinski-Konitz blühende Lobelia Dortmanna L. aus dem Kl. Barsch-See, Kr. Schlochau, 21. 7. 85, vor.

Herr Kantor Grabowski-Marienburg vertheilte Achillea cartilaginea und Amarantus retroflexus und zeigt ein bei Marienburg gefundenes Exemplar von Verbascum Blattaria vor.

Herr Lehrer Peil-Sackrau vertheilt folgende im Kreise Graudenz gesammelte Pflanzen: I. Aus der **Jammi'er Forst**: Asperula odorata. Bltr. v. unten nach oben zu 5, 6, 8 bis 10 in Wirteln. Myriophyllum verticillatum. Stellaria uliginosa. Carex montana. C. digitata. C. canescens. Polypodium vulgare. Spergula Morisonii. Viola palustris. Neottia Nidus avis. Lycopodium annotinum. L. clavatum. Phegopteris Dryopteris. Impatiens Noli tangere mit cleistogamen Blüthen. Circaea alpina. Milium effusum. Festuca heterophylla Haenke. Euphrasia officinalis c.) nemorosa. Mit blauen Blüthen. — II. Zwischen **Orle und Mühle Slupp**: Myosotis silvatica. Viola silvestris. — III. An der **Ossa bei Mühle Slupp**: Mercurialis perennis. Saxifraga granulata. Corydalis cava. Adoxa Moschatellina. Mit Puccinia Adoxae DC. auf den Blättern. — IV. Bei **Kledtken**: Euphorbia Cyparissias. Corydalis intermedia. — V. In und bei **Festung Graudenz**: Linaria Cymbalaria. Asplenium Ruta muraria. Ceterach officinarum. Picris hieracioides. Salvia verticillata. — VI. Bei **Parsken**, in der Weichselkämpe: Hierochloa odorata. — VII. Im **Burg Belchau'er** Walde: Paris quadrifolius. Mit 3 bis 6 Blättern. Primula officinalis. Mit 2, 3, 15, 16, 18, 19 bis 25 Blüthen. Lathyrus vernus Bernh. Mit 1 bis 2 Blüthen. Erigeron acer. Ueber 70 cm lang. — VIII. Im Dorfe **Sackrau**. Auf Aeckern und an Wegen. Veronica persica. Chaiturus Marrubiastrum. Barbaraea stricta, mit Blüthen und Früchten. Verbena officinalis. Ebenso. Chenopodium urbicum. — IX. Auf den **Bingsbergen**, zwischen **Sackrau** und **Wolz**. Mycrostylis mophyllos. Gymnadenia conopea. Oxytropis pilosa. Orobanche Galii. Darunter auch sehr reichblüthige Pflanzen, mit mehr als 20 Blüthen. **Orobanche coerulescens.** Campanula sibirica. Verbascum nigrum. Lithospermum officinale. Chimophila umbellata. Erysimum hieraciifol. Trifolium rubens. Pirola minor.

Probst Preuschoff-Tolkemit vertheilt und bespricht folgende Pflanzen aus der Umgebung von Tolkemit, Kreises Elbing: „**Pleurospermum austriacum**, in Schluchten und auf buschigen Hügeln bei Tolkemit. — Centaurea austriaca, Lehmberg bei Tolkemit, zahlreich. — **Rubus pyramidalis**, Kaltenbach (villicaulis. Köhler), buschreiche Schlucht bei Neuendorf. — Rubus saxatilis. — Aconitum variegatum, an einem Bach. — Stachys annua, Pfefferberge bei Tolkemit. — **Saxifraga tridactylites**, Kleeacker am Wege nach der alten Burg. — **Galium aristatum**, häufig in Gebüschen. — Vicia cassubica, auf buschigen Hügeln zahlreich. — Kakile maritima und Diplotaxis muralis, am Haff. — Corydalis solida, in Gärten häufig. — Corydalis cava, an einem Bache. — Holosteum umbellatum, auf Aeckern. — Circaea lutetiana, Kadinen im Walde, massenhaft. — Bromus racemosus, Haffwiesen bei Steinort. — Brachypodium silvaticum, unter Gebüschen zahlreich. — Luzula albida, bei Kadinen, Panklau in Wäldern, reichlich. — **Struthiopteris germanica**, längs des Mühlenbachs, häufig. — Equisetum pratense, Tolkemit, sehr verbreitet. — Aus andern Kreisen: Bromus sterilis, Buchwalde Kr. Pr. Holland, an der Kanal-Böschung. — Fontinalis antipyretica, die Form aus stehendem und die aus fluthendem Wasser, erstere Halbstadt, Kr. Marienburg, letztere Waldbach bei Buchwalde. — Amblystegium riparium, Torftümpel bei Rehhof, Kr. Stuhm. — **Bromus asper**, Waldrand bei Revier Rachelshof, Kr. Stuhm. 16. 7. 84. — Derselbe zeigte noch zwei Missbildungen vor: Glyceria spectabilis, an deren Rispe fast alle Aehrchen zu Blattschösslingen ausgewachsen sind; und einen fasciirten Blüthenstengel von Hesperis matronalis."

Hierauf vertheilte Dr. Abromeit seine im Kreise Neustadt 1883 gesammelten Pflanzen, die auf der Fahrt zwischen Königsberg und Marienburg Behufs Besuch der Versammlung des preuss. botan. Vereins verloren, von Dr. Lange später in den Händen eines Eisenbahnbeamten in Danzig durch Zufall entdeckt, durch Apotheker Dr. von der Lippe-Danzig dem Eisenbahnbeamten abgekauft und dem Vorsitzenden des Vereins zur Verfügung gestellt waren. Nähere Angaben über diese Pflanzen sind im Bericht über die Marienburg'er Versammlung von 1883 enthalten. Von neuen Standorten aus der Umgebung von Gumbinnen werden von Dr. Abromeit vertheilt: **Equisetum variegatum** Schleich (neu für Ostpreussen), Agrimonia pilosa, Asperula Aparine, Stachys arvensis.

Dr. Abromeit vertheilt ferner im Namen des abwesenden Dr. Bethke Rumex ucranicus und Salix daphnoides + repens.

Cand. Richard Schultz: **Broesk'er Feldmark**: Oxalis stricta, Myosotis hispida, Agrimonia odorata, Melampyrum arvense, Euphorbia Esula, Utricularia vulgaris, Helichrysum arenarium, Gagea arvensis, Cynoglossum officinale (selten), Anthyllis Vulneraria (eingeschleppt), Spiraea salicifolia, Ranunculus arvensis, Centaurea Scabiosa, Veronica longifolia (1 Exemplar), Eryngium planum, Coronilla varia, Achillea cartilaginea, Thalictrum flavum, Sparganium simplex. Salvinia natans (in der Vorfluth zw. Neunhuben und Ladekopp.) — **Am Weichseldamm bei Schoeneberg, Kr. Marienburg**: Saponaria officinalis (gefüllt), Eryngium planum. — Wald bei **Faule-Lake bei Pasewark**,

Kr. Danzig: Aspidium spinulosum, Polypodium Dryopteris, Hydrocotyle vulgaris, Goodyera repens, Polypodium vulgare, Anthyllis Vulneraria (Seestrand), Cakile maritima, Linaria odora.

Professor Caspary berichtet dann über seine eigenen Exkursionen. Den 21. Mai 1885 untersuchte der Vorsitzende den Karpionki und Wooksee bei Wahlendorf von Bukowin aus um die Frühjahrszustände von Isoëtes lac. u. echinospora kennen zu lernen. Vom 28. Mai bis 30. Mai erforschte er die Gegend westlich, nord- und südwestlich von Barlomin, Kreis Neustadt, wo er der Gastfreundschaft des Herrn von Zelewski-Barlomin sich erfreute. Abgesehen von Pflanzen dieser Gegend, die schon von Abromeit, Lange und Lemcke daselbst gefunden waren, sind zu erwähnen: Viscum album auf einer Salix alba im Garten von Barlomin, **Polyporus hispidus** auf einer Rothbuche im Park von Barlomin, Myosotis hispida Thal der Leba oberhalb Paraschin, Corydalis intermedia im Thal der Gossentin, nördlich von Smasin und der Leba zwischen Niederlowitz und Paraschin, auch im Park von Barlomin; **Botrychium ramosum Aschers.** Wegseite nördlich von Leba, und in Menge auf einem Hügel im Wiesenthal Südost von Wischetzin; **Melampyrum silvaticum** Thal der Gossentin, Feldmark Barlomin, unter Gebüsch von Carpinus Betulus; Lycopodium Selago, Wald von Schloss Platen; Struthiopteris germanica; beginnt im südlichsten Punkt des Gebiets von Barlomin im Thal der Gossentin und geht bis Barlomin'er Mühle; stellenweise in grösster Fülle. Der Vorsitzende erstattet dann

Bericht über die Untersuchung vieler Seen der Kreise Berent, Konitz und Kartaus 1885 ausgeführt.

Den 19. Juli fuhr ich über Pr. Stargard, wo ich mit Herrn Sievert und Steinbrück die Vorbereitung der heutigen Versammlung besprach nach Hochstüblau, wo ich bei Herrn Apotheker Settmacher Aufnahme fand. Auf dem Bahnhof in Pr. Stargardt: **Salvia verticillata**, die eine immer grössere Verbreitung mittelst der Eisenbahnen in unsern Gegenden erlangt. — 20. Juli. Tümpel an der Chaussee Hochstüblau-Struga bei Stein 29 und 27,5. Frauensee zu Gora gehörig: **Myriophyllum alternifl.**, Schnapsee (Horczalka) zwischen dem See Wichol und Frauensee: Scirpus Tabern.; Wichol: Scirp. Tabern. — 20. Juli. See Vielle bei Gora: Glyceria nemoralis und plicata, Westufer; Czisieu-See, Teich von Dobrik, See Czerwonnek. — 22. Juli. Thesium ebracteatum Chaussee Berent-Hochstüblau zwischen Stein 30,2 und 30,3. See Przedgorsz (Gastsee) bei Gora: **Callitriche autumnalis, Myriophyllum alterniflor.**, *Aldrovanda natans* Z[4] V[1], östlichster Fundort dieser Pflanze, soweit bisher bekannt; Fersensee, südwest. von der Kirche in Pogutken: Myriophyll. vertic.; See Stafke und Staruch. — 23. 7. Westlichster Tümpel bei Kl. Pallubin; Tümpel dicht am Wege zw. Neuhof und Gora. Die 3 Torfseen im Belauf Weissbruch: Melonken-See, Runder See, Langer See. See von Docka: **Litorella lacustris, Isoëtes lacustris** vulgaris und leiospora elatior subpatula und patula. Nacht in Docka bei Herrn Engler. — 24. 7. 85. See Lonke: **Myrioph. altern.**; Strehsan'er See: **Nuphar pumilum, Nuphar** luteum + pumilum, **Potamogeton crispa + praelonga** wenig, vor Jahren darin häufiger; See Gobrowo bei Gladau. — 25. 7. Der Lange See bei Kleschkau: **Nitella opaca, Myriophyll. alternifl., Potamogeton crispa + praelonga**; vergebens nach der im See 1884 von Dr. Lange entdeckten Isoët. lac. gesucht, fortgesetzt durch sehr heftigen Wind gestört; **Ranunculus reptans** am Ufer und bis $1^1/_2$ Fuss Wassertiefe. Rokitke-See: **Myriophyll. altern.**; See Modscharlo: **Myriophyll. altern.**, Chara fragilis. — 27. 7. Gladau'er See; See von Alt-Fietz, von Schadrau, Schadrau'er Torfsee, östlich vom Dorf. Nacht in Decka. — 28. 7. Schwarzer See in Gr. Boschpot; See von Neu-Englers-Hütte; See von Wulfen: **Myriophyll. altern.** — 29. 7. Noch einmal den Langen See bei Kleschkau nach Isoët. lac. untersucht, in Begleitung des Gastwirth Döring in Kleschkau, der früher 2 Jahre Gehilfe im kön. botan. Garten zu Königsberg gewesen war und mir im Frühjahr Auswürflinge von Isoët. aus dem See geschickt hatte. Wieder heftiger Wind. Vergebens nach dem Standort der Isoët. im See gesucht, aber einige ausgeworfene Blätter von Isoët. gefunden, welche die Pflanze als var. leiospora ergaben. See von Lindenberg: **Myriophyll. altern.** Torfbruchloch nordwestlich von Kleschkau. — 30. 7. See Piaceczenko, See Dlugi bei Lippe; in letzterem **Chara ceratophylla** und **Najas major**. See Katschmarski, See Czarni östlich von Kassub: **Chara ceratophylla.** Der Duze-See westlich vom vorigen: Chara cerat.; kleiner Torfsee westlich vom vorigen; See südwestl. von Dunaiken; östlicher See in Grünthal, sogenannter Kl. Grünthal'er See: Chara fragilis. — 31. 7. Torfsee westlich von Kobilla; der See „Schlunk" bei Orle; Torfsee westlich von Orle. Nacht in Czarnikau bei Herrn Hauptmann Höpner. — 1. August 85. See von Garczunko: **Myriophyll. alternifl.**, Elatine Hydropiper, **Callitriche autumnalis**, *Ranunculus confervoides* Fr. schon 1878 von mir gefunden, in der Schälung hauptsächlich am Südufer, blüht noch. Ganz wie die Pflanze Lapplands, die ich 1868 daselbst fand; Chara fragilis. Bukowo-See (Bukowice der Generalstabskarte) **Isoëtes lacustris** vulgaris minor, elatior, patula und subpatula, schon 1878 daselbst von mir entdeckt, **Myriophyll. alternifl.** Kl. Bukowko, östlich vom vorigen. — 3. Aug. Der westl. See bei Grünthal (Gr. Grünthal'er See). See von Kl. Okonin: Chara fragilis. Torfsee südlich von Quarschnau. See von Wigonin: Chara fragilis, **Ch. contraria, Ch. aspera.** — 4. Aug. Uebersiedelung nach **Fersenau** (Bartischowlas). — 5. 8. Der Krangensee: Chara fragilis, Scirpus Tabernaem., Dianthus superbus, Malaxis Loeselii auf dem Torfufer ohne Sphagnum. Kosellen-See. Kl. Czerwonnek. Czerwonnek bei Ruda: Chara fragilis. — 6. 8. See Przywloszno vom Czerwonnek westlich: am Westende Saxifraga Hirculus und Hieracium vulgatum im Gebüsch eines Sphagnetums, Scirpus Tabern. See von Lossiner Thal: Chara fragilis. Kottelsee bei Olpuch: **Chara contraria**, Ch. fragilis. Seechen westl. vom Kottelsee: Chara fragilis Z. — 7. 8. 2 Tümpel bei Fosshütte, Torfbruch zwischen Neubukowitz und Olpuch, See Chonzi (Choudschi), Chossen der Generalstabskarte: **Chara contraria**, Ch. fragilis. 3 Torftümpel südlich vom vorigen. Der Dranczt-See (Sandsee der Karte, welcher Namen an Ort und Stelle unbekannt ist) bei Barlogi: **Chara contraria**, Ch. fragilis, Ch. Ceratophylla, ***Nitella batrachosperma*** A. Br., neu für Preussen, nur 2 Ex. im dicken Schlamm des Bodens trotz allem Suchen zu finden. Das Suchen freilich durch Regen und Gewitter behindert. — 8. 8. Babbie-See südlich von Konarschin: Chara fragilis, **Potamogeton rutila** Z^2 V^1. 2 Torfseen südlich vom vorigen. Tümpel östlich vom Babbie-See. Gr. Pruczonka, dicht am Dranczt: Chara fragilis. Dieselbe Chara im Kl. Pruczonka. Dlugi zw. Konarschin und Fersenau: Chara fragilis. — 10. 8. Pfaffensee bei Fersenau: Chara fragilis. Der Czarlinek; Viola epipsila im Sphagnetum. See von Przianwitzno. Seechen Sdrojek, nördlich von Wigonin: **Utricularia intermedia**, Chara fragilis. **Potamogeton rutila.** Teich von

Gr. Bartel. See Niribno, östl. von Gr. Bartel: Chara fragilis, Utricularia minor. See Karaschnik — 11. 8. Sei bei Oberförsterei Okonin: Chara ceratophylla und fragilis.

12. Aug. Uebersiedelung nach der kön. Försterei Gribno zu Herrn Forstaufseher Bacher. Gribno-See: Chara fragilis, **Chara contraria** und Ch. foetida fr. longibracteata. Wirfussee: **Chara contraria.** — 13. 8. See südlich von der kön. Försterei Holzort: Chara fragilis, **Potamogeton rutila.** See südwestl. vom vorigen: **Chara intermedia,** Ch. fragilis. See östlich von Försterei Holzort: Chara fragilis. See Westnordnord von Försterei Holzort: Chara fragil., Utricularia vulg. See südwestl. vom vorigen: **Chara intermedia,** Ch. frag., Potentilla procumbens Sibth. am Ufer. 4 Tümpel bei letzterem See. See Westnordnord vom vorigen: **Chara foetida** fr. longibracteata macroteles, Ch. fragilis, **Oryza clandestina.** — 14. 8. See südlich vom Wege zwischen Gribno und Gr Bartel: **Chara foetida** fr. longibracteata, Ch. fragilis. 4 kleine Seen fast südlich vom vorigen; 3 davon mit Chara frag. Der Weissee südwestlich von den vorigen. Kleiner See im Walde nördlich vom Wege zw. Gr. Bartel und Gribno: Chara fragilis. — 15. 8. Der Moossee Westnordnord von Gribno: **Utricularia intermedia** in grösster Menge Z^3 V^3, Utr. vulgaris Z^1 V^1, Utr. minor Z^3 V^3, Chara fragilis longibracteata. Tümpel nordöstlich und ein anderer nordwestlich vom vorigen. 7 grössere oder kleinere Torftümpel südöstlich vom Dranczt-See; in ihnen zum Theil Chara frag. — 17. 8. Der Ferdinandsbruch südwestlich von Gribno: Chara fragilis, **Potamogeton rutila.** See Smolske, östlich von Bonk: Chara frag., **Potamog. rutila, Centunculus minimus,** Radiola Milleg. 4 Tümpel östlich von Bonk; im südöstlichsten: **Chara foetida** longibracteata, Potamogeton pusilla ternuissima. Teich der Mühle Bonk.

18. Aug. Uebersiedelung nach Borsk. Auf Aeckern östlich von Borsk viel Polycnemum arveuse. See von Klitzkau. — 19. Aug. Ostseite des Wdzidze-Sees vom Ausfluss des Schwarzwassers bei Borsk bis Zabroddi am Golluhn von 5 Uhr früh an um möglichst wenig Wind und Wellen auf dem riesigen See zu haben untersucht: **Chara ceratophylla,** Ch. fragilis, **Ch. contraria** in der nördlichsten Bucht nördlich von Lippa; **Elodea canad.** im Wdzidze und Golluhn, **Potamogeton lucens + praelonga.** Torfloch zw. Zabrodden und Lippa, anderes nördlich von Ribaken; der See Kukuhko nordöstl. von Ribaken. Polycnemum arvense zw. Ribaken und Borsk. — 20. 8. Südufer des Wdzidze von der Schleuse am Ausfluss des Schwarzwassers bis nach Wildau (Prezitania): **Chara jubata** (wenig und schlecht), **Ch. stelligera** (desgleichen), Ch. ceratophylla, Ch. fragilis; die 3 südlichen Inseln des Wdzidze. See Pomarczyn in Weitsee. See Grzybor, westlich von Czyste: **Chara intermedia, Ch. contraria,** Ch. ceratophylla, Ch. fragilis auch fr. Hedwigii. See von Czyste: **Chara aspera,** Ch. contraria, Ch. ceratophylla. — 21. 8. See Krzywe nördlich von Czyste. See Lonzek östlich vom vorigen. See Goninko, nördlich von Wildau: Chara fragilis. Auf den Wiesen nördlich davon **Saxifraga Hirculus.** See Joninko nördlich vom vorigen.

22. Aug. Uebersiedelung nach Dzimmianen am See von Dzimmianen: Lycopodium inundatum. — 23. 8. 2 Torflöcher zw. Dzimmianen und Trzebuhn. Dorfsee von Trzebuhn. See von Zajonskowo: Chara fragilis, Rhynchospora alba, Hydrocotyle vulg. 2 Torftümpel südwestl. vom vorigen See. See Ababino östlich von dem von Zajonskowo: Chara ceratophylla und fragilis. See Trzebionko, östlich vom vorigen: Chara fragilis fr. longibracteata. Der westliche Radolino: Chara ceratophylla und frag.; östlicher Radolino: Chara fragilis. — 25. 8. See von Slonnen: Chara

frag. Torfsee von Mechowo: **Elodea canad.** Z^4 V^4 seit wenig Jahren in dem See. Unbekannt, wie sie dahin gekommen ist.

26. Aug. Uebersiedelung von Dzimmianen nach Gr. Podless zu Frau Schnee auf Gr. Podless. — 27. 8. See Plocziez bei Rottenberg: **Chara intermedia**, Ch. ceratophylla und Ch. fragilis, **Cladium Mariscus**, nicht mehr so zahlreich als vor 12 Jahren. Tümpel südwestlich vom Plocziez. Der Czabienko Westnordnord von Gr. Podless. See Czartofke Südsüdost von Gr. Klinsch.

28. Aug. Uebersiedelung nach Putz zu Herrn Rittergutsbesitzer Pieper auf Putz. — 29. 8. 2 Tümpel bei Putzhütte. See Policzewko: **Lobelia dort.**, **Litorella lac.** See von Dobrogosch: **Myriophyll. altern.**, Limosella aquatica. Leider ist von Isoëtes lac. und Lobelia dort., welche beiden Pflanzen ich 1863 und 1864 in ausserordentlicher Fülle in dem See fand, gar nichts mehr vorhanden; diese Pflanzen sind durch wiederholte Erniedrigung des Wasserspiegels vernichtet und jetzt ist dieser vor Jahren so höchstinteressante See, ein ausserordentlich pflanzenarmer Sandsee. Von Litorella, früher auch sehr zahlreich in ihm, fand ich noch nicht ½ Dutzend Exemplare auf dem trocknen Ufer. Der grosse Schweinebudensee: **Litorella lac.**, **Lobelia dortm.**, **Myriophyll. altern.**, **Isoëtes lacustr.** vulgaris elatior, longifolia, patula, subfalcata, 14 bis 24½ cm lang. Der kleine Schweinebudensee. Der Galgensee: **Myrioph. altern.** — 31. 8. See von Wentfie. See Bebrowo. Der Amtssee bei Berent. See Wrzedzunko zw. Kreis Berent und Kartaus: Chara frag. See Dlugi bei Skorczewo: **Myriophyll. altern.** — 1. Septbr. 2 Tümpel bei Heringshütte. Tümpel in Recknitz. See von Bendomin: **Myrioph. altern.**, **Isoëtes lac.** vulg. elatior und longifolia, patula und subpatula. Nitella sp. steril bedeckt fast den ganzen Seeboden. Agrimonia odorata am Westufer. Torfsee südlich vom vorigen: Nuphar luteum, **Nuphar pumilum** und **Nuphar luteum + pumilum**. Torfsee südwestlich vom vorigen: **Nuphar luteum + pumilum.** Teich der Kulla-Mühle: **Oryza clandestina.** Teich der Mühle Bendomin abgeflossen. — 2. 9. See von Putz. Torfsee südlich von Jeziorken. Torftümpel südlich vom vorigen. Torftümpel westlich vom vorigen: Rhynchospora alba, Drosera longifolia, Scheuchzeria pal. Dorfsee in Neu-Barkoschin: **Myrioph. altern.** In Lubahn Libanotis montana. Sandsee bei Neukrug: **Myrioph. altern.**, **Callitriche autumnalis**; Pontentilla norvegica und Gnaphalium luteo-album am Ufer. Torfsee bei Granhof.

3. Septbr. Uebersiedelung nach Hoppendorf, Kreis Kartaus. — 4. 9. See von Schlafkan. Tümpel südlich von Eggertshütte: Peplis Portula. Zw. Eggertshütte und Starkhütte: **Gentiana campestris.** Torfsee von Kapellenhütte. See von Pollenczyn: **Myrioph. altern.**, **Elatine Hydropiper.**

5. Septbr. Uebersiedelung nach Kelpin. Gr. Kelpin'er See: Litorella lac. Kl. Kelpin'er See: Litor. lac. Siecym-See, Rosensee. — 6. 9. **Pleurospermum austr.**, **Aconitum variegat.**, **Mercurialis perenn.**, Thalictrum aquilegif. in einer Schlucht des rechten Radauneufers östlich von Kelpin. — 7. 9. Torfsee Stuczino, nördlich von Kelpin: Gentiana camp., Utricularia minor. See Okunowo: **Litorella lac.**, **Elatine Hydropiper.** See von Mehsau: **Callitriche autumnalis**, **Litorella lac.**, **Nitella gracilis.** See von Seeresen: **Callitriche autumnalis**, Chara frag. Torfsee südlich vom Borowo-Kruge: **Elatine Hydropiper.** Karlikau'er See (Borowo-See): **Lobelia dortm.**, **Isoëtes lacustris**, meist leiospora, seltner vulgaris, minor, depauperata, elatior, patula, subpatula. — 8. 9. Zittno-See: Chara frag., **Lobelia dortm.**, **Isoëtes lac.** vulgaris und leiospora minor,

elatior, subpatula, patula und patentissima, **Callitriche autumnal.** See Glemboki: Chara fragilis, **Potamogeton crispa + praelonga, Litorella lac.**

9. Septbr. Uebersiedelung nach Exau zu Herrn Keier. — 10. 9. See von Exau. In diesem mit Potamogeton natans, P. perfoliata, P. obtusifolia, P. praelonga, P. crispa, P. zosterifolia, Ceratophyllum demersum und Chara fragilis, die Moor mit Kalk lieben und im moorigen Theil des Sees lebten: **Lobelia dortm., Litorella lac., Elatine Hydropiper, Isoëtes lacustris** vulgaris patula elatior auf festem, steinigem, sandigem Boden auf der Südostseite. 6 Torftümpel und Seen bei Seefeld. In dem westlich vom Wege zw. Seefeld und Kable: Chara frag., Elatine Hydropiper. Nördlich von Seefeld: **Gentiana campestris.** — 11. 9. Dorfsee von Smolsin. See Tuchlinek, südöstlich von Smolsin: **Litorella lac., Elatine Hydropiper, Isoëtes lac.**, vulgaris patula und subpatula, zugleich mit Potamogeton pus. und gramines, Utricularia vulgaris und andere Sumpfwasserpflanzen. Im Verbindungsgraben zw. diesem See und dem Glemboki, in dem 1884 Dr. Lange Potamog. marina entdeckte, war aufgeräumt und nichts davon zu finden.

12. 9. Uebersiedelung von Exau nach Stangenwalde. — 14. 9. See von Lappin. Hier wieder **Elatine Hydropiper, Litorella lac., Isoëtes lac.** vulgaris patula und elatior, falcata mit Sumpfwasserpflanzen wie Potamogeton natans, P. pus., P. crispa + praelonga, P. crispa, P. obtusifolia, P. lucens, Chara fragilis, **Callitriche autumnalis, Elodea canadensis,** welche letztere ich öfters zusammen mit Isoëtes mit der Gabel in die Höhe brachte. Seen von Rheinfeld und Lichtenfelde. — 15. 9. Niedersommerkau'er See bei Neuhof: Chara fragilis. Spur. Glamke-See: **Chara ceratophylla,** Ch. fragilis. Der Kl. See bei Glasberg. — 16. 9. Von Stangenwalde nach Praust und zurück nach Königsberg. Mein Pferd verkaufte ich an einen Juden aus Schiedlitz bei Danzig in Stangenwalde auf 3 M. Handgeld. Es wurde verabredet, dass der Jude in Praust, nachdem ich Boot, Wagen u. s. w. auf die Eisenbahn daselbst gebracht hätte, das Pferd in Empfang nehmen und den Rest des Kaufgeldes zahlen sollte. Der Jude war jedoch zur verabredeten Zeit nicht in Praust. Ich liess das Pferd in einem vorherbestimmten Gasthof zurück, von wo der Jude es sich den nächsten Tag geholt hat. Er zahlte aber nicht, verweigerte auch Zahlung auf einen Postauftrag und als ich die Sache einem Rechtsanwalt in Danzig übergeben wollte, erfuhr ich von diesem, dass der Jude zahlungsunfähig sei und nicht einmal die Staatssteuern von ihm einzutreiben seien. So hat der Jude das Pferd für 3 M. gehabt.

Es ist also Myriophyll. altern. von mir 1885 in 19 Seen gefunden, darunter in vielen neuen, Isoët. lac. in 10, darunter in 6 neuen, Callitriche autum. in 7, Litorella lac. in 8, Lobelia dort. in 5, Elatine Hydropiper in 8, Potamogeton rutila in 5, Potam. lucens + praelonga in 1, P. crispa + praelonga in 3, **Ranunculus confervoides** in 1, Ran. reptans in 2, Nuphar pumilum in 2, Nuphar luteum + pumilum in 2, Chara ceratophylla in 9, Ch. contraria in 8, Ch. foetida in 4, Ch. intermedia in 3, Ch. aspera in 2, Ch. fragilis in mehr als 30, Nitella gracilis, Nitella opaca, **Nitella batrachosperma,** Chara jubata, Ch. stelligera, ferner Alisma natans, Naias maior, Oryza clandestina in je einem See von mir gefunden.

Dr. Abraham vertheilt aus der Flora von Elbing: Salvinia natans, Petasites albus und Circaea alpina.

Es sei noch bemerkt, dass Herr Semprich, Vorsteher der Präparandenanstalt in Pr. Stargardt, ein Exemplar von Potentilla recta, bei Pr. Stargardt in den Anlagen zwischen Stadt und Schiesshaus gefunden, mehreren auf der Versammlung Anwesenden vorzeigte.

Der Seminarist Erich Sich hat 1884 und 1885 in einem Graben seines Heimathsdorfes Gremboczyn Kr. Thorn Lythrum Hyssopifolia L. gefunden und dem Vorsitzenden wiederholentlich mitgetheilt.

Schluss der Sitzung um $4^1/_2$ Uhr.

Es folgte nun das Festessen, bei dem es sehr heiter zuging. Auf Vorschlag von Kantor Grabowski werden Telegramme an Scharlok und Konrector Seydler gesandt, die Bedauern über deren Abwesenheit ausdrücken.

Gedächtnissrede

auf

J. J. A. Worsaae

gehalten in der Sitzung der physikalisch-ökonomischen Gesellschaft am 4. März 1886

von

Dr. Otto Tischler.

Am 15. August 1885 ereilte ein plötzlicher Tod den Director der Königlichen Museen zu Kopenhagen, den Kammerherrn Worsaae, noch im Vollbesitze seiner körperlichen und geistigen Frische. Der Tod Worsaae's, welcher Mitglied der physikalisch-ökonomischen Gesellschaft war, ist für die Wissenschaft ein unermesslicher Verlust, dessen Grösse um so klarer hervortritt, wenn ich es versuche, an dieser Stelle die Bedeutung des Mannes für die Entwicklung der Alterthumskunde darzulegen.

Worsaae war nicht der Begründer dieser neuen Disciplin, er hat sie aber erst zum Range einer Wissenschaft erhoben, und um daher seine Thätigkeit voll zu verstehen, müssen wir uns zuerst der vor ihm liegenden Periode zuwenden, sehen was er vorfand, und was er daraus geschaffen hat.

Im 17. Jahrhundert entstanden die fürstlichen Kunst- und Raritätenkammern, in denen ohne viel Verständniss alles Mögliche durcheinander gesammelt wurde, Bilder, Gegenstände des Kunstgewerbes, besonders Kuriositäten und Raritäten, hin und wieder auch Alterthümer und Naturalien. Diese ungeordneten Sammlungen haben aber doch ihre hohe Bedeutung, denn aus ihnen sind allmählich durch Abspaltung die naturhistorischen und Kunst-Museen entstanden, jetzt die Zierden der Hauptstädte Europa's. Die älteste und vorzüglichste war die 1616 gegründete Gottorpische Kunstkammer, welche 1751 nach Kopenhagen gelangte. Aus der Mitte desselben Jahrhunderts datirt die Begründung der Berliner, in der heidnische Alterthümer nur spärlich Aufnahme fanden. Erst seit 1798 wurde hier durch Ankauf verschiedener Privatsammlungen viel in dieser Richtung geleistet, bis die nordischen Alterthümer 1830 als eigene Sammlung abgezweigt wurden. Wenn im 18. Jahrhundert auch mancherlei, natürlich recht unwissenschaftliche Nachgrabungen stattgefunden hatten und mancherlei Gegenstände in die Kunstkammern gelangten, so war doch nur in Mecklenburg-Schwerin etwas Bedeutenderes geleistet worden. Die früheren Funde wurden dann durch den Grossherzog Friedrich Franz 1804 in Ludwigslust vereint, und man muss zugeben, dass in Förderung der Alterthumskunde Mecklenburg zunächst in Europa und nachher noch lange Zeit in Deutschland den ersten Rang einnahm. Die Sammlung wurde durch systematische Nachgrabungen und eingelieferte Funde unter den Directoren v. Oertzen und Schroeter reichlich vermehrt, bis 1836 Lisch die Leitung übernahm und für sie eine neue Aera eröffnete.

Der skandinavische Norden war abgesehen von einzelnen in der Kopenhagener Kunstkammer aufbewahrten Funden nicht in gleicher Weise vorgeschritten wie Mecklenburg. Erst im 19. Jahrhundert begann sich hier ein lebhafteres Interesse für die Vorzeit und die vaterländischen Alterthümer zu regen. 1806 begründete Nyerup das Museum nordischer Alterthümer im Anschluss an die Bibliothek im runden Thurm zu Kopenhagen, welches am 1. Februar 1807 eingeweiht wurde. Zugleich erfolgte die Einsetzung der Königlichen Commission für Aufbewahrung der Alterthümer, die bis 1847 bestand. Die Kriegsereignisse riefen eine Stockung hervor, und erst 1816 als Thomsen eintrat, der bis 1865 Director des Museums blieb, nahm die Sammlung den ungeheuren Aufschwung, der sie zur grossartigsten Europa's gemacht hat. Neben dem Museum entstand 1825 die Nordische Alterthums-Gesellschaft, hauptsächlich durch Rafn gegründet, welcher bis zu seinem Tode 1864 ihr beständiger Secretär blieb. Diese Gesellschaft beschäftigte sich zunächst ausschliesslich mit der Herausgabe der nordischen und isländischen Sagen. Erst später trat sie dem Museum näher und stellte der Commission ihre Publikationen zur Verfügung, so dass sich seit Mitte der dreissiger Jahre ein immer erfreulicheres Zusammenwirken entwickelte. Die Mitte der dreissiger Jahre ist überhaupt für die Entwickelung der Nordischen Alterthumskunde eine Epoche von einschneidender Bedeutung.

Es hatten in den verschiedensten Gegenden Deutschland's verdiente Männer eine Menge einzelner Ausgrabungen unternommen und die Resultate derselben publicirt, so u. a. Büsching, Dorow, Kruse, Dannoil, besonders Wilhelmi in Sinsheim, dessen Berichte zu dem Besten gehören, was in älterer Zeit geliefert worden ist, u. a. m. Es galt aber nun das doch bereits recht stark angewachsene Material zu ordnen und in ein System zu bringen.

Da tritt als ein Merkstein in der Geschichte der Alterthumskunde der „Leitfaden zur nordischen Alterthumskunde“ herausgegeben von der Königlichen Gesellschaft für Nordische Alterthumskunde hervor, der 1836 in dänischer, 1837 in deutscher Sprache herauskam, und dessen zweite Abtheilung „Kurzgefasste Uebersicht über Denkmäler und Alterthümer aus der Vorzeit des Nordens“ Thomsen verfasst hatte. Thomsen stellt hier die Eintheilung der Urzeit in das Stein-, Bronce- und Eisenzeitalter auf, das berühmte Drei-Perioden-System. Er behauptet, dass Bronce vor dem Eisen in Gebrauch gewesen und dass die im Norden gefundenen Geräthe zum grossen Theil im Lande selbst angefertigt seien. Fast zu gleicher Zeit wurde diese Theorie noch von anderen Forschern, wenn auch nicht in ganz so präciser Form ausgesprochen. Lisch in Schwerin, welcher dort auf Schroeter folgte gab das von jenem begonnene Werk Friderico-Francisceum heraus, die Abbildungen der grossherzoglichen Alterthümer zu Ludwigslust. Den Text verfasste Lisch selbstständig; er erschien 1837, war aber schon 1836 gedruckt. Lisch kam hier auch auf die Dreitheilung, die er aber nicht so scharf als Thomsen präcisirte. Hingegen gebührt ihm das grosse Verdienst, dass er die verschiedenen Klassen der Gräber genau beschrieb, ordnete und darauf drang, dass die beieinander gefundenen Gegenstände auch in der Sammlung zusammengehalten würden, ein Prinzip, das er fortan in seiner Sammlung durchführte. Ferner hatte als Dritter Danneil in Salzwedel auch eine solche Gliederung erkannt, indem er 1836 in einem Generalbericht über Ausgrabungen in der Umgegend von Salzwedel in Förstemann's Neuen Mittheilungen 1836 Gräber unterscheidet, die Kupfer oder Kupfer-Composition und solche, die Eisen enthalten. Diese Eintheilung ist aber immer nicht so präsise auseinandergesetzt als im Dänischen Leitfaden.

Thomsen hat die Eintheilung also zuerst ausgesprochen; die dänische Ausgabe des Leitfadens hat das älteste Datum. Bereits 1830 hatte er das Princip dieser Eintheilung dem Reichs-Antiquar Hildebrand aus Stockholm auseinander gesetzt und in den nächsten Jahren die Kopenhagener Alterthümer danach geordnet. Doch sind diese 3 Forscher unbedingt unabhängig von einander fast gleichzeitig auf die Idee gekommen, die Entdeckung lag so zu sagen in der Luft. Uebrigens ist auch nicht Thomsen der erste, sondern 1813 hatte schon Vedel-Simonsen die Eintheilung der Kulturgeschichte in Stein-, Kupfer- und Eisen-Alter vorgeschlagen. Doch hatte dies weiter keinen Einfluss auf den Gang der Wissenschaft und blieb ziemlich unbeachtet. Erst 1836 trat die neue folgenschwere Entdeckung in's Leben.

Nach diesem Prinzip hatte Thomsen nun die Kopenhagener Alterthümer geordnet und sie in grosse Suiten nach ihrem Material eingereiht. Es war dadurch ein festerer Boden gewonnen, man konnte das gewaltige Material besser überblicken. Hiermit war aber auch ein gewisses Ziel erreicht und man wäre nach der bisher angewandten Methode nicht viel weiter gekommen. Das Ordnen der Fundobjecte nach Formenreihen führte dazu, die einzelnen Funde auseinander zu reissen, was ein weiteres Studium ausserordentlich erschwerte. Zudem waren gerade in Dänemark diese Stücke weniger durch gründliche systematische Ausgrabungen gewonnen, sondern verdankten mehr dem Zufalle oder den Nachforschungen von Dilettanten ihren Ursprung, die nicht sehr zuverlässige Berichte darüber anfertigten. Man hatte mit den noch vorhandenen Denkmälern und den in der Erde ruhenden Alterthümern wenig Fühlung, welche unbemerkt in wahrhaft erschreckender Weise verschwanden. Ebenso war die wissenschaftliche Verwerthung der Fundobjecte meist eine verkehrte. Zu sehr knüpfte man noch an historische Ueberlieferungen und schriftliche Nachrichten, unbekümmert darum, ob sie bis an die Objecte aus jener fernen Urzeit heranreichten. Auch in Deutschland wucherten solche Phantasien und auf luftige Deductionen gegründete Combinationen üppig empor. Es fehlten auch die Mittel, die Alterthümer der verschiedenen Länder zu vergleichen. Abbildungen gab es noch sehr wenig, die Gelehrten klebten noch zu sehr an der Scholle — nur Reisen nach dem classischen Italien waren üblich. Kurz, bei den ausserordentlichen Verdiensten, die sich Thomsen erworben hatte, war doch ein neuer Impuls nöthig, eine neue Methode der Forschung, eine neue jugendliche Kraft.

Und da trat gerade im geeigneten Momente Worsaae ein.

Jens Jacob Asmussen Worsaae war am 14. März 1821 zu Veile in Jütland geboren, woselbst sein Vater Amtsverwalter war. Er besuchte das Gymnasium zu Horsens, bezog 1838 die Universität zu Kopenhagen und wurde bald darauf Thomsens Assistent.

Nachdem er einige Ausgrabungen im Inlande geleitet und beschrieben hatte, besuchte er in den Jahren 1842—45 zu verschiedenen Malen, mit Staatsunterstützungen versehen, Schweden, Norwegen und Deutschland, 1846—47 die britischen Inseln, 1851—52 England und Frankreich. Er konnte dadurch seinen Gesichtskreis bedeutend erweitern, die Alterthümer aller dieser Länder studiren und mit einander vergleichen.

Die Hauptfrüchte dieser Reisen und der Studien im Lande sind neben zahlreichen kleineren, folgende Publicationen: „Dänemarks Vorzeit durch Alterthümer und Grabhügel beleuchtet (dänisch 1843, deutsch 1844); Die nationale Alterthumskunde in Deutschland, Reisebemerkungen (dänisch und deutsch 1846); Blekingsche Denkmäler aus dem heidnischen Alterthum in ihrem Verhältniss zu den übrigen scandinavischen und europäischen Alterthumsdenkmälern (dänisch und deutsch 1846/47); Die Dänen und Nordmänner in England, Schottland und Irland (dänisch und deutsch 1852)." Es würde hier zu weit führen, die von dem unermüdlichen Fleisse Worsaaes zeugenden zahlreichen kleineren Publicationen aufzuführen, es können nur die wichtigeren, bahnbrechenden hervorgehoben werden. In obigen Werken, besonders in den Blekingschen Denkmälern, legte nun Worsaae die Grundzüge der neuen Methode, nach der die Archäologie arbeiten musste, dar. Er zeigte, dass es vor allem darauf ankäme den Charakter der Denkmäler, die Fund- und Lagerungsverhältnisse genau zu studiren; die Gegenstände müssen dann ihrer Form nach mit einander verglichen werden und die Objecte einer Gruppe und eines Landes mit denen der übrigen. Durch diese Vergleichungen gelingt es zunächst das Aeltere vom Jüngeren zu unterscheiden und ferner die gleichzeitig existirenden lokal getrennten Gebiete zu fixiren — ein ideales Ziel, welches allerdings noch lange nicht erreicht ist. Wenn man dann die Verschiebung dieser einzelnen Gebiete im Laufe der Zeiten verfolgt, so kann man die Völkerbewegungen in einer Periode ermitteln, in die noch kein Strahl geschriebener Ueberlieferung dringt und durch die Aehnlichkeit einzelner Objecte im Norden mit denen südlicher Regionen erkennt man die Handels- und Culturbewegungen, die von den Centren alter Civilisation sich weit hin in die dunklen Barbarenländer erstreckten. Die Sitten und Gebräuche dieser Barbaren treten uns selbst vor Augen und sie erscheinen uns lange nicht mehr so barbarisch als die befangene Meinung des Volkes und der Gelehrten früher annahm.

Alles dies sind die Grundsätze der sogenannten „Vergleichenden Archäologie."

Sie sind jetzt das Gemeingut aller Forscher und kommen uns nun so selbstverständlich vor, dass man sich kaum denken kann, sie wären einst nicht befolgt worden. Und doch ist es ausser Lisch, der einige derselben schon hervorhob, besonders das Studium der Grab- und Lagerungsverhältnisse, der aber trotz seines rastlosen Arbeitens wegen des kleinen Gebiets, das er allein übersehen konnte, nicht weitere Blicke gewinnen konnte, erst Worsaae gewesen, der sie klar und deutlich aussprach und in seinen Arbeiten auch sofort befolgte. Man kann ihn daher mit vollem Rechte den „Schöpfer der vergleichenden Archäologie" nennen.

Wie erwähnt zog er selbst bereits daraus die Consequenzen und versuchte besonders in den Blekingschen Denkmälern aus den Denkmalen selbst die Besiedelung des Nordens in den verschiedenen Perioden und deren Zusammenhang mit den südlicher gelegenen Regionen zu entwickeln. Auf eine eingehendere Detailbehandlung der Formen wird hier verzichtet und mehr die Resultate der Studien, die Worsaae in dieser Beziehung unternommen hat, mitgetheilt.

Während man die Zeit bis 1847 als seine Studienjahre bezeichnen kann, beginnt nun die Hauptperiode seiner wissenschaftlichen Thätigkeit, die während eines Zeitraums von fast 20 Jahren gleichmässig fortschreitend dahinfloss. Ausserdem trat er aber im Sinne seiner Methode der Erforschung der Alterthümer praktisch näher, als er 1847 zum Inspecteur der Dänischen Alterthümer gemacht wurde und in die Commission zur Erhaltung derselben eintrat, deren Obliegenheiten er nach ihrer Auflösung seit 1849 allein erfüllte. In Begleitung eines Zeichners konnte er das Land bereisen, das Vorhandene aufnehmen, soweit zugänglich systematische Grabungen veranstalten, für die Erhaltung der Denkmäler sorgen. Nicht nur den prähistorischen Alterthümern wandte er seine Aufmerksamkeit zu, sondern auch den aller späteren Zeiten und hier wurde durch Restauration der Kirchen und ähnlicher Bauten viel geleistet. 1861 wurde er Conservator der Alterthümer und Denkmäler Dänemark's. Erst 1873 wurden seitens des Staats grössere Mittel bewilligt zur Inventarisirung und zum Ankauf solcher Denkmäler und Gräber, die nicht in Staatsländereien liegen, so dass seitdem 900 Denkmäler jeder Art für die Zukunft gesichert sind und nach und nach planmässig erforscht werden können. Die Instruktionen, die er im Beginne seiner Thätigkeit und später veröffentlichte, trugen wesentlich dazu bei, beim Volk den Sinn und das Verständniss für diese Denkmäler zu wecken. Das Arbeiten auf freiem Felde schult erst den Archäologen und Niemand wird das rechte Verständniss für die Alterthümer haben, der diese Schule nicht durchgemacht hat.

Nun galt es aber die sich immer riesiger anhäufenden Resultate weiter zu verarbeiten. Thomsen hatte durch seine Eintheilung den ersten glücklichen Schritt auf diesem Wege gethan, Nilson in Schweden hatte ein anschauliches Bild der Cultur der Steinzeit durch Vergleich mit den Völkern, welche noch jetzt auf einer ähnlichen Stufe der Civilisation stehen, gegeben. Das waren aber erst Anfänge. Bei der zeitlichen Abgrenzung der Perioden war Thomsen noch in schwere Irrthümer verfallen: man kann ihn darob nicht tadeln, denn es fehlten noch manche Zwischenglieder und sind ja ähnliche Irrthümer noch bis in sehr neue Zeit ausgesprochen worden. Worsaae erkannte nun, dass die Eintheilung in drei Hauptperioden nicht genüge, und dass alle diese einen sehr langen Zeitraum einnehmenden Abschnitte sich noch weiter gliederten, doch schritt diese Erkenntniss auch erst nach und nach vor, so dass manche Anschauungen der früheren Arbeiten in späteren berichtigt werden mussten.

Bereits Mitte der vierziger Jahre schloss er aus der Beschaffenheit der Steingeräthe auf einen älteren und jüngeren Abschnitt der Steinzeit. Doch erst seit 1850 konnte er sichere Anhaltspunkte gewinnen, seit er mit Olsen den ersten jener gewaltigen Küchenabfallswälle zu Meilgaard in Jütland untersuchte und hier eine viel primitivere Cultur mit roh zugeschlagenen Feuersteingeräthen als in den grossen Grabkammern mit ihren feingeschliffenen Werkzeugen entdeckte, Funde an die sich ähnliche auf den kleinen dänischen Inseln reihten. Ebenso fand er eine wesentliche Verschiedenheit der Broncealterthümer heraus in der Form, wie in den Grabgebräuchen. Er unterschied die ältere Broncezeit mit Leichenbestattung und die jüngere mit Leichenbrand, in welcher ganz besonders häufig reiche Broncevorräthe in den Mooren, die in der Vorzeit Seen vorstellten, deponirt waren. Die Formen beider Abschnitte zeigen eine durchgehende Verschiedenheit. Diese Ansichten, welche im Laufe der fünfziger Jahre sich bald klärten, entwickelte er eingehend 1859 in den Verhandlungen der Dänischen Gesellschaft der Wissenschaften und später noch mehrfach in wenig modificirter Form. Noch früher gelangte er zu der Einsicht, dass das Eisenalter, welches anfangs nur in seinen jüngsten Phasen bekannt war, und das man daher erst 800 n. Chr. hatte beginnen lassen, viel weiter zurückreiche, bis in die römische Kaiserzeit, bis in den Beginn unserer Aera. Schon 1843 in Dänemarks Vorzeit hatte er die Anwesenheit römischer Alterthümer in Dänemark constatirt, eine Entdeckung, die durch spätere Entdeckungen wesentlich bestätigt wurde und in seiner Abhandlung Jernalderens Begyndelse i Danmark (der Anfang des Eisenalters in Dänemark, Annaler for Nordisk Oldkyndighed 1847) näher auseinandergesetzt und in mehreren folgenden Abhandlungen 1850—53 weiter entwickelt wurde. So kam er dazu, ein älteres Eisenalter, das ungefähr den Zeitraum von 0—450 n. Chr. einnimmt auszuscheiden. Eine besondere Stütze erhielt diese Ansicht durch die Entdeckung des grossen Thorsberg (Brarup) Moorfundes in Schleswig, den Worsaae von 1857 an behandelte. Am vollständigsten setzte dann Worsaae sein System in dem Werke „Om Slesvigs eller Sønderjyllands Oldtidsminder" (Schleswig'sche Denkmäler, Kopenhagen 1865) auseinander, so dass er also von 1859—1865 dasselbe zum Abschluss brachte. Worsaae zweigte von der jüngeren Eisenzeit noch eine mittlere ab, welche den Zeitraum von 450 bis 700 ausfüllt und deren Formenreihe sich von denen der angrenzenden Perioden wesentlich unterscheidet.

Zugleich führte er in diesem Werke nochmals das gründlich aus, was er in den Blekingschen Denkmälern versucht hatte, was er aber jetzt in Folge der inzwischen gewonnenen Kenntniss in weit vollständigerer, richtiger und sicherer Weise vollbringen konnte. Er suchte in allen diesen einzelnen Unterperioden die Völkerverschiebungen im scandinavischen Norden in Verbindung mit denen des benachbarten Europa's zu entwickeln, ein Versuch, den er in wenig mehr veränderter Form noch in einer Reihe späterer Publicationen wiederholte:

„Die Colonisation Russlands und des scandinavischen Nordens (Dänisch und Französisch 1872, 73). Die Vorgeschichte des Nordens nach gleichzeitigen Denkmälern (Dänisch und Deutsch 1878, 1881). Das Stein- und Bronce-Alter in der alten und neuen Welt (Dänisch und Französisch 1879, 80).

Es traten im Ganzen keine wesentlich neuen Gesichtspunkte mehr hervor, wenngleich im Einzelnen manche neue Resultate den stets wachsenden Erfahrungen Worsaae's zu verdanken sind. Es ist auch weniger neues Detail — mit Ausnahme des dritten citirten Werkes — was uns hier entgegentritt, sondern der Abschluss von Worsaae's archäologischer Anschauung. Ein wesentlich neuer Punkt wird in den neuesten Werken gerade erst angedeutet. Es zeigt sich nämlich, dass auch in Dänemark das Eisenalter noch mehrere Jahrhunderte v. Chr. zurückreicht. Es sind aus der La Tène Zeit eine ganze Reihe von Funden gemacht, die zuerst Undset in seinem epochemachenden Werke „Das erste Auftreten des Eisens in Nord-Europa 1881" zusammengefasst und die sich seitdem noch bedeutend gemehrt haben. Diese Periode welche mehrere Jahrhunderte v. Chr. umfasst, und deren Erkenntniss erst die letzte Lücke in unserer Kenntniss der Urgeschichte Nord- und Mittel-Europa's geschlossen hat, ist in dem Kopenhagener Museum aber schon seit längerer Zeit als besondere vorrömische Gruppe abgesondert.

Die Hauptformen der Alterthümer in den verschiedenen Perioden sowohl der heidnischen Zeit als des Mittelalters und der Renaissance bildete Worsaae in dem Buche „Nordiske Oldsager i det Kgl. Museum i Kjöbenhavn (Nordische Alterthümer im Königl. Museum zu Kopenhagen. Erste Auflage 1854, Zweite Auflage 1859) ab. Dies Werk ist der Vorläufer der ähnlichen Werke, welche später in den anderen scandinavischen Reichen erschienen und ist daher besonders oft citirt worden, wenn es galt gewisse Formen genau zu bezeichnen.

Es fehlte nicht an Angriffen auf Worsaae's System. Die Zweitheilung des Steinalters bekämpfte sein Landsmann Steenstrup eifrig, ist aber unterlegen. Auch gegen die Gliederung der Bronzezeit in eine ältere und jüngere Periode ist gerade in Dänemark Opposition gemacht, während sie Montelius in Schweden acceptirt, ja noch viel weiter durchgeführt hat. Ferner wird die Gliederung des Eisenalters von Hildebrand in Schweden etwas anders aufgefasst, welcher die ältere und mittlere Eisenzeit enger zusammenzieht. Doch sind diese Differenzen nicht von besonders einschneidender Bedeutung und kann ihre sachgemässe Verhandlung nur dazu dienen der Wahrheit näher zu kommen. Die täglich wachsende Erfahrung bringt ja auch immer neue und vervollkommnete Anschauungen.

Hingegen bedrohte das eben fertiggestellte Gebäude plötzlich ein Sturm, der es fast umzustürzen schien.

1864 begannen deutscherseits die Angriffe auf das Dreiperiodensystem, welche manchmal an Heftigkeit fast den Character politischer und religiöser Streitigkeiten annahmen, und die das rein sachliche öfters aus den Augen setzten. In unberechtigter nationaler Aufwallung wurde das System als dänische Beeinflussung und Ueberhebung angegriffen, eine Auffassung, welcher Lisch, der ganz unabhängige Mitschöpfer des Systems, energisch entgegentrat. Von nationaler Ueberhebung ist, wenn man die ruhig und objectiv gehaltenen Schriften Worsaaes und der anderen scandinavischen Forscher studirt, wohl keine Spur zu finden; auch ist es ja ein grosser Theil des ausserhalb Scandinaviens gelegenen Norddeutschlands, das an dieser bestrittenen Cultur der Bronzezeit participirt, und die Scandinavier räumen selbst ein, dass ihnen diese Cultur von Süden her zugegangen sei. Der Kampf hatte aber das Gute, dass es jetzt galt die Grundlagen der Archäologie immer mehr durch inductives, vergleichendes Studium zu sichern, denn die einfach a priori ausgesprochene Ansicht: „es ist dies oder jenes nicht möglich" hat sich oft genug als irrig bewiesen. Und man muss zugestehen, dass gerade die scandinavischen Gelehrten die Lösung der Fragen wesentlich gefördert haben, da in den drei Ländern zunächst eine feste Organisation der archäologischen Wissenschaft existirt, und besonders da gerade die Gelehrten der jüngeren Generation durch reichliche Staatsstipendien in den Stand gesetzt waren, die europäischen Sammlungen zu wiederholten Malen im weitesten Maasse zu studiren. Die eingehenden Forschungen, welchen sich die Entdeckungen in Süddeutschland, Oesterreich, der Schweiz, Italien anschlossen, haben dem Drei-Periodensystem zu einem von dem grössten Theile der Archäologen anerkannten Siege verholfen. Ueberall in Europa und auch über die Grenzen der Erdtheile hinaus tritt die Bronce früher als das Eisen auf, geht aber bei Waffen und Geräthen nachher noch längere Zeit mit dem Eisen parallel. Ebenso hat die genaueste Kenntniss der Broncen aus den Mittelmeerländern gelehrt, dass der bei weitem grösste Theil der nordischen Bronzen nicht importirt, sondern wirklich im Lande selbst angefertigt worden ist. Es tritt die Gliederung in den einzelnen Regionen Europa's wohl etwas verschieden auf, man muss die Eintheilung danach modificiren, auch erweitern und dann die correspondirenden Abschnitte von den verschiedenen lokalen Gebieten in Parallele bringen, aber für den scandinavischen Norden hat die Worsaae'sche Gliederung, wenn man noch die La Tène Periode einschaltet, ihre volle Giltigkeit behalten, abgesehen von einigen Abänderungen untergeordneter Natur. Worsaae ward es noch vergönnt diesen Sieg seiner Ideen und den überwiegenden Umschwung der Meinungen bei der wissenschaftlichen Welt zu erleben. Die Zeiten, in welchen auf Congressen ein Redner, der den verpönten Ausdruck „Bronzezeit" gebrauchte, sich wegen dieses „Scandinavismus" zu entschuldigen für nöthig hielt, sind glücklicherweise vorüber.

Die Jahre nach 1865 brachten ausser einigen kleineren auf die Spätzeit bezüglichen Abhandlungen, über das Begräbnis von Mammen, über die Cultur der Vikinger, jene oben bereits erwähnten Abhandlungen, welche im Wesentlichen die in den Schleswig'schen Alterthümern auseinandergesetzten Anschauungen wiederholten, zum Theil noch etwas weiter ausführten. Nur ein neuer Gedanke beherrschte Worsaae in diesem letzten Abschnitte seines Lebens immer mehr und drängte seine Untersuchungen in eine neue Richtung, die sich jedoch von der streng inductiven Richtung der vergleichenden Archäologie etwas entfernte.

Im Jahre 1866 suchte er die so häufig vorkommenden massenhaften in Mooren, d. h. einstigen Seen, oder unter grossen Steinen aufgefundenen Depots von Bronzesachen durch religiöse Bräuche zu erklären. Er dehnte diese Annahme auch auf Eisengeräthe und Waffen aus und führte dies 1867 besonders in Bezug auf die gewaltigen Moorfunde der älteren Eisenzeit weiter aus. Er war der Ansicht, dass letztere Opfer an die Götter seien: nach einer gewonnenen Schlacht hätte man wahrscheinlich die Kriegsbeute in heilige Seen versenkt, nachdem die Waffen zum Theil unbrauchbar gemacht waren; eine Ansicht, die er durch Belege aus den historisch mitgetheilten Gebräuchen verschiedener älterer Völker, der Gallier, der Cimbern wahrscheinlich zu machen suchte. Die Annahme dehnte er dann auf die meisten kleineren Depot's der Bronzezeit und auch auf viele bis in ein hohes Alter hineinreichenden der Steinzeit aus, Depot's welche natürlich auch in Friedenszeiten den Göttern als Opfer dargebracht seien. Dass gerade die grossen Moorfunde eine solche Bedeutung haben ist sehr wohl möglich, vielleicht ist es aber doch gewagt, auch die kleineren Depot's zum grössten Theile auf diese Weise erklären zu wollen, die immerhin, wenn ihnen überhaupt eine symbolische Bedeutung zukommt, auch mit bestimmten Grabgebräuchen in Verbindung stehen können.

Diese Richtung nach der religiösen Seite der Forschung verfolgte er dann nach mehreren anderen Seiten. In der Abhandlung über die Darstellungen der Goldbracteaten (dänisch und französisch 1870) brachte er dieselben mit der altnordischen Götter- und Heldensage in Verbindung. Besonders aber verfolgte er diese Ideen in seiner letzten grösseren Schrift „The Industrial arts of Danmark 1882", in welcher er die Entwicklung des grössten Theils der Ornamente aller Perioden der Vorzeit als durch religiöse und symbolische Vorstellungen bedingt darstellte. Es ist ja Thatsache, dass die religiösen Vorstellungen besonders bei den auf einer primitiveren Culturstufe stehenden Völkern auf Gebräuche und Ornamente einen ungemein grossen Einfluss geübt haben, und das Vieles Jahrtausende hindurch, selbst beim Wechsel der Religionen sich bis auf die Gegenwart fortgepflanzt hat. Da aber bei diesen Schlüssen die strenge Induction mehr den Conjecturen weichen muss, ist es ja immerhin möglich gar manche Erscheinung noch anders zu deuten.

Im Jahre 1865 beginnt der letzte wichtige Abschnitt seiner Thätigkeit, er tritt jetzt als **Organisator** auf. 1864 war Rafn, 1865 Thomsen gestorben. Beide Männer hatten ein Leben reich an Arbeit, reich an wissenschaftlichen Erfolgen hinter sich. Damit ihre grossartigen Schöpfungen erfolgreich weiter gedeihen konnten war aber eine Auffrischung, eine Reform nöthig. Die Alterthumsgesellschaft nahm eine neue Organisation an, die sich den Anforderungen der Zeit mehr anpasste und besonders auch die archäologische Richtung besser vertreten konnte. Worsaae wurde Vice-Präsident — Präsident war der König Christian IX., 1866 wurde Worsaae Director des Museums, und in beiden Richtungen, besonders in letzterer konnte er nun seine Thätigkeit voll entfalten. Der Zeitpunkt war auch ein besonders günstiger, wieder eine Epoche von hervorragender Wichtigkeit in der Geschichte der Archäologie.

Gerade am Anfange der 60er Jahre verbreitete sich das Interesse für die vorhistorische Archäologie in allen Kreisen der wissenschaftlichen überhaupt der gebildeten Welt, nachdem diese Disciplin vorher von einer doch nur kleinen Zahl Fachgelehrter gepflegt worden war. Zahlreiche Jünger strömten der neuen Wissenschaft zu auch in den Ländern, wo sie vorher nicht mit demselben Eifer, wie im Norden gepflegt worden war, und so hat sie in den letzten 25 Jahren einen Aufschwung genommen, wie wenig andere Disciplinen. Besonders zog die inductive Methode der vergleichenden Archäologie, welche mit der naturwissenschaftlichen eine grosse Verwandtschaft besitzt, an und erst auf diesem Wege konnte man hoffen zu sicheren Resultaten zu kommen.

Diesen Studien galt es nun das enorme Material des Kopenhagener Alterthums-Museums in vollster Weise zugänglich zu machen, und hier konnte Worsaae jetzt voll seine segensreiche Thätigkeit entfalten, den Principien, die er schon lange vertreten hatte, Geltung verschaffen. Die Sammlung, welche aus dem Runden Thurm nach Christianborg Schloss und 1854 nach Prindsenspalais übergesiedelt war, ordnete er nun soweit es noch anging nach ganz neuen Principien. Die Eintheilung in die drei Hauptperioden wurde beibehalten, aber dieselbe nach seinem System noch weiter fortgeführt: ferner wurden in den einzelnen Abschnitten die geographisch getrennten Bezirke auseinander gezogen und endlich die zusammen in Gräbern oder anderweitig bei einander gefundenen Objecte beisammen aufgestellt. So kann man jetzt die zeitlichen Veränderungen in den verschiedenen Theilen des Landes deutlich verfolgen. Worsaae wurde bei der Aus- und Weiterführung dieses Werkes durch eine Reihe tüchtiger Gehilfen erfolgreich unterstützt und sein belebender und anregender Einfluss hat es verstanden immer neue Kräfte heranzuziehen, so dass wir auch nach seinem so sehr zu beklagenden Tode über die gedeihliche Fortführung seines Werkes vollständig beruhigt sein können.

Bis jetzt wurde nur die prähistorische Seite der Dänischen Forschung in's Auge gefasst. Die Ziele aber waren viel weiter gesteckt. Es sollte das ganze nationale Leben und die Entwicklung der Cultur auch bis in die neueren Zeiten hinein dargestellt werden. Dies war in Dänemark umsomehr angezeigt, als in Skandinavien aus der heidnischen bis in die neueste Zeit eine fortlaufende Entwicklung vorliegt, welche durch keine fremde Invasion wie in Norddeutschland unterbrochen ist. Wie weit diese Continuität allerdings in das höchste Alterthum zurückreicht ist noch fraglich.

Im Nordischen Museum waren die Funde und Ueberreste auch aus dem Mittelalter und der neueren Zeit bis 1660 aufgestellt, bis zum Beginne des Souveränen Königthum's. Eine zeitliche Fortsetzung ist die historische Sammlung der Dänischen Könige im Rosenborg Schloss, so recht Worsaae's eigene Schöpfung. Bereits 1858 war er Inspecteur derselben geworden und konnte hier voll das chronologische Princip zur Geltung bringen. Die ziemlich ungeordnete Sammlung wurde von ihm ganz umgestaltet. Die Räume wurden streng chronologisch gegliedert; er suchte aus den verschiedenen Königlichen Schlössern die Einrichtungen, Mobiliar, die Schmucksachen, kurz den ganzen Besitz der einzelnen Könige oder hervorragender Personen zusammen und bildete so in jedem einzelnen Raume eine abgeschlossene Sammlung, welche ausschliesslich den Charakter dieser Periode repräsentirte, wobei die Porträts von Zeitgenossen den Eindruck noch erhöhten. Nothwendige Restaurationen dienten dazu, das Ganze noch einheitlicher zu gestalten. So entstand in Rosenborg ein Schmuckkästchen, wie man es nirgends wieder antrifft, in welchem der Spaziergang durch die Zimmerreihe ein höchst belehrendes Bild über die fort- oder auch zurückschreitende Kunst und Cultur in ihren Höhepunkten vor Augen führt.

Worsaae wollte diese Entwicklung noch weiter fortführen von 1848 bis auf die Neuzeit und zur Ergänzung auch in einem neuen Volks-Museum die Culturentwickelung in den breiten Schichten des Volkes darstellen. Doch war es ihm nicht mehr vergönnt, diesen grossartigen Plan durchzuführen.

Mit dem Nordischen Museum im Prindsenspalais übernahm Worsaae 1866 auch noch ein zweites grossartiges, das Ethnographische, welches durch seine sehr reiche Sammlung von Eskimogeräthen besonders geeignet war die primitive Cultur der alten Europäischen Steinzeit zu illustriren. Diese nach einem bestimmten Plane von Thomsen geordnete Sammlung — die Gruppen waren nach Klimaten auseinander gezogen — ordnete Worsaae nach seinem chronologisch-geographischen Princip neu. Die prähistorischen Alterthümer der aussereuropäischen Völker wurden zu einer eigenen comparativen Abtheilung zusammengestellt, und die Sammlungen der modernen Völker nach Racen und Volksstämmen ethnographisch wissenschaftlich geordnet.

Die Art und Weise Museen zu ordnen, sowohl was die Auswahl des Stoffes als die Anordnung desselben betrifft ist eine äusserst wichtige, zumal gegenwärtig in allen Fächern ein so massenhaftes Material zusammengebracht wird, dass eine zweckmässige Verwaltung, welche sowohl für das Studium des wissenschaftlichen Forschers wie für die Anschauung und Belehrung der grossen Menge genügen soll, auf ernste Schwierigkeiten stösst. Hierüber entwickelte Worsaae ein Jahr vor seinem Tode in einer kleinen Schrift (Ueber die Ordnung archäologisch-historischer Museen innerhalb und ausserhalb des Nordens, Dänisch und Französisch 1884) äusserst beherzigenswerthe Grundsätze, welche, da sie aus der Feder eines so erfahrenen Museums-Direktors kommen, ganz besondere Beachtung verdienen.

Bei dieser vielseitigen schöpferischen Thätigkeit war es natürlich, dass Worsaae unter seinen Fachgenossen eine hervorragende Stellung einnahm und mit denselben in engster Verbindung stand. Nachdem 1867 bei Gelegenheit der Pariser WeltAusstellung der erste internationale Congress für prähistorische Archäologie stattgefunden hatte, wiederholten sich dieselben in periodischen Zwischenräumen. Es wurde dadurch den Gelehrten die beste Gelegenheit gegeben die Alterthümer der verschiedenen Länder Europas kennen zu lernen und zu studiren und durch persönliche Berührung mit den Fachgenossen die grosse Arbeit an dem gemeinsamen internationalen Werke zu fördern. Worsaae nahm an den meisten Congressen Theil und spielte daselbst eine hervorragende Rolle. Dem Congress 1869 zu Kopenhagen präsidirte er. Der Reise zu einem russischen Congresse 1869 nach Moskau und den hier gemachten Studien verdankt die schon erwähnte Schrift über die Besiedelung Russlands und des scandinavischen Nordens ihren Ursprung, in welcher er u. a. die Annahme bekämpft als sei Scandinavien von Russland aus besiedelt worden.

In Bezug auf die äusseren Lebensverhältnisse ist noch nachzuholen, dass Worsaae 1854 Professor für Alterthumskunde wurde, 1874 Cultusminister unter Fonnesbeck wurde, ein Amt, das er nach einem Jahre niederlegte und welches der ganzen Richtung seiner Thätigkeit wenig entsprach. Am 15. August 1885 beschloss dann ein jäher Tod das Leben dieses in voller Rüstigkeit dastehenden Mannes, dessen nie ruhenden Geist noch immer neue grossartige Pläne erfüllten.

Es gebührt sich schliesslich neben dem Manne der Wissenschaft und Arbeit auch noch des Menschen zu gedenken.

Worsaae's mildes, liebenswürdiges Wesen hat nicht wenig zu seinen grossen Erfolgen beigetragen. Ein Freund der dänischen Könige, von grossem Ansehen und Einfluss in den höheren Gesellschaftskreisen, war er ebenso populär im Volke. So war er im Stande das Verständniss für seine Bestrebungen in den weitesten Kreisen zu erwecken und die Sache zu einer nationalen zu machen, d. h. nicht im Sinne einseitiger nationaler Ueberhebung, sondern nationaler Betheiligung. Sanft in seinem Urtheile liess er auch abweichende Ansichten gelten und trat ihnen nicht schroff entgegen, wenn sie von dem Geiste und dem Bestreben wissenschaftlicher Forschung durchdrungen waren. Als väterlicher Freund stand er den jungen Gelehrten zur Seite, die unter seiner Aegide sich heranbildeten und, wenn die Ansichten auch in manchen Punkten von den seinigen abweichen, ist es doch sein Geist, der diese neue Generation leitet und auf die richtigen Bahnen gelenkt hat.

Wir Ausländer haben auch in vollstem Masse Gelegenheit gehabt diese Seite seines Wesens kennen zu lernen und nach jeder Richtung hin dankbar auszunutzen. Dem fremden Forscher wurden die Schätze des Kopenhagener Museums in liberalster, unbeschränkter Weise zur Verfügung gestellt, bereitwillig jede Unterstützung und Auskunft ertheilt; dem fremden Besucher, bei welchem Worsaae Interesse für sein Museum erblickte, erklärte er seine Alterthümer und zwar meist in dessen jedesmaliger Landessprache.

So ist in Worsaae ein Mann dahin gegangen, gleich bedeutend als Forscher, als Organisator, als Mensch.

Verzeichniss

einer Sammlung Ost- und Westpreussischer Geschiebe

eingesandt von **Dr. Alfred Jentzsch** in Königsberg, geordnet und theilweise bestimmt von

Hjalmar Lundbohm in Stockholm.*)

28 Proben von **Gneiss**. Grau oder roth; im Allgemeinen grob, deutlich geschichtet; darunter mehrere Varietäten von **Granatgneiss**.

Ein Handstück eines mittelkörnigen grauen, glimmerreichen Gneisses mit hanfkorngrossen Granaten stammt aus einem 28,6 Kubikmeter haltenden Block von Königsberg; ein anderes Handstück von grobem glimmerreichem Gneiss aus einem sehr grossen Block, welcher bei Sykorczyn, Kreis Berent in Westpreussen, 200 Meter über der Ostsee lag.

Die vorliegenden Stücke sind gesammelt bei Königsberg, Rauschen im Samland, Labiau, Mohrungen, Insterburg, Goldap, Lötzen, Pr. Holland, Heilsberg und Lyck in Ostpreussen, sowie von Pr. Stargardt und Thorn in Westpreussen.

Keines der Handstücke ist so charakteristisch, dass seine Heimath mit Sicherheit bestimmt werden kann. Vermuthungsweise kann man für den Granatgneiss Södermanland, für den grauen Gneiss Roslagen als Heimath ansehen; aber ähnliche Gesteine treten an vielen andern Orten in Schweden auf.

19 Proben von **Hornblendegneiss, Hornblendeschiefer, Dioritschiefer etc.** Dieselben sind im Allgemeinen feinkörnig; mehrere enthalten Granaten; doch gleichen sie n i c h t dem granatführenden Dioritschiefer Schonens und Hallands. Fundorte: Königsberg, Rauschen, Pillau, Memel, Insterburg, Dar-

Auch für diese Gesteine kann der Ursprung nicht bestimmt werden.

*) Die Sammlung befindet sich im Bureau der geologischen Landesuntersuchung Schwedens. Zu jedem der untersuchten Stücke werden Duplikate, welche von demselben Block geschlagen sind, mit gleicher Nummer im Provinzial-Museum zu Königsberg aufbewahrt. Die Sammlung repräsentirt sämmtliche im November 1880 im Provinzial-Museum vorhanden gewesenen Varietäten krystallinischer Geschiebe Ostpreussens. Das Manuskript ist durch A. Jentzsch aus dem Schwedischen übersetzt.

kehmen, Heilsberg, Heiligenbeil, Schippenbeil, Mohrungen in Ostpreussen, sowie Pr. Stargardt und Graudenz in Westpreussen.

22 Proben von **Diorit**. Theils feinkörnig und feldspatharm, theils mittelkörnig, theils mit porphyrartig in einer feinkörnigen, gewöhnlich helleren Grundmasse eingesprengten Hornblende-Krystallen. Fundorte: Königsberg, Rauschen, Heiligenbeil, Labiau, Goldap, Heilsberg in Ostpreussen und Danzig in Westpreussen.

Mehrere der porphyrartigen Diorite gleichen denen, welche auf den Blättern Hvetlanda und Nydala in Småland vorkommen. Aber ähnliche Varietäten treten auch anderwärts in Schweden auf.

75 Proben von **Hälleflintgneiss, Glimmerschiefer** und **Hälleflinta** von Königsberg, Wormditt, Kruglanken, Mehlauken, Darkehmen, Wehlau, Heiligenbeil, Pr. Holland, Arys, Passenheim, Rauschen, Schippenbeil, Landsberg, Heilsberg, Insterburg, Kurische Nehrung, Mohrungen, Zinten in Ostpreussen, und von Rosenberg, Pr. Stargardt, Thorn, Dirschau, Elbing, Carthaus in Westpreussen, sowie aus der Provinz Posen.

Sowohl unter den Hälleflinten als unter den Hälleflintgneissen finden sich einige, welche den Småländischen gleichen; aber dass sie wirklich dorther stammen, ist doch keineswegs sicher. Die meisten Proben sind unbestimmbar.

Die charakteristischsten Proben sind:

No. 8013 von Königsberg, „ 5501 „ „, „ 7503 „ Kruglanken } weisser gestreckter, ziemlich grober Glimmerschiefer.

Dieselben haben auffallende Aehnlichkeit mit den hellen Glimmerschiefern des nordöstlichen Schonens. Bekanntlich wird dieses Gestein gerade nach Königsberg behufs Verwendung als Schleifstein exportirt, und es liegt daher die Annahme nahe, dass diese Gesteine auf solche Weise dahin gelangt sind.

In den Norrländischen Schiefern finden sich nach Svenonius sehr untergeordnete Lagen, welche mit einem der Handstücke eine gewisse Aehnlichkeit besitzen.

No. 2734, 2195 und 5399 von Königsberg. Dunkler, fast schwarzer, sehr feinkörniger, in dem einen Stück fast dichter Glimmerschiefer, mit grossen kantigen oder abgerundeten Krystallen von Andalusit.

Solche Schiefer finden sich in Vestmanland und Nerike und wahrscheinlich nördlich vom Westende des Hjelmar-Sees, sowie lose Blöcke in Nyköpings Län und in einem Rullstensås bei der Station Rosersberg. Doch scheinen diese sämmtlich gröber als die vorliegenden Geschiebe zu sein. Andalusitführende Glimmerschiefer treten auch als untergeordnete Einlagerungen des Hälleflintagneisses in Ångermanland sowie in den nordischen „gelben Schiefern" auf.

59 Proben von **Granit**, worunter folgende bemerkenswerth:

No. 8880 von Königsberg. Grauer, mittelkörniger Granit mit hellgrauem Quarz schwarzem Glimmer, einem vielleicht als Cordierit zu bezeichnenden Mineral; weissem, stark verwittertem Plagioklas und ziemlich grossen Zwillingskrystallen von Orthoklas.

Das Gestein ist sehr ähnlich dem Granit von Striegau in Schlesien. Ein schwedischer Granit gleichen Aussehens ist (wahrscheinlich) nicht bekannt.

No. 8891 von Königsberg. Rothgrauer porphyrartiger Granit; feinkrystallinische Grundmasse mit kleinen runden Quarzkörnern, etwas grösseren gelben Plagioklas-Krystallen und einzelnen Orthoklas-Krystallen; ausserdem Hornblende.

Vielleicht von Smaland.

No. 2022 von Königsberg. Hellgrauroth, mittelkörnig.

Vexiö-Granit von Småland?

No. 8943 von Königsberg. Grober weisser Augengranit mit schwarzem Glimmer.

Dasselbe Gestein findet sich als lose Blöcke in den Schären bei Stockholm.

No. 5489 von Königsberg. Die bis 11 Centimeter grossen braunrothen Orthoklas-Krystalle liegen in einer feinkörnigen Grundmasse desselben Feldspaths mit zuckerkörnigem, bisweilen grünem Quarz.

Gleicht einigermassen dem Granit aus der Gegend von Eknö zwischen Vestervik und Oskarshamn in Småland. Auch dieser hat weissen und grünlichen zuckerkörnigen Quarz mit manchmal gleich grossen Feldspath-Krystallen, ist aber gewöhnlich bedeutend reicher an Glimmer.

No. 8918 von Königsberg. Rother, grobkörniger Granit mit dunkelrothem Orthoklas und hellgrauem Quarz; Pegmatitähnlich; Glimmer fehlt beinahe ganz.

Von Smaland?

No. 7119 von Königsberg. Rother grobkörniger Granit.

Gleicht dem Granit vom Festlande bei Virbo in Småland.

No. 8916 von Königsberg. Rother mittelkörniger Granit mit zuckerkörnigem Quarz.

Sehr ähnlich gewissen Småländischen Graniten, z. B. dem von Helgerum, südlich von Vestervik.

No. 5776 und 5790 von Rauschen im Samland. Graurother Augengranit. Fein- bis mittelkörnige Grundmasse, runde und kantige dunkle Quarzkörner; zolllange Krystalle von hellem Orthoklas und ziemlich grosse Krystalle feingestreifter, mit kleinen Quarzkörnchen erfüllter Plagioklase.

Das Gestein ist ausserordentlich charakteristisch; aber seine Heimath ist nicht mit Sicherheit anzugeben.

No. 8911 von Königsberg. Rother, fein- bis mittelkörniger glimmerarmer Granit mit fast schwarzem Quarz.

Nicht sicher bestimmbar. Aehnelt den Åländischen Ganggraniten.

No. 8917 von Königsberg. Blassrother feinkörniger Granit mit grossen Krystallen von Feldspath, dunkelm Quarz, etwas Hornblende, mit Andeutung von Rapakiwi-Struktur.

Wahrscheinlich von Åland.

No. 9370 von Königsberg. Grobkörniger hellrother Granit mit deutlicher Rapakiwi-Struktur.

Åland.

No. 8906 von Königsberg. Grob- bis mittelkörniger hellrother Granit mit Hornblende und mit hellem und dunklem Quarz.

Åland.

No. 8907 von Königsberg und No. 7248 von Lyck. Rother feinkörniger Granit mit vereinzelten grösseren Feldspath-Krystallen; in Drusenhöhlungen sitzen Krystalle von Feldspath, Quarz und Flussspath.

Åland oder Vesternorrland.

No. 8915 von Königsberg. Mittelkörniger rother Gneiss mit viel Feldspath und mit einem gelben Verwitterungsprodukt.

Wahrscheinlich von Norrland.

No. 8895 von Königsberg. Gleicht dem vorigen, ist aber bedeutend stärker verwittert.

Vielleicht von Norrland.

No. 8909 von Königsberg. Grobkörniger rother Granit mit dunkelm Quarz und ausserordentlich viel Hornblende.	Aehnelt einigermassen einem der Åländischen Granite.
No. 7848 von Mohrungen in Ostpreussen. Rother, mittelkörniger, prophyrartiger Granit.	Gleicht dem porphyrartigen Granit von Dalarne.
No. 7896 von Heiligenbeil, Ostpreussen. Rapakiwi mit 1—2 Zoll langen Feldspathkrystallen, die mit einem schmalen Ring hellgrauen Feldspathes umgeben sind.	Finland.
Die übrigen Granite sind fein- bis grobkörnig, roth oder grau, mit oder ohne Augenstruktur. Einige derselben gleichen gewissen Småländischen Graniten, sind aber doch nicht mit Sicherheit bestimmbar. Die meisten Proben stammen von Königsberg und Rauschen; die übrigen von den nämlichen Fundorten, wie die Gneisse.	
34 Proben von **Pegmatit**, von denselben Fundpunkten.	Das Heimathsgebiet kann nicht bestimmt werden.
53 Proben von **Porphyr**, meist von den gleichen Lokalitäten. Die bemerkenswerthesten sind:	
No. 8900 von Königsberg. Rother Quarzporphyr; in der dichten dunkelrothen Grundmasse liegen grosse runde Quarzkörner und hellrothe Feldspathkrystalle.	Åland.
No. 5782 von Rauschen. In einer feinkörnigen stark verwitterten graugelben Grundmasse liegen grosse verwitterte Feldspathkrystalle mit runden oder eckigen grauen Quarzkörnern.	Gleicht im Habitus einigermassen dem porphyrartigen Granit von Åland.
No. 7203 von Elbing in Westpreussen. Quarzporphyr mit kleinen Einschlüssen eines schwarzen Gesteins. Kleines schlechtes Handstück.	Vielleicht von Åland?

No. 2025 und 5646 von Lyck, No. 5762 und 5786 von Rauschen, No. 7300 von Wormditt und No. 8887 von Königsberg. Rother Quarz-Porphyr. Grundmasse dicht mit kleinen runden oder eckigen dunkeln Quarzen und sehr kleinen spärlichen hellrothen Feldspath-Krystallen.	
No. 8805, 8884, 8894, 8897, 8913 und 8914 von Königsberg und No. 7829 von Pr. Stargardt in Westpreussen. Porphyr mit brauner Grundmasse, sehr zahlreichen kleinen gelbrothen Feldspath-Krystallen und sehr kleinen dunkeln Quarzkörnern.	Gleichen im allgemeinen Habitus dem Elfdalener-Porphyr, sind aber nicht besonders typisch. „Rother" und „schwarzer Orrlok" haben ungefähr gleiches Aussehen, aber es fehlt ihnen der Quarz.
No. 2065 von der Kurischen Nehrung, Ostpreussen. Rothe Grundmasse mit gelben und rothen Feldspath-Krystallen.	Dala-Porphyr „Kåtilla".
No. 7832 von Pr. Stargardt, Westpreussen. Dunkle Grundmasse mit kleinen rothen Feldspath-Krystallen.	Gleicht einigermassen dem Dalaporphyr „Mjügen".
No. 5768 von Rauschen im Samland. Braune Grundmasse mit hellen Feldspath-Krystallen und spärlichen Quarzen.	Gleicht im allgemeinen Habitus dem Dalaporphyr, ist aber nicht besonders typisch.
No. 5640 und 5708 von Thorn in Westpreussen. Rothe Grundmasse, hellgrüner Feldspath.	Vielleicht von Dalarne.
No. 2243 von Heilsberg in Ostpreussen. Rothe Grundmasse, hellrothe Feldspath-Krystalle.	Vielleicht von Dalarne.
No. 7854 von Heilsberg. Dunkel graubraune Grundmasse, hellere grünliche Feldspath-Krystalle.	Vielleicht von Dalarne.
No. 5720 von Thorn. Braunrothe flasrige Grundmasse; kleine rothe Feldspath-Krystalle.	Dalarnes „Loka-Risberg".
No. 2411 von Königsberg. Braungraue dichte Grundmasse, bohnenförmige kleine Feldspath-Krystalle und blaue Quarze.	Småländischer Gangporphyr.

Unter den übrigen Porphyren finden sich viele mit felsitischer Grundmasse, welche nicht bestimmbar sind; ausserdem granitartige Porphyre, Diorit- und Diabas-Porphyr, theils von in Schweden unbekanntem Typus, theils solchen Gesteinen gleichend, welche als lose Blöcke im westlichen Norrland und anstehend an vielen anderen Stellen in Schweden auftreten. Einige der Handstücke gleichen gewissen Porphyren in der durch Feddersen aus Jütland mitgebrachten Geschiebesammlung.

1 Probe (No. 1501) eines grünen Gesteins aus dem Samland.

Gleicht dem „Phonolith" von Dalarne.

20 Proben von Diabas, von welchen 6 Stücke dem sogenannten Åsby-Typus angehören, nämlich:

No. 5890 von Darkehmen, Ostpreussen. Kleines schlechtes Handstück mit röthlichem Feldspath.

No. 7194 von Elbing, Westpreussen. Grobkörniger typischer Åsby-Diabas.

No. 5796 von Rauschen, Ostpreussen. Mittelkörnig.

No. 7468 von Mohrungen in Ostpreussen. Kleines verwittertes Stück, mittelkörnig, mit etwas röthlichem Feldspath.

No. 6979 von Heiligenbeil, Ostpreussen. Feinkörnig, typisch. Nach Angabe des Etiketts ist das Gestein durch Verwitterung oberflächlich schalenförmig abgesondert.

No. 7317 von Landsberg in Ostpreussen. Spaltenausfüllung von Augit, Chlorit etc. in feinkörnigem Diabas, wie bei den Spaltenausfüllungen, welche man oft in dem Diabas von Vesternorrland antrifft.

Von welchen der bekannten Fundorte des Åsby-Diabas (Dalarne, Jemtland, Vesternorrland, Helsingland, Gestrikland etc.) diese Geschiebe stammen, dürfte wahrscheinlich selbst bei mikroskopischer Untersuchung nicht zu entscheiden sein.

Die übrigen Diabas-Proben bestehen zumeist aus schwarzem feinkörnigem bis dichtem Trapp: viele sind von eigenthümlicher Art. aber bis auf Weiteres unbestimmbar. Ausserdem finden sich einige Proben von groben, Gabbro ähnlichen Gesteinen.

26 Proben von **Mandelstein** und ähnlichen Felsarten. Darunter sind hervorzuheben:

No. 4170 von Kruglanken, Ostpreussen. Verwittert; Grundmasse anscheinend braun; Mandeln von rothem feinkörnigem Feldspath und grünem Chlorit. Wahrscheinlich von Gefle.

Unter den Mandelsteinen haben mehrere grosse Aehnlichkeit mit solchen, die als Geschiebe auf Gotland vorkommen, deren Heimath gleichfalls unbekannt ist.

33 Proben von **Sandstein** und **Conglomerat.** Unter den Sandsteinen gleichen 3 Stücke dem rothen Sandstein von Dalarne und Norrland, nämlich No. 8791 von Königsberg, No. 5834 von Mehlauken, No. 5820 von Rauschen, sämmtlich ostpreussische Fundorte.

Viele der Sandsteine und Conglomerate gleichen dem Sandstein vom Kalmarsund, sowie gewissen Varietäten aus der Sparagmit-Formation und Visingsö-Formation von Småland.

Ferner gleichen No. 2179 aus Ostpreussen, No. 7840 von Wormditt und No. 9378 von Memel sehr dem Phosphorit-Conglomerat von Gislöf in Schonen; aber die Kugeln scheinen nicht wie bei dem letzteren aus Phosphorit zu bestehen.

Unter den übrigen Sandsteinen und Conglomeraten gleichen viele cambrischen, silurischen und noch jüngeren Gesteinen Schwedens, doch ist es unmöglich, ihre Heimath zu bestimmen.

Ausser den vorstehend aufgezählten Proben, finden sich noch 14 Stücke sedimentären und körnigen Kalksteines, verschiedene schieferartige Gesteine etc., deren Ursprung nicht bestimmt werden kann.

Wie aus dem Obigen hervorgeht, bestehen die allermeisten Geschiebe aus Felsarten, welche in weiten Gebieten Schwedens gemein sind, und deren Herkunft folglich nicht mit grösserer Sicherheit bestimmt werden kann. Nur diejenigen Granite und Porphyre, welche, wie oben angegeben, von Åland, Finland, Dalarne und Vesternorrland (die beiden letztgenannten Landschaften liegen im mittelsten Schweden) herstammen, nur diese sind hinreichend charakteristisch, um als Leitgeschiebe dienen zu können. Alle übrigen indessen, vielleicht mit ein Paar Ausnahmen, können von der östlichen Küste Schwedens herstammen.

Ueber Tertiaerpflanzen von Grünberg in Schl. aus dem Provinzial-Museum zu Königsberg in Pr.

Von

Hermann Engelhardt,

Oberlehrer in Dresden.*)

Ueber die mir zur Bestimmung freundlichst übersendeten Tertiaerpflanzen aus dem plastischen Thone von Grünberg habe ich Folgendes zu berichten:

Obgleich mir eine immerhin ansehnliche Zahl von grösseren und kleineren Thonstücken vorlag, so vermochte ich doch nur wenige Arten nachzuweisen, weil die Blattreste zweier tertiaerer Bäume auf ihnen fast allen Raum in Anspruch nehmen, nämlich die von Ficus tiliaefolia Al. Br. sp. und Alnus Kefersteinii Göpp. sp. Erstere sind in allen Grössen, welche verschiedene Alter repräsentiren, vertreten, ganz wie es die Funde von Sagan zeigten, die mir früher von anderer Seite zur Bestimmung übergeben worden waren. (Vgl. Sitzgsb. d. naturw. Gesellsch. Isis in Dresden. 1877. S. 18—20.) Hier wie dort liegen sie nicht vereinzelt neben-, sondern oft vielfach über- und durcheinander, zuweilen förmliche Schichten bildend. Da sie auch an von Göppert untersuchten Arten (Vgl. Palaeontogr. II.) in reichlicher Zahl auftreten (von ihm Ficus aequalifolia und F. grandifolia genannt), so muss nothwendiger Weise geschlossen werden, dass diese Art zur Tertiaerzeit im Gebiete des heutigen Niederschlesiens die verbreitetste und in Menge von Exemplaren auftretende Art gewesen ist. Die Blätter der anderen Art bieten eine wahre Musterkarte von Formen dar, zeigen sich aber leider nur selten am Rande gut erhalten, während die Nervation fast nichts zu wünschen übrig lässt.

Die übrigen Pflanzenreste treten nur vereinzelt auf. Von Phragmites oeningensis Al. Br. (auch von Sagan nachgewiesen) sind Blattfetzen, einmal mit dem Pilze

---

*) Vergl. Sitzungsber. phys.-oek. Gesellsch. 186 p. 20. Die betr. Blattabdrücke sind vom Königl. Oberbergamt Breslau der Gesellschaft geschenkt und „sämmtlich von Grünberg in einer Thonlage im unmittelbaren Hangenden des 2 Lachter mächtigen Braunkohlenlagers."

Ueber die Lagerung der dortigen Schichten vergl. Giebelhausen, Zeitschr. f. Berg-, Hütten- und Salinenwesen. Bd. XIX. und Berendt, das Tertiaer im Bereiche der Mark Brandenburg, Sitzungsbericht d. K. preuss. Akad. d. W. zu Berlin vom 30. Juni 1885.

Sphaeria Trogii Heer besetzt, und Rhizomstücke vorhanden. Interessant sind die langen Bänder von Potamogeton amblyphyllus Beck, a ch ein Kätzchen von Juglans, das die Staubgefässe noch erkennen liess und, weil Juglans bilinica Ung bei Sagan nachgewiesen werden konnte, vielleicht zu dieser Art gehört; sonst waren nur noch Juncus retractus Heer, ein Fragment von der Einzelfrucht des Acer otopterix Göpp. (von Göppert irrthümlicher Weise zu Acer giganteum gezogen) und Rindenstücke mit einer Rhizomorpha-Art zu beobachten, wenn ich von einem Käferflügel, der jedenfalls einem Rüssler zuzusprechen ist, völlig absehe.

Die Hauptvertreter dieser Florula sind vom Tongrien bis zur Oeninger Stufe vielfach nachgewiesen worden, Juncus retractus Heer kennt man aus dem Aquitanien und Helvetien, Potamogeton amblyphyllus Beck nur aus dem Oligocän Sachsens. (Vgl. Beck, Das Oligocän von Mittweida. Zeitschr. d. Deutschen geol. Gesellsch. 1882. S. 756. Tfl. 31. Fig. 7.)

Einen Schluss auf das geologische Alter der Schichten, die diese Reste einer untergegangenen Pflanzenwelt in sich bergen, zu machen, ist nur erlaubt, wenn wir anderwärts in Niederschlesien gefundene Reste mit zu Hilfe nehmen. Da zeigt sich dann sofort, dass diese mit Schossnitz nicht zu vereinen sind. Amenoneuron Noeggerathiae Göpp. und Pterocarpus giganteum Göpp. sp. können nur tropische Formen sein; Apocynophyllum helveticum Heer, Daphnogene Ungeri Heer, Anona cacaoides Zenk. sp., Potamogeton amblyphyllus Beck sind in Deutschland nur im Oligocän gefunden worden, Osmunda Heeri Gaud. in der Schweiz nur im Aquitanien.

Wenn nun bei der geringen Zahl von Arten, die man aus dem niederschlesischen Tertiaer bisher kennen gelernt hat, eine immerhin grosse Anzahl auf das Oligocän hinweisen, so wird es sehr wahrscheinlich, dass man es mit einer oligocänen Flora zu thun hat, freilich, wenn man die übrigen Reste mit berücksichtigt, mit einer, die wahrscheinlich das Ende dieser Zeit bezeichnen dürfte.

Ueber Fern- und Druckwirkungen.

Vortrag,
gehalten in der physikalisch-ökonomischen Gesellschaft zu Königsberg in Pr. am 4. November 1886
von

Paul Volkmann.

Der vorliegende Gegenstand ist zwar abstrakt, aber nicht ohne Interesse. Veranlassung zur Wahl desselben gab mir die Wahrnehmung, dass die Frage nach den in der Natur wirkenden Kräften — ob Druck- ob Fern-Kräfte — in den letzten Decennien physikalischer Forschung in ein neues Stadium getreten zu sein scheint. Eine völlige Erledigung haben die einschlagenden Fragen bisher nicht gefunden, ja ein Theil der Physiker steht noch mit Abneigung derartigen Untersuchungen gegenüber.

Die folgende Darstellung will über den vorliegenden Stoff berichten. Insofern der ganze Gegenstand der mathematischen Physik angehört, auf der einen Seite also eine mathematische Behandlung fordert, auf der andern aber gerade hier eine solche vermieden werden soll, wird man nicht mehr erwarten dürfen, als die Gesichtspunkte angedeutet zu finden, nach denen die Forschung in dieser Richtung sich bisher entwickelt hat und vielleicht noch entwickeln wird.

Das umfangreiche Gebiet der physikalischen Erscheinungen ist bisher zu einem Theil auf Druckwirkungen, zu einem anderen auf Fernwirkungen zurückgeführt. Es lässt sich nicht leugnen, dass die Druckwirkungen unserem Anschauungsvermögen näher stehen. Die Undurchdringlichkeit sei es der Materie, sei es der kleinsten Theile derselben, vermöge der an derselben Stelle des Raumes nicht gleichzeitig zwei ponderable Massen sich befinden können, zwingt uns z. B. die Möglichkeit von Stössen auf, und diese geben die Mittel zur grobsinnlichsten Anschauung einer Druckwirkung.

Die Annahme von Fernwirkungen steht hingegen unserem Anschauungsvermögen unvermittelt gegenüber. Wenn wirklich zwei Himmelskörper durch den leeren Raum hindurch in die Ferne auf einander einwirken, so scheint es von vornherein ausgeschlossen, dass unser Causalitätsbedürfniss in irgend einer Auffassung dieses Vorgangs jemals seine Befriedigung wird finden können. Wir können ja die Gesetze aufstellen, nach denen die Bewegung der Himmelskörper vor sich geht, aber dem wahren Grunde der Erscheinung sind wir darum keinen Schritt näher gekommen. Wir lernen uns bescheiden, wie das schon früher, in neuerer Zeit zumal von Kirchhoff betont ist, die in der Natur vorkommenden Erscheinungen zu beschreiben — Vollständigkeit und Einfachheit dabei als oberstes Ziel einer wissenschaftlichen Darstellung im Auge behaltend.

Historische Thatsache ist nun, dass wir der Einführung von unvermittelt fernwirkenden Kräften in die theoretischen Speculationen seit Newton eine Epoche der Physik verdanken, welche bis in die neueste Zeit hineinreicht. Es wird daher naturgemäss sein, mit den Fernwirkungen zunächst der ponderabeln Materie zu beginnen.

In der Natur haben wir es mit ausgedehnten Massen zu thun. Die Kräfte solch ausgedehnter räumlich getrennter Massen auf einander werden sofern die Kräfte durch die Entfernung bedingt sind, von der Anordnung der Masse im Raum, bei homogener Dichtigkeit also von der geometrischen Gestalt der Massen abhängen. Es wird alles darauf ankommen, das Gesetz für die Wirkung zweier Massenelemente, Massenpunkte auf einander, das Elementargesetz für die Wirkung ponderabler Massen abzuleiten, vorausgesetzt, dass es gestattet ist von der Wirkung der Theile durch einfache Summation zu der Wirkung des Ganzen überzugehen.

Es bedurfte eines Genies das Problem in dieser Weise zu fassen — und damit nicht genug — sich auch analytisch die Mittel zu schaffen vom unendlich Kleinen zum Endlichen, von den Elementarwirkungen zu den Totalwirkungen überzugehen. Newton war es, der das Elementargesetz der Wirkung der ponderabeln Materie nach dem umgekehrten Verhältniss des Quadrats der Entfernung und nach der Proportionalität der als Quantität der Trägheit definirten ponderabeln Massen aufstellte, der durch Erfindung der Infinitesimalrechnung d. h. der Differential- und Integral-Rechnung die Mittel schuf, aus der Wirkung der Massenelemente aufeinander die Wirkung endlich ausgedehnter Massen durch Integration berechnen zu können.

Es ist sicherlich die Ableitung des Gravitationsgesetzes aus den Keplerschen Gesetzen der grösste und weittragendste Schritt, welcher im Gebiet der physikalischen Forschung je gemacht ist. War einmal das Gravitationsgesetz für die Wirkung ponderabler Materie richtig erkannt, dann lag es nahe in demselben einen Leitstern für die physikalische Forschung nach den Gesetzen anderer Fernwirkungen zu erblicken, so der Wirkung electrostatischer und magnetischer Massen.

Newton war seiner Zeit soweit vorausgeeilt, dass es erst eines Jahrhunderts bedurfte, bis Coulomb für die Wirkung dieser eben erwähnten imponderabeln Massen das nach ihm benannte Gesetz aufstellte und erkannte, ein Gesetz, welches eigentlich mit dem Newtonschen vollkommen identisch ist, es erheischte nur die imponderable Masse eine Definition, in der man auf die mechanische Krafteinheit zurückzugehen hatte. Dabei wurden in Folge der hier auftretenden anziehenden und abstossenden Kräfte positive und negative Massen unterschieden, eine Bezeichnungsweise, die in Folge ihrer Bequemlichkeit bis auf den heutigen Tag beibehalten ist, aber nicht in der Natur der Sache ihren Grund hat. Ferner boten die magnetischen Fluida die Schwierigkeit, dass dieselben in den kleinsten Theilen der ponderabeln Materie stets vereint in gleichen Quantitäten vorkamen, nicht aber einzeln auf einen Körper übertragen werden konnten.

Ganz neue und bis dahin ungeahnte Gebiete sollten der Physik durch die Entdeckung des Galvanismus am Ende des vorigen Jahrhunderts erschlossen werden.

1820 führte ein Zufall auf die Entdeckung der Einwirkung galvanischer Ströme auf eine Magnetnadel. Die Einwirkung auch galvanischer Ströme unter einander war dadurch sehr wahrscheinlich gemacht und wurde von Ampère aufgefunden.

Die Fruchtbarkeit der Newtonschen Principien war damals vollkommen erfasst, es durfte nicht lange dauern, bis auch für die zwischen galvanischen Strömen und Magneten bestehenden sogenannten electromagnetischen Kräfte und für die zwischen galvanischen Strömen unter einander bestehenden sogenannten electrodynamischen Kräfte das Gesetz der Elementarwirkung aufgestellt war. Die umgekehrte Proportionalität mit dem Quadrat der Entfernung lag der Analogie mit den Elementargesetzen von Newton und Coulomb nahe und erwies sich auch hier als richtig. Es traten aber weiter hier neue Gesichtspunkte hinzu: Die Bedingungen für das Newtonsche und Coulombsche Gesetz waren punktförmige Massen in einer bestimmten Entfernung von einander. Durch zwei Punkte ist nur eine feste Richtung die der Verbindungslinie gegeben, wie konnte also nach dem Satz vom zureichenden Grunde die Kraft anders, als in der Richtung der Verbindungslinie wirken. Die Elemente, durch welche die electromagnetischen und electrodynamischen Wirkungen bedingt sind, verhalten sich anders; die Stromrichtung fordert hier ein Stromelement als Linienelement zu fassen.

Bei einer elektromagnetischen Elementarwirkung ist daher abgesehen von der Grösse und Richtung der Verbindungslinie auch der Winkel der Richtung des Stromelements mit der Verbindungslinie, ferner die Ebene, in der Stromelement und Verbindungslinie liegen und damit auch die Senkrechte auf dieser Ebene gegeben.

Die Beobachtung entschied — seltsam genug aber darum von um so grösserer Wichtigkeit — dass die elektromagnetische Wirkung in dieser Senkrechten stattfände. — Die drehende Bewegung unserer Dynamomaschinen beruht darauf — die Richtung der Wirkung innerhalb dieser Senkrechten gab eine Regel von Ampère an, die Abhängigkeit der Wirkung endlich von der Neigung der Stromelemente gegen die Verbindungslinie wurde von Biot und Savart, bezw. Laplace festgesetzt.

Bei einer elektrodynamischen Elementarwirkung ist abgesehen von der Grösse und Richtung der Verbindungslinie auch der Winkel, den jedes der Stromelemente mit der Verbindungslinie sowie der Winkel der Stromelemente gegeneinander, ferner zwei Ebenen, in denen je eines der Stromelemente und die Verbindungslinie liegt und damit auch die beiden Senkrechten auf diesen Ebenen gegeben.

Es war Ampère, der, nachdem er überhaupt die electrodynamische Fernwirkung entdeckt, zuerst auch ein Elementargesetz für dieselbe aufstellte. Danach fand die Wirkung wieder in der Richtung der Verbindungslinie statt, ausserdem wurde die Abhängigkeit von den verschiedenen Winkeln, welche oben angeführt sind, gegeben.

Bei der Aufstellung dieser Elementargesetze für die electromagnetischen und electrodynamischen Wirkungen ist aber noch ein weiterer Gesichtspunkt zu erwägen. In allen Beobachtungen, auf welche sich diese Elementargesetze gründeten, war mit geschlossenen Strömen beobachtet worden. Es ist fraglich, ob man ein Stromelement als solches isolirt vom übrigen Strom betrachten darf und ob diese Elementargesetze die einzig möglichen sind.

Die Trennung eines Stromelementes vom übrigen Strom, der in sich geschlossen ist, war jedenfalls nur eine analytische Operation ohne jede physikalische Bedeutung, und so durften in der That diese Elementargesetze nicht als die einzig möglichen betrachtet werden. In der That ist z. B. von Grassmann ein electrodynamisches Elementargesetz aufgestellt, nach dem die Wirkung nicht in die Richtung der Verbindungslinie fällt, welches aber auf geschlossene Ströme angewandt zu denselben Resultaten führt.

So kam es denn im weiteren Verlauf vielmehr darauf an Ausdrücke für die electromagnetischen und electrodynamischen Wirkungen aufzustellen, welche in der einfachsten Weise gleich auf geschlossene Ströme sich bezogen. Dieses leisteten die sogenannten electromagnetischen und electrodynamischen Potentialausdrücke, Ausdrücke von der weittragendsten Bedeutung für die Wissenschaft, auf welche nicht näher eingegangen werden kann, nur darf hier nicht unerwähnt bleiben, dass wir dieselben unserem berühmten Ehrenmitgliede F. E. Neumann verdanken.

Nach Aufstellung dieser einzig durch die Erfahrung geforderten Ausdrücke für die Wirkung geschlossener Ströme konnte dann rückwärts wieder der Versuch gemacht werden möglichst einfache Elementargesetze zu finden. Helmholtz unternahm solche Untersuchungen, gleichzeitig bemüht electrische Bewegungen zu realisiren, welche ungeschlossenen Strömen — Stromelementen gleichkommen. Das von ihm aufgestellte Potentialgesetz liefert nicht nur Kräfte in der Richtung der Verbindungslinie, sondern auch Drehungsmomente der Elemente auf einander.

Wir haben hier noch einer anderen Auffassung der electrodynamischen Fernwirkungen zu gedenken. Durch das Bestreben eine Theorie des Galvanismus auf die Electrostatik zu begründen — wie es in der Mitte dieses Jahrhunderts sich geltend machte — wurde gleichzeitig bedingt, die Kräfte zwischen Stromelementen auf Punktkräfte zurückzuführen. Dann aber mussten ganz neue Momente in das Elementargesetz treten. Hatte man den electrischen Strom zu fassen als Bewegung electrostatischer Massen in gewissen Richtungen, so konnten als neu die Geschwindigkeiten, ja die Beschleunigungen dieser Massen in das Elementargesetz eingeführt werden. Die Aufstellung solcher Gesetze konnte wieder mit gewisser Willkür erfolgen, so lange man dabei nur auf Beobachtungen geschlossener Ströme zurückging. So stellten W. Weber, Riemann, Clausius Grundgesetze auf, in denen sei es die Entfernungsgeschwindigkeit d. i. die Geschwindigkeit, mit der sich die Entfernung ändert, sei es die relative, sei es endlich die absolute Geschwindigkeit der Theilchen eine Rolle spielt. Auf der einen Seite führten diese Gesetze zu mechanisch schweren Bedenken, theilweise wurde das Princip der Gleichheit von actio und reactio aufgegeben, theilweise die Möglichkeit eröffnet ins Unbegrenzte Arbeit zu schaffen. Auf der andern Seite aber hatte die Aufstellung dieser Gesetze das Gute zu neuen experimentellen Untersuchungen anzuregen, so ergab sich z. B. das Beobachtungsresultat, dass mechanisch fortgeführte Electricität, wir sagen electrische Convection wirklich electrodynamisch wirksam ist.

Die weiter an diese Gesetze knüpfende Discussion hat dann immer mehr auf die Nothwendigkeit hingewiesen, nicht blos von einer Fernwirkung durch den leeren Raum zu sprechen, sondern auch das Zwischenmedium als solches in den Kreis der Betrachtung zu ziehen.

Ich muss es mir hier versagen auf diese ebenso interessanten wie geistvollen Speculationen einzugehen, durch welche sich an die erwähnten Grundgesetze anknüpfende Erörterungen auszeichneten. Es konnte mir hier nur darauf ankommen vorzuführen, einer wie mannigfachen Entwickelung der Begriff der Fernwirkung fähig ist. Ebenso würde es mich zu weit von meinem Gegenstande abbringen, wollte ich hier auch die sogenannten Inductionserscheinungen in den Kreis meiner Betrachtung ziehen. Vom Newtonschen Standpunkt hat man in denselben eben auch nur eine aus der Ferne wirkende electromotorische Kraft zu sehen.

Ich will mich jetzt vielmehr zu Erscheinungen wenden, welche geeignet sind den Uebergang von Fernwirkungen zu Druckwirkungen zu finden:

Das Gesetz von der umgekehrten Proportionalität mit dem Quadrat der Entfernung kommt auch noch in anderen Gebieten der Physik vor. Wir wissen, dass die Intensität der Lichtstrahlung ebenso wie der Wärmestrahlung durch den leeren Raum im umgekehrten Quadrat der Entfernung abnimmt, eine Thatsache, die mit der geometrischen Anschauung in unmittelbaren Zusammenhang gebracht werden kann, ein Vorgang, der zu den Fernwirkungen im Sinne des Newtonschen Gesetzes eine vollkommene Analogie bildet. Nun aber hat man von jeher Anstoss daran genommen, wie sinnlich so wahrnehmbare Erscheinungen, wie die Licht- und Wärmestrahlung, durch einen leeren Raum sich fortpflanzen könne; man glaubte daher hier schon lange der Annahme eines Zwischenmediums zu bedürfen, um sich die Fortpflanzbarkeit der Strahlung vorstellen zu können. Dieses Bedürfnis trat ebenso in der Emanationstheorie, nach der, sei es Licht, sei es Wärme, von dem strahlenden Körper durch kleine Particel mit sehr grosser gradliniger Geschwindigkeit in die Ferne vermittelt wird, wie in der Undulationstheorie auf, nach der sich das vermittelnde Medium selbst im Schwingungszustand befindet.

So wurde der Begriff des Äthers in die Wissenschaft eingeführt. Allenthalben vorhanden und doch unseren Sinnen nirgends zugänglich, ergaben sich grosse Elasticität, geringe Dichte und dabei Incompressibilität als die Haupteigenschaften desselben, eine Verbindung von Eigenschaften, welche den Äther ebenso scharf von den gasförmigen, wie von den flüssigen und festen Zuständen der sinnlich wahrnehmbaren Materie unterschied.

Wenn wir uns nun fragen, wie es komme, dass bei so gleichen Gesetzen, wie sie die Änderung der Gravitation und die Intensität der Strahlung mit der Entfernung befolgen, der Vorgang der Strahlung die Einführung eines Zwischenmediums gefordert hat, und die Wirkung z. B. der Gravitation bisher ohne eine solche behandelt ist, so kann ich den Grund nur darin sehen, dass unser Körper zur Aufnahme der einen Einwirkung Organe hat, zur directen Aufnahme der anderen ihm aber solche fehlen. Die Physik hat uns längst gelehrt, unsere sinnlichen Wahrnehmungen ihrem objectiven Werth nach zu schätzen. Ebenso wie wir nur quantitativ unterschiedene Reize, als da sind Licht- und Wärme-Strahlen, durch verschiedene Organe aufnehmen und auf diese Weise als ganz verschiedene Qualitäten deuten, so können uns für die directe sinnliche Aufnahme irgend welcher anderer Kräfte Organe fehlen, dahin gehören die bisher betrachteten Fernwirkungen.

Nehmen wir nun aber auch für das Zustandekommen dieser Fernwirkungen ein Zwischenmedium als nothwendig an, dann geben wir eben die Möglichkeit einer directen Fernwirkung auf, dann haben wir es, wie bei der Licht- und Wärme-Strahlung in der That eben mit Druckwirkungen zu thun, welche räumlich und zeitlich auf einander folgend die scheinbare Fernwirkung zu Stande bringen.

Die Frage, ob die Gravitation und die anderen fernwirkenden Kräfte als Druckkräfte im eben erwähnten Sinn gefasst werden müssen, scheint der Beobachtung nicht unzugänglich. Wenn die Fernkräfte in analoger Weise Zeit brauchen zu ihrer Wirkung, wie man von der Fortpflanzungsgeschwindigkeit des Lichts spricht, dann erscheint mir die Annahme eines Zwischenmediums auch in der Theorie der Gravitation mit Nothwendigkeit geboten. Die Schwere auf der Erdoberfläche ist ganz geringen Änderungen durch die verschiedene Stellung des Mondes und der Sonne gegen den Horizont unterworfen. Würden wir nun z. B. beobachten, dass die Schwere ein Minimum wird in demselben Moment, in welchem wir den Durchgang der Sonne durch den Meridian beobachten, so müssten wir sagen: Die Wirkung der Gravitation pflanzt sich mit derselben Geschwindigkeit, wie das Licht fort. Es sind solche Instrumente angegeben und construirt worden, welche diese geringen Aenderungen der Schwere angeben sollen, am bekanntesten ist das Horizontalpendel von Zöllner, aber die bisherigen Beobachtungen scheiterten daran, dass das Instrument nicht hinreichend erschütterungsfrei aufgestellt werden konnte.

Wenn wir nun versuchen wollen die Fernwirkungen auf Druckwirkungen zurückzuführen, so haben wir zunächst die verschiedenen Druckwirkungen zu erwähnen, welche die theoretische Physik behandelt. Ich sagte schon am Anfang, dass die grobsinnlichste Anschauung zu einer Druckwirkung der einfache Stoss bietet. Aber mit diesem Stossbegriff kommen wir nicht weit, viel fruchtbarer ist der Druckbegriff, wie ihn die Elasticitätstheorie und die Hydrodynamik unter Berücksichtigung der Reibung bietet.

Wir sagen ein beliebiges Medium befindet sich im natürlichen Zustand, wenn keine Druckwirkungen im Innern derselden stattfinden. Ändern wir jetzt auf irgend eine Weise die Lage der Theilchen des Mediums gegeneinander, finden in irgend einer Weise jetzt Dilatationen und Compressionen statt, dann werden im Innern desselben elastische Druck- resp. Zugkräfte rege, welche die Tendenz haben den natürlichen Zustand wieder herzustellen. Es folgt so als die eine allgemeine Theorie der Druckwirkungen die Elasticitätstheorie; und in der That ist die Undulationstheorie der Licht- und Wärme-Strahlung so vom Standpunkt der Elasticitätstheorie aus begründet und entwickelt worden.

In der Elasticitätstheorie haben wir es mit unendlich kleinen Verschiebungen materieller Theile gegen einander zu thun, bei denen jeder Theil doch im Grossen und Ganzen an seiner Stelle bleibt. In der Hydrodynamik treten endliche Verschiebungen materieller Theile auf, bei denen die gesammte in Betrachtung kommende Masse im Grossen in Bewegung ist. Unter Berücksichtigung der Reibung entspringt hier der Druck aus der Geschwindigkeitsdifferenz benachbarter Theile.

In einem ganz andern Gebiete wurde zuerst gezeigt, wie hier das Problem in Angriff zu nehmen und analytisch zu behandeln sei. Fourier war es hierin ganz gleich dem grossen Newton, welcher in der Theorie der Wärmeleitung das Problem formulirte und analytisch löste.

War Newton bei den Fernwirkungen auf Elementarkräfte zurückgegangen,

d. h. auf die Wirkung zweier punktförmiger Massen, so liess sich bei dem — einer hydrodynamischen durch Reibung hervorgerufenen Druckwirkung analogen — Vorgang der Wärmeleitung das Problem nicht in gleicher Weise in Angriff nehmen, hier musste für die Wirkung innerhalb — wenn auch noch immer kleiner Räume — so zu sagen ein Pauschquantum genommen werden, ein Ansatz für das Resultat eines ziemlich complicirten Processes, dessen Zerlegung in Elementarwirkungen auf Schwierigkeiten stösst.

Dieser Ansatz in Fouriers Theorie der Wärmeleitung war der, dass die senkrecht durch ein Flächenelement im Innern eines der Wärmeleitung ausgesetzten Körpers strömende Wärmemenge proportional der Grösse des Flächenelements, der Temperaturänderung längs des Normalenelements zu dieser Fläche im Verhältniss zur Länge dieses Normalenelements sei.

Dieser Ansatz von Fourier bildet vollkommen das Analogon zum Gravitationsgesetz von Newton. Hatte Newton in der Erfindung der Infinitesimalrechnung auch die analytischen Mittel zur Verwerthung seines Gesetzes gegeben, so lieferte Fourier durch die nach ihm benannten Reihen vollständig die Mittel die aus der Natur seines Ansatzes sich ergebenden partiellen Differentialgleichungen zu lösen — eine That, die für die weitere Entwickelung der Physik ebenso wie der Mathematik von weittragender Bedeutung wurde. Rechnen wir von Newton eine Epoche der Physik, so beginnt mit Fourier eine zweite.

In der Theorie der Flüssigkeitsreibung tritt an Stelle der Temperaturänderung die Geschwindigkeitsänderung und es ist danach die normal zu einem Flächenelement in Folge der Reibung entstehende Druckwirkung proportional der Componente der Geschwindigkeitsänderung längs des Normalenelementes im Verhältniss zur Länge desselben. Die mathematische Formulirung ist also ganz dieselbe, nur die physikalische Deutung ist eine verschiedene.

Wenn wir nun daran gehen wollen die Fernwirkung durch die Druckwirkung zu ersetzen, werden wir in den allgemeinen Formeln der Elasticitätstheorie und der Hydrodynamik consequent alle fernwirkenden Kräfte ganz auszuschliessen haben.

Sir William Thomson hat 1842 gezeigt, wie vollkommen identisch die Electrostatik mit der Theorie der stationären Wärmeleitung begründet werden könne; wir wollen uns ausdrücken, wie die fernwirkenden Kräfte der Gravitation und der Electrostatik durch die durch Reibung entstehenden Druckkräfte der Hydrodynamik ersetzt werden können. Es wird genügen einige in der Electrostatik und Wärmeleitung analogen Begriffe anzudeuten, zugleich wird die künstliche Unterscheidung zwischen positiver und negativer Electricität dadurch in ein neues jedenfalls naturgemässes Licht gestellt. Ein positiv electrischer Körper entspricht danach einer Wärmequelle, ein negativ electrischer Körper einem Wärmeabzug, einer Kältequelle. Die positiv electrische Oberfläche eines Leiters einer Oberfläche, durch welche Wärme in den Körper strömt, die negativ electrische Oberfläche eines Leiters einer Oberfläche, durch welche Wärme aus dem Körper strömt.

Es würde nun der Versuch nahe liegen, auch die electromagnetischen und electrodynamischen Kräfte so in Beziehung zur Theorie der Wärmeleitung beziehungsweise der Hydrodynamik zu bringen. Solche Versuche sind nicht gemacht, dagegen liegt der Versuch vor, alle fernwirkenden Kräfte auf Elasticitätsdruck- und zugkräfte zurückzuführen.

Wir haben hier eines Mannes zu gedenken, dessen Originalität zu allen Zeiten ebenso bewundert werden wird wie seine Meisterschaft, eines Mannes, der in der Art seiner Forschung von seinen Zeitgenossen völlig unverstanden, die Welt mit einer Reihe Entdeckungen bereicherte, welche in ihrer Fruchtbarkeit noch in ferne Zeiten reichen werden — nicht allein für die Wissenschaft: Faraday. Es entspricht vollkommen dem Bildungs- und Entwickelungsgange dieses wunderbaren Geistes, wenn er unbekümmert um die thatsächlich vorhandenen Errungenschaften und Begriffe der Wissenschaft so zu sagen von vorne anfing. Eben darum, weil Faraday nicht mit gebräuchlichen Begriffen und Bezeichnungen operirte, konnte es nicht ausbleiben, dass seine Mitwelt eigentlich nur seine Entdeckungen hinnahm und nicht danach fragte, wie er sie gefunden.

Es ist das Verdienst Maxwells uns Faraday näher geführt, seine Sprache so zu sagen in die uns geläufige von Newton ererbte übertragen, seine Ableitungen mathematisch formulirt zu haben. Es hat sich durch Maxwells Forschung die in der Geschichte der Physik jedenfalls beispiellose Thatsache herausgestellt, dass Faraday, ohne selbst Matthematiker zu sein, sich einer so präcisen Ausdrucksweise bedient, dass sie Schritt für Schritt einer mathematischen Formulirung vollkommen gleichwerthig ist; dabei operirt Faraday mit Begriffen, die in ihrer Wichtigkeit bis dahin nur eine mathematische Behandlung des Gegenstandes erkannt hatte — ich denke an die Rolle, welche bei ihm der Begriff des Potentials spielt.

Faraday's Sprache entspringt einer unmittelbaren Anschauung. Wo Newton fernwirkende Kräfte zwischen zwei Massen setzte, da sah Faraday schon durch Anwesenheit einer wirkenden Masse in dem unermesslichen Raum ein Kraftfeld, durch Kraftlinien erfüllt und diese gaben ihm eine vollkommen übersichtliche Anschauung über die Kraftvertheilung im Raume, d. h. über die Kraftwirkung auf andere Körper innerhalb des Kraftfeldes. Die Beobachtung hat diese Kraftlinien in ihrem Verlauf festzustellen und die Angabe derselben bei Existenz eines Massenelements, allgemeiner eines Wirkungselements ersetzt bei Faraday vollkommen die früher erwähnten Elementargesetze der fernwirkenden Kräfte.

Für gravitirende, electrostatische, magnetische Punktmassen verlaufen die Kraftlinien geradlinig von den Punktmassen aus nach dem Unendlichen. Die electromagnetischen Kraftlinien eines geradlinigen Stromes sind concentrische Kreise, deren Centrum in der Axe des Stromes liegt und deren Ebene senkrecht zu derselben steht. Im Falle eines magnetischen Kraftfeldes lassen sich die Kraftlinien in einfacher Weise zur Darstellung bringen. Man streue Eisenfeilspäne auf die Ebene eines gespannten Bogens Papier und halte einen Magneten dicht darunter; die Späne ordnen sich dann in Curven, welche mit Kraftlinien des Magneten nahe zusammenfallen.

Maxwell unternahm es in seinem berühmten Buch über Electricität und Magnetismus uns die Faraday'sche Theorie in mathematischer Form darzustellen. Hier wird die Fernwirkung durch elastische Druckwirkung vollkommen ersetzt. Das Zwischenmedium befindet sich danach in einem Zwangszustande. Es würde mich zuweit führen, hier die Art dieses Zwangszustandes für ein electrostatisches, magnetisches oder electromagnetisches Feld zu beschreiben. Es mag erwähnt werden, wie einfach sich von diesem Standpunkt Maxwell der Schlüssel zu einer electromagnetischen Lichttheorie ergab.

Ich will aber hervorheben, dass Maxwell in der Beschreibung dieses Zwangszustandes noch nicht den letzten Schritt zur Erkenntniss der Rolle sieht, welche das Zwischenmedium zur Erklärung der Fernwirkungen aus Druckwirkungen zu spielen hat. Es wird darauf ankommen festzustellen, wie der Zwangszustand innerhalb des Zwischenmediums zu Stande kommt und wie er erhalten bleibt. Es ist möglich, dass die Theorie der Molecularkräfte hier berufen ist einzugreifen; schon hat sich dieselbe unter Einführung der Annahme, dass die Molecularkräfte nur für unendlich kleine Entfernungen wirken, für alle endlichen Entfernungen aber verschwinden, in der sogenannten Capillaritätstheorie als sehr fruchtbar bewiesen.

Mit diesem Fernblick auf eine vielleicht noch zu durchlaufende Bahn will ich schliessen. Wenn es wahr ist, dass die Wissenschaft nach einheitlichen Principien und nach einer einheitlichen Darstellung ringen soll, so haben wir jetzt einen Standpunkt gewonnen, von dem dieses möglich erscheint.

Wie verschieden treten doch die mannigfachen Kräfte der Natur, sei es direct unseren Sinnen, sei es indirect durch ihre Wirkung auf äussere Erscheinungen uns entgegen. Hier erscheinen auf räthselhafte Weise Einwirkungen zwischen Himmelskörpern auf einander oder zwischen Magnet und Eisen nach Gesetzen, die lange gesucht werden mussten, dort wird momentan fast mit dem Auftreten einer Lichtquelle ein Lichtstrahl in unermessliche Entfernungen entsandt, hier erfolgt ein langsam stetiger Wärmeausgleich innerhalb eines Körpers, dort schlägt uns von einer fernen Wärmequelle im kalten Raume strahlende Wärme entgegen.

Wie mannigfach die Art der Erscheinungen, wie gross die Täuschung der Sinne, wie erhebend das Bewusstsein die Fülle der Räthsel, wenn auch nicht lösen, so doch nach einheitlichen Grundsätzen ordnen zu können!

Senecio vernalis W. et K. schon um 1717 in Ostpreussen gefunden.

Von

Rob. Caspary.

v. Klinggräff I. (2. Nachtrag zur Flora der Provinz Preussen 1866, 105) sagt: „Wahrscheinlich ist Senecio vernalis erst zu Anfang dieses Jahrhunderts von Osten und Süden her in das Gebiet (d. h. in die ungetrennte Provinz Preussen) eingewandert, seit 1826 von mir bei Marienwerder und schon einige Jahre früher von Lottermoser bei Rastenburg, von List bei Tilsit beobachtet."

Es liegt aber der Beweis vor, dass die Vermuthung, dass Senecio vernalis erst zu Anfang dieses Jahrhunderts nach Preussen eingewandert ist, unrichtig ist und dass die Pflanze bereits um 1717 in dieser Provinz und zwar in der Mitte von Ostpreussen bei Angerburg vom dortigen Probst Helwing gefunden ist.

Georg Andreas Helwing wurde 1691 Adjunkt seines Vaters, der Geistlicher in Angerburg war, 1725 Probst in Angerburg und starb 1748. Bei ihm hielt sich vom Frühjahr 1717 an längere Zeit der Student der Medicin Mathias Ernst Boretius, später Prof. ordinar. tertius der medicin. Facultät in Königsberg, der Botanik zu lesen hatte, starb 1738, auf, um bei Helwing, dem Verfasser der Flora quasi modo genita und der Florae campana und ausgezeichnetem Pflanzenkenner, botanische Kenntnisse sich zu erwerben. Boretius verfertigte 1717 unter Helwings Aufsicht Herbarien, die an verschiedene hervorragende Leute ausgegeben wurden. In den „Wochentlichen Königsbergischen Frag- und Anzeigungs-Nachrichten" vom Jahre 1737, No. 27, einer Zeitschrift, die über alle Dinge des praktischen Lebens, Handelssachen, Häuserbeleihungen, angekommene Schiffe, Wittinnen, polnische Juden u. s. w. Nachrichten gab, aber auch Abhandlungen der beträchtlichsten Gelehrten der Königsberg'er Universität, z. B. auch von Immanuel Kant, brachte, — in dieser Zeitschrift sagt Boretius in einer Abhandlung: „Von Nana oder Ananas und deren Frucht": ‚Nach diesen (d. h. den preussischen Botanikern Wigand, Wolff, Mentzel, Loesel, Gottsched) hat der in dieser Kunst (d. h. Botanik) hocherfahrene und unermüdete Herr M. Georg Andreas Helwing, jetziger wohlverordneter Probst in Angerburg, in den preussischen Wäldern, Gesträuchen und Feldern noch fast einst so viel aufgesuchet, so wie solches die unter seiner Aufsicht vor 20 Jahren verfertigte Herbaria viva, davon eines die Ehre hat in Sr. Königl. Majestät von Pohlen Königl. Bibliotheque in Dresden aufgehoben zu sein, stattsam an den Tag legen." Diese Abhandlung wurde 1737 veröffentlicht; die Herbarien sind mithin 1717 von Boretius angefertigt. Das, was der damaligb König von Polen und Sachsen erhielt, ist leider in Dresden 1848 bei der Revolution verbrannt, oder, wie es auch heisst, nach Petersburg gekommen. Eines wurde an den Stadtsecretär von Danzig: Jacob Theodor Klein gegeben. Drei sind in Königsberg, eins auf der königl. Bibliothek, eins in der städtischen und eins in der des königl. botanischen Gartens. Letzteres hat Carl August Hagen, Verfasser der Chloris bor. und Preussens Pflanzen besessen und ist vor Kurzem von dem Enkel Hagens, dem jetzigen Hofapotheker Hagen, dem königl. botan. Garten geschenkt worden. Es besteht in 5 dicken Bänden aus Schreibpapier in Schweinsleder gebunden in Fol., in denen die Pflanzen aufgeklebt, mit den langen Namen, die sie zu Helwings Zeit führten, versehen und meist auch von C. G. Hagens Hand mit den Linné'schen Namen bezeichnet sind. Auf Blatt 66 des IV. Bandes befindet sich ein 27 cm hohes bewurzeltes Exemplar von Senecio vernalis aufgeklebt, das 2 Hauptblüthenstengel gehabt hat, von denen einer sehr gut erhalten, der andere seines Blüthenstandes beraubt ist. Die Rosette von 10 Grundblättern ist gut erhalten. Beigeschrieben ist von Helwing oder Boretius: „Jacobaea Senecionis folio incano perennis Raji hist. 285." Nach Linné (Richt. Cod. Linn. No. 6282*) ist „Jacobaea Senecionis folio incano perennis Ray" Senecio silvaticus und darauf fussend hat C. G. Hagen eigenhändig zu dem Helwing'schen Exemplar den unrichtigen Namen hinangeschrieben: „Senecio silvaticus."

Da in dem Helwing'schen Herbar einige Gartenpflanzen sich befinden, liegt der Gedanke nicht gerade fern, dass auch dies Exemplar von Senecio vernalis einem Garten entnommen sei. Aber wie kann man sich vorstellen, dass zu jener Zeit Senec. vernalis in irgend einem Garten gebaut sei? Eine Zierpflanze ist er nicht und der Gedanke, dass er in einem botan. Garten als werthvoll für die Wissenschaft schon damals gezogen wurde, hat nicht das mindeste für sich. In dem Verzeichniss der im kurfürstl. Garten zu Königsberg gezogenen Pflanzen von Titius 1654 steht keine Pflanze, die darauf gedeutet werden könnte.

Jedoch beweist ein Umstand, dass jenes Exemplar des Senecio vernalis aus Angerburgs Umgegend entnommen ist. Im Suppl. der Flora quasi modo genita, welches Juni 1726 erschien, führt Helwing: „Jacobaea Senecionis folio incano perennis" auf und giebt als Fundorte bei Angerburg an: „Auf den Kohlischen und Ogonschen Aeckern in arenosis." Ich besitze das Exemplar des Suppl., welches einst Eigenthum des preuss. Floristen J. C. Wulff war und später C. G. Hagen gehörte. Auch hier hat Hagen an den Rand geschrieben: „Senecio silvaticus". Kehlen ist ein Dorf im Kreise Angerburg ½ Meile südlich von Angerburg am Schwenzait-See; „Ogonsche Aecker" sind ohne Zweifel die von Ogonken, einem Dorf 1 Meile südöstlich von Angerburg an demselben See. Die Standorte der Jacobaea Senecionis folio incano perennis des Probst Helwing stimmen vortrefflich mit Sen. vern.: „in arenosis" und „auf Aeckern" und die Blüthezeit „Majo" auch. Die Angabe: auf Aeckern, passt nicht gut auf Senecio silvaticus, der meist in Nadelwäldern, selten auf Feldern vor-

*) Das Citat von Ray hist. p. 258 ist in Bezug auf die Seitenzahl unrichtig; soll heissen 286.

kommt und die Blüthezeit „Majo“ auch nicht, da Senecio silvatic. von Ende Juli bis Herbst blüht.

Es liegt hier also klar der Fall vor, dass der ausgezeichnetste Pflanzenkenner einer Gegend, dies war C. G. Hagen für Preussen seiner Zeit, Senecio vernal. verkannt und falsch bestimmt hat, obgleich die Pflanze schon ein Jahrhundert früher in Preussen existirte. Kann dies nicht auch anderwegen geschehen sein? Und kann man sicher schliessen, wenn in einer Gegend bisher Senec. vernal. nicht beobachtet ist, aber ein Botaniker, der scharfsichtiger als seine Vorgänger ist, die Pflanze nun in ihr findet und richtig erkennt, dass die Pflanze nach jenem Ort eben eingewandert sei?

Dazu kommt, dass Sen. vern. ein sehr neckisches Auftreten hat, weil die Zahl, in der er erscheint, in den einzelnen Jahren sehr schwankt. Als ich 1859 nach Königsberg kam, fand ich vor dem Ausfallsthor, durch welches ich fast täglich gehe, um einen Spaziergang auf der Festungsfläche zu machen, einige wenige Exemplare der Pflanze; in den folgenden Jahren nahmen sie zu; in einigen Jahren waren manche Stellen der Wälle ganz gelb davon; dann verschwand die Pflanze wieder bis auf einzelne Exemplare. Wäre nun Jemand hinzugekommen, der die frühere Erfahrung nicht hatte, er hätte auf den Gedanken kommen können: jetzt wandert die Pflanze hier an diesem Orte ein. Dieselbe Erfahrung ist anderwegen gemacht, so in Schlesien und in Westpreussen. Dr. Bethke theilt mir mit, dass bei Pr. Friedland die Felder, besonders Kleefelder, so mit Senec. vern. zeitweise besetzt gewesen seien, als ob die Pflanze gesät worden war; dann ist sie wieder bis auf wenige Exemplare verschwunden. Dieselbe Beobachtung machte ich zwischen Hohenstein und Praust bei Danzig. 1878 hatte die königl. Regierung in Westpreussen befohlen, die Pflanze auszurotten und ich bekam von mehreren Orten der Kreise Rosenberg, Mohrungen, Marienwerder Exemplare mit der Anfrage zugeschickt, ob dies die zu vertilgende „Wucherblume“ sei? Ohne Zweifel würde sie auch in jenen Kreisen von selbst nachgelassen haben bedrohlich aufzutreten.

In Preussen ist mit richtiger Erkenntniss der Art Senecio vernalis 1822 von Lottermoser in Rastenburg, bei dieser Stadt gefunden, also in demselben Jahre, in dem er in Schlesien zuerst entdeckt ist. Aus dem Nachlass des Prof. Eysenhardt sind 12 Briefe Lottermosers an ihn gerettet; jetzt im Besitz des königl. botan. Gartens. In einem vom 12. Juni 1822 zeigt Lottermoser Prof. Eysenhardt von Rastenburg aus an, dass er Senecio vernalis daselbst gefunden habe und fügt hinzu: „Die beiden beikommenden Exemplare sind noch nicht die beiden äussersten Extreme der Varietäten auf trockenem und fettem Boden.“ Eysenhardt trug Senecio vernal. in Folge dessen in die handschriftliche Liste der merkwürdigeren bei Rastenburg wild wachsenden Pflanzen ein und veröffentlichte ihn (vergl. Eysenhardt. De accurata plantarum comparatione adnexis observationibus in florem prussicam. Diss. inaug. 12. Mai 1823 p. 14) als neu für Preussen mit einem i. v. dahinter. Wenn v. Klinggräff a. O. angiebt, dass auch List in Tilsit vor 1826 Senecio vernal. dort gefunden habe, so liegt mir kein Beleg vor, der dafür oder dagegen spricht und ich muss jene Angabe dahingestellt sein lassen. Ein Exemplar des Sen. vern. ist im hiesigen königl. Herbar von List bei Tilsit gesammelt vorhanden, aber leider, wie andere von Kannenberg bei Stuhm, von Albers bei Gumbinnen vor langer Zeit gesammelte ohne Zeitangabe. Die handschriftlichen Aufzeichnungen von List, eingetragen von ihm in ein mit

Schreibpapier durchschossenes Exemplar der Chloris bor., welche mir vorliegen, geben auch kein Datum für Senecio vern. bei Tilsit an. In Polen wird Sen. vern. zuerst 1824 von Schubert (catalogue des plantes du jardin bot. de Varsovie p. 227) mit dem Zusatz: „um Warschau", angegeben und Waga (Fl. polska II 1848 p. 414) sagt: „Wächst fast überall."

Aelter als der Name Senecio vern., der in den Icones plant. rar. Hung. von Waldstein und Kitaibel 1802 zuerst auftritt, sind einige Namen, die von Gilibert in Grodno gegeben und wahrscheinlich damit synonym sind und weil sie älter als die Bezeichnung von Waldstein und Kitaibel sind, Interesse wegen des Fundorts haben. Gilibert hat 1781 nach Ledeb. (Fl. ross. II) in seiner Fl. lithuan. inchoata III p. 201 und 202 der Pflanze die Namen Jacobaea sinuata und J. incana, ferner nach Georgi (Beschreibung des russ. Reichs III. 4. S. 1242) 1800 die Bezeichnung Senecio nebrodensis beigelegt. Leider fehlt mir gerade Theil III der Fl. lithuan. inchoa. von Gilibert, aber Jacobaea sinuata und incana führt er mit Beschreibungen wieder in Exercitia phytolog. von 1792, S. 165 und 166 auf. Es frägt sich, sind die Gilibert'schen Namen wirklich synonym mit Senec. vernal.? Da Gilibert zu seiner Jacobaea sinuata die Abbildung 401 von Barrelier Icon. pl. per Galliam, Hispaniam et Ital. observat. anführt, die Linné (Richt. Cod. Linn. 6283) zu Senecio nebrodensis zieht und Gilib. zur Jacobaea incana das Bild Barrelier's 262 mit dem Beisatz angiebt: bene exprimit illam (sc. Jacobaeam incanam) tabula Barrelieri 262, welche die alpine Senecio incana L. darstellt, so könnte man wegen dieser offenbar auf Sen. vern. nicht passenden Bestimmungen zweifelhaft werden, ob Gilibert wirklich Senecio vernalis bei Grodno gefunden habe, und nur unter jenen falschen Benennungen veröffentlicht. Seine Diagnosen der Grodno'er Pflanzen sind jedoch der Art, dass sie auf keine andern Pflanzen, die daselbst wachsen, bezogen werden können; auch passt die Blüthezeit Mai und Juni. Er scheint daher richtig anzunehmen, dass Gilibert schon um 1781 Senecio vern. gekannt hat, wenn er ihn auch in zwei Arten spaltete. Immer ist Giliberts Fund noch 67 Jahre später als Helwings, der die früheste Kunde von Sen. vern. liefert.

Ascherson (Verhandl. des botan. Vereins der Provinz Brandenburg, 3. und 4. Heft, 1861 und 62, 152) hat dargelegt, warum Giliberts Name Jacobaea incana nicht gelten kann, obgleich er früher als Senec. vern. gegeben ist.

War Senec. vern. schon 1717 bei Angerburg in der Mitte Ostpreussens als Bürger der dortigen Flora vorhanden, so liegt der Schluss nahe, dass er auch sonst zu der Zeit im übrigen Preussen bereits eingebürgert war, wie weit nach West und ob er damals schon das ganze Gebiet, in dem er sich heute findet, inne hatte, bis zur Elbe und einige Meilen westlich von ihr, lässt sich freilich nicht angeben. Die Unbekanntschaft der frühern Botaniker mit der Pflanze, ihr zeitweises sehr ungleiches Auftreten, haben zur Meinung, dass sie, die längst eingebürgert war, nach West von Süd und Ost wandere, selbst innerhalb Preussens, noch gegen die Mitte dieses Jahrhunderts Anlass gegeben. v. Klinggräff I (A. O.), der sie zuerst 1826 bei Marienwerder beobachtete, sagt: „Damals bei Marienwerder noch sparsam, 10 Jahre später schon gemein. Noch später weiter nördlich, z. B. in den Gegenden von Saalfeld, Elbing, Danzig vorgedrungen, hat er sich gegenwärtig über die ganze Provinz ver-

breitet." Diese angebliche Wanderung ist durch nichts bewiesen, hat im Gegentheil ohne Zweifel nicht stattgefunden.

Wer sich über die vermeintlichen oder wirklichen Wanderungen in Schlesien, der Mark und Sachsen unterrichten will, vergl. Wimmer (Fl. v. Schlesien, 1857. 268), der Ostwinde zu Verbreitern der Pflanze in Schlesien macht, was anderwegen nachgeschrieben ist, obgleich diese Vermuthung durch nichts bewiesen ist und die Sache ganz anders liegen kann, Ascherson (Verhandl. d. bot. Vereins der Provinz Brandenburg A. O.) und Maass (A. O. 27. Jahrg. 1885 IX ff.).

Es wäre sehr wünschenswerth, dass in den ältesten brandenburgischen, schlesischen, sächsischen und pommerschen Herbarien nachgesucht würde, ob sich darin nicht auch Senecio vernalis aus einer Zeit, die vor der der vermeintlichen Einwanderung in diese Provinzen liegt, finden liesse.

Königsberg, 4. November 1886.

Keine Trüffeln bei Ostrometzko.

Von

Rob. Caspary.

Ein in seinen Angaben und Erinnerungen höchst zuverlässiger Freund, der in Königsberg geboren und daselbst fast immer gelebt hatte, theilte mir vor langer Zeit mit, dass ehedem in der Gewürzhandlung von Rudolph Häbler in Königsberg sogenannte „Thorn'er Trüffeln" zu haben gewesen seien. Der Inhaber dieses Geschäfts, der es zu der Zeit, als mir diese Mittheilung gemacht wurde, besass und an den ich mich desshalb wandte, wusste nichts davon. Da nach meiner Kenntniss in Preussen Trüffeln nur auf der Nonnenkämpe bei Kulm — seit mehr als fünfzig Jahren schon — gefunden sind, interessirte mich jene Angabe meines Freundes über „Thorn'er Trüffeln" sehr und ich schrieb daher an Herrn Busch auf Archidiakonka, Kreis Thorn, Vorsitzenden des landwirthschaftlichen Vereins des Kreises Thorn und bat ihn, die Sache in der nächsten Sitzung dieses Vereins zur Sprache zu bringen. Herr Busch antwortete unter dem 2. November 1874: „Ew. Hochwohlgeboren theile ich ergebenst mit, dass Ich ihr geschätztes Schreiben vom 10. v. M. dem Verein vorgelegt und angefragt habe, ob noch ein anderer Fundort für Trüffeln bekannt sei, als die Nonnenkämpe bei Kulm. Diese Frage wurde verneint; keinem der Mitglieder ist bekannt, dass sonst noch irgend wie hier Trüffeln in der Gegend gefunden werden." Damit nicht zufrieden, wandte ich mich mit derselben Frage an den Lehrer am Gymnasium zu Thorn, Adolph Hein. Ed. Müller. Dieser antwortete am 10. November 1874: „In den 34 Jahren meines Hierseins, von denen ich eine ziemliche Reihe hindurch theils allein, theils mit dem verstorbenen v. Nowitzki, dem wohl kaum ein Winkelchen im Thorn'er Kreise unbekannt geblieben ist, zu botanischen Exkursionen verwandte, habe ich niemals irgend etwas vom Vorhandensein von Trüffeln gehört. Auch die Kaufleute, die ich gefragt habe, darunter einen 70jährigen, der mit dem alten Häbler in geschäftlicher Verbindung stand, wissen nichts davon, dass jemals ein Trüffelhandel über Thorn existirt habe. Es wird daher wohl jedenfalls eine Verwechselung mit Kulm sein."

Ich war nach diesem negativen Ergebniss nicht wenig verwundert, aus der Feder von Ascherson (Verhandl. des botan. Vereins der Provinz Brandenburg 1881 S. 133) in einer Abhandlung über „Speisetrüffeln im nordöstlichen Deutschland" zu lesen: „Bei Ostrometzko, gerade in der Biegung des Weichselstromes nach Norden, ungefähr gegenüber der Mündung der Brahe, hat Herr Rittergutsbesitzer v. Alvensleben, wie er Herrn Director Hüttig mittheilte, Trüffeln in lohnender Menge gefunden." Ostrometzko liegt im Kreise Kulm; ich habe in diesem Kreise, ferner in dem angrenzenden Graudenz und Thorn viele Bekannte, der preuss. botan. Verein hat dort viele Mitglieder, und von einer so interessanten Entdeckung, wie die von „Trüffeln in lohnender Menge," d. h. also für den Handel lohnend doch wohl, sollte mir Niemand etwas berichtet haben, wenn sie wirklich gemacht war? Ich fragte daher bei Herrn Erbtruchsess A. v. Alvensleben auf Ostrometzko, der im Kreise Kulm viele Güter besitzt und dessen Majorat: Erxleben in Sachsen liegt, wegen des Trüffelfundes an und erhielt unter dem 7. Mai 1881 die Antwort, „dass die Angabe jedenfalls ein Irrthum sei." Ich beauftragte Herrn Apotheker Eugen Rosenbohm, der 1881 die Kreise Graudenz, Kulm, Thorn botanisch als Reisender des preussischen botanischen Vereins besuchte, sich überall nach etwa gefundenen Trüffeln zu erkundigen. Wieder bloss negatives Ergebniss. Jedoch fand sich, dass bei einzelnen Gutsbesitzern im Gutsgarten gefundenes Sleroderma vulgare mit in Graudenz gekauften Trüffeln vermengt, zu Trüffelwurst verbraucht wurde. Dies bewies eine Probe solcher im Haushalt angewandter Trüffeln, die Frau Gutsbesitzer Vogel auf Nielub Herrn Rosenbohm gab, obgleich ich ausser Stande war, da die Stückchen wirklicher Trüffel von zu jungen Exemplaren kamen und keine ausgebildeten Sporen hatten, die Art der Trüffel zu bestimmen.

Ich theilte Herrn Professor Ascherson mit, dass die Angaben Hüttigs auf Irrthum beruhen müssen und ersuchte um Berichtigung. In Folge dessen beanstandete Ascherson (a. o. 24. Jahrg. 1883 S. 23) in einer Sitzung des botan. Vereins der Provinz Brandenburg vom 31. März 1882 die Angabe über Speisetrüffeln bei Ostrometzko „als nicht hinlänglich beglaubigt", jedoch giebt Bail (botan. Centralblatt 1881, Bd. V, S. 293) in einem Bericht über jenen erwähnten Vortrag Aschersons an, dass er auch schon von dem Vorkommen von Trüffeln bei Ostrometzko gehört habe und ebenso ein Mitglied des brandenb. botan. Vereins O. v. Semen, dass ihm schon vor 15 Jahren davon in Bromberg mitgetheilt sei. Hüttig, Gärtner, der von Herrn v. Alvensleben nach Ostrometzko berufen war, damit er seinem Gärtner daselbst den Obstbaumschnitt lehre, räumte die Möglichkeit ein, dass nicht Herr v. Alvensleben ihm jene Mittheilung über den Trüffelfund bei Ostrometzko gemacht habe, hielt indess aufrecht, dass er die Mittheilung in Ostrometzko selbst erhalten habe.

Hat nun einer derer, die die Nachricht von Trüffeln bei Ostrometzko verbreiteten oder bestätigten, Hüttig, Bail, v. Semen, Trüffeln von da gesehen? Niemand!

Hat einer der Genannten Forschungen an Ort und Stelle angestellt, um den Grund jenes Gerüchts zu ermitteln? Niemand!

1883 untersuchte ich die Seen der Kreise Graudenz, Kulm und Thorn und kam auch nach Ostrometzko; ich verhandelte die Trüffelangelegenheit nun mündlich mit Herrn v. Alvensleben und dessen Beamten: Herrn Oberförster Gusovius und Administrator Rehse. Ich hörte von allen Seiten, dass Trüffeln in Ostrometzko nicht gefunden seien und ich erfuhr nun auch die Umstände, die zu der falschen Nachricht möglicher Weise Veranlassung gegeben haben konnten. Herr v. Alvensleben theilte mir mit, dass auf seinem Gute Gierkowo, Kreis Thorn, beim Drainiren in der Erde haselnussgrosse, grauschwarze Knollen gefunden seien, die ihm als „Trüffeln" gebracht seien, aber dies seien sie entschieden nicht; jedoch wisse er nicht, was sie seien. Ich bat um solche Knollen und erhielt sie frisch schon den folgenden Tag, 1. Septbr. 1883, in grosser Menge. Die Knollen waren die von Equisetum palustre L., denn die Stengeläste, die nur noch an wenigen hafteten, waren 6kautig. Dann theilte mir Herr Oberförster Gusovius mit, dass vor sehr langer Zeit, als noch der Vorbesitzer von Ostrometzko, Herr v. Schönborn, Schwiegervater des Herrn v. Alvensleben, auf Ostrometzko lebte, starb 1874, einmal von einem der Güter desselben: Fronau, Kreis Kulm, welches 7 Meilen in der Luftlinie von Ostrometzko nach Nordost liegt, eine Kiste mit angeblichen „Trüffeln" geschickt sei, die der damalige Gärtner in Ostrometzko: Rossbigall, als solche beanstandet und er (der Oberförster) sofort als „Boviste" bezeichnet habe. Ich fragte, ob mir diese Pilze nicht gezeigt werden könnten. Nein! sagte der Oberförster, ich kann Ihnen jetzt keine besorgen. Jedoch begleitete mich der Oberförster mehrere Tage als Führer nach den Seen und Altwassern der Weichsel bei Ostrometzko und als ich auf einem dieser Ausflüge in einem sandigen Wege im Belauf Striesau zu Ostrometzko gehörig, einige Exemplare von Scleroderma vulgare fand, sagte der Oberförster, dass er mit Bestimmtheit in diesen Pilzen die „Trüffeln" von Fronau wieder erkenne.

Mit dem Nachweise, dass keine Trüffeln bei Ostrometzko gefunden sind, dass dies Gerücht aber auf Verkennung von Schachtelhalmknollen und Scleroderma beruhe, ist es hoffentlich ein für alle Mal beseitigt. Wer es aufrecht erhalten will, muss consequenter Weise behaupten, dass in ganz Ost- und Westpreussen, auch Pommern Trüffeln vorhanden seien, denn in diesen Provinzen wird Scleroderma vulg. nicht bloss oft gefunden, sondern auf zahlreichen Gütern „Trüffel" genannt, aufgesucht und als Trüffel verspeist, was in Ostrometzko nicht einmal geschehen ist. Von solcher Verkennung und Benutzung des Scleroderma vulgare einige Beispiele. Oben ist schon bemerkt, dass in Nielub bei Briesen, Kreis Thorn, Scleroderma als Trüffel benutzt ist. Bail führt ebenfalls (Centralblatt 1881 VI. 136) zwei Fälle für Güter an, auf denen Sclerod. vulg. als „Trüffel" genossen ist.

Herr Rittergutsbesitzer Schielke auf Tautschken, Kreis Neidenburg, theilte mir, als ich dort war, 1862, mit, dass er in seinem Garten „Trüffeln" habe, die zu wirthschaftlichen Zwecken benutzt würden. Als ich mich einige Jahre später an ihn der „Trüffeln" wegen wandte, war Herr Schielke schon todt, aber sein Schwiegersohn, Herr Rittmeister Kaul auf Kattlewo bei Löbau, Kreis Löbau, schrieb mir unter dem 7. October 1874, dass in diesem Jahr in Tauschken keine „Trüffeln" gewachsen seien, er sie aber in seinem Garten auch habe. Zugleich schickte er einige. Es waren diese Pilze Scleroderma vulg. In Tautschken und Kattlewo sind sie auch gegessen. Herr Rittmeister Kaul schreibt: „Vor einigen Jahren wurde eine Probe der hiesigen Trüffel nach Hamburg an eine Delicatessenhandlung geschickt. Dieselbe erklärte die Trüffel für gut und machte auch ein Gebot auf dieselbe, welches jedoch nicht acceptirt wurde, da die Absicht, ein Handelsgeschäft zu machen, nicht vorlag." Zugleich theilte mir Herr Rittmeister Kaul mit, dass auch auf dem Gute Gr. Koschlau, Kreis Neidenburg, Trüffeln gefunden würden und Frau Elise Möller, deren Mann ehedem Gr. Koschlau besass, veranlasste, dass mir „Trüffeln" von dort geschickt wurden, die Scleroderma vulg. waren; auch schreibt Frau Möller: „Sie sind der Gesundheit nicht nachtheilig; wir haben sie gegessen; ihr Aussehen ist ganz das der ächten Trüffel, sie haben aber, wenn sie gekocht sind, nicht den würzigen Geruch und Geschmack wie diese und sind mithin nicht als Delicatesse zu bezeichnen." Den 2. Septbr. 1875 wies mir Herr v. Zitzewitz auf Bornzin bei Stolp in Pommern im Garten dieses Guts „Trüffeln" nach, die Scleroderma vulg. waren; ebenso im Park im Sande in Gr. Krion, demselben Herrn gehörig.

Den 28. Juli 1879 sagten mir Herr Major v. Restorf auf Klotainen, Kreis Heilsberg, und Frau Gemahlin, dass bei ihnen im Garten „Trüffeln" wachsen. Sie wurden mir mit der Frage, ob es ächte seien, vorgelegt; es war Scleroderma vulg. Ich erfuhr, dass diese „Trüffel" zu Trüffelleberwurst verwendet würde und dass Herr Major v. Restorf nebst Frau und auch ihre Verwandten diese „Trüffelwurst" ohne jeden Schaden gegessen hätten. Die mit Scleroderma bereitete Trüffelwurst hätte schwarze Punkte, der Geschmack sei durch den Pilz gar nicht verändert; die Behauptung: solche Trüffelwurst schmecke besser, als gewöhnliche, beruhe auf Einbildung; ihre „Trüffel" schmecke nach nichts.

In Preussen speisen also viele Menschen, gewiss hunderte, alljährlich Scleroderma vulg. ohne Nachtheil. Göppert aber (50. Jahresbericht der schles. Ges. für vaterl. Cultur 1873, 114. Otto, Hamburger Garten- u. Blumenzeitung 1877, 64 u. 65) stellt Scleroderma vulg. als Gift von „grosser Intensivität" dar, führt jedoch als Belag dafür nur einen Fall an. Ist denn in diesem Fall zweifellos festgestellt, dass die giftige Wirkung einer verspeisten „Sauce" dem Scleroderma zuzuschreiben war? Konnte darin nicht etwas anderes Giftiges sein? Der Fall scheint gar nicht dazu angethan die giftige Wirkung von Scleroderma zu beweisen und steht obenein den höchst zahlreichen Fällen des nicht nachtheiligen Genusses von Scleroderma in „Trüffelwurst" vereinzelt gegenüber. Auch in dem Falle von angeblicher Vergiftung durch Scleroderma vulg., den Bail anführt (Centralblatt A. O.), ist es durchaus nicht erwiesen, dass die giftige Wirkung von Scleroderma ausging. Vergiftungserscheinungen kommen zu öfters bei ganzen Familien nach gemeinsamem Genuss von Speisen auch sonst vor, ohne dass Pilze dabei mitwirkten und ohne dass die Ursache sich genau feststellen liesse. Finden sich solche Vergiftungsvorgänge da vor, wo auch Pilze genossen sind, so wird vielleicht mit Unrecht diesen die nachtheilige Wirkung zugeschoben. W. G. Smith (Garden. chron. 1885 p. 48) theilt mit, dass in Epping Forest Scleroderma vulg. gesammelt würde, damit Puten gefüllt und diese schon gebraten in London als mit „Trüffeln" gefüllte verkauft und gegessen würden. Er äussert seine Entrüstung über diesen Betrug, weiss aber von Schädlichkeit der Wirkung nichts zu berichten. Es sind also zuverlässige, wissenschaftliche Untersuchungen, nicht Behauptungen oder Vermuthungen über die Frage: ist Scleroderma vulg. giftig oder nicht, nöthig.

Königsberg, den 9. November 1886.

Ostpreussische Grabhügel.

I.

Von

Dr. Otto Tischler.

(Hierzu Tafel III—VI.)

Einleitung.

Die Provinz Ostpreussen besitzt noch gegenwärtig eine ziemlich grosse Anzahl von Grabhügeln, welche weit in das 1. Jahrtausend v. Chr. zurückreichen. Dieselben fallen aber immer mehr der steigenden Cultur, dem intensiveren Landbau und besonders dem stetig fortschreitenden Ausbau des Chausseenetzes zum Opfer, wobei leider oft diese ehrwürdigen Denkmäler einer uralten Vorzeit in einer der Wissenschaft durchaus keinen Nutzen bringenden Weise zerstört werden. Der jetzige Bestand ist daher nur noch ein schwacher Rest des einst vorhandenen, und es gilt denselben soviel als möglich in einer den strengsten Anforderungen der Alterthumsforschung entsprechenden Weise zu untersuchen.

Dieser Aufgabe haben sich die beiden hiesigen Gesellschaften, die Physikalisch-ökonomische und die Alterthumsgesellschaft **Prussia** unterzogen und so im Laufe der letzten beiden Decennien ein beträchtliches äusserst wichtiges systematisches Material zusammengebracht. Schon früher hatten Gelehrte eine grosse Zahl dieser Hügel geöffnet, vielfach aber auch Dilettanten dieselben ziemlich planlos zerstört, so dass bei der relativen Armuth an Metallsachen viele dieser letzteren Grabungen für die Wissenschaft von geringer Wichtigkeit waren. Aber doch haben sie manche Bronze und manche Urne zu Tage gefördert, deren Bedeutung durch die systematischen Grabungen jetzt in klares Licht gestellt wird, so dass immerhin ein Theil dieser planlos oder zufällig gewonnenen Objecte doch noch von Nutzen ist.

Die seitens der Physikalisch-ökonomischen Gesellschaft unternommenen systematischen Ausgrabungen sollen in einer Reihe fortlaufender Abhandlungen veröffentlicht werden. Zunächst wird eine Beschreibung des Baues der einzelnen Hügel, der Fund- und Grabverhältnisse und der einzelnen Fundobjecte gegeben werden. Da die Hügel, welche den Gegenstand dieser vorliegenden 1. Abhandlung bilden, nur einen Theil des Inventars enthielten, welches diese ganze Gräbergruppe geliefert hat, so sollen die allgemeinen Betrachtungen und Schlussfolgerungen auf die nächsten Abhandlungen verschoben werden, welche dies Inventar wesentlich vervollständigen, und aus demselben Grunde sollen die Vergleiche diesmal auf das Nöthigste beschränkt bleiben. Eine Uebersicht über die älteren, publicirten Ausgrabungen wird sich dann später auch besser an die genaueren Beschreibungen der Hügelgräber anschliessen.

Methode der Ausgrabung.

Im Folgenden will ich die Methode auseinandersetzen, die ich in mehr als 10jähriger Praxis ausgebildet und nach und nach entwickelt habe, welche für Ostpreussen, wo man nur mit mässigen Hügeln bis ca. 20 m Durchmesser zu thun hat, für alle Fälle genügen dürfte und die sich im Laufe dieser Zeit immer mehr und mehr bewährt hat. Meine ersten Ausgrabungen wurden noch nicht mit all den Hilfsmitteln, die ich später anwandte, ausgeführt, so dass hier wohl noch hin und wieder kleine Misstände eintraten, die bei den späteren nicht mehr vorkamen. Bei den manchmal viel grösseren Hügeln in anderen Gegenden Europas werden sich in Bezug auf die Bewältigung der ungleich grösseren Erd- und Steinmassen bedeutendere Schwierigkeiten ergeben, welche andere, umfassendere Massregeln erfordern. Ebenso wird die veränderte Bauart solcher Hügel oft eine ganz andere Angriffsmethode bedingen, auf die hier, wo zunächst die einheimischen Verhältnisse berücksichtigt werden sollen, nicht näher eingegangen werden kann, zumal sich bei uns auch keine Gelegenheit zu solchen Studien bot.

Meine Methode schliesst sich, besonders in Bezug auf die Messung und Aufzeichnung, wesentlich an die von Cohausen*) beschriebene an, einige Modificationen wird man beim Vergleich leicht erkennen.

Dem Praktiker, welcher selbst gräbt, wird manches in der folgenden Auseinandersetzung pedantisch oder zu detaillirt erscheinen, da viele Operationen so einfach sind, dass jeder von selbst darauf kommen, oder vieles nach seiner Bequemlichkeit modificiren würde. Manche der erprobten kleinen Handgriffe dürften aber doch dazu beitragen die Arbeit schneller und sicherer zu gestalten und werden daher fast übermässig ausführlich dargestellt. Ausserdem gewährt die Kenntniss der Ausgrabungsmethode einen Schluss auf die Sicherheit der gewonnenen Resultate.

Vor allen kommt es darauf an, während des Verlaufes der Grabung den Bau des Hügels, alle Steinconstructionen, die Lage jedes einzelnen Objectes möglichst schnell und bequem zu messen und aufzuzeichnen, für welchen Zweck ich die Cohausensche Methode als die allerbeste erprobt habe.

Vom höchsten Punkte des Hügels werden gleich weit entfernt nach Nord und nach Süd am Fusse 2 Pfähle eingeschlagen. Eine ängstliche Genauigkeit ist nicht erforderlich, da man die Richtung nachher mit der Boussole fest bestimmen kann. Man lässt dann durch zwei Arbeiter eine genügend lange Schnur an die

*) Annalen des Vereins für Nassauische Alterthumskunde und Geschichtsforschung. Wiesbaden. Bd. XII (1873) p. 245. 246.

Pfähle halten, nimmt die Mitte und geht soweit hinaus bis die Schnur straff gespannt ist. An dieser Stelle lässt man einen Pfahl einschlagen, erst auf einer Seite (O), dann auf der andern (W). Bei richtig abgemessener Schnur erhält man zwei Pfähle am Fusse des Hügels, deren Verbindungslinie auf derjenigen der beiden ersten senkrecht steht. Es ist nothwendig diese ziemlich starken Pfähle recht fest einzuschlagen und nöthigenfalls mit Steinen zu umpacken — was immer erforderlich wird, sobald man unten noch auf Steine stösst — damit sie sich im Laufe der Arbeit nicht im mindesten verrücken können.

Es kommt nun darauf an diese Pfähle durch zwei sich berührende horizontale Schnüre, welche also auf einander senkrecht stehen, zu verbinden. Ich wende dazu eine kleine Röhrenlibelle mit Diopter an, die mit einer Nuss über einer Hülse beweglich ist, welche auf den Zapfen eines ganz leichten Stativs gestellt wird. Auf diesen Zapfen schraube ich auch gelegentlich eine kleine Broussole. (Am bequemsten ist dazu ein geologischer Compass mit Dioptern, unter dem man einen kleinen Untersatz mit Nuss anschraubt. Die gemessene Richtung kann man leicht aufzeichnen, indem man den Compas auf das nach Nord orientirte Papier setzt, die Nadel in der gemessenen Richtung einspielen lässt, ein Lineal an den Fuss des Compass legt und die Richtung zieht). Die käuflichen einfachen Diopterlibellen der obigen Art haben keine feinere Einstellung, was das Arbeiten bedeutend verzögert. Man kann sich ein solches Instrument aber leicht umändern lassen, indem man das Unterstück abnimmt und zwischen dies und die Bodenplatte eine Zwischenplatte einlegt, die an einem Ende schwach federnd festsitzt, am andern durch eine Schraube von der obern ein wenig entfernt werden kann, wie die Objecttische bei manchen billigen Mikroskopen. Wenn man dann die grobe Einstellung mit der Hand vornimmt, geht die Arbeit sehr schnell von Statten.

Man stellt dies Stativ in die Verlängerung des einen Durchmessers ausserhalb des Hügels, z. B. nach S., visirt dann nach dem S.-Pfahle und nach den beiden rechts und links, O. und W. An diesen visirten, in einem Niveau befindlichen Punkten werden Nägel lose eingeschlagen. Dasselbe macht man an der gegenüberliegenden (N.) Seite und erhält auf den Pfählen ONW. wieder drei in einem anderen Niveau liegenden Punkte. Auf OW. hat man also zwei Niveaus übereinander. Durch Probiren findet man nun leicht zwei Punkte, welche gleich hoch über jedem entsprechenden Punktpaare liegen, deren Verbindungslinie den Gipfel des Hügels berührt. Den Niveaupunkt an dem dritten Pfahle muss man um die Entfernung von der einen entsprechenden Niveaulinie erhöhen, an dem vierten um die andere. Die beiden somit erhöhten horizontalen Schnüre werden sich dann in ihren Mittelpunkten berühren; die Methode ist völlig genau genug. Es ist aber nicht nöthig, dass sie grade den Gipfel des Hügels berühren, wenn sich z. B. seitwärts noch kleine Erhöhungen befinden. Die Schnüre werden an je einem Nagel festgebunden, über den anderen durch einen angebundenen Stein gespannt, so dass sie stets, so oft sie bei der Arbeit hinderlich sind, aufgerollt werden können.

So lässt sich die Lage jedes Punktes bequem nach drei Coordinaten bestimmen. Man stellt über demselben einen Stock senkrecht auf und misst dessen Entfernung von beiden Schnüren mit dem Bandmasse. Dann wird eine Schnur an einem Nagel festgebunden und von einem Arbeiter über die Schnur des anderen

Paares so lange, ohne diese zu drücken, hingeführt, bis sie genau über dem zu messenden Punkte liegt, wo man mit einem Massstabe die Tiefe misst. In Ostpreussen genügt ein solcher von 2 m Länge. Die Bezeichnung eines Punktes wird also folgendermassen notirt, beispielsweise: 3,5 O. 4,7 N. z = 1,4, d. h. 3,5 östlich von der NS.-Linie, 4,7 nördlich von der OW.-Linie, 1,4 unter dem Niveau der Schnüre. Bei dem Aufmessen habe ich dies Niveau mit dem Gipfel des Hügels nicht immer übereinstimmend genommen, beim Ausarbeiten des Protokolls kann man immer von der Höhe des Gipfels als Null-Ebene ausgehen.

Diese Masse trägt man gleich auf carrirtes, am besten in Millimeter getheiltes Papier ein, welches auf einem kleinen Brettchen mit Heftstiften befestigt ist und bei Regenwetter mit übergestecktem Wachstuch geschützt wird. Wenn man bei Steinconstructionen einige Steine auf diese Weise einträgt, kann man die übrigen leicht und sicher aus freier Hand einzeichnen.

Cohausen a. a. O. schlägt eine auf dem Felde zu fertigende Setzwage vor. An einer Ruthe befestigt man eine Schnur, in deren Mitte ein Stein eingeknüpft wird, während von der Mitte der Ruthe eine ebenfalls einen Stein tragende Schnur herunterhängt. Diese Ruthe soll dann mittelst Umschlingung in die Mitte der horizontal zu spannenden Schnur gesteckt werden, welche dann an einem Ende so lange verschoben wird, bis beide Steinchen übereinander hängen. Die herabhängende Mitte soll dann horizontal sein, ebenso wie die gespannte Schnur. Dies Instrument fand ich aber viel zu ungenau, auch als ich mir ein präciseres aus Messing hatte fertigen lassen. Zumal bei Wind war ein sicheres Einspielen so schwer zu erzielen, dass sich nur sehr unzuverlässige Resultate ergaben. Auch wurden die Schnüre so bedeutend herabgezogen, dass man sie erheblich oberhalb des Gipfels führen, also recht hoch an den Pfählen befestigen musste. Wenn man sich an die Ausgrabung von Hügeln macht, ist es doch nöthig mancherlei mitzunehmen, so dass die obige kleine Libelle nebst Stativ das Gepäck nicht wesentlich vermehrt. In der Nähe der See kann man oft nach dem Meereshorizont die Schnüre spannen.

Für den Fall, dass es durchaus nicht gelingt, vier starke, genügend lange Pfähle aufzutreiben, was in sehr armen, dünnbevölkerten Gegenden eintreten könnte, wird man eine andere weniger bequeme Methode anwenden. Man zeichnet dann auf einem Messtische einfachster Construction. Die gut angefertigte Tischplatte wird mittelst eingeschraubter Hülse auf einen mittelst einer Nuss allseitig beweglichen Zapfen gesetzt, der auf einem soliden Stative befestigt ist. Mittelst aufgesetzter Libelle wird die Platte horizontal gestellt und mittelst eines Diopterlineals nach einem festen Punkte orientirt, während das Stativ immer über ein und demselben ausserhalb des Hügels befindlichen Punkte steht. Man visirt dann mit dem Diopterlineal von dem festen Mittelpunkte des Tisches nach dem zu bestimmenden Object, nimmt die Entfernung mit dem Bandmaasse und trägt sie in richtiger Reduction längs der Kante des Lineals auf (also Darstellung mittelst Polarcoordinaten). Die Messung der Höhen resp. Tiefen wird man durch Nivellement mittelst jener Diopterlibelle von einem bestimmten festen Punkte aus vornehmen, eine viel umständlichere Operation. Da der Messtisch immer feststeht, thut man gut, auf einem kleinen Zeichenbrettchen diese Punkte zu copiren und hierauf im Hügel selbst die Zeichnung der Steinconstructionen zu vollenden.

Man kann auch ausserhalb des Hügels ein Quadrat von vier Schnüren spannen, die dann durch vier niedrige Pfähle befestigt werden und von diesen aus messen, doch kommen dieselben bald mit der ausgeworfenen Erde in Conflict und das Nivellement ist ebenso mühsam.

Es ist die Cohausensche Methode immer die bei Weitem bequemste und empfehlenswertheste. Wenn man lange Pfähle nicht an Ort und Stelle erhält, wird man gut thun, sie anderweitig zu kaufen und herauszuschaffen.

Der weitere Verlauf der Grabung wird genau protokollirt. Um fernere Details, wie den Bau der Steinkisten etc. genauer einzeichnen zu können, habe ich mir das Notizbuch aus einem gröber carrirten Papier binden lassen.

Wenn die horizontalen Schnüre gezogen sind, wird zunächst das Profil des Hügels nach zwei Querschnitten aufgenommen. Man steckt das eine Ende des Bandmasses am Kreuzungspunkte der Schnüre fest und misst nach allen vier Richtungen von Meter zu Meter die Tiefe der Oberfläche unter der Schnur mit dem Maassstabe. Diese Profile kann man auf dem carrirten Papiere parallel ihren Richtungen ausserhalb der Stelle, welche der Grundriss des Hügels einnehmen wird, eintragen.

Während dieser Operationen können alle irgend disponiblen Arbeiter schon rüstig ans Werk gehen, wenn nur die unter den Schnüren befindlichen Streifen geschont werden.

Oft muss noch die Abholzung des Hügels vorangehen, wobei Bäume und Sträucher aber zunächst nur über der Wurzel abgehauen oder abgesägt werden dürfen.

Am besten ist es, wenn man den Hugel schichtenweise abtragen kann, so dass alle Steinconstructionen klar zu Tage treten und bis zum Schlusse sichtbar bleiben. Das ist aber nur bei kleinen Hugeln bis zu ca. 10 m Durchmesser möglich, wo die Erde noch bequem von der Mitte aus bis über den Rand geworfen werden kann. Bei grösseren Hügeln müsste sie noch einmal bewegt werden, eine entschiedene Arbeitsverschwendung, falls nicht der bei der Planirung selbst interessirte Besitzer die Erde sofort wegführt, ein stets sehr willkommener Fall. Bei grösseren Hügeln muss die Abtragung daher in zwei Abtheilungen vorgenommen werden, was bei unseren Hügeln von bis zu 20 m Durchmesser genügt und gut durchzuführen geht.

Man trägt dann zuerst den äusseren Mantel in eine Breite von ca. 5 m ab und lässt die Erde möglichst weit nach aussen werfen. Ein Theil der Arbeiter schält die Rasendecke ab, während andere den äussersten Steinkranz des Hügels verfolgen und blosslegen. Unsere Hügel sind meist aus Schichten von Steinen und Erde aufgebaut. Es muss zuerst immer die über den Steinen liegende Erdschicht abgegraben werden, weil schon in den höheren Schichten oft kleinere Objecte vorkommen, dann erst darf die nächstfolgende Steinschicht ausgebrochen werden. So fährt man fort bis zum Boden des Hügels.

Um die Schichtung des Hügels zu erkennen, lässt man unter einem oder unter zwei Schnüren vom Rande an einen mässig breiten Graben bis auf die Sohle des Hügels soweit wie möglich nach der Mitte zu legen (die bei schneller oder pfuscherhafter Durchwühlung eines Hügels ausschliesslich, aber etwas breiter angelegten Kreuzgräben). Die eine Wand muss genau unter der Schnur liegen, so dass man die Stein- und Erdschichten messen und in das Profil des Hügels einzeichnen kann. Sobald regelmässige Steinlager oder andere Constructionen zu Tage treten, werden sie in den Grundplan eingezeichnet, wobei es genügt, nur einige Steine genau zu messen. Wenn sie eingezeichnet sind, kann man sie entfernen und später den ganz steinfreien Raum wieder mit Erde vollwerfen.

Unsere ostpreussischen Hügel enthalten in der Regel sehr viel Steine — ich habe einem Hügel bis über 100 Cubikmeter entnommen. Es müssen daher ein bis zwei Paar Arbeiter fortwährend die Steine wegtragen und auf Haufen werfen, falls sie nicht vom Besitzer fortgefahren werden können.

Wenn der Mantel abgetragen ist, kann man es mit dem Kerne ebenso machen und die Erde in den nun freigewordenen äusseren Ring — immer möglichst weit — werfen. Diese Zweitheilung genügt bei uns.

Cohausen empfiehlt schmälere Ringgräben und zieht es vor, die stehende Wand anzugreifen, anstatt schichtweise abzutragen. Ich halte das für nicht so praktisch da die hier zu Tage tretenden Metallobjecte viel leichter beschädigt werden können, zumal die Arbeiter äusserst schwer von der Angewohnheit abzubringen sind, hervorragende Gegenstände aus der Wand herauszuziehen, wobei diese, falls ihre Constitution nicht unerschütterlich ist, meist zerbrochen werden. Bei vorsichtigem, schichtenweisem Abtragen von oben, was selbst die ungeübtesten Arbeiter schnell begreifen, wird viel weniger zerstört und lassen sich grössere Objecte, die doch meist horizontal liegen, leichter frei machen.

Die frei zwischen Steinen stehenden Urnen sind meist zerdrückt, und müssen ihre Scherben sorgfältig gesammelt werden, sowie die dazwischen liegenden Objecte. In der Regel sind sie aber in grösseren oder kleineren Steinkisten eingeschlossen, welche frei gelegt, sorgfältig ausgemessen und aufgezeichnet werden müssen, am besten in etwas grösserem Maasstabe.

Man wird diese Kisten in der Regel an den grösseren platten Decksteinen erkennen, denen daher besondere Aufmerksamkeit zuzuwenden ist.

Wenn die Kiste frei steht und abgezeichnet ist, kann man die Steine entfernen und die darin stehenden Urnen, wie andere Objecte nach der später mitzutheilenden Methode heben.

Im Norden der Provinz sind die Kisten und anderen Urnen, wie sich weiter unten zeigen wird, durch den ganzen Hügel vertheilt, und man muss daher die Abtragung des ganzen Hügels vornehmen, um sicher zu sein, dass man ihn vollständig ausgebeutet hat, wenn auch manchmal die mittlere Hauptkiste sich als ausgeraubt erweist. Weiter südlich, wo eine grosse Kiste auf der Südseite des Hügels auftritt, und wo man den Verlauf dieser grossen Steine leicht erkennt, ist es zweckmässig, mit einem Theile der Arbeiter diese grosse Kiste möglichst bald frei zu machen, während die anderen auf die gewöhnliche Weise arbeiten, um den Verlauf der Steinsetzungen zu erforschen. Stellt es sich dann heraus, dass die Kiste schon ausgeraubt ist, wobei die grossen Träger und Decksteine oft noch an Ort und Stelle um- oder durcheinander geworfen liegen, so kann man die Arbeit bald aufgeben, während man dies im Samlande nicht thun darf, da hier oft noch eine gute Nachlese zu halten ist.

Die Urnen in den Kisten sind in der Regel besser erhalten als die frei zwischen Steinen stehenden und halten, selbst wenn zersprungen, doch meist in der Form zusammen. Die alte Regel, sie erst ordentlich an der Luft trocknen zu lassen, ehe man sie hebt, ist zwar ganz zweckmässig, aber bei dringender Zeit — da man solche Sachen über Nacht nicht draussen lassen darf — oder bei Regenwetter oft nicht ausführbar, aber auch nicht erforderlich. Ich habe bei anderer*) Gelegenheit meine Methode zur Hebung und Conservirung der Urnen eingehend auseinandergesetzt, die sich nun seit einer Reihe von Jahren bestens bewährt hat, und die hier kurz wiederholt werden soll.

Um die Urnen in dem Zustande, wie sie sich in der Erde befinden, selbst wenn sie schon ziemlich zersprungen sind, zu heben und zu transportiren, kann man 2 Methoden anwenden, eine entsprechende Beschnürung oder einen Gypsverband, welche zweite auch für Alterthumsgegenstände jeder Art höchst zweckmässig ist.

Die Beschnürung eignet sich mehr für besser erhaltene Urnen mit wenig bewegtem Profil und kommt für unsere Hügelgräber weniger in Betracht. Bei Mangel an Gyps wird man aber dazu schreiten müssen.

Um den Hals der Urne legt man möglichst hoch einen vorher fest (mit Kreuzknoten) geknüpften Bindfadenreif, vorausgesetzt, dass sie sich nach unten erweitert. Unten, so tief als möglich legt man einen zweiten Reif, indem man den Bindfaden durch seine Endschlinge fest zieht. Das freie Ende führt man dann in die Höhe, zieht es mittelst einer Packnadel mit krummer Spitze unter dem oberen Reif durch, geht dann schräge herab unter dem unteren Reif hindurch und steigt dann weiter immer im Zickzack herauf und herab, so dass die ganze Urne trommelartig beschnürt wird. Wenn man den Faden von Zeit zu Zeit festzieht, werden die beiden Reifen allmählich auch recht fest an die Urne gezogen, der obere nach unten, der untere nach oben und selbst eine schon ziemlich zersprungene Urne hält noch gut zusammen, vorausgesetzt dass man bei der Arbeit vorsichtig ist. An defecten oder sehr zersprungenen Stellen kann man Papier unterlegen, das später durch die Beschnürung festgedrückt wird. (In der citirten ersten Abhandlung empfahl ich die ganze Beschnürung mit einem einzigen Bindfaden, indem der heraufsteigende Bindfaden erst um den Hals geschlungen wurde und dann herabstieg. Das ist weniger zweckmässig, da der Faden, wenn er schliesslich zu dicht an der Verschlingungsstelle des oberen Ringes durchgezogen wird, leicht das ganze lockern und zum Herabfallen bringen kann. Auch ist bei der neuen Methode nur eine Person nöthig, während früher beim ersten Anfange immer noch eine zweite halten musste.) Die so beschnürte und gehobene Urne kann man der Sicherheit wegen nochmals in Zeug, oder in Ermangelung selbst in Papier schnüren nach derselben Methode. Bei sehr grossen Urnen wende ich eigens dazu mitgenommene Säcke, in welche sie hineingesteckt werden, an, bei kleineren kann man Zeugstücke nehmen. Diese Methode kann auch bei Regenwetter angewendet werden und ertragen die Urnen nun den Transport ganz ruhig.

Von weit grösserer Bedeutung ist aber die Methode des Gypsverbandes.

Man legt die Urne soweit nach unten frei, als es bei ihrem Erhaltungszustande räthlich erscheint und entfernt auch den Deckel, wenn er nicht ganz fest ist und lose sitzt, nicht. Man legt dann um den Hals einen schmalen Zeugstreifen, der aber auch durch Papier ersetzt werden kann, und zieht ihn durch umgelegten Heftzwirn, dessen Ende nicht abgeschnitten wird, mässig fest. In einer emaillirten eisernen

*) O. Tischler: Das Ausgraben von Urnen und deren weitere Behandlung. Correspondenzblatt der Deutschen anthropologischen Gesellschaft 1883 u. 1884 a.

Schale (diese ist der Haltbarkeit wegen ein für allemal vorzuziehen) rührt man gebrannten Gyps in Wasser an, taucht bereitgehaltene viereckige Papierstreifen mit einer Kante in diesen Brei und klebt sie auf den Zeugstreifen nach oben und nach unten, so dass sie sowohl die Mündung der Urne verschliessen als den freien Theil des Bauches einhüllen. Mit dem Zwirn überzieht man das ganze nach allen möglichen Richtungen. Dann taucht man eine zweite Lage Papierstücke mit einer Seite ganz in Gypsbrei, streicht sie dicht auf die erste an und zieht den Bindfaden immer fest darüber. Wenn man das Ganze noch mit Gypsbrei überstreicht, erhält man einen dicht anliegenden Verband aus Papier, Gyps und Bindfaden, den man nun auf dieselbe Weise durch Auflegen von dickerem Papier so lange verstärkt, als man es für erforderlich hält. Exponirtere Stellen wie der Rand, eckige Vorsprünge müssen natürlich einen etwas dickern Mantel erhalten. Sehr hervorragende Glieder, wie Henkel etc. umkleidet man vorher mit Sand. Wenn dieser oberste Verband angelegt ist, macht man die Urne wieder weiter so tief frei, als ihre Konsistenz erlaubt, klebt auf dem untersten Gypsrand neue Papierstreifen und legt ganz ebenso den zweiten Papier-Gyps-Bindfadenmantel um, was in der Regel genügen wird. Steht die Urne auf Sand oder Erde, so verlängert man ihn ein wenig unter ihrem Boden. Dann wird sie mit dem Spaten unterhalb des Bodens gehoben, mit geschicktem Schwung umgekehrt und mit dem Kopf in weiche Erde gesetzt — auf untergelegtes Papier der Reinlichkeit wegen. Man kratzt unten die überschüssige Erde ab, schliesst die freie Oeffnung durch Papierstreifen, die man auf den Mantel klebt und verstärkt den Verband soweit erforderlich. Ein Etikett muss man immer über die Mündung der Urne legen, da es hier vollständig gesichert ist. Um sich unter den eingegypsten Urnen leichter zu orientiren, kann man ein zweites mittelst Bindfaden an dem etwas emporgehobenen Zwirne anbinden und diese Stelle noch gut übergypsen. Denn eine sorgfältige, womöglich mehrfache Etikettirung ist ein Haupterforderniss. Schlimmer ist es, wenn die Urne, wie häufig vorkommt, auf einer Steinfliese steht. Ist diese klein, so thut man vielfach gut sie mit einzugypsen, nachdem man den Zwischenraum möglichst mit Sand ausgefüllt hat. Denn oft stehen die Urnen auf diesen Fliesen so fest, dass der Boden beim Abheben leicht ausbricht, und auf den Boden kommt es bei den Urnen der Hügelgräber sehr an. Man muss diese Trennung mit Messer und Nadel langsam zu vollziehen suchen, und bricht doch noch etwas aus, so werden die sorgfältig gesammelten Scherben später eingeklebt, falls sie nicht ganz zerfallen. Stehen 2 Urnen so dicht aneinandergepresst, dass sie sich eng berühren, manchmal sogar etwas eingedrückt haben, so muss man die Papierstreifen, Fäden und Gypsverband um diese Contactstelle führen, indem man beide Urnen gleichzeitig in Verband legt. Sollten die Urnen doch an dieser Stelle ausbröckeln, so sind sie wenigstens im Uebrigen erhalten und können hier leicht ergänzt werden, ein besonderer Vorzug der Methode. Auf dieselbe Weise kann man eine Menge dicht gedrängter Urnen einer ganzen Steinkiste gleichzeitig in Verband legen.

Gyps ist auch sehr zweckmässig bei difficilen Objecten aus Bronce oder anderem Material zu verwenden, und es ist daher durchaus geboten zu jeder Ausgrabung von vorneherein eine grössere Quantität Gyps mitzunehmen. Da es bei längerer Arbeit schwer fällt in der Nähe guten Gyps zu erhalten, lasse ich denselben aus Königsberg (d. h. dem nächsten Centralpunkte) kommen in Postpacketen zu

10 Pfd., in doppeltem Sack aus starkem Papier und noch in Zeug eingenäht. So kann er, ohne zu stäuben, versandt werden, der Postbote bringt ihn sicher bis in die abgelegensten Gegenden, die Hüllen werden bei weiterem Arbeiten verbraucht und die Transportkosten betragen höchstens 5 Pf. pro Pfund.

Kleinere Objecte legt man annähernd frei, d. h. schneidet einen Erdklotz um sie los, bedeckt sie wieder mit Erde, macht einen kleinen Erdwall herum und übergiesst das ganze mit dickem Gypsbrei. Bei grösseren Stücken muss man Holzstäbchen, Aeste, zerspaltene Cigarrendeckel hinein oder herüberlegen, um dem Gyps mehr Festigkeit zu verleihen. Bei noch grösseren lege ich, um Gyps zu sparen, einen Rahmen aus Cigarrenbrettchen um und auf den Klotz und lege dann den Verband in alter Weise aus Gyps, Papier und Zwirn an. Wo solche grössere Objecte in Masse zu erwarten sind, nehme ich eine Anzahl etwas dickerer Brettchen mit, die auf dem Felde zu viereckigen Rahmen zusammengenagelt und übergestülpt werden. Die Deckbretter werden dann aber am besten nicht aufgenagelt, sondern aufgeschroben, um Erschütterungen zu vermeiden. Das Umkehren ist bei kleinen Stücken leicht, man muss den Erdklotz nur immer ziemlich tief durchschneiden. Bei grösseren muss man eine Reihe kleiner Brettchen in der Richtung der geringsten Breite durchschieben, nöthigenfalls mit 2 längs gelegten Stäben und mit einander über dem Gypsklumpen verschlingen. Bei sehr grossen, flachen Stücken, wo ein übergestülpter Rahmen empfehlenswerth, muss man den Erdklumpen unmittelbar an der Unterseite dieses Rahmens mit einem langen schmalen zugeschärftem Brette oder besser mit einem zu diesem Zwecke eigens bestimmten dicken Eisenlineale gewissermassen durchsägen. Unmittelbar dahinter schiebt man immer schmale Brettchen nach. Nach vollendeter Durchsägung kann man sie genügend festschlingen, den Kasten umkehren und auf der Unterseite einen geeigneten Verschluss anbringen. Bei den einfachen Gypsklumpen legt man auf den glatten Sand, in den man allenfalls einige Vertiefungen schneiden kann, eine Lage geölten, oder zwei gewöhnlichen weichen Papiers — um das Oeffnen zu erleichtern — und giesst dann eine Gypsschicht über die nach oben gekehrte Unterseite, worauf man beide Hälften fest zusammenbindet. Jedermann wird beim arbeiten leicht herausfinden, wie am bequemsten vorzugehen ist. dabei aber die ungemeine Bequemlichkeit des Gypses sowohl beim Ausgraben als beim Verpacken der Fundstücke kennen lernen.

Wenn die Gegenstände zu Hause angekommen sind, kann man den Verband der Urnen leicht lösen, da der Gyps neben Papier und Zwirn ja eigentlich nur eine untergeordnete Rolle spielt. Man schneidet mit einer spitzen Scheere hinein und kann die Lagen leicht abblättern. Man lässt die Urne dann gut trocknen und kann sehr mürbe oder mit leicht abbröckelnder Glättschicht versehene Stücke während der successiven Entfernung des Verbandes tränken. Bei poröser Oberfläche zieht Wasserglaslösung gut ein und giebt eine grosse Festigkeit. Bei glatter, dichter Oberfläche bleibt aber ein weisslicher Anflug von Kieselsäure zurück, der sich nicht gut entfernen lässt. Hier kann die ganz ausgetrocknete Urne mit einer Lösung von gebleichtem Schellack in Spiritus, dem sehr wenig Ricinusöl zugesetzt ist, getränkt werden. Den zurückbleibenden Glanz nimmt man der gefestigten Urne durch vorsichtiges Abwaschen mit Spiritus, was nur bei bunten Urnen sein Bedenken haben kann. Das Reinigen solcher mürben Stücke ist daher sehr vorsichtig vorzunehmen und auch vor dem im allgemeinen, besonders bei Lehmboden, erforderlichen Waschen mit Wasser ist zunächst zu prüfen, ob dadurch nicht Reste von Farbe oder andere Verzierungen der Oberfläche zerstört werden können.

Ueber das Zusammensetzen der Urnen aus ihren Scherben ist a. a. O. ausführlich gesprochen.

Die in Gyps eingeschlossenen Bronzen oder Objecte anderer Natur kann man nun auch noch, ehe sie aus dem Gypskästchen gehoben werden, wesentlich festigen und dadurch Objecte retten, welche bei der blossen Berührung ganz oder theilweise zerfallen wären.

Man hebt die eine Seite des Gypsmantels ab und reinigt das Stück soweit es seine Consistenz erlaubt. Feste Stücke wird man natürlich abwaschen, bei sehr mürben und mehligen geht das nicht an, man wird daher den Rest der Erde vorläufig nicht entfernen können, sondern man tränkt das vollständig ausgetrocknete Stück gründlich mit einer Lösung von gebleichtem Schellack in Spiritus, der ein paar Tropfen Ricinusöl zugesetzt werden können, um die Masse nach dem Trocknen weniger spröde werden zu lassen. Man muss dies fortsetzen, so lange noch irgend Lack in die Bronze einzieht, wobei natürlich ziemlich viel durch den Sand aufgesogen wird. Wenn alles fest ist, kann man die anhaftende Erde und den Sand wieder vorsichtig aufweichen, indem man aus einem Tropfgläschen (einer ausgezogenen Glasröhre mit übergestülptem, kurzem, geschlossenem Gummischlauche) tropfenweise Alkohol zusetzt. Dabei muss die Bronze noch fest bleiben oder sehr wenig aufgeweicht werden. Die Erde entfernt man dann mit Stichel, Nadel, Pinsel. Wenn diese Seite ganz frei präparirt ist, bedeckt man sie mit Sand, giesst wieder Gyps herüber und deckt die andere Seite ab. Sollte die Schellacklösung nicht genügend durchgedrungen sein, so muss man sie nochmals tränken, im Uebrigen behandelt man sie wie die erste.

Bei grösseren Objecten, wie Bronzegefässen, die in unseren Hügeln bisher noch nicht vorgekommen sind, würde man den Gypsmantel stückweise entfernen, die Bronze tränken und präpariren, und dann zu einer benachbarten Stelle übergehen, nachdem man über die erste einen massiven Gypsüberzug gegossen hat. Es erhält dann nach und nach das Gefäss einen aus einzelnen Stücken bestehenden soliden Gypsmantel, der so zusammengesetzt ist, als ob man einen Abguss des Gefässes machen wollte, und der sich, wenn die Arbeit beendet, d. h. wenn die Innenseite gereinigt ist, leicht auseinandernehmen lässt. Um das Anhaften des Gypses zu verhindern, bedeckt man die freien Stellen mit dünner Sandschicht. Papier ist weniger zu empfehlen, weil dasselbe an den Rändern oder falls man von der Rückseite nochmals tränkt, leicht anhaften könnte und dann später mühsamer zu entfernen ist als einzelne Sandkörner. An vollständig zerbröckelnden Stellen wird man an der Innenseite eine festere Unterlage ankleben; wenn solche ganz zerbröckelten oder zerfallenen Stellen also auch nicht immer erhalten werden können, so kann man nach dieser Methode doch noch äusserst difficile Objecte retten.

Die Anwendung auf Objecte jeder anderen Art, Knochen, Eisensachen, Glas-Perlen oder Gefässe etc. etc. ergiebt sich ganz von selbst und wird jedermann in praxi den Umständen gemass verfahren können, so dass die Berücksichtigung anderer noch eintretender Fälle nun überflüssig sein dürfte.

Die Grabhügel bei Birkenhof.

Auf dem Gut Birkenhof, Kreis Fischhausen, ca. 2500 m nördlich Heiligen Creutz in der Nordwest-Ecke des Samlandes befanden sich eine grosse Menge von Grabhügeln rund um das Gehöft herum, von denen eine Anzahl schon beinahe spurlos verschwunden ist, und von denen ich nur durch die Mittheilungen des Besitzers, Herrn Gutsbesitzer Grötzner Kenntniss erhielt. Mit denen, welche jetzt noch existiren oder kenntlich sind, mögen es mindestens 14 gewesen sein, von denen 4 schon vollständig abgetragen waren. Die anderen zerfallen in 3 Gruppen: a) ca. 1400 Schritt S.-O. vom Gehöft 4 Hügel, 3 davon dichter beisammen, in maximo 200 Schritt entfernt, der 4te ca. 400 Schritt weiter nach N. Die 3 beisammen liegenden Hügel hat Herr Dewitz (Dr. Dewitz zur Zeit Custos im zoologischen Museum zu Berlin) 1878 geöffnet. b) 1600 Schritt östlich vom Gehöft, ca. 1200 Schritt von Gruppe a entfernt 3 Hügel, die zum Theil in neuerer Zeit von Herrn Grötzner abgetragen sind. c) 700 Schritt NNW vom Gehöft eine Gruppe von 3 einander fast berührenden Hügeln, von denen ich einen 1877 ausgrub.

Die Hügel liegen hier, wie vielfach, in kleinen Gruppen beisammen und bevorzugen besonders die Kuppen von Höhenzügen, so dass sie manchmal schon von ferne auffallen und der Landschaft ein characteristisches Gepräge verleihen; so soll auch die ca. 700 Schritt WNW vom Gehöft liegende höchste Kuppe (auf der Generalstabskarte mit der Höhenzahl 190' bezeichnet) einen solchen Grabhügel, oder wie sie hier zu Lande genannt werden „Kapurne" getragen haben. Bei der Beschreibung der Hügel beginne ich mit dem von mir abgegrabenen, weil hierüber die genauesten Messungen und Aufzeichnungen vorliegen, welche einige dunkele Punkte in den anderen Berichten zum Theil aufklären. Noch detaillirtere Berichte befinden sich bei den Acten der Museums, aus denen hier nur das Wesentliche mitgetheilt wird.

Hügel I.

(In der Nordgruppe, ausgegraben von O. Tischler vom 27. Nov. — 3 Dec. 1877 mit 10 Mann in Summa 60 [allerdings kurze] Arbeitstage.)

Der Hügel wurde schichtweise abgetragen, die mittlere Erde noch einmal nach aussen geworfen; dies war natürlich eine Arbeitsverschwendung. Ich konnte aber so die in diesem Hügel (dem ersten, den ich ausgrub) besonders klaren Steinconstructionen vollständig frei legen. Es waren zum Messen die horizontalen Kreuzschnüre gezogen (wie stets bei meinen Grabungen), aber noch keine Gräben längs denselben angelegt.

Der Durchmesser des Hügels war ca. 15 m, derselbe lässt sich immer schwer ganz genau feststellen, weil die Kante meist verpflügt ist und der Beginn der glockenförmigen Erhöhung nicht mehr scharf hervortritt. Die Höhe muss ca. 1,50 gewesen sein, doch steigt der natürliche Boden nach Westen etwas in die Höhe, liegt hier also flacher unter dem Gipfel.

Den Aufbau des Hügels erläutert beistehende Skizze (Fig. I), wo nur die regelmässigen Steinconstructionen, die Steinkisten und einzelne Urnen dargestellt, die Steine des Pflasters und der Deckschichten aber fortgelassen sind.

Aussen umgaben den Hügel zwei Kränze regelmässig, dicht aneinandergelegter grosser Steine von 47—50 cm Durchmesser, der äussere von 7,5 mittleren Radius also 15 m Durchmesser (die Mitten der Steine gerechnet), der innere von 5,95 bis 6,15 Radius also ca. 12 m Durchmesser. Der innere ist nicht ganz genau kreisförmig, doch sind die Abweichungen nicht sehr bedeutend. Beim äusseren waren durch's Ackern schon manche Steine entfernt, er wird aber geschlossen gewesen sein und ist darnach ergänzt gezeichnet, während beim inneren kein Stein fehlte. Nur auf der Südseite zeigten beide Kräntze eine correspondirende Lücke von 1,7 Breite, die besonders beim inneren nicht mehr zufällig erscheint, zumal hier auch das Bodenpflaster im Halbkreis zurückweicht. Zwischen beiden Kränzen war der über 1 m breite Zwischenraum ganz steinfrei. Von dem inneren an erstreckte sich auf dem Niveau des natürlichen Bodens bis zu der mittleren ovalen Mauer ein Pflaster kleiner Steine von 20—25 cm Durchmesser.

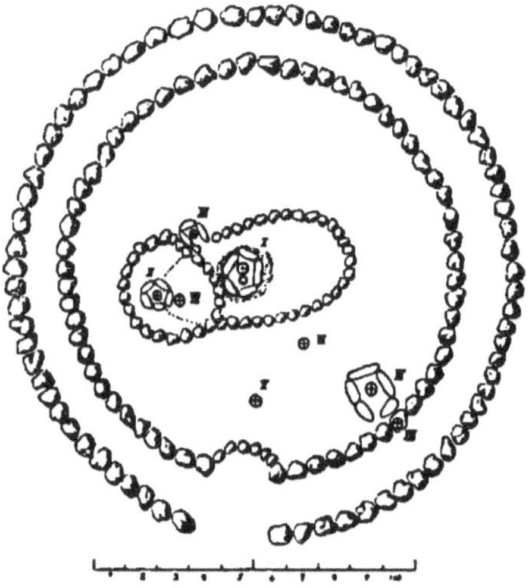

Figur I.

In der Mitte des Hügels zog sich von Westen nach Osten ein aus 3 Schichten übereinandergelegter Steine erbaute ovale Mauer hin, die ursprünglich wohl ca. 6,50 m Länge, 3,30 Breite hatte (wenn man die ungestörte Hälfte ergänzt denkt, wie durch die Punkte des Planes angedeutet), mit ihrer Mitte ziemlich genau im Mittelpunkte des Hügels. Dieselbe war an den Seiten Ost, Süd, West noch in derselben Höhe — im Westen 0,58 m unter dem Gipfel, also vom Boden aus ca. 1 m hoch erhalten, im Norden war sie niedriger, vielleicht bei Nachbegräbnissen etwas zerstört (oder beim Abgraben Anfangs nicht so beachtet); im allgemeinen trat sie aber vollständig ausgesprochen hervor und war unten durch seitliche Steine genügend verstärkt.

Bis an diese Mauer erstreckte sich das Bodenpflaster, darüber ein Erdmantel bis zur obersten Schicht der Mauer, und dann zog sich eine dreifache Schicht von Kopfsteinen über den ganzen Hügel, welche noch von einer die Steine manchmal nicht ganz verhüllenden Erdschicht bedeckt war.

Die ovale Mauer war also wohl der ursprüngliche Mittelbau und beherbergte in ihrer Mitte die erste, bedeutendste, centrale Kiste (I). Sie ist aber jedenfalls bei einem späteren Begräbnisse in ihrem westlichen Theile gestört worden. Man muss annehmen, dass sie hier abgebrochen wurde, worauf man im Niveau des Bodens einen etwas unregelmässigen Kreis grosser Steine von 3,20 Durchmesser legte, aber darauf im Westen und Süden (hier jedenfalls) die Mauer wieder aufbaute, jedoch nicht ganz genau, so dass sie an der Berührungsstelle mit dem Reste der früheren Mauer einen einspringenden Winkel bildet (wie der Grundplan deutlich zeigt). Im Osten geht der Kranz grosser Steine unten durch das Oval, eine Brücke zwischen beiden Wänden bildend. Das jetzt etwas unregelmässige, veränderte Oval hat 1,40 m Länge. In seiner Mitte befand sich die

Centrale Steinkiste I. Dieselbe stand ca. 1,60 m unter dem Gipfel auf dem natürlichen Erdboden. Alle diese kleineren Kisten haben einen ähnlichen Bau. Sie werden von einer Zahl vertikaler Träger gebildet, einfacher Granitgeschiebe, deren Innenseite man möglichst platt gewählt hat, die aber doch ziemlich unregelmässig und daher zum Bau regelmässiger viereckiger Kisten wenig geeignet sind. Sandsteinplatten, die sich dazu viel besser eignen, trifft man weit seltener, daher bilden reguläre vierseitige Kisten fast die Ausnahme, man findet zwei auch mehr Träger an einer Seite, wodurch die Form oft recht unregelmässig, fünfeckig oder von verwandter Form wird; manchmal sind auch mehrere Steine übereinandergelegt, um eine Wand zu bilden. Die Fugen sind besonders bei grösseren Trägern noch durch kleine Steine verzwickt, und unten dienen mehrfache Reihen vorgelegter Steine zur Sicherung der Träger. Ueber den Trägern liegen einer oder mehrere verbindende möglichst glatte Decksteine, die aber, wenn aus Granit, manchmal doch noch ziemlich dick sind. Es finden aber auch Abweichungen statt, wie gerade bei vorliegender Kiste, man trifft mehrere Steinschichten, auch Steinhaufen drüber. Der Boden ist in der Regel mit kleinen glatten Fliesen, am liebsten aus Sandstein bedeckt. Die Maasse variiren sehr, von 2 m Länge (was selten) bis herab zu 0,70; 1,60 Breite bis 0,60, die Höhe 0,70 und darunter, im Allgemeinen sind die Samländischen Kisten ziemlich klein, gehen sogar bis zu sehr unbedeutenden Dimensionen herab, wie die folgende Beschreibung zeigen wird.

Die Kiste I war von 5 Trägern von in maximo 68 cm Höhe, 40—80 Breite, 15—20 Dicke gebildet, die gewissermassen im Fünfeck standen und aussen gut von schützenden horizontalen Steinschichten umstellt waren. Sie war nicht durch Decksteine geschlossen, sondern von 3 Schichten flacher Steine gewissermassen gewölbeartig überdeckt, so dass sich eine Art Kuppe über ihr erhob. Von einem wirklichen Gewölbe oder einer sich tragenden Ueberkragung war natürlich nicht die Rede, wenn auch die unterste Schicht nur ringförmig den Trägern auflag. Man hatte die Steine erst auf die mit Erde angefüllte Kiste gelegt, suchte ihren Druck aber möglichst zu mindern, woher man z. B. in die oberste Schicht einen Mahlstein legte der sich wölbend in die zweite herunterreichte.

Diese grossen ausgehöhlten Mahlsteine finden sich vielfach in den Hügeln, besonders zur Bedeckung von Kisten verwandt, also ein sicheres Zeichen, dass sie schon damals zum Mahlen oder Quetschen des Getreides verwandt wurden, mithin dass das Volk dieser Grabhügel Getreide baute.

Die Kiste hatte aussen die Dimensionen ca. 100 × 100 cm, innen 90 × 70. In ihr standen 2 Thongefässe, nördlich eine grosse Aschen-Urne mit schalenförmigem Deckel (Tfl. III (1) Fig. 1 und 1a. Inventar des Provinzial-Museums No. 1243, 1244) mit gebrannten Knochen angefüllt, ohne jede Beigabe.

Die Knochen in allen Urnen der Hügelgräber liegen dicht beisammen, oft in verhältnissmässig kleinen Raum gestopft, so dass manchmal nur noch wenig Erde in der Urne Platz hatte. Sie sind sorgfältig nach dem Brande ausgelesen, von Erde befreit und ziemlich grobstückig. Dies ist ein wesentlicher Unterschied gegen die gewaltigen Urnen der Samländischen Gräberfelder, wo die Knochen nur einen kleinen Theil der Urne einnehmen, manchmal in der Erde zerstreut sind und im Allgemeinen in kleineren Stücken auftreten.

Die Urne hatte 2 kleine Henkel, welche aber schon in alter Zeit abgebrochen sein müssen, dies zeigt auch die alte, verwitterte Bruchfläche. Eine nähere Beschreibung dieser und der folgenden Thongefässe und Beigaben wird erst am Schlusse im Zusammenhang gegeben werden.

Südlich davon stand ein grosser Henkelkrug mit einer flachen auf der Unterseite durch Nägeleindrücke verzierten Thonschale bedeckt (Tfl. III (1) Fig. 2 und 2a. Inventar. 1245, 1246. Der Deckel ist verkehrt, mit der characteristischen Unterseite nach oben gezeichnet). Der Krug hatte einen Doppelhenkel, der untere ist aber auch schon in alter Zeit abgebrochen. Er war nur mit Erde angefüllt, ist mithin ein Beigefäss. Von den Schutzsteinschichten der Kiste zog sich bis in die Ost-Ecke des Ovals ein Zickzackstreif von Steinen, und im Süd-Ost lag an der Mauer ein Steinhaufen, sonst war der innere ovale Raum nur mit Erde erfüllt. Unter den äusseren Steinschichten zog sich eine Aschenschicht hin, sie noch etwas überragend, die auch auf der Westseite der Kiste hervortrat. In ihr fanden sich einige Scherben- und Knochenstückchen, und ein Fragment eines kleinen Bronzeringchens. Vielleicht war dies die ursprüngliche Brandstelle, wo der Scheiterhaufen für das erste Grab des Hügels errichtet war, nach dessen Beseitigung man dann die Steinkiste erbaute.

Kiste II. Der westliche Theil des Ovals war im Allgemeinen mit Erde erfüllt. Im Niveau des Bodens lief der erwähnte Steinkranz herum, in dessen Mitte excentrisch die kleine Kiste II mit dem oberen Rande 1,46 tief, also in den natürlichen Boden eingetieft stand. Sie war aus 5 etwas unregelmässigen Trägern gebildet mit einem inneren Raume von 80 × 65 cm. Darüber lag kein Deckstein, es befand sich aber etwas seitlich ein die Kiste theilweise überdeckender ca. 1 m hoher

Steinhaufen, der ungefähr bis in die Höhe der Mauerkrone reichte. In der Kiste stand eine Aschen-Urne ohne Deckel (Tfl. III (I) Fig. 3. Inventar 1247) voll Knochen, zwischen denen sich nur das Violinstegförmige Bernsteinstück Tfl. VI (IV) Fig. 2 fand. Neben der Urne dicht an sie angeschmiegt lag die Bronze-Nadel mit gebogenem Halse Tfl. VI (IV) Fig. 1.

Ungefähr 5 cm unter dem Rande der Urne zog sich in einem grossen Theil des Kreises eine mit Kohlenstückchen durchsetzte Ascheuschicht hin, die in der Südost-Ecke unter dem Steinhaufen besonders deutlich war. Hier scheint also auch eine Brandstelle gewesen zu sein — wahrscheinlicher wird aber der Scheiterhaufen des ersten centralen Begräbnisses soweit gereicht haben, denn man dürfte kaum so nahe dem ersten Grabe ein neues Feuer angezündet haben. In der Brandschicht fanden sich wenig Knochenreste und ein Paar Scherben eines kleinen Gefässes.

Kiste III. In der einspringenden Ecke, wo die Ost- und West-Abtheilung des Ovals zusammenstossen, fand sich aussen an die Mauer angelehnt eine kleine Kiste, mit je einem Träger an zwei Seiten, zwei an der dritten, die vierte Seite schloss die Mauer. Ob ein Deckstein vorhanden, ist nicht constatirt, da die Kiste erst an den Trägern erkannt wurde. In ihr stand auf einer Steinplatte eine Aschen-Urne mit einer flachen Steinplatte zugedeckt (Tfl. III (I) Fig. 4. Inventar 1250), am Boden 1,15 tief, also höher wie der Boden der Centralkiste, ohne Inhalt als Knochen.

Kiste IV. Im Süd-Osten ganz dicht am inneren Kranze, also weit ausserhalb der Mauer stand eine ziemlich geräumige Kiste in der Richtung NW—SO mit je einem Träger auf drei, zwei auf der vierten Seite, die nicht ganz dicht schlossen, von 55—86 cm Breite, 52—91 Höhe, 8—17 Dicke. Der Boden lag 1,25 tief im Niveau des Pflasters, oben erreichten die Steine den Hügel. Decksteine fehlten, sie können aber wohl fortgenommen sein, da sie jedenfalls zu Tage traten. In der Kiste stand eine Aschen-Urne mit Deckel (Tfl. III (I) Fig. 5, 5a. Inventar 1252, 1251), zwischen den Knochen Nichts.

Ausserdem fanden sich noch an verschiedenen Stellen des Hügels Urnen und Scherben zwischen den Steinen ohne schützende Kiste, die daher ausserordentlich zerdrückt waren und grösstentheils nicht mehr zu restauriren gingen.

Kiste V. An der Südseite des Hügels, dicht an der Lücke, S 8,56 W 0,57 z 1,07; (die Mitte des Hügels ist S 0,9 W 0,3 m) ohne erkennbare Kiste, daher von den Steinen vollständig auseinandergedrückt, fanden sich die Reste einer Aschen-Urne (Inventar 1257), welche noch zu restauriren ging. Dieselbe ähnt in der Form der Urne 1252 aus Urne IV, hat nur einen schlankeren Hals.

Kiste VI. S 2,33 O 1,05 z 1,08. Einige Scherben einer Aschen-Urne zwischen den Steinen. Es gelang nicht sie irgendwie zusammenzusetzen.

Kiste VII. S 0,94 W 3 z 0,93. Beinahe über Kiste II in einer höheren Schicht zwischen Steinen (ohne Kiste) eine ganz zerdrückte Aschen-Urne (nicht zusammengesetzt).

Kiste VIII. Am inneren Kranze südöstlich von Kiste IV fanden sich Scherben einer verzierten Aschen-Urne (Inventar 1258) und Reste des Deckels. Diese

Scherben sind entschieden zerstreut und bei einer, glücklicherweise äusserst unbedeutenden Beschädigung des Hügels aus einer benachbarten Stelle hierher geworfen. Sie ähnen den Urnen IV und V.

Ausserdem fanden sich Scherben vereinzelt an verschiedenen Stellen des Hügels verstreut. Diese Reste waren aber so unbedeutend, dass sie nicht von zerstörten Aschen-Urnen herrühren konnten, sondern beim Zuwerfen des Hügels wohl mit der Erde hineingelangten.

Aus der Vertheilung der Kisten und isolirten Urnen ergiebt sich, dass der Grabhügel nicht gleich in der jetzigen Form, sondern erst nach und nach aufgeschüttet wurde, da es kaum anzunehmen ist, dass man die grossen Steinmassen immer bei einem frischen Begräbnisse weggenommen und wieder aufgelegt habe. Ganz genau kann man den Bau wohl nicht verfolgen, er dürfte sich aber ungefähr folgendermassen gestaltet haben. Zuerst verbrannte man wahrscheinlich den Leichnam in der Mitte des Ovals auf einem von Osten nach Westen gerichteten Scheiterhaufen, sammelte die Knochen sorgfältig und baute in der Mitte des ausgebrannten Scheiterhaufens die centrale Kiste. Die Mauer muss auch schon jetzt erbaut sein, weil man sie theilweise einriss, um die zweite, etwas jüngere Kiste einzugraben, und dann wieder aufbaute. Die Mauer wurde dann mit Erde ausgefüllt, wie weit man nun den äusseren Hügel aufschüttete und ob die beiden äusseren Kränze jetzt schon gelegt wurden, lässt sich nicht mit Sicherheit entscheiden. Die Kiste III baute man später aussen an die Mauer, deren Inneres jetzt nicht mehr gerührt wurde. Endlich muss die jüngste Kiste IV angelegt sein, als der Hügel schon seine jetzige Form und Grösse hatte. Es folgt daraus wohl, dass der Hügel anfangs nicht so hoch gewesen, da man bei den späteren Gräbern sich nicht der Mühe unterzog bis auf den Boden in der Mitte herabzusteigen. Die isolirten Urnen grub man dann nach Entfernung einiger Steine in geringerer Tiefe des fertigen Hügels ein. Die Kiste IV, Urne V und die Scherben VIII werden also jünger sein als die mittleren Urnen, haben auch einen von jener abweichenden, unter sich aber übereinstimmenden Character.

Dewitz hat 1873 die drei südöstlichen Hügel eröffnet, allerdings nicht vollständig abgetragen, wie ich später bemerken konnte. Die nachfolgenden Beschreibungen stützen sich auf den von Herrn Dr. Dewitz zum Zweck dieser Publication zur Disposition gestellten Bericht, der hier etwas modificirt wiedergegeben wird. Die erhaltenen Thongefässe befinden sich im Provinzialmuseum, hingegen sind die wenigen Beigaben leider nicht erhalten.

Hügel II.

Ein Hügel von ca. 16 m Durchmesser, 1,70 Höhe, der schon etwas angegriffen gewesen war. Am Rande fand Dewitz grosse Steinmassen, die sich kreisförmig um den Hügel herumzogen und einen Steinkranz von einigen Fuss Breite in der Erde bildeten. Dies war jedenfalls kein eigentlicher Kranz, sondern Reste der Deckschichten. Die mittlere Steinmauer, die sonst immer auftritt, hatte Dewitz nicht bemerkt, entweder, wie er anführt, weil schon viele Steine herausgenommen waren, oder weil er erst bei den späteren Hügeln auf diese Mauer aufmerksam geworden. Ungefähr in der Mitte des Hügels stand mit der Längsaxe von Süden nach Norden

eine ziemlich grosse Steinkiste ca. 2,20 m lang, 1,60 breit, im Inneren 1,25 × 0,94 und 0,63 tief, nicht ordentlich rechtwinkelig, denn die Träger waren dicke unregelmässige Steine von 0,30—0,45 Dicke, so dass im Innern von annähernd glatten Wänden nicht die Rede war. Nur am Südende stand auf beiden Längsseiten ein 0,94 langer, 0,62 hoher, 0,15 dicker ziemlich platter Stein. Mehrere platte nur einige Zoll dicke Decksteine (nach Dewitz Zeichnung 4), auf denen kopfgrosse Steine lagen, schlossen die Kiste. Den Boden deckten platte Fliesen von 0,30—0,60 Breite und Länge, 5—8 cm Dicke.

In der Kiste standen unregelmässig 10 Thongefässe, 5 Aschen-Urnen mit Knochen, 5 leere Beigefässe. Von den Aschen-Urnen waren 4 mit Deckeln versehen, umgestülpten flachen Schalen, auf der fünften lag als schützende Decke ein kleines Thongefäss (nicht vorhanden). Eine der beiden grössten dieser Urnen enthielt zwischen den Knochen einen fingerdicken Eisenring von 5 cm Durchmesser (leider nicht vorhanden, die Beschreibung unklar) die andere (Tfl. III (I) Fig. 8. Inventar 629) ein durch Rost unkenntlich gemachtes Eisenstück und ein 4 cm langes, 2,5 breites, 1,6 dickes Bernsteinstückchen (alles nicht vorhanden). Eine dritte Urne der Kiste ist die kleine Aschen-Urne Tfl. IV (II) Fig. 1 mit dem dazu gehörigen Deckel (unten Fig. 2 im Text). Die anderen Urnen zerfielen vollständig beim Herausnehmen.

Von den Beigefässen war das grösste (21 cm hoch) mit einer platten Schale zugedeckt und hatte einen Doppelhenkel wie Tfl. III (I) Fig. 2 (nicht erhalten). Die anderen waren unbedeckt und näherten sich in der Form theils diesem, theils den Aschen-Urnen (d. h. wohl theils mit, theils ohne Henkel. Eins davon ist der kleine Krug Tfl. VI (II) Fig. 3. Inventar 621. Auf den Fliesen stand noch eine deckelartige Schale (Dewitz meint vielleicht ein heruntergefallener Deckel). Auf dem Boden der Kiste zog sich durch Kohle schwarz gefärbter Sand hin.

An der Südwest-Seite des Hügels zwischen den Steinen fanden sich noch Scherben von 3—4 vollständig zerdrückten Urnen (nicht mitgebracht). Dazwischen gebrannte Knochen, ein Fragment eines kleinen Bronzeringes von ca. 1 cm Durchmesser, und ein rohes Bernsteinstück von der Grösse einer Kartoffel.

Hügel III.

Der Hügel, 200 Schritt nordöstlich von II auf einer anderen Höhe, mass 15 m im Durchmesser, 1,70 Höhe; zahlreiche Steine ragten aus der Erddecke heraus. Am Rande fand Dewitz einen breiten Gürtel aus Steinen von 30—60 cm Durchmesser in einer Schicht, selten in zwei übereinander. Der äussere Kranz und die Deckschicht sind hier wohl nicht auseinandergehalten. Da dieser Theil des Hügels nicht bis auf den Grund abgetragen wurde (wie ich später sah), so ist das wahrscheinlich existirende Bodenpflaster auch nicht constatirt worden, ebenso wie beim vorigen Hügel. Innerhalb dieses Gürtels trat eine 5,6 m Durchmesser haltende kreisförmige Mauer auf, 30—60 cm unter dem Rasen, 60 cm hoch und ungefähr ebenso dick. An der Südseite verband sie sich mit dem äussern Gürtel, d. h. die Deckschicht reichte wohl hier heran. Innerhalb der Mauer befanden sich 2 Kisten.

Kiste I. Im Centrum aus vielen theils platten, theils runden Steinen erbaut, von denen keiner bis zum oberen Rande reichte, daher das Innere nicht sehr regelmässig, mehr rundlich. Der Durchmesser des Hohlraumes ca. 1,1 m, die Höhe 0,78. Decksteine waren (nach der Zeichnung) 2, der Boden mit vielen kleinen Steinen ausgelegt. Auf diesem standen 6 Thongefässe. Die drei grössten sind Aschen-Urnen mit Knochen (2 erhalten: Tfl. IV (II) Fig. 4 Inventar 625, und Inventar 632, nicht abgebildet). 2 waren mit Deckeln versehen (es existiren im Museum verschiedene Deckelfragmente, von denen sich aber nicht constatiren lässt, welcher Urne sie zuzutheilen sind), die dritte (Inventar 632) mit einem aufrechtstehenden Henkelkruge, also einem Beigefässe zugedeckt (nicht vorhanden). Von den anderen beiden Beigefässen mit Henkeln ist ein grosser weiter Krug Tfl. III (I) Fig. 9 (Inventar 624) erhalten; ein kleines Henkeltöpfchen von 8 cm Höhe ist nicht mitgebracht.

Kiste II an der Nordseite unmittelbar an der Mauer von runden Steinen umsetzt, innen von Osten nach Westen 94 cm lang, 47 breit, 62 hoch. An der Südseite war ein grosser ziemlich platter Träger, die anderen nicht so gross, Ost und West je einer, mehrere flache Decksteine, der Boden mit Fliesen belegt. Darin standen drei Thongefässe, eine grosse ca. 30 cm hohe Aschen-Urne mit einer Schale zugedeckt, aber so zerdrückt, dass nicht einmal die Form zu erkennen war; zwischen den Knochen ein bearbeitetes Bernsteinstück (nicht vorhanden). Daneben zwei Beigefässe, Henkeltöpfe, Tfl. III (I) Fig. 6 Inventar 630, und III (I) Fig. 7 Inventar 631, beide ohne Deckel. Ob ausserhalb der Mauer noch Aschen-Urnen sich befinden, ist nicht untersucht worden.

Hügel IV

ca. 100 Schritt südwestlich II, von ähnlichen Dimensionen wie III. Am Rande war ein Ring der Deckschicht zu constatiren, im Innern eine kreisförmige Mauer von 6,3 m Durchmesser, 2—3 Steine von 15—47 cm neben und aufeinandergelegt, so dass der Kranz 47—63 cm hoch und breit wurde. Im Innern waren zwei Kisten, eine centrale und eine an der Südseite, beide in Bau und Grösse denen in Hügel III analog, nur dass die äussere Kiste hier an der Süd- dort an der Nord-Seite lag. Es fehlten den Kisten aber die Decksteine und sie erwiesen sich als bereits ausgeraubt, so dass nur äusserst wenig kleine Scherbenstückchen noch vorgefunden werden konnten. Die von Dewitz untersuchten Hügel zeigten also mit I das Analoge, dass durch eine innere Mauer, die hier kreisförmig, dort oval, eine mittlere Abtheilung begrenzt war, welche mehrere Steinkisten enthielt, die zum Theil etwas grösser und urnenreicher waren als bei I. Die äusseren regelmässigen Kränze, welche hier auch vorhanden gewesen sein mögen, sind nicht verfolgt worden.

Hügel V.

Von Herrn Gutsbesitzer Grötzner ist noch ein Hügel abgetragen worden, über den keine näheren Berichte vorliegen. Das interessanteste Fundstück ist der aus ihm stammende Bronzecelt Tfl. VI (IV) Fig. 4 Inventar 2037—39. Dass derselbe wirklich aus einem solchen Hügel stammt und zum Grabe gehört, wurde durch einen ganz identischen Celt, den ich 1884 in einem analogen Hügel zu Ihlnicken (unweit Birkenhof) im centralen Grabe fand, bestätigt.

Beschreibung der Fundgegenstände.

Thongefässe.

Die Thongefässe zerfallen in zwei deutlich unterschiedene Klassen, Aschen-Urnen und Beigefässe. Erstere dienten zum Aufbewahren der gebrannten und zerschlagenen Knochen, letztere waren Gebrauchsgefässe des gewöhnlichen Lebens, welche den Todten ins Grab mitgegeben wurden, zum Theil vielleicht mit Speise und Trank gefüllt, wovon sich hier allerdings keine Spur vorfand.

Eine Beschreibung von Thongefässen giebt nur ein annähernd so anschauliches Bild als gute Abbildungen, wohl aber kann eine Zusammenstellung der Masse bei vergleichenden Betrachtungen von Nutzen sein, wenn es sich darum handelt gewisse Kategorien zu characterisiren und gegen einander abzugrenzen.

Ich habe bereits in einer früheren Abhandlung*) eine Reihe von Maassen vorgeschlagen und möchte die Methode noch nach einer Richtung hin erweitern. Zur Characterisirung des Profils einer Urne kommt es darauf an, dasselbe durch die rechtwinkligen Coordinaten einer Anzahl Punkte zu bestimmen. Wenn man diese auf Papier aufträgt und durch gerade Linien verbindet, oder durch nach Gutdünken gezogene gekrümmte, so erhält man ein annäherndes Bild des Profils. Die hervorragendsten Dimensionen der Urne sind ihre Höhe und ihre grösste Weite, die zur Abkürzung nur mit **Weite** bezeichnet werden soll. Ausserdem sind die Bodenfläche und der obere Rand fest bestimmt, deren Durchmesser also auch Cardinaldimensionen. Der untere Theil des Bauches geht fast immer in sanfter Biegung vom Boden nach der Weite, hier wäre also im allgemeinen keine Zwischendimension nöthig; viel mannigfaltiger ist aber der Verlauf oberhalb der Weite. Die Urne kann convex bis zum Rande verlaufen, oder wie es wohl meist der Fall, nach convexer Krümmung in die entgegengesetzte übergehen; oft schnürt sie sich ein, um dann zum Rande hin sich wieder auszuweiten, oder es setzt sich gegen den gewölbten Bauch der obere Theil mehr gradlinig ab, mehr oder minder stark getrennt. Den oberen Theil wird man den **Hals** nennen, seine Abgrenzung ist aber eine sehr unbestimmte; wo eine Einschnürung existirt, ist sie ganz scharf, auch dann, wenn dieser Hals deutlich gegen den Bauch abgesetzt erscheint; bei allmählichem Verlaufe der Krümmung, wie in den vorliegenden Urnen ist eine solche Zone aber schwer genau zu fixiren. Wenn wir den Boden als Null-Punkt mit 0 bezeichnen, die Zone der (grössten) Weite mit w, den Rand mit r und die (oft unbestimmte) Stelle des beginnenden Halses mit h, so hätte man an diesen Stellen Durchmesser und Höhe zu messen: D_0 Durchmesser des Bodens, (Höhe = 0); D_w grösste Weite, H_w Höhe dieser Zone; D_r Durchmesser der Mündung, H_r Gesammthöhe der Urne. Diese Dimensionen sind also sicher. D_h, H_h sind nicht so fest, das ist aber auch nicht nöthig, da sie immer einen wichtigen Punkt des Profils geben werden. Ist dasselbe sehr gegliedert, so wird man noch mehr Zonen haben müssen, und wenn die Urne einen besonders abgesetzten Fuss hat, wird man auch hier unten den Durchmesser und die Höhe dieser Einschnürung nehmen. Kurz, es würde erforderlich sein, soviel Punkte

*) O. Tischler, Ostpreussische Gräberfelder. Schriften der physikalisch-ökonomischen Gesellschaft XIX. 1878, p. 169.

zu messen, dass das durch ihre gradlinige Verbindung entstandene Profil eine annähernde Vorstellung der Urne gewährt. Um Verwechselungen zu verhindern, sei bemerkt, dass H als Höhe immer gross geschrieben werden soll, die Höhe des Halsanfangs h klein (es schien mir immer dieser Buchstabe am zweckmässigsten). Bei den folgenden Messungen ist die unbestimmte Zone h nicht berücksichtigt worden; ich überlasse es anderen Forschern zu versuchen, ob sich bei complicirteren Profilen durch Zuhilfenahme dieser oder von noch mehr Zonen übersichtliche Resultate erzielen lassen; allzuweit wird man diese Messungen wohl nicht ausdehnen, da sie der Anschauung doch nie so zu Hilfe kommen, wie eine Zeichnung. Man kann diesen trockenen Zahlen aber doch eine gewisse Anschaulichkeit abgewinnen, und hiermit möchte ich den Versuch machen, die Methode der Craniologie in die Urnenkunde einzuführen.

Die absoluten Zahlen prägen sich unserer Vorstellung nicht ein, es kommt nur auf ihre Verhältnisse an, wenn man die Form der Urne einigermassen erfassen will. Es können diese Verhältnisse als Indices der Urne eingeführt werden. Die Höhe durch die Weite $\frac{Hr}{Dw}$ sei der **Höhenindex** (H), er zeigt an ob die Urne hoch oder platt ist; die Querdimensionen werden dann durch die Weite, die Höhendimensionen durch die Höhe dividirt: $\frac{Dr}{Dw}$ = (r) heisse der **Randindex**, er sagt, ob die Urne eng oder weithalsig ist; $\frac{Do}{Dw}$ = (b — Boden) der **Bodenindex**, ob der Boden klein oder gross; $\frac{Hw}{Hr}$ (Hw) der „**Weitenhöhenindex**, ob die Weite hoch oder tief sitzt. Letzterer hängt oft mit einem langen Halse zusammen, aber nicht immer. Zur Unterscheidung sollen die Indexzeichen immer eingeklammert verwandt werden. Auf Indices für den Hals habe ich vorläufig verzichtet, um diese Methode möglichst einfach zu gestalten.

Die Messungen lassen sich nicht so genau als die craniometrischen anstellen, weil trotz des guten äusseren Anscheins diese freihändigen Urnen weder in Bezug auf Rundung noch auf gleichmässige Höhe der Zonen fehlerfrei sind, auf Differenzen von einigen Millimetern kommt es aber auch nicht an bei den Indices. Dr und Do lassen sich sehr bequem messen, ebenfalls Dw mit einem zweischenkligen- oder mit einem Stangentasterzirkel. Hw ist oft nicht so scharf zu fixiren, auch an den einzelnen Seiten verschieden, man muss einen Mittelwerth nehmen. Für Hr legt man ein Lineal auf den Rand und misst seine Entfernung von der Tischfläche auf beiden Seiten, da oft der Boden schief (eigentlich die Urne) oder nicht ganz eben ist. Man könnte auch bequemere Apparate hierzu construiren, doch genügen schon einfache Hilfsmittel. Bei den einzelnen Maassen wird man daher meist einige Millimeter Spielraum annehmen können. Die Indices berechnet man als Decimalbrüche und multiplicirt sie mit 100. Die zweite Stelle, (welche in der Tabelle unten angegeben) wird aber immer um einige Einheiten unsicher sein.

Nach dieser Methode sind hier die Dimensionen und Indices der vorhandenen **Aschen-Urnen** gemessen und angegeben. In der letzten Columne erfolgt die Wanddicke der Urne dicht unterhalb des Randes. Die Bezeichnungen bedeuten:

I$_{I}$ = Hügel I, Kiste oder Urne I. Die Tafeln sind nach der Nummerirung der Separatabhandlung gerechnet, also I für III (I).

	Db	Dw	Dr	Hw	Hr	(H)	(r)	(b)	(Hw)	Dicke
	cm									mm
I$_{I}$ (1249) Tfl. I$_{1}$	9,5	30,5	21,5	12,6	26,5	87	70	31	47	7
I$_{II}$ (1247) Tfl. I$_{3}$	8,5	24	16	8	20,5	85	66	36	40	5
I$_{III}$ (1250) Tfl. I$_{4}$	8	29	19	11	26	90	65	28	42	5
I$_{IV}$ (1252) Tfl. I$_{5}$	0	24,5	13	10	20	82	53	0	50	6–7
I$_{V}$ (1257) nicht abgebildet	0	22	12	11	21,5	100	54	0	50	4, tiefer 5
II$_{a}$ (629) Tfl. I$_{8}$	11–11,5	29,5	18,5	11	24,5	83	63	ca. 38	45	7
II$_{b}$ (626) Tfl. II$_{1}$	8,5	17	12,5	6,5	15,5	91	74	50	42	6
III$_{Ia}$ (632) nicht abgebildet	8	22	18	10	21	96	82	50	48	8
III$_{Ib}$ (625) Tfl. II$_{1}$	7	21	12,5	10	20	95	60	33	50	7

Aus dieser Tabelle ersieht man schon, dass die Aschen-Urnen in zwei verschiedene Kategorien zerfallen.

a) Die Urnen des ersten Typus I$_{I}$, I$_{II}$, I$_{III}$, II$_{a, b}$, an die sich die etwas abweichende III$_{Ia}$ anschliesst, haben einen auf der Unterseite recht platt gedrückten Bauch, dessen Weite ziemlich tief liegt, unter der Mitte — Weitenhöhenindex unter 50 bis 40 herab, nur bei der abweichenden III$_{Ia}$ fast 50. Die Wölbung geht unten in ziemlich stumpfem Winkel in den kleinen Boden über [(b) = 30—35 d. i. ca. $^1/_3$] nur bei der kleinen Urne III$_{Ib}$ grösser, 50 = $^1/_2$. Der Boden ist aber immer vorhanden und deutlich ausgesprochen. Die Kante ist oft sehr stumpf, manchmal aber mit einem kleinen Wulst umgeben. Hin und wieder ist der Boden sogar schwach gewölbt, so dass die Stabilität der Urnen keine erhebliche ist und erst durch die Umfüllung mit Erde gesichert wird. (Bei den Abbildungen, welche sämmtlich in $^1/_4$ natürlicher Grösse mit der camera lucida gezeichnet sind, war es nicht immer möglich dies genau wiederzugeben, weil sonst zu unschöne Projectionen der Urnen herausgekommen wären, es ist zum Theil aber doch zu erkennen.) Der Bauch geht nach oben mit sanfter Schweifung und ohne besondere Begrenzung in den concav gebogenen Hals über, nur bei III$_{Ia}$ findet sich ein kleiner Absatz beim Uebergange zu dem besonders weiten Halse. Die Oeffnung ist recht weit (weithalsig), der Randindex (r) 65—74 also ca. $^2/_3$, nur bei III$_{Ia}$ sehr gross 82.

Die Urnen sind sämmtlich aus reinem, mit gröberem Sande oder zerstossenen Granitstückchen gemengten Thone angefertigt, welche Beimengung aber lange nicht das grobe Korn hat wie in den grossen Urnen der jüngeren samländischen Gräberfelder, und sind dann mit einer feineren Thonschicht überzogen. Sie sind alle aus freier Hand gefertigt und trotzdem meist von vorzüglicher Rundung und oft recht sauberer Ausführung; dass eine solche ohne Drehscheibe und sonstige Hilfsmittel zu erzielen geht, lehrt die Herstellung der Tatertöpfe in Jütland, welche von Sehested ausführlich beschrieben ist.*) Dann sind sie gut geglättet, einige vollständig wie I$_{II}$, II$_{b}$, meist aber nur am oberen Theile, während der untere, unterhalb der Weite, absichtlich rauh gemacht ist, um die Urnen besser halten zu können. Der Brand

*) Sehested: Fortidsminder og Oldsager fra Egnen om Broholm, p. 245—251, Bericht darüber: Schriften der physikalisch-ökonomischen Gesellschaft 22 (1881) Sitzungsberichte p. 14

hat in nicht russendem Feuer stattgefunden, wodurch sie eine hell gelbbraune Farbe erhielten, die kleineren Gefässe oft völlig fleckenlos. Die Urnen erscheinen somit in Form und Herstellung durchaus nicht roh, sind auch, zumal die kleineren, nicht sehr dickwandig, oben an der Mündung 5—7 mm — nur die plumpern III_{1a} dicker — also bei weitem feiner und eleganter als die bereits erwähnten weit jüngeren Aschen-Urnen der samländischen Gräberfelder, ein warnendes Beispiel, dass man aus der Masse und Beschaffenheit der Scherben allein nicht auf ihren Zeitunterschied schliessen darf.

Diese Urnen sind manchmal durch ein angesetztes Henkelpaar und noch durch eingedrückte Ornamente verziert.

Die einander gegenüberstehenden, horizontal durchbohrten, oft recht kleinen Henkel konnten nur zum Durchziehen einer Trageschnur benutzt werden, dürften aber wohl mehr ornamental sein, da sie kaum im Stande waren, die gefüllte Urne zu tragen, die man ja auch am rauhen Boden hielt; so sind sie auch manchmal schon in alter Zeit abgebrochen wie bei I_I (Tfl. I_1). Sie fanden sich bei I_I (Tfl. I_1), III_I (Tfl. I_4), II_a (Tfl. I_8), II_b (Tfl. II_1) und III_{Ia}, nur bei I_{II} (Tfl. I_3) nicht. Sie sitzen meist unmittelbar über der Weite. Die meisten Urnen dieser Gattung waren unverziert, nur bei II_a (Tfl. I_8) findet sich eine Zone von Fingereindrücken um die Weite und eine Zone schräger Kerben, die wohl mit einem zugespitzten Hölzchen in dem weichen Thon gezogen sind, unmittelbar unter den etwas höher stehenden Henkeln.

b) Von abweichendem Typus sind die Urnen I_{IV} (Tfl. I_5), IV und jedenfalls auch die Urne I_{VIII}, von der nur ein paar Scherben übrig geblieben. Die Weite liegt in der Mitte der Urne (Hw 1 = 50 d. i. 1/2) und die Mündung ist erheblich kleiner (engerer Hals (r) = c 50 d. i. 1/2). Der Boden ist abgerundet (b) = 0!), es existirt also kein eigentlicher Boden, es sind dies Urnen ohne Stehfläche. Man hat vielfach angenommen, dass Urnen ohne Stehfläche älter seien, als solche mit Boden, was diese Funde aber durchaus nicht bestätigen, denn beide Urnen stammen aus den äusseren Lagen des Hügels und sind unbedingt jünger als die Urnen mit Stehfläche des inneren Ovals. Uebrigens findet sich die Stehfläche sowohl bei den Thongefässen der älteren Bronzezeit, deren Gräber jetzt auch in Ostpreussen nachgewiesen sind, wie besonders zur neolithischen Zeit. Diese Urnen waren also noch viel unstabiler als die vorigen und konnten nur in Erde fest stehen. Die untere Hälfte ist ziemlich dickwandig, was ihr relativ bedeutendes Gewicht verrath bei dünner oberer Wand (4 bis 7 mm). Da der obere Theil des Bauches sich mehr zusammenzieht, tritt ein etwas mehr begrenzter Hals auf.

Beide Urnen sind ohne Henkel, aber verziert. Am unteren Ende des Halses gehen einige scharf eingerissene, horizontale Linien um den Hals, bei I_{IV} (Tfl. I_5) 2, an der einen Seite noch eine 3te, bei IV—5. Von diesen steigen Gruppen von 5—6 parallelen Linien schräge herab bis fast zur Weite, die in ihrer Richtung abwechseln. Dies häufig vorkommende Ornament soll „alterirend schräge Strichgruppen" heissen. Sie sind unten nicht begrenzt, nur bei den wenigen Scherben von Urne I_{VIII} (1258), wo sich dieselben Gruppen finden, gehen unterhalb derselben parallele Zickzacklinien mit scharfen Ecken in unsicherer Führung um das Gefäss herum. Die Urnen sind gut geglättet, überhaupt von sorgfältiger Fabrikation.

Diese eingerissenen Linien haben einen ganz eigenen Character, der besonders von dem der später zu beschreibenden Beigefässe völlig abweicht. Sie sind scharf eingerissen, und während die flachere Seite der Furche einigermaassen glatt bleibt, zeigen sich auf der steileren eine Menge Aussprünge, auch an Stellen, wo noch der Sand liegt, die also beim Reinigen gar nicht gestört sind. Die Führung ist eine unsichere, es kommen geradezu Seitensprünge in den Linien vor. Ich halte es daher für sicher, dass diese Linien mit einem scharfen Instrument, (Messer oder Stichel) in die gebrannten Urnen eingeritzt sind. Im weichen Thon mit einem stumpfen Instrument gezogene Linien zeigen ein sanftes, wenig vertieftes Profil und eine gute sichere Führung, wenn auch Unregelmässigkeiten vorkommen. Bei Linien, die mit scharfer Spitze in weichem Thon gezogen werden (wie bei anderen Urnen aus Hügelgräbern) haben dieselben oft emporgequollenen Ränder, welche ja allerdings auch beseitigt werden können, zeigen aber immer eine sichere Führung und glatten Verlauf. Versuche, die ich mit scharfen Spitzen an glatten Urnenscherben vornahm, lieferten ein Resultat, welches ganz jenen 3 Urnen entsprach. Wenn man das Instrument schräge hielt, blieb die eine Seite glatt, an der anderen traten die Absprünge auf, und so oft man auf ein gröberes Korn der Grundmasse traf, sprang der Stichel seitwärts, ganz in derselben Weise, wie bei den echten alten Furchen. Versuche in festgetrockneten, alten Thonplatten, die allerdings keine gröberen Körnchen enthielten, ergaben auch eine glatte Linienführung, indem der Thon sich mehlig herausschabte, aber nicht bröckelte. Demnach dürfte obige Annahme bewiesen sein. Eine Urne von etwas abweichender Form ist IIIb (Tfl. I14) mit mittlerer Halsweite (r) = 60), hoher Weite (Hw) = 50) und kleinen Boden (b) = 33). Die obere Hälfte ist glatt, die untere sehr rauh. Die Weite umgiebt ein hervorragender schräge gekerbter Wulst, unterhalb dessen 2 kleine Henkel sitzen.

Die meisten dieser Urnen trugen Deckel, flache Schalen, die über den Rand herüberragen, (Uebergreifende Deckel oder **Schalendeckel**), so die Urnen II, IV, VIII (Fragmente), IIa, b und die meisten Aschen-Urnen, die Dewitz fand, von welch' letzteren noch vier Stück (zum Theil kleine Fragmente, 622, 623, 645, 646) vorhanden sind. Urne IIII war mit einem flachen Stein zugedeckt, nur III ganz ohne Deckel, dies also eine Ausnahme von den Urnen in Kisten. Diese Deckel sind flach gewölbte Schalen mit einem kleinen Boden, hin und wieder auch vollständig flach gewölbt ohne Boden (Deckel 627 zu IIb und das Fragment 622). Der Rand ist manchmal schwach ausgeschweift, schneidet aber unten ziemlich gerade ab. Die Masse der vorhandenen sind (wobei Dr = Dw):

	Dr	Do	Hr	(H)	(b)	Dicke	Bemerkungen.
	cm					mm	
I I (1244) Tfl. I 1a	30	10	7	23	33	am Rande 8	
I IV (1251) Tfl. I 5a	29	7,5	5,5	24	33	4	
II a (628) Tfl. I 4a	26	10,5	7.8	30	40	8	
II b (627) Fig. 2 im Text	15,5	0	ca. 4	25	0	6	Mit Loch.
623 (Dewitz) Fig. II v	ca. 25	9,3	7	ca. 30	ca. 38	8, Mitte 14	Fragment, ergänzt gezeichnet.
622 (Dewitz)		0			0	10—11	Fragment mit Loch.
645 (Dewitz)						8, Mitte 10	Fragment.
646 (Dewitz)						8, Mitte 10	Fragment mit Boden, mit Loch.

Eine Eigenthümlichkeit einiger Deckel, die auch in anderen Hügeln häufig wiederkehrt, ist ein mitten im Deckel befindliches Loch (bei II b, Fig. 2 anbei) bei 623 und 646 von 2,0—2,5 cm Durchmesser, welches in den noch ungebrannten Deckel, oft nicht sehr geschickt eingebohrt wurde. Die Löcher zeigen deutlich, dass diese Scherben ausschliesslich zu Deckeln der Aschen-Urnen bestimmt waren, da sie dadurch zu jedem anderen Gebrauche untauglich gemacht wurden. Es muss das wohl mit religiösen Anschauungen und damit zusammenhängenden Grabgebräuchen in Verbindung stehen.

Fig. 2.

Die Deckel sind in Folge ihres Gebrauches auch nur auf der Aussenseite verziert, durch um den Rand herumgehende Zonen von Eindrücken. Deckel von Urne II a (Tfl. I 8a) durch drei Reihen von Fingereindrücken, der isolirte Deckel 623 (Tfl. II 2) durch zwei Reihen hurzer Kerben. Wie die Abdrücke der Finger lehren, waren es kleine Finger mit kurzen Nägeln, es werden also Frauen oder Mädchen diese Verzierung vorgenommen haben, wenn nicht die ganze Topffabrikation, wie noch jetzt in Jütland. Die übrigen Deckel sind glatt. I I (Tfl. I 1a) hat am Rande einen kleinen Henkel, der nur rein ornamental sein kann.

Die Beigefässe sind in den Birkenhöfer Hügeln (sonst nicht immer), sämmtlich grössere oder kleinere Krüge mit ziemlich breiten, nicht dicken Henkeln, die von dem Rande bis dicht über die Weite herabgehen und auch zum Halten dienten. Bei 2 Gefässen fand sich ein Doppelhenkel, d. h. 2 übereinander stehende, ähnlich geformte Henkel, welche zusammen die Länge des gewöhnlichen einfachen einnehmen; der Krug H I I (Tfl. I2), wo der untere Henkel schon in alter Zeit abgebrochen war (die untere Ansatzstelle ist in der Zeichnung nicht genügend markirt) und ein von Dewitz beschriebener (in seinem Bericht skizzirter) aus Hügel II, der nicht erhalten ist. Die Dimensionen und Verhältnisse ergeben sich aus folgender Tabelle:

Beigefässe.	Do	Dw	Dr	Hw	Hr	(H)	(r)	(b)	(Hw)	Dicke am Rande	Henkelbreite
	cm									mm	cm
I I (1245) Tfl. I 2	8,5	24,5	13,7	8	21	86	56	33	38	4	ca. 4
II (621) Tfl. II 3	5	11	9	3,5	8,5	77	81	45	41	4	2,6
III I (624) Tfl. I 9	12	22	18	7	13	60	82	54	54	ca. 6	3
III II a (630) Tfl. I 6	6,5	12	8	4	11	90	67	54	36	5	2,5
III II β (631 Tfl. I 7	8	20	12	7	20	100	60	40	35	5	3,5

Man ersieht aus den Indices, wie aus den Zeichnungen, dass diese Krüge in den Proportionen erheblich variiren. Einige sind sehr flach und weit wie II (Tfl. II3), und III I (Tfl. I9) wo der Höhenindex 77, bei ersterem sogar 60. Der Randindex ist bei beiden c. 80, andere höher und schlanker mit langem Halse und entsprechendem Henkel; so kann man III II_3 (Tfl. I7) als wirklich elegant in den Formen bezeichnen.

Die Oberfläche ist stets gut geglättet und einige Male decorirt. Bei dem kleinen Kruge III II_6 (Tfl. I6) findet sich unterhalb des Halses eine Zone kurzer senkrechter Kerben. Beim Krug II (Tfl. I2) ziehen sich unterhalb des Halses und an der Weite 2 Ringe eingedrückter Punkte herum, die unterhalb des Henkels einen Zwischenraum frei lassen und sich schräge beiderseits des Henkels nach aussen herabsteigend vereinen. Die Zonen sind verbunden durch alternirend schräge Strichgruppen. Die Gruppen von 4—5 Linien sind recht stumpf und flach gezogen, nicht ganz correct, wahrscheinlich in dem schon etwas betrockneten, jedenfalls ungebrannten Gefässe mit einem stumpfspitzigen Stab aus Holz oder Knochen, woher sie sich vollständig von den hart eingerissenen Linien bei IIV (Tfl. I5) unterscheiden. Beim Kruge III II_3 (Tfl. I7) gehen am unteren Ende des Halses, beim Henkelansatz zwei, etwas höher eine vertiefte, ebenso flach und sanft gezogene Linie herum. Von den unteren steigen wieder alternirend schräge Strichgruppen herab; die obere Zone erfüllen zum grössten Theile schraffirte Dreiecke, d. h. herabhängende Dreiecke, bei denen parallel zu einer Seite mehrere Striche im Innern gezogen sind (alle stumpf). Für diese Urne will ich probeweise die Hals-Indices angeben. Wenn man den Hals am oberen Reif beginnen lässt, ist Hh 13, Dh 14 also (Hh) 65, (Dh) 70, rechnet man ihn vom unteren Reifen, beim Henkelansatz, Hh 10, Dh 18, (Hh) 50, (Dh) 90. Die Beigefässe waren in der Regel unbedeckt, nur in zwei Fällen mit Deckeln versehen. Einmal erwähnt Dewitz in Hügel II einen Krug mit Doppelhenkel von einer Schale bedeckt. Der zweite Krug mit Doppelhenkel (II Tfl. I2) trug einen ganz eigenthümlich geformten Deckel, eine platte Scheibe von 21 cm Durchmesser, 13—15 mm dick aus mässig feinem, aber nicht geglätteten Thon. Der dicke Rand und eine Seite sind über und über durch unregelmässig aufgesetzte Fingereindrücke verziert. Merkwürdigerweise lag die verzierte Seite nach unten, und ist nur der Deutlichkeit wegen nach oben gezeichnet.

Bronze-Geräthe.

Die Ausbeute an Bronzegeräthen war eine geringe, wie überhaupt anderweitige Beigaben in den Hügeln immer nur spärlich vorkommen. Ausser dem ganz unbedeutendem Fragmente eines kleinen Bronzeringchens aus der Brandschicht von Hügel I, sind es nur eine Bronzenadel aus Hügel I und ein Bronzecelt aus Hügel V. Die Bronzenadel Tfl. IV, Fig. 1 (Inv. 1249). Die Nadel hat ca. 1/4 ihrer Länge vom Kopf entfernt eine Biegung von ca. 113° mit abgerundeter Ecke. Diese Nadeln sollen „Nadeln mit umgebogenem Halse" genannt werden.

Sie ist in Summa 20 cm lang, der umgebogene Theil 5,5 cm lang, 4 mm dick. Er endet in einen kegelförmigen Kopf und ist mit 4 kleinen Ringen garnirt, die nicht umgelegt, sondern umgegossen sind. Sie ist jedenfalls nach einem Wachsmodell à moule perdu gegossen, was besonders die kleinen, etwas plump geformten Ringe beweisen, welche an einer Stelle eine Art Naht zeigen, die aber nicht klafft, sondern verschmolzen ist. Auch sind sie etwas unterschnitten, würden also aus keiner Form herausgehen. Diese Eigenthümlichkeit lässt sich aber leicht erklären, wenn man annimmt, dass sie ursprünglich aus Wachs geformt waren.

Der Bronzecelt aus Hügel V Tfl. IV Fig. 5 (2037—39), eines der allerschönsten Stücke, welches die Ostpreussischen Hügelgräber geliefert haben, ist von Herrn Gutsbesitzer Grötzner - Birkenhof beim Abtragen eines Hügels gefunden und würde, da von den begleitenden Thongefässen Nichts erhalten ist, in seiner Zeitstellung weniger gesichert erscheinen, wenn ich nicht glücklicherweise 1884 einen Celt ganz desselben Charakters, von grösster Aehnlichkeit, in einem Grabhügel zu Ihlnicken, Kreis Fischhausen, eine gute halbe Meile von Birkenhof entfernt gefunden hätte, wo die begleitenden Thongefässe zeigten, dass man es mit der Periode der Birkenhöfer Hügel, wie sie in den centralen Kisten vertreten ist, zu thun hatte.

Der Celt ist ein Hohlcelt (von Olshausen, Verh. d. Berliner Anthr. Ges. 1885 p. 364 ff. Tullencelt genannt) d. h. innen hohl mit einem Loch (Tülle) zur Aufnahme des Holzstieles, von dem noch Reste vorhanden sind. Er ist deutlich gegliedert, indem oben ein kurzer cylindrischer Theil mit ein wenig gewölbten Seitenwänden oberhalb nach der Mündung durch zwei gekerbte vortretende, nach unten durch einen Reifen begrenzt wird. Wir können diesen Theil den Kopf nennen. Dann zieht er sich ein wenig zusammen, bleibt fast gleich breit und verbreitet sich hierauf in concaver Biegung bis zu der gegen den Henkel schräge emporsteigenden, fast gar nicht gekrümmten Schneide (deren Ecken etwas beschädigt sind). Den mittleren Theil, wo Durchmesser und Rundung fast gleich bleibt, möchte ich den Hals, den unteren Theil wo letzterer sich nach beiden Seiten verbreitet, nach der Schneide, aber dachförmig zuschärft, das Blatt nennen. Diese Terminologie könnte in manchen Fällen die Beschreibung erleichtern; oft dürfte die Grenze zwischen den einzelnen Gliedern allerdings eine ganz unsichere, allmählig verlaufende sein, besonders zwischen Hals und Blatt, wie gerade im vorliegenden Falle. Der Durchmesser des Randreifs ist p (d. h. parallel zur Schneide) 22,5 mm, s (senkrecht) 24; der grösste Durchmesser des Kopfes p 24, s 26; der Tülle unterhalb des Kopfes p 20, s 23, innerer Durchmesser der Tülle oben p 19, s 21. Die Länge vom Rande bis zur Schneidenmitte 110, Breite der Schneide ca. 45; innere Länge der Tülle 81, also Länge des vollen Theils des Blatts ca. 30. Die Tulle ist also oben ein wenig oval, senkrecht zur Schneide breiter, zieht sich dann aber in dieser Richtung mehr zusammen, und endet unten keilförmig mit gekrümmter Schneide parallel der äussern. Innen hat sie nicht die erhöhten Rippen, welche sich oft in der Tülle der Celte finden (Olshausen, Verh. d. Berliner Anthrop. Ges. 1885 p. 449 ff.), nur eine etwas rauhe Oberfläche. Die Tülle hat keine Kanten und der Hals verläuft bis ca. 50 mm vom Rande gerundet, worauf sich in allmählichem Uebergange das Blatt parallel der Schneide verbreitert, senkrecht darauf zuschärft, und von der Schmalseite in die Breitseite mit nicht sehr scharfen Kanten übergeht. Diese Kanten vereinigen sich nicht auf den Breitseiten des Blattes, wo sie manchmal eine Art gewölbter Kante gegen den Hals bilden. Ebenso wenig begleiten erhöhte Ränder oder Furchen diese Kanten. Von der Mitte des Kopfes nach dem Halse steigt ein Henkel herab 23 mm lang, in der Mitte schmäler als an den Enden, 3,5 mm resp. 11,5. Er hat ausserhalb eine gerundete Mittelkante, innen eine schärfere. Wir wollen die Seite dieses Henkels als hintere bezeichnen, da sie, wie sich später zeigen wird, dem Schafte, also der Hand näher sass.

Man könnte nach obiger Terminologie die Beschreibung kurz so fassen:

„Gehenkelter Hohlcelt mit gewölbtem durch gekerbte Reife begrenztem Kopfe, kurzem rundem Halse, der allmählich in das lange Blatt mit rückwärts ansteigender gerader Schneide verläuft. Henkel von der Mitte des Kopfes zum Halse absteigend.“ (Wenn nichts bemerkt wird, soll der Henkel immer der Schneide parallel stehen, ist er senkrecht, so heisst dies „Henkel in Querstellung“).

Die Oberfläche der Celts zeigt jetzt das schöne Dunkelgrün der edelsten Patina und ist an den Stellen, wo der Rost keine Gruben gefressen hat, von vorzüglicher Glätte und Glanz. Von Gussnäthen ist keine Spur vorhanden (mit Ausnahme einer Stelle), während alle anderen gewöhnlichen Celte unserer Sammlung auf jeder Querseite eine entlang gehende, nicht fortgenommene Nath zeigen. Es wäre nicht möglich gewesen, eine Nath so spurlos zu beseitigen, was besonders bei den Reifen am Kopfe hätte hervortreten müssen. Der Celt kann nach dem Gusse an der Oberfläche nicht überarbeitet, sondern muss in seinem tadellosen Glanze aus der Form hervorgegangen sein. Dass dies bei der damaligen sehr hohen Stufe des Bronzegusses möglich war, zeigen einzelne Stücke mit zum Theil gegossenen Verzierungen, welche in ausgezeichneter Schärfe dastehen, auf keine andere Weise hergestellt sein können, und zugleich beweisen, dass nach dem Gusse kein Sandkorn mehr die glatte Gusshaut berührt hat. (So z. B. der Celt Madsen, Afb. af Danske Oldsager. Bronzealderen 20, Fig. 5 von Fynen., Kopenhagen 1800, und vor allem ein Schwert aus der früheren Milanischen Sammlung im Besitze der Antiquitätenhändler Egger zu Budapest, wo ein Theil der Ornamente gegossen, wie u. a. die concentrischen Kreise, andere Ornamente nachher geschlagen sind, beides Meisterwerke alten Bronzegusses.) Es findet sich aber eine rauhe Stelle am Celt mit höckriger Oberfläche ohne Glanz und Patina, unterhalb des Henkels von seinen inneren Enden ausgehend, sich etwas ausweitend bis zum unteren Kopfreifen, so dass sie ein Sechseck bildet, 23 mm lang, 17 mm breit. In der Mitte, genau unter dem Henkel, läuft hier eine niedrige Gussnath entlang, ebenso eine unbedeutende, auf der Unterseite des, besonders an den Enden etwas rauhen Henkels, welche in der Mitte fast verschwindet. Bei dem ganz analogen Ihlnicker Celt (der in einer der nächsten Abhandlungen beschrieben werden soll) findet sich dieselbe durch Glanz und Patina abstechende Geckige Stelle, jedoch ein wenig sauberer als hier. Man kann sich demnach den Guss nur auf folgende Weise vorstellen: Das ganze Stück ist wieder in verlorener Form, à moule perdu, nach Wachsmodell gegossen — kurz gesagt mittelst Wachsguss. Ueber einem Thonkern für die Höhlung, den man über Feuer schwach gebrannt hatte, formte man den Celt aus Wachs mit seinen Reifen am Kopf. Dann wurde über diesem Wachsmodell sehr fein geschlemmter Thon in breiigem Zustande mit dem Pinsel oder ähnlich aufgetragen, aussen gröbere Schichten, die mit dem Kern so vereinigt wurden, dass für Eingussöffnung und Windlöcher Platz blieb, hierauf durch schwaches Brennen das Wachs ausgeschmolzen und dann die Bronce eingegossen. Der äussere nun härter gebrannte Thonmantel musste nachher zerschlagen werden. Das schmelzende Wachs tränkte den Thon, wodurch die Bronce eine ungemein glatte Oberfläche erhielt, die man vielleicht noch polirte, aber nicht mehr schliff. Dass man hierdurch im Alterthume Resultate erzielte, die unser Staunen erregen, zeigen einige der oben erwähnten, ungemein scharfen gegossenen Ornamente, die unbedingt nicht mehr nachgearbeitet sind. Wenn der Thonmantel auch ungetrennt die Höhlung des Henkels durchdrungen hätte, so lag die Gefahr nahe, beim Zerschlagen des Mantels den Henkel vermöge des in ihm sitzenden Thonzapfens mit abzusprengen. Daher setzte man hier einen Thonkern ein, der aber aus 2 Stücken bestehen musste, damit man ihn auseinander und herausnehmen konnte. Man hat also jedenfalls, ehe man den Henkel ans Wachs bildete, einen seiner inneren Form entsprechenden Thonklumpen auf das Wachs gesetzt und nach dem Henkel geformt, mit einer oberen flachen Rinne für denselben. Dann wurde derselbe zerschnitten und über Feuer getrocknet, damit er mit dem später aufgetragenen feinen Thon nicht zusammenklebte. Ueber den nochmals aufgesetzten beiden Hälften des Kerns wurde nun der Wachshenkel geformt, der an den Seiten noch ein wenig in diesen Kern hineinragte, in der Mitte ziemlich frei lag. Der untere Kopfwulst war rund herumgeformt vor Ansatz des Henkels, wie man an seinen Rudimenten an dieser Stelle noch erkennt, ist aber durch den aufgesetzten Kern etwas auseinander gedrückt. Diese schwach gebrannten Kerne konnten durch das Wachs nicht mehr geglättet werden, daher die rauhere Oberfläche und die Nath an der Berührungsstelle beider Kernstücke, welche man beide nicht mehr glättete, was man doch jedenfalls gethan hätte, wenn der andere Theil der Oberfläche noch einer Glättung oder einem Schliff unterzogen wäre. Von grossem Interesse ist ferner die Verzierung des Celts.

Die beiden Reifen oberhalb und der unterhalb des Kopfes sind durch eingeschlagene Striche gekerbt. Diese Kerben gehen schräge, wechseln aber von Zeit zu Zeit ihre Richtung (es tritt dies auf Tfl. IV Fig. 4 schon hervor wird aber durch nebenstehende Figur noch deutlicher aufgerollt dargestellt). Auf den oberen beiden Reifen geht die Verzierung rund herum, beim unteren ist der rauhe Theil der Oberfläche nicht decorirt, zumal hier der Reif etwas zerdrückt wurde. Es findet ein mehrmaliger Wechsel der Richtung statt, wie aus nebenstehender Figur zu ersehen; es treten also hier auch alternirend schräge Strichgruppen auf, dem Ornamente der Urnen analog. Dies Ornament ist für die Schlussperiode der Nordischen Bronzezeit oder den Ausgang der Hallstädter Periode charakteristisch. Der erste Ausgangspunkt desselben stammt von kantigen Drähten her, welche, an einzelnen Stellen festgeklammert, nach derselben Seite gewunden wurden, so dass in Wirklichkeit ein Wechsel der Torsion erfolgte. Solche Ringe treten als kleine Spiralringe aus doppeltem Golddraht schon früh auf, in einer älteren Periode der Bronzezeit.*) Die Windungen werden dann aber auch durch einfache schräge Kerben imitirt, und grössere Bronzedrahtringe (Armringe)

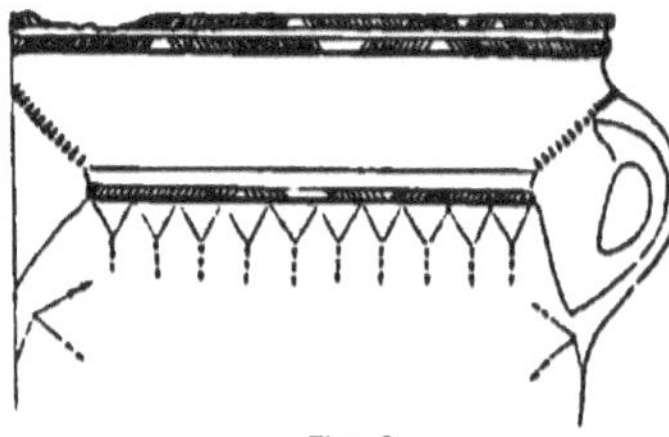

Figur 8.

*) Olshausen: Ueber Spiralringe (Verhandl. d. Berliner Anthropologischen Gesellschaft am 17. Juli 1886) p. 450, 467.

aus Bronze mit imitirter doppelter Torsion finden sich gerade am Ende der Hallstädter Periode (der Zeit unserer Celts), so z. B. ein Armring aus einer Gesichts-Urne zu Sulleneczyn, Westpreussen. Die wechselnde Torsion, die echte wie die imitirte, spielt überhaupt zu dieser Zeit bei Halsringen eine grosse Rolle, (wie bei den Ringen Lindenschmits, Alterth. d. h. V. Bd. I Heft XI Tfl. 3. Montelius Antiquités Suédoises Fig. 227, 229) es war daher natürlich, dass man den Celt so decorirte, als ob Drahtringe mit wechselnder Torsion beiderseits um den Kopf gewickelt wären, um ihn zu begrenzen. Oberhalb des unteren Reifen befindet sich noch eine scharf gegen den Kopf abgesetze Furche, welche bereits durch den Guss hergestellt ist.

Unterhalb des Kopfes am oberen Ende des Halses geht eine Reihe von Dreiecken mit abwärts gerichteter Spitze herum, unter der drei ganz kleine spitze Dreiecke je eine herabsteigende Linie bilden. Ein Bogen solcher kleinen spitzen Dreieckchen zieht sich am Kopf vom unteren Reifen an ausserhalb um die rauhe Stelle über den Henkel herüber mit den Spitzen nach aussen. Vom unteren Ende des Henkels laufen sechs Strahlen aus, von jeder Seite 3 divergirende, so dass die beiden mittleren sich unterhalb des Henkels zu einem Dreieck vereinen; in ihrer Verlängerung sind dann wieder 2 kleine scharfe Dreiecke mit den Spitzen nach aussen eingeschlagen. Am oberen Theile des Henkels laufen neben der Mitte 2 Punktreihen entlang, welche durch ganz schwache Furchen, die sich über dem Henkel wölben, verbunden sind. Diese Verzierungen erhalten aber ein ganz besonderes Interesse, wenn man die Art und Weise studirt, auf welche sie hergestellt sind.

Der Celt kam also aus dem Guss unverziert mit den Reifen und der Furche zwischen den oberen beiden, sowie zwischen der unteren und dem Kopfe. Die Verzierungen sind sämmtlich eingeschlagen und ihre Natur lässt sich neben Betrachtung bei schwacher Vergrösserung (ich bin bis zu 25facher mit zusammengesetztem Mikroskope gegangen), besonders gut durch Abdruck derselben in Thon erkennen. Ich verwende zu diesem Zwecke Plastilin, einen mit Fett durchkneteten Thon, welcher immer dieselbe Consistenz behält und stets zur Hand ist, auch reinlicher arbeitet, wie der erst mit Wasser angefeuchtete gewöhnliche Bildhauerthon. Man drückt ihn ohne weiteres auf das Ornament, das man nötigenfalls ein wenig benetzt. Dies Material ist auch sehr bequem für Studien auf Reisen. Man kann die Abdrücke dann in Pappschächtelchen durch 2 in verschiedenen Richtungen durchgesteckte Stecknadeln fixiren und bequem transportiren oder in Cartoncouverts per Post versenden, ein Hilfsmittel, wovon ich (s. weiter unten) jetzt behufs vergleichender Studien über die Ornamente dieses Celts Gebrauch gemacht habe. Die langen Linien der grossen Dreiecke sind mittelst eines Hiebes eingeschlagen; lange, schmale Linien, die sich nach den Enden etwas verjüngen. Die kleinen punktartigen Dreieckchen sind gewissermassen eingeschlagene Tetraëder. Die beiden längeren Flächen schneiden sich auf dem Boden in ziemlich stumpfer Kante, die dritte kleine ist auf dieser Kante senkrecht und fällt daher nach der Vertiefung ein. Die sämmtlichen Kanten bleiben bei der vollen Reihe recht scharf und ebenso die drei Winkel des Dreiecks an der Oberfläche, deren unterster recht spitz ist. Sie sind also mit einer meisselförmigen Punze mit ziemlich stumpf dachförmiger Schneide und darauf senkrechten Seitenwänden eingeschlagen. Diese Punze konnte nur von Stahl sein. Bei anderer

Gelegenheit habe ich eingehend über die zu Kopenhagen gemachten Versuche und meine Fortsetzung derselben, sowie weitere Studien*) gesprochen, welche deutlich zeigten, dass die specifisch nordischen Bronzen nicht nur mit Bronzepunzen bearbeitet werden konnten, sondern auch sind. Mit den Bronzeplatten und Bronzen, die ich mir 1877 in Kopenhagen anfertigen liess, habe ich jetzt bei Untersuchung dieses Celts selbst neue Versuche angestellt, zum Vergleich gegen die Wirkung der Stahlpunzen. Die Versuche zeigten nun, dass die Verzierungen der Birkenhöfer Celts mit Stahlpunzen geschlagen sind. Wenn man die Punze schräge aufsetzt und ihr einen Hammerschlag giebt, so erfolgt ein dreieckiger Eindruck wie die vorliegenden, der auf einem Ende sehr spitz zuläuft, auf dem anderen in kurzer Seite abbricht. Nur bei Stahl liess sich die volle Gleichmässigkeit und Schärfe einer ganzen Reihe erzielen; bei Bronzepunzen liess sich das erste Dreieck ziemlich ebenso scharf herstellen, während die Schneide sich hier bald abstumpfte, so dass die breite Seite des Dreiecks sich abrundete. Ebenso waren die langen Linien nur mittelst einer breiteren Stahlpunze mit ein wenig convex gekrümmter Schneide zu erzielen, die in der Mitte tiefer und breiter eindrang, nach den Seiten hin fein auslaufende Furchen bildete. Wenn der Celt auch leicht gekrümmt war, lagen diese Linien manchmal fast eben; man hätte mit Bronze, da eine convexe Schneide sich bald gerade schlägt, also nicht diese scharf auslaufenden Furchen erzielen können. Die Eindrücke am Henkel waren mit einer Doppelpunze, d. h. einer solchen mit 2 Spitzen geschlagen, die dazwischen liegende concave Vertiefung der Schneide markirte sich durch die schwachen über den Henkel gehenden Furchen, was besonders gut beim Abdruck mit Plastilin hervortrat. Die Kerben über die Kopfreifen waren aber auch mittelst einer Punze mit concaver Schneide geschlagen, die demnach auch mit Spitzen endete, welche sich einige Male in der Furche oberhalb des untersten Reifens und oben am Halse als kleine eingeschlagene Punkte am Ende der Kerben abgedrückt hatten. Diese Punkte waren hier nicht beabsichtigt; es hatte die scharfe convexe Schneide der Punze Furchen von etwas convexem Verlauf über den Reif geschlagen — was erst beim Abdruck des Plastilins deutlich hervortrat. Dabei blieben die Furchen immer gleichmässig; das wäre bei Bronzepunzen unmöglich, die concave Schneide wäre nach wenig Hieben breit und gerade geschlagen. Also ist hier mit Stahlwerkzeugen operirt worden. Das ist aber weiter nicht wunderbar, da in den Gräbern dieser Zeit schon Eisen auftritt — so in den Dewitz'schen Berichten, ferner verschiedene eiserne Schwanenhals-Nadeln in Gräbern dieses Typus. Die Funde sind ziemlich jung und fallen an das Ende einer Broncezeit, wo hier im Osten Eisen schon im höherem Maasse zur Anwendung kam (so besonders um diese Zeit in der Provinz Posen), während Bronze zu Werkzeugen und Waffen wohl noch das entschiedene Uebergewicht behauptete.

Bei der Untersuchung zahlreicher scandinavischer Bronzen hatte ich gefunden, dass die dem nordischen Gebiet ausschliesslich angehörigen Stücke nur mit Bronze-

---

*) Archiv für Anthropologie X: Sophus Müller, Zur Bronzealterfrage p. 39. Mittheilungen der Anthropol. Gesellschaft zu Wien XII. Verh. d. anthropol. Congress zu Salzburg: Tischler über die Decoration der alten Bronzegeräthe p. 50 ff.

werkzeugen decorirt, und dass die Einwendungen, welche Hostmann*) dagegen erhoben hat, durchaus unbegründet sind. Er nahm besonders an, dass Reihen von Häkchen, Sförmigen Figuren, Doppelpunktreihen nur mit eigens dazu geschliffenen Punzen geschlagen seien, die natürlich nur aus Stahl bestehen können, weil es unmöglich ist Bronzepunzen nach 2 und 3 Hieben jedesmal in der richtigen Weise zuzuschleifen. Ich fand aber, dass alle diese Figuren durch mehrfache Schläge eines schmalen gradschneidigen Meissels hervorgebracht sind, und gelang es mir jetzt bei meinen neuen Versuchen, so ungeübt wie ich bin, ähnliche hervorzubringen. Bei den Originalen kann man deutlich wahrnehmen, wie dieser kleine Meissel nach einigen Figuren stumpf wird und wieder geschliffen werden musste. Das kann also nur Bronze sein, denn weiches Eisen wäre der härteren Bronze gegenüber immer im Nachtheil. Bei No. 8 p. 47 l. c. erwähnt Horstmann ein Hängegefäss der Neu-Strelitzer Sammlung. Ich konnte dasselbe an einer Photographie, die ich der Güte des Herrn Obermedicinalrath Dr. Götz verdankte, genau studieren, hatte es auch in Händen gehabt, sandte aber, da die Verzierungen wirklich verdächtig aussahen, an Herrn Dr. von Buchwald, Conservator der Grossherzoglichen Sammlung zu Neu-Strelitz Plastilin, worin er gütigst ein paar Abdrücke machte von einer scheinbar mit Doppelpunzen eingeschlagenen Zone auf dem Hängegefässe und einem gekerbten erhabenen Reifen auf einem tutulusförmigen Deckel, Verzierungen, die mit den Birkenhöfer scheinbar Aehnlichkeit hatten. Jetzt trat aber der Unterschied deutlich hervor. Die Kerben zeigten im Abdruck, dass sie mit einer völlig gerad-schneidigen Punze eingeschlagen waren, wie dies mit Bronze vorzüglich geht. Ebenso trugen die Doppelpunktreihen einen anderen Character. Es waren Reihen von einander zugekehrten kleinen Dreiecken, die sich manchmal auch etwas rundeten — aber nie so abgesetzt rund wie die Birkenhöfer. Diese waren durch eine Furche oder Einschnürung verbunden und durchaus nicht immer gleich gross oder ganz gleich lang. Ich konnte Eindrücke vollständig wie die vorliegenden erzielen, indem ich eine schmale meisselförmige Punze erst etwas schräge mit der einen Ecke, dann mit der anderen einschlug, wodurch das eingeschnürte Doppeldreieck entstand, wobei es möglich war, eine Menge solcher Doppelpunkte, die sich immermehr abrundeten, einzuschlagen, bis es nöthig war, die Punze wieder zu schleifen. Ebenso liessen sich (freilich von mir etwas ungeschickt) die Sartigen Figuren durch 4—5 Schläge herstellen. Hostmann meint, dass eine vierfache Reihe von kleinen rautenartigen Eindrücken zwischen diesen Doppelpunktzonen nicht mit Bronzepunzen hatte hergestellt sein können, weil dieselben ganz gleichmässig wären und weil die Punze nach jedem Hiebe (über 2080 Mal) hatte geschliffen werden müssen. Versuche lehrten das Gegentheil, abgesehen davon, dass die Rauten nicht so gleichmässig sind. Punzen mit ebener Endfläche von 3- oder 4eckigem Querschnitte, nach dem hin sie sich sehr stumpf zuspitzen, können sehr viele Eindrücke hervorbringen ohne sich wesentlich abzunutzen. Aus alledem geht unzweifelhaft hervor, dass diese Hängekessel und Tutuli mit Bronzepunzen decorirt sind.

Ich musste auf diese vergleichenden Studien und Versuche, wohl etwas zu ausführlich, eingehen, weil die Birkenhöfer Ergebnisse vielleicht die Beweiskraft der

*) Archiv für Anthropologie X: Zur Technik der alten Bronzeindustrie, speciell p. 44 ff.

früheren Untersuchungen hätten erschüttern können, die aber gerade vollständig bestätigt wurden. Es wäre ja schliesslich nicht wunderbar gewesen, wenn bei diesen Bronzekesseln, die in die jüngste Zeit der west-nordischen Bronzezeit fallen, wo weiter östlich (besonders in Posen) das Eisen schon in Gebrauch war, Stahlinstrumente auch bereits nach Mecklenburg gelangt wären. Aber doch ist hier die Anwendung der Bronzepunzen zweifellos constatirt. Die Untersuchung ist nicht immer so leicht wie bei den schönen Strelitzer Gefässen und bei den wunderbar erhaltenen Celten von Birkenhof und Ibluicken; man wird daher nicht in allen Fällen die Schlüsse mit solcher Sicherheit ziehen können. Bei meinen Versuchen fand ich, wie merkwürdig leicht es für mich ungeübten war, längere scharfe Linien mit Bronzepunzen zu schlagen, welche vollständig den alten entsprachen, weit mehr als die mit Sthahlpunzen geschlagenen. Es ist daher unbegreifflich, wie die Sachverständigen Herr Dr. Karmarsch und Herr F. Behmer in Hannover ein entgegengesetztes technisches Gutachten*) abgeben konnten, welches später noch manchmal kritiklos angeführt worden ist.

In dem Henkel des Celts hing ein 4eckiger Bronzedraht mit 2 Endhaken, 3—3,5 mm lang, 2,5—3,5 dick; mit dem kleineren hing er im Henkel, der grössere, der kurz vor dem Ende eine kleine Furche trägt, war wohl um den Holzstiel gebogen, so den Celt festhaltend. Diese Befestigung mittelst eines Bronzehakens dürfte wohl eine seltene Ausnahme sein und glaube ich, war das auch nicht die ursprüngliche Bestimmung des Stückes. Der kleinere Haken zeigt eine geringe (in der Zeichnung nicht sichtbare) Biegung der Spitze. Ich glaube dies Stück ist ein in der Schleife zerbrochener Gürtelhaken, ähnlich wie der später zu beschreibende Schleifenhaken Tfl. IV 8 von Grosskuhren, dem er völlig ähnt — besonders spricht dafür die seittliche Biegung des kürzeren Hakenendes. Er muss aber schon in alter Zeit zerbrochen sein, was einige Stellen alter unverletzter Patina am Ende dieses Hakens beweisen, und wurde dann an dem Seitenarme etwas ungeschickt gebogen, um den Celt an dem ins Grab mitgegebenen Stiel zu befestigen. Also seine ursprüngliche Bestimmung war dies jedenfalls nicht.

Der Haken sass auf der inneren, dem Schaft zugewandten Seite, durch welche Lage die unsaubere Stelle unter dem Henkel verdeckt war, auch ist dies die naturgemässe Befestigung. Vom Holzschaft haben sich noch einige Reste erhalten, soweit er in der Tülle steckte, wo ihn die Durchtränkung mit Kupfersalz conservirte; ausserhalb derselben ist er nicht abgeschnitten oder abgebrochen, sondern abgefault, so dass er hier jetzt in einer mürben zerfaserten Oberfläche endet. Ob man den ganzen Stiel mitgab, lässt sich schwer entscheiden, da es nicht mehr zu constatiren geht, ob er innerhalb oder ausserhalb der Aschen-Urnen lag. Bei den Eisenlanzen und Celten einer späteren Zeit, in deren Höhlung sich noch Holzreste finden, ist es klar, dass man den Schaft abbrechen musste, um sie der Urne anvertrauen zu können. Hier wird der knieförmig gebogene Stiel immer noch so lang gewesen sein, dass man ihn an dem längeren Ende mit dem zerbrochenen Gürtelhaken festklammern konnte. Der Stiel (Tfl. IV Fig. 4—a, b) ist ein natürlicher etwas gebogener Ast, dessen erhaltener Rest ungefähr von der Mitte an zugeschärft

*) Archiv für Anthropologie X p. 62.

ist und in einer 3—4 mm breiten gerade abgestumpften Schneide endet. Dieselbe ist durch kurze Schnitte hergestellt. Mit was für einer Art Messer, ist fraglich (ob Bronze oder Eisen) da wir aus dieser Zeit kein Messer besitzen, nur ein Bronzemesser aus einer weit älteren Periode. Das Material des Stieles ist nach der Untersuchung von Herrn Professor Caspary Rothbuchenholz. Rothbuche kommt im Samlande jetzt nicht mehr als natürlicher Waldbaum vor, sondern findet sich nur in nachweisbar einst angesäten Beständen im Pilzenwalde bei Neuhäuser und zu Rogehnen. Wohl aber existiren jetzt prachtvolle Wälder an der andern Seite des frischen Haffs von der Passarge nach Westen zu, so dass man aus diesem Stiele weder Schlüsse auf eine einstige grössere Verbreitung der Rothbuche, noch auf eine weit entlegene Ursprungsstelle des Celts ziehen kann.

Dieser Celt hat eine Form, die bisher nur in Ostpreussen vorgekommen ist. Gehenkelte Hohlcelte mit gewölbtem Kopf, der sich deutlich vom Halse abtrennt, sind in Ostpreussen in grosser Menge gefunden, so ein schön verzierter Prunkcelt in einem Depotfunde zu Gross-Söllen bei Bartenstein, (in der Sammlung des Herrn Blell - Lichterfelde), und eine Menge einfacher, roherer Celte mit schlecht beseitigten Gussnäthen in den verschiedenen Sammlungen, welche also die gewöhnlichen Gebrauchsgeräthe repräsentiren, während jene drei schön verzierten Celte jedenfalls Prunkwaffen waren. Bei allen findet sich ein deutlicher Absatz des mehr oder minder breiten gewölbten Kopfes gegen den anfangs geradlinig verlaufenden Hals. Analoge Celte habe ich bisher nirgends gefunden, weder publicirt noch bei meinen Studien in den Sammlungen der verschiedensten Gegenden Europas, besonders nicht in den uns zunächst liegenden Gebieten der jüngeren reichen Bronzecultur, im Scandinavisch - norddeutschen und in Ungarn.*) Es finden sich manchmal 1 oder 2 wulstartige Reifen um die Oeffnung, zwischen oder unter denen der Henkel beginnt; ferner ist durch 2 Reifengruppen mitunter der Kopf abgegliedert, aber er verläuft dann geradwandig ungewölbt (Montelius Antiquités Suédoises 149 aus dem Täckhammarfluss in Södermanland; Worsaae Nordiske Oldsager 194 aus Dänemark). Scheinbar verwandt ist ein Celt von Bognes in Seeland (Montelius: Om Tidslestämning inom Bornsålderen**) Tfl. II 20), welcher am oberen Ende des Halses Dreiecke trägt, von deren Spitzen Linien herabsteigen, und oberhalb wie unterhalb des Kopfes je 2 gekerbte nicht heraustretende Reifen. Der Kopf ist aber cylindrisch, ungewölbt und durch sich kreuzende Linien schraffirt. Ausserdem gehört der Celt einem Grabe aus viel früherer Zeit an (welche ich, die Perioden 2 und 3 von Montelius zusammenziehend als Periode von Peccatel bezeichnen möchte — die Begründung an anderem Orte), die Aehnlichkeit aber ist doch nur eine scheinbare. Das einzige Stück mit gewölbtem Kopfe ist ein henkelloser Celt, von immerhin wesentlich verschiedener Form, von Långbro (Södermanland-Schweden. Montelius Antiquités Suédoises 144) aus der jüngsten Bronzezeit. Somit stehen diese Ostpreussischen Henkelcelte mit gewölbtem Kopfe noch vollständig isolirt da; wir können sie als einheimische Produkte auffassen, welche

---

*) Wenn sich irgendwo Celte von verwandten Typen vorfinden sollten, würde ich für eine Mittheilung nebst kleiner Skizze sehr dankbar sein. Dieselben werden dann bei späterer Besprechung der Ihlnicker Celte zur Verwendung kommen.

**) K. Vitterhets historie och Antiquitets Akademiens Handlingar. Stockholm XIII (1885).

einer späten Periode, nämlich der beginnenden Eisenzeit angehören. Dass solche Stücke sich selten in Gräbern finden, beruht wohl auf dem Brauche, dass man den Todten zur Zeit der Birkenhöfer Hügel nur sehr wenige und einfache Schmucksachen mitgab; die Depot und Einzelfunde beweisen aber, dass viel mehr Broncegeräthe zu jener Zeit im Lande waren, vor allem Celte dieses ostpreussischen Typus, ähnliche Verhältnisse wie sie zur jüngeren Bronzezeit weiter westlich vorkamen.

Eisengeräthe.

Dewitz erwähnt 2 sehr verrostete Eisengeräthe in 2 Urnen des Hügels II, einen fingerdicken Ring von 5 cm Durchmesser, und ein ganz verrostetes Eisenstück in Urne 629 (Tfl. I Fig. 8). Sie sind leider nicht mehr vorhanden; es kann nur ihre Anwesenheit in Aschen-Urnen dieser Zeit constatirt werden.

Bernsteinschmuck.

Von ganz besonderer Bedeutung sind die Formen des Bernsteinschmucks in diesen Hügeln. Man findet oft rohen Bernstein, manchmal in ganz bedeutenden Quantitäten, bearbeitete Stücke seltener. Dewitz erwähnt einige der Art, aus Hügel II in derselben Aschen-Urne 629 ein 4 cm langes, 2,5 breites, 1,6 dickes Bernsteinstück (das nicht als roh angegeben wird) und ein bearbeitetes Bernsteinstück aus Hügel III Kiste II. Sie sind beide nicht vorhanden.

Der Hügel I hat in Urne II ein höchst merkwürdiges Stück geliefert (Inventar 1248 Tfl. VI (IV) Fig. 2). Ein flaches Stück von in maximo 8 mm Dicke, grösster Länge 41, grösster Breite 23, das auf einer Seite ziemlich flach, auf der anderen schwach gewölbt ist. Die obere Kante ist etwas gebogen und läuft in 2 stumpfe Hörnchen aus, unter denen sich 2 tiefe Einschnitte befinden, von wo die convexen Seiten nach unten wieder in 2 Hörnchen auslaufen, welche durch die concave Unterkante verbunden sind. Für diese eigenthümliche Form dürfte sich die Bezeichnung „violinstegförmige Bernsteinstücke" empfehlen, welche ein mehr oder minder deutliches Bild der verschiedenen Varianten dieses Typus giebt und die ich schon im Kataloge der Berliner prähistorischen Ausstellung 1880 p. 414 angewendet habe. Die Einschnitte sind, wie man deutlich sieht, mit einem scharf schneidenden Instrumente gemacht, nicht mit Feuerstein, auf dieselbe Weise sind die Ränder geschnitten. Die Seiten zeigen 3 Facetten, der obere und untere Rand sind mehr abgerundet. Das Loch ist cylindrisch, an der platten Seite ein wenig enger, von ca. 2 mm Durchmesser. Es ist glatt, scheint aber nicht absolut gerade. Das Stück ist mit einer zersprungenen Rinde bedeckt und schimmert gegen das Licht gehalten prachtvoll rubinroth; also der echte viel besprochene „ambre rouge." Nichts destoweniger ist dies, wie bereits an anderem Orte erwähnt,*) nur eine rothe Verwitterungsrinde, die eigentliche Farbe des Stückes, die an einigen abgebröckelten Partieen etwas zu Tage tritt, ist ein recht helles Klar, was bei dem roth erscheinenden Bernstein immer der Fall ist. So fand ich z. B., dass die dünnen rubinroth durchscheinenden Bernsteinfourniere in den Fürstengräbern von Ludwigsburg und Hundersingen in Württemberg (Museum Stuttgart), welche beiläufig mit dem Birkenhöfer Stück

*) Klebs: Der Bernsteinschmuck der Steinzeit. Königsberg 1882 p. 8.

ziemlich gleichaltrig sind, innen aus einem vollkommen klaren, ganz hellgelben Bernstein bestehen, wie kleine Splitterchen unzweifelhaft beweisen.

Dies merkwürdige Bernsteinstück steht nicht vereinzelt da. Das Provinzial-Museum besitzt ein zweites Stück, Inventar 1260, als Geschenk von Herrn Kowalewski. Dasselbe ist angekauft und wird ungefähr aus der Gegend von Gross Hubnicken, nicht weit von Birkenhof, jedenfalls ursprünglich aus einem Grabhügel stammen. Es (Tfl. IV 4) hat ein mehr dreieckiges Aussehen, indem die Oberkante aus 2 sich in einem stumpfen abgerundeten Winkel verbindenden Seiten besteht. Die Hörnchen sind sehr stumpf. Der Einschnitt liegt daher auf beiden Seiten recht tief und die unteren Hörnchen gleich darunter, verbunden durch die leicht eingebogene Unterseite. Die Breite vom Scheitel bis in die Mitte der Unterseite ist 32 mm, die grösste Länge 45, die Dicke an der Oeffnung 10 mm, unten 8. Beide Seiten sind ziemlich flach, die oberen Ränder bestehen aus 2 Facetten, die sich in einem stumpfen Winkel treffen, die einspringenden Winkel zwischen den Hörnchen und die Unterkante sind abgerundet, man bemerkt hier langgezogene Ritzen. Die Bohrung ist ziemlich glatt und cylindrisch. Man kann diese Cylinder von beiden Seiten verfolgen, sie treffen sich in der Mitte und bilden einen kleinen Grath. Das Loch hat ca. 4 mm Durchmesser. Auf den beiden Facetten der oberen Ränder findet sich je eine Reihe kreisförmiger Gruben, ebenso auf beiden platten Seiten je eine Reihe längs der oberen Kanten, längs der unteren und von dem Loch 3 Reihen ausstrahlend nach den unteren Ecken und der Mitte, endlich noch je 1 über den einspringenden Winkeln der Seiten. Diese Gruben haben ein ziemlich flachgewölbtes Profil; wie sie sind Kugelcaletten, was man sehr gut durch einen Abdruck in Plastilin erkennt, zeigen zum Theil ganz scharfe feine concentrische Reifen auf ihrem Boden, und haben alle dieselbe Krümmung, auch annähernd dieselbe Grösse. In der Provinz sind noch 2 ähnliche Stücke gefunden worden, eines in einem Grabhügel der Warnicker Forst (auch nahe Birkenhof) im Provinzial-Museum No. 1904, dass in der nächsten Abhandlung abgebildet werden soll, und eins im Prussia-Museum aus einem Grabhügel von Rantau, ebenfalls im Samlande.

Alle diese Stücke haben einen höchst eigenthümlichen Character. Sie erinnern ihrer Form nach entfernt, auch durch das Grubenornament und besonders durch die eingeritzten Striche des Warnicker Stückes an den Bernsteinschmuck der Steinzeit. Diese Aehnlichkeit fällt noch mehr auf bei den weiter unten zu beschreibenden Hängestücken von Warschken (Tfl. IV Fig. 9 und Fig. 5 im Text) und Mollehnen (Fig. 6 im Text), die an die unregelmässigen Hängestücke, letzteres an die axtförmigen entschieden erinnern (cf. die Abbildungen bei Klebs, Bernsteinschmuck der Steinzeit. Königsberg 1882). Es tritt also die Frage auf, ob die Zeitbestimmung, die ich in dieser Arbeit gegeben (welche ich mit Herrn Dr. Klebs zusammen verfasst habe) unrichtig war, ob diese Schmuckstücke bis tief in die Hügelgräberzeit im Gebrauch gewesen seien, oder ob endlich diese Stücke zur Steinzeit gearbeitet, in die Erde gerathen und von dem Erbauer der Hügel wieder aufgefunden und verwendet seien. Ein solcher Brauch ist in jüngeren Perioden öfters wirklich nachweisbar.

So fand ich im Gräberfeld zu Oreibau in einem Grabe des 3. oder 4. Jahrhunderts n. Chr. ein Bernsteinhängestück, welches mit Sicherheit der Steinzeit entstammte, das sich aber durch seine Verwitterungsrinde und seine Form vollständig von den zahlreichen Bernsteinstücken dieser Spätzeit unterschied. Für die Hügelgräber, wo Stücke von obigem Character nun schon in grösserer Anzahl gefunden sind, dürfte eine solche Annahme wohl nicht zulässig sein, denn die genaue Untersuchung der Stücke zeigt, dass sie von denen der Steinzeit in der Technik vollständig verschieden sind. Bereits der glatte Schnitt der Breitseiten und besonders der schmalen Seitenflächen, die scharfen Kanten bei dem Mollehner Stück, und die sichere Führung des schneidenden Messers zeigen, dass sie durch Metallmesser hergestellt sind. Die schmalen eingeritzten Linien am Rande des Warnicker Stückes sind frei und sicher gezogen, nicht so breit und vielfach ausgefasert, wie die Linien zur Steinzeit. Vollends ist aber die Bohrung durchaus verschieden, bei diesen Stücken unter sich aber übereinstimmend, und hier kommen aufklärend noch eine Reihe von Stücken zu Hilfe, welche im Sommer 1886 zu Rantau in Hügeln ausgegraben sind, die einer noch früheren Periode, der älteren Bronzezeit angehören (der Periode von Peccatel).

Das Gemeinschaftliche aller dieser Bohrungen besteht darin, dass sie glatt, im Innern ziemlich gleich weit verlaufen, aber bei längeren Stücken nicht immer ganz gerade hindurchgehen. Sie unterschieden sich wesentlich von den Bohrungen zur Steinzeit, von denen die Tafeln genannten Werkes eine genügende Vorstellung geben. Man findet bei diesen meist die sich stark kegelförmig nach innen von beiden Seiten verjüngenden Löcher mit sehr starker Reifelung. Die schwierigsten Objecte sind die langen Röhrenperlen Tfl. I, wo man diese starke Reifelung im Innern und eine Röhre von beiderseits nach der Mitte unregelmässig abnehmendem Lumen bemerkt. Die Bernsteinstücke von Rantau gehören einer Periode an, welche mit den Gräbern der älteren Bronzezeit in Mecklenburg, denen von Peccatel, Friedrichsruhe und vielen anderen ungefähr übereinstimmt und zugleich mit einer älteren Abtheilung der Hallstädter Periode oder der Necropolen Oberitaliens, eine Ansicht, die bei der Beschreibung dieser Gräber näher begründet werden soll. In allen diesen Gräbern finden sich Bernsteinstücke mit besonders langen feinen Bohrungen, so u. a. in den Grabhügeln bei Friedrichsruhe in Mecklenburg,*) auf dem Gräberfelde zu Kazmierz (Posen, Sammlung des Herrn Fehlan), zu Hallstadt selbst**) und zu Rantau. Hier zeigen dünne Platten parallel der Platte feine Bohrungen von bis 26 mm Länge, feiner als sie meist in den Bernsteinperlen der Gräberfelder n. Chr. vorkommen. Die Rantauer Bohrungen sind in sich gleichweit, die Röhren aber nicht immer gerade. Ich dachte daher anfangs, ob dieselben nicht mit heissem Draht durchgebrannt sein könnten, eine jetzt noch oft übliche Methode, und stellte Versuche in dieser Richtung an. Wenn man den Draht in der Gasflamme rothglühend macht, geht es leicht und schnell und mit gekrümmtem Draht kann man gekrümmte Löcher herstellen. Dann entstehen aber fast immer Sprünge im Bernstein, so dass er leicht auseinanderfällt. Um diese zu vermeiden, darf man den Draht nur sehr mässig erhitzen, wie es die Alten, denen keine solche Flammen zur Disposition standen, gewiss gethan hätten — dann geht

*) Jahrb. d. Vereins f. Mecklenburgische Geschichte und Alterthumskunde 47 Tfl. VI Fig. 2.

**) Sacken: Das Grabfeld von Hallstadt Tfl. 17.

die Arbeit aber recht langsam vorwärts. Die Röhre überzieht sich ferner innen mit einer glänzenden Schmelzrinde, welche ich fortzuschleifen versuchte, indem ich denselben Draht in Sand eintauchte und in der Röhre herumdrehte. Nun waren einige der kleineren Rantauer Perlen in der Mitte durchgebrochen und gestatteten eine genauere Beobachtung der Röhre, in welcher sich feine parallele Reifen zeigten, wie ich sie beim Ausscheuern mit Sand nicht annähernd hervorbringen konnte. Es musste daher die scheinbar so bequeme Erklärung des Durchbrennens aufgegeben werden. Die modernen Perlen werden mittelst eines vierkantigen, vorne spitzen Stichels durchgebohrt, und geben so ein ganz gerades Loch, ähnlich verfuhr man wohl auch bei den Perlen der 1. Jahrhunderte n. Chr. Ich versuchte eine Bohrung mit Messingdraht, der vorne zu einer etwas breiteren Schneide ausgeklopft und angeschliffen war. Derselbe wurde in den schraubenförmigen Stiel eines Bohrers gesteckt und durch eine auf- und abzuschiebende Hülse schnell umgedreht — ein mit dem Bogen gedrehter Bohrer, den man in den alten Zeiten gewiss kannte, hätte dieselben Dienste geleistet. Die Bohrung ging ausgezeichnet und schnell vor sich, und als das Stück nachher durchschnitten wurde, zeigten sich innen dieselben feinen Reifen als an dem Rantauer Stück. Weil die Schneide etwas breiter war als der Draht, behielt die Drehungsaxe nicht stets dieselbe Lage und so ging das Loch etwas gekrümmt aber mit demselben Lumen hindurch, ganz wie bei den alten Stücken. Es liessen sich die feinen langen Löcher also mit dem noch härteren Bronzedraht gewiss sehr gut herstellen. Zur Zeit der Birkenhöfer Hügel war Eisen allerdings schon bekannt und daher die Bohrung dieser Löcher gar nicht schwer, es war aber Eisen nicht erforderlich. Man bohrte die Löcher von einer Seite wohl meist ganz durch und bohrte von der andern Seite nur nach, um das Loch auszuputzen, daher der kleine Absatz an der Stelle, wo die Bohrungen sich treffen — die sich daher nie verfehlten, wie manchmal zur Steinzeit. Die Gruben auf dem Hubnicker Stück Tfl. IV Fig. 3 lassen sich auch leicht und sehr schnell mit einem glühenden Nadelkopf einbrennen, aber durch Ausscheuern mit Sand konnte ich ebenfalls nicht die feinen concentrischen Reifen hervorbringen, welche den Boden der Grube bedecken; selbst bei feinem Sand waren sie gröber und unregelmässig und können demnach auch nur mit Metall ausgedreht sein, durch einem Bohrer mit schwach gekrümmter Schneide, gleichgiltig ob er aus Bronze oder aus Eisen war. Ich habe nochmals alle unsere von Schwarzort oder aus Steinzeitgräbern stammenden Bernsteinstücke hiermit verglichen, immer waren die Gruben mehr kegelförmig, mit starken oft abgesetzten Reifen und einer sehr deutlichen kleinen Grube in der Tiefe, wie man sie mittelst eines Feuersteinsplitters vollkommen nachahmen konnte, also durchaus verschieden. Bei dem Mollehner Stück (unten Fig. 6) sind die Gruben tiefer, mit einem spitzeren Instrument hergestellt aber ebensowenig im Steinzeitcharakter.

Wir haben also wirklich characteristische Bernsteinformen in der älteren Bronzezeit Ostpreussens, als auch besonders in der jüngeren oder der beginnenden Eisenzeit, d. h. in den uns beschäftigenden Hügeln. (Es sind hier schon Anschauungen vorweg zur Anwendung gebracht, deren eingehende Begründung erst in einer späteren Abhandlung erfolgen kann.) Auffallend und noch nicht recht erklärlich ist nun die Verwandschaft dieser letzteren Stücke mit denen der Steinzeit. Der Zeitunterschied dieser beiden Perioden, den ich bei andrer Gelegenheit zu begründen gesucht habe,*) wird durch die Entdeckung von Gräbern einer älteren Bronzezeit in den Rantauer Hügeln noch gesteigert und andrerseits zeigt die grundverschiedene Keramik der Steinzeit (besonders der kurischen Nehrung), welche mit der in den Kupferstationen der Schweiz (z. B. Vinelz) geradezu **identisch** ist, dass wir vollberechtigt sind, diese Periode so hoch heraufzurücken, und dass von einem Nebeneinanderbestehen dieser alten Cultur und dem jüngeren Bronze- resp. beginnenden Eisenalter in so wenig entfernten Gebieten nicht die Rede sein kann. Es bleibt die Klärung dieser Frage also noch künftigen Entdeckungen vorbehalten.

Grabhügel bei Finken.

Auf dem Territorium des Gutes Finken, Kreis Fischhausen, nach Dorf Schalben zu, ca. 800 m von Birkenhof, ist von Herrn Heilmann ein Hügelgrab geöffnet und der erhaltene Inhalt dem Provinzial-Museum gütigst übermittelt worden. Es ist der Deckel einer Aschen-Urne und einige Bronzegegenstände gerettet worden.

Der Urnendeckel (No. 1307) hat die Dimensionen Do 12 Dr 29 Hr 8,5: (b) 42 H (30), bewegt sich also in den gewöhnlichen Dimensionen, mit etwas grossem Boden. Der Rand ist etwas ausgebogen und trägt einen kleinen Henkel von 4 cm Länge, 2 Breite. Der Deckel ist besonders auf der Aussenseite vorzüglich geglättet in graubrauner Farbe.

Aus dem Grabe sind erhalten eine Pincette, ein Stück eines Armringes und ein Spiralring.

Die Pincette (Inventar 1298 Tfl. IV 5) ist 82 mm lang, an der Schneide ca. 42 mm breit (die Ecken sind ausgesprungen). Die Seitenkanten gehen concav nach aussen von der längliche Oese, an deren unterem Ende die Blätter dicht zusammenliegen; die Blechdicke beträgt an der Oese 1,5 mm, unmittelbar darüber 1 mm, und nimmt nach unten bis 0,8 mm ab, die Schneiden selbst sind etwas dicker, 1 mm. Die Pincette ist auf jedem Blatt durch 2 parallel den Seitenkanten gezogene Furchen verziert und durch von hinten eingeschlagene Buckelreihen entlang der Schneide, entlang den Seitenkanten hinauf bis 46 unterhalb und entlang der Mittellinie bis 23 mm unterhalb des oberen Endes. Die Buckel sind auf dem umgebogenen Blech von hinten eingeschlagen, die Linien aber erst nach der Biegung mit Stahlwerkzeugen gezogen, denn sie sind äusserst scharf, continuirlich laufend und zeigen eine parallele Streifung, ferner setzen sie unterhalb der Oese ab und beginnen hier wieder ganz schmal. Die eine Linie war etwas verfehlt, zuerst ganz schwach nahe dem Rande gezogen und dann nochmals etwas weiter, wobei sie die Buckel anschnitt und wellenförmig drüber hinweglief was deutlich zeigte, dass diese Linien nicht geschlagen waren. Pincetten von ähnlicher Form sind in Ostpreussen noch mehrfach gefunden: eine zu Stapornen, Kreis Fischhausen (Prussia-Museum), aus einem Hügel mit von hinten eingeschlagenen Buckeln und mit seitlich röhrenartig verlängerter Oese; eine zweite ebenfalls mit kleiner Röhre mit eingeschlagenen Dreiecken von unbekanntem Fundort; eine unten ähnlich breite, aber mit schmälerem Stiele, in gleicher Weise mit Buckeln verziert von Kickelhof bei Elbing (Museum

*) Bernsteinschmuck der Steinzeit p. 62 ff. Schriften der physikalisch-ökonomischen Gesellschaft XXIII (1882) p. 32 ff.

Elbing). Ganz entsprechende Pincetten finden sich ausserhalb Ostpreussens nicht, die der westpreussischen Gesichts-Urnen sind wesentlich verschieden mit langen schmalen Stielen, die sich erst unten zu dreieckigen Blättern entwickeln, (welche Form übrigens in Ostpreussen doch auch noch vorkommt, so in einem Hügelgrabe dieser Periode zu Trulack, Kreis Fischhausen, (Prussia-Museum), oder wie Undset XIV 8. In Pommern treten schon ähnliche verbreiterte mit Buckeln auf. Im Gebiete der nordischen Bronze-Cultur — Mecklenburg, Scandinavien finden sich in der jüngsten Bronzezeit verwandte Formen wie die Birkenhöfer mit einzelnen getriebenen Buckeln (Friderico-Franciseum Tfl. 19, Madsen: Bronsalderen Tfl. 28, Montelius Ant. suéd. 200) nur abweichend im Uebrigen verziert, durch eingeschlagene Wellenlinien und ähnliche Ornamente des Styls dieser Region. Eine gewisse Analogie ist also doch vorhanden bei allen Verschiedenheiten und demnach zu erwarten, das auch durch Westpreussen und Hinterpommern noch eine Verbindung entdeckt wird. Südwärts scheint eine solche ganz ausgeschlossen.

Der Armring (1299 Tfl. IV6) von gedrücktem Querschnitt mit etwas schärferen Rändern, innen etwas flacher als aussen, (1,8 mm dick, 3 breit, nach dem Endknopfe zu 2,5 mm und 3), verdickt sich nach dem Ende etwas und wird hier durch 3 flache Einschnürungen in 2 kleine und einen grösseren Endknopf gegliedert. Letzterer hat eine Endfläche von 3,6 mm Höhe, 5 Breite, mit gewölbter Ober-, flacher Unterkante und 2 schrägen nach aussen emporsteigenden Seitenkanten. Diese Form mit den etwas grösseren, aber immer noch recht kleinen Endknöpfen erinnert ein wenig an Armringe, welche in Süddeutschland und Frankreich gegen Ende der Hallstädter beim Uebergange zur La Tène-Periode auftreten.

Der Spiralring (1306 Tfl. IV7) ist in eine Reihe einzelner Stücke zerbrochen, so dass man weder seine volle Länge beurtheilen kann, noch wie er endete. Er hat 42 mm äusseren Durchmesser und einen nicht ganz runden Querschnitt von 1,65—1,8 mm Durchmesser. Die parallel laufenden Längslinien des ein wenig facettirten Drahtes zeigen, dass derselbe wohl gezogen war, da es durch Hämmern schwer möglich gewesen wäre dieselben so gleichmässig herzustellen, doch soll diese Frage hier noch offen gelassen werden.

Hügelgrab bei Gross-Kuhren.

Aus einem Hügelgrabe bei Grosskuhren unweit Finken, über das alle ferneren Angaben fehlen, sind durch Vermittlung des Herrn Apotheker Kowalewski von Herrn Inspector Hassenstein eine Aschen-Urne und ein Bronzehaken dem Provinzial-Museum übermittelt worden.

Die Aschen-Urne (Inventar 1253) ist die grösste aller im Museum aufbewahrten: Do 13 Dw 42 Dr 29 Hw 19—20 Hr 35,7, obere Randdicke 10 mm, also (H) 85 (r) 70 (b) 31 (Hw) ca. 55, demnach ziemlich weit- und kurzhalsig (mit hoher Weite) sonst ähnlich Tfl. I1 von Birkenhof. Nur der Boden ist durch einen kleinen senkrechten Absatz noch schärfer characterisirt. Der obere Theil ist geglättet, der untere von der Weite an aber ganz besonders rauh, so dass man die groben Fingerspuren vom horizontalen Verstreichen bemerkt. Im Ganzen ist die Urne etwas schief und unsymetrisch, was bei ihrer Grösse vollständig erklärlich.

Der Gürtelhaken (1254 Tfl. IV 8 besteht aus zwei 50 mm langen Schenkeln (Stangen), die sich zu einem 11 mm langen schleifenartigen Haken umbiegen. Auf der anderen Seite biegen sie sich in gerundeten Ecken zu 2 senkrecht abstehenden Seitenarmen um, deren Enden 51 mm von einander entfernt sind. Der Haken besteht aus einer viereckigen Bronzestange von 3,6 mm Breite, 3,0 mm Dicke (von vorne nach hinten), ist an den Kanten durch schräge Kerben etwas gewellt, die auch in der Zeichnung hervortreten und sich kaum erkennbar über die ebenen Flächen herüberziehen. Man sieht deutlich, dass dies ursprünglich ein tordirter Draht war, der nachher viereckig gehämmert wurde, wodurch die alte Torsion nicht vollständig verschwand, sondern besonders an den Kanten noch etwas hervortrat.

Man nennt diese Haken Gürtelhaken, weil sie jedenfalls zum Schliessen eines Leder- oder Zeuggürtels dienten, welcher um die abstehenden Enden herumgelegt und wohl zusammengenäht war. Der Haken spielt v. Chr. eine grosse Rolle und wird erst nach dieser Epoche durch die Schnalle ersetzt. Die oft bedeutenden und unbequemen Dimensionen solcher Haken würden den Zweck nicht verhindern, wenn man an die riesigen Gurtel mancher jetzigen Stämme, wie der Tyroler denkt — es ist dabei aber nicht unmöglich dass sie auch noch andere Riemen als den Leibgurt schlossen, doch nennt man sie frei von jeder Hypothese wohl am bequemsten Gürtelhaken. Die obige Form ist durch die Schleife, in der die beiden Stangen sich zum Haken umbiegen, ganz besonders characterisirt, wir können sie Schleifenhaken nennen.

Diese höchst eigenthümliche Form ist über ein sehr grosses Gebiet verbreitet. In Ostpreussen also zunächst der verbogene zerbrochene Haken von Birkenhof (p. 144) Tfl. IV Fig. 4, den man später in den Henkel des Celts hing. Ferner aus einem Hügelgrabe bei Loppöhnen, Kreis Fischhausen*) (im Museum der Prussia). Hier biegen sich die Seitenarme bis in die Mitte der Stangen in die Höhe und rollen sich dann zu 2 Flachspiralen auf. Diese Spiralen kann man nicht als etwas Wesentliches, Characteristisches betrachten, da sie bei vielen Schleifenhaken fehlen, sie sind nur ein zu dieser (aber auch zu anderen) Zeiten beliebtes Ornament. In der Provinz Posen kommt ein Haken fast identisch mit dem Gross-Kuhrenschen vor, (die Arme enden nur in kleine Knöpfchen) — zu Kazmierz;**) ein zweiter sehr viel zierlicherer, dessen untere Enden sich in kleine, nicht abstehende Spiralen aufrollen und dessen beide Drähte von Ringen umgeben sind, zu Nadziejewo.***) Ein scheinbar ähnlicher Haken, der aber viel weniger regelmässig aus rundem Draht gebogen ist, stammt aus einem Grabhügelfunde der ältesten Bronzezeit zu Weizen in Baden†) und steht den übrigen unter sich ziemlich übereinstimmenden Haken ferner. Hingegen ist ein in der Form mit den ostpreussischen identischer mit geraden Seitenarmen in einem Pfahlbau des Lac de Bourget in Savoyen, Station Le Saut gefunden; ein zweiter kleiner, dessen Enden sich einmal umrollen zu einfachen Oesen, ebenda Station Grésine.††) In der grossen Necropole von Bologna auf dem Besitzthum des

*) Undset: Das erste Auftreten des Eisens in Nord-Europa. Tfl. XVI 4.

**) Undset l. c. XII 8. Album der prähistorischen Ausstellung zu Berlin 1880 Sect. IV Tfl. 4.

***) Undset Tfl. XII 9.

†) Album der Berliner prähistorischen Ausstellung 1880 Sect. VII Tfl. 18.

††) Perrin: Etude préhistorique sur la Savoie. Paris-Chambéry 1870 Tfl. XII 10, XIX 18.

Herrn Arnoaldi Veli sind 3 verwandte Gürtelhaken gefunden,*) einer genau wie der von Gross-Kuhren, bei den beiden andern befindet sich zwischen den Längsstangen und dem Querarme ein reich gegliedertes Mittelstück. Dann greifen die Haken aber in einen Ring, der an einer ähnlichen Querstange sitzt. Es ist hier also die Oese erhalten, welche am anderen Ende des Gürtels sass, und die in unsern Gräbern zu fehlen scheint. Weiter östlich ist zu Domahida in Ungarn**) ein Haken aus Kupfer gefunden in einem grossen Kupfer- und Bronze-Depotfund. Die Längsstangen sind hier ganz verschwunden. Die beiden Drähte rollen sich gleich, wie sie vom Haken zurückkommen, zu je einer grossen Spirale auf. In demselben Funde kommen mehrere sogenannte Brillenspiralen vor, d. h. 2 Spiralen, welche durch eine Oese miteinander verbunden sind. Pulszky fasst dieselben als die Oesen auf, die Gegenstücke, in welche der Haken hineingriff, ähnlich (auch in der Form) den Haken und Oesen bei den jetzigen Damenkleidern (in Oesterreich-Ungarn „Manderl" and „Weiberl" genannt). Aehnliche Schleifenhaken mit Spiralen und ganz kurzen Stangen in sehr kleinem Maassstabe, und dazu gehörige Oesen, weit geöffnete Bogen, die nicht in Spiralen sondern in kleine Haken auslaufen, und ein zierlicher Haken mit Endspiralen und langen Stangen sind in einem Grabhügel des Hagenauer Waldes im Elsass gefunden (in der schönen Sammlung des Herrn Bürgermeisters Nessel in Hagenau). Sie sind gewissermassen eine Miniaturausgabe des Domahidahaken (und werden deshalb erst hier erwähnt). Endlich sind auf dem Gräberfeld zu Koban am Kaukasus***) 2 Haken gefunden mit geraden Längsstangen, welche sich am untern Ende in Spiralen aufwickeln — also in der Form dem von Loppöhnen am nächsten stehen. Einer riesig gross 12,5 cm lang, 11,6 breit; der zweite 5 lang, 5,8 breit.

Die Verbreitung der Schleifenhaken über ein so grosses Gebiet steht wohl mit einem inneren Zusammenhange derselben in Verbindung, der aber hier noch nicht verfolgt werden kann. Die Zeit der einzelnen Haken fällt (was später genauer begründet wird) in die Hallstädter Periode, die Zeit der italienischen Necropolen; doch werden die obigen Funde nicht gleichaltrig sein. Für die jüngsten möchte ich die ostpreussisch-posenschen ansehen, für die ältesten die kaukasischen.

Die Grabhügel bei Warschken.

Auf dem Territorium des Gutes Warschken, Kreis Fischhausen, ca. 3000 m nord-westlich von Germau befanden sich eine grosse Menge von Grabhügeln, von denen der Besitzer, Herr Gutsbesitzer Kemna bereits eine Menge planirt hat. Dieselben lagen zum Theil im Felde an der Grenze zwischen Warschken und Lesnicken unweit vom Landwege von Sorgenau nach Fischhausen, woselbst Herr Dr. Klebs einen Hügel abgegraben hat, über den mit den damit in Verbindung stehenden Lesnicker Hügeln zusammen in der nächsten Abhandlung berichtet werden soll. Eine andere Gruppe befindet sich in dem nördlich von Warschken sich nach dem von Palmnicken nach Germau gehenden Wege erstreckenden Wäldchen. Hier war noch ein ganz, und dicht daneben ein fast intacter Hügel, dicht südlich von diesem Wege und etwas

*) Gozzadini: Scavi fatti dal S. Arnoaldi Veli presso Bologna Tfl. X 10. 14. 11.

**) Pulszky: Die Kupferzeit in Ungarn. p. 31 Fig. 5.

***) Virchow: Das Gräberfeld von Koban. p. 47. 48. Tfl. VI 8. XI 10.

tiefer im Walde, 2 schon ausgebeutete Hugel vorhanden. Die beiden ersten habe ich ausgegraben. Sie gewährten dadurch ein ganz besonderes Interesse, dass in ihnen Begräbnisse aus verschiedenen Zeiten auftraten, welche durch die zwar spärlichen, zum Theil recht unansehnlichen und schlecht erhaltenen, aber dafür um so wichtigeren Metallbeigaben ganz scharf characterisirt wurden, so dass hier zum ersten Male die Gräber der La Tène Periode in ihrer Stellung zu den älteren klar erkannt werden konnten.

Hügel I.

(Vom 18. October bis 24. October 1882 ausgegraben von O. Tischler, in Summa 34 Arbeitstage.)

Der Durchmesser des Hügels ist 15 m, die Höhe ca. 1,50, der natürliche Boden liegt aber im Westen ca. 0.70 tiefer als im Osten, daher der Querschnitt nicht ganz symmetrisch, und die Höhe schwerer genau zu fixiren. Den Plan des Hügels veranschaulicht der anbei folgende Grundriss, in welchem die Hauptsteinconstructionen und Urnen gezeichnet, die Steine des Deck- und Bodenpflasters aber der Uebersicht wegen fortgelassen sind, und das nebenstehende Profil im Süd-Nord durchschnitt — die Zeichnung ist nach Norden orientirt. Im Hügel waren eine Reihe von concentrischen Kränzen aus Steinen von 30—40 cm Durchmesser regelmässig gelegt und deutlich zu verfolgen. 1. Der äusserste Kranz von 13,40 NS 13,20 OW Durchmesser, also fast kreisförmig, dessen Steine mit ihrer Oberfläche in folgender Tiefe (horizontal unter dem Gipfel) lagen: N 1,30 O 0,93 S 1,30 W 1,63 mit der Unterseite auf dem natürlichen Boden. 2. Ein zweiter Kranz von 10,60 m Durchmesser, etwas höher, mit der Unterseite tief N 1,23 O 0,87 W 1,23 (mit der Oberseite ca. 0,25 höher), also mit der Unterseite 7—13 cm über der Oberseite des ersten Kranzes, im Ganzen

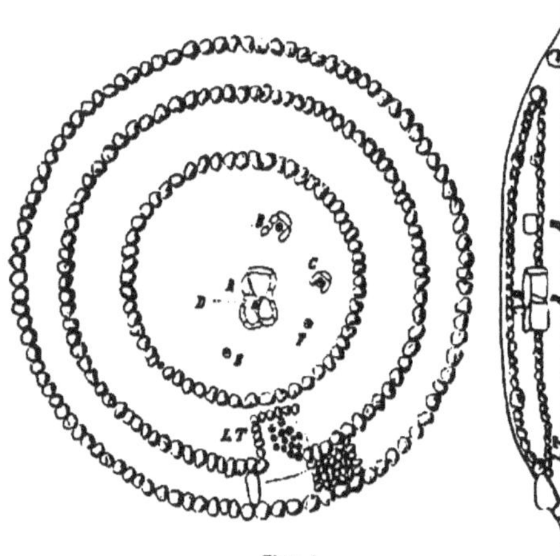

Figur 4.

ca. 40 cm höher. Man hatte hier also wohl schon einen kleinen Erdhügel aufgeschüttet, denn so hoch steigt der natürliche Boden nicht auf diese kurze Strecke, auch lag der Boden der centralen Kiste ziemlich im Niveau des äusseren Kranzes. Der Raum zwischen beiden Kränzen war steinfrei, nur neben der Stelle LT des Grundrisses war er durch ein viereckiges Pflaster kleiner Steine von ca. 1,60 m Breite überbrückt. Circa 1,50 m westlich davon verband beide Kränze ein sehr grosser hervorragender Stein von 1,15 m Länge, 0,35 m Dicke, der senkrecht tief in den Boden gekeilt war. Von Kranz 2 zog sich in sanfter Wölbung ein Grundpflaster kleiner Steine über den Boden des Hügels, in der Mitte ca. 85 tief, also jedenfalls über einem aufgeschütteten Erdhügel, zumal die centrale Kiste noch 60 cm tiefer herabsteigt. Ferner stieg vom zweiten Kranze eine obere (Deck-) Steinschicht empor, sich über den ganzen Hügel erstreckend, welche ihrerseits von 10—20 cm Erde bedeckt war, meist einfach, oft fanden sich doch aber mehrere Steine übereinander, man hat den Erdhügel wohl dicht mit Steinen belegt und dann nochmals beschüttet. Zwischen beiden Steinschichten lag ein Erdkern. 3. Weiter nach innen waren an Stelle der centralen Mauer der Birkenhöfer Hügel als innere Abgrenzung 2 übereinanderliegende Steinkränze von etwas verschiedenem Durchmesser zu erkennen, die sich aus den Boden- und Decksteinen deutlich hervorhoben, der untere von 7,40, der obere von 6,60 Durchmesser, ca. 40 cm höher als der untere. Der obere an der Oberseite tief N 0,45 O 0,40 S 0,45 W 0,57. Bis zu diesem oberen Kranze stieg die Steindecke sehr stark, von hier nach der Mitte nur noch schwach, ca. 0,20, so dass der Hügel eine steilere Böschung und eine sehr flache Kuppe von 6,5 m Durchmesser hatte, was im Felde noch viel mehr hervortrat als bei dem kleinen Massstabe des Profilplanes. Innerhalb dieser Mauer (oder dieses Doppelkranzes) fanden sich 3 Steinkisten und 4 einzelstehende mit Steinen umstellte Aschen-Urnen.

Kiste A. Von der Mitte des Hügels nach Süden verlaufend, also ein wenig excentrisch. Sie bestand aus 2 aneinander gebauten Kisten a und b. Die nördliche a war jedenfalls die ursprüngliche, da sie regelmässiger und centraler ist; b ist später angebaut, daher ist der Süd-Träger von a zugleich ein Nord-Träger von b. Die bis 1,30—1,40 herabsteigenden Träger (bis auf die natürliche Bodenoberfläche) sind innen ziemlich flache, aussen unregelmässige Granitfindlinge von 50—60 cm Höhe, die nach oben manchmal spitz zulaufen, auch nicht immer in demselben Niveau enden, die aber mit kleinen Steinen in den klaffenden Fugen gut verzwickt und auch nach Füllung der Kiste oben belegt sind, so dass die Decksteine doch ein genügendes Widerlager fanden. Kiste a hatte an 3 Seiten einen, an der vierten 2 Träger, von denen einer ein ausgehöhlter Mahlstein, ebenso wie der oberseits flache Deckstein. Kiste b hatte ausser dem Grenzträger noch 4 eigene und 2 Decksteine, deren Oberfläche 60 cm tief lag. Kiste a hatte einen inneren Raum von ca. 45×40 cm, b von ca. 70×60 (alle diese Maasse sind wegen der unregelmässigen Gestalt der Kisten und Träger nur annähernd).

Kiste Aa enthielt eine grosse Aschen-Urne (Inventar 4370 Tfl. II 8), bedeckt mit einem merkwürdigerweise verkehrt, d. h. mit der hohlen Seite nach oben liegenden Deckel (welcher umgekehrt gezeichnet ist um die convexe Seite sichtbar zu machen). Sie stand auf einer Steinfliese und da alle Urnen dieses Hügels ziemlich weich und zersprungen waren, bröckelte der Boden beim Heben stark ab; sein Maass konnte daher nur annähernd genommen werden. Die Urne hatte aber eine Stehfläche und ist im Uebrigen richtig zusammengesetzt worden. Da ich erst im Verlaufe dieser Hügelgrabung die ersten unvollkommenen Versuche mit Gyps machte, gelang es nur einen Theil der sehr mürben und zerbröckelten, zum Theil fest auf Fliesen stehenden Urnen zu retten und zusammenzusetzen, während sich dies bei vielen andern, zumal den frei zwischen Steinen stehenden nicht mehr als möglich erwies. Zwischen den Knochen in der Urne fand sich das bearbeitete Bernsteinstück Tfl. IV 8 Inventar 4395.

In Kiste b standen 2 Aschen-Urnen und ein Beigefäss auf Fliesen. Auf Urne 1 (Tfl. II 10 No. 4371) lag ein durchlochter Deckel wieder verkehrt, mit der hohlen Seite nach oben, auf Urne 2 ein schalenförmiger Deckel mit Henkel (Tfl. III Fig. 1 No. 4372) in gewöhnlicher Weise. Die Urne 2 selbst und das Beigefäss sind nicht erhalten. Neben Urne 1 lag die Brozenadel Tfl. IV Fig. 10 No. 4936, eine „Schwanenhalsnadel" (siehe unten).

Kiste B. 1,5 m nördlich von A stand auf dem Bodenpflaster eine kleine Kiste von Nordost nach Südwest orientirt (sie wurde, wie dies bei solchen kleinen Kisten leicht vorkommen kann, erst erkannt, nachdem schon einige Steine entfernt waren, konnte also nicht mehr vollständig gezeichnet werden). An 2 Seiten hatte sie je 1, an einer 3 Träger, ihr innerer Raum betrug 45×40, die Höhe ca. 30, die Unterkanten lagen 80 cm tief. Darin stand eine Aschen-Urne (No. 4374 Tfl. III Fig. 2) ohne Deckel und ein Beigefäss (No. 4375 Tfl. II a), zwischen ihnen eine Bronzenadel mit umgebogenem Halse (No. 4397 Tfl. IV 11) an die Aschen-Urne geschmiegt.

Kiste C. 1,5 m östlich von A, auf dem Bodenpflaster 0,83 tief, eine kleine Kiste von 4 Trägern 30—40 cm hoch und breit, wovon einer eine 5 cm dicke Sandsteinplatte, was hier nicht häufig vorkommt (der Deckstein war unbemerkt entfernt). Darin stand auf einer Fliese eine — nicht erhaltene — Aschen-Urne. Ausserdem finden sich an noch 3 Stellen innerhalb der Mauer Aschen-Urnen ohne Kisten, die zum Theil so zerdrückt waren, dass sie nicht mehr restaurirt werden konnten.

Urne D. Am Westrande der Kiste A zwischen beiden Abtheilungen gerade auf der Decke 63 cm tief (nicht erhalten).

Urne E. Circa 1 m fast südlich von A auf dem Bodenpflaster 85 cm tief (d. h. mit dem Boden). In ihr lagen 5 rohe, unbearbeitete Stücke Bernstein.

Urne F (4379). 1 m östlich der Südost-Ecke von A, auf dem Bodenpflaster, 83 cm tief, eine Aschen-Urne mit Deckel, von der nur der untere Theil erhalten ist, der Deckel aber vollständig ergänzt werden konnte.

Urne G. Am oberen Kranze der Mauer zwischen Steinen der Deckschicht, südöstlich von der Mitte, 85 cm tief, eine Aschen-Urne (nicht erhalten).

Der Bau des Hügels ist also so aufzufassen, dass man zuerst die Kiste Aa auf dem natürlichen Boden erbaute, nachher daran Ab. Darnach schüttete man einen flachen Erdhügel auf und bedeckte ihn mit dem unteren Pflaster, das sich bis gegen 60 cm an der Kiste über dem Boden erhob. Ob dann schon alle 3 Kränze gleichzeitig gelegt wurden, lässt sich nur schwer entscheiden. Die Kisten auf dem Grundpflaster sind jedenfalls jünger und noch jünger müssen die isolirten Urnen sein, besonders G zwischen den Steinen der Mauer, welche für die übrigen doch eine einschliessende Bedeutung hatte.

Stelle L. T. Am Südende des Hügels, östlich von der südnördlichen Linie fand sich eine merkwürdige Stelle, ein Nachbegräbniss ganz verschiedener Natur, welches hier den ursprünglichen Bau des Hügels ersichtlich gestört hatte. Das Grundpflaster erstreckte sich ungestört noch ca. 30 cm bis ausserhalb des dritten Kranzes (Mauer), senkte sich dann plötzlich um ca. eines Steines Höhe und zog sich im Osten 1,40 tief, im Westen ca. 1,25, als Pflaster kleiner Steine ca. 2 m lang nach aussen, 1,40 breit mit leichter Abweichung nach Osten. Es war nach Norden durch den Abfall des Grundpflasters begrenzt, nach Westen anfangs durch einen ähnlichen Abfall, der nachher in eine Reihe grösserer Steine auslief, welche in dem erwähnten sehr grossen von 120 cm Länge, 40 Dicke, 70—80 Höhe endete. Letzterer machte anfangs den Eindruck eines irgendwoher herabgewalzten Denksteines, war aber völlig festgekeilt, schien ganz ungerührt und steht zu der ganzen Anlage doch wohl in Beziehung. Oestlich war ein ähnlicher Abfall (dem aber nicht solche Beachtung geschenkt wurde, da man beim Abräumen von dieser Seite erst auf die Stelle stiess). Nach Süden erstreckte sich das Pflaster ein wenig über die Zone des zweiten Kranzes, der auf dieser Stelle fehlte. Zwischen Kranz I und II fand sich dann im Osten dieser Stelle die erwähnte Steinbrücke, die mit der Anlage wohl in Verbindung steht. Vielleicht sind es die dem Hügel entnommenen, wieder regelmässig gelegten Steine, so dass zwischen ihnen und dem grossen Steine ein Zugang zu diesem Pflaster entstände. — Doch das sind nur Vermuthungen. Innerhalb des Ringes des zweiten Kranzes und dem Nordrande des Pflasters standen auf einem Raume von 1 × 0,90 m auf der Ostseite des Pflasters eine Menge Urnen dicht aneinander, unten noch meist von kleinen Steinen umstellt und gestützt. Durch diese und die Last der darüber liegenden waren sie dermassen zerdrückt, umgeworfen, auseinandergerissen und ineinandergeschoben, dass sie sich nur sehr fragmentarisch heben liessen. Eine solche Sachlage ist die schlimmste und könnte man dabei auch mit Gypsverband wenig anfangen, höchstens einige grössere Fragmente retten; es bleibt nichts übrig, als die Scherben einzeln mühsam bloss zu legen und zwischen den Steinen herauszuziehen, wobei, wenn sie feucht und mürbe sind (wie im vorliegenden Falle), natürlich viel zerbröckelt. Genau liess sich die Zahl der Urnen nicht feststellen, es waren ca. 14 Scherbenstellen, die aber zum Theil continuirlich in einander übergingen. Es gelang davon 5 grössere und 2 kleinere Urnen (Beigefässe) zusammen zu setzen (und zu ergänzen), die in ihrer restaurirten Gestalt in durchaus richtigen Verhältnissen (Tfl. III 4–10) gezeichnet sind. Da diese Urnen, sowie die dazwischen gefundenen Metallgegenstände eine vollständig gesonderte Stellung den übrigen Gräbern des Hügels gegenüber einnehmen, sollen sie im Zusammenhange erst nach Besprechung der anderen Funde beider Hügel behandelt werden. Wahrscheinlich nicht damit in Zusammenhang steht ein östlich von dieser Stelle auf dem Pflaster gefundenes Bernsteinstück (4405, Fig. 5 im Text) und ein kleines Bronzestück, die wohl älteren Gräbern des Hügels zuzurechnen sind.

Hügel II.

(Am 25. und 26. October 1882 mit 8 Arbeitern von O. Tischler ausgegraben.)

Der Hügel lag unmittelbar südlich an I anstossend, am Abhange der Höhe, deren Kuppe dieser bedeckte, war daher schief angelegt, so dass die Erddecke nach

Norden fast horizontal verlief, nach Süden steil abfiel. Ihn umgab ein Kranz grosser Steine von 9 m Durchmesser in sehr wechselndem Niveau, tief im Norden 0,30, Osten 0,80, Süden 1,35, Westen 0,90, so dass man für die mittlere Höhe des Hügels ungefähr 1 m annehmen kann. Ein continuirlicher äusserer Kranz konnte nicht constatirt werden, nur einige isolirte Steine, die vielleicht einem Kranz von 11,20 Durchmesser angehört haben, von denen jedenfalls schon viele fortgenommen waren. Der Hügel war mit einer Steindecke überwölbt, die stellenweise doppelt, besonders in der Mitte. Ein Bodenpflaster existirte nicht. Im Uebrigen war er aus sandigen Lehm aufgeschüttet. Innerhalb des Kranzes fanden sich 2 Steinkisten.

Kiste A. Wenig nördlich vom Centrum (ihre Mitte Norden 0,90, Westen 0,20) die centrale Kiste A, im Osten und Süden von je 1 Träger, Norden und Westen von je 2 platten Trägern gebildet — nur 2 davon ausgehöhlte Mahlsteine, alle 50—60 cm hoch. Auf ihren inneren Kanten ruhte der Deckstein 60×40 cm, ca. 20 cm dick, auf den oberen Flächen der Träger noch kleinere platte Steine; so dass die ganze Decke ziemlich flach war. Die Fugen waren wieder alle gut verzwickt und Steine als Streben herumgesetzt. Die Decke der Kiste lag 0,45 tief, der Boden 1,05, der innere Erdwürfel hatte 60×40 cm Fläche, 40 Höhe. In der Kiste standen 2 Aschen-Urnen mit Deckel, unmittelbar aneinanderstossend, No. 1 Tfl. II Fig. 7 Inventar 4409, No. 2 Tfl. II Fig. 5 Inventar 4410, zwischen ihnen die Bronzenadel, Tfl. IV Fig. 11 Inventar 4414, die defect erhalten ist. Bodenfliesen waren nicht vorhanden. Im Nordwesten, dicht an der Kiste, erstreckte sich eine schwarze Brandschicht von 1 m Länge, 0,60 Breite, 5 cm Dicke, aus Aschen und Kohlen bestehend, in halber Höhe der Kiste. Vielleicht war dies die ursprüngliche Brandstelle, in welche die Kiste noch etwas eingetieft ist.

Kiste B. Im südlichen Theile des Hügels lag eine zweite ziemlich grosse Kiste B (die Nordwest-Ecke O 0,20 S 1,60), die aber schon erbrochen und theilweise gestört war, doch wohl nur beim Baume roden. Es fehlten die Decksteine und ein Theil der Träger. Nördlich stand 1 Träger, im Westen 2; östlich 1, der zweite fehlte. Die Träger waren 60—70 cm breit, 70—80 hoch, 25—35 dick. Ihre obere Fläche lag 45 tief, die untere 1,15—1,20 (der Boden fällt ja hier stark). Der Inhalt war auch ziemlich geplündert. Es fand sich aber noch eine intacte Aschen-Urne (No. 4411 Tfl. II Fig. 6), über welcher ein Bruchstück einer sehr dicken Urne (4412) mit der hohlen Seite nach oben lag, scheinbar wie eine Art Deckel. Es ist dies aber jedenfalls nur ein Fragment einer anderen zertrümmerten Urne dieser Kiste (II B 2), welches man beim Wühlen in derselben hier heraufgelegt hatte, glücklicherweise jene Urne verschonend. Daneben fand sich der untere Theil einer anderen Aschen-Urne (B 3 4413), deren oberer Theil früher zerstört war, und in einer anderen Ecke einige Knochen und Scherben. Die Kiste hat einst jedenfalls noch mehr Urnen enthalten.

Thongefässe.

Die Dimensionen der Thongefässe beider Hügel (mit Ausnahme der auf dem Pflaster L. T. gefundenen) ergeben sich aus folgender Tabelle:

	Do	Dw	Dr	Hw	Hr	(H)	(r)	(b)	(Hw)	Rand-Dicke	Bemerkungen.
										mm	
Aschen-Urne I Aa (4370) Tfl. II8	?	32,8	24,9	15	ca. 27	82	76	?	55	7—8	Rand ausgebröckelt, Boden do.
" I Ab1 (4371) Tfl. II10	ca. 14	30,2	22	12—13	26,5 über	88 über	73	46?	46—49 unter	7—8	2 Henkel.
" I B (4374) Tfl. III2	8,8	21,5	15?	10	20	93	70	41	50	7	am Rand fehlte viel, 2 Henkel.
" II A1 (4409) Tfl. II7	0	27,6	15	7	22,7	82	54	0	31	7	
" II A2 (4410) Tfl. II5	0	23,5	13,7	ca. 7	19,3	62	59	0	36	7	
" II B1 (4411) Tfl. II6	0	22	16,5	14	19,3	88	75	0	73	7	
Deckel zu I Aa Tfl. II8a	6,5		30		14	46		28		8	
" " I Ab1 Tfl. II10a	7		27,8		9,4	34		25		8	mit Loch.
" " I Ab2 (4372) Tfl. III1	7		20		7	35		35			mit Henkel.
Beigefäss I B (4375) Tfl. II9	5,5	13	10	5—6	13	100	77	42	40—46	4	

Hiernach zerfallen die erhaltenen Aschen-Urnen (wie es die Abbildungen noch deutlicher zeigen) in zwei verschiedene Kategorien, mit Stehfläche (I A, I Ab1, I B) und ohne Stehfläche mit gerundetem Boden (II A1, 2. II B).

1. Die Urnen mit Stehfläche ähnen den Birkenhöfer in Form und Dimensionen. Die Höhe ist annähernd dieselbe (H) = 82—93 (Bi 85—96) der sonst geschweifte Hals im Allgemeinen etwas weiter, (h) = 70—77 (Bi 63—70), die Weite liegt bei I Aa etwas höher, sonst auch immer unter der Mitte. Der Boden ist eine kleine Fläche, aber doch vorhanden, er liess sich nicht genau messen, da er bei Aa, b ausgebröckelt, aber doch in seinem Absatz zu erkennen war, die Zeichnung ist nach der übrigen Form der Urne richtig. Der Theil oberhalb der Weite (wir sagen einfach obere Theil) ist geglättet, der untere absichtlich rauh gemacht. Bei I B (Tfl. III2) begann die Rauhung schon oberhalb der Weite und verschwand wieder unten dicht oberhalb des Bodens. Aa hatte keine Henkel, die anderen beiden ein Paar kleine oberhalb der Weite in gewöhnlicher Weise. Ausserdem sind noch die unteren Partieen von 2 anderen Urnen erhalten, mit einigen Stücken des Halses, welche sich nicht mehr vollständig wieder herstellen liessen, aber doch die grosse Aehnlichkeit mit den oben beschriebenen zeigten: Urne I F (4379) hat einen ebenen Boden von 8,5 Durchmesser und ist auch an der Unterseite geglättet. Urne II B3 (4413) hat einen etwas rundlichen, aber deutlich abgesetzten Boden von 8,5 Durchmesser und zeigt auch, soweit erhalten, die Form dieser Klasse.

2. Einen ganz anderen Typus haben die drei anderen Urnen. II A1, 2 haben einen ziemlich platten, sehr wenig gewölbten Boden, sind aber durchaus ohne Stehfläche oder irgend einen Absatz gegen den Bauch hin, II B (Tfl. II6) hat einen unten eiförmig gerundeten Bauch. Die ersten beiden haben einen engen Hals wie die entsprechenden Birkenhöfer, (r) = 54—59 (Bi 53—54), nur II B einen sehr weiten (74). Die Weite liegt bei den ersten tief, bei B ungewöhnlich hoch. A1 besitzt einen langen ziemlich charakterisirten Hals, der bei A2 fehlt. A1, 2 sind vollständig sauber geglättet, B ist bis oben hin sehr rauh, nur am obersten Halse ein wenig geglättet und von röthlich-braunem Thone. Das Stück Scherbe (No. 4412), das über B lag, stammte allem Anschein nach

ebenfalls von einer sehr dickwandigen Urne ohne Stehfläche her und seine Dicke steigerte sich von 11—20 mm — in Birkenhof war der Boden dieser Thongefässe ebenfalls sehr dick.

Beide Klassen von Urnen sind besonders noch durch ihre Deckel verschieden.

Die Urnen der ersten Kategorie hatten übergreifende oder Schalen-Deckel, von denen 3 erhalten sind, I Aa (Tfl. II 8a), I Ab 1 (Tfl. II 10a) und Ab 2 (Tfl. III 1, die Urne nicht erhalten). Sie haben ähnliche Proportionen wie die Birkenhöfer, nur der erste ist etwas höher. Der zu I Ab 2 gehörige ist unterhalb des Randes (wegen der Terminologie bei der Beschreibung umgekehrt gedacht) etwas eingezogen und bildet dann eine Kante, von der ab er sich in gewöhnlicher Weise wölbt, zwischen welcher und dem unteren, Rande ein kleiner Henkel sitzt. Alle 3 haben flache Böden [(b) = 25—35], nur I Ab 1 darin ein Loch von ca. 2 cm Durchmesser. I Aa (Tfl. II 8) ist durch 4 nicht besonders genaue Reihen von Fingereindrücken verziert. Auffallend war es, dass bei Aa und Ab 1 die Deckel umgekehrt mit der hohlen Seite nach oben lagen, ein durchaus ungewöhnlicher Fall

Vollständig verschieden sind die Deckel bei den Urnen ohne Stehfläche II A 1 (II Fig. 7a) II A 2 (II Fig 5a) denen sich I F (Tfl. III 2) anschliesst, welcher allerdings einer nur zum Theil erhaltenen Urne mit Stehfläche zugehört hat. Diese sind oben gewölbt oder flach und gehen auf der Unterseite in einen etwas zurücktretenden cylindrischen Theil über, welcher in das Innere der Urne hineinpasst und sie stöpselartig verschliesst. Diese Deckel sollen daher Stöpseldeckel heissen, der obere Theil der Kopf, der untere der Cylinder.*) Der Kopf hat einen über den Cylinder mehr oder weniger hervorragenden Rand, hinter dem er bei A 1, 2 einsinkt, um sich dann flach schalenartig zu wölben, während er bei B seiner ganzen Ausdehnung nach eben verläuft. Seine untere Wand ist der oberen entsprechend, geht daher bei gewölbten Deckeln auch gewölbt in den Cylinder über, bei plattem Kopf in scharfem Winkel. Der untere Rand des Cylinders ist wie dieser selbst meist nicht besonders sauber und gleichmässig gearbeitet. Die Dimensionen dieser 3 Deckel sind: II A 1 (II Fig. 7a): Durchmesser des Kopfes 17,7, des Cylinderrandes 13, Höhe des Cylinders von der Unterseite an 2,2 —3, Loch 2 mm. Bei II A 2 (II Fig. 5) dieselben Zahlen 14, 11,5—11,8, 3,5 —4. Bei I F (III Fig. 5) Durchmesser des Kopfes 16, des Cylinders 14, Cylinderhöhe von unten 2.7 von der Oberseite an. Alle 3 Deckel haben ein Loch in der Mitte.

Die Stöpseldeckel kommen hier und bei den Urnen des Provinzial-Museums aus ostpreussischen Hügeln, überwiegend bei Urnen ohne Stehfläche vor, nur die Urne I F hat eine deutliche Stehfläche und den Formcharacter dieser Urnen, bildet immerhin eine Ausnahme, ist aber schon ein Aussenbegräbniss, also jedenfalls jünger wie die centralen Urnen mit Schalendeckeln. Ferner ist Hügel II gewiss

---

*) Ich glaube die Bezeichnung Stöpseldeckel bezeichnet das Characteristische dieser Form in allen ihren Varianten (so z. B. Tfl. III 3) mehr als die bisherige Benennung „Mützendeckel“. Virchow, der hauptsächlich auf diese interessante Form aufmerksam gemacht hat, spricht bereits von „der stöpselartigen Verlängerung“. Verhandl. d. Berliner Gesellschaft für Anthropologie 1874 p. 113.

jünger als I, dem er erst angebaut wurde als dieser keine Urnen mehr aufnahm, seine Urnen sind also auch jünger. Diese haben aber überwiegend keine Stehfläche jedoch Stöpseldeckel, nur bei II B 3 findet sich noch eine Stehfläche. Sehr weit werden die Hügel zeitlich nicht auseinanderliegen, wie die Metallbeigaben lehren, aber für diese Hügel und noch für andere steht es fest, dass die Urnen ohne Stehfläche und die Stöpseldeckel erst später auftreten als die mit Stehfläche und Schalendeckel, welche dann immerhin noch nicht ausser Gebrauch kamen.

Von Beigefässen ist nur eines erhalten (No. 4375) in Kiste B (Tfl. II 9), dasselbe ähnt in seiner Form den Aschen-Urnen, ist nur etwas höher. Oberhalb der Weite gehen 2 horizontale Linien herum, zwischen denen Gruppen von je 3 alternirend schrägen Linien herabsteigen, nicht sehr exact in weichen Thon gezogen, da sie die anderen Linien theilweise durchschneiden. Henkelkrüge wie in Birkenhof fanden sich hier nicht.

Die Bronzebeigaben der älteren Gräber.

In Kiste I B lag eine Bronzenadel mit umgebogenem Halse (Tfl. IV 11), der Birkenhöfer nahe verwandt. Sie ist gestreckt über 20 cm lang (die äusserste Spitze fehlt), der gebogene Hals 6,5; am Kopf 4,5 mm, unten 3 dick. Unter dem kegelförmigen Kopfe hat sie 4 durch Einschnürungen getrennte Reifen.

Die Nadeln Tfl. IV Fig. 10 und 11 aus Kiste I Ab und II A haben einen anderen Character. Der Draht biegt sich unter dem Kopfe in Form einer vollen Welle. Wenn der Draht eine Biegung in Form einer halben Welle erleidet, so dass er nach dieser einmaligen Einbiegung in die vorige Richtung zurücktritt (wie bei den La Tène-Nadeln in einem grossen Theile Norddeutschland's, cf. Undset l. c. Tfl. XXVI 16—19 u. a. m.) möge dies heissen: Nadeln mit einfacher Einbiegung. Bei der vorliegenden in Form einer vollen Welle gekrümmten Nadel macht der Draht 2 Einbiegungen; diese Form kann man mit einem der archäologi- Terminologie nicht fremden Ausdruck als Schwanenhalsnadel bezeichnen. Der Kopf der Nadel IV Fig. 10 ist kegelförmig, den Hals schmückt noch ein kleiner Reif, bei IV 12 war er auch kegelförmig, zerfiel aber. Die kegelförmigen Köpfe sind bei den ostpreussischen Nadeln sehr häufig, es kommen aber auch andere Formen vor wie Halbkugeln, rundliche und oft auch recht reich profilirte Endknöpfe, welche bei der Beschreibung anderer Grabhügel in der nächsten Abhandlung besprochen und abgebildet werden sollen.

Diese Schwanenhalsnadeln haben ihre Hauptverbreitung im nordöstlichen Deutschland. Zahlreich kommen sie in den ostpreussischen Hügelgräbern des Samlands vor, in den westpreussischen Steinkistengrabern mit Gesichts-Urnen und gehen dann durch Pommern bis nach Mecklenburg hinein. In Dänemark sind sie schon seltener, in Schweden und in Norwegen ist je 1 gefunden. Ausserordentlich häufig sind sie in den Flachgräberfeldern Posens und Schlesiens und ziehen sich in die Mark und Lausitz hinein. Die westlichsten Stücke in Mitteldeutschland dürften eine Nadel von Aderstedt bei Bernburg (Museum Bernburg, Album der Berliner Ausstellung 1880 Section IV 7) und eine Rollennadel mit Schwanenhals von Passmarke bei Schlieben (ibid Section VI Tfl. 1, Provinzial-Museum Halle) sein; sonstige habe ich in den Museen zu Halle und Jena nicht gefunden. Vollständig fehlen sie dann in Böhmen, wo es mir weder in den Sammlungen noch durch Nachfrage gelang eine zu entdecken. Sie fehlen dann, wie es scheint auch fernerhin in Oesterreich und in ganz Ungarn. Zu Hallstadt findet sich nur 1 Nadel mit ähnlicher doppelter Biegung, die in einen Spiralkopf übergeht. Hingegen treten sie wieder in Baiern und Würtemberg auf und finden sich noch in der Franche Comté in den Grabhügeln des Plateau von Alaise, sind aus diesen Gegenden aber nicht in solchen Massen vorhanden wie in den Sammlungen Ost-Deutschlands, wo doch wohl ihre Hauptheimath ist.*) Merkwürdig, dass sie gerade an so diagonal entgegengesetzten Gebieten vorkommen, zwischen denen ich den vermittelnden Uebergang vorlaufig noch nicht nachweisen kann; der einzige Verbindungsweg scheint durch Thüringen nach Baiern zu gehen.

Was nun die Zeitstellung**) dieser Nadeln betrifft, so soll dieselbe erst in einer späteren Abhandlung an der Hand eines vollständigen Gesammtmaterials genauer begründet werden. Wir können daher hier nur die Resultate annähernd vorweg nehmen. Die Dauer der Nadelform wird immer keine ganz kurze sein, was wir auch aus den vorliegenden Hügelgräbern entnehmen. Die Veränderung der Thongefässformen in den Warschker Hügeln lässt doch auf eine etwas längere Dauer derselben schliessen, während die Nadelform dieselbe bleibt; ferner ist es wohl wahrscheinlich, dass die Eisennadeln die jüngsten sein werden. Am weitesten zeitlich zurück kann man die Nadeln in den Posenschen Flachgräberfeldern verfolgen, wo bereits Objecte aus einer älteren Zeit der Hallstädter Periode auftreten (Schwerter, Eisencelte, Bronzerasirmesser etc.), während sie bei den westpreussischen Gesichts-Urnen an das Ende dieser Periode, in den Uebergang zur La Tène-Periode fallen. Ueberall im Norden gehören sie der jüngsten Bronzezeit an, welche ungefähr mit dem Schlusse der Hallstädter Periode gleichaltrig sein muss, und auch die Grabhügel der Franche Comté fallen in ganz dieselbe Zeit. Wir kommen demnach überall ungefähr auf das 5. Jahrhundert v. Chr., vielleicht den Anfang des 4.

Die Nadeln mit umgebogenem Halse und kegelförmigem Kopfe wie Tfl. IV 1, 11 haben nicht einen gleich grossen Verbreitungsbezirk, sondern scheinen in dieser Form völlig auf Ostpreussen beschränkt zu sein. Bereits in Westpreussen sind keine mehr gefunden, ebensowenig in dem weiteren Bezirk der Schwanenhalsnadeln. In der Mark sind zu derselben Periode einige Nadeln mit rundlichem Kopfe

*) Chantre. Premier age du fer Pl. 84a, 98a, a. Ueber die Funde in Südwestdeutschland: Tröltsch, Fundstatistik der vorrömischen Metallzeit No. 76a. Speciell in Mecklenburg: Beltz, Das Ende der Bronzezeit in Mecklenburg (Mecklenb. Jahrbücher 51). Ueber die Funde in Ostdeutschland und Scandinavien finden sich die nöthigen Nachweise bei Undset, die Nadeln treten in Posen und Schlesien noch viel massenhafter auf als es nach der hier gegebenen Darstellung scheinen könnte.

**) Betreffs der Gliederung der urgeschichtlichen Entwicklung v. Chr., die an dieser Stelle noch nicht näher begründet werden soll, verweise ich vorläufig besonders auf das bahnbrechende Werk von Undset. „Das erste Auftreten des Eisens in Nordeuropa," zumal auf die Einleitung, und auf eine von mir in der Westdeutschen Zeitschrift V (1886) p. 169—199 gegebene Besprechung der Werke von Wagner, und Faudel und Bleicher über Gräber Baden's und des Elsass, wo ich die Gliederung für Südwestdeutschland näher zu begründen gesucht habe.

gefunden, welche sich im oberen Theile etwas biegen, aber nicht mit so scharfem Knick (Ranschendorf im Märkischen Museum, Mitschen im Museum für Völkerkunde). Im Hauptgebiet der Nordischen Bronzecultur, Mecklenburg und Skandinavien finden sich eine Menge Nadeln, deren Hals sich nicht weit vom Kopfe scharf umbiegt; diese tragen dann als Kopf eine durch eine Reihe erhöhter concentrischer Kreise gerippte Scheibe (wie Montelius Ant. suéd. 217) oder einen rundlichen Kopf der äquatorial mit 4 im Kreuz stehenden Knöpfchen und einem an der Spitze besetzt ist (ibid. Fig. 215), auch sogar einen Menschenkopf (Madsen: Bronsealderen I Tfl. 26 9). Vielfach sind die Schafte dieser Nadeln mit alternirend schrägen Strichgruppen verziert, dem characteristischen Ornament der Zeit. Es giebt allerdings eine ziemlich weit verbreitete Form von Nadeln mit umgebogenem Halse, die an der Stelle der Biegung eine Oese haben, wie Undset X Fig. 11, welche sich von Schlesien durch Posen und die Mark bis nach Pommern erstrecken. In Ostpreussen sind sie (identisch mit der abgebildeten von Polkwitz-Schlesien) jetzt in Grabhügeln der älteren Bronzezeit (Peccatel-Periode) zu Rantau, Kreis Fischhausen, und Slaszen, Kreis Memel, in grösserer Menge gefunden als wohl in ganz Schlesien. Sie sind demnach viel älter und können mit den abgebildeten IV 1, 11 in gar keine Beziehung gebracht werden. Wenn wir also in dem nördlichen Gebiete in derselben Periode auch entfernte Analogien für die Art der Biegung finden, stehen die ostpreussischen Nadeln doch isolirt da und sind als lokale Modificationen des weit verbreiteten Typus der Schwanenhalsnadeln aufzufassen.

Was nun die Bedeutung dieser Nadeln betrifft, so ist sie schwer genau festzustellen, weil die Gräber dieser Periode sämmtlich Brandgräber sind. Wahrscheinlich sind es nicht Haar- sondern Gewandnadeln, wofür besonders die riesige Entwicklung mancher scandinavischen Formen spricht. Die Umbiegung würde dann dazu dienen, dass die Falte der beiden übereinandergelegten Gewänder sich fester anschmiegt, und dass die Nadel sich weniger leicht auszieht, was besonders durch die doppelte Biegung erzielt wird. Daher spielen die Nadeln auch gerade in den zur Zeit fibellosen Ländern des östlichen Deutschlands eine solche Rolle; Ost- und Westpreussen haben gar keine, Posen einige Fibeln von ungarischer Form und 2 altitalische, welche wohl noch älter als diese Nadeln sind, geliefert. Demnach wären es also wahrscheinlich Gewandnadeln.

Bernsteinschmuck.

Roher Bernstein fand sich hier, wie häufig in diesen Hügeln, in der Aschen-Urne E des Hügels I 5 Stücke.

In Hügel I Urne Aa lag das bearbeitete Stück Tfl. I Fig. 9 (4395). Dasselbe ist nicht ganz regelmässig viereckig ca. 38 mm lang, 20 breit, in der Mitte ca. 8 mm dick, ziemlich roh gearbeitet, ein natürliches Stück, dem nur noch ein wenig nachgeholfen ist. Er hat jetzt eine röthliche, aussen matt bräunliche Verwitterungsrinde und ist innen jedenfalls hell klar. Das Loch von ca. 4 mm ist von 2 Seiten eingebohrt, aber gut cylindrisch mit einem kleinen Absatz am Zusammenstoss beider Cylinder. Oben ist es von der durchgezogenen Schnur etwas ausgescheuert, wie in der Zeichnung ersichtlich.

Figur 5.

Figur 6.

Ein zweites Stück (anbei Fig. 5) No. 4405 lag östlich von der Stelle L. T.; es lässt sich daher nicht ganz genau feststellen, ob es dazu gehört oder in die ältere Zeit fällt. Es ist kumstfarben mit dicker Rinde, ziemlich roh und sowohl in alter Zeit als jetzt beschädigt, so dass sich die Form nicht mehr genau constatiren lässt. Vielleicht war es auch einst länglich viereckig nach der Ausscheuerung zu schliessen, welche die Trageschnur über dem ovalen Loch hervorgebracht hat, was zugleich zeigt, dass dies wirklich ein Schmuckstück. Das ovale Loch von 8×5 mm Durchmesser war vielleicht ein ursprüngliches Astloch im Bernstein. Jetzt hat das Stück die mittleren Dimensionen 31 × 26, grösste Dicke 9 mm.

Anbei erfolgt zum Vergleich noch ein Hängestück Fig. 6 (No. 3448) aus einer Urne eines eben solchen Hügelgrabes von Mollehnen, Kreis Fischhausen (welches erst in späterer Abhandlung besprochen werden soll). Es ist trapezoidisch oben 16 unten 20 mm breit, 37 lang, oben in der Mitte 6,5 am Rande 6; unten in der Mitte 5,5, am Rande 4,5 dick, sehr scharf geschnitten mit fast rechtwinkligen Kanten und beinahe ebenen Flächen, nur nach der Mitte ein wenig gewölbt. Das Loch ist genau cylindrisch, zeigt aber auch die Abnutzung. An der Oberkante findet sich der (in der Zeichnung sichtbare) Rest einer früheren Bohrung, in der das Stück einst durchgebrochen war. Es ist verziert mit Reihen von Gruben längs der Seiten- und unteren Kante und einer mittleren Reihe von der Oeffnung nach unten, also einigermassen ähnlich dem violinstegförmigen Stück von Hubnicken Tfl. IV 8. Die Löcher sind scharf eingedreht mit einem Bohrer mit schärferer Spitze, zeigen aber nur ganz feine Reifelung, so dass sie sich wie das ganze Stück der Technik noch durchaus von den in der Form analogen Stücken der Steinzeit unterscheiden.

Die Urnengruppe L. T. in Hügel I.

Von den ganz ungemein zerdrückten Urnen der Gruppe zwischen Kranz 2 und 3 des Hügels I gelang es leider nur eine kleine Zahl aus den einzelnen aufgelesenen Scherben zusammenzusetzen und zu ergänzen. Daher konnten die Maasse auch nicht immer mit genügender Genauigkeit genommen werden, doch entsprechen die in folgender Tabelle mitgetheilten Dimensionen ziemlich nahe der Wirklichkeit und sind die Formen auf Tfl. III durchaus richtig wiedergegeben.

Gruppe L. T.	Do	Dw	Dr	Hw	Hr	(H)	(r)	(b)	(Hw)	Dicke	
Aschen-Urne 1 (4381) Tfl. III 6	10	17,5	14	9	14	80	80	58	64	6	
" 2 (4382) Tfl. III 8	10	26,5	14,5	11,7	19,3	73	55	38	60	6	Doppelhenkel.
" 4 (4384) Tfl. III 7	7	16	13	7,7	12,5	78	81	44	61	6	
" 5 (4385) Tfl. III 5	13	26	ca. 16	ca. 12	ca. 22	85	61	50	56	7	
" 6 (4386) Tfl. III 4	12,3	24,5	16	12	21,8	88	65	50	55	7	
Beigefäss 3 (4383) Tfl. III 9	4,3	8,9	7,2	3,5	8	90	81	50	44	5	
" 7 (4387) Tfl. III 10	3,8	6,8	5,5	ca. 3	6,4	100	98	60	47	5	mit Henkel.

Bei den 5 Aschen-Urnen liegt die Weite über der Mitte [(Hw) 55—64] bei einigen sogar recht hoch. Der Rand ist verhältnissmässig enger als bei den früheren Urnen mit Stehfläche [(r) 55—65], nur bei den Urnen mit hoher Weite, also kurzem Obertheil (Urne 1, 4) ist er weiter [(r) ca. 80]. Die Umbiegung um die Weite geht in schärferer Kante, manchmal aber in sanfter Wölbung vor sich, ist aber immer eine entschiedene, und es geht dann die Wand schräge, nur sehr sanft geschweift nach oben, manchmal am Rande sich ein wenig ausweitend, manchal aber gerade abgeschnitten. Der Untertheil ist viel steiler als bei jenen Urnen, fast gerade oder wenig gebogen und bildet daher einen weniger stumpfen Winkel mit dem immer scharf abgesetzten, grösseren Boden [(b) 44—58]. Man kann diese Form daher annähernd mit 2 aufeinandergesetzten, abgestumpften Kegeln, die an der Basis in schärferer oder gerundeter Kante in einander übergehen, vergleichen, ein **abgestumpfter Doppelkegel**. Die Urnen sind aus einem dunkel graubraun gebrannten mit Steinchen durchsetztem Thon, meist aber aus einem Hellroth gebrannten, gebildet und dann mit einer jetzt graugelbbraunen gut polirten feineren Glätteschicht bedeckt, die meisten vollständig geglättet, nur bei No. 6 (Tfl. III 4) am Untertheil von der Weite an gerauht ist.

Von Verzierungen sind zu erwähnen bei Urne 1 (Tfl. III 6) 2 nebeneinande[illegible] stehende kleine Knöpfchen (**horizontale Doppelknöpfe**) an 4 Stellen der Wei[illegible] [illegible]kante. Besonders schön verziert ist die Urne No. 2 (Tfl. III 8). Sie hat zu[illegible] [illegible]chst einen **Doppelhenkel** entlang des oberen Kegels, der sich aber (wie der V[illegible] [illegible]ergleich mit dem defecten von Birkenhof (Tfl. I 2) zeigt) wesentlich von den früher[illegible] [illegible]en unterscheidet. Er ist schmaler (2,2—2,3 breit) und dicker, mit kleineren [illegible] [illegible]chern, im ganzen mehr gradlinig, am oberen und unteren Ende, wie in der Mitt[illegible] [illegible]e durch stark abgebogene Stege mit der Wand verbunden; auf dem Rücken ha[illegible] [illegible] er eine breite vertiefte Furche. Oberhalb der Weite geht eine hübsche Verzier[illegible] [illegible]ung herum. Von einer tief und breit in den weichen Thon gezogenen Furche [illegible] [illegible]eigen Gruppen von 2 kurzen Strichen herab, mit denen etwas tiefer ziemlich [illegible] [illegible]n der Weite gleiche Gruppen abwechseln. Dieselben sind durch 1 oder 2 schräg[illegible] [illegible] Linien verbunden, entweder die einander zugewandten inneren Enden durch [illegible] [illegible]e 1 Linie, manchmal noch die oberen Enden der höheren Zone mit dem mittleren [illegible] oberen der tieferen durch eine zweite.

Die kleinen Gefässe 3 (Tfl. III 9) und 7 (Tfl. III 10) sind jedenfalls nur **Beigefässe**. No. 3 trägt an der Weite 2 von obe[illegible] [illegible] nach unten zusammengedrückte, ziemlich spitze Hörnchen; um die Weite geht eine Reihe runder Grübchen herum, die an den Hörnchen bis zur Spitze emporsteigt, während auf jeder Seite der Hörnchen je 2 Gruben senkrecht hinabgehen. Ueber denselben zieht sich ein Kranz von mit der Spitze nach oben gerichteten Dreiecken herum, in deren jedem sich 2 gekreuzte, den Seiten parallele Linien befinden. No. 7 (Tfl. III 10) ist ein kleines Henkeltöpfchen mit sehr weiter Oeffnung, bei dem man aber den Verlauf des Henkels mit rundlichem Querschnitt nicht mehr genau bestimmen kann.

Beigaben.*)

Zwischen diesen Scherben, den zerdrückten Urnen entstammend, lagen einige unbedeutende Metallsachen, durch das Feuer entstellt, zum Theil beschmolzen oder mit Schlacken bedeckt, zerbrochen, kurz keine Cabinetsstücke. Und doch waren diese unansehnlichen, defecten Fibeln wichtiger als die prachtvollen, reichverzierten silbernen Fibeln, wie sie unsere Gräberfelder in so verschwenderischer Fülle liefern.

An einer Stelle lagen zusammen 2 **Fibeln**, 1 kleine **Bronzeflachspirale** und ein kleines Stück **Bronzering**.

Die **Bronze-Fibel** No. 4400, Tfl. IV 18 hat den Fuss verloren und ist am Bügel mit einem Gemisch von beschmolzener Bronze und Knochenresten überdeckt, aber doch lässt sich durch den Vergleich mit den bekannten Formen ihr Character vollständig enträthseln und danach sind die fehlenden Theile auf der Tafel punktirt mit voller Sicherheit angedeutet. Der Bügel geht am oberen Ende des Halses in die Spirale über (eingliedrig). Diese windet sich um eine Eisenaxe, macht 7 Windungen nach links, geht dann als obere Sehne über die Rolle nach rechts und kehrt in 8 Windungen zurück um in die Nadel überzugeben. Die Spirale ist ca. 33 mm lang, 6, 5 im Durchmesser. Nach unten macht der Hals ein scharfes Knie nach dem Fuss zu, der aber abgebrochen und nicht mehr vorhanden war. Der Fuss bog sich unten um und ging als Schlussstück in die Höhe, dieses fehlt aber auch, erst an dem erwähnten Knie kann man das oberste Ende wieder erkennen. Schliesslich war es ungefähr in der Mitte des Halses durch eine Hülse mit ihm verbunden, doch ist diese Stelle ganz mit beschmolzenen Bronzeklumpen bedeckt, lasst sich demnach im Detail nur undeutlich verfolgen, kann aber nach der ganzen Form der Fibel nicht anders gewesen sein. Ein annäherndes Bild dieser Verbindung giebt die gleichaltrige, wenn auch im Einzelnen etwas verschiedene Fibel Taf. IV, Fig. 16 von St. Lorenz.

Die zweite eiserne Fibel (4401) ist noch defecter, so dass auf eine Zeichnung verzichtet wurde. Die vorhandenen Stücke characterisiren sie aber vollständig: Die Eisenspirale mit oberer Sehne von ca. 11 mm Durchmesser von 4 Windungen, ein Theil des Bügelhalses mit dem verbundenen Schlussstück und der hintere Theil des Fusses mit der nach vorne weit geöffneten Nadelhalter-Rinne, also auch im Character von Tfl. IV, 16, nur länger: **Eine La Tène-Fibel mit verbundenem Schlussstück.**

---

*) In Bezug auf die Terminologie und weitere Gliederung der La Tène-Periode ist ausser den p. 162 citirten Werken zu vergleichen: Tischler: 1. Ueber Gliederung der La Tène-Periode, Correspondenzblatt der Deutschen Gesellschaft für Anthropologie. 1885, p. 157 ff. 2. Archäologische Studien aus Frankreich, Schriften der physikalisch-ökonomischen Gesellschaft. XXV. (1884) p. 18 ff. 3. Ein kurzer Bericht: Schrift. d. physikal.-ökonomischen Gesellschaft. XXIII. Sitzungsber. p. 18—23.

Das **Bronzestück** Tfl. IV, Fig. 14 (4402) ist eine kleine Flach-Spirale von 7,2 mm Durchmesser aus vierkantigem Draht, im Feuer beschmolzen und unvollständig; die beiden in der Abbildung ersichtlichen Zäpfchen sind nur geschmolzene Bronzetröpfchen. Was sie bedeuten ist unklar. Endlich war an dieser Stelle noch ein kleines Stückchen eines dünnen Bronzedrahtes vorhanden.

An einer anderen Stelle fand sich ein Stückchen Bronzedraht von 2 mm Durchmesser auf dem eine **kobalt-blaue** transparente **Glas-Perle** zwischen 2 **opakweissen** sass. Alle Perlen waren beschmolzen und müssen nicht unter 9 mm Durchmesser gehabt haben. Dies kann ein Ohrring gewesen sein, wie man ihn ja auch in den Ohren der noch älteren Gesichtsurnen findet. Diese Perlen haben zwar weder in Form noch in Färbung etwas besonders characteristisches, wichtig ist aber, dass hier weisses opakes Glas, **weisses Email**, auftritt, welches sonst in den Gräbern der nordischen Bronzezeit und der Hallstädter Periode als Grundmasse der Perlen nicht gefunden ist. In Ostpreussen kommen gerade bei sicheren **La Tène-Funden**, wie in den zunächst zu beschreibenden Grabhügeln von St. Lorenz, weisse Email-Perlen neben blauen vor; diese weissen Perlen tragen öfters kleine blaue Ringe mit blauem Mittelpunkt (weisse Augen-Perlen) und sind mehrfach in Aschen-Urnen von La Tène-Character (besonders Doppelkegeln mit Doppelhenkel) gefunden, aber in der Regel beschmolzen, so in einer Urne aus einem Grabe bei Rudau, Kreis Fischhausen (Provinzial-Museum No. 4565--4567) und in ganz analogen Urnen aus Grabhügeln des Kalkberges bei Rantau, Kreis Fischhausen (Prussia-Museum). Eine schöne Bronze-Nadel mit gradem Fuss und grossem halbkreisförmigen, mit solchen weissen Augenperlen garnirtem Bügel ist ein Einzelfund von Wiekiauten, Kr. Fischhausen (Prussia-Museum). Aehnliche Perlen scheinen anderweitig gerade nicht häufig zu sein. Eine ganz identische weisse Perle mit den blau geringelten Augen ist zusammen mit einer blauen, auf einem kleinen Bronzeringe zu Bussy le Château in der Champagne auf einem Begräbnissplatze der La Tène-Periode gefunden (Museum St. Germain 13191); eine andere sehr grosse mit mehreren Reihen solcher blauen Ringe zu Tschmy im Kaukasus (Museum Wien). Da sie entschieden importirt sind, so ist zu hoffen, dass sie sich noch mehrfach finden werden. In Römischer Zeit tritt weiss als Grund ebenfalls auf und in der Völkerwanderungsperiode besonders auf Bornholm massenhaft, aber in ganz anderen Formen und Mustern. **Weissgrundige Perlen** aus Hügelgräbern scheinen demnach in Ostpreussen und weiterhin für die **mittlere La Tène-Periode** characteristisch zu sein.

An einer anderen Stelle lag ein kleines **Bronzegehänge** No. 4404 Tfl. IV 15. An einem dünnen Bronzeringchen hängt ein etwas dickerer, der durch's Feuer zu einer kleinen Platte umgeschmolzen ist.

No. 4399, wieder an einer anderen Stelle, ist ein Stückchen eines **Armbandes** (wahrscheinlich) von viereckigem Querschnitt 6,5—7 mm breit, 3.5 dick, das auf der Aussenseite 3 Rippen trägt, aber sonst wenig characteristisches bietet. Bereits erwähnt ist, dass sich etwas östlich von dieser Stelle das Bernsteinstück No. 4405 (Fig. 5 p. 164) und ein kleines Stück dicken Bronzedrahts fand, von denen es zweifelhaft ist, ob sie noch hierher zu rechnen sind.

Die Ausbente ist also an und für sich winzig, aber sie characterisirt die ganze Gruppe L. T. vollständig. Die Fibeln beweisen, dass alle diese Urnen zur **mittleren La Tène-Periode** gehören. Man hat also zu dieser späteren Zeit an einer äusseren Stelle eines älteren Hügels ein Nachbegräbniss gehalten, ein Loch in die Steindecke des Hügels gegraben, die Urnen dicht aneinander auf das untere Pflaster gesetzt, mit Steinen umstellt und mit Steinen wieder überdeckt.

Hügelgräber bei St. Lorenz.

Bei St. Lorenz, Kreis Fischhausen, ist von Herrn Professor Berendt 1872 und von Herrn Professor v. Wittich je ein Grabhügel geöffnet worden.

Hügel I.

Derselbe ist 1872 von Herrn Professor Berendt und Herrn Gutsbesitzer Fröhlich geöffnet. Nach dem Bericht, welchen mir Herr Professor Berendt für diese Publication zur Dispositon gestellt hat, ist die nachfolgende Beschreibung angeordnet.

Der Hügel hatte einen Durchmesser von 9 m, eine Höhe von 1,25—1,50, war übrigens schon früher stark in Angriff genommen gewesen von der Nordwestseite aus. Nach Abräumung des Rasens und der Erde fand sich am Rande ein Steinkreis und dann durch einen schmalen, grabenartigen Zwischenraum getrennt ein zweiter etwas breiterer, in höherer Lage mehrfach durch die früheren Nachgrabungen unterbrochen. Diese Kreise bestanden nach der von Herrn Professor Berendt angefertigten Skizze und Beschreibung nicht aus 1 Kranz, sondern aus mehreren Reihen nebeneinander liegender Steine, der äussere im Südwest fast nur aus einer einfachen Reihe, er verbreiterte sich aber von Südwest durch Nord und Ost bis zu der dreifachen Breite. Der innere war ungleich breiter, aber wie gesagt, vielfach unterbrochen. Im Südwest fand sich zwischen beiden Kränzen eine Steinbrücke, ein viereckiges Pflaster kleiner Steine, unter dem sich aber absolut keine Reste von Urnen zeigten. Es ist diese Brücke also derselben Bildung im Hügel I von Warschkeu analog. Im Süden, immer noch ¼ Quadrat entfernt fand sich hier wieder am innern Kranz eine dichtgedrängte Gruppe von La Tène-Urnen, und bei einem Hügel von Rantau, welcher ebenfalls diese La Tène-Gruppe am Rande barg, zeigte sich zwischen den äusseren Kränzen ebenfalls eine solcheSteinbrücke, so dass sie wirklich zu diesem Nachbegräbnisse der La Tène-Zeit in Beziehung zu stehen scheint, obwohl ihre Bedeutung dann vollständig dunkel bleibt. Innerhalb des zweiten Kranzes fand sich ein regelmässig gewölbter Steinkern in Form einer Kugelcalotte, mit einer Einsenkung in der Mitte von der früheren Zerstörung herrührend; nur oben lagen einige grosse Steine (ob von der zerstörten Centralkiste herrührend?) sonst nur kopfgrosse. Der Kern ergab nichts mehr, er war geplündert. In der Zone des inneren Kranzes fanden sich aber noch mehrere Grabstellen; im Osten eine Steinkiste mit flachen Trägern, deren Deckstein schon fehlte, in ihr 2 Aschen-Urnen auf Steinfliesen, die aber nicht erhalten wurden. Im Südosten war eine zweite ganz zerstörte Grabkammer, in der nur noch einige Scherben lagen.

Im Süden ungefähr dicht innerhalb der Kranzstelle trat nun eine Anlage auf, ganz analog der La Tène-Gruppe im Hügel I zu Warschken, ca. 1 m tief unter der Hügeloberfläche standen eine Menge Urnen dicht aneinander, vielleicht gegen 12, von denen aber nur die beiden 1. No. 437 (Tfl. III 11), 2. No. 435 (Tfl. III 12) ein

Fragment mit 3fachem Henkel No. 444 (Tfl. III 13) und ein Fragment einer flachen Schale 3. No. 440 erhalten sind. Nach Norden und Westen begrenzten 2 grosse, innen flache, etwas verschobene Steine diese Gruppe, es scheint das aber doch keine wirkliche Kiste gewesen zu sein, da die Stelle ziemlich unberührt war; die Steine mögen auch dem grossen Steine an der Stelle L. T. in Warschken analog gewesen sein. Es hat in diesem Hügel also ebenfalls eine Bestattung zu 2 verschiedenen Zeiten stattgefunden wie in Hügel I Warschken; eine ältere in Steinkisten, aus denen aber nichts mehr gerettet ist und eine jüngere zur La Tène-Zeit, eine dicht aneinander gepackte Menge von Urnen am Rande. Zwischen diesen Urnen lagen einige Beigaben aus Eisen und Bronze, durch Feuer sehr beschädigt, theilweise ganz unkenntlich gemacht, deren Reste aber doch genügen, um wieder die Periode dieser Urnen zu bestimmen, wobei dieselben Resultate herauskommen als zu Warschken. Sie sollen nachher mit den folgenden zusammen beschrieben werden, weil sie denen des nächsten Hügels ganz analog sind.

Hügel II.

Ueber diesen, von dem jetzt verstorbenen Herrn Professor v. Wittich ausgegrabenen Hügel fehlen alle näheren Notizen. Die Funde, welche derselbe dem Provinzial-Museum übergeben hat, zeigen aber, dass ganz ähnliche Verhaltnisse wie im vorigen Hügel vorgelegen haben, vor allem Begräbnisse zu 2 verschiedenen Perioden. Aus den älteren Gräbern der Kistenzeit ist nur ein Deckel No. 398 Tfl. III 15 erhalten, dann aber mehrere characteristische Scherben einer La Tène-Gruppe und zwischen diesen eine Anzahl beschmolzener Objecte aus Eisen, Bronze, Glas der La Tène-Periode angehörig. Eine Urne No. 408 Tfl. III 14 fand ich, als ich die Leitung des Museums übernahm, noch mit ihrem vollen Inhalt an Knochen und Eisengeräthen (Tfl. IV, Fig. 27—28) vor und habe sie selbst entleert. Die Fundstücke sprechen demnach für sich selbst und gewähren eine willkommene Ergänzung zu den anderweitig gewonnenen Resultaten.

Thongefässe.

Die Dimensionen der erhaltenen Thongefässe beider Hügel sind folgende:

	Do	Dw	Dr	Uw	Br	(H)	(r)	(b)	(Hw)	Rand Dicke	
Aschen-Urne I 1 (437) Tfl. III 11	13	24,8	ca. 16	16	25,4	102	65	52	63	6	
" I 2 (435) Tfl. III 12	13	20,4	ca. 23	8,5	15,8	54	78	44	54	7	
Schale I 3 (440) nicht abgeb.	ca. 15		ca. 20		ca. 5.9	ca. 26		ca. 75		9—12	Fragment, Masse sehr ungenau.
Aschen-Urne II (408) Tfl. III 14	ca. 14	26,6	15,5	10	20,6	78	56	53	49	7	
Aelterer Deckel II (398) Tfl. III 15	6	15	13,5	5,8	7,8						

Unter diesen nimmt Tfl. III 15 eine besondere Stelle ein. Wahrscheinlich ist dies ein Stöpseldeckel einer älteren Urne des Hügels II, da hier jedenfalls ältere Gräber existirt haben werden. Dieser Deckel ist ziemlich hoch und hat einen besonders abgesetzten, etwas vorspringenden Boden und einen wenig über den Cylinder hervortretenden Rand. Dass es ein Deckel ist, keine Schale (die dann umgekehrt hätte gezeichnet werden müssen) wird auch durch das seitlich in der Wölbung befindliche Loch bestätigt. Dies unregelmässige Loch von 13—18 mm Durchmesser ist alt und nicht etwa beim Ausgraben in dem erweichten Thon gestossen. Denn es fand sich noch die Erde des Hügels in seinen Wänden und ausserdem zeigen diese die graubraune Farbe der glatteren Oberfläche, während die gröbere Innenschicht roth gebrannt ist. Höchst eigenthümlich ist diese seitliche Stellung des Loches, welches das Gefäss zu jedem anderen Gebrauche untauglich macht.

Die übrigen Gefässe schliessen sich trotz einiger Abweichungen in ihrem Hauptcharacter den früher behandelten Urnen der La Tène-Periode an: sie haben den Typus des abgestumpften Doppelkegels. Die Urnen Tfl. III 11, 12 aus Hügel I sind die eine sehr hoch, die andere sehr flach, daher müssen ihre Indices abweichen, die Böschung ist ziemlich dieselbe wie bei III 4. 8. Urne III 12 ist fast gradlinig in beiden Theilen, schneidet oben gerade ab und ist vollkommen geglättet, graubraun, III 11 im Untertheil sehr hoch und rauh, oben glätter und weitet sich am Rande ein wenig aus, um die Weite laufen Kerben. III 18 ist ein 3facher dicker Henkel (Hügel I No. 4, Inventar 444) mit dicken Stegen, der oben in den Rand eines Gefässes übergeht, welches III 8 vollständig analog gewesen sein muss. Dreifache Henkel kommen seltener vor, während von Doppelkegel-Urnen der La Tène-Periode mit Doppelhenkeln in beiden Königsberger Museen jetzt eine grosse Menge existirt (z. B. Rantau, Rudau — Provinzial-Museum, Kalkberg bei Rantau — Prussia) Urne Tfl. III 14 (488) aus Hügel II hat sehr ähnliche Formen und Indices wie Tfl. III 5 von Warschken, nur die Weite liegt ein wenig tiefer. Oberhalb derselben zieht sich eine decorirte Zone herum, die unten durch eine gezogene Linie, oben durch einen kleinen Absatz begrenzt wird. In derselben steigen Gruppen von 4 Strichen herunter, zwischen denen schräge Gruppen von 3—4 Strichen immer von den beiden Enden von 2 Paaren ungefähr nach der Mitte der mittleren gehen. Von den übrigen Gefässen aus Hügel II sind nur einzelne Bruchstücke erhalten. Von einer Urne (396) Stücke der ornamentirten Zone oberhalb der Weite, 2 horizontale Linien durch schräge Linien so verbunden, dass 2 Reihen mit den Spitzen sich berührender Dreiecke gebildet werden, zwischen denen Rhomben liegen. Diese Dreiecke sind durch Striche parallel einer Seite schraffirt und zwar die beiden Reihen in verschiedenen Richtungen. No. 387 ist ein Obertheil, ein abgestumpfter Kegel mit grader Wand Dw 17, Dr 11, Hh—Hw = 10, also (r) 65, demnach völlig den La Tène-Urnen entsprechend.

Metallbeigaben.

Die Metallbeigaben sind zumeist im Feuer gewesen, daher die aus Eisen noch ziemlich erhalten, die aus Glas oder aus Bronze aber stark beschmolzen, so dass von ihnen meist nur undeutliche Reste übrig geblieben sind, welche vielfach nicht gestatten, die einstige Form zu erkennen, ganz anders, als die schön erhaltenen Beigaben der Steinkistengräber aus einer älteren Zeit. Wenn demnach ein Theil der folgenden Gegenstände schwer zu deuten ist, so wird ihre Abbildung, soweit sie noch erkennbar sind, doch gegeben, da diese Fragmente vielleicht später durch besser erhaltene Stücke erklärt werden können.

Von grösster Bedeutung ist es, dass in jedem Hügel 1 Eisenfibel gefunden ist. Fibel Tfl. IV 16 (450) in Hügel I (abgebildet schon im Katalog der Berliner prähistorischen Ausstellung, p. 415 Fig. 8. und hiernach Undset Tfl. XVI, Fig. 5). Der Bügel geht in die Spirale über, macht links 2 Windungen, geht mit oberer Sehne auf die andere Seite und nach 2 Windungen in die Nadel über. Die Spiralrolle hat ca. 14 mm Länge, 8 mm Durchmesser. Der sanft gebogene Bügel geht in scharfem Knick zum **Fuss** über, neben welchem sich der **Nadelhalter** als weit geöffnete Rinne längs aus empor biegt. Das zurückgebogene **Schlussstück** steigt herauf und ist mit dem Halse durch eine kleine ringförmige Hülse, das **Verbindungsstück**, welche beide umschliesst, verbunden.

Die **Fibel** (383) in Hügel II ist leider so zerbrochen, dass sie sich nicht gut zeichnen liess. Die erhaltenen Reste charakterisiren sie aber doch vollkommen als La Tène-Fibel ähnlicher Form. Der Eisenbügel von 3—3,5 mm Durchmesser geht in eine Spiralrolle von 18 mm Durchmesser über. Erhalten ist ferner die Verbindungsstelle zwischen Hals und Schlussstück (Tfl. IV 20, tritt in der Zeichnung nicht deutlich genug vor), wo beide Theile durch eine kugliche hinten offene Eisenhülse zusammen gehalten werden.

Die Bronzen sind zum Theil recht schwer zu deuten, Tfl. IV Fig. 17 (No. 441) und IV 18 (No. 442) beide aus Hügel I haben denselben Typus; von ersterem Stück ist mehr erhalten, man sieht hier ein plattes annähernd dreieckiges Bronzestück, welches an der äusseren Schmalseite durch 2 Perlreihen verziert ist, auf welche 3 schmälere Querrippen folgen; hinter diesen ziehen sich 4 Längsrippen bis an das schmale Ende der Platte, worauf diese mit kurzer Biegung in einen ca. 4 mm dicken Hals übergeht. Hier ist das Stück (alt) abgebrochen. Die eine Platte ist durch Feuer gekrümmt, die andere auf der Rückseite mit angeschmolzenen Glasmassen bedeckt. Nach dem Halse zu schliessen, möchte ich diese Stücke für **Nadelköpfe** halten und habe nach dieser Conjectur das eine Stück hypothetisch mit einfacher Einbiegung ergänzt. Entfernte Analogien bieten Nadeln mit schaufelförmigem Kopf der La Tène-Periode: Undset XXVIII 8 von Oersdorf, Schleswig-Holstein XIV 4 von Seefeld, Westpreussen, beide aus Eisen.

In Grabhügel II fanden sich einige Stücke **Eisendraht**: Tfl. IV 21 (No. 380) ein Stück eines ein wenig gebogenen kantigen Drahtes von 2,5 mm Durchmesser, dessen flach geklopftes Ende sich in 1¹/₅ Windungen einrollt, Tfl. IV 22 (381) ein Stück eines ähnlichen Eisendrahts mit etwas unregelmässiger Rolle. Zugleich fanden sich Stücke Eisendraht (Tfl. IV 23 No. 377, 378), auf die **weisse Email-Perlen** von 3,5—4 mm Durchmesser aufgestreift sind. Jetzt lässt sich nicht mehr beurtheilen, wie diese Stücke zusammenhingen und einst aussahen. Vielleicht sind es Stücke von Nadeln, zumal im Prussia-Museum sich die erwähnte, der La Tène-Zeit angehörige Nadel von Wiskianten befindet, deren Hals mit weissen Augen-Perlen besetzt ist. Dies **weisse opake** Glas ist in beiden Hügeln durch eine Menge beschmolzener Reste vertreten. In II fanden sich noch einige beschmolzene Perlen (No. 373 374) die einst rundlich, von ca. 8—9 mm Durchmesser, waren. Besonders I hat eine Menge von Glas-Schlacken geliefert, die zum Theil an Bronzen angeschmolzen sind, auch un dünne vierkantige Drähte von 2,2 × 2,5 mm Durchmesser herumgehen. Es waren jedenfalls Ohrringe wie das Ringfragment von Warschken mit blauen und weissen Perlen. Ein kleiner ziemlich erhaltener Ohrring ist Tfl. IV 24 (375) aus Hügel II von 1,6—2 mm Drahtdicke und 20 mm mittlerem Durchmesser und einem umgebogenen Ende, welcher aber durchaus keine Verwandschaft mit den slavischen Schläfenringen (Hakenringen) hat. An den sonst ziemlich intacten Ring ist eine weisse Email-Perle angeschmolzen, die wohl nur beim Ringe gelegen, nicht auf ihm gesessen hat. Das weisse opake Glas wiederholt sich in characteristischer Weise also bei allen diesen La Tène-Funden.

Von grösseren Stücken sind ferner gefunden: Stücke eines dickeren Ringes (Tfl. IV 26 No. 372) in Hügel II, wovon 4 Stücke erhalten: das grosse gebogene links gezeichnete besteht aus 2 schon in alter Zeit auseinander gebrochenen, ferner das Stück rechts und ein kurzes stark beschmolzenes, zusammen 233 mm lang; da jedenfalls noch mehreres fehlt, ist dies zum Armring zu viel, muss also ein Halsring gewesen sein. Die Verzierung des Ringes ist theilweise noch erkennbar, zum Theil aber durch den Brand verdorben. In der Mitte ist der Ring dicker bis ca. 6 mm, nimmt dann nach den Enden bis 4 mm ab. Dieser dickste Theil ist auf einer Seite gerippt, auf der anderen glatt, letztere muss die Innenseite gewesen sein, jetzt ist der Ring verbogen. An dem einen Ende (dem unten gezeichneten) kommen dann 2 Gruppen von pfeilförmigen Furchen (Sparrenornament) und wieder Rippen, ein Ornament, dass sich auf dem isolirten Stück fortsetzt (Rippen, doppelte Sparrengruppe), während am anderen Ende 2 Gruppen von alternirend schrägen Furchen auftreten, alles nur auf einer Hälfte. Ein vollkommenes Bild könnte man also von diesem Ringe erst erhalten, wenn sich einst ein analoger besser erhaltener fände.

Der Ring Tfl. IV 25 (No. 376) aus Hügel II ist besser erhalten und unbeschmolzen, ein ovaler Ring von 48 × 30 mm Durchmesser und einem Querschnitt von 2,3 × 1,6 mm, aussen gewölbt, innen platt, ziemlich scharfkantig, an den Enden grade abgeschnitten. Da er ziemlich klein, so ist er vielleicht ein Kinderarmring gewesen.

In Hügel I fanden sich noch folgende schwer entzifferbare Bronzereste. Tfl. IV 19 (445) ein gebogenes Stück Bronze, am oberen Ende (neuerdings) abgebrochen, am schmalen Ende 8 mm, tiefer 10,5 breit, 1,5 dick. Es ist geschweift und wird parallel den Contouren von 2 Furchen beiderseits durchzogen und einer mittleren, so dass es scheint, als ob 3 aneinander liegende Drähte eine Schleife bilden, wodurch in der Mitte eine Oeffnung von 3,3 mm Breite entsteht. Es sind dies aber nicht 3 nachträglich durch das Feuer zusammengeschmolzene Drähte, sondern wirklich eine gefurchte Platte, wie man besonders an dem frische Bruche deutlich erkennt. Dieses Fragment hat Aehnlichkeit mit Ringen, welche Olshausen eingehend behandelt hat (Verh. d. Berliner Anthrop. Ges. 17. Juli 1886 p. 433 ff., speciell 478, 479); es treten hier an einem Ende 3 einander umschliessende Drahtschleifen auf (l. c. p. 479, dadurch hervorgebracht, dass ein einfacher Draht an einem Ende durch 5 Umbiegungen sich in eine flache Spirale legt (I P^5 nach Olshausens Bezeichnung, oder ein doppelter Draht durch 2 Umbiegungen (II P^2); es könnten solche Ringe in Bronzeguss imitirt sein, wie eine Imitation eines Ringes aus Doppeldraht mit einer Endschleife bei einem Armringe von Grossendorf bei Putzig-Westpreussen (Sammlung Blell-Gross Lichterfelde) auftritt in einem Depotfunde der jüngeren Bronzezeit. Die Ringe, welche nun hier imitirt sein würden, kommen allerdings in sehr alten Gräbern vor (l. c. 478 z. B.

Mönitz in Mähren), welche der ältesten Bronzezeit zuzurechnen sind, so dass ein Zusammenhang doch ausgeschlossen erscheint.

Ob dies Stück ein voller Fingerring war, ist jetzt nicht mehr zu ersehen.

No. 443 (nicht abgebildet, da theilweise sehr undeutlich) besteht aus 2 aneinanderstossenden gewölbten Scheibchen, jede von 9,5 Durchmesser, welche kleine Spiralen imitiren, indem sich eine Furche spiralig bis nach der Mitte zieht, das Ganze ist aber 1 Stück; also dieselbe Technik wie im vorigen Falle.

No. 439 ist ein aus 2 zusammengegossenen kleinen Ringchen von 8 mm Durchmesser bestehendes Stück, ziemlich defect und beschmolzen. Letztere beiden Stücke werden wohl zu irgend einem Hängeschmuck gedient haben.

Die Urne Tfl. III 14 (408) aus Hügel II, welche erst im Museum nachträglich von mir entleert wurde, enthielt einige höchst bemerkenswerthe Eisengeräthe zwischen den Knochen, keine Spur von Bronze. Tfl. IV Fig. 27 (No. 392) ist eine dünne Eisenplatte, die an einigen Stellen zerbröckelte; die fehlenden Stellen sind nach den vorhandenen Spuren jedenfalls richtig ergänzt gezeichnet, nur bleibt in den Dimensionen eine kleine Unsicherheit. Die Platte ist ein wenig oval von 110×100 mm Durchmesser, durch eine Reihe von hinten eingeschlagener Falten und Buckel verziert. Eine Reihe Buckel läuft entlang des Randes, 2 Reihen in der Richtung von 2 aufeinander senkrechten Durchmessern. Längs des längeren Durchmessers läuft beiderseits eine doppelte Falte quer durch; beim kürzern hören dieselben an den ersten Falten auf, bildet aber mit je 2 anderen Doppelfalten 4 Quadrate in den Ecken, deren jedes einen Buckel enthält. Die Dicke der Platte kann wegen des Rostes nicht gut genau gemessen werden, sie beträgt am Rande ca. 1 mm. Aus ihrer Rückseite treten kleine Nieten heraus von ca. 5 mm Länge, die aber auf der Vorderseite keine grossen Köpfe tragen und hier des Rostes wegen nicht zu erkennen sind. Es sind jetzt nur 2 vorhanden, müssen aber wohl mehr existirt haben, wahrscheinlich 4. Die beiden erhaltenen stehen unsymmetrisch, die eine in der Verlängerung des dritten Horizontalfaltenpaares (von oben) rechts, die andere unterhalb des linken Vertikalpaares. Eine ähnlich flache dünne Eisenplatte ist mir nur noch aus dem Provinzial-Museum zu Trier bekannt, wo zwischen den Römischen Gräbern der Vorstadt Paulin auf dem früheren Beckerschen Grundstück isolirt 2 Gräber aus der weit älteren Früh-La Tène-Zeit entdeckt wurden: das eine mit Lanze, Bronzering und Früh-La Tène-Schwert, das andere mit einer analogen Lanze und einer runden ebenen Eisenscheibe von ca. 130 mm Durchmesser, 1,3 mm Dicke und gekerbtem Rande, an welchem 6 Nägel von 18 mm Länge gesessen hatten (das Stück ist nur theilweise erhalten). Demnach scheinen diese Scheiben männliche Schmuckstücke zu sein. Als Schildbesatz waren sie doch zu dünn, vor allem unbrauchbar, da sie vollständig eben, und gerade die ostpreussische Scheibe dürfte man auch nicht als Schildzierrath auffassen, da in diesen Gräbern gar keine Waffen vorkommen. Es kann dann wohl nur eine Zierscheibe sein, die vielleicht auf dem Gürtel befestigt gewesen war.

Tfl. IV 28 (No. 390) ist ein halbkreisförmiges Eisenmesser mit halbrundem Rücken und Schneide, in der Mitte ca. 19 mm, am Ende 17½, am Rücken ca. 1,5 mm dick, was aber schwer zu messen ging. Das eine Ende ist abgerundet, das andere abgebrochen, vielleicht auch einst rund.

Die Eisenmesser dieser Form sind als Nachbildungen der älteren Bronzemesser zu betrachten, wie solche in den Pfahlbauten der Schweiz, den Hügelgräbern des mittleren Frankreichs, aus der Hallstädter Periode und auch im Norden zur jüngeren Bronzezeit in verschiedenen Modificationen vorkommen. Diese krummschneidigen, meist fast symmetrischen Messer ohne Stiel sollen halbkreisförmige genannt werden (da man mit dem zweckmässigeren Ausdrucke „mondförmige" meist die südlichen gestielten Bronzemesser bezeichnet). Dieselben finden sich im Norden weit verstreut und eine lange Zeit hindurch vom Ende der Hallstädter Periode bis in die frührömische Zeit hinein. Die Messer dieses letzten Abschnittes, die in Ostpreussen (Dolkeim), Pommern (Porzanzig), Meklenburg Bornholm (mehrfach), Jütland (Thy, Gjetrupgaard), Gotland (Sojvide*) gefunden sind, haben eine Schneide, die wirklich in einem Halbkreise, manchmal (Sojvide) sogar noch mehr gebogen ist, eine concentrische oft ziemlich kleine Innenseite und sind an den Enden radial abgeschnitten — sie gehen nicht mehr in die mittlere Kaiserzeit hinein. Die älteren Messer sind flacher und schmäler, so dass sie meist nicht einen Halbkreis ausfüllen, an den Enden abgerundet oder stumpf zugespitzt, mitunter unsymmetrisch, stehen daher alle dem abgebildeten Muster ziemlich nahe. Zu den ältesten dürfte ein Messer aus einer Bronzeciste zu Pansdorf bei Lübeck gehören**), ferner ein schmales Messer von Passmarke bei Schlieben, Pr. Sachsen***) mit grade abgeschnittenen Enden, zusammen mit einer Schwanenhals-Rollennadel gefunden. Auf Sylt†) im Kroockhook ein zweispitziges Messer in einer später beigesetzten Aschen-Urne; ein fast identisches, nur auf einer Seite mehr abgerundetes, auf der anderen Seite spitzeres Messer zu Dombrowo††) (Kr. Karthaus-Westpreussen) in einem Grabe mit Gesichts-Urnen. Ein mehr in die Länge gestrecktes, an einem Ende spitzes, am anderen stumpfes Eisenmesser ist zu Trzcebcz†††), Kr. Kulm (Westpreussen) unter dem Mittelstein eines Steinkreises gefunden, welcher mit einem benachbarten weit grösseren neolithischen Steinkreise unbedingt nichts zu thun hatte. In der Provinz Sachsen zu Schollene ein Messer mit einer La Tène-Nadel zusammen. In der Mark ein Messer zu Hohen-Wutzow mit La Tène-Fibeln, eines zu Rauschendorf (Märkisches Museum, von hier sehr verschiedenaltrige Sachen), beide Messer an einem Ende stumpfspitzig, am anderen abgebrochen, so dass sie unsymmetrisch sein können. Auch in Baiern zu Stublang (Oberfranken***†) ist ein ähnliches gefunden in Hügeln der jüngeren Hallstädter Periode. Die noch älteren Eisenmesser in Posen (Kazmierz), der Lausitz (Chöne) unterscheiden sich bereits durch eine viel geringere Krümmung bei derselben Schmalheit und ziemlich radiale Begrenzung, so dass sie einen noch kleineren Bogen bei bedeutenderer absoluter Grösse bilden. Verwandte Messer mit längeren oder kürzeren Stielen, die in dem Gebiete vorkommen, sollen jetzt ausser Betracht gelassen werden. Die Messer waren also

---

*) Schriften der Danziger naturforschenden Gesellschaft. Neue Folge III$_{2}$ p. 12 Fig. 26. Friderico-Francisceum Tfl. XVII$_{12}$. Aarböger for Nordisk Oldkyndighed 1870 Tfl. V$_{6}$. Aarböger 1875 Tfl. II$_{4}$. Montelius Ant. Suéd. 266.

**) Undset l. c. p. 300 Fig. 21.

***) Berliner Album Sect. VI Tfl. 1.

†) Handelmann: Die amtlichen Ausgrabungen auf Sylt Tfl. II$_{3}$.

††) Ossowski: Monumenta Poloniae praehistorica Tfl. XXI$_{8}$.

†††) Ossowski ibid XXXII$_{11}$. Zeitschrift des historischen Vereins für Marienwerder II p. 89 Tfl. XII 5.

***†) Hermann: Die heidnischen Grabhügel Oberfrankens. Bericht des Bamberger historischen Vereins V Tfl. IX$_{113}$.

eine ziemlich lange Zeit in Gebrauch. Was ihre Bedeutung anbetrifft, so sind es wahrscheinlich Rasirmesser, wie sie ja auch meist bezeichnet werden. In den Gräberfeldern n. Chr., welche besonders in Ostpreussen ein überaus vollständiges Inventar liefern, kommen in den reicheren Männergräbern neben dem grossen Messer immer kleine convexe Messer vor, gestielte, in der frühen Kaiserzeit (ca. erstes und Anfang des zweiten Jahrhunderts) auch halbkreisförmige und zwar zusammen mit allerlei Toilettengeräth, Pincette, Ohrlöffel, während sie, zumal die halbkreisförmigen in Frauengräbern sich nicht finden, also entschieden eine männliche Beigabe sind. Solche kleine gekrümmte Messer schneiden auch, wie Versuche mit Scalpels zeigten, ganz gut, zumal wenn es gilt kleinere Stellen zu rasiren. Es liegt daher kein Grund vor, diese Benutzung der halbkreisförmigen Messer zu bezweifeln.

Das dritte Stück Tfl. IV29 (391) ist ein dünnes dreieckiges Eisenblech von unter 1 mm Dicke. Die Ecken sind theilweise abgebrochen, so dass seine Form und Bedeutung nicht genau bestimmbar ist. Längs der 3 Kanten zieht sich eine Reihe sehr feiner Buckel hin. Es kann dies ein Klapperblech sein, wie solche aus Bronze öfters an Ketten in den Ohren der westpreussischen Gesichts-Urnen hängen.

Wenn die Beigaben dieser Urne also zum Theil auch ihre Analogien in einer etwas früheren Periode, dem Beginne der La Tène-Zeit fanden, so weist doch das Auftreten der halbkreisförmigen Messer noch zur Kaiserzeit auf eine Continuität der Form während der ganzen Periode hin, und der Stil der Aschen-Urne reiht sie vollständig den übrigen La Tène-Urnen an.

Schluss.

Die bisher beschriebenen Hügel haben also gezeigt, dass in vielen derselben Brandgräber aus zwei völlig getrennten Perioden vorkommen.

Die älteren, in Steinkisten oder einzeln stehenden Urnen, gehören dem Ende der Hallstädter Periode an, parallel der jüngsten nordischen Bronzezeit, wo hier im Osten Eisen schon mehr in Gebrauch kam, während man zu Waffen und Geräthen wohl noch überwiegend Bronze benutzte. Nur unter dieser Einschränkung könnte man sie als Gräber einer jüngeren Bronzezeit, die mit der beginnenden Eisenzeit zusammenfällt, bezeichnen. Vor sie treten die erst jüngst in ihrer vollen Bedeutung erkannten Skelett-Gräber einer älteren Bronzezeit, der Periode von Peccatel, während eine Menge einzeln gefundener Randcelte auf eine noch ältere Zeit die von Pile-Leubingen (Montelius Periode I) hinweisen.

Die Beigaben in oder neben den Urnen sind unverbrannt, aber geringfügig. Besonders characteristisch treten die Schwanenhalsnadeln auf und die mit umgebogenem Halse. Die später zu beschreibenden Hügel werden dies Inventar noch wesentlich vervollständigen: von Nadeln kommen noch hinzu die hier zufällig nicht gefundenen Rollennadeln, am oberen Ende platt geklopft und in eine Rundung eingerollt; ferner verschiedene Armbänder, worunter die Stöpselarmbänder am wichtigsten, hohle, innen längsgeschlitzte Reifen, deren eines Ende sich stöpselartig in das andere schiebt, eine gerade in Süddeutschland am Ende der Hallstädter Periode häufige Form. Grössere und feinere Bronzen kommen in den Gräbern selten vor, doch zeigen die beiden Prunkcelte mit gewölbtem Kopfe, dass die zahlreich in Einzel- und Depôtfunden auftretenden unverzierten Celte mit gewölbtem Kopfe derselben Zeit angehören, Gebrauchsgeräthe und zugleich als ausschliesslich ostpreussische Formen Produkte einer einheimischen Fabrikation waren. Auf eine solche lassen auch noch andere lokale Formen schliessen, ein dicker grosser Ring mit imitirter Torsion (einmal mit der für diese Zeit characteristischen imitirten „wechselnden Torsion“ in einem Depôtfunde zu Willkühnen, Kr. Königsberg), dessen ösenartig umgebogene Enden in lange schnabelartige Fortsätze auslaufen, „Bügelring mit Vogelkopfenden“. Diese Form, welche nur einmal sicher in einem Grabe dieser Periode gefunden ist (Fritzer Forst bei Königsberg. Bericht der Gesellschaft Prussia 1885—86), kommt in Ost-Preussen ausserordentlich häufig in Einzel- und Depôtfunden vor und geht nur etwas westlich über Danzig hinaus (Tempelburg, Kr. Danzig, Brünhausen, Kr. Neustadt. Verhandlungen der Berliner anthr. Gesellschaft 1883, p. 219 Fig. A), ist aber weder weiter westlich noch südlich gefunden. Demnach hatte Ostpreussen beim Uebergang der Bronze- zur Eisenzeit eine einheimische Bronze-Industrie. Wenn diese auch nicht so reich entwickelt war, als in dem westlicheren Hauptgebiet der nordischen Bronzecultur (Pommern, Mecklenburg bis Skandinavien), so findet sich doch in beiden Gebieten der gemeinsame Zug, dass die Brandgräber ärmlicher ausgestattet wurden, während die meisten Bronzen sich in freier Erde, westlich besonders noch in Mooren finden. Diese beiden Gebiete erscheinen demnach für diese Periode einander näher gerückt, wie jetzt nun auch in der älteren Bronzezeit.

Die jüngeren Gräber gehören der mittleren La Tène-Periode an. Lange standen die Funde aus den St. Lorenzer Hügeln isolirt da, woher auch Undset, welcher zuerst die ostpreussischen Gräber aus vorrömischer Zeit in ihrem Zusammenhang mit den europäischen Gesammtverhältnissen erfasst hat (l. c. 150 ff.), die wahre Bedeutung dieser Funde damals noch nicht erkennen konnte. Erst die Ausgrabungen zu Warschken brachten hierin volle Klarheit, so dass sowohl die Beisetzungsverhältnisse als auch die Formen der La Tène-Urnen deutlich hervortraten. Jetzt nach Feststellung des Urnentypus zeigt es sich, dass die La Tène-Gräber in Ostpreussen viel zahlreicher sind, als man Anfangs vermuthen konnte. Während in Westpreussen im Zusammenhange mit ganz Norddeutschland die La Tène-Periode in grossen Flachgräberfeldern auftritt, welche continuirlich in die frühe Kaiserzeit hineingehen, deren östlichste bekannte Punkte Willenberg bei Marienburg und Rondsen bei Graudenz sind, beide noch östlich der Weichsel und Nogat, finden sich in Ostpreussen, speciell im Samlande die La Tène-Gräber bis jetzt als Nachbegräbnisse dicht aneinander gepackter Urnen am Rande älterer Hügel. Die Beigaben sind leider fast immer durch Feuer stark beschädigt. Ausser den vier beschriebenen Fibeln ist nur noch eine fünfte Bronzefibel der Mittel- La Tène-Zeit einzeln zu Kirpehnen (Prussia-Museum) gefunden worden. Somit ist eine grosse Lücke in der Urgeschichte Ostpreussens ausgefüllt worden.

In den nächsten Abhandlungen soll für beide Zeitabschnitte eine Menge von neuem Material gebracht werden, welches die bisher gewonnenen Resultate wesentlich vervollständigt und sicherer begründet,

Inhalts-Uebersicht.

Erklärung der Tafeln.

Die abgebildeten Gegenstände befinden sich sämmtlich im Provinzial-Museum der physikalisch-ökonomischen Gesellschaft, und ist ihnen hier die betreffende Inventarnummer beigefügt. Die Urnen Tafel III—V (I—III) sind in 1/4, die Beigaben VI (IV) in 2/3 der natürlichen Grösse gezeichnet.

Tafel III (I).

Hügelgräber zu Birkenhof.

Fig. 1. Aschen-Urne aus Hügel I_1 (1243) mit Deckel (1244). 2. Beigefäss I_1 (1245) mit Deckel (1246). 3. Aschen-Urne I_{II} (1247). 4. Aschen-Urne I_{III} (1250). 5. Aschen-Urne I_V (1252) mit Deckel (1251). 6. Beigefäss $III_{II\alpha}$ (630). 7. Beigefäss $III_{II\beta}$ (631). 8. Aschen-Urne II (629). 9. Beigefäss III_1 (624).

Tafel IV (II).

Hügelgräber von Birkenhof Fig. 1—4.

1. Aschen-Urne II_b (626). 2. Deckel (623). 3. Beigefäss II (621). 4. Aschen-Urne (III_{1b} (625).

Hügelgräber von Warschken Fig. 5—10.

5. Aschen-Urne IIA_2 mit Stöpseldeckel (4410). 6. Aschen-Urne II B (4411). 7. Aschen-Urne IIA_1 mit Stöpseldeckel (4409). 8. Aschen-Urne IA_a mit Schalendeckel (4370). 9. Beigefäss IB (4375). 10. Aschen-Urne IAb_1 (4371).

Tafel V (III).

Aeltere Urnen von Warschken Fig. 1—3.

1. Schalendeckel I A b_2 (4372). 2. Aschen-Urne I B (4374). 3. Stöpseldeckel I F (4379).

Urnen der La Tène-Gruppe aus Hügel I, Warschken.

4. Aschen-Urne 6 (4386). 5. Aschen-Urne 5 (4385). 6. Aschen-Urne 1 (4381). 7. Aschen-Urne 4 (4384). 8. Aschen-Urne 2 mit Doppelhenkel (4382). 9. Beigefäss 8 (4383). 10. Beigefäss 10 (4387).

Aus den Hügelgräbern von St. Lorenz Fig. 11—15 (11—14 La Tène-Periode).

11. Aschen-Urne I_1 (437). 12. Aschen-Urne I_4 (435). 13. Dreifacher Henkel einer Aschen-Urne I_1 (444). 14. Aschen-Urne II (408). 15. Stöpseldeckel einer älteren Urne aus Hügel II (398).

Tafel VI (IV).

Birkenhof Fig. 1—2, 4: 1. Nadel mit umgebogenem Hals I_{II} (1248). 2. Violinstegförmiges Bernsteinstück I_{II} (1248).

Gegend von Gr. Hubnicken: 3. Violinstegförmiges Bernsteinstück (1.0).

4. **Birkenhof** Hügel V: Bronzecelt mit einem zerbrochenen Gürtelhaken zur Befestigung des Stiels. 4a—b. Rest des Holzstiels aus Rothbuchenholz (2087—39).

Fluken Fig. 5—7: 5. Bronzepincette (1298). 6. Armring (1299). 7. Spiralring (1300).

Gross-Kuhren Fig. 9: Gürtelhaken (1254).

Warschken, ältere Gräber, Fig. 9—12: 9. Bernsteinhängestück I A a (4395). 10. Schwanenhalsnadel I A b (4394). 11. Nadel mit umgebogenem Hals I B (4397). 12. Schwanenhalsnadel II A (4414).

Warschken I aus der La Tène-Gruppe: 13. Bronze-La Tène-Fibel mit verbundenem Schlussstück (4400). 14. Kleine Spirale (beschmolzen) (4402). 15. Zwei ineinander hängende Ringe (4404).

St. Lorenz - La Tène-Periode Fig. 16—29: 16. Eisen-La Tène-Fibel I (450). 17. Bronze-Nadelkopf(?) I (441). 18. Desgl. (442). 19. Stück eines Bronze-Schleifenringes I (445). 20. Hals mit dem verbundenen Schlussstück einer Eisen-La Tène-Fibel II (383). 21. 22. Eisendrahtstücke, am Ende eingerollt II (380. 381). 23. Eisendrahtstücke mit weissen Email-Perlen II (377. 378). 24. Ohrring mit weisser Email-Perle II (375). 25. Kleiner Armring II (376). 26. Fragmente eines Halsringes II (372).

Fig. 27—29 aus II, Urne 488 Tfl. V (III)11: 27. Eiserne Zierplatte (392). 29. Eisernes Zierblech (391). 30. Halbkreisförmiges Eisenmesser (390).

Abbildungen im Text:

Erklärung der Tafel I.

Bild 1. *Jungermannia sphaerocarpoides* Casp.

„ 2. „ „ Ein anderes Exemplar.

„ 3 und 4. *Jungermannia dimorpha* Casp. 3 unterer Stammtheil von unten, 4 oberster Theil derselben Axe von oben.

„ 5. *Phragmicoma magnistipulata* Casp.

„ 6. *Phragmicoma contorta* Casp.

„ 7. „ *suborbiculata* Casp.

„ 8. „ „ *fr. sinuata* Casp.

„ 9. *Lejeunia latiloba* Casp.

„ 10. „ *Schumanni* Casp.

„ 11. *Madotheca linguifera* Casp.

„ 12 und 13. *Lophocolea polyodus* Casp.

„ 14. *Frullania primigenia* Casp. Bei F. eine vorgeschrittene weibl. Fruktifikation.

„ 15. *Frull. primig.* Die Kapselhülle F. des vorigen Bildes von oben.

„ 16. *Frullania truncata* Casp.

„ 17 und 18. *Frullania varians* Casp. 17 mit ganz eingerollten Hinterlappen und Beiblättern, 18 mit oberseits eingesunkenen, daher gehöhlten Hinterlappen.

„ 19 und 20. *Frullania magniloba* Casp. 19 ein Stück der oberen, 20 der unteren Stammseite.

„ 21. *Frullania* tenella Casp.

„ 22. Frullania primigenia Casp. untere Seite.

„ 23. *Frullania acutata* Casp.

„ 24. „ „ Untere Hüllblätter einer Fruktifikation.

„ 25. *Radula oblongifolia* Casp.

„ 26. *Lejeunia pinnata* Casp. Der Hinterlappen ist nur bei den beiden obersten Blättern a und b erhalten.

Erklärung der Tafel II.

Ranunculus Steveni Andrz.

1. Ganze Pflanze.
2. Ein Grundblatt einer andern Pflanze.
3. Reife Früchte, a—e.
4. Schnabel einer unreifen Frucht.

Ranunculus acer L.

5. Reife Früchte, a—f.
6. Schnabel einer unreifen Frucht.

OST-PREUSSISCHE HÜGELGRÄBER.

[illegible] Königsberg Jahrg. [illegible] Taf. III (1)

OST-PREUSSISCHE HÜGELGRÄBER.

OST-PREUSSISCHE HÜGELGRÄBER.

[illegible]

n. Braune gez.

Druck v. Hermann Schwarz.

OST-PREUSSISCHE HÜGELGRÄBER.

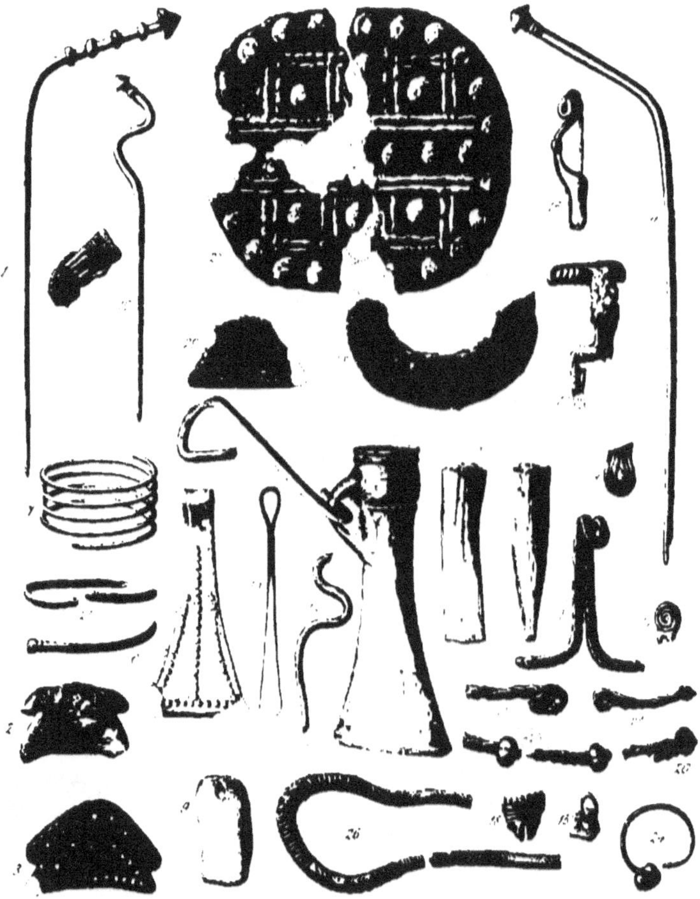

H Braune gez

Trüffeln und trüffelähnliche Pilze in Preussen.

Von

R. Caspary.

Hierzu Tafel VII und VIII.

Im Anschluss an den vorhergehenden Aufsatz scheint es mir zweckmässig, die Trüffeln, die in Preussen bisher gefunden und von mir untersucht sind, und die ihnen ähnlichen, mit ihnen möglicherweise zu verwechselnden ganz oder halb unterirdischen Pilze genauer zu beschreiben, wozu ich mich um so mehr veranlasst fühle, als ich in den letzten Jahren Neues auf diesem Gebiet nicht erlangt habe, aber sicher mancher hierher gehörige Pilz noch im Lande vorhanden ist und vielleicht einige Leser dieser Zeilen bewogen werden, gelegentlich ihnen vorkommende unterirdische Pilze mir einzuschicken. Es sollen erwähnt werden von den Trüffeln (Tuberacei Tul.): Tuber mesentericum, T. Borchii, Chaeromyces maeandriformis, Hydnotria Tulasnei, und von den trüffelähnlichen Pilzen aus der Abtheilung der Hymenogastrei: Gautieria graveolens, Rhizopogon rubescens, Melanogaster variegatus, Scleroderma vulgare, von den Hirschbrunstpilzen (Elaphomyceae): Elaphomyces granulatus, variegatus und anthracinus, endlich Pisolithus crassipes.

Tuberacei Tul.

Knollenförmige Pilze mit mäandrischen Gängen im Innern, welche mit Schläuchen, die meist 1—8 Sporen bilden, ausgekleidet sind.

Gattung Tuber (Trüffel).

Corda Icon. fung. 1854 VI 75. **Kugelige oder annähernd kugelige, unterirdische Pilze, mit mehr oder weniger derber, geschlossener Hülle umgeben, Inneres weich, bräunlich oder gelblich, mit gehirnartig gewundenen, dunkler bräunlichen oder schwärzlichen Gängen durchzogen, deren Wänden die kurzen, elliptischen Schläuche aufsitzen, die 1—6 elliptische Sporen enthalten, deren äussere Haut maschig-bienenwabig ist.**

Die Unterscheidung der Gattung Tuber mit maschig-bienenwabiger Aussenhaut der Sporen von Oogaster Corda Icon. VI. 70 mit warzigen oder stacheligen Sporen erscheint ganz begründet.

Tuber mesentericum.

Vittadini Monographia Tuberacearum 1831. 40, Tab. III, fig. XIX — **Tulasne** Fungi hypogaei. Parisiis 1851. 139. Tab. V. fig. V. Tab. VII. fig. IV, tab. XVII fig. I. — **Zobel** in Corda Icon. VI 82 als Tuber culinare Zobel b. aestivum Zobel.

Die derbe äussere Kruste ist schwarzgrau, in unregelmässige, vier- bis sechseckige, fast pyramidale, bis 1 mm hohe, am Grunde im Durchmesser 3—10 mm messende Erhabenheiten zerklüftet, deren Kanten scharf, meist kammartig vorspringen und die selten eine Spitze, meist statt ihrer eine unregelmässige Vertiefung tragen; die Seitenflächen der Pyramiden oft mit Längsrissen versehen. Inneres bräunlich-weisslich, mit sehr zahlreichen, unregelmässig hin- und hergewundenen braunen, sporenführenden Linien. In dem weisslichen Zwischengewebe oft eine dunkle, graue Linie, parallel mit den braunen Windungen und zwischen ihnen. Sporensäcke kurz, elliptisch, gestielt, mit 1—6, meist 3—4 Sporen. Sporen elliptisch, im Umfange mit 12—17 Strahlen.

Tuber mesent. kommt in Preussen, diess immer als das alte Königreich, Ost- und Westpreussen genommen, nur auf der „Nonnenkämpe“ nach unserem bisherigen Wissen vor, einer länglichen Insel etwas oberhalb Kulm am rechten Weichselufer. Von der Nonnenkämpe ist die Trüffel seit mehr als 50 Jahren bekannt. Diese Insel, etwa 1500 Morgen gross, mit einem Waldbestande von etwa 1000 Morgen*), bildet einen eigenen Belauf: die Nonnenkämpe, unter einem Waldwärter stehend, zur Oberförsterei Lindenbusch gehörig. Ihr Boden ist der braun-graue Schlick der Weichsel, stellenweise Sand. Als Waldbäume werden besonders Rüstern, ausserdem auch Eichen, Eschen und Hainbuchen gezogen; Schwarz- und Weisspappeln kommen vereinzelt ausser den Beständen vor. Die Eichen sind nur mittelgross, riesig aber sind viele Stämme von Populus alba, — ich mass einen, der 3′ über dem Boden, 15′ 3″ 9‴ im Umfang und eine Höhe von 80′ hatte, — und Populus nigra L. (nicht P. monilifera Ait., die so oft mit ihr verwechselt wird) — ich mass einen, der 16′ 7″ 9‴ Umfang 3′ vom Boden und 120—130′ Höhe hatte. Die Trüffel wächst einige Zoll unter der Bodenoberfläche. Unter welcher Baumart, kann ich nicht sagen; es heisst: Eichen, kommt nicht in grosser Menge vor und wird durch Schweine gesucht. Als ich die Nonnenkämpe den 19. und 20. Aug. 1883 besuchte, war leider der frühere Waldwärter Egidy fort und der neue hatte noch keine Trüffeln gefunden und wusste sie auch nicht zu suchen. Ueberhaupt sind in den letzten Jahren dort keine Trüffeln mehr gefunden. Bail (D**) hatte die Nonnenkämpe am 7. und 8. October 1879 besucht und eine Trüffelsuche mit Schweinen mitgemacht. Es wäre zu wünschen, dass der Bericht an einer allgemein zugänglicheren Stelle, als in der Danzig'er Zeitung gegeben worden wäre. Ich bekam die Trüffel der Nonnenkämpe im Herbst 1873 durch

*) Ich verdanke diese Angabe dem jetzigen Förster, Herrn Bethkenhagen.

) Ich werde Bail's Nachrichten über von mir in gegenwärtiger Abhandlung erwähnte Pilze in folgender Weise anführen: **Bail (A) = **Bail** Schrift. naturf. Ges. v. Danzig. 3. Bd. 2. Hft. 1873, 6 und 7. — **Bail** (B) = **Bail** a. O. 4. Bd. 3. Hft. 1878. 9 ff. — **Bail** (C) = **Bail** Schrift. d. physik. ökon. Ges. z. Königsberg. 19. Jahrg. 1878. 73. — **Bail** (D) = **Bail** Danziger Zeitung 12. Novbr. 1879 No. 11869. — **Bail** (E) = **Bail** Schrift. naturf. Ges. i. Danzig. 4. Bd. 4. Hft. 1880. 63 ff. — **Bail** (F) = **Bail**. Botan. Centralblatt von Uhlworm. V. Bd. 1881. 291 ff. — **Bail** (G) = **Bail** Üb. Tub. aestiv. und mesent., wie über falsche Trüffeln. A. O. Bd. VI. 135.

Apotheker Julius Scharlok in Graudenz, den 8. November 1875 durch den Lehrer am Cadettencorps in Kulm, Herrn Dr. Schubart und den 31. October 1876 durch Herrn Rittergutsbesitzer Max Reichel auf Paparczyn, Kreis Kulm. Etwa 43 Stück der Nonnenkämpe'r Trüffel habe ich erhalten. Ich habe am 3. November 1876 in der Sitzung der physik.-ökon. Gesellschaft darüber berichtet (Schriften der physik.-ökon. Gesellschaft in Königsberg 1876, Jahrg. 17, Sitzungsberichte 32). Dass die Nonnenkämpe'r Trüffel Tuber mesentericum Vit. ist, ist nicht zweifelhaft, ob aber Tuber mesent. nicht mit Tub. aestivum Vit. (a. O. 38) identisch ist, ist eine Frage, für die ich die Entscheidung nicht übernehmen mag. Beide sind sich so ähnlich, dass **Tulasne** (a. O. 138) als Unterschied nur die dunkeln Linien, welche Tub. mesent. in dem hellen, unfruchtbaren Gewebe in der Mitte zwischen den dunkeln Sporenreihen hat, aufführt. Diese dunkeln Linien sind aber auch nicht stets da. **Zobel** (in Corda Icon. fung. 1854. 81 ff.) führt zwar noch andere geringe Unterschiede auf, zieht aber Tub. aestiv., Tub. mesent. und fünf andere, etwas abweichende Formen von Tuber, die zum Theil höchst schwach charakterisirt sind, als Spielarten einer Art, die er **Tuber culinare** nennt, zusammen. **Bail** (G 136) stimmt Zobel so weit zu, dass er auch Tub. aestivum und mesent. als zwei Arten nicht unterscheidet. Ich kann die in Betracht kommenden, bisher unterschiedenen Formen des Tub. culinare Zobel nicht beurtheilen, da ich nicht im Stande bin, sie mir zu verschaffen. Ein Nachfolger wird aber vielleicht Schwierigkeiten haben, die Trüffel der Nonnenkämpe zu erlangen, wenn er sie braucht, und es scheint mir daher angemessen, einen Beitrag zur Entscheidung über den Werth des Tub. culinare Zobel dadurch zu geben, dass ich die Trüffel der Nonnenkämpe genauer beschreibe. Die folgenden Angaben sind von mir seiner Zeit am lebenden Pilz gemacht.

Die fast kugeligen, eiförmigen oder nierenförmigen, oder wie aus mehreren fast kugeligen Pilzen zusammengesetzten Trüffeln (Bild 1, 2, 3), die eine Grube, die als Ansatzpunkt hatte betrachtet werden können, wie sie von Vittadini und Tulasne angegeben wird, mit Sicherheit nie zeigten, maassen nach den drei senkrecht auf einander stehenden Richtungen des Raums:

	Breite	Höhe	Länge
1.	44 mm	44 mm	60 mm
2.	50 "	40 "	55 "
3.	44 "	38 "	56 "
4.	42 "	39 "	55 "
5.	30 "	28 "	42 "
6.	36 "	25 "	37 "

Diese Maasse übertreffen die, welche **Tulasne** für den Pilz angiebt, bedeutend, denn ihr Durchmesser ist nach ihm nur 20—35 mm. Ich unterliess leider, die einzelnen zu wiegen. **Bail** (D) giebt an, dass er 38 Trüffeln in einem Pfunde gehabt habe und dass der Waldwärter **Egidy** einmal eine Trüffel von 18 Loth Schwere gefunden habe. Die frischen Pilze hatten einen sehr durchdringenden, eigenthümlichen, unbeschreiblichen Geruch, der zugleich etwas Säuerliches und Weingeistiges hatte. **Bail** (D) bezeichnet den Geruch einer Knolle als Senfgeruch, eine im Innern schon braune hatte gar keinen, sonst sei er bei den anderen sehr stark unangenehm, aber schwer zu vergleichen gewesen. **Vittadini** spricht von

„Odor — moschatus". Moschusartig ist er entschieden nicht. Der Geschmack des frischen Pilzes soll nach **Vittadini** „amariusculus" sein; dies war auch nicht der Fall; ich fand den Geschmack ähnlich dem frischer Wallnuss, fast ölig.

Die feuchte Oberfläche des frischen Pilzes ist tief grau-schwarz, die des getrockneten heller grau-schwarz. **Vittadini** nennt ihn „nigerrimum", was nicht zutrifft.

Die Oberfläche ist mit ungleich grossen, meist 5- oder seltener 4- oder 6-eckigen pyramidalen, ungleichen und unregelmässigen Erhabenheiten, die bis 1 mm hoch sind, bedeckt: Bild 4 und 5, welche photographischeAufnahmen in etwa viermaliger Vergrösserung darstellen. Die pyramidalen Erhabenheiten haben meist scharfe Seitenkanten, die bei den trockenen oft noch viel stärker, fast flügelartig vorspringen. Die Spitzen der Pyramiden sind selten da, meist findet sich statt der Spitze eine unregelmässige Vertiefung. Die Seitenflächen der Pyramiden zeigen oft noch unregelmässige, scharfkantige Risse, die von der Spitze nach dem Grunde verlaufen; grosse Pyramiden von 7 mm und mehr im Durchmesser des Grundes haben mehr solcher Risse, 7 und mehr, als kleinere Pyramiden von 3—4 mm Durchmesser des Grundes; solche kleinere haben nur 3—4 solcher Risse.

Das Innere zeigt auf dem Querschnitt: Bild 6, welche Zeichnung nach einer Photographie in natürlicher Grösse gegeben ist, unter einer etwa 1 mm dicken, schwarzen Rinde in weisser oder bräunlich-weisser Füllung sehr dichte, unregelmässig hin- und hergekrümmte, streckenweise sich parallel laufende, oft stumpf endende, anastomosirende, grau-braune Linien von $^{1}/_{10}$—$^{2}/_{5}$ mm, ja 2 mm Dicke.

Bei schwacher Vergrösserung unter dem Mikroskop: Bild 7, sieht man eine äusserste braunschwarze oder tiefbraune 0,0749—0,083 mm dicke Schicht, zersetzt in den äussersten Theilen, welche Zell-Zwischenräume nicht hat, tief-braun in den Zellwänden gefärbt, ohne Inhalt ist und allmälich in der Farbe heller werdend, in farbloses, lockeres Gewebe übergeht, das sich zwischen die grau-braunen, gehirnartigen Windungen der Sporengänge fortsetzt. Es hat eben so wenig Inhalt, wie die schwarz-braune Kruste in ihren Zellen, hat aber Zell-Zwischenräume. Die Zellen desselben sind 0,0016—0,0049 mm dick und etwa 2—4 mal so lang, aber so wirr durcheinandergeschlungen, dass selbst 219malige Vergrösserung im Querschnitt einzelne Zellen nicht erkennen lässt: Bild 8. Von diesem farblosen, scheinbar inhaltsleeren Gewebe gehen die Sporensäcke aus, denen es dicht anliegt. Es waren zahlreiche, anscheinend jüngere Zustände der Sporensäcke vorhanden; da aber die Mehrzahl der sonstigen Sporensäcke schon ausgefärbte Sporen hatte, schien es mir zweifelhaft, dass die anscheinend jungen Sporensäcke sich in normalem Zustande befanden. Eher waren es verkümmerte. Die in ihnen vorhandenen farblosen, elliptischen, scheinbar jungen Sporen enthielten zahlreiche Oeltropfen, ohne schon die netzförmige Aussenschicht der Haut entwickelt zu haben. Bei schwacher Vergrösserung: Bild 7, zeigt sich in dem weisslichen Zwischengewebe an vielen Stellen eine dunkle, graue oder bräunlich-graue Linie, parallel mit der Grenze der benachbarten grau-braunen mäandrischen Sporengänge. Tulasne legt auf sie als Unterschied zwischen T. aestivum, dem sie fehle, und Tub. mesent., das sie zeige, Gewicht. Auf getrockneten Querschnitten der Trüffel der Nonnenkämpe ist nichts von diesen dunkeln Zwischenlinien zu sehen.

Die Sporensäcke sind farblos, eiförmig oder umgekehrt eiförmig, fast elliptisch, etwas gestielt: Bild 9, 10, 11, 12, mit 1—6 Sporen. Bei dem Pilz, den ich Herbst 1873 erhielt, fand ich nur 1—4 Sporen in je einem Sack, 1 und 2 am häufigsten, 3 selten, 4 nur einmal. In den Trüffeln, die ich am 8. November 1875 bekam, waren 1—6 Sporen selten, 2 auch nicht häufig, 3—5 am häufigsten in je einem Sacke. In den Sporensäcken war ausser den Sporen noch etwas Plasma vorhanden, das durch Jod stark gebräunt wurde. Die Sporen sind elliptisch, die Innenschicht ihrer Haut lichtbraun, die äussere, viel dickere, netzförmig-wabenartige Schicht ist farblos und nur da, wo drei Wände von drei Maschen zusammenstossen, in der Kante lichtbraun. Es hat daher jede Spore lichtbraune Strahlen um sich, und zwar 12–17, kleinere Sporen weniger als grosse. Die Maschen der Aussenschicht sind 5—7seitig. Die Sporen sind einzellig, gefüllt mit farblosem Oel.

Die Sporen sind sehr ungleich an Grösse. Sie sind meist desto kleiner, je grösser an Zahl sie in einem Sporangium entwickelt sind; die grössten sind die, welche einzeln in einem Sporangium gebildet wurden.

Eine Trüffel hatte:

1) Sporensack (einschliesslich Stiel) mit einer Spore — Spore:

	Breite : Länge	Breite : Länge
1)	0,0833 mm : 0,0949 mm	0,0418 mm : 0,0449 mm
2) Sporensack mit 2 Sporen	0,0599 mm : 0,0849 mm	0,0383 mm : 0,0416 mm
3)	0,0783 mm : 0,0949 mm	0,0399 mm : 0,0428 mm
4) Sporensack mit 4 Sporen	0,0716 mm : 0,0883 mm	0,0249 mm : 0,0349 mm
5) Sporensack mit 5 Sporen	0,0866 mm : 0,1088 mm	0,0299 mm : 0,0349 mm
6) Sporensack mit 6 Sporen	0,0633 mm : 0,0849 mm	0,0266 mm : 0,0333 mm

Eine andere Trüffel hatte:

		Sporen:
7) Sporensack mit 3 Sporen	0,0833 mm : 0,0899 mm	0,0316 mm : 0,0349 mm
8) Sporensack mit 4 Sporen	0,0666 mm : 0,1166 mm	0,0333 mm : 0,0349 mm
9) Sporensack mit 5 Sporen	0,0699 mm : 0,100 mm	0,0249 mm : 0,0366 mm

Eine 3. Trüffel hatte:

10) Sporensack mit 2 Sporen:	0,0781 mm : 0,0649 mm	0,0366 mm : 0,0499 mm

(Dieser Sack quer breiter als lang.)

Einige einsporige Sporangien einer 4. Trüffel hatten:

Breite : Länge = 1) 0,0566 mm : 0,0833 mm
2) 0,0533 „ : 0,0749 „
3) 0,0683 „ : 0,0783 „

Einige zweisporige dieser 4. Trüffel maassen:

Breite : Länge = 4) 0,0683 mm : 0,0783 mm
5) 0,0616 „ : 0,0766 „
6) 0,0566 „ : 0,0709 „

Einige dreisporige Sporangien derselben 4. Trüffel maassen:

Breite : Länge = 7) 0,0538 mm : 0,0642 mm
8) 0,0549 „ : 0,0682 „
9) 0,0716 „ : 0,0733 „

Ein viersporiges Sporangium derselben Trüffel maass:

Breite : Länge = 10) 0,0633 mm : 0,0749 mm

Eine Spore dieses letztern viersporigen Sporangiums maass:

Breite : Länge = 0,0381 mm : 0,0449 mm

Eine Spore aus einem einsporigen Sporangium dieser 4. Trüffel hatte:

Breite : Länge = 0,0483 mm : 0,0566 mm

2 Sporen aus einem zweisporigen Sporangium dieser 4. Trüffel maassen:

Breite : Länge = 1) 0,0399 mm : 0,0516 mm
2) 0,0398 „ : 0,0483 „

2 Sporen aus dreisporigem Sporangium hatten:

Breite : Länge = 0,0333 mm : 0,0433 mm
0,0466 „ : 0,0588 „

Steht die Grösse der Sporen in umgekehrtem Verhältniss zu der in einem Sporangium entwickelten Zahl derselben, so scheint die Grösse der Sporensäcke in keinem festen Verhältniss zur Zahl der Sporen, die sie entwickeln, zu stehen.

Im Mittel haben jene 16 Sporen, die gemessen wurden: Breite : Länge = 0,0306 mm : 0,0426 mm. Tulasne giebt Br. : Lge. an = 0,0256 mm : 0,032—0,0384 mm.

Die Sporen der Nonnenkämpe'r Trüffel sind also nicht unbeträchtlich grösser als die des Tub. mesentericum, das Tulasne untersuchte.

Die Unterschiede der Nonnenkämpe'r Trüffel mit Tub. mesentericum Tulasne sind daher folgende:

Tub. mesent. nach Tulasne.	Tub. mesent. der Nonnenkämpe.
1) „Sporangiis 4—6 sporis.“	1) Sporangien mit 1—6 Sporen, meist 3—5.
2) Die Sporen sind kleiner: Breite : Länge = 0,0256 mm : 0,032—0,0384 mm	2) Sporen grösser: Breite : Länge = 0,0306 mm : 0,0426 mm
3) Die Trüffeln kleiner: 20—35 mm im Durchmesser.	3) Die Trüffeln grösser: 25—69 mm und mehr im Durchmesser.

Nach Tulasne's Abbildung. Tab. V. v. sind die braunen Sporengänge zum Theil (Bild v; 6.) viel breiter (1—3 mm breit) und geringer an Zahl, als die der Trüffel der Nonnenkämpe.

Ob diese Unterschiede eine Spielart begründen können oder nicht, müssen weitere Beobachtungen des Tub. mesent. an andern Orten lehren.

Fuckel (Symb. myc. 247) giebt die Grösse der Sporen (Breite : Länge = 24 : 36 mm) bei Tub. mesent. auch kleiner an, als die Trüffel der Nonnenkämpe sie hat.

Die einzigen lebenden Exemplare einer nicht preuss. Trüffel, die ich zu Tub. mesent. rechnete und untersuchen konnte, erhielt ich am 29. October 1876 von Herrn Hermann von Gutschmid von Jena. Sie waren bei Jena von einem Händler mit Hunden gesucht. Der Händler erbot sich, Herrn von Gutschmid auf Trüffeljagd mitzunehmen. Es waren diese 10 Trüffeln, die ich empfing, der Trüffel der Nonnenkämpe sonst gleich, die Farbe nur etwas heller, mehr bräunlich-schwarz-grau und die pyramidalen Höcker etwas breiter. Unter 24 Sporangien hatten 6 fünf Sporen, 6 vier Sporen, 3 drei Sporen, 3 zwei Sporen, 6 eine Spore. Die Sporensäcke mit Stiel hatten:

Breite : Länge = 1) 0,0599 mm : 0,0899 mm
2) 0,0766 „ : 0,0882 „ , 3sporiger Sack
3) 0,0649 „ : 0,0832 „ , 4sporiger Sack

Die Sporen hatten Breite : Länge = 1) 0,0299 mm : 0,0349 mm
2) 0,0299 „ : 0,0366 „
3) 0,0283 „ : 0,0383 „
4) 0,0299 „ : 0,0349 „
5) 0,0349 „ : 0,0482 „
6) 0,0316 „ : 0,0449 „

Im Mittel hatten diese 6 Sporen also

Breite : Länge = 0,0307 mm : 0,0397 mm

sie standen also an Grösse den Sporen der Nonnenkämpe näher, als die Tulasne's.

Tuber Borchii.

Vitt. l. c. 44, Tab. I. Fig. III. — **Tulasne** Fung. hypog. 145., Tab. V. Fig. I. Tab. XXI. XIII. — **Tuber elegans Corda** Icon. VI. 79. Tab. XIX. Fig. 139. (non Tub. Borchii Corda). — **Tuber album Bulliard** Champ. 80., Tab. 404, Fig. A et B (nach Tulasne). — **Tuber album Lespiault** Ann. sc. nat. 3. ser. Tom. II., 317, Tab. VI.

Aussen lichtbraun, unregelmässig rundlich, eiförmig oder kuglig mit wenigen seichten Furchen, 13—32 mm im Durchmesser, schwach behaart, innen licht-graubraun, durchzogen mit zahlreichen, wenig gekrümmten oder geraden anastomosirenden weisslichen Linien, die am Rande in die Rindenschicht auslaufen. Sporensäcke eiförmig-elliptisch mit 1—4 Sporen. Sporen elliptisch oder kuglig mit netzförmiger wabenartiger farbloser Aussenhaut; auf der dem Beschauer zugekehrten Seite 17 bis über 100 Maschen.

Ich erhielt diesen Pilz, der bisher nirgend in Deutschland gefunden zu sein scheint, zuerst 4. November 1876 von Professor Dr. Prätorius in Konitz. Professor Prätorius hatte die Güte für den botanischen Garten in Königsberg den 2. November 1876 einige Exemplare von Carlina acaulis im Kiefernwalde von Krojanten auszugraben und fand bei dieser Gelegenheit in 6—7 Zoll Tiefe 3 Exemplare dieser Trüffel, wovon ich sofort das kleinste und grösste erhielt (Bild 13 und 15 von aussen und Bild 14 und 16 durchschnitten dargestellt). Auch die andern Darstellungen Bild 17—22 sind nach diesen 2 Exemplaren gegeben. Stimmten diese 2 Trüffeln auch nicht in jeder Beziehung mit der von Tuber Borchii von Vittadini, Tulasne, Corda und Lespiault gegebenen Beschreibung, so stimmte doch keine andere bisher beschriebene Trüffel besser als Tuber Borchii Vitt., für die ich den Pilz daher bestimmte. Die Abweichungen, wovon später, liessen sich durch die Jugendlichkeit der Exemplare erklären. Ich untersuchte sie sofort und bat Professor Prätorius um mehr und gereiftere Pilze. Den 26. November suchte Professor Prätorius von Neuem nach Tuber Borchii an der Stelle, wo er es früher gefunden hatte, aber der Boden war mehr als Fusstief gefroren und es wurde vergebens gesucht. Die Gegend ist hügelig und sandig mit niedern Kiefern, dem Rest eines Waldausläufers, etwas Heidekraut und andern Heidepflanzen bedeckt. Ich erhielt dann unter dem 4. November 1877 wieder Tuber Borchii von Professor Prätorius und am 7. December 1878 fand Professor Prätorius den Pilz von Neuem an der früheren Stelle, ich erhielt davon sechs Exemplare. Prätorius schreibt dabei: „Eins der 6 Exemplare ist weiss, die anderen sind röthlich und waren auch schon so in der Erde gefärbt." — „Dieser Pilz ist also, wie jetzt durch 3 auf einander folgende Jahre festgestellt worden, an der bezeichneten Stelle konstant. Selten ist er aber jedenfalls. Man muss ein gutes Stück umgraben, bevor man ihn findet. Auch diesmal fand ich ihn nur in 2 vereinzelten Exemplaren und alle übrigen wie in einem Nest in einer Tiefe von 5—6 Zoll." Ich berichtete über Tuber Borchii Vitt. nach dem Funde des Professor Prätorius in der Sitzung am 1. December 1876 der physik.-ökonomischen Gesellschaft (Schriften physikalisch-ökonomisch. Gesellsch. Königsberg. Sitzungsberichte 1876 34) unter Vorzeigung der mir übersandten Exemplare und der Zeichnungen (Bild 13—22).

Tuber Borchii Vitt. von Krojanten hat einen grössten Durchmesser von 14 bis 23 mm bei den einzelnen Pilzen. Sie sind aussen licht-braun (Bild 13 und 15), heller, fast gelblich-weiss in einigen unregelmässigen Furchen.

Im Innern (Bild 14 und 16) sind die Pilze licht grau-braun, das grössere etwas tiefer in der Farbe, durchzogen mit gekrümmten, oder geraden, meist kurzen, anastomosirenden weissen Linien, die am Rande in die Rindenschicht auslaufen.

Das Mikroskop ergab folgendes Nähere. Die Rindenschicht besteht aus isodiametrischem Parenchym (Bild 17 a—c), dessen äusserste Lagen licht-braun sind, die inneren zahlreicheren sind farblos und ohne Zellzwischenräume. Es folgt dann im Innern ein dichtes Gewebe, welches bald der Länge, bald der Quere nach verlief und sich dicht an die höchst zahlreichen, farblosen, kuglig-eiförmigen, ungestielten, Sporensäcke anlegte. Dieses die Sporensäcke enthaltende an Masse überwiegende Gewebe war, obgleich unter dem Mikroskop farblos, fürs blosse Auge das braune. Die braunen Sporen bewirkten diese Färbung. Die weissen Streifen und Gänge bestehen aus demselben Parenchym, welches jedoch lockerer an diesen Stellen ist, keine Sporensäcke zwischen sich hat, wohl aber Luft (Bild 17, b, b, b). Die Zellen des Parenchyms zwischen den Sporensäcken sind 0,0033 bis 0,0049 mm dick und hie und da mit Querwänden versehen.

Die Sporensäcke waren in den Pilzen, die ich bekam, stets von höchst ungleicher Reife. Einige, die jüngsten, waren mit einer, das Licht stark brechenden, fast gleichartigen Flüssigkeit erfüllt, fast ohne körniges Plasma. Andere, ältere, hatten viel körniges Plasma. Einige hatten ganz junge, kuglige Sporen (Bild 18), mit gleichmässiger nicht körniger Flüssigkeit erfüllt, recht dicker, grünlicher, völlig glatter Haut, ohne Spur von Maschen. Solch eine Spore hatte 0,0249 mm im Durchmesser. Vorgeschrittenere (Bild 19), zeigten ausser etwas körnigem Plasma grosse Oeltropfen und über der dicken, grünlich-bläulichen Haut eine farblose, helle Schicht, welche bereits den Anfang der Maschen als zarte Strahlen im Umfange, aber nicht von oben erkennen liess. Durchmesser der Spore Bild 19 0,0266 mm. Bild 18 und 19 stellen diese jungen Sporen in Glycerin gesehen dar. Weitere Entwicklung zeigt die Sporen zwar farblos, aber schon mit deutlich maschiger Aussenschicht und noch vielem Plasma und Oel im Innern. Endlich bei erwachsenen Sporen ist die innere Haut lichtbraun, mit farbloser dicker das Maschenwerk bildender Schicht umgeben (Bild 22). Im Innern birgt die reife Spore farblose Oeltröpfchen. Die helle Aussenschicht ist in den Kanten, wo drei Maschen zusammenstossen lichtbraun; die Spore ist also mit lichtbraunen Strahlen umgeben. Die Zahl der Maschen, welche die reifen Sporen auf der dem Beschauer zugekehrten Seite zeigen, wechselt sehr, von 10 bis über 100; ich zählte 10, 17, 18, 25, 32, 42, 61, 64, und über 100.

Jod färbte die Häute aller Sporen schwach bräunlich, den Inhalt der Sporensäcke, auch derer, die schon reife Sporen hatten, tief braun. Die unreifen Sporen werden im Inhalt gebräunt, die reifen kaum tiefer in der Farbe. Jod und Schwefelsäure färbte nichts blau.

Auch für **Tuber Borchii** ergab sich, wie für Tuber mesentericum, dass die Sporen in einem Sacke desto grösser sind, je weniger ihrer darin entstehen.

Dafür folgende Messungen als Beweis.

	Sporensack. Durchmesser.	Spore: Durchmesser mit der helleren netzförmigen Hautschicht.	Spore: Durchmesser ohne die hellere Hautschicht.	Durchmesser der Maschen.
1	Breite : Länge = 0,0716 mm : 0,0916 mm Einsporig.	Breite : Länge = 0,0499 mm : 0,0566 mm	Breite : Länge = 0,0416 mm : 0,0483 mm	0,0066 mm
2	Sack mit einer kugligen Spore.	= 0,0516 mm : 0,0516 mm	= 0,0438 mm : 0,0483 mm	
3	= 0,0839 mm : 0,0986 mm Einsporig.	= 0,0549 mm : 0,0649 mm	= 0,0416 mm : 0,0516 mm	
4	= 0,0849 mm : 0,0866 mm Einsporig.	= 0,0516 mm : 0,0633 mm	= 0,0406 mm : 0,0510 mm	
5	Sack mit 2 kugligen braunen Sporen.	1. Spore = 0,0383 mm : 0,0383 mm 2. Spore = 0,0466 mm : 0,0466 mm	= 0,0299 mm : 0,0299 mm = 0,0383 mm : 0,0383 mm	
6	Sack mit 2 kugligen Sporen = 0,0716 mm : 0,0779 mm	1. Spore = 0,0366 mm : 0,0866 mm 2. Spore = 0,0533 mm : 0,0533 mm		
7	Sack mit 2 kugligen Sporen = 0,0749 mm : 0,0916 mm	1. Spore = 0,038 mm : 0,038 mm 2. Spore = 0,0499 mm : 0,0499 mm		
8	Sack mit 3 Sporen = 0,0866 mm : 0,1083 mm	Längster Durchmesser der Sporen: 1. Spore 0,0483 mm 2. „ 0,0416 „ 3. „ 0,0399 „		
9	Sack mit 4 Sporen.	Längster Durchmesser der Sporen: 1. Spore 0,0383 mm mit 2. „ 0,0383 „ „ 3. „ 0,0306 „ „ 4. „ 0,0249 „ „	 40 Strahlen ringsum. 40 „ u. 17 Maschen. 42 „ u. 18 „ 30 „ u. 10 „	0,0049 mm

Tulasne giebt von den Sporensäcken an: Br. : Lge. = 0,065, : 0,06—0,08; die des Pilzes von Konitz mit reifen Sporen haben in Extrem Br. : Lge. = 0,0716 —

0,0866 : 0,0779—0,103. Die Sporensäcke des Konitz'er Pilzes sind also meist etwas grösser, als die des französischen Tuber Borchii, welche Tulasne maass. Von den Sporen giebt Tulasne die Grösse an: Br.: Lge. = 0,025 — 0,035 : 0,035 — 0,040 mm. Die Sporen des Konitz'er Pilzes sind meist beträchtlich grösser.

Der Konitz'er Pilz hatte auf der Aussenseite nur wenige Haare und zwar einfache. Tulasne giebt von diesen Haaren an, dass sie auch am Grunde, obgleich selten, ästig seien; ästige sah ich nicht.

Der Konitz'er Pilz weicht noch in folgenden Punkten von den Beschreibungen Vittadini's, Tulasne's und Lespiault's ab:

1) „Odor fortis, terreus, subaromaticus." Vitt. „L'odeur de cette Truffe est extrêmement forte et désagréable, surtout à l'époque de sa maturité; on peut la comparer à celle du gaz d'éclairage." Lespiault. So auch Tulasne. Der Konitz'er Pilz roch anfangs sehr schwach nach dem Durchschneiden, wonach lässt sich nicht angeben; am 3. Tage schon roch er gar nicht mehr. Uebrigens sagt Vittadini vom jungen Pilz: „caro initio inodora".

2) „Crescit solitarie ac vix subterraneum." Vitt. Der Konitz'er Pilz wurde in Sandboden 5—7 Zoll unter der Erde gefunden und auch in Nestern.

3) „Caro — demum rufo-fusca, nigrescens." Vitt. „Chair d'abord blanche, prenant ensuite une teinte d'un bistre violacé et marbrée de veines blanchâtres" Lespin. „Parenchyma sporigerum initio albidum, postea senescendo griseum, fuligineo-violaceum aut rufo-fuscum evadit et quidem veluti nigrescit; venis aeriferis primum albis tandemque subfuscis." Tul. Die Sporengänge sah ich nicht anders als graubraun beim Konitz'er Pilz und das Zwischengewebe weiss oder weisslich; bräunliches Violett oder gar Schwärzung sah ich im Innern nicht bei dem frischen Pilz.

4) „Asci brevissime caudati." Tul. Corda (Icon. VI. Tafel XIX. 139 Bild 2) bildet einen solch gestielten Sporensack ab. Ich sah von einer Cauda an ihnen nichts; der Sack: Bild 20, hat nur eine höchst kurze Zuspitzung am Grunde. Auch Lespin. bildet die Sporensäcke fast ganz kuglich ohne Anhang ab.

„Novembri mense maturescere incipit, Aprili evanescit," sagt Vittadini. Dies für den Pilz in Italien. Es kann also ohne Zweifel für den Konitz'er Pilz, der ja so viel weniger Wärme, als die italienischen Artgenossen bis November, in welchem Monat ihn Professor Prätorius ausgrub, erhielt, Gewicht darauf gelegt werden, dass er sich erst im Anfange der Reifezeit befand, also noch nicht ganz ausgefärbt im Innern war und auch noch nicht den Geruch des reifen Pilzes erlangt hatte. Dadurch fallen die unter 1) und 3) aufgeführten Unterschiede fort.

Den Ausschlag für die Bestimmung des Konitz'er Pilzes als Tuber Borchii gab mir die höchst zahlreiche Felderung der Spore, wie sie keine andere Trüffelart hat. Die Abbildungen von **Lespiault** zeigen die Sporen allerdings nur mit wenigen Feldern — ich fand aber sogar solche, die noch weniger, blos 10 auf einer Seite hatten —, jedoch **Corda's** Tub. elegans, das er von **Lespiault** erhalten hatte und das französischen Ursprungs war, hat schon viel mehr Felder auf einer Seite der Sporen, obgleich bei den schematisirten Zeichnungen **Corda's** grosse Genauigkeit nicht erwartet werden darf. **Tulasne** (l. c. Tafel XXI. XIII. bildet 2 Sporen mit so viel Feldern ab, dass diese Darstellungen durchaus die Sporen des Konitz'er Pilzes auch wiedergeben. Dass **Tulasne** mit Unrecht **Corda's** Tuber Borchii l. c. Tab. XIX., Fig. 137, für synonym mit Tuber Borchii Vitt. anführt, hat **Zobel** (bei Corda a. O.) längst gezeigt.

Bail (D) giebt an, dass ihm der Waldwärter der Nonnenkämpe noch zwei andere Trüffelarten ausser dem Tuber mesentericum geschickt habe, darunter Tuber rufum Pico. Die 4. Trüffelart nennt Bail mit Namen nicht. Ich habe nichts davon gesehen.

Chaeromyces. Vitt. L. c. 50.

Knollenförmige, rundliche Pilze mit glatter, derber, weisslicher oder gelblicher Hülle; Inneres weisslich mit unregelmässig gewundenen, bräunlichen Linien, in welchen die Sporensäcke liegen. Sporensäcke, ei-keulenförmig, (umgekehrt flaschenförmig), mit 4—8, meist 6 Sporen. Sporen kuglig mit zahlreichen stumpflichen oder spitzlichen, oder gestutzten, fast walzigen Warzen besetzt

Chaeromyces albus. Casp.

Chaeromyces maeandriformis Vitt. l. c. 1831. 51. Tab. II. Fig. I. und Tab. IV. Fig. x. **Berkeley et Broome.** On Brit. hypogaeus fung. Ann. and mag. nat. hist. XIII. 80. **Tulasne** l. c. 170. — **Rhizopogon albus Corda** in **Sturm** Pilze Deutschlands 1841 19. und 20. Hft. t. 14, bloss die Abbildung, da die Beschreibung durch Vermengung mit Tuber magnatum Vitt. verwirrt ist. Ebenso **Corda** Icon. fung. V. 67 Tab. V. Fig. 44. **Rhizopogon magnatum** Corda (non Vitt.) Icon. fung. V. 67. Tab. V. Fig. 45. — **Tuber album Sowerby** Eng. fungi a. 1797 Tab. 310. Die übrigen Synonyme siehe bei Tul. a. O. Eine Diagnose der Art erscheint überflüssig, weil sie die einzige der Gattung zu sein scheint. Nach **Vittadini's** eigener Angabe (vergl. Tulasne p. 171) ist die 2. von ihm aufgestellte Art: Chaer. gangliformis wohl nur eine Form von Chaer. maeandr.

Tulasne hat glücklicher Weise durch Einsicht in Originale diesen Pilz von der Verwirrung, die er mit Tuber magnat. Vitt. erfahren hatte, klargestellt, auch ermittelt, dass Tuber album Sowerby und der engl. Botaniker Chaeromyces maeandrif. Vitt. ist. Es muss also der Name des Pilzes Chaeromyces albus heissen.

Der Pilz ist so selten, dass Tulasne ihn lebend nicht sah. Er hat ihn trocken aus **England** und zwar das Original **Sowerby's**, **Italien**, Originale **Vittadini's** und **Corda's** aus **Böhmen** gesehen. In England ist nach **Broome u. Berkeley** a. O. der Pilz seit Sowerby, der keinen Fundort nennt, nicht gefunden, obgleich in Wiltshire und Sommersetshire danach viel gesucht ist. Aber **Cooke** (Handbook brit. Fung. 742) berichtet, dass der Pilz bei Highgate 1860 wieder beobachtet sei.

Es giebt **Goeppert** (Jahrbuch des schlesischen Forstvereins für 1871. **Breslau** 1872. 404 und nachmals Hedwigia X. 1871. 168) das Vorkommen des Chaeromyces maeandriformis Vittadini in Oberschlesien an und nähere Fundorte dafür im 50. Jahresbericht der schles. Ges. für vaterländische Cultur 1873 p. 118. Er erklärt diese Trüffel nach Kormbholz und Corda für essbar, sie würde sogar der echten Trüffel wegen ihres feinen Geschmacks zu kulinarischen Zwecken vorgezogen und Goeppert empfiehlt sie daher als Handelswaare sehr. In der That wird auch Chaeromyces albus als Trüffel in Böhmen verkauft, wie eine Probe bewies, die ich durch Herrn Sucker-Arklitten

1878 aus Karlsbad erhielt. Aber Krombholz und Corda haben Chaeromyces maeandriformis leider mit dem geschätzten Tuber magnatum Vitt. verwirrend vermengt. Der blosse Name Chaeromyces d. h. „Schweinepilz" zeigt schon, dass Vittadini ihn nur gut fand für Schweine, nicht für Menschen. Und Vittadini sagt ausdrücklich vom Chaeromyces maeandrifor. „Nullum habet usum et rarissime in foro exstat una cum veris tuberibus". — „Interdum tamen pro Tubere magnatum venditur, cuius caro formam et colorem Chaeromycis maeandriformis quodammodo refert." — „Immaturi apud nonnullos esculenti. Maturos tamen ob intensissimum et nauseosum, quem spirant, odorem, comedi posse haud credam." Es ist daher mehr als wahrscheinlich, dass Goeppert das geschätzte Tuber magnatum mit Chaeromyces maeandriform. Vitt. verwechselt hat, obgleich Tulasne a. O. schon hinlänglich die Verwirrung beider bei den Vorgängern, auf die Goeppert sich beruft, Krombholz und Corda nachgewiesen hatte.

Die Nachricht des Director Hüttig, der irrthümlich das Vorkommen von Trüffeln bei Ostrometzko angab, dass in Schweden Chaeromyces maeandriformis „die weisse Trüffel" gefunden sei, (Verhandlungen des botanischen Vereins der Provinz Brandenburg XXIV. Jahrg. 1883, Sitzungsbericht 57) bedarf näherer Prüfung, da die Angabe, dass diese „weisse deutsche Trüffel" in Deutschland sehr gesucht sei, auch eine Verwechslung mit Tuber magnatum vermuthen lässt. Weder von der schlesischen noch der schwedischen „weissen Trüffel" werden die Sporen beschrieben, deren Beschreibung doch allein dem Leser Bürgschaft für eine wissenschaftlich richtige Bestimmung sein kann.

Um so interessanter ist es, dass Chaeromyces albus sicher bei Bischofstein in Ostpreussen vorhanden ist.

Herr Caplan Braun, früher in Bischofstein, jetzt in Gutstadt, hat den Pilz von 1872 bis 1878 jedes Jahr bei Bischofstein an vier verschiedenen Orten gefunden. Ueber die Fundorte macht mir Herr Kaplan Braun folgende nähere Angaben. Alle vier befinden sich am Waldrande an Abhängen, welche die Nachmittagssonne bescheint. Die Pilze sind immer zwischen dem 25. Juli und 15. August gefunden. Sie verriethen ihr Dasein auch bevor sie gesehen wurden durch den starken Geruch nach Bibergeil (castoreum) und konnten, wenn man dem Geruch nachging, gefunden werden. 1. Den 3. August 1872 wurden zwei bis drei Pilze ostsüdsüdlich von Bischofstein, etwa zwei Kilometer von der Stadt im Bischofstein'er Walde, = Lackmedie, Lackmedienwald, korrumpirt vom Volk, in „Lackmuhlwald", welchen Namen auch die Generalstabskarte hat, am Abhange des Berges von Herrn Kaplan Braun gefunden, auf welchem der Damerau'er Kirchensteig in den beginnenden Wald, nach dem Trautenau'er Waldhause zu geht, beinahe im Mittelpunkt dieser Abhangsfläche und zwar halb aus der Erde hervorstehend, unter älteren Tannen (d. h. Picea excelsa Link). Hier ist der Pilz fast alljährlich wieder gefunden mit Cantharellus cibarius, Boletus edulis, B. subtomentosus, B. scaber, B. luteus L., B. piperatus, Ammanita muscaria; im Spätherbst daselbst Hydnum repandum und imbricat. Boden sandig mit wenig Lehmbeimengung, mit Gras und wenig Moos bedeckt und mit Vaccinium Myrt., V. vitis idaea, Calluna vulg., Solidago virgaur. und Platanthera bifolia. 2. Der zweite Standort ist vom genannten etwa einen halben Kilometer nach Ost entfernt und liegt von Bischofstein aus gerechnet links neben dem Hauptwege nach dem Dorfe Damerau gleich vor dem Trautenau'er Waldhause im Trautenau'er Walde. Es ist der Anfang des Waldweges, der von dem genannten Waldhause vom Damerau'er Hauptwege links ab in den Wald geht. Dort fand der Lehrer Beckmann von Bischofstein 1873 ein sehr grosses Exemplar, das einen filzigen Wurzelgrund hatte. Die eine Hälfte desselben erhielt Herr Apotheker Hellwich-Bischofstein, die andere hat Herr Kaplan Braun mit Gänseleber zu einer Pastete verarbeiten lassen. Diese ass er mit dem damaligen Bürgermeister von Bischofstein Tausch. Letzterem schmeckte das Gericht ausgezeichnet, dem Herrn Kaplan aber nicht, und er überliess dem Herrn Bürgermeister die Trüffelschnitte. An dieser Stelle ist später kein Exemplar mehr gefunden. Wahrscheinlich war der Pilz von den Schweinen des Waldwärters frühzeitig verzehrt. Boden hier mehr lehmig als sandig. 3. Der dritte Standort liegt von Bischofstein beinahe drei Kilometer nordöstlich im Lockmedienwalde (Bischofstein'er Walde). Von der Chaussee, welche in östlicher Richtung nach Rössel führt, geht man links nach der städtischen Försterei und von dieser in nördlicher Richtung etwa einen halben Kilometer weit bis zu einer grossen feuchten Wiese, über diese weg bis an den Waldrand, wo der Boden ansteigt; dort am Anfange des Waldrandes fand Herr Kaplan Braun mit zwei Bischofstein'er Lehrern neben ein paar Erlenbäumen beinahe noch auf der Wiese drei Chaeromyces von der Grösse einer mässigen Kartoffel. 4. Der 4. Fundort ist westlich von Bischofstein etwa zwei bis drei Kilometer weit neben dem Wege, welcher durch den zum Gute Senkitten gehörigen Wald nach dem Dorfe Schulen geht. Wo der Weg in diesen Wald tritt, steht von Bischofstein aus links noch vor dem Walde ein etwas verfallenes gemauertes Kapellchen, dahinter ist eine kleine nach dem Walde (Westen) zu geneigte Anhöhe, die mit Kiefern besetzt ist und da ist der Fundort. Der Wald wird von den Bischofsteinern meist Schulen'er Wald genannt. Hier fand Herr Kaplan Braun den 13. August 1877 ein schönes Exemplar. Späterhin ist Herr Kaplan Braun nicht mehr an diese Stelle gelangt. Boden hier Sand mit wenig Lehm und denselben Pflanzen, die der erste Fundort hat, die übrigens auch an dem 2. und 3. Fundorte nicht fehlen.

Ich habe Chaeromyces maeandriformis wiederholt 1875 und 76 von Herrn Kaplan Braun erhalten.

Von dem Exemplar des Lehrer Beckmann bekam ich durch Herrn Apotheker Eugen Hellwich September 1875 eine grössere Zahl getrockneter Scheiben. Die Pilze waren mittelgrossen oder selbst grossen Kartoffeln nicht unähnlich, fast kuglige, länglich-rundliche oder rundlich-eiförmige, unregelmässig wulstige und flach gefurchte Knollen; trocken, wie ich sie nur sah, da ich sie stets erst nach Rückkehr von mehrwöchentlicher Abwesenheit erhielt, weisslich-bräunlich, stellenweise braun und bräunlich-weisslich, Inneres weiss-gelblich mit braunen dichten maeandrischen Linien. Herr Kaplan Braun schrieb mir in Bezug auf ein Exemplar, das ich von ihm am 18. August 1876 erhielt, dass es bei der Herausnahme aus der Erde eine fast ganz weisse nur wenig gelbliche Farbe hatte. „Diese ist aber in fast 24 Stunden bedeutend gelblicher, ja an einzelnen Stellen sogar gelb-rothbräunlich geworden. Ich trug den Pilz in der Hand nach Hause, aber sobald er an der Luft sich befand, krochen aus seiner Oberfläche allenthalben eine Menge kleiner Maden heraus." Leider waren alle Pilze, die ich erhielt, madig und sind deshalb später stark zerstört. Da die übersandten Pilze mir stets erst trocken in die Hand kamen, und dann sehr wurmstichig waren, mit mehreren stärkeren Vertiefungen, kann ich nichts darüber aussagen, ob sie eine Ansatzstelle (Bewurzelungsstelle) haben oder nicht. Das grösste Exemplar, das des Lehrer Beckmann, hatte Herr Apotheker Hellwig frisch gewogen; es wog 265 g. Am 25. September 1876 mass ich zwei der Pilze, die Herr Kaplan Braun schon den 8. September gefunden hatte, die also auch schon trocken waren. Eines mass nach drei auf einander senkrechten Richtungen 45 mm, 64 mm und 73 mm, das andere 46 mm, 49 mm, 53 mm. Beide waren faulig und voll brauner stachlicher Larven. Schnitte zeigten die Sporensäcke nicht mehr deutlich; sie liessen sich nicht mehr herausarbeiten und ihre Haut nicht mehr erkennen. Die Sporen waren jedoch meist reif. Ihre Maasse folgen unter 2. Der erste Pilz, den ich erhielt, hatte nur unreife Sporen. Die Säcke waren ei-keulenförmig, farblos und enthielten nicht blos 8, sondern häufig 4, 5, 6, meist 6 noch glatte kugliche Sporen. Erst einige der grössesten hatten flache Warzen schon auf der Haut. Die unreifen Sporen maassen erst zwischen 0,0183 bis 0,0233mm im Durchmesser. Reife Sporen hatten die Schnitte des Pilzes des Lehrer Beckmann. Die Sporen sind lichtbräunlich bei durchfallendem Licht, die äussere Schicht mit derben walzigen oder pyramidalen, gestutzten, bisweilen selbst oben verdickten, oder gekrümmten Stacheln besetzt, die zwei bis dreimal so lang als breit sind. 21 Stacheln und mehr im Umkreise. Der Durchmesser der Sporen war:

1. Pilz des Lehrers Beckmann:

0,0183 mm
0,0266 „
0,0283 „
0,0233 „
die meisten 0,0283 „

2. Der Pilz, den Kaplan Braun am 8. September 1886 fand, hatte den Durchmesser der Sporen:

ohne Warzen:	mit Warzen:
1) 0,0233 mm	1) 0,0283 mm
2) 0,0216 „	2) 0,0283 „
3) 0,0249 „	3) 0,0324 „
4) 0,0238 „	4) 0,0337 „

3. Ein Pilz, der am 17. August 1876 gefunden war, hatte im Durchmesser der Sporen:

ohne Warzen:	mit Warzen:
1) 0,0233 mm	1) 0,0291 mm
2) 0,0241 „	2) 0,0274 „
3) 0,0266 „	3) 0,0316

Tulasne a. O. 170 giebt die Sporen wieder kleiner an, nämlich 0,019 bis 0,022 im Durchmesser. Jedenfalls waren die, welche ich mass, weniger eingetrocknet, als die, welche Tulasne hatte.

Hydnotria Berkl. and Broome.

Berkl. and Broom. Ann. und Mag. nat. hist. XVIII p. 78. **Tulasne** l. c. 127. **Zobel** in Corda Icon. fung. VI 61 — **Hydnobolites sp. Berkl. et Broome.** Ann. und Mag. nat. hist. XIII 357.

Fast kuglig, braunroth, mit unregelmässigen, ins Innere führenden Furchen; Hüllschicht wenig entwickelt, Inneres braunroth, mit weitläuftigen, unregelmässigen, et-

was maeandrisches Höhlungen. Sporensäcke lang, keulig, um die Höhlungen ein- bis zweireihig liegend, achtsporig. Sporen fast zweireihig, röthlich-braun mit unregelmässigen, grossen, flachen Erhabenheiten besetzt.

Hydnotria Tulasnei Berkl. et Br. l. c. **Tulasne** l. c.; **Zobel** l. c.

Am 17. August 1869 erhielt ich ein Exemplar dieses Pilzes, damals noch nicht in Preussen gefunden, durch Herrn Apotheker **Otto Kascheike** in Drengfurth geschickt, welches nebst einigen anderen Exemplaren von dem gräflich Lehndorff'schen Hegemeister Herrn Walther, wohnhaft in Forsthaus Mittenort bei Steinort, Ostpr., im Belauf Mauerwald (Kreis Angerburg), etwa 1500 Schritt vom Mauersee, in lehmigsandigem Boden gefunden war. Ein Exemplar war von Hirschen ausgekratzt; der Hegemeister suchte weiter nach und fand noch einige. Es ist am Fundort Weissbuchen- und Eichenbestand. Da damals in Königsberg Tulasne's Werk: Fung. hyp. noch nicht vorhanden war, schickte ich den Pilz an Prof. De. Bary, der ihn bestimmte.

Das mir gesandte Exemplar war nicht vollständig reif. Ein Sporensack, den ich herausarbeitete, maass 0,0466 mm in Breite und 0,183 mm in Länge. Sporensäcke lang keulig ohne unten so dünn und verschmälert zu sein, wie Tulasne und Corda sie zeichnen. Sie waren ganz allmälig nach unten zugespitzt. Die meisten Säcke hatten noch glatte, farblose oder lichtbraune, kuglige Sporen; einige Sporen, die reif zu sein schienen, da sie röthlich-braun und mit Erhabenheiten besetzt waren, hatten im Durchmesser 1) 0,0333 mm; 2) 0,0349 mm; 3) 0,0366 mm. Tulasne giebt ihren Durchmesser auf etwa 0,035 mm an, was mit meinen Messungen stimmt.

Hydnotria Tulasnei Berk. et Br. scheint die einzige Art der Gattung zu sein. Zwar hat **Zobel** bei Corda a. O. noch eine andere: Hydnotria carnea Zobel (Corda), bei der die Sporen einreihig in den Säcken liegen sollen, die Sporen auf den Abbildungen viel grössere Wülste haben und die Sporensäcke nur einreihig um die Höhlungen liegen, während bei Hydn. Tulasnei die Sporen fast zweireihig sein, die Sporen weniger hohe Erhabenheiten haben und die Säcke zweireihig um die Höhlungen sich entwickeln sollen. Aber Tulasne a. O. 128, der originale Bruchstücke der Hydnotria carnea Zobel (Rhizopogon carneus Corda) untersuchte, sagt: „fungus iste habitu et interna structura Hydnotriam Tulasnei plane refert". Auf gewisse Widersprüche in der Beschreibung und Abbildung Tulasne's und der Angaben über Hydnotria Tulasnei von Berk. et Broom, Tulasne und Corda hat Zobel a. O. aufmerksam gemacht.

Ball (B 10) giebt an, **Hydnotria Tulasnei** mit „mehrreihigen Sporen" — **Tulasne** und **Corda** bilden sie nur mit zweireihigen oder fast zweireihigen Sporen ab und **Zobel** l. c. nennt sie „in ascis inordinate nidulantes" — bei Jäschkenthal, Pelonken und Kahlbude gefunden zu haben. Dagegen habe er in Schlesien eine Hydnotria mit einreihigen Sporen schon früher gesammelt und veröffentlicht, die er für **Hydnotria carnea** Zobel (Corda) hielt. Ich empfing Ende November 1877 von **Ball** ein Stück einer Hydn. Tulasnei, von ihm bei Pelonken gefunden; die Sporen lagen zweireihig in den Säcken, die ich aus dem sehr abgetrockneten Pilzstück nicht gut herausarbeiten konnte. Sporen braunroth, undurchscheinend, mit einer grösseren oder minderen Zahl von flachen Warzen auf der Aussenschicht. Da die Warzen ungleich hoch waren, hatte dieselbe Spore in verschiedenen Richtungen oft ungleichen Durchmesser. Sie maassen: 1) 0,0333 mm; 2) 0,0349 mm; 3) 0,0366 bis 0,0416 mm.

Bild 31 stellt eine Spore von aussen dar.

Elaphomyces Fr.

Hüllschicht dick, hart, geschlossen, Inneres grosskammerig, indem dünne, unfruchtbare, lichtere Gewebestreifen grössere Anhäufungen von sporentragenden Fadenmassen netzartig umschliessen. Sporensäcke auf den Fadenenden endständig, 1—8sporig. Sporen kuglig, höckerig, endlich nach Abwelkung des unfruchtbaren Gewebes ein Pulver im Innern der Hüllschicht bildend.

Als Autor der Gattung Elaphomyces wird von **Fries** Syst. III 57 **Nees** genannt, jedoch ohne Citat. **Vittadini** (Monogr. Tuber 62) macht es ebenso. **Tulasne** (Fung. hyp. 100) citirt ein Werk von **Nees** „Syn. gen. plant. myret. p. LXVIII", das ich nirgend finden kann, und „Pl. offic. p. I.", das ich auch nicht zu deuten vermag. **Rabenhorst** Deutschlands cryptog. Pilze I. 291 giebt auch für die Gattung **Nees** als Autor ohne Citat, aber für „Elaphomyces granulatus" heisst es: „Nees in litt". Und wahrscheinlich ist der Name Elaphomyces zuerst brieflich an Fries ausgesprochen. Wichtig für die Sporenbildung ist **Tulasne** Ann. sc. nat. 2. Ser. t. XVI. p. 1 ss. Es wird bei der Hülle meist ein „cortex", die äusserste Schicht derselben, und die „Peridie", die innere Schicht der Hülle, unterschieden; da aber cortex und Peridie nur Theile einer und derselben Gewebsmasse sind, unterscheide ich sie nur als Schichten derselben; bei El. variegatus kommt obenein noch eine zwischen der äusseren und inneren Schicht liegende dritte hinzu.

Elaphomyces granulatus Fries (Syn. III. 58).

Tulasne Fung. hyp. 109. **Hülle 1 bis 1½ mm dick, aussen heller oder dunkler gelb-braun oder grau-braun, zartwarzig, Warzen ¼ bis ⅓ mm am Grunde im Durchmesser, abgerundet oder seltener spitzlich, weniger hoch als breit; Querschnitt der Hülle mit äusserer dünner gelbbrauner Schicht und dicker innerer weisser, oder diese weisse Schicht nach innen gleichfarbig, blass kermesin-grau. Sporen kuglig, zartwarzig, kermesin-schwarz, Durchmesser im Mittel 0,0272 mm, in den Extremen 0,0235 bis 0,0309 mm.**

Tulasne giebt an, dass die Sporen zu 1—8 in einem Schlauch entstehen. Die Grösse derselben von 10 preussischen verschiedenen Fundorten gemessen, wobei nur die mittleren und grössten, aber nicht die kleinsten, wohl keimunfähigen, berücksichtigt sind, war:

1) 0,0183—0,0249 mm
2) 0,028 —0,034 „
3) 0,024 —0,034 „
4) 0,0239—0,0307 „
5) 0,0186—0,0293 „
6) 0,0239—0,0323 „
7) 0,0199—0,0307 „

8)	0,0239—0,0307	„
9)	0,0266—0,0323	„
10)	0,0279—0,0310	„
Mittel	0,0285—0,0309	mm.

Tulasne giebt 0,0235—0,03 mm als Durchmesser der Sporen an, was mit den vorstehenden Messungen stimmt.

Elaph. granulatus liegt mir von folgenden Fundorten vor: 1) **Kreis Memel.** Czernener Gutswald. Scheu-Löbarten 1867. Durch Cand. E. Knoblauch. — 2) **Kreis Tilsit.** Schilleningkener Wald. 1877. Apotheker G. Fromm. — Dingkener Forst. 1877. Apotheker Oskar Siemering. — 3) **Kreis Gumbinnen.** Serpenten 1874, durch J. Reitenbach-Plicken. — Buyliener Forst 1872, durch J. Reitenbach-Plicken. — 4) **Kreis Wehlau.** Allenburger Stadtwald 1880, durch Apotheker E. Rosenbohm. — 5) **Kreis Insterburg.** Nahe von Norkitten 1877, durch Apotheker Hempel-Norkitten. — 6) **Kreis Rastenburg.** Wald von Fürstenau 1877, durch Apotheker O. Kascheike-Drengfurth. — 7) **Kreis Friedland** Ostpr. Pohibels bei Schippenbeil 1879, durch Direktor Dr. Sautor. — 8) **Kreis Heiligenbeil.** Stadtwald von Zinten. Apotheker G. Fromm. — Belauf Brandenburg'er Heide bei Ludwigsort 1880. Königl. Förster Holländer. Durch Prof. Dr. Lentz. — Auch daselbst von mir gefunden. — 9) **Kreis Pr. Eylau.** Wald von adl. Tollkeim 1877, durch Superintendenten Lehmann-Schmoditten. — 10) **Kreis Rössel.** Wald von Teistimmen 1876, durch Apotheker E. Hellwich-Bischofsstein. — Bei Bischofsstein 1877. Kaplan Braun-Bischofsstein. — Bischofsstein, durch Apotheker E. Hellwich-Bischofsstein. — 11) **Kreis Fischhausen.** Kaporn'sche Haide bei Moditten 1863 und Elenskrug 1877. Gefunden unter der an diesen Orten für den königl. botanischen Garten angekauften Haideerde. — 12) **Kreis Johannisburg.** Königl. Forstbelauf Weissuhnen bei Rudczany 1882. Königl. Förster Nicolai. — 13) **Kreis Osterode.** Taberbrücker Forst, Jagen 202. 1882. Stud. P. Preuss. — 14) **Kreis Kartaus.** Königl. Forstbelauf Glinow 1877. Königl. Förster Henicke. — 15) **Kreis Flatow.** Königl. Forstbelauf Kl. Lutau. Forstsekretär Herrmann-Kl. Lutau 1878, durch Apotheker E. Rosenbohm.

Ball (E. 64) giebt El. granulatus von Groddeck, Kreis Schwetz, an.

An den meisten aufgezählten Orten fand sich Elaph. granul. unter Kiefern, wenige Zoll unter der Erdoberfläche unter Moos. Ob Elaphomyces auf Kiefernwurzeln schmarotzt oder in symbiotischem Verhältniss mit ihnen lebt, ist durch die Untersuchung von **Reess** (Botan. Zeitung 1880. 729 ff. 1885. 748. Berichte deutsch. botan. Ges. III. 293 und Bd. III. S. LXIII) noch nicht klar gestellt. Es sind mir aber auch Angaben gemacht, dass Elaph. granul. unter Tannenstubben, d. h. denen von Picea excelsa, gefunden sei, so im Walde von Fürstenau bei Drengfurth und im Allenburg'er Stadtwalde, wo El. granul. unter „Picea exc. und Pinus silv. beim Roden“ gesammelt wurde und ich selbst habe zwei Exemplare El. gran. unter Picea excelsa in der Brandenburg'er Haide bei Ludwigsort gefunden. Aber Kiefern waren am letzten Ort ganz in der Nahe und ihre Wurzeln konnten leicht bis dicht an den Rothtannenstamm hinangehen. So wahrscheinlich auch im Walde von Fürstenau. Sicher ist also Elaph. gran. auf Picea excelsa nicht nachgewiesen.

Elaphomyces variegatus Vitt. Monog. Tab. 1831. 68.

Tulasne Fung. hyp. 108. — **Elaphomyces muricatus** Fries 1829. Sys. III 59. — **Elaph. vulg.** γ. variegatus **Corda** in **Sturm** Pilze Deutschlands. 1841. 19. und 20. Heft, Tafel 9. Ist der Name von Fries: El. muricat. wirklich dem El. varieg. Vitt. zukommend, so hat der erstere Name, weil er der frühere ist, zu gelten.

Hülle $^{3}/_{4}$ bis 3 mm dick, dicker als bei E. granul., aussen heller oder dunkler gelbbraun, derbwarzig, Warzen kegelig oder fast pyramidal, undeutlich 4- bis 6-kantig, unten $^{1}/_{3}$ bis $^{1}/_{2}$ mm im Durchmesser, spitz oder stumpf, oft so hoch als breit; Querschnitt der Hülle mit äusserer brauner, dünner Schicht, mittlerer dünner, gelblicher oder weisser, oder licht bräunlich-weisser; dann die 1 bis $1^{1}/_{2}$ mm dicke innerste, bläulich-graue, oder sehr licht kermesingraue, die entweder gleichfarbig und gleichartig ist, oder aus groben, kantigen Körnern zusammengesetzt, ohne Farbenunterschied, oder zwischen groben, schwärzlich-grauen Körnern hell-röthlich-graue Gewebsmasse zeigt. Sporen schwarz-violett, kuglig, sehr zartwarzig, Durchmesser im Mittel 0,0211 mm, in den Extremen 0,0196 mm bis 0,0226 mm.

Der kuglige Pilz hat eine sehr harte Schaale, welche die des El. granulatus an Dicke sehr übertrifft. Ich sah den Pilz nur von 13—22 mm im Durchmesser. Ich habe mehrere Exemplare, bei denen die Warzen von zwei Grössen sind, grosse, dicke und kleine, schmale. Die letzteren stehen zwischen den ersteren und umgeben sie einreihig als Einfassung. In anderen Exemplaren findet dieser Unterschied nicht oder wenig statt.

Die Sporen, die ich für gut entwickelt halten konnte, maassen in den Extremen, wie folgt, in vier Pilzen von vier verschiedenen Fundorten:

1)	0,0216—0,0249	mm
2)	0,0186—0,0213	„
3)	0,0186—0,0219	„
4)	0,0199—0,0226	„
im Mittel	0,0196—0,0226	mm.

Tulasne l. c. giebt 0,02—0,022 mm als Durchmesser der Sporen an, welches mit meinen Befunden stimmt.

Ich habe den Pilz von folgenden preussischen Fundorten vor mir: 1) **Kreis Gumbinnen.** Serpenten 1872, durch John Reitenbach-Plicken. 1. Ex. — 2) **Kreis Johannisburg.** Königl. Forstbelauf Weissuhnen bei Rudczany. Königl. Förster Nicolai. 1882. 2 Exx. — 3) **Kreis Schlochau.** Peterkau. Durch Prof. Dr. Prätorius. 3 Exx. 1878. — 4) **Kreis Flatow.** Königl. Vandsburg'er Forstbelauf Kl. Lutau. Forstsekretär Herrmann. Durch Apotheker E. Rosenbohm. 1878.

Bail (F. 64) giebt Elaphom. variegatus bei Jäschkenthal, Ottomin, Pelonken, in Danzigs Nähe an.

Die Abbildung **Corda's** bei Sturm zeigt in der Hülle hellere, körnige Stücke, geschieden durch dunklere Gewebstheile, gerade umgekehrt, wie ich es bei einigen Exemplaren vor mir habe.

Tulasne sagt, dass Elaph. variegatus ebenso allgemein verbreitet sei, als El. granulatus. Diess ist sicher in Preussen nicht der Fall. Unter einer grösseren Zahl von El. granulatus von einem Fundorte fanden sich immer nur ein oder wenige Exemplare von El. varieg. und nur an wenigen Orten.

Elaphomices anthracinus.

Vitt. Mon. Tub. 66. Tab. III. Fig. VIII. **Tulasne** Fung. hyp. 106.

Pilz fast kuglig, aussen glanzlos, tief braunschwarz, wie verkohlt, glatt, in Vertiefungen warzig, Warzen 1/3 — 1/2 mm im Durchmesser, flach, stumpf. Hülle 1 1/2 mm dick, äussere Schicht 1/2 mm stark, ganz schwarz, glänzend auf dem Schnitt, innere 1 mm dick, weiss. Sporen kuglig, schwarz, derbwarzig, 0,0297 bis 0,0311 mm im Durchmesser.

Der Pilz befand sich unter einer Sammlung von Elaph. granulatus, die ich von königl. Förster **Henecke** aus dem königl. Forstbelauf Glinow, Kreis Kartaus, 1877 erhielt, in einem ganzen Exemplar und zwei zerbrochenen. Die Pilze maassen 17—20 mm im Durchmesser und waren unter Kiefern, die mit Rothbuchen gemischt standen, gefunden.

Hymenogastrei Tul.

Knollig gestaltete Pilze mit nicht von selbst sich öffnender Hülle, mit Höhlungen im Innern, die mit länglichen Zellen (Basidien) ausgekleidet sind, auf denen sich oben zu 2 bis 8 Sporen abschnüren und endlich abfallen.

Gautieria Vittadini.

Vitt. l. c. 25. **Corda** l. c. fung. V. 28. VI. 33. Anleitg. p. LXXXIII et 114. — **Klotzsch** Fl. regni boruss. t. 464. — **Tulasne** l. c. 62.

Ohne Hüllschicht, der Körper des Pilzes mit rundlichen, länglichen oder linealen, unregelmässig sich krümmenden, nach aussen sich öffnenden Höhlungen durchzogen, die mit länglichen Basidien und Cysten (letzteres nach Bail, E 63) **ausgekleidet sind. Sporen je 2 umgekehrt eiförmig-elliptisch oder fast doppelt-spindelförmig, längsfurchig.**

Gautieria graveolens Vitt. l. c.

Rundlich länglich, mit einfachem Wurzelstrang, ausser den kleinen sporenführenden keine leeren Höhlungen, Sporen elliptisch, gegen den Grund zugespitzt, kurz gestielt, daher fast umgekehrt-eiförmig, mit 7—9 schwach hervorragenden Längsrippen und Furchen, Geruch nach Asa foetida (Knoblauch).

Bail (C) legte auf der Versammlung des preuss. botan. Vereins zu Neustadt eine bei Jäschkenthal bei Danzig, April 1877 von ihm gefundene Gautieria als morchelliformis Vitt. vor. Ich konnte der Versammlung nicht beiwohnen, erbat mir aber eine Probe des Pilzes und erhielt den 5. November desselben Jahres die Hälfte eines Pilzes, den **Bail** den 28. Oktober an der früheren Stelle gesammelt hatte. Der Pilz roch stark nach Asa foetida und es ergab sich bei näherer Untersuchung, dass es **Gautieria graveolens** Vitt. war, wovon sich auf meine Mittheilung und Beweislegung hin **Bail** (C 73, B 9, E 63) überzeugte. Ueber die Gestalt des Pilzes konnte ich nicht urtheilen, da das Stück ohne Schutz im Brief mir zugeschickt war und stark durch die Post zusammengedrückt, in meine Hand kam; auch hatte es nichts von Wurzelgeflecht, welches Vitt. bei G. graveolens als einfachen Strang, bei G. morchelliformis als sehr verzweigt und ausgebreitet beschreibt und abbildet. Die anderen Unterschiede beider Pilze stelle ich der besseren Uebersicht wegen einander gegenüber:

Gast. morchellif.

1. „Cellulae internae et externae maiusculae". Vitt. Sie sind von Vitt. l. c. Tab. III, VI als Höhlen abgebildet, die bis 8 mm breit und bis 6 mm lang sind.

2. „Odor specificus intensissimus Dictamni albi quodammodo analogus". Vitt.

3. Sporen:
Breite : Länge = 0,0095—0,0125 mm : 0,019— 0,023 mm.
Tulasne l. c.

4. Die Wände zwischen je zwei Sporenkammern zeigen noch zahlreiche, lufthaltige, nicht Sporen tragende Hohlräume und sind mehr als doppelt so dick als die von G. graveolens.
Corda Icon. VI. p. 34, Tab. VII, Fig. 62.

5) „Sporae ellipsoideae, utrinque subacutae pallide luteo-fuscae". Corda l. c. und Abbildung l. c.

Gast. graveolens.

1. „Cellulae internae et externae minutae, poriformes" Vitt. Sie werden kaum halb so gross, als die von G. morchellif. von Vitt. l. c. Tab. IV. XIII. abgebildet.

2. „Odor fortissimus, vix tolerandus quasi cepae emarcidae". Vitt.

3. Sporen:
Breite : Länge = 0,008—0,009 mm : 0,016 mm.
Tulasne l. c.

4. Die Wände zwischen je 2 Sporenkammern sind fast ohne leere Höhlungen und dünn.
Corda l. c. Tab. VII. 63.

5. Sporae obovato-ellipsoideae, vertice obtusae, luteolae" Corda l. c. und Abbildung.

Der Danzig'er Pilz stimmte gut mit G. graveolens Vitt., Tulasne und Corda, aber nicht mit G. morchelliformis. Die Sporen des Danzig'er Pilzes (Bild 24—28 von der Seite, 29 und 30 vom Scheitel gesehen) hatten folgende Maasse.

1) Br. : Lge. : = 0,0089 : 0,0166 mm
0,0107 : 0,0157 „
0,0089 : 0,0171 „
0,0091 : 0,0157 „
0,0099 : 0,0199 „
0,0083 : 0,0149 „
0,0091 : 0,0149 „
0,0116 : 0,0183 „
0,0083 : 0,0149 „
0,0083 : 0,0166 „
0,0099 : 0,0216 „
0,0091 : 0,0149 „

Mittel: 0,0091 : 0,0167 mm.

Das Mittel stimmt also gut mit Tulasne's Grössenangabe der Sporen von G. graveol.

Die Farbe des Danzig'er Pilzes ist wohl nicht ganz sicher angebbar, da er acht Tage alt in meine Hände kam. Er war aussen umbrafarbig-grau. Hüllschicht nicht wahrnehmbar. Innen ist er umbra-lackbraun; eine dicke weisse Ader, die sich baumartig verzweigt, zog sich über mehr als ¾ der Länge des kurz-länglichen Stückes, das ich hatte, welches 24 mm breit und 35 mm lang war; Dicke wegen der Quetschung nicht bestimmbar. Ausser dieser weissen baumartigen Ader ist der Pilz für's blosse Auge umbra-lackbraun. Die Lupe jedoch zeigt schon, dass diese Farbe nur der Auskleidung der Sporenkammern zukommt und dass das Gewebe zwischen denselben tiefgrau, etwas durchscheinend und fast knorpelartig erscheint. Bei durchfallendem Licht unter dem Mikroskop zeigt sich die Sporenmasse umbrafarbig, die einzelnen Sporen aber umbra-lackfarbig. Die Sporenkammern sind klein, bis 2 mm lang und etwa 1/2 mm breit; unter dem Mikroskop gemessen waren zwei Höhlungen in Breite : Länge =

1) 0,089 — 0,266 : 1,473 mm,
2) 0,146 : 0,28 mm.

Die Zwischenwände zwischen je zwei Sporenkammern bestehen aus dicht und eng in einander gewebten farblosen Fäden ohne alle Höhlungen; auch in der weissen Ader sind keine Höhlungen. Die Sporen sind umgekehrt-eiförmig, elliptisch, mit stielartiger Spitze unten, stumpf abgerundet oben; sie haben 7 bis 8 deutliche Längsrippen, die sich gut erkennen lassen (Bild 29 und 30), wenn man die Sporen auf den Scheitel stellt. Diese Wandverdickungen sind sehr ungleich breit, oft ist ein solches Längsband getheilt oder gegabelt. Die Verdickungen sind dunkler, als die dünneren Zwischenräume. In den Sporen sind zahlreiche, farblose Oeltropfen. Die Farbe der Sporen liegt in ihrer Wand.

Aus dieser Darlegung ergiebt sich, dass der von Klotzsch (in Dietrich Fl. reg. bor. No. 464) als Gautieria morchelliformis abgebildete und beschriebene Pilz nicht dies, sondern Gaut. graveolens ist; dass ferner Tulasne (l. c. 62) den Pilz von Klotzsch mit Unrecht zu Gaut. maeandrifor. stellt. Klotzsch's Exemplar war von Wallroth bei Nordhausen gefunden. Da Bail (in Nees von Essenbeck und Henry System der Pilze V. Abtheilung 9 Taf. 27) die Abbildung der dargestellten vermeintlichen Gaut. morchellif. von Klotzsch entnommen hat, ist auch von Bail Gaut. graveolens dargestellt.

Rhizopogon Tulasne.

Tulasne, Fungi hyp. 85. Daselbst die weiteren Synonyme.

Hüllschicht des knolligen Pilzes geschlossen, mit wurzelartigen verzweigten Fäden, die vom untern Theil ausgehen, umhüllt. Gewebe des Innern gleichmässig mit zahlreichen kleinen, rundlichen, kugligen, eiförmigen Höhlungen, welche mit den sporenbildenden Zellen (Basidien) ausgekleidet sind. Sporen länglich, glatt, durchscheinend zu 2 bis 8 auf einer Tragzelle (Basidie).

Rhizopogon rubescens.

Tulasne Giornale bot. ital. II. 58. **Tulasne** Fung. hypog. 89.

Jung in der Erde weiss, an der Luft die Hüllschicht erröthend. Wurzelgeflecht gering, Hüllschicht dünn, frisch 1/16 bis 1/10 mm, trocken 1/16 bis 1/4 mm dick. Sporen zu fünf bis acht auf einer Tragzelle, sehr kurz gestielt, länglich, zwei bis dreimal so lang als breit, sehr blass grünlich, in Menge licht olivengrün; Breite : Länge im Mittel = 0,0027 : 0,0073 mm.

Ich erhielt den Pilz zuerst Herbst 1873 von Professor Dr. Prätorius in Konitz, dann 25. September 1874 von Neuem und zwar 30 Stück, den 29. September desselben Jahres folgte eine weitere Sendung. 1876 erhielt ich ein Exemplar schon den 2. Juni, mehrere den 23. September desselben Jahres, eins den 7. Oktober 1879. Sandige Schiessstände bei Konitz. — 18. Oktober 1876 empfing ich ein Exemplar des Pilzes aus dem ehemaligen Lunau'er Walde, jetzt zu Paparczyn gehörig, Kreis Kulm, von Apotheker Scharlok. Herbst 1881 bekam ich von Apotheker Eugen Rosenbohm aus dem Walde von Fronau, Kreis Kulm, mehrere Exemplare von Rhiz. rubescens. — Den 6. September 1883 fand ich im sandigen Kiefernwalde bei Regencia-Mühle, Kreis Thorn, mehrere Pilze der Art. — Den 21. Juli 1878 sammelte ich einige Exx. in der Forst Thurbruch zwischen Rederitz und Machlin, Kreis Dt. Krone, auf grandigem Wege im Kiefernwalde und in demselben Kreise und Jahre östlich von Klein Nakel auf sandigem Wege im Kiefernwalde den 12. August auch einige Pilze der Art. Ferner den 30. August desselben Jahres in demselben Kreise auf sandigem Wege im Kiefernwalde zwischen Drogenmühle und dem Gr. Plötzensee einige Exx. — und den 27. August 1878 im Sande im Stadtwalde von Tütz, südlich vom See Pinnow, einige andere. — Den 20. Oktober 1878 erhielt ich einige Exx. aus einer Kiefernschonung auf Gut Neu-Tuchel, bei Tuchel, Kreis Tuchel, von Herrn Max Hoyer, damals Student der Landwirthschaft in Königsberg. — Professor Prätorius empfing den Pilz von einem Schüler schon Mitte Mai 1875 aus der Schlochau'er Gegend. Bail (B. 11. E. 64) giebt Rhizop. rub. an bei Polonken, am Karlsberge, Zoppot bei Danzig und bei Groddeck, Kreis Schwetz.

In Ostpreussen fand ich Rhizop. rub. im Kreise Allenstein 1879 auf sandiger Wegseite südwestlich von Kl. Gimmern (18. August) und 19. August auf sandigem Wege zwischen Rentienen und Schillings; ferner 23. August 1880 in sandiger Kiefernschonung am Südostzipfel des Gr. Plauzig'er Sees. Den 10. September 1877 schickte mir Oberlehrer W. Krüger aus sandiger Kiefernhaide des Stadtwaldes von Tilsit einige Knollen des Rhiz. rub.

Die Pilze wurden immer im Sande in der Nähe von Kiefern gefunden und hoben meist die Spitze etwas über das Erdreich empor.

Die jungen Pilze waren unter der Erde ganz weiss mit braunem Wurzelgeflecht umgeben. Aus der Erde herausgenommen, wurden sie in der Hüllschicht blass-rosig: Bild 32. Der Querschnitt: Bild 33, zeigt das Innere ganz weiss, aber die durchschnittene Hüllschicht auch im Innern rosig. Allmälig mit der Heranbildung der höchst blass, einzeln kaum grünlich bei durchfallendem Licht erscheinenden Sporen (Bild 45), die aber in einiger Menge doch schon grünlich erscheinen, färbt sich das Innere des Pilzes blass schmutzig-grünlich (Bild 35), während die Hüllschicht sich noch auf dem Schnitt röthet. Bald hört aber die Röthung der Hüllschicht auch auf dem Querschnitt auf. Aussen ist mit der Heranbildung der Sporen die Hüllschicht auch unter der Erde licht gelblich-bräunlich geworden, während das Wurzelgeflecht grösser und dunkelbraun geworden ist (Bild 46). Die Röthung der Hüllschicht tritt bisweilen bei recht weit vorgeschrittener Reife noch ein. So war die Aussenseite bei den Pilzen, die ich zwischen Rentienen und Schillings fand, schon lichtbraun, dennoch war sie oft noch stark geröthet. Endlich durch die immer mehr heranwachsende Menge der Sporen färbt sich das Innere auf dem Querschnitt dunkel-olivengrün (Bild 36). Zuletzt wird auch die Aussenseite schmutzig-braun-grün, im Innern verflüssigt sich das ganze Gewebe in schmutzig-schwärzlich-grüne Jauche.

wie Tulasne angiebt, indem das Gewebe zwischen den Sporenkammern selbst schmutziggrünlich wird und so gefärbt verwest. Der ganze Pilz ist dann sehr weich und platzt bei geringer Berührung.

Ich sah die Pilze von 15 mm bis 62 mm im Durchmesser. Einer aus der Nähe von Rentienen hatte in den drei Hauptrichtungen 31, 48 und 62 mm Durchmesser, also schwankte die Grösse von der einer Haselnuss bis zu der einer mässig grossen Kartoffel. Die Knollen waren fast kuglig oder abgeplattet rundlich und durch flache meridiane Einschnürungen wulstig oder eiförmig-länglich (Bild 46), oder langlänglich mit einer Einschnürung. Das ästige tiefbraune Wurzelgeflecht war mehr oder minder kräftig entwickelt und umgab meist vom Anheftungspunkte am Grunde aus den ganzen Pilz bis über den Scheitel (Bild 46).

Hüllschicht aussen glatt, frisch $^3/_{10}$ bis $^4/_{10}$ mm dick, die in Bild 37 mass 0,366 mm. Der getrocknete Pilz hat eine viel dünnere Hullschicht. Ich fand sie beim getrockneten $^1/_{10}$—$^1/_4$ mm dick, ganz dunkelbraun oder nur den äusseren Theil braun, den inneren weisslich. Ich sah keinen Fall, dass die Hüllschicht irgend wo fehlte, wie Tulasne angiebt: „peridio interdum hinc inde subevanido vel varie rimoso". Auch kann die Hüllschicht nur im Verhältniss zu der dickeren, die Rh. luteolus haben soll, sehr dünn („tenuissimum" Tul.) genannt werden. In der Hullschicht verlaufen die sehr zarten, dicht liegenden Fäden, aus denen sie besteht, parallel zur Aussenseite. Die äusseren Schichten verwittern, werden braun und dadurch färbt sich auch die Peridie lichtbraun, dann braun, endlich schmutzigschwarz-braun.

Die Sporenkammern des Innern sind (Bild 37) kurz oder lang-länglich, gerade oder gekrümmt, anfangs weiss, wie das lockere Zwischengewebe, später durch die grünlichen Sporen olivenfarbig. Die Sporenkammern sind auf's Dichteste mit den Tragzellen der Sporen ausgefüttert: Bild 38. die Tragzellen (Basidien) der Sporen sind lang-lineal, oben keulig verdickt (Bild 39—44) und tragen auf dieser verdickten Spitze 5—8 elliptische Sporen, selten eine oder die andere auf der Seite (Bild 41). Diese Sporen sind kurz gestielt, nicht sitzend. Tulasne schreibt ihnen ein sterigma brevissimum vix conspicuum zu. Die Stielchen waren jedoch auf's Deutlichste sichtbar und hafteten an den Sporen, wenn sie abgefallen waren (Bild 45).

Tulasne zieht Hymenangium virens Klotzsch (Dietrich Fl. regni bor. 382) zu Rhyzopogon rubescens. Es stimmen die Abbildungen a—d des ganzen Pilzes einigermaassen; die der Abbildung des durchschnittenen Pilzes kann aber nur nach getrocknetem Exemplar gemacht sein und die Abbildung, welche die Basidien, die alle 4 langgestielte Sporen tragen, darstellt, ist ganz unzutreffend. Ich sah vier Sporen und solch lange Stiele nie. Zwischen den Basidien bildet Klotzsch einige kegelförmige „Antheren" ab. Ich habe mich ganz vergebens bemüht, solche zu finden. Tulasne giebt 2—8 Sporen für eine Tragzelle an, ich sah nur 5—8 auf einer; geringere Zahlen nie.

Die Sporen enthalten zarte, plasmatische Körnchen, öfter zwei grössere Tröpfchen und sind drehrund.

Jod bräunt die reifen Sporen etwas, das Gewebe fast gar nicht. Jod und verdünnte Schwefelsäure färben Gewebe und Sporen braun, die Sporen dunkel.

Die Sporen maassen in Br. : Lge.

I. von Konitz:	1) 0,0033 : 0,0083 mm	
	2) 0,0033 : 0,0066	"
	3) 0,0033 : 0,0099	"
	4) 0,0024 : 0,0074	"
	5) 0,0024 : 0,0074	"
II. Lunau'er Wald:	6) 0,0033 : 0,0085	"
	7) 0,0033 : 0,0074	"
III. Tilsit'er Stadtwald:	8) 0,0028 : 0,0072	"
	9) 0,0028 : 0,0079	"
	10) 0,0028 : 0,0050	"
IV. Neu-Tuchel:	11) 0,0021 : 0,0079	"
	12) 0,0021 : 0,0072	"
	13) 0,0021 : 0,0050	"
	Mittel: 0,0027 : 0,0073 mm.	

Nach Tulasne Fung. hyp. 90 ist die Br. : Lge. = 0,003 : 0,007 bis 0,009 mm; diese Angabe passt zu den obigen Messungen.

Tulasne Fung. hyg. 90 giebt an, dass der Pilz sehr schwach, fast gar nicht riecht. Aus der Erde genommen, riecht der Pilz nach meinen Beobachtungen kaum. Die erste Sendung, welche ich von Konitz erhielt, roch nach 3—4 Tagen nicht sehr stark, aber widerlich. Zwei Freunde erklärten, die Pilze röchen wie menschliche Leichen, die erst wenige Tage alt sind. Die zweite Sendung von Konitz entwickelte in zwei sehr faulen, innen ganz breiigen Pilzen einen entschiedenen Knoblauchgeruch, und in einem recht faulen einen sehr deutlichen Geruch nach Blausäure.

Tulasne Fung. hyp. 90 giebt an, dass der getrocknete Pilz hart sei, aussen rauh und innen die höchst zahlreichen, ziemlich leeren Sporenkammern behalte. Für diese Angabe wird vorausgesetzt, dass der Pilz noch nicht reif ist, weil in der Reife das Gewebe zwischen den Sporenkammern zerfliesst („Septa in pultem solvuntur" l. c. 90. — „Carne tandem toto fatiscente" l. c. 89). Ich finde jedoch, dass der getrocknete Pilz sich je nach seiner Reife verschieden zeigt. Unreife, die erst wenige Sporen entwickelt haben oder keine, sind trocken innen lichtbraun und zeigen ebenso gefärbte, sehr kleine Höhlungen durchweg selbst fürs blosse Auge. Fast reife zeigten getrocknet im Innern eine sehr grosse, unregelmässige, fast den ganzen Pilz durchziehende Höhlung, die durch's Eintrocknen entstand und gegen den Rand zu die kleinen Sporenkammern ganz gefüllt mit schwarz-grünen, dicken Sporenmassen, oder auch (in demselben Pilz) leere an anderen Stellen; die Scheidewände zwischen den gefüllten Kammern lichtbraun und sehr dünn.

Die Unterschiede zwischen Rhizopogon luteolus Tul. und Rh. rubescens Tul. erscheinen sehr gering und lassen sich noch nicht recht beurtheilen, da Rh. luteol. jedenfalls zu wenig bekannt ist. Möglicher Weise sind beide nur Formen eines Pilzes, nicht zwei Arten.

Rhiz. lut. soll nach Tulasne schmutzig-gelblich-weiss, später olivenfarbig sein; Rh. rub. anfangs weiss unter der Erde, in der Luft erröthend, endlich braungelblich und olivenfarbig. Das vom Farbenunterschiede in der Jugend hergenommene Merkmal lässt uns aber bei älteren Pilzen ganz im Stich. Die Hüllschicht bei Rh. luteol. soll dick, fast ledrig, die von Rh. rub. sehr dünn sein und hier und da sogar fehlen. Letzteres sah ich nicht. Was ist aber dünn, was dick, wenn nicht

Maasse angegeben werden? Rh. luteol. soll von stark entwickelten, wurzelartigen Fäden umgeben sein, Rh. rub. nur von sehr sparsamen. Ich fand das Wurzelgeflecht, das Rh. rub. umgiebt, recht beträchtlich bisweilen. Wie unterscheidet man aber ein reichliches und ein sparsames ohne sichere Maassangaben? Die Sporenkammern von Rh. lut. sollen zuletzt fast ganz mit Sporen gefüllt sein, die des Rh. rub. „semper vacuae (lacunae scil.) nec unquam sporis ex integro repletae". **Tul.** Wie unterscheidet man lacunae subfarctae und solche, die weniger gefüllt sind, ohne bestimmte Maasse? Die Scheidewände zwischen den Sporenkammern sollen bei Rh. lut. immer weiss bleiben und mit dieser Farbe verfliessen, die von Rh. rub. schliesslich olivengrün werden und so gefärbt verfliessen. Ich habe in dieser Beziehung keine Beobachtungen machen können, finde aber bei getrockneten, fast reifen Pilzen von Rhiz. rub. die Scheidewände bräunlich oder weisslich bräunlich zwischen den schwarz-olivenfarbigen ganz mit Sporen gefüllten Kammern. Die Sporen von Rh. lut. sollen ohne Stiel auf den Basidien sitzen, wie sie Tul. auch abbildet, aber waren sie reif? Sie sollen sehr klein („minutissimae") von Rh. lut. sein, die von Rh. rub. grösser, aber **Tulasne** giebt ein Maass für die von Rh. lut. nicht an. Endlich soll Rh. lut. zuletzt stark und fast nach Koth (oder „quasi stercorius") riechen, **Tul.** l. c. 87, dagegen Rh. rub. sehr schwach oder gar nicht riechen. Dass Rh. rub. jedoch zuletzt recht stark und verschiedenartig riecht, habe ich dargelegt. Kurz die Unterschiede beider Pilze bedürfen weiterer Untersuchung.

Bail (C 73, B 11, E 64) giebt Rh. lut. bei Heubude und Bordel bei Danzig an. „Die Exemplare wurden im Innern schmierig und rochen dann ganz wie Menschenkoth, und zwar sehr energisch" (D 64). Ich kenne den Pilz überhaupt nicht, auch nicht von Danzig. Meine Bitte um ihn wurde mir abgeschlagen.

Melanogaster.

Corda in J. Sturm Dlds. Flora III. 11. 1. (1831); Icon. fung. V. 23; VI. 31 und 45, tab. IX. **Tulasne** Fung. hyp. 92, daselbst die Synonyme.

Hüllschicht des rundlichen knollenförmigen Pilzes glatt, wergartig, von wenig Wurzelgeflecht umgeben, das Innere mit zahlreichen rundlichen oder länglichen Sporenkammern, die von dem Gewebe, das die Tragzellen der Sporen entwickelt, ganz erfüllt werden. Tragzellen mit 4, oder 3 bis 5 glatten gestielten Sporen.

Melanogaster variegatus.

Tul. Ann. sc. nat. 2. Ser. XIX. 1843 p. 377. Tab. 17 fig. 22. **Octaviana variegata Vittadini** l. c. 16. Tab. III fig. 4.

Unregelmässig rundlich, anfangs aussen ockerfarbig, fast goldgelb, endlich braun. Füllung der Sporenkammern schwärzlich, Zwischenwände weiss-gelb. Sporen umgekehrt eiförmig, fast walzig oder elliptisch, braunschwarz, Spitze gerundet, Grund gestutzt, mit glashellem Reste des Stiels, Br. : Lge. (ohne Stiel) = 0,0045 : 0,0082 mm.

Der Pilz ist von Herrn Gutsbesitzer Plehn auf Lubochin, Kreis Schwetz Juli 1876 auf seinem Gute Lubochin in lehmigem Sande 2—3 Zoll unter der Erdoberfläche unter Laubholz: Carpinus Betulus, Betula verrucosa, Populus Tremula nach Mittheilung des Finders entdeckt.

Ich bekam zwei Stücke von zwei verschiedenen Pilzen den 1. November 1876 durch Prof. **Bail** (B 11., E 63). Aus diesen Stücken kann ich über die Gestalt des Pilzes nichts Genaues angeben. Der Pilz war nach ihnen ungefähr wallnussgross. Da die Pilze mehr als ein Vierteljahr alt und trocken waren, konnte ich nur die Sporen (Bild 4) untersuchen. Sie sassen nie mehr den Tragzellen auf, hatten aber einen glashellen Rest am gestutzten Grunde. Sie hatten ohne Stiel:

Br. : Lge. = 1) 0,0049 : 0,0083 mm
2) 0,0041 : 0,0087 „
3) 0,0041 : 0,0074 „
4) 0,0049 : 0,0087 „

Mittel 0,0045 : 0,0082 mm.

Tulasne a. O. giebt die Br. : Lge. an = 0,004 : 0,0064 mm. Er beschreibt sie als atro-brunneae (sc. sporae), semipellucidae. Ich fand sie undurchsichtig. **Bail** (E 63) giebt ihre Br. : Lge. nur an = 0,003 : 0,006 mm und **Bail** (D) berichtet, dass er den Pilz auf der Nonnenkämpe gefunden habe. **Melanogaster ambiguus Tul.** giebt **Bail** (E 62) an, 1877 und 1878 im Jäschkenthal'er Walde bei Danzig gefunden zu haben und beschreibt den Pilz genauer. Ich habe ihn nicht gesehen.

Sclerodermei.

Fries (ex parte) Pl. homonom. 134.

Knollenförmige Pilze, ungestielt oder mit derbem Stiel, Hülle dick, Inneres vielkammerig, Kammern rundlich-eckig, ganz gefüllt mit dem Sporen bildenden Gewebe, geschieden durch Streifen von unfruchtbarem. Sporen, kuglig, warzig, gebildet auf den kuglig angeschwollenen Endzellen (Basidien) des fruchtbaren Gewebes zu 2 bis 4.

Scleroderma.

Pers. Syn. Fung. p. XIV 150. **Nees** Syst. 132. **Fries** Syst. myc. III 44. **Corda** Jcon. V 24.

Abgeplattet-kuglige Pilze, ungestielt oder sehr kurz gestielt, Grund in Wurzeläste zertheilt, Hülle mehr oder weniger dick, derb, lederig, glatt oder gefeldert rissig, Sporenkammern ohne ihnen eigene besondere Hülle, Sporen gestachelt und warzig verdickt. Die Hülle wird endlich unregelmässig oben zersetzt.

Scleroderma vulgare Fr. Syst. myc. III 46.

Abgeplattet-kuglig, ungestielt oder fast ungestielt, Hülle ledrig, schmutzig weisslich, oft rissig gefeldert, dadurch fast warzig, die Felder bräunlich, Inneres, wenn die Sporen im ersten Zustande der Reife sind, blauschwarz, weiss gefeldert, später, nach Zersetzung des Zwischengewebes grau-grünlich-braun. Sporen kuglig, anfangs bei durchfallendem Licht blauschwarz, wenn reif, schmutzig braun

bei durchfallendem Licht, stachelig, Stacheln spitzlich oder gestutzt, 16 bis 25, ja 30 im Umkreise, fast doppelt so hoch als breit, Oberfläche etwas netzförmig. Durchmesser der Sporen im Mittel 0,0146 mm, in den Extremen 0,0108 bis 0,0199 mm.

Ueber die Sporenbildung vergl. **Tulasne** Ann. sc. nat. 1842. II. Ser. Tom. XVII 5.

Die Sporen maassen in reifem Zustande:

1)	0,0149—0,0199 mm	(Ponarien)
2)	0.0149—0,0163 „	(Gr. Koschlau)
3)	0,0112—0,0146 „	(Widitten)
4)	0.0115—0,0146 „	(Lausker Ofen)
5)	0,0115—0,0151 „	(Pilzenkrug)
6)	0.0108—0,0144 „	(Gelguhnen)
7)	0,0149—0,0166 „	(Konitz)
8)	0,0116—0,0149 „	(Lorenz)
9)	0,0132—0,0166 „	(Zw. Liniotz u. Paparczin)
10)	0,0132—0,0199 „	(Bornzin, Pommern)
	= 0,0146 mm.	

Die Sporen der getrockneten, reifen Pilze, die eine pulvrig-flockige Masse von grau-grün-brauner Farbe im Innern haben und bei denen das Zwischengewebe zwischen den Kammern und den Sporen in unkenntliche Fetzen übergegangen ist, zeigen nach allen Richtungen Stacheln, 16—25, selten mehr, im Umkreise. Diese Stacheln sind spitz oder gestutzt, die Sporen sind bei durchfallendem Licht schmutzig dunkelbraun. Netzförmige Verdickung ist meist nur stellenweise auf ihrer Haut zu erkennen. Ganz anders ist die Farbe der Sporen im ersten Reifezustande, nämlich blauschwarz bei durchfallendem und auffallendem Licht. Dabei zeigt sich in diesem ersten Reifezustande, wenn das Zwischengewebe zwischen den Kammern und den Sporen noch da ist, eine helle Haut rings um die Spore: Bild 48, welche oft zwischen den Stacheln gewölbt ist, und die dunkle Haut ist überall netzförmig. Behandlung mit koncentrirter Schwefelsäure entfernt die helle Haut: Bild 49 und 50. Von Bild 50 ist durch's Messer, mit dem eine dünne Platte aus der noch fest zusammenhängenden Sporenmasse geschnitten wurde, ein Stück der Sporenhaut fortgenommen. Weder über die Farbenänderung der Sporen noch über das Verschwinden der Haut zwischen den Stacheln konnte ich zweifeln, da ich die Sporen farbig bei der Untersuchung in drei Fällen gezeichnet hatte und die schmutzig braun gewordenen an demselben Pilz, der getrocknet wurde, später mit der Zeichnung vergleichen konnte. Ebenso war die Haut in einem Falle sicher bei dem getrockneten Pilz später verschwunden. Ich finde, dass **Tulasne** (Ann. sc. nat. II. Ser. 17. Tome 1842, p. 8. Tab. 1. Fig. 8) die Haut zwischen den Stacheln beobachtet hat. Er deutet sie jedoch anders, denn er hat nicht gefunden, dass die Haut zwischen den Stacheln nur im Jugendzustande der Spore eigen ist und später verschwindet, sondern er spricht die Muthmaassung aus, dass sie eine Eigenthümlichkeit der Sporen von **Scleroderma** verrucosum Fr. sei, während die Sporen, welche einfache Stacheln haben, dem Scler. vulgare und **Bovista** Fr. angehörten. „Cependant", fügt er hinzu, „ces trois espèces étant, à ce quil nous semble, fort difficile à distinguer, nous n'osons pas nous flatter d'être parvenus sans erreur à ces déterminations". In Widerspruch mit dieser Auffassung sieht er jedoch in der Erklärung von Taf. 1 (a. O. p. 17) die stachligen Sporen und die mit Haut zwischen den Stacheln zu Scleroderma vulg. Am besten von diesen 3 Arten von Sclerod. von Fries (Sclerod. vulgare, Sc. Bovista und verrucosum) unterscheiden sich Scler. vulgare und verruc., weil Scl. verruc. einen Stiel hat (Bull. Champ. t. 24 besonders bei Sowerby 311). Aber zu Sc. verr. können die Pilze, die ich mit der Haut zwischen den jugendlichen Sporen versehen fand, nicht gehören, weil sie garnicht oder kaum gestielt waren, auch ihre Peridie viel zu hart ist, besonders bei den getrockneten. „Peridio tenui fragili" sagt Fries (Syst. myc. III 49) von Sclor. verr. Ich möchte, soweit ich die Frage beurtheilen kann: sind jene Fries'schen 3 Arten anzuerkennen oder nicht, mit: Nein! antworten, denn Scler. vulgare, welche Art mir nur annehmbar erscheint, schwankt in Betreff des Daseins oder der Abwesenheit eines Stiels., der Glätte, Felderung, Warzigkeit oder Höckrigkeit der Hülle, ferner deren Dicke so stark und die Fries'schen Unterschiede jener vermeintlichen 3 Arten sind so unbedeutend und so wenig scharf, dass sie zur Unterscheidung von 3 Arten nicht anwendbar erscheinen.

Sclerod. vulgare ist in Preussen an folgenden Orten beobachtet; ich habe den Pilz von allen gesehen, von den meisten vor mir. 1) **Kreis Fischhausen.** Zw. Pilzen-Krug und Gut Neuhäuser 1880. — Garten von Neuhäuser (Douglas'sches Grundstück) am Fusse alter Acer platanoides. 1874. W. Hensche — Weide bei Widitten in der Kaporn'schen Haide 1874. — 2) **Kreis Heiligenbeil.** Belauf Brandenburg'er Haide bei Ludwigsort 1880. — 3) **Kreis Wehlau.** Neuhof bei Tapiau. Ränder der Gartenwege. Gutsbesitzer Gallandi 1885 mit Anfrage: ob es Trüffeln wären. — 4) **Kreis Heilsberg.** Wald von Scharnick und Lingenau 1877. G. Klebs. — Klotainen. Ränder der Gartenwege 1879. Frau Major von Restorf. — 5) **Kreis Rössel.** Bei Bischofsstein. Kaplan Braun 1877. — 6) **Kreis Lyck.** Czerwonken bei Lyck. E. Rosenbohm 1875. 7) **Kreis Allenstein.** Belauf Lansker Ofen, Jagen 82. Bruch auf Torferde. 1880. — Nordwest von Gelguhnen. Wegseite 1880. — 8) **Kreis Mohrungen.** Ponarien bei Liebstadt. 1874. Graf A. v. d. Gröben. — 9) **Kreis Neidenburg.** Gr. Koschlau 1874. Frau Elise Möller. — 10) **Kreis Ortelsburg.** Zwischen Schwentainen und Grunwalde 1886. Dr. Abromeit. — Zwischen Kollozeygroud und Waldpusch 1886. Dr. Abromeit. — Zwischen Friedrichsfelde und Forstbelauf Kopittko 1886. Dr. Abromeit. — 11) **Kreis Osterode.** Mühlen, Gutsgarten. Administrator F. Wernitz 1884. Mit Anfrage: ob der Pilz eine Trüffel sei. — 12) **Kreis Löbau.** Katlowo bei Löbau 1874. Rittmeister Kaul. — 13) **Kreis Graudenz.** Haus Lopatken, im Garten 1879. Scharlok. — Kieferuwald bei Gruppe 1877. Scharlok. — Oberförsterei Jammi, Belauf Dossotschin 1882. — 14) **Kreis Kulm.** Grenzgraben zwischen Linietz und Paparczin 1877. Scharlok. — Garten von Weidenhof 1882. — 15) **Kreis Marienburg.** Bei Marienburg. Probst Preuschoff-Tolkemit. — 16) **Kreis Danzig.** Pelonken 1877. Scharlok. — 17) **Kreis Berent.** Lorenz, Gutsgarten 1875. — Zwischen Konarschin und Gribno im Kiefernwalde 1885. Saud. — Zwischen Wigonin und Gr. Bartel. Sand. Kiefernwald. — 19) **Kreis Kartaus.** Belauf Stanischau, Oberförsterei Mirchau. Gestell zwischen Jagen 9 und 17. 1877. — 20) **Kreis Konitz.** Garten in Gr. Paglau 1877. Prof. Prätorius. — In der Nähe des Schützenhauses von Konitz 1877. Prof. Prätorius und mehrmals schon 1875 von Prof. Prätorius erhalten; öfters etwas gestielt. — 21) **Kreis Flatow.** Kujaner Haide 1878. E. Rosenbohm. Im Sande des

Weges zwischen Radawnitz und Franziskowo 1881. — 22) **Kreis Dt. Krone.** Im Sande zwischen Stabitz und Freudenfier 1878.

Der Durchmesser des Kopfs des Sclerod. vul. ist 30–80 mm. Es wächst im Sande, der etwas Lehm enthält, an Wegrändern, an Gartenwegen, auf kurzgrasigen Weiden, auch auf Torf.

Der Pilz lässt sich also durchaus nicht in allen Kreisen Preussens bisher nachweisen, obgleich zu vermuthen ist, dass er fast in allen vorkommt.

Pisolithus.

Albert. et Schwein. Conspect. Fung. 1805. 82. **Polysaccum Desportes** et **DC.** Rapp. voy. I. 8. 1807. Ex Fries Syst. myc. III 51. **Pisocarpium Link.** 1808.

Der rundliche, kuglige oder eiförmige oder umgekehrt eiförmige Pilz mit mehr oder weniger langem, dickem Stiel, der meist unten wurzelartig zertheilt ist, versehen. Hülle mässig dünn, bröcklich, unregelmässig oben zerreissend und abblätternd. Inneres mit zahlreichen, rundlichen, polygonalen Kammern, getrennt durch unfruchtbares Zwischengewebe; die Kammern mit dem sporenentwickelnden Gewebe gefüllt und die einzelnen durch ein eigenes besonderes Hüllchen begrenzt. Sporen kugelig, stachelig.

Der Gattungsname von **Albertini** und **Schweinitz**: Pisolithus hat die Priorität und daher Geltung. Auch die Art, welche Alb. und Schw. mit guter Abbildung zuerst aufstellten: **Pisolithus arenarius** ist von den Nachfolgern schlecht behandelt, denn **Fries** hat sie Polysaccum Pisocarpium benannt, während er mindestens dem Artnamen hätte Rechnung tragen sollen.

Ueber die Sporenbildung von Polysaccum hat **Tulasne** Ann. sc. nat. II. Ser. Tom. XVIII p. 129 ff. Aufschluss gegeben.

Pisolithus crassipes Casp.

Polysaccum crassipes DC. l. c. **Kopf 30 bis 70 mm im Quermesser, kuglig oder abgeplattet-kuglig in verschiedensten Maassen, eiförmig, fast walzig, umgekehrt-eiförmig. Stiel 20 bis 40 mm dick, kürzer als Kopf, bis drei mal so lang, nach unten allmälig verschmälert oder sich in Aeste zerklüftend, die verzweigt sind. Hülle schmutzig bräunlich-grau, Inneres dunkel lackbraun. Sporen mit 11 bis 18 Warzen im Umkreise, im Mittel 0,0087 mm, in den Extremen 0,0072 bis 0,0108 mm im Durchmesser. Warzen etwa halb so hoch als breit.**

Im sandigen Grande, der kaum Lehm enthält, in der Nähe von Kiefern, auf Wegen und in Schonungen, in sonniger Lage.

Die Sporen massen im Durchmesser:

1) 0,0072–0,0093 mm (zw. Poln. Fuhlbeck und Riege)
2) 0,0072–0,0101 „ (bei Gramattenbrück)
3) 0,0072–0,0108 „ (zw. Dabermühl u. Neugolitz)
4) 0,0072–0,0101 „ (bei Schönthal)
5) 0,0072–0,0108 „ (zw. Zechendorf und dem Dammsee)

6) 0,0086–0,0108	„	(im Dorfe Riege)
7) 0,0079–0,0099	„	(Olpuch)
8) 0,0074–0,0090	„	(zw. Schönhaide u. Funkelkau)
9) 0,0072–0,0094	„	(zw. Briesenitz und Rederitz)

Mittel 0,0078–0,0101 mm.

Mittel aller Messungen 0,0087 mm.

Ich habe den Pilz von folgenden Fundorten vor mir: 1) **Kreis Dt. Krone.** Zwischen Poln. Fuhlbeck und Riege 1878. Grandiger Weg. — Zwischen Dammsee und dem Seechen von Gramattenbrück 1878. Grandiger Weg. — Zwischen Dabermühl und Neu Goltz. Grandiger Weg. 1878. — Bei Schönthal am Mittelsee. Sandiger Weg. 1878. — Zwischen Zechendorf und dem Dammsee. Sandiger Weg. 1878. — Im Dorfe Riege, in sandigem Wege. 1878. — Zwischen Briesenitz und Rederitz. Grandiger Weg. 1878. — 2) **Kreis Berent.** Lubjahnen. Grandiger Weg 1875. Gutsbesitzer Baganz. — Westlich von Olpuch 1885. Auf Grand. — Zwischen dem Chunsi-See (Chossen-See der Karte) und Barlogi, südöstlich vom genannten See. In grandigem Sande zwischen Kiefern. 1885. — Im Kiefernwalde südlich von Barlogi. — Zwischen Konarschin und Barlogi im Grande, bei Kiefern. 1885. — Kiefernwald zwischen Konarschin und Gribno. 1885. — Königswieser Forst, an einem Wege in der Nähe des Ferdinandsbruchs 1885. Kiefernwald. — Grandiges Ufer des Torfsees zwischen Schönhaide und Funkelkau. 1874. — 3) **Kreis Neustadt.** Nordwestlich von Hela in grandigem Sande. 1867. — 4) **Kreis Konitz.** Östlich von Borsk auf dem Wege nach Bonk im Flugsande, bei Kiefern; Pilze mit 3–5 Zoll langen und solche mit 1 Zoll langem Stiel.

Der Pilz ist östlich von der Weichsel bisher in Preussen nicht gefunden.

Was die in Deutschland angegebenen Arten von Pisolithus (Polysaccum) betrifft: Pisol. arenarius Alb. et Schw., Pis. crassipes, Pis. turgidus (Polys. turgidum Fr.) so bezweifle ich, dass dies verschiedene Arten sind, ja, sie scheinen nicht einmal als Spielarten aufgestellt werden zu können. Ich habe an 17 Fundorten des Pilzes, die oben angegeben sind — nur bei Lubjahnen sah ich den Pilz nicht selbst — ihn an vielen in sehr zahlreichen Exemplaren gesehen, die alle die Formen und noch mehr hatten, die **Krombholz** (Essbare, schädl. und verdächt. Schwämme) auf Tafel 60 darstellt. Der Kopf ist äusserst mannichfach gestaltet, von walziger durch kuglige bis zu ganz abgeplatteter Gestalt, der Stiel bald lang, bald sehr kurz, bald nach unten zugespitzt und ohne Wurzeläste (im reifen Zustande), bald unten zerklüftet und in zahlreiche Aeste zerspalten, bald walzig, bald abgeplattet, bald sind die Pilze einzeln, bald zu 2–3 verbunden, kurz, es scheint mir nur als charakteristische Eigenschaft für Polys. pisocarpium Fr. die tiefgelbe Farbe des Innern des Stiels nach Krombholz übrig zu bleiben. Dies Merkmal erscheint mir jedoch recht zweifelhaft, da ja die Farbe von Pilzen sehr schwankt. Uebrigens waren fast alle Exemplare, die ich sah, völlig reif, ihr Kopf schon geöffnet, der Stiel und die Wurzelaeste abgetrocknet, so dass ich allerdings über die Farbe des Innern des Stiels in der Jugend nicht aus Beobachtung urtheilen kann.

Von einem Hilum auf den Sporen, wie Corda Icon. Fung. II 25 dies bei Polysacc. arenarium beschreibt und abbildet, habe ich an reifen Sporen nichts gesehen.

Erklärung der Abbildungen.

Tuber mesentericum Vitt.

Bild 1, 2, 3. Ganze Trüffeln $^{1}/_{1}$.
» 4 und 5. Theile der Oberfläche $^{4}/_{1}$.
» 6. Querschnitt eines Pilzes $^{1}/_{1}$. Bild 1—6 Photographien nach dem frischen Pilz.
Bild 7. Stück des Innern nebst Schaale $^{10}/_{1}$.
» 8. Stück des Innern mit Schaale $^{810}/_{1}$. a) unfruchtbares Gewebe; b) Schaale.
» 9, 10, 11, 12. Sporensäcke bezüglich mit 1, 2, 3, 5 Sporen $^{500}/_{1}$.

Tuber Borchii Vitt.

Bild 13. Pilz von aussen $^{1}/_{1}$.
» 14. Querschnitt des Bild 13 dargestellten $^{1}/_{1}$.
» 15. Ein anderer Pilz von aussen $^{1}/_{1}$.
» 16. Querschnitt desselben $^{1}/_{1}$.
» 17. Stück des Innern nebst einem Theil der Schaale $^{275}/_{1}$.
» 18 und 19. Junge Sporen $^{1150}/_{1}$.
» 20 und 21. Sporensäcke mit 4 und 2 Sporen $^{275}/_{1}$.
» 22. Erwachsene Spore $^{420}/_{1}$.

Chaeromyces albus Casp. (Chaer. maeandriformis Vitt.)

Bild 23. Spore $^{600}/_{1}$.

Gautieria graveolens Vitt.

Bild 24—28. Sporen von der Seite gesehen, $^{1150}/_{1}$.
» 29 und 30. Vom Scheitel gesehen $^{1150}/_{1}$.

Hydnotria Tulasnei Berk. et Br.

Bild 31. Spore von aussen $^{500}/_{1}$.

Rhizopogon rubescens Tul.

Bild 32. Junger Pilz von aussen $^{1}/_{1}$.
» 33. Derselbe durchschnitten $^{1}/_{1}$.

Bild 34. Aelterer Pilz durchschnitten $^{1}/_{1}$.
» 35. Etwas jüngerer Pilz, dessen Hülle im Querschnitt noch rosig wurde $^{1}/_{1}$.
» 36. Querschnitt eines der Reife nahen Pilzes $^{1}/_{1}$.
» 37. Stück der Hülle und des Innern eines Pilzes mittleren Alters $^{25}/_{1}$.
» 38. Sporenkammer, ausgekleidet mit Basidien $^{175}/_{1}$.
» 39, 40, 41, 42, 43, 44. Basidien mit 5—8 kurzgestielten länglichen Sporen $^{490}/_{1}$.
» 45. Reife abgefallene Sporen von der Seite und von oben $^{450}/_{1}$.
» 46. Ganzer, älterer Pilz $^{1}/_{1}$.

Melanogaster variegatus Tul.

Bild 47. 3 Sporen, a, b, c. $^{1150}/_{1}$.

Scleroderma vulgare Fr.

Bild 48, 49, 50. Sporen im ersten Zustande der Reife, blauschwarz. 48 in Wasser mit der hellen Einfassung, 49 und 50 unter concentrirter Schwefelsäure $^{1800}/_{1}$.
» 51 und 52. Reife Sporen eines getrockneten Pilzes. Helle Einfassung verschwunden. In Wasser gesehen. $^{1800}/_{1}$.

Pisolithus crassipes Casp. (Polysaccum crass. DC.)

Bild 53, 54. Sporen in Wasser gesehen $^{1800}/_{1}$.

Bericht

über die

in den Sitzungen

der

physikalisch-ökonomischen Gesellschaft

zu Königsberg in Pr.

gehaltenen Vorträge im Jahre 1886.

Sitzung am 7. Januar 1886.

Der Vorsitzende begrüsst die Versammlung und spricht die Hoffnung aus, dass das neue Jahr für die Gesellschaft ebenso glücklich wie das vergangene verlaufen werde.

Die Sammlungen sind wieder sehr bereichert. Wenn auch die geologische Aufnahme nicht mehr in unsern Händen ist, so erhalten wir doch alle Fundstücke, welche das Museum immer mehr anwachsen lassen und dasselbe immermehr zu einem Provinzialinstitut machen.

Zur Statistik der Gesellschaft übergehend bemerkt derselbe, dass beim Beginn dieses Jahres die Gesellschaft zählt: 1 Protector, 10 Ehren-, 245 ordentliche und 202 auswärtige Mitglieder, während sie im Anfang des vorigen Jahres zählte: 1 Protector, 13 Ehren-, 251 ordentliche und 217 auswärtige Mitglieder.

Durch den Tod wurden dem Vereine entrissen: 3 Ehrenmitglieder:

1. Geheimrath Professor Dr. Hirsch, mit das älteste Mitglied, der den Bestrebungen der Gesellschaft stets das regste Interesse entgegenbrachte. 2. Geheimrath Professor Dr. von Siebold in München, dem bereits am 7. Mai v. J. ein Nekrolog gehalten ist. 3. Generallieutenant von Helmersen Excellenz in St. Petersburg.

> Georg von Helmersen, ein ausgezeichneter Geologe, war 1803 auf einem Gute in der Nähe von Dorpat geboren und starb am 15. Februar v. J. 82 Jahre alt in Petersburg. Er beschäftigte sich besonders mit der geologischen Untersuchung seines grossen Vaterlandes und machte grosse Reisen an der Wolga, im Ural, in der Krimm, in der Kirgisensteppe und im Altai. 1841 veröffentlichte er eine geologische Karte von Russland, welche 1863 und 1873 in verbesserter Auflage erschien. Er war früher Professor am Berginstitut in Petersburg, später dessen Director und Akademiker und hat vielfach geologische Arbeiten veröffentlicht. Später erhielt er von seiner Regierung den Auftrag die Verbreitung von Stein- und Braunkohle im russischen Reich zu erforschen und kam damals auch nach Königsberg, um die Sammlungen unseres Provinzialmuseums zu studiren. Bei dieser Gelegenheit lernte der Vorstand den liebenswürdigen Mann persönlich kennen. Unserer Gesellschaft gehörte er seit dem Jahre 1878 an.

Ferner starben 8 ordentliche Mitglieder:

1. Director Busch, welcher erst am 3. December v. J. aufgenommen war; 2. Professor Dr. Burow; 3. Conditor Kallmann; 4. Kaufmann Kemke; 5. Geheimer

Commerzienrath Kleyenstüber; 6. Fabrikdirektor Dr. Münster; 7. Dr. Samuelson; 8. Professor Dr. Zöppritz.

Carl Zöppritz, seit 1880 als Ordinarius an unserer Albertina wirkend, starb, hier 47 Jahre alt, am 31. März v. J. nach kurzer Krankheit. Er studirte in Heidelberg und dann hier längere Zeit Mathematik und Physik, habilitirte sich 1868 in Tübingen für Physik und ging 2 Jahre später als Extraordinarius nach Giessen. Hier beschäftigte er sich viel mit geophysikalischen Arbeiten und veröffentlichte vielfach Berechnungen und Beobachtungen berühmter Afrika-Reisender. Als ein rascher Tod ihn traf war er mit den Vorarbeiten zum 2. Bande der Oceanographie beschäftigt, deren 1. Band v. Boguslawski veröffentlicht hatte. Unserer Gesellschaft hat der Verstorbene 4 Jahre angehört, er hat in derselben einen Vortrag über den physicalischen Zustand des Erdinnern nach damals veröffentlichten neuen Arbeiten gehalten.

Endlich verloren wir durch den Tod 13 auswärtige Mitglieder:

1. Sekretair der K. Akademie der Wissenschaften in Madrid Aguilar; 2. Generalsekretair der K. Akademie der Wissenschaften in Lissabon Coelho; 3. Sekretär der naturforschenden Gesellschaft in Liverpool Collingwood; 4. Kaiserlicher Rath Ehrlich in Linz; 5. Tresor. adj. de société entomol. in Paris Fairmaire, ein bedeutender Entomologe; 6. Graf von Keyserling in Rautenburg; 7. Lancia Duc de Brolo in Palermo; 8. Geheimrath Professor Dr. Münter in Greifswald; 9. Saunder's in London; 10. Rittergutsbesitzer Freiherr Prinz von Buchau in Plinken; 11. Pfarrer Salomon in Enzuhnen; 12. Professor Westwood in Oxford, bekannter Entomologe; 13. Kammerherr und Museumsdirektor Worsaae in Kopenhagen, dem später von competenter Seite eine Gedächtnissrede gehalten werden wird.

Nicht leicht hatte die Gesellschaft in einem Jahre so viele Mitglieder zu beklagen.

Der Vorsitzende widmete warme Worte den Dahingeschiedenen und forderte die Anwesenden auf, zum Zeichen eines ehrenden Andenkens, sich von den Sitzen zu erheben, was bereitwilligst geschah.

Herr Dr. Wittrin hielt einen Vortrag über das Thema: Wie sind die Dämmerungserscheinungen des Jahres 1883 zu erklären? Soweit das Beobachtungsmaterial heute vorliegt, sind die merkwürdigen optischen Vorgänge in der Atmosphäre am Ende 1883 und Anfang 1884 auf die gewaltige vulkanische Katastrophe zurückzuführen, welche im August 1883 in der Sundastrasse stattgefunden hat. Schon früher, besonders im Jahre 1831 nach den vulkanischen Eruptionen im Mittelländischen Meere, sind auffallende Dämmerungserscheinungen als Begleiter vulkanischer Thätigkeit beobachtet worden. Auch diesmal entstanden sie zuerst in der Nähe der grossen vulkanischen Vorgänge im Indischen Ocean. Die gewaltigen Aschenmassen, welche dem Krakatoa nach einer zuverlässigen Beobachtung bis zu einer Höhe von 11 000 m entstiegen, konnten sich bei grosser Feinheit und Leichtigkeit lange und in sehr hohen Schichten der Atmosphäre schwebend erhalten. Durch fortgesetzte Ausscheidung der schwersten Stofftheilchen nach der Erde war schliesslich die Atmosphäre von einem äusserst feinen und homogenen Staube erfüllt, welcher eben jene intensive farbige Diffraktion hervorrief. Dieser Vermuthung ist eine grosse Wahrscheinlichkeit durch die schönen Versuche von Herrn Professor Kiessling-Hamburg gegeben, welcher durch einen mit künstlichem Staubnebel erfüllten Glasballon unter Einwirkung des directen Sonnen- oder des electrischen Bogenlichts die einzelnen auffallenden Sonnenfärbungen und Dämmerungserscheinungen experimentell zur Darstellung brachte. Historisch bemerkenswerth ist übrigens, dass auch Kant in seiner „Geschichte und Naturbeschreibung des Erdbebens am Ende des Jahres 1755“ besonderer Himmelsfärbungen in Folge vulkanischer Vorgänge erwähnte. Er schreibt die Verwandlung der Farben vom dunkelsten Blau bis ins Roth und endlich in einen hellen weissen Schein dem „häufigeren Zufluss sehr dünner vulkanischer Abdämpfung“ in die Atmosphäre zu. Das Material, das noch jetzt über diesen Gegenstand unausgesetzt von der deutschen Seewarte und der englischen Zeitschrift „Nature“ unter der Redaktion einer dazu besonders von der Königlichen Gesellschaft eingesetzten Commission gesammelt wird, dürfte späterhin vielleicht eine genaue Vergleichung über die lokale Verbreitung des vulkanischen Staubes mit dem entsprechenden Auftreten der auffallenden Dämmerungserscheinungen gestatten.

An den Vortrag knüpfte sich eine Debatte. Herr Professor Dr. Hahn machte auf einen röthlich-braunen Sonnenring aufmerksam, der im Abstand von 11—12° von der Sonne seit November 1883 bis jetzt nicht verschwunden ist, auch um den Mond ist derselbe zu sehen, besonders wenn helle Wolken vorüberziehen. Dieser Ring ist in ganz Deutschland und darüber hinaus beobachtet, besonders deutlich auf hohen Bergen. Auch die Dämmerungserscheinungen sind noch nicht ganz verschwunden. Im Jahre 1783 wurden Nebelmassen beobachtet, die aber von den 1883 beobachteten verschieden sind. Während 1783 der Nebel in tieferen Schichten lag, befand er sich 1883 in höheren, von einem Sonnenringe ist 1783 nichts erwähnt. Ein Zusammenhang mit Erdbeben kann nicht constatirt werden, da namentlich tektonische Erdbeben nicht diese Staubmassen hervorbringen können. Er war der Meinung, dass kosmische Ursachen zu diesen Erscheinungen beigetragen haben.

Herr Dr. Jentzsch und Herr Dr. Wittrin konnten diese Ansicht nicht theilen und sprachen sich dagegen aus.

Dr. O. Tischler: Ueber Aggry-Perlen und über die Herstellung farbiger Gläser im Alterthume.

Von Herrn Dr. v. Ihering aus Brasilien ist mir eine Perle zugesandt worden, welche beim Roden eines Urwaldes zu Mundo novo in der Provinz Rio grande do Sul gefunden wurde.

Diese Perlen, in letzter Zeit mit dem Namen Aggry-Perlen bezeichnet, obwohl die Bezeichnung jedenfalls zu allgemein ist, haben schon lange die Aufmerksamkeit der Forscher und Sammler erregt, auch zu vielen ungerechtfertigten Hypothesen und Phantasien Anlass gegeben. Die neueste Arbeit von Richard Andree (Zeitschrift für Ethnologie 1885 III) „Aggry-Perlen“ hat die sich hieran knüpfenden

Fragen auch nicht geklärt, indem sie allerlei verschiedene Perlenformen, die unter sich gar keine Verwandtschaft haben, miteinander in Verbindung bringt.

Das vorliegende Bruchstück einer solchen Perle und alle anderen, in grosser Zahl in den Sammlungen vorhandenen zeigen einen bis auf kleine Einzelheiten durchaus übereinstimmenden Habitus. Sie bestehen aus einer Reihe von meist 7 concentrischen Schichten, in der Art, dass zwischen je zwei immer eine opak weisse Schicht liegt. Diese drei opak weissen Schichten seien a, b, c. Die anderen Schichten vertheilen sich folgendermassen. Die beiden inneren A B bestehen aus transparentem farblosem Glase, mit leichtem Stich ins Grünliche. Dann kommt eine opak rothe Schicht C und eine äussere Schicht D aus transparentem, meist dunkelem kobaltblauem Glase (so bei der Perle von Mundo novo) selten aus blaugrünem Glase. Die Schichtenfolge ist also Aa Bb Cc D. Die innere Röhre ist glatt, die äusseren Grenzen aller Schichten sind aber gefurcht, so dass man auf dem Querschnitte eine Reihe concentrischer gezähnter Sterne erblickt. Die Fabrikation muss auf folgende Weise stattgefunden haben. Eine Glasröhre wurde mit dem opaken Weiss überfangen und dann durch Pressen in einer gerippten Form gefurcht. Diese gerippte Röhre wurde dann wieder mit der nächsten Schicht überfangen. Wahrscheinlich rollte man den schon etwas erhärteten, aber noch warmen Stab über eine Glasplatte, diese aufwickelnd, denn die Zwischenräume zwischen den Rippen sind besonders zwischen Aa und B nicht immer mit Glas ausgefüllt, während beim Eintauchen in flüssiges Glas dieses wohl überall hineingedrungen wäre. Dieser Prozess wurde dann wiederholt, der Mantel B um die weisse Schicht b umgelegt, dann C um c; jedesmal nach Umlegen der weissen Schicht wurde der Stab in gerippter Form gepresst. Schliesslich legte man den äusseren Mantel D um und rundete den Stab. Voraussichtlich hat man so längere Cylinder hergestellt, die dann in kleinere Theile zerschnitten wurden, vielleicht nachdem sie noch ausgezogen waren. Diese Cylinder wurden hierauf an beiden Seiten in fast immer sechs Facetten zugeschliffen, so dass ein kurzer cylindrischer Mitteltheil entstand, welchem an beiden Seiten sechsseitige, oben abgestumpfte Pyramiden aufsitzen, deren untere Seiten bogenförmig gegen den Cylinder hin verlaufen. Durch den Mantel schimmern an den dünneren Stellen die weissen Rippen der Schicht c hindurch, so dass die Mantelfläche heller und dunkler schattirt erscheint, während über die Pyramidenflächen sich die mehrfarbigen Bänder im Zickzack herumziehen, so dass man von oben auf denselben eine Reihe verschiedenfarbiger ineinandergesteckter Sterne erblickt. Die Grösse der Perlen variirt ziemlich stark von 9 mm Länge (parallel der Oeffnung) und 8—9 mm Durchmesser bis 25 mm Länge, 22 mm Durchmesser und noch viel mehr. Die Perlen müssen, nachdem sie durch den Schliff ihre Form erhalten haben, was auf keine andere Weise herzustellen geht, nachher noch einem leichten Feuer ausgesetzt gewesen sein um ihre scharfen Kanten abzurunden, ähnlich wie die modernen venezianischen Schmelzperlen. Man bemerkt oft noch deutliche Spuren einer oberflächlichen Schmelzung.

Neben dieser ganz ausserordentlich häufig auftretenden Form finden sich noch einige Varianten. Zwei davon, im Berliner Kunstgewerbe-Museum, aus der ehemaligen Minutolischen Sammlung stammend, zeigen folgende Eigenthümlichkeiten. Die erste kleine (Länge 9 mm, Durchmesser 8,5 mm) hat die gewöhnliche Schichtenfolge Aa Bb Cc. Die Furchen von c werden aber nicht vom Mantel ausgefüllt, sondern es sind kleine

farbige Glasstäbchen eingelegt, so dass auf die Mitte der Pyramidenflächen blaue, auf die Kanten abwechselnd rothe und grüne kommen, also sechs blaue, drei rothe, drei grüne Stäbchen. Dieselben sind wiederum in die schon etwas erhärtete Schicht c eingelegt, daher bemerkt man deutlich die Spuren von Kanälen zwischen diesen Stäbchen und der Sohle der Furche. Das Ganze ist zur Abrundung dann noch mit einem Mantel von farblosem transparentem Glase umhüllt, der die Furchen, die zwischen den weissen Stäbchen und dem weissen Mantel c noch übrig geblieben, ausfüllt. Die ganze Perle ist dann nochmals leicht beschmolzen. Der Mantel ist vollständig blank und glänzend, die von weissem und rothem Email eingenommenen Pyramidenflächen sind etwas höckerig aber auch glänzend, fast wie Porcellan. Ob man das ganze vielleicht mit fein gepulvertem Glase bedeckt und dies dann glasurartig angeschmolzen hat?

Die zweite Perle (L 7, D 10) ist in derselben Weise gebildet. In die zwölf Furchen der weissen Schicht o wurden zwölf Glasstäbchen gelegt, wieder drei rothe, drei grüne, sechs blaue in derselben Reihenfolge, also zwischen zwei blauen abwechselnd ein grünes und ein rothes. Es fehlt aber der äussere Mantel und ist die Perle hier äusserlich unbedingt durch Schliff geglättet und der Länge nach leicht gerundet. Die Enden sind nicht pyramidal, sondern grade, sogar etwas concav zugeschliffen, wovon man die unverkennbaren Spuren erblickt. Diese Perle ist dann nicht mehr beschmolzen.

Eine sehr kleine aus einem Peruanischen Grabe stammende (6—7 mm L, 6 D) Perle im Berliner Ethnographischen Museum ähnt der ersten dieser beiden Perlen. Sie hat den blauen Mantel D, in dem aber abwechselnd blaue und weisse Stäbchen eingelegt sind, worauf das Ganze durch Schleifen ausgeglichen wurde.

Diese Perlen sind nun ziemlich über die ganze Erde verbreitet und befinden sich jetzt in zahlreichen Museen Europa's und America's, zum Theil ohne genauere Angabe der Fundorte. Nachfolgendes Verzeichniss dürfte wohl nicht vollständig sein, da es mir nicht möglich war die ganze, ziemlich zerstreute Literatur zu besorgen. Es sind die neueren Fundorte besonders nach Andrees Zusammenstellung aufgeführt, ein Theil nach meinen eigenen Studien in den verschiedenen Museen Europa's. In Deutschland sind gefunden[1]) eine zerbrochene Perle zu Oetjendorf (S. O. Holstein), ausgepflügt (hier ein Urnenfeld der La Tène Periode). Zu Sottorf, Hannover (Museum Hannover). Bei Neustadt am Rennsteig (Thüringen) sind in den vierziger Jahren sehs Perlen gefunden (Museum Meiningen). — In Schweden eine bei Stockholm.[2]) — Aus Dänemark[2]) eine angeblich aus einem alten Grabe. — In England zu Gilton,[3]) woselbst auch ein Sächsischer Kirchhof. Eine Perle,[4]) ob aus England weiss ich nicht, da ich die Abhandlung nicht einsehen konnte. Price[5]) erwähnt Perlen aus der Umgegend von Colchester angeblich aus Gräbern. Seine höchst unklare Beschreibung lässt deren Beschaffenheit nicht erkennen. Er bringt sie mit den Aggryperlen aus Afrika in Verbindung nach der ebenso unklaren Beschreibung

1) Correspondenzblatt der Deutschen Anthropologischen Gesellschaft 1879 p. 131.
2) Smithsonian Report 1877 p. 302 ff., wo eine Menge Citate.
3) Faussct and Roach Smith: Inventorium sepulcrale. Tfl. V, 2.
4) Archaeologia 35. Tfl. IV, 10.
5) Journal of the Anthropological Institute London XII p. 65 ff.

des Major Bale und versteigt sich zu der kühnen Conjectur, dass sie unter den Römern durch afrikanische Sclaven nach England gebracht wären! Eine Perle aus England, angeblich mit Samischen Schalen und römischen Schnallen zusammen gefunden. Im British Museum eine aus England.[1]) Ebenda 9" eines Stabes zur Fabrikation dieser Perlen. Eine ähnliche Perle bei Southampton. 2 Perlen in der Slade-Collection.

In **Afrika** sind mehrere Perlen dieser Art gefunden: im British Museum aus Dakkah in Nubien; ebenda eine aus Aegypten (im Slade-Catalog ob dieselbe?); eine in der ägyptischen Abtheilung des Louvre. Ganz besonders haben die Glasperlen an der Guinea-Küste zwischen den Ashantis und der Goldküste die Aufmerksamkeit erregt.[2]) Dieselben werden **Aggrykörner** genannt, sind aus der Erde gegraben worden und stehen bei den Negern in hohem Werthe. Manche werden mit dem mehrfachen ihres Gewichtes in Gold bezahlt. Sie stammen also jedenfalls aus alten Gräbern, — die Eingeborenen glauben, dass sie von Schlangen gelegt werden. Die zahlreichen Beschreibungen sind sehr unklar und wenig präcise, so dass man ein genaues Bild von diesen Perlen nicht gewinnen kann. Jedenfalls sind sie sehr mannigfacher Art, einfarbig blau, roth, grün, gelb oder vielfarbig, wie es scheint von oft recht complicirter und feiner Zeichnung. Wenn demnach unsere fraglichen Perlen sich auch darunter finden sollen, was ich vorläufig nicht constatiren kann, so ist jedenfalls für sie die Bezeichnung Aggry-Perlen eine zu allgemeine, welche diese specielle Form lange nicht genau genug bezeichnet. Eine Perle wie die vorliegende ist aber von Dr. Buchner von Camerun in das Berliner Ethnographische Museum geliefert. Nach den Beschreibungen ähnen einige der Aggryperlen wirklich den antiken und es wäre garnicht wunderbar, wenn von der Nordseite der Sahara schon in uralter Zeit durch den Handel phönicisch-ägyptische oder römische Perlen nach der Guineaküste gelangten, was im Uebrigen auf die Frage unserer Perlen kein neues Licht wirft. Hingegen sind die Entdeckungen in **Amerika**[3]) von entscheidender Bedeutung. Zu **Beverly** (Canada), **Santa Barbara** (Californien), **Lima** (New-York), **Black Hammock** (Florida), am **Susquehanna** beim Ausgraben des Pensylvania-Canals, mehrfach in Indianergräbern (Schoolcraft l. c.) Ferner in **Südamerika** in **Peru** aus Gräbern, im Berliner Ethnographischen Museum. Aus **Mundo novo** (Brasilien) die oben erwähnte Perle. Ferner kommen dieselben Perlen auf den **Australischen Inseln** vor. Auf den **Palau-Inseln**[4]), wo sie Kalebukuks genannt werden. Es finden sich hier ganz

1) Catalog der Slade-Collection p. 10, Citate sub No. 56, die Slade-Perlen abgebildet Fig. 21. Dabei die Bemerkungen von Franks über diese Perlen. Vielleicht befinden sich einige der hier citirten Perlen schon unter den früher erwähnten.

2) Die Literatur hierüber ist ziemlich zerstreut. Bei **Andree** (Zeitschrift für Ethnologie, 1885) werden mitgetheilt die Berichte von Bowdich: Mission von Cape Coast Castle nach Ashantie, Weimar 1820 p. 361. Bei **Minutoli**: Ueber die Anfertigung und die Nutzanwendung des farbigen Glases bei den Alten. p. 21 ff: Reise des Engländers Hutton ins Innere von Afrika nach der französischen Uebersetzung, p. 102 Note 2. Ferner p. 20, 21: Ein Schreiben des Bischofs Münter 1808. p. 21. Richard und Joh. Leander: Journal of an expedition to explore the Niger etc., London 1832 Vol. I. p. 180. **Steinemann**: Mittheilungen der Wiener geographischen Gesellschaft 1863 p. 89, auch von Andree erwähnt. **Journal** of the Anthropologicale Inst. London XII. p. 64 Bericht von Major Bale.

3) Smithsonian Report 1877 p. 902 ff., Citate einer grossen Zahl amerikanischer Perlen. Andree l. c. p. 41 citirt Schoolcraft: Indian tribes I. pl. 24. 25.

4) Andree l. c. p. 110 Fig. 1 nach Kubary im Journal des Museums Godefroy. Heft IV. p. 49.

genau solche Formen wie die beschriebenen neben anderen Perlen, die hier wie auf den benachbarten Papua-Inseln sehr hoch im Preise gehalten werden. Herr Dr. Finsch zeigte mir eine kleine dunkelapfelgrüne Perle mit weissen Tupfen in 2 Reihen bedeckt, „Grossvater der Kalebukuks" genannt, von den Palau-Inseln, die dort einen Werth von 80 Dollars hat. Trotz der Unvollständigkeit ergiebt sich aus dieser Zusammenstellung doch die fast universelle Verbreitung unserer Perlenform über die alte und neue Welt.

Früher hielt man sie für altägyptische Producte und schrieb ihre Verbreitung dem phönizischen Seehandel zu, eine Ansicht, die natürlich durch ihre Entdeckung in Amerika umgestossen wurde, obwohl einige Phantasten immer noch von den Fahrten der Phönizier bis nach Amerika faselten. Eine andere Ansicht, der auch noch Andree beitritt, ist, dass sie von den ersten normännischen Einwanderern nach Nordamerika gebracht sein könnten und sich von da weiter schon lange vor Columbus verbreitet hätten. Andree will ihre Verwandtschaft mit den von ihm abgebildeten angloeächsischen Perlen behaupten. Eine ähnliche Ansicht findet sich im Inventarium sepulchrale von Roach Smith (p. 26): Masson hätte bei Besichtigung sächsischer Perlen geäussert, ganz ähnliche seien in Begräbnisshügeln Nordamerikas gefunden. Wenn man aber die Perle von Gilton ausnimmt, die jedenfalls nicht aus einem sächsischen Grabe stammt, findet man in den sicher constatirten zahllosen sächsischen, fränkischen etc. Gräbern keine einzige, die nur eine entfernte Aehnlichkeit mit den in Frage stehenden besitzt. Die Verwandtschaft der von Andree abgebildeten besteht auch eben nur darin: dass beides „Perlen" sind. Diese Annahme hat also gar keine Berechtigung.

Was das Material betrifft, so hat die von mir unternommene mikroskopische — noch nicht abgeschlossene — Untersuchung des Dünnschliffes einer der Thüringer Perlen gezeigt, dass das Roth Ziegelglas[1]) oder ziegelrothes Email ist, sehr stark mit farblosen Krystallen durchsetzt, unreiner — auch in der oberflächlichen Farbe schmutziger als das Römische, erst in den Zeiten der Völkerwanderung findet sich ähnlich unreines braunliches. Ich glaubte zuerst, dass das ziegelrothe Glas auf die römische Kaiserzeit beschränkt sei. Das lässt sich in dieser Form nicht ganz aufrecht erhalten. Es tritt Ziegel-Email in den Gürtelhaken von Koban im Kaukasus schon lange vor der Kaiserzeit auf. Ferner entdeckte ich im Museum zu Colmar die Scherbe eines jener polychromen Alabastra, die dem 5., vielleicht 6. Jahrh. v. Chr. zukommen und aus Aegypten oder Phönizien stammen, mit rothem Grunde und aufgelegten gelben und blauen Zickzackbändern. Der Fond dieses Gefässes besteht aus Ziegelglas.[2]) Es ist also Ziegelglas im 5. Jahrh. v. Chr. doch schon verwandt worden. Ziegelroth aussehende, sehr kleine Perlen finden sich auf den netzförmigen Perlenhemden ägyptischer Mumien im Berliner Museum — doch konnte ich hiervon keine

1) cfr. Correspondenzblatt der Deutschen Anthropologischen Gesellschaft 1881 p. 170 ff: Tischler: „Ueber Email." Für den damals gebrauchten Ausdruck „lackrothes Email" habe ich jetzt den Ausdruck „ziegelrothes Email" oder „Ziegelglas" vorgezogen.

2) Es ist dies das einzige Gefäss dieser Art mit opak rothem Grunde, das mir bisher vorgekommen. Ich würde sehr dankbar sein für gütige Mittheilungen über ähnliche Gefässe, die von ausserordentlichem Interesse sind, wobei aber das Roth nicht mit dem häufiger vorkommenden dunkeln aber transparenten Amethystviolett zu verwechseln ist.

Probe zur Untersuchung erhalten. Ein überraschendes Resultat ergaben aber eine rothe und eine gelbe Perle, von denen mir gütigst ein paar Proben überlassen wurden — aus dem Grabe der Apaanchu im Berliner ägyptischen Museum (ca. 2000 Jahre v. Chr.) Die Perle, obwohl äusserlich ziegelroth erscheinend, bestand nicht aus opakem Glas, sondern, wie die mikroskopische Untersuchung des Dünnschliffes lehrte, aus hart gebranntem Thon in Art des (fälschlich) sog. ägyptischen Porzellans — die gelbe Perle desgleichen. Alle übrigen mir bekannten rothen Perlen vor der Kaiserzeit, wie die im Schmuck zu Meroë aus Nubien, rothe Perlen aus La Tène-Gräbern Frankreichs, ähnliche derselben Zeit angehörende aus Gräbern Cyperns (ich besitze selbst mehrere Exemplare dieser Gattung), bestehen aus Blutglas. Es ist dies also vor der Kaiserzeit ganz überwiegend im Gebrauch gewesen, hörte aber auch zum Beginne der Kaiserzeit nicht vollständig auf.

So weist das Material also nicht auf alte ägyptische oder phönizische Fabrikate hin, die Technik und Form aber ebenso wenig. Die Glasperlen des ganzen Jahrtausends v. Chr. sind hinlänglich bekannt. Die erste Hälfte dieses Zeitraums repräsentiren die Perlen der älteren Necropolen der Eisenzeit Italiens wie Villa nova, viele Gräber der älteren Hallstädter Periode in Süd-Deutschland und Oesterreich, die spätere die Gräber der Certosa von Bologna, die jüngere Hallstädter Periode, ferner weiter herab die Gräber der La Tène-Periode in ganz Europa in ihren verschiedenen Phasen bis zur Kaiserzeit. Die Gräber am Schwarzen Meere, ältere Funde am Kaukasus, ferner Cypern, Sardinien liefern dieselben Formen, und alle diese trifft man in den verschiedenen ägyptischen Sammlungen wieder. Wir sehen demnach, dass alle diese Länder ihre Glasperlen aus gemeinschaftlichen Centren bezogen, wahrscheinlich mehr aus phönizischen als ägyptischen Fabriken. Es würden unsere fraglichen Perlen also auch wohl in einem der zahlreichen systematisch aufgedeckten Gräber gefunden sein, während bisher aus Europa und auch aus Afrika nur zufällig in der Erde gemachte Funde vorliegen, die also gar keine Beweiskraft haben. Dasselbe gilt für die Kaiserzeit und Völkerwanderungsperiode, wo viele Tausende von Perlen genügen, um unsere Perlen aus ihrem Kreise ganz auszuschliessen. Vielleicht hat das äussere Aussehen der Perlen den Blick nach Aegypten gelenkt. Die mehrfachen Zickzackbänder der Oberfläche erinnern an die alten polychromen mit mehrfarbigen Zickzacklinien bedeckten Alabastra und ähnlichen Gefässe, von denen es übrigens durchaus nicht feststeht, dass sie in Aegypten fabrizirt sind. Aber die Technik ist eine grundverschiedene. Denn hier sind die Streifen nur aufgelegt, während sie bei unseren Perlen als Schnitt der verschiedenen einander umhüllenden Mantelflächen erscheinen — also gar keine Verwandtschaft. Franks hatte[1]) zumal nach den amerikanischen Entdeckungen schon nach Venedig als Heimath dieser Perlen hingewiesen, und diese Vermuthung hat sich im vollsten Maasse bestätigt.

Durch genaues Studium eines altvenezianischen Millefiorifläschchen, das in Neapel gekauft und unter die antiken Gläser des Berliner Antiquariums gekommen ist (No. 5860), sowie einiger Millefiorigefässe im Berliner Kunst-Industrie-Museum

1) Catalog der Slade-Collection p. 10 sub No. 50. Eine kürzlich erschienene Publication von Franks war mir unmöglich zu beschaffen. Ich kenne die Resultate, zu welchen dieser vorzügliche Kenner der Glas- und Thonfabrikate gelangt ist nicht und ist die folgende Auseinandersetzung ganz unabhängig entstanden.

gelang es mir, die Herkunft der Perlen sicher nachzuweisen und auch die Zeit annähernd zu bestimmen.

Besagtes Fläschchen ist ziemlich dickwandig und besteht aus dunklem kobaltblauem Glase, welches aussen mit farbigen Glasstäbchen (Millefioristäbchen) belegt ist, die sich der Länge nach darauf platt ausbreiten, während die beiden Endflächen der Flaschenoberfläche anfliegen. Man muss also die erweichten schon etwas plattgedrückten Stäbchen der Länge nach in eine Form gelegt und dann die blaue Glasblase hineingeblasen haben, aus der dann das Fläschchen auf bekannte Art formirt wurde.

Diese Stäbchen zeigen nun vollständig die Form und Technik der fraglichen Perlen. Der Hauptunterschied besteht nur darin, dass sie massiv sind. Die Mitte nimmt meist ein vierarmiges opakrothes Kreuz ein, selten ein fünfstrahliger Stern, dann folgt umhüllend eine opakweisse Schicht, hierauf wieder eine sternförmige dünne opakrothe (achtspitzig bei mittlerem Kreuz, dann eine zweite opakweisse Schicht, wieder sternförmig, und dann eine äussere Schicht meist aus kobaltblauem Glase, aber auch aus blaugrünem oder amethystviolettem. Meist ist diese Schicht rund, hin und wieder aber auch fein gezähnt.

Es fehlen also nur die inneren transparenten Schichten der Perlen, dafür tritt das rothe Kreuz ein, im Uebrigen ist die Herstellung dieser Stäbchen, sowie zum Theil die Farbenzusammenstellung eine so absolut übereinstimmende, dass der allernächste Zusammenhang unabweisbar zu Tage tritt. Der venezianische Ursprung unserer Perlen dürfte demnach bewiesen sein, da sich sonst diese Technik nirgends wieder findet.

Es fragt sich nur, wann und wie diese Technik entstanden ist.

Die Geschichte der edlen venezianischen Glaskunst ist noch in vielen Punkten der Aufklärung ausserordentlich bedürftig. Labarte in seiner histoire des arts industriels au moyen âge lässt hierbei in historischer, wie auch in technischer Beziehung sehr viel zu wünschen übrig. Vollends die Millefiorigefässe sind eigentlich nirgends recht berücksichtigt. Am meisten Aufschluss giebt noch die Monografia della Vetraria Veneziania e Muranese (Venezia 1874), herausgegeben von der giunta speciale für die Wiener Weltausstellung 1873. Von besonderem Werthe sind die Mittheilungen aus den Matrikeln der verschiedenen Glasmacherzünfte, den wichtigsten Quellen für die Geschichte dieser Kunst und ein recht vollständiges historisch geordnetes Verzeichniss der alten Nachrichten und Quellen, sowie der neueren Literatur[1]).

Man muss sich die Entwicklung in folgender Weise vorstellen. Während bis an das Ende des 15. Jahrhunderts die Kunst durch orientalische Vorbilder beeinflusst wurde und die Malerei in Emailfarbe vorherrschte, begann im Laufe dieses Jahrhunderts

1) Herr Dr. Antonio Salviati hatte mir freundlichst versprochen, in den Acten zu Venedig noch weiter nachzuforschen, ob sich mehr über die alte Millefiorifabrikation ermitteln liesse. Bei seinen vielfachen Reisen war er noch nicht im Stande, diese Untersuchungen anzustellen. Es war nicht länger möglich, den Druck obigen Vortrages aufzuschieben. Sollten sich neue Resultate ergeben, so könnten dieselben an anderem Orte bei einer neuen durch farbige Abbildungen erläuterten Behandlung dieses Gegenstandes verwendet werden.

die grossartige Bewegung der Renaissance. Man durchforschte die Bauten und alle Reste der Kunst des Alterthums, und indem man diese neu zu beleben glaubte, entstand eine andere herrliche Schöpfung, die der Antike doch als eine eigene Bildung gegenüber steht. So ging es auch in der Glaskunst. Die zahlreichen Nachgrabungen mussten die in jetzt noch immer unerschöpflicher Fülle von dem Italischen Boden beherbergten Glasgefässe und Scherben ans Tageslicht fördern und die schon zu hoher Blüthe gelangte neue Kunst zur Nachahmung der alten auffordern. Und es waren beide Seiten der antiken Glastechnik, aus denen sich verschiedene Zweige der neuen Technik entwickelten, sowohl die buntfarbigen Gläser, als die farblosen, welche letzteren wenigstens zur Kaiserzeit durchaus überwogen. Die letzteren beeinflussten in hohem Grade die farblosen venezianischen des 16. Jahrhunderts und besonders die antiken Petinetgläser (aus plattgedrückten Stäbchen zusammengesetzt, die mit opaken Fäden umwunden sind) gaben die Vorbilder für die Venezianischen Faden-(Latticinio)-Gläser; diese Klasse erhob sich allerdings noch weit über die Vorbilder und darf, was ihre Eleganz und Schönheit anbetrifft, wohl als das herrlichste Product aller Zeiten in dieser Klasse von Gläsern bezeichnet werden. Die vielfarbigen Gläser erreichten aber ihre Vorbilder lange nicht, weder in kunstvoller Technik noch in Schönheit der Farben des opaken Glases, so dass hierin die römische Kaiserzeit noch immer oben an steht. Die etwas schweren Formen dieser Klasse von Gefässen sagten dem Geschmacke der Renaissancen wohl nicht so zu, daher hat sich dieser Zweig auch nicht gleichmässig entwickelt und ist auch früher eingegangen.

Besonders reizten die bewundernswürdigen antiken Millefiorigefässe zur Nachahmung, aber hier copirte man nicht treu, sondern schlug einen ganz anderen Weg ein. Die Millefioritechnik besteht darin, dass man eine Zahl Glasstäbe neben einander zu einem Bündel legt, zusammenschmilzt, den weichen Gesammtstab auszieht, so dass man ihn in Schnitte von beliebigem, aber immer ähnlichem Querschnitt zerlegen kann, welche als Millefioriplättchen die Grundgebilde der zu vollendenden Form sind. Man überfängt auch einen Stab ein- oder mehreremal mit andersfarbigem Glase, so dass Röhren mit verschiedenen concentrischen Schichten entstehen. Die kunstvollsten Gebilde erhält man durch spiraliges Aufrollen einer aus mehreren Schichten bestehenden Glasplatte: es zeigen sich im Querschnitte dann aufgerollte Bänder. Diese Elemente sind nun wieder in der verschiedenartigsten Weise combinirt, ja man hat sogar figurale Darstellungen, Köpfe, Blumen etc. daraus zusammengesetzt, wo die farbigen Stäbchen in gleicher Weise durch die ganze Dicke der Platte hindurchgehen — ähnliche Producte hat in neuerer Zeit der verstorbene Franchini in Venedig wieder hergestellt. Aus solchen Plättchen wurden Gefässe von verschiedener Form, meist flachere Schalen hergestellt. Bei einer grossen Anzahl sind die einzelnen Plättchen verhältnissmässig wenig verzerrt. Diese können nur in einer Form gepresst sein. Die aneinandergelegten Plättchen müssen stark erwärmt und dann durch Pressung vereinigt sein. Um den oberen Rand wurde oft ein Petinetstab gelegt. Ein Nachschleifen hat, glaube ich, hier nicht stattgefunden, denn bei Scherben mit der erhaltenen natürlichen Oberfläche zeigen die Petinetstäbe durchaus keine Abschleifung des oberflächlichen Fadens, während man diese erst bei den von den Händlern polirten Scherben wahrnimmt. Bei anderen gepressten Römischen Gläsern hat allerdings ein Nachschleifen stattgefunden.

Unter den verschiedenen Arten von Millefioriplättchen ist eine besonders häufig, wo die Elemente sich zellenförmig ordnen. Den Mittelpunkt der Zelle bildet eine mehrfach überfangene Röhre (mit dem Kern 2—3 Schichten). Darum ordnen sich dann Röhren in 2—3 Schichten und um dieselben kommt eine gleichförmige Glasschicht. Hat sie dieselbe Farbe als die äussere Schicht der umgebenden Röhren, so erscheinen diese als Stengel (hell in dunklerem meist transparentem Grunde), ist sie verschieden, so bilden die Röhren eine sternförmige Umfassung um die centrale Röhre. Die hellen opaken Mittelpunkte dieser Röhren sind aber immer eine Reihe getrennter Punkte. Da die Plättchen in den Gefässen oft schief zusammengepresst sind, kommen manchmal auch die Längsseiten der Millefioristäbe zur Geltung, was bei den Gefässen in Zellenmosaik wohl eigentlich nicht beabsichtigt war. Der opake Kern der Röhren oder die opaken Stäbe schimmern dann durch die farbige transparente Glasmasse hindurch, an den hervorragenden Stellen weit heller als an den tiefen Falten, so dass man zwischen den Querschnitten hellere und dunklere farbige Streifen bemerkt. Diese Zellenmosaikgefässe suchten die Venezianer nun nachzubilden, verfolgten dabei aber einen ganz anderen Weg. Anstatt den Stab aus einem Bündel anderer zusammenzusetzen, wurde ein Stab mehrfach überfangen und wiederholt in einer gerippten Form gepresst, so dass er auf dem Querschnitte eine Reihe concentrischer Sterne zeigt. Die äusserste transparent farbige Umhüllung blieb rund oder wurde auch noch gerippt. Diese Stäbe wurden dann in längere Stücke zerlegt, dann, wie schon erwähnt, in eine Form gepresst, hierin eine (meist blaue) Glasblase geblasen und das Gefäss vollendet. Dabei kam neben den Querschnitten auch die Längenfläche des Stabes zur vollen beabsichtigten Geltung, was im Alterthum mehr Zufall war. Die Streifung desselben wurde durch die vortretenden weissen Rippen innerhalb der dunklen Hüllmasse bewirkt: die weissen oder hellen getrennten Pünktchen des Alterthums bildeten eine zusammenhängende weisse Sternlinie. Es findet also bei oberflächlicher Betrachtung immer eine gewisse Aehnlichkeit statt, die uns auf den Weg hinweist, der zu den Venezianischen Gefässen geführt hat. Der Rückschluss, den man auf die Herstellung der alten Millefiorigefässe gemacht hat, und den ein Buch dem anderen gedankenlos nachschreibt, dass man bei ihnen auch eine Glasblase über die Millefioriplättchen geblasen und dieselbe hernach ausgeschliffen habe, ist aber falsch. Es wäre ganz unmöglich, dieselbe herauszuschleifen, ohne die erwähnten Petinetstäbchen zu beschädigen. Wahrscheinlich sind diese Millefiorigefässe zuerst entstanden und dann erst hat man die Stäbchen, die man zu ihrer Herstellung brauchte, auch als Perlen verwendet, denn für die letzteren fehlen die Vorbilder im Alterthum, während man sie nun als recht praktisch zur Perlenfabrikation erkannte. Natürlich mussten sie etwas modificirt werden, statt mit einem massiven Stabe fing man mit einer Röhre an und erzeugte durch wiederholtes Ueberfangen und sternförmiges Pressen jene Stäbe, denen durch Zerschneiden und Zuschleifen dann die übliche Form gegeben wurde.

Was nun die Zeit der Millefiorigefässe betrifft, so giebt eine kleine Einzelheit einen gewissen Fingerzeig. Sowohl auf der Flasche des Antiquariums als auf einem Pokale des Gewerbemuseums finden sich einige ganz vereinzelte Goldflitterchen aufgeschmolzen. Die Decoration der Gefässe mit solchen Goldflitterchen (semés d'or) fällt nach Labarte überwiegend ins 15. Jahrhundert und hört im 16. allmählich auf.

Herr Dr. Pabst setzt einen betreffenden Kelch des Berliner Gewerbe-Museums nach seiner Form auch noch ins 15. Jahrhundert. Ferner findet sich bei Sabellico „De Venetae urbis situ lib. 3, 1495“ [1]) die Stelle vasi (di vetro) imitanti — i fiori come quelli che la primavera sparge nei prati, ein nicht misszuverstehender Hinweis auf die Millefiorigefässe. Aus alle dem ergiebt sich, dass sie gegen Ende des 15. Jahrhunderts fabricirt wurden. Wie lange noch, kann ich vorläufig nicht entscheiden, doch ist es wohl wahrscheinlich, dass sie in der ersten Hälfte des 16. Jahrhunderts den farblosen und Filigrangläsern Platz machten.

Auf denselben Zeitpunkt führt nun auch die Formirung der Perlen, die durch Schleifen stattgefunden hat, hin.

Ueber die Geschichte der Venezianischen Perlenfabrication, bringt die citirte Monografia della Vetraria Veneziana auch einige Notizen, die zum Theil mit denen früherer Werke in Widerspruch stehen. Die jetzige Methode „perle alla lucerna“, wo die Perle an einem Eisenstabe geformt und dann von der Lampe mit erwärmten kleinen Glasstäbchen sozusagen bemalt wird, und die schon im Alterthum recht allgemein angewendet wurde, soll 1528 (l. c. p. 266) von Andrea Viador erfunden sein, obwohl dies nicht sicher bewiesen ist. Jedenfalls scheint diese Technik im 15. Jahrhundert noch nicht bestanden zu haben. Es wurden die zerschnittenen Glasstäbe (Röhren von grösserer oder geringerer Dicke) an einem Eisenspiess (allo spiedo) im Glasofen erweicht und abgerundet, hauptsächlich wohl durch Schleifen in die gewünschte Form gebracht (l. c. p. 16) und daraus die „paternostri“ gebildet. Dass diese Schleiftechnik damals stark im Gebrauch war, ergiebt u. a. der Passus aus der Matricola des Cristalleri (aufbewahrt im Museum zu Murano. Monografia p. 264) von 1486: „Si lavoravano a Venezia ed a Murano perle faccettate alla rotina“; von 1500 „Si lavoravana a Venezia ed a Murano di paternostri tagliadi a muola, rotti e scavezzadi —“ und einige ähnliche. Seit c. 1490 (l. c. 14) bezogen auch die Deutschen klare und gefärbte Stäbe aus Venedig, schliffen daraus Perlen und sandten sie über Venedig zurück nach der Levante, wogegen 1510 seitens des Capitolo dell' arte Abhilfe getroffen werden sollte. Jedenfalls wurden die Rohstäbe in Venedig gemacht und es liegt für die vorliegenden Perlen des Venezianischen Millefioristyles kein Grund vor, ihnen einen fremden Ursprung zuzuschreiben. Die Deutschen machten den Venezianern unliebsame Concurrenz, aber in Venedig blühte die Perlenschleiferei auch, und da war es natürlich, dass sie die farbenreichen, ursprünglich zu anderen Zwecken bestimmten Millefioristäbe selbst zu Perlen verschliffen.

So führen diese verschiedenen Betrachtungen auf dieselbe Zeit, das Ende des 15. Jahrhunderts, die Zeit der grossen Entdeckungen Amerika's und des Seeweges nach Indien. Die Perlen sind daher wahrscheinlich schon von den ersten Besuchern nach beiden Regionen gebracht und dann durch inneren Verkehr sowohl über den ganzen amerikanischen Continent wie über die australischen Inseln verbreitet. Das Vorkommen in Europa und Afrika hat weiter nichts Wunderbares. Wie lange die Fabrikation derselben angedauert hat, lässt sich noch schwer entscheiden. Doch es

1) Citirt, Monografia della Vetraria Veneziana p. 264.

ist wahrscheinlich, dass sie nicht zu weit in's 16. Jahrhundert hineinreicht, da erstens die farblosen Gläser die Oberhand gewonnen und im Laufe dieser Zeit jedenfalls die Perlen „alla lucernae" aufkamen.

Die Perlen sind also ihres mystischen Nimbus entkleidet worden, haben aber an Interesse nichts verloren. Sie klären einen uns nahe liegenden, dafür aber um so dunkleren Zeitraum auf.

Sitzung am 4. Februar 1886.

Der Vorsitzende legt den soeben erschienenen Jahrgang der Schriften vor, welcher in kürzester Zeit zur Versendung kommen wird und bemerkt, dass für 1885 nicht wie sonst 2 Abtheilungen, sondern nur eine herausgegeben wird. Lediglich sind es Sparsamkeitsrücksichten, die den Vorstand zu dieser Aenderung bewogen haben

Dann theilt derselbe mit, dass die Gesellschaft durch den im vorigen Monat erfolgten Tod eines Ehrenmitgliedes des Director a. D. Friederici, welcher am 6. April 1832 aufgenommen ist und am 6. April 1882 sein fünfzigjähriges Mitgliedsjubiläum gefeiert, einen herben Verlust erlitten hat. Friederici war hier Oberlehrer, dann Director des Progymnasiums in Wehlau und hatte stets ein grosses Interesse für Naturwissenschaften. Auf seinen speciellen Wunsch ist seine Sammlung von Petrefacten, die viel werthvolles enthält, der Gesellschaft von den Hinterbliebenen zum Geschenk gemacht. Der Vorsitzende sprach den Dank der Gesellschaft aus und ersuchte die Anwesenden, um das Andenken an den Entschlafenen zu ehren, sich von den Sitzen zu erheben, was einmüthig geschah.

Herr Dr. Jentzsch legte neue Arbeiten über die Geologie der Provinz vor. 1. Früh, Kritische Beiträge zur Kenntniss des Torfes (Jahrb. der k. k. geologischen Reichsanstalt, Bd. 35, pag. 677 bis 726, Tab. XII., Wien 1885) behandelt u. a. nach den Materialien des Provinzialmuseums und des hiesigen botanischen Gartens die Microstructur des Martörv von Nidden und Schwarzort (pag. 684—686) und der Lebertorfe von Doliewen bei Oletzko, Jacobau bei Rosenberg und Purpesseln bei Gumbinnen. 2. Klebs, das Tertiär von Heilsberg i. Ostpr. (Jahrbuch der königlich geologischen Landesanstalt für 1884, Berlin 1885, pag. 334—380 mit 5 Tafeln) giebt eine petrographische Gliederung der Heilsberger Braunkohlenformation und weist an der Basis derselben glaukonitische Tertiärschichten nach. 3. Jentzsch, Beiträge zum Ausbau der Glacialhypothese in ihrer Anwendung auf Norddeutschland (Ibidem pag. 438—524 mit 3 Tafeln), enthält ausser allgemeinen theoretischen Erörterungen und Thatsachen, betreffend Bildung und Unterscheidung der norddeutschen Diluvialbildungen, insbesondere eine specielle Darstellung des Untergrundes der Stadt Königsberg auf Grund der bis 252,35 m tief reichenden Bohrungen. 4. Schröder, Saurierreste aus der baltischen oberen Kreide. (Ibid. pag. 293—333 mit 5 Tafeln.) Während der untere Lias Englands und Schwabens die reichste und bekannteste Lagerstätte der Plesiosauren bildet, haben der obere Jura und die Kreideformation bisher nur wenige Species geliefert. In Geschieben des Obersenon hatte nun schon vor Jahren der

Verfasser und gleichzeitig der inzwischen verstorbene Professor Zaddach Reste von grossen Sauriern erkannt, welche Zaddach als Plesiosaurus bestimmte. Durch fortgesetztes Sammeln mehrte sich das Material und wurde ganz besonders bereichert durch eine mehrere Wirbel und Rippen enthaltende Untersenonplatte, welche Herr Dr. Tischler mit der Sammlung des Dr. Marschall in Marienburg für unser Provinzialmuseum erwarb und die Dr. Schröder nunmehr zum Typus einer neuen Species Pl. balticus erhebt. Ausserdem weist derselbe nach Pl. Helmersenii, Pl. ichthyo spondylus und andere Species, endlich einen Wirbel der riesigen „Mooseidechse" von Mastricht Mosasaurus Camperi. Die Belege zu dieser schönen Arbeit finden sich theils im Provinzialmuseum der Gesellschaft, theils (wie alle von Zaddach gesammelten Versteinerungen) im mineralogischen Institut der Universität. Die Reste liegen in untersenonen und obersenonen Diluvialgeschieben Ost- und Westpreussens; da aber letztere dem unter dem grössten Theile Ost- und Westpreussens verbreiteten Kreideterrain entstammen, so haben die genannten Thiere unzweifelhaft in unserer Provinz gelebt und umschliesst diese im Verein mit dem damit verwandten Kreideterrain Schonens eine der reichsten Saurierfaunen der europäischen Kreide. Im Anschluss daran erwähnt Redner noch, dass in dem von ihm in den Schriften der Gesellschaft 1881 Tab. 1 kartographisch dargestellten Kreidegebiet noch durch 15 weitere Bohrungen die nämliche Kreideformation nachgewiesen sei, in Königsberg siebenmal, ferner Fort Kalgen bei Königsberg, ein zweitesmal zu Tilsit zu Gross- und Klein-Neuhof bei Ragnit, Nemonien, Ibenhorst, Insterburg und Graudenz, mithin im ganzen 27 mal in Ost- und Westpreussen, während nur an einem Punkte, Purmallen bei Memel, ältere Schichten erbohrt wurden. Hiermit sei die Kreideformation in Ost- und Westpreussen über mindestens 2000 bis 3000 qkm Fläche nachgewiesen und mit 184 m Mächtigkeit bei weitem nicht durchsunken. Zum Schluss sprach Redner noch besonderen Dank Herrn Lehrer Zinger in Pr. Holland aus, welcher den Wirbel des Pl. ichthyospondylus auf nochmalige besondere Bitte dem Provinzialmuseum schenkte.

Herr Dr. K. Brandt berichtete auf Grund mehrjähriger Studien über den Bau und die Lebenserscheinungen der koloniebildenden Radiolarien oder Sphärozoen. Bezüglich des Baues hob er die Differencirung des Radiolarienplasmas in mehrere functionell verschiedene Abschnitte und die Abhängigkeit der Kernstructur von den Entwickelungsvorgängen hervor. Im Anschlusse daran skizzirte er die wichtigsten Abschnitte im Leben der Radiolarien. Eine ausführlichere Besprechung erfuhren die Lebenserscheinungen der Radiolarien. Die Sphärozoen wurden als echte pelagische Thiere geschildert, welche ihren ganzen Entwickelungsgang in der Nähe der Meeresoberfläche durchmachen und nicht imstande sind, sich selbstständig fortzubewegen. Ihre horizontale Verbreitung ist daher in erster Linie von der durch Wind erzeugten Wellenbewegung der Meeresoberfläche und von den Meeresströmungen abhängig. Ihre vertikale Verbreitung wird dagegen sowohl durch äussere Reize als durch Entwickelungsvorgänge beeinflusst. Bei mechanischer oder thermischer Reizung sinken die Sphärozoëen unter, und zwar durch Vergrösserung ihres specifischen Gewichts. Von den Reizen, denen die an der Oberfläche des Meeres flottirenden Thiere ausgesetzt sind, kommen für die Sphärozoëen hauptsächlich in Betracht: starke Bewegung des

Meeres, Abkühlung des Wassers auf etwa 2 bis 6 Gr. C. und Versüssung bezw. Verunreinigung des Wassers. Dagegen veranlassen weder grelle Belichtung noch die stärkste Erwärmung der Meeresoberfläche, welche unter natürlichen Verhältnissen eintreten kann (30 Gr. C.), die Sphärozoen dazu, die oberen Wasserschichten zu verlassen. Ausser durch gewisse Reize tritt auch infolge der Veränderungen, welche sich bei der Schwärmerbildung in den Radiolarienkolonieen abspielen und welche ein Schwinden des hydrostatischen Apparates (Gallerte und Vacuolen) herbeiführen, ein Untersinken der Colonieen ein. Weder auf Grund von Reizen noch im Verlaufe der Schwärmerbildung werden aber die Sphärozoen unter natürlichen Verhältnissen lebend den Boden der Oceane erreichen können; vielmehr geht aus verschiedenen Versuchen und Beobachtungen mit grosser Wahrscheinlichkeit hervor, dass die Sphärozoëen sich nicht weiter als etwa 200 m von der Oberfläche des Meeres entfernen. — Zum Schlusse erörterte der Vortragende die Ursachen, welche die höchst eigenthümliche Art des Auftretens der Radiolarien und anderer pelagischer Thiere im Golf von Neapel bedingen.

Sitzung am 4. März 1886.

Der Vorsitzende eröffnet die Sitzung mit der traurigen Anzeige, dass Professor Dr. Benecke am 27. Februar c. plötzlich gestorben ist. B. war ein fähiger, ungemein arbeitsamer Mann, der seit dem 8. Juni 1867 der Gesellschaft angehörte und in derselben eine Reihe interessanter Vorträge gehalten hat, er starb 43 Jahre alt an seinem Geburtstage. Er hatte hier studirt, promovirte 1866, machte im folgenden Jahre sein freiwilliges Militärjahr ab und wurde 1868 zum Assistenzarzt befördert, 1870 schied er aus dieser Stellung und wurde zum Prosector ernannt, er verstand es die Liebe und Hochachtung seiner Schüler sich zu erwerben, wurde aber in demselben Jahre zur Reserve einberufen und machte den Krieg gegen Frankreich mit, aus dem er mit dem eisernen Kreuze geschmückt heimkehrte, auch in dieser Stellung hatte er sich der allgemeinen Liebe seiner Collegen und der Mannschaften zu erfreuen. Nach dem Feldzuge nahm er seine Stellung als Prosector wieder ein, beschäftigte sich aber nebenbei mit der besseren Herstellung von Photographien mikroskopischer Präparate, baute sich zu diesem Zweck einen Apparat auf dem Hofe der Anatomie und publicirte mehrere Artikel über diesen Gegenstand. Anfangs photographirte er nur kleine Dinge, wie die Wollhaare der Schafe, deren Veröffentlichung für die Schafzüchter von grosser Wichtigkeit war, später aber in Gemeinschaft mit Professor Dr. Kupffer mikroskopische Präparate; allgemeines Aufsehen erregten die Photographien über die Entwickelung des Eies, die von 5 zu 5 Minuten aufgenommen waren und erst ein klares Bild über diesen Vorgang gaben. Für die Fischzucht waren die erhaltenen Resultate gut zu verwerthen, B. hatte sich von jeher für dieselbe interessirt, wandte ihr aber nun seine ganze Thätigkeit zu und galt als Autorität ersten Ranges in diesem Fache, sein Name war nicht nur in Deutschland, sondern weit darüber hinaus bekannt, die durch seinen Tod entstandene Lücke wird schwer zu ersetzen sein.

1877 wurde er zum ausserordentlichen Professor ernannt, jetzt sollte er einen Ruf in das Ministerium bekommen. Seine Forschungen führten ihn nach Italien, wo er eine Zeit lang in der zoologischen Station in Neapel arbeitete, er hatte dort einen harten Winter durchzumachen, das Eis auf dem Po war einen Fuss stark und scheint dort den Grund seines Leidens gelegt zu haben. Anfangs dieses Jahres kehrte er heiser zurück, hielt noch seine Vorlesungen, musste es aber sehr bald aufgeben, doch arbeitete er rüstig fort ohne seinen schon angegriffenen Körper zu schonen, am 27. Februar ereilte ihn ein plötzlicher Tod in Folge einer Lungenblutung.

B. war ein Mann, der viel geleistet hat und vielmehr noch versprach, als Mensch durch sein liebenswürdiges gefälliges Wesen ausgezeichnet, dem wir stets ein ehrendes Andenken bewahren werden.

Der Vorsitzende ersuchte die Anwesenden als äusseres Zeichen der Achtung, die wir dem Dahingeschiedenen zollen, sich von den Sitzen zu erheben, was bereitwilligst geschah.

Herr Professor Caspary spricht über neue Bernsteinpflanzen. Versetzen wir uns in Gedanken in die Wälder Preussens zu der Zeit, zu welcher in ihnen der Bernstein entstand, so finden wir, dass die Pflanzen, welche den damaligen Wald zusammensetzten, von denen, welche bei uns jetzt waldbildend auftreten, nach den Arten durchweg verschieden sind, zu einem grossen Theil aber auch nach den Gattungen. Die Eichen waren zu jener Zeit in den Wäldern sehr zahlreich an Arten — wir kennen mehr als 12 — und erinnern durch diesen Reichthum an das heutige Nordamerika, wo die Eichenarten in hohem Grade zahlreich sind. Gegenwärtig haben wir in unseren Wäldern nur vier Nadelhölzer; zur Bernsteinzeit waren mehr als 20 in unseren Gegenden vorhanden. Lorbeeren haben wir heute nicht in Preussen, damals gab es hier einige Arten. Ja, es fehlte selbst nicht an Palmen. Sabalites Künowii und Bembergia pentatrias waren damals hier zu finden, wie heutzutage Sabal Adansonii im südlichen Nordamerika. Das Unterholz jener Wälder bildeten jetzt ausgestorbene Erikaceen, auch fand sich die schönblütige Stuartia Kowalewskii, deren nächste Verwandte sich heute ebenfalls im südlichen Nordamerika finden. Feuchtigkeit muss in jenen Wäldern reichlich vorhanden gewesen sein. Denn an den Baumstämmen und wohl auch an dem Boden lebten viele Moose. Von diesen legt der Vortragende 17 neue Arten von Jungermanniaceen in grossen, für den Vortrag besonders ausgeführten Tafeln vor. Unter den Kiefern der Bernsteinwälder waren bisher nur solche bekannt gewesen, welche 2 oder 3 Nadeln auf den Kleinästen trugen, aber keine, welche nach der Art von Pinus Cembra, Pinus Strobus und einer grösseren Zahl nordamerikanischer Kiefernarten 5 Blätter im Büschel hatten; jedoch haben sich in der letzten Zeit 2 Exemplare solcher Form gefunden, die wegen der Breite der Nadeln eine grössere Verwandtschaft mit der Cirbelnusskiefer zu zeigen scheinen als mit der Weymouthskiefer. Der Vortragende hat diese für den Bernstein neue Art Pinus cembrifolia genannt. Als dem Bernsteinwalde angehörig hatte der Vortragende früher schon 3 Ahornarten beschrieben, jetzt legt er eine vierte vor, die er Acer Scharlokii genannt hat, dem Apotheker Julius Scharlok in Graudenz zu Ehren, der mit grossem Eifer und bestem Erfolge die Flora der Umgebung seines Wohnortes studirt. Von Scharloks Ahorn sind dicht neben und übereinander zwei Blüthen vorhanden, leider wohl nicht ganz vollständig. Vier (?) lineale Kelchblätter, die etwa viermal so lang als breit sind, Blumenblätter, welche diese um das Dreifache an Länge übertreffen, und etwa 6 Staubblätter kommen jeder Blüthe zu. Die Staubblätter überragen die Blüthenblätter um ein Viertel von deren Länge, die Staubblätter sind elliptisch oben und unten ausgerundet. An unsern Hasenklee erinnerte im Bernsteinwalde Oxalidites brachysepalus, von dem ein kleines Früchtchen gefunden ist, kurz länglich, mit fünf linealen freien Griffen und fünf nierenförmigen, rundlichen Kelchblättern. Eine neue Eichenart ist vom Vortragenden Quercus Klebsii benannt, nach Dr. Richard Klebs, bekannt durch seine geologischen Forschungen und mehrere Arbeiten, den preussischen Bernstein betreffend. Von dieser Klebsschen Eiche ist ein Stück eines männlichen Blüthenstandes vorhanden. Die Blüthen, gestützt von einem schmalen, linealen Hochblatt, sind kreiselförmig und fünfzahnig. Die Staubblätter überragen die Hülle wenig. Endlich legt der Vortragende einen kleinen Pilz der Bernsteinzeit in grosser Abbildung vor, der kaum einen halben Millimeter Länge hat, aber ein hohes Interesse gewährt, weil er in bester Weise erhalten ist. Der kleine Stil, nach unten und oben verdickt, haftet, wie es scheint, auf einer Unterlage von Vogelkoth. Oben ist verbreiteter Kopf sichtbar, der mit braunrothen elliptischen Sporen bedeckt ist. Obgleich einige Hunderttausend, ja vielleicht eine Million und mehr Jahre alt, ist dieses kleine Stilbum succineum, dem heutigen Stilbum vulgare höchst ähnlich, aufs beste erhalten. Keine andere Substanz als das flüssige Harz des Bernsteinbaumes hätte die schwierige Aufgabe, einen solch zarten Organismus durch so bedeutende Zeiträume aufzubewahren, zu lösen vermocht.

Herr Dr. O. Tischler hielt eine Gedächtnissrede auf Kammerherr Worsaae, die in den Schriften abgedruckt ist.

Sitzung am 1. April 1886.

Herr Dr. Pancritius hielt einen Vortrag über „die Physiologie des Fischdarms.“ Zur Klarlegung der Verdauungsvorgänge bei den Fischen wird als Einleitung der gesammte Verdauungscanal der höhern Wirbelthiere anatomisch und physiologisch kurz beschrieben. Dann geht der Vortragende zu den Fischen über und zeigt in der Reihe der Fische die allmählig fortschreitende höhere Organisation der Verdauungswerkzeuge von einem einfachen cylindrischen Rohr bis in ein in viele Abschnitte zerfallendes Canalsystem. Hieran schliesst sich endlich die Darlegung der Verdauung und Nahrung unserer Fische, vergleichend mit den höheren Wirbelthieren behandelt. Wir wollen dem Vortrag folgende Hauptpunkte entnehmen: 1) Unsere Fische (Knochenfische) zerfallen nach ihrer Verdauung und den anatomischen Merkmalen des Darmcanals in magenbesitzende und magenlose Fische. Zu den letzteren gehören unsere karpfenartigen Fische (Karpfen, Schleihe, Karausche,

Plötze, Rothauge, Bressem etc.), während der Rest unserer Knochenfische einen Magen besitzt. 2) Die magenbesitzenden Fische zeigen eine den höheren Wirbelthieren gleiche Verdauung, d. h. sie besitzen ein bei saurer Reaktion Eiweiss verdauendes Ferment (Pepsin) im Magen. Ausserdem wird Eiweiss im ersten Theil des Dünndarms durch ein bei laugenartiger Reaktion wirksames Ferment (Trypsin) verdaut, welches von einer Bauchspeicheldrüse oder von Pförtneranhängen abgeschieden wird. Das Pepsin der Fische unterscheidet sich von dem der Säugethiere durch seine Wirksamkeit bei Temperaturen unter ÷ 15° Celsius. 3) Die magenlosen Fische zeigen nur die Verdauung durch Bauchspeichelsekret. Ferner sondert der ganze Darmcanal mit Ausnahme des Schlundes diesen Saft ab und zwar nimmt die verdauende Kraft des Darmes vom Anfang desselben allmählig nach dem Ende zu ab. 4) Eine Vorarbeit für die Verdauung durch die Mundhöhle mit Bezahnung und Speicheldrüsen, wie wir sie bei den Säugethieren finden, existirt bei den Fischen nicht. Hier dient der Mund lediglich zum Ergreifen und Festhalten der Beute. 5) Leber und Galle besitzen kein Eiweiss verdauendes Ferment. 6) Das diastatische Ferment des Darmes der karpfenartigen Fische führt nur gequellte Stärke in Zucker über, rohe dagegen bleibt unverändert. 7) Die karpfenartigen Fische nähren sich nur ausnahmsweise von Pflanzen, die gewöhnliche Nahrung besteht aus Wasserthieren, grösstentheils Mückenlarven und Puppen. 8) Junge Fische ernähren sich ausschliesslich von kleinen Wasserthieren, vornehmlich niederen Krebsen (Daphniden, Copepoden etc.).

Herr Dr. Jentzsch legte die wichtigsten geologischen Publicationen des letzten Jahres vor und unterwarf dieselben einer Besprechung.

Sitzung am 6. Mai 1886.

Herr Professor Dr. Lohmeyer erstattete in längerem Vortrage Bericht über den Inhalt des zweibändigen Werkes, in welchem der Thorner Gymnasialprofessor Leopold Prowe die Erfolge seines mehr als dreissigjährigen Forscherfleisses über das Leben des Begründers der neueren Astronomie, des preussischen Astronomen Nicolaus Coppernicus niedergelegt hat (1883). Nicolaus Coppernicus, wie er sich in lateinischer Form selbst schrieb (in deutscher Nicolaus Coppernic), war am 19. Februar 1473 zu Thorn als das jüngste Kind des Kaufherrn Niklas Koppernigk und der Barbara Watzelrode geboren; der Vater war in der Mitte des dreizehnjährigen Krieges, durch den sich Westpreussen und Ermland von der Herrschaft des deutschen Ordens losmachten, von Krakau aus eingewandert und sehr schnell zu hohem Ansehen in Bürgerschaft und Kaufmannsgilde von Alt-Thorn gelangt, die Watzelrode waren eine alteingesessene Kaufmannsfamilie von Reichthum und Bedeutung. Die vielumstrittene Frage nach der Nationalität des grossen Mannes sucht der Vortragende mehr durch eine Hinweisung auf die allgemeinen Verhältnisse, denen zufolge Coppernicus nur ein Deutscher gewesen sein kann, zu lösen als durch ein Eingehen auf die verwirrende Masse von Einzelheiten, durch deren willkürliches Hineintragen nur diejenigen, welchen in ihrer nationalen Voreingenommenheit jene einfache Lösung nicht gefiel, die Frage arg verfahren haben. Da der Knabe im zehnten Lebensjahre seinen Vater durch den Tod verlor, übernahm der mütterliche Oheim Lukas Watzelrode, der damals Domherr zu Frauenburg war und 1489 Bischof von Ermland wurde, die Leitung seiner Erziehung. In der heimischen Stadtschule empfing der begabte und sicher sehr geistvolle Knabe die Vorbildung für die Universität, in den Kreisen, in welchen er lebte, lernte er das grosse Leben nach allen seinen Richtungen kennen. Sein weiterer Bildungsgang deckte sich fast genau mit dem des Oheims, der ihn schon früh zum geistlichen Stande bestimmt hatte. Im Herbst 1491 bezog Coppernicus die Universität Krakau, oder genauer die dortige Artistenfakultät, die durch eine grosse Zahl bedeutender Lehrer, Humanisten und Fachgelehrte, eine bedeutende Anziehungskraft ausübte. Nach vollendetem Triennium kehrte er, ohne einen akademischen Grad zu erwerben, heim. Zum Beginne des Wintersemesters 1496/97 ging er über die Alpen und wurde Scholar der Rechtsschule zu Bologna. Während des Jubeljahres 1500 weilte er in Rom und konnte bereits sehr besuchte Vorträge über Mathematik halten. Im Sommer 1501 kam er nach Preussen zurück und begab sich, da er 1497 ein ermländisches Kanonikat erhalten hatte, nach Frauenburg. Um seine Studien des geistlichen Rechts ganz abzuschliessen und zugleich um Medizin zu studiren, erhielt er 1502 noch einmal Urlaub nach Italien, wo er bis zum Ende des Jahres 1505 in Padua beiden Wissenschaften oblag. Am 31. Mai 1503 wurde er zu Ferrara zum Doctor des geistlichen Rechts promovirt. Kaum ein Jahr nach seiner Rückkehr berief ihn der kränkelnde Oheim auf sein Schloss Heilsberg und behielt ihn dort bis zu seinem eigenen Tode (1502). Von diesem Jahre ab hat Coppernicus über 30 Jahre in Frauenburg gelebt, mit der einzigen Unterbrechung von 1516 bis 1521, wo er als Verwalter des Kapitelsantheils, der Aemter Allenstein und Mehlsack, in Allenstein residirte. Auch weiterhin ist er bis fast 5 Jahre vor seinem Tode vielfach von zeitraubenden Amtsgeschäften in Anspruch genommen worden. 1523, nach dem Tode eines Bischofs, war er ein halbes Jahr lang sogar Administrator des Bisthums. Er starb nach kurzer Krankheit am 24. Mai 1543. Neben allen diesen Studien und Beschäftigungen und einer, wie es scheint, nicht geringen ärztlichen Thätigkeit liefen nun noch jene Studien her, auf denen sich sein grösster Ruhm aufgebaut hat, der, dass er die Erde bewegte und die Sonne und den Himmel stille stehen hiess. Zu seiner Ansicht von der Unhaltbarkeit des Ptolemäischen Systems ist er zuerst, wie er selbst sagt, durch das Studium der Griechen, namentlich der Pythagoräer gekommen, die bereits die Erdbewegung lehrten, und dieses ist bereits in Krakau geschehen, wo er die erste Bekanntschaft mit den Griechen machte, freilich erst in den durch das Arabische gegangenen lateinischen Uebersetzungen, denn die griechische Sprache begann er erst in Bologna zu erlernen. Die Beobachtungen am Himmel mit den meist selbstgefertigten Instrumenten, deren Unvollkommenheit und Fehler Coppernicus ganz genau kannte, dienten ihm nur zur thatsächlichen Prüfung seiner wesentlich speculativen Geistesarbeit. Von Krakau ab bis wenige Jahre vor seinem Tode lassen sich solche Beobachtungen verfolgen, von denen die meisten in Frauenburg auf einem neben seiner Kurie belegenen Thorthurme gemacht sind; die herkömmliche Erzählung von Beobachtungen in Allenstein ist eine Fabel (wie die von den durch ihn erbauten Wasserleitungen). Coppernicus hat sich stets darauf beschränkt, einzelnen Freunden und bevorzugten Schülern gelegentliche Mittheilungen über seine Gedanken und Entdeckungen zu machen, bei seinen Lebzeiten war eine gedrängte, von ihm selbst gefertigte Zusammenstellung seiner Lehren nur handschriftlich verbreitet. Erst dem jungen Professor Joachim Rheticus aus Wittenberg, der 1539 nach Frauenburg kam und schnell der innige Freund des geliebten Lehrers wurde, gelang es, im Vereine mit anderen Verehrern und Freunden von Coppernicus die Einwilligung zum Drucke seines grossen Hauptwerkes, der „sechs Bücher über die Umwälzungen der Himmelskörper", zu gewinnen, die er einst in Heilsberg begonnen hatte und an denen er sein ganzes Leben hindurch bessernd und ergänzend fortgearbeitet hat. Wenige Stunden vor seinem Tode konnte Coppernicus das erste fertig gedruckte Exemplar, da sein Geist schon fast geschwunden war, wenigstens mit den Händen berühren. In religiöser Beziehung war Coppernicus ein gläubiger Anhänger der alten Kirche geblieben, zugleich hat er aber auch stets der in der Jugend eingesogenen Richtung angehangen, der des Erasmus von Rotterdam, welche die schreienden Misstände der eigenen Kirche erkannte und offen anerkannte und darum der deutschen Reformation nicht jede Berechtigung absprach.[1])

Herr Dr. Tischler spricht über das Gräberfeld von Corjeiten bei German unter Vorzeigung einer Reihe charakteristischer Funde von demselben. Schon früher waren als Geschenke von Herrn Max Werdermann-Corjeiten eine grössere Anzahl gelegentlich beim Ackern gemachter Funde in das Provinzialmuseum gelangt. In den Herbstmonaten 1884 und 1885 hat der Vortragende durch vollständiges Umrajolen eines Stücks von zwei Morgen Grösse 400 Gräber aufgedeckt, wodurch das Feld aber noch lange nicht erschöpft ist. Das Gräberfeld durchlief alle chronologischen Phasen vom 1. Jahrhundert n. Chr. bis zum Beginn des 5., ebenso wie das Gräberfeld zu Dolkeim. Wenn die einzelnen Gräber nicht so reich ausgestattet waren wie auf letzterem, so war das Gesammtresultat aus den vielen Gräbern bei der im allgemeinen geringen oder fehlenden Steindecke doch ein äusserst befriedigendes und lieferte ein Anzahl neuer Formen, von denen einige überhaupt noch nirgends gefunden sind. Ferner wurde die besonders durch die Dolkeimer Funde begründete chronologische Gliederung dieses grossen Zeitabschnittes vollständig bestätigt und in manchen Punkten noch ergänzt. Diese Felder lassen sich in die Abschnitte B, C, D gliedern (A, die vorrömische La Tène-Periode, ist hier nicht vertreten), B: ungefähr erstes und ein grosser Theil des zweiten Jahrhunderts (Fibeln mit oberer Sehne und solche mit Rollenhülse), C: circa Ende des zweiten und drittes Jahrhundert (Fibeln mit umgeschlagenem Fuss, römische Münzen, besonders aus der Zeit der Antonine), D: circa Ende des dritten bis Anfang des fünften Jahrhunderts (Fibeln mit kurzem Nadelhalter und Nadelscheide bis zu den Formen der grossen Völkerwanderung, keine Münzen). Die Gräber der Periode B sind überwiegend Skelettgräber, hier ein

---

1) Der ganze Vortrag, nebst einer Prowes Werk selbst und die Quellen besprechenden Einleitung, wird in v. Sybels „Historischer Zeitschrift" zum Abdruck kommen.

ca. 2,60 m langes und 0,80 m breites Steinpflaster, alle ziemlich genau mit dem Kopf im Norden. Ueber und unter den hier ganz vergangenen Leichen fanden sich Reste von Holz, wohl von Brettern, zwischen welche dieselben gelegt waren. Die Frauen hatten je zwei Fibelpaare, mehrere Schnüre Glasperlen, einen prächtig besetzten Gürtel und zwei Armbänder; die Männergräber waren ärmer als in Dolkeim, manche ohne Fibel, nur mit ein bis zwei Lanzen, Eisencelt, Messer. Manche Gräber enthielten keine anderen Beigaben als Thongefässe, die aber ganz besonders elegant, einige glänzend schwarz, eines mit Mäanderverzierung, die für diese Periode weiter westlich bis nach Dänemark hin charakteristisch ist. Unter diesen Scelettgräbern fanden sich auch zwei Aschenurnen mit gebrannten Knochen. Auffallend ist es, dass diese Gräber gerade am Abfalle des Feldes zur Wiese nach dem Germauer Fliesse hin lagen und dass im Herbste das Grundwasser bis fast an die Scelette hinauf reichte. Da man bei diesen ältesten Gräbern des Feldes doch Platz genug zur Auswahl hatte, kann man nur den Schluss ziehen, dass der Wasserstand des Germauer Fliesses und seiner Zuflüsse damals ein niedrigerer gewesen ist. Man hat sich also in dem ersten Jahrhundert nach Christo das Land durchaus nicht überall als stärker versumpft als jetzt vorzustellen, wie dies unter anderem auch anderweitig die zahlreichen, zum Theil neuerdings entdeckten Niederlassungen in der Weichselniederung beweisen. Ebenso weisen die ungemein zahlreichen Niederlassungen nördlich und südlich von Corjeiten wie in vielen anderen Theilen des Samlandes auf eine dichte, sesshafte Bevölkerung hin, die ca. vier Jahrhunderte lang an derselben Stelle wohnte, da alle diese Gräberfelder genau dieselbe chronologische Entwickelung zeigen. Dieselbe muss sich von Ackerbau genährt haben, und gehörten bei dem wenig intensiven Betriebe dazu grössere bebaubare Strecken, welche infolgedessen nicht mit Wald bedeckt gewesen sein können. Es kann daher das Land nicht überwiegend mit Sümpfen und Wäldern bedeckt gewesen sein, wenn letztere auch jedenfalls einen grösseren Raum als heute eingenommen haben. Ostpreussen muss schon im 1. Jahrhundert nach Christi an vielen Stellen, so besonders im Samlande, gut angebaut gewesen sein. Die grosse Uebereinstimmung mit den Gräberfeldern weiter im Westen bis Hannover und Dänemark berechtigt zu der Annahme, dass in den ersten vier Jahrhunderten hier germanische (gothische) Stämme sassen, die aber erst um Christi Geburt oder etwas später einwanderten, während die westlichen Gräberfelder Jahrhunderte vor Christi continuirlich zurückreichen; es haben dort also schon zu Cäsars Zeit und vorher Germanen in festen Wohnsitzen gesessen, so dass von einem nomadisirenden Umherziehen nicht die Rede sein kann. Die Cultur der Germanen war eine weit höhere, als sie noch immer vielfach fälschlich dargestellt wird. Die Ostgrenze dieser germanischen Bevölkerung vor Christi liegt übrigens etwas östlich der Weichsel und Nogat (Willenberg bei Marienburg), so dass der grosse Strom keine Völkergrenze war, ebenso wenig wie vorher in der Zeit der Gesichtsurnen. Die Periode C zeigt ein ganz verändertes Inventar, hier ausschliesslich Leichenbrand in den sehr grossen Aschenurnen, die für den nördlichen Theil Ostpreussens charakteristisch. Im allgemeinen waren die Urnen nicht sehr reich. Viele hatte man absichtlich mit Steinen vollgestopft und diese waren immer sehr arm. Doch fanden sich in einer Menge die prächtig garnirten Armbrustfibeln mit umgeschlagenem Fuss aus Bronze mit Silberringen, auch aus reinem Silber, so dass die Zahl dieser Schmuckstücke des Provinzialmuseums wieder bedeutend vermehrt ist. In einer Gegend des Feldes waren solche reichen Urnen häufiger und enthielten unter anderem ein Paar silberne bandförmige Spiralarmringe mit Endschildern, wie ein Paar auf dem Neustädter Felde bei Elbing gefunden ist, zahlreiche silberne Halsringe, diese aber immer beschmolzen oder unvollständig und ähnliche prächtige Beigaben. In Periode D hört die Urnenbestattung allmählig auf und es werden schliesslich die Knochen in freier Erde beigesetzt. Sobald sie in gesammelten Häufchen auftreten, sind die Gräber reicher und es finden sich im Männergrabe meist 1 Fibel mit Nadelscheide, 1 Armring, 1 Schnalle, Lanze, Messer oder Dolchmesser und 1 roh geschnittene grosse Bernsteinperle, 1 oder mehrere Beigefässe, in Frauengräbern 2 Fibeln, 1 Armband, Bersteinperle, Spinnwirtel etc. Die Ringe greifen mit 2 Haken in einander, sind glatt, tordirt oder geflochten, aus Bronze oder Silber. Diese Periode lieferte noch zwei Paar ganz neuer Fibelformen. In Westpreussen ist diese Periode D noch nicht nachgewiesen, während sie weiter westlich wieder auftritt. Es ist daher wahrscheinlich, dass Westpreussen von seinen germanischen Bewohnern schon im Anfange des dritten Jahrhunderts geräumt wurde, während sie in Ostpreussen (und den russischen Ostseeprovinzen) noch zwei Jahrhunderte länger sassen, bis sie auf ganz dunkle Weise von den Preussen abgelöst wurden. Von der späteren preussischen Bevölkerung fanden sich auch Reste. In den jüngern Theil des Feldes reichte einer jener merkwürdigen, im Samlande so häufigen Aschenplätze hinein, der zerstreut Scherben mit den Wellenornamenten der jüngeren slawisch-preussischen Zeit enthielt, Eisenwaffen von vorzüglicher Erhaltung und ganz neuen Formen, begrabene Pferde mit Steigbügeln, welche den Pferden in den älteren Gräbern ganz fehlen. Diese Aschenschicht hatte zum Theil die alten Gräber zerstört, so dass ältere Thongefässe und Metallsachen scheinbar neben den 8—900 Jahre jüngeren Stücken lagen, ein Verhalten, das bei unwissenschaftlicher Aufdeckung dieses Grabfeldes zu den schwersten, weittragenden Irrthümern hätte führen können — wie sich solches anderweitig ja oft ereignet hat. So hat das Gräberfeld von Corjeiten unsere Kenntnisse wesentlich gefördert und es ist immer noch viel daselbst bei späteren Untersuchungen zu erwarten.

Sitzung am 27. Mai 1886.

Herr Prof. Dr. Hermann sprach über einige Beobachtungen an Froschlarven.

Der Vortragende beschrieb das Aussehen und Verhalten der eben ausgeschlüpften Larven von Rana temporaria, die den ganzen Körper bedeckende Flimmerbewegung, den Luftgehalt der schon im Stadium der äusseren Kiemenbüschel vorhandenen Lungen, den Kreislauf in den Kiemen, u. s. w. Den Hauptgegenstand der Mittheilung bildete das Verhalten der Larven im Wasser, durch welches ein kräftiger galvanischer Strom geleitet wird. Die Larven stellen sich nach einer heftigen Unruhe bei der Schliessung mit dem Kopf gegen die Anode ein, und bleiben in dieser Stellung bis zur Oeffnung, welche wieder Unruhe macht, ruhig liegen. Diejenigen Larven, welche die genannte Einstellung nicht zu Stande bringen, bleiben während der ganzen Stromdauer unruhig, indem der Schwanz beständig undulirende Bewegungen macht. Mannigfache Modificationen des Versuches werden angeführt. Auch geköpfte oder des Schwanzes beraubte Larven zeigen Unruhe, wenn sie mit dem Kopfende nach der Kathode liegen, Ruhe bei entgegengesetzter Lage; ebenso abgetrennte Schwanzstücke, sobald dieselben noch Rückenmark enthalten. Die Erscheinung wird darauf zurückgeführt, dass auch bei erwachsenen Fröschen) aufsteigende Durchströmung das Rückenmark stärker erregt als absteigende, und die Thiere die am wenigsten erregende Stellung aufsuchen.

Kurare ist ohne jede Wirkung auf die Larven; auch Morphium hat keine deutliche Wirkung. Im Dunkeln werden die stark pigmentirten Larven farblos und durchsichtig, im Lichte wieder dunkel. Rothes Licht wirkt wie Dunkelheit, blaues dagegen wie Tageslicht.

Vier kleine Mittheilungen von Dr. Klien.

1. **Ueber zwei neue chemische Elemente: Germanium und Austrium.** Im Sommer 1885 zeigte sich bei Freiberg auf der Himmelsfürst-Fundgrube ein reiches Silbererz von ungewöhnlichem Ansehen, in welchem A. Weissbach eine neue Mineralspecies erkannte, die er „Argyrodit" benannte. Bei der chemischen Untersuchung ergab sich, dass dieses Mineral, je nach der Reinheit des Materials, 73 bis 75 pCt. Silber, 17 bis 18 pCt. Schwefel, kleine Mengen Eisen, Spuren Arsen und geringe Mengen von Quecksilber (0,21 pCt.) enthielt, was sich bisher noch niemals auf den Freiberger Erzgängen gezeigt hatte. So oft und so sorgfältig von Clemens Winkler die Analyse des genannten Minerals auch durchgeführt werden mochte, schloss sie doch immer mit einem Verluste von etwa 6 bis 7 Procent ab, ohne dass es nach dem üblichen Gange der qualitativen Untersuchung möglich gewesen wäre, den fehlenden Körper zu entdecken. Schliesslich gelang es aber Winkler im Argyrodit ein neues, dem Antimon sehr ähnliches, doch von diesem noch scharf unterschiedenes Element aufzufinden, welchem der Name „Germanium" beigelegt worden ist. Das Element besitzt, ähnlich dem Arsen, graue Farbe und mässigen Glanz, ist bei Rothglühhitze flüchtig und legt sich bei der Verflüchtigung in Form kleiner, an abgedunstetes Jod erinnernde Krystalle an die Glaswandungen an. Das Germanium, welches in seinem Verhalten grosse Aehnlichkeit vom Antimon und Arsen hat, unterscheidet sich von den beiden letzteren Elementen vor Allem dadurch, dass es aus seinen Lösungen nach dem Ansäuern mit Schwefelwasserstoff eine charakteristische, weisse Schwefelverbindung (Germaniumsulfid) giebt, welche sich leicht in Schwefelammonium löst und beim Wiederabscheiden durch Salzsäure als schneeweisser Niederschlag gefällt wird. Antimonsulfid aus seinen Lösungen bekanntlich mit oranger, Arsensulfid mit gelber Farbe. —

Das andere neue Element, welchem vom Entdecker der Name „Austrium" beigelegt worden ist, hat Professor Linnemann in Prag, welcher am 22. April daselbst gestorben ist, im Orthit aufgefunden. Nähere Angaben und Bestätigungen der Untersuchungen fehlen bis jetzt noch darüber.

2. **Ueber die neue Theorie der Pflanzenernährung durch Pilze im Boden.** Professor Frank hat die Entdeckung gemacht, dass die Wurzeln der meisten Waldbäume, vor Allem der Kupuliferen, also der Eichen, Buchen, Kastanien etc. sich von denjenigen der übrigen Pflanzen dadurch unterscheiden, dass die Wurzelober-

fläche der Saugwurzeln der genannten Baume vollständig mit einem dichten Pilzmantel überzogen ist, während die Wurzelhaare, welche bei den meisten übrigen Pflanzen die Aufnahme der Nährstoffe vermitteln, ganz fehlen. Frank nimmt nun an, dass die Nahrung, welche die hierzu gehörigen Bäume aus dem Boden schöpfen, ihnen nur durch Vermittelung eines Pilzes zugeführt werden kann, indem eine grosse Anzahl Pilzfäden sich von der Oberfläche der Wurzelhüllen abzweigt und in den Boden hineinwächst. Hiernach würden die Pilzfäden also die Rolle der Wurzelhaare spielen; man hätte hier somit einen eigenthümlichen Fall von Symbiose. Diesen Wurzelpilz bezeichnet Frank mit dem Namen Mykorhiza. Der Referent hat früher Eichen- und Buchenpflänzchen in Nährstofflösung gezogen, jedoch einen Wurzelpilz an den Saugwurzeln dieser Pflanzen nicht beobachtet.

3) Ueber den Einfluss sehr grosser Mengen von gebundener Phosphorsäure im Boden auf die Zusammensetzung der Körnerfrüchte. Prof. Wagner hatte gefunden, dass durch überreichliche Ernährung der Pflanzen mit Phosphorsäure eine Erhöhung des Proteïngehaltes wohl im Stroh und in den Grünpflanzen stattfindet, nicht aber in den Körnern und Samen; letztere würden sogar proteïnärmer. Nach den Beobachtungen des Referenten wird aber diese Wanderungsfähigkeit des Proteïns aus dem Kraute nach den Körnern nur durch die Anwesenheit von freier Phosphorsäure (Mineralsäure) im Boden erschwert, denn es ist anders, wenn die Phosphorsäure in grossen Mengen an Kalk etc. gebunden (in neutraler Form) dem Boden zugeführt wird.

4. Ueber das Verhältniss des Spelzengewichtes einer Anzahl in Ostpreussen geernteter Gerstensorten. Als besonders interessant hatte sich bei dieser Arbeit herausgestellt, dass auf öden Bodenflächen, welche mit stark gypshaltigem Dünger gedüngt waren, die Gerstenkörner das grösste Spelzengewicht hatten.

Herr Dr. Franz hielt einen Vortrag über die totale Sonnenfinsterniss, welche am 19. August des Jahres 1887 gegen $5^1/_2$ Uhr Morgens uns bevorsteht. Die Finsterniss ist total für Ost- und Westpreussen mit Ausnahme des nördlichen Streifens, in dem Königsberg und Danzig liegt. Der Vortragende empfahl in den Orten, die in der Mitte der Totalitätszone liegen, die Corona zu zeichnen und zu photographiren, und in den Orten, die nahe dem Rande der Totalitätszone liegen, die Dauer der Totalität nach einer Uhr mit Sekundenzeiger zu beobachten. Die Totalität dauert an den ersteren Orten 2 Minuten 18 Sekunden und ist um so kürzer, je näher der Beobachtungsort der Grenze der Totalitätszone liegt.

Eine Erscheinung von überraschender und unbeschreiblicher Pracht, die Jedermann ohne besondere Instrumente beobachten kann, eine Erscheinung, die zugleich äusserst selten ist, und die Deutschland seit 36 Jahren nicht gesehen hat, steht uns im nächsten Jahre bevor. Es ist die totale Sonnenfinsterniss vom 19. August 1887; dieselbe ist in Ostpreussen besser sichtbar als in irgend einem anderen Theile Deutschlands. Am besten freilich wird man sie in Russland und im südlichen Sibirien sehen. Denn es ist der Anfang der ganzen Finsterniss bei uns nicht sichtbar, da die Sonne zu der Zeit, wo der Mond beginnt vor sie zu treten, hier noch nicht aufgegangen ist. Sieht man also früh um $4^3/_4$ Uhr die Sonne im Nordosten aufgehen so bemerkt man, dass die dunkle und unsichtbare Mondscheibe von rechts und ein wenig von oben her bereits etwas in die Sonnenscheibe eingedrungen ist. Je höher nun die Sonne steigt, desto schmaler wird der noch erleuchtete Theil derselben und nimmt zuletzt die Form einer Sichel an. Wird diese blendend helle Sichel ganz dünn und kürzen sich zugleich ihre Hörner, so weiss man, dass der Beginn der Totalität unmittelbar bevorsteht und mit gespannter Aufmerksamkeit pflegt Jedermann diesen Moment zu erwarten. Plötzlich verschwindet die fadendünne Sichel — mitunter zerreisst sie kurz vorher, mitunter sieht man noch eine Sekunde lang einen Punkt der Sichel sternähnlich nachglühen — und die Totalität ist eingetreten. Ein überraschender Anblick bietet sich nun dem erstaunten Beschauer dar. Wie eine dunkle schwarze Kugel mitten in der Luft schwebend, erscheint plötzlich der bisher ganz unsichtbare Mond, umgeben von einem Heiligenscheine. Dicht am Rande des Mondes sieht man oft einzelne wie Rubinen leuchtende rothe Punkte; es sind die „Protuberanzen", Flammengarben und Flammenberge der Sonne, die über den Mondrand weit hervorragen, sie sind bei vielen Sonnenfinsternissen mit blossem Auge sichtbar. Weiterhin strahlt nach allen Seiten als heller Schein die „Corona" aus. Ihre Gestalt hat sich bei verschiedenen Sonnenfinsternissen sehr verschieden gezeigt und ist fast immer unregelmässig. Während sie sich an manchen Stellen nur um ein zehntel Monddurchmesser weit vom Monde entfernt, übertrifft ihre Ausdehnung an anderen Stellen den ganzen Monddurchmesser oft bedeutend, wie letzteres bei der Sonnenfinsterniss von 1878 in Nordamerika beobachtet wurde, wo sich die auf beiden Seiten vom Monde in der Richtung der Eliptik weithin erstreckte. Die Figur der Corona ist oft eckig, z. B. 1869 erschien sie in Amerika fast viereckig und sie hat oft lange Anhängsel oder Ausläufer, die man mitunter mit Pferdeschwänzen verglichen hat und die nach der Seite hin meist scharf begrenzt sind und sich nach aussen hin allmählig verlieren. Die Struktur der Corona zeigt sich oft strahlenförmig, mitunter homogen, mitunter gefaltet oder zackig. Ihre Farbe ist meist blendend weiss. Einige Beobachter schreiben ihr einen grünlichen, andere einen violetten Ton, nach innen mit rosigem Saume zu. — Das Wesen der Corona ist noch der Hauptsache nach unbekannt. Während man dieselbe früher für eine blosse optische Erscheinung hielt, nimmt man jetzt allgemein an, dass sie einen wirklichen materiellen Theil der Sonne oder der Sonnenatmosphäre repräsentirt oder von Körpern gebildet wird, die die Sonne umkreisen. Die prächtige Erscheinung der Totalität dauert aber nur ganz kurze Zeit, durchschnittlich nur zwei Minuten. Die Corona zeigt in der kurzen Zeit keine merklichen Veränderungen, wohl aber erleiden solche die Protuberanzen; sie pflegen an der rechten Seite zu- und an der linken Seite abzunehmen. Sowie der erste Sonnenstrahl wieder hervorbricht sind Corona, Protuberanzen und die schwarze Mondkugel mit einem Schlage verschwunden und schon zeigt sich rechts oben die schmale blendende Sonnensichel, die an Breite allmählig wächst, bis eine Stunde später das Ende der ganzen Finsterniss eintritt.

Während der Totalität werden die Sterne erster Grösse und die helleren Planeten sichtbar. Links von der Sonne und etwas tiefer um 5 Durchmesser entfernt steht dicht am Horizont α Leonis oder Regulus. Rechts weiter nach oben erscheint der Mars als kleiner röthlicher Punkt, weiterhin der Saturn und heller der Merkur. Die Venus ist noch nicht aufgegangen.

Oft hat bei totalen Sonnenfinsternissen ein Beobachter, der einen hochgelegenen Standpunkt mit weiter Aussicht hatte, das Heranrücken und Forteilen des Mondschattens über die Erdenlandschaft beim Anfang und Ende der Totalität beobachtet. Diese Erscheinung wird sich bei dieser Finsterniss nicht in ausgeprägter Weise zeigen. Denn da die Sonne noch sehr tief steht, werden diesmal zuerst die oberen Schichten der Atmosphäre und die oberen Wolken beschattet und sie sind es, die kurz vor dem Ende der Totalität zuerst erleuchtet werden, so dass in dieser Hinsicht eigenthümliche Lichteffekte hinsichtlich der Beleuchtung der Luftschichten zu Stande kommen dürften. Während der Totalität erscheinen auch mitunter die Wolken, die am Himmel schweben, mit eigenthümlichem rothem Licht überzogen. Es sind dies Erscheinungen, die man auch beobachten kann, wenn während der Totalität zufällig der Mond und die Corona durch eine Wolke verdeckt sein sollte. Bei der Finsterniss von 1851 hat man hier vielfach auch das ängstliche und unruhige Benehmen der Thiere beobachtet, von denen viele eiligst ihre Nachtlagerstätten aufsuchten. Empfindliche Pflanzen schliessen wieder ihre Blüthen.

Bei dieser Sonnenfinsterniss können von Jedermann, der zuverlässig, aufmerksam und besonnen und frei von Aufregung und Phantasie ist, Beobachtungen gemacht werden, die nicht ohne wissenschaftlichen Werth sind. Man begebe sich frühzeitig auf einen Platz im Freien, von dem aus man die Aussicht im Nordosten bis zum Horizont frei hat und sei bei Sonnenaufgang um $4^3/_4$ Uhr zur Beobachtung bereit. Wer von Königsberg aus sich mit der Südbahn in das Gebiet der Totalität z. B. nach Bartenstein, Korschen oder Rastenburg begiebt, kann mit dem gewöhnlichen Frühzuge um 11 Uhr Vormittags zu seinen Tagesgeschäften zurück sein. Doch darf man hoffen, dass die Südbahnverwaltung durch Einstellung eines Extrazuges den Königsbergern schnellere Beförderung und weitere Erleichterungen schafft.

Die Beobachtung der Dauer der Totalität ist in erster Linie zu empfehlen. Man braucht dazu nur eine Uhr mit Secundenzeiger. Zwei Beobachter sind aber dazu nöthig, die sich vorher zusammen eingeübt haben; der erste sieht die Sonne, der zweite die Uhr aufmerksam an. Sowie der erste Beobachter den Eintritt der Totalität sieht, ruft er sofort deutlich eine kurze verabredete Silbe aus. Man pflegt „Topp" zu rufen. Der zweite, der den Sekundenzeiger genau verfolgt, merkt sich die Secunde oder halbe Secunde, zu welcher er den Ruf gehört hat und schreibt sie sofort mit Bleistift auf ein bereit gehaltenes Blatt nieder. Darauf notirt er die zugehörige Minute. Er sieht nicht nach der Finsterniss, sondern sofort wieder auf die Uhr, um den bald erfolgenden zweiten Ruf des ersten Beobachters für das Ende der Totalität auf der Uhr scharf wahrzunehmen. Ist der Beobachter der Uhr etwas weitsichtig, so braucht er eine scharfe Brille, ein Brennglas oder eine Laterne. Es ist nicht nöthig, dass die Uhr richtig geht; der Minutenzeiger muss nur Tags vorher so gestellt sein, dass er gerade eine volle Minute zeigt, wenn der Secundenzeiger auf 60 steht. Nach der Beobachtung messe man, etwa durch Ausschreiten, Richtung und Entfernung des Standpunktes des Beobachters von den nächsten Gebäuden und Wegen, besser noch von den nächsten Kirchthürmen und Signalen der Landestriangulation. Letztere eignen sich oft selbst als Beobachtungsorte. Diese Beobachtung der Dauer der Totalität ist besonders an den Orten zu empfehlen, die nahe der Grenze der totalen Zone liegen und für welche nach der unten folgenden Tabelle die Dauer der totalen Finsterniss kleiner als 1,5 Minuten ist.

Wer auch nur einigermaassen im Zeichnen geübt ist, zeichne die Corona.

Auch er braucht einen Gehilfen. Da die Corona nur zarte Umrisse hat, welche in diesem Falle, da die Sonne noch tief steht, um so schwieriger wahrzunehmen sind, so darf das Auge des Zeichners nicht durch vorhergehendes Beschauen der Sonnensichel geblendet sein. Mehrere Minuten vor Beginn der Totalität schliesse der Zeichner die Augen und bedecke sie mit dem Taschentuch. Der Gehilfe muss ihn benachrichtigen, sowie die Totalität eingetreten ist und nun erst öffne der Zeichner die Augen. Zum Zeichnen habe er Quartblätter und Bleistift bereit. In der Mitte jedes Quartblatts ist schon am Tage vorher ein schwarz ausgefüllter Kreis von der Grösse eines Zweimarkstücks sorgfältig eingetragen und durch dessen Mitte zur Orientirung über das ganze Papier eine senkrechte und eine wagrechte Linie gezogen. Der Zeichner achte schnell auf die Gestalt der Corona, auf etwaige Ausläufer und Ecken und zeichne zuerst ihren Umriss ein, wobei genau auf die Richtung nach den senkrechten und wagrechten Linien zu achten ist. Dann achte man auf die Helligkeitsunterschiede und deute sie durch rohe Schattirung an, merke sich die Farben der Corona und des benachbarten Himmelshintergrundes und revidire, wenn noch Zeit ist, schnell den Umriss der Corona. An dieser Original-Skizze ist nach Ende der Totalität nichts zu ändern. Ihre Unvollkommenheiten beschreibt man mit Worten und fertigt gleich darauf in Musse nach dem Gedächtniss und der Original-Skizze eine zweite sorgfältiger ausgeführte Zeichnung an. Es ist sogar wünschenswerth, dass an demselben Tage mit dem Pinsel eine oder mehrere möglichst getreue Malereien ausgeführt werden. Was an denselben etwa misslungen ist, wird wieder mit Worten beschrieben. — Eine andere aber weniger sichere Methode ist die, während der Totalität garnicht zu zeichnen, sondern nur gleich darauf; man verwendet dann die ganze Zeit der Totalität, etwa zwei Minuten, auf das Betrachten und Prüfen des zarten Gebildes. — Die Benutzung eines Fernrohrs ist zu empfehlen, wenn der Beobachter erstens im Gebrauch desselben geübt ist, und wenn zweitens das Fernrohr nicht in der zitternden Hand gehalten wird, sondern durch Stativ oder Unterlage getragen wird oder wenigstens an einen Stab angebunden oder in eine Gabel gelegt wird. Sind diese Bedingungen nicht erfüllt, so ist ein Fernrohr nur störend und schädlich. Ein Operngucker schadet weniger, aber auch sein Nutzen ist gering.

Zum Abblenden des Sonnenlichtes wird jeder Beobachter ein Stück Glas, welches auf einer Seite berusst ist, bereit halten.

Photographen sollten nicht versäumen die totale Finsterniss zu photographiren. Da die Sonne und vor ihr der Mond noch tief am Himmel stehen — in Westpreussen nur gegen 5 Grad, an der russischen Grenze 7 bis 8 Grad über den Horizont — so kann die Camera auf dem gewöhnlichen dreifüssigen Stativ bleiben. Man nehme das grösste photographische Objectiv, welches auch die grösste Brennweite hat und entferne das Diaphragma, d. h. die Blende oder den Querwandring hinter dem Objectiv. Man wende die empfindlichsten Chemikalien an, wie sie bei sogenannten Momentaufnahmen benutzt werden. Die Dauer der Exposition wird zwischen 3 und 10 Secunden variiren, das Bild des Mondes ein zehntel Zoll gross werden. Vor der Totalität focussire man die Linse auf ein entferntes irdisches Object. Man halte alles bereit und versuche während der Totalität vier Aufnahmen von etwas verschiedener Dauer zu machen. Vor jeder Aufnahme bringe man das Bild von neuem genau in die Mitte der Platte. Man merke die Reihenfolge und

Expositionsdauer der Platten an und vor allem, welche Seite oben war. Der Photograph bedient die Platten, ein Gehilfe das Objectiv, der Zeuge achtet darauf, dass die obere Seite der Platten richtig notirt wird. Da Sonne und Mond allmählig weiter gehen, werden die Bilder etwas länglich und verwaschen, trotzdem sind sie nicht ganz unbrauchbar. Zur Uebung und um ein Urtheil über Expositionsdauer und Bildgrösse zu erhalten, photographire man im Sommer vorher öfter den Mond. Die Corona ist aber heller als der Vollmond.

Das Zeichnen und Photographiren der Corona ist besonders in den Orten zu empfehlen, die nahe der Mitte der Totalität liegen und bei denen die Totalität nach der folgenden Tabelle 2 Minuten oder länger dauert.

Andere Beobachter werden die anderen oben beschriebenen Erscheinungen beachten. Alle Beobachtungen und Wahrnehmungen sind möglichst bald zu veröffentlichen. Man schickt sie am besten an die Redaction einer in Königsberg erscheinenden Zeitung, da sie in kleinen Provinzialblättern leicht unbeachtet bleiben könnten.

Die Finsterniss ist überhaupt — das heisst als partielle Finsterniss — sichtbar in ganz Asien, mit Ausnahme der südlichen Halbinseln in Aegypten, in Europa mit Ausnahme von Spanien und Irland und in den Nordpolarländern. Die Zone der totalen Verfinsterung ist aber nur gegen 25 Meilen breit und erstreckt sich vom Harz über Berlin, Cüstrin, Kreuz, Schneidemühl, Posen, Bromberg nach den unten folgenden genauern Angaben über den grössten südlicheren Theil von West- und Ostpreussen und den nördlichen Streifen von Polen, geht dann in Russland weiter über Kowno, Suwalki, Wilna, Witebsk, Twer, Moskau, Jaroslaw, Wjatka und Perm, setzt sich in Sibirien über Tobolsk, Tomsk, Krasnojark und Irkutsk fort und geht durch die Mandschurei bis nach Jeddo und Jokohama in Japan. In der Mitte der Totalitätszone liegen unter anderen Orten Filehne, Nakel, Bromberg, Kulm, Bischofswerder, Dt. Eylau und Löbau, Hohenstein und Allenstein, Bischofsburg, Rhein, Lötzen, Goldap und Oletzko. Die nördliche Grenze der Totalität läuft bei uns durch Neu-Stettin, zwischen Berent und Schöneck, zwischen Dirschau und Danzig, zwischen Kahlberg und Braunsberg, über Heiligenbeil, Tharau, Löwenhagen, Tapiau, zwischen Insterburg und Tilsit hin. In Danzig und Königsberg findet also keine totale Finsterniss statt, doch bleibt hier bei der grössten Phase nur eine schmale Sichel

Zone der Totalität.

von der Sonne sichtbar, deren Breite nur den hundertsten Theil des Sonnendurchmessers beträgt. Die südliche Grenze läuft durch die südliche Provinz Posen und das nördliche Polen. Die folgende Tabelle ist nach Hansens Methode nach den Elementen des Berliner Astronomischen Jahrbuchs berechnet und giebt für verschiedene Orte die mittlere Ortszeit des Anfangs der Totalität, die Dauer der Totalität und die mittlere Ortszeit für das Ende der ganzen Finsterniss in Minuten und Zehntelminuten an. Indessen ist zu bemerken, dass wegen der noch bestehenden Unsicherheit in den Mondtafeln die angegebene Dauer der Totalität, wenn sie kleiner als eine Minute ist, unsicher ist und durch Beobachtung genauer bestimmt werden muss. Der Anfang der ganzen Finsterniss ist in die Tabelle nicht aufgenommen, weil er vor Sonnenaufgang eintritt.

Orte in der Zone der Totalität.

	Anfang der Totalität	Dauer	Ende der Finsterniss		Anfang der Totalität	Dauer	Ende der Finsterniss
	Uhr Min.	Min.	Uhr Min.		Uhr Min.	Min.	Uhr Min.
	Morgens		Morgens		Morgens		Morgens
Allenburg	5 36,9	1,5	6 34,7	Krojanke	5 12,4	2,1	6 10,5
Allenstein	5 32,8	2,2	6 31,0	Deutsch Krone	5 16,6	1,9	6 13,6
Angerburg	5 38,3	2,2	6 36,7	Lötzen	5 38,2	2,3	6 36,5
Bartenstein	5 34,9	1,9	6 32,8	Löwenhagen	5 36,2	0,1	6 33,2
Berlin	5 3,7	1,8	6 1,6	Lyck	5 40,3	2,2	6 38,7
Bischofsburg	5 34,7	2,3	6 32,8	Marienburg	5 27,7	1,4	6 24,9
Bischofswerder	5 26,7	2,2	6 24,9	Marienwerder	5 26,6	2,0	6 24,6
Braunsberg	5 31,9	0,7	6 29,0	Mehlsack	5 32,0	1,7	6 29,6
Bromberg	5 22,5	2,2	6 19,6	Mohrungen	5 30,0	2,1	6 28,7
Darkehmen	5 39,5	2,1	6 37,0	Mühlhausen	5 30,8	1,3	6 28,1
Dirschau	5 27,3	0,8	6 24,2	Nakel	5 20,8	2,2	6 18,2
Elbing	5 28,8	1,4	6 26,1	Neidenburg	5 31,2	2,0	6 29,2
Eydtkuhnen	5 42,5	1,9	6 41,2	Neustettin	5 19,1	0,1	6 16,2
Deutsch Eylau	5 28,1	2,2	6 25,8	Oletzko	5 41,1	2,3	6 39,8
Pr. Eylau	5 34,7	1,5	6 32,3	Ortelsburg	5 34,4	2,2	6 32,6
Flatow	5 19,1	2,0	6 16,2	Osterode	5 30,7	2,2	6 28,6
Frauenburg	5 31,2	0,5	6 28,1	Pelplin	5 26,3	1,6	6 23,6
Gerdauen	5 36,8	1,8	6 34,8	Pillkallen	5 42,4	1,5	6 40,5
Gilgenburg	5 30,7	2,2	6 28,6	Posen	5 15,8	1,5	6 12,6
Goldap	5 40,5	2,2	6 38,1	Rastenburg	5 35,8	2,2	6 34,0
Graudenz	5 25,8	2,1	6 23,3	Rhein	5 32,4	2,3	6 30,5
Gumbinnen	5 40,8	1,7	6 39,1	Schlobitten	5 30,8	1,6	6 28,4
Guttstadt	5 31,0	2,1	6 28,8	Schneidemühl	5 17,4	2,1	6 14,5
Heiligenbeil	5 32,8	0,0	6 21,6	Sensburg	5 36,0	2,3	6 33,2
Heilsberg	5 33,7	2,0	6 31,6	Stallupönen	5 42,2	1,8	6 40,5
Hohenstein	5 31,8	2,2	6 29,8	Stargard in Pr.	5 26,0	1,3	6 23,1
Pr. Holland	5 30,3	1,7	6 27,8	Tapiau	5 36,4	0,6	6 33,7
Inowraclaw	5 23,2	1,9	6 20,6	Tharau	5 34,6	0,0	6 31,9
Insterburg	5 39,5	1,5	6 37,4	Wehlau	5 37,1	1,1	6 34,6
Johannisburg	5 37,9	2,1	6 36,2	Wormditt	5 31,1	1,9	6 28,8
Konitz	5 22,3	1,5	6 19,4	Zinten	5 33,7	0,8	6 31,0
Korschen	5 35,1	2,1	6 33,2				

Orte ausserhalb der Zone der Totalität.

	Grösste Phase Uhr. Min.	Ende der Finsterniss Uhr. Min.		Grösste Phase Uhr. Min.	Ende der Finsterniss. Uhr. Min.
	Morgens	Morgens		Morgens	Morgens
Breslau	5 17,6	6 12,0	Labiau	5 37,7	6 34,7
Brüsterort	5 33,4	6 30,2	Memel	5 38,7	6 35,8
Crans	5 35,5	6 32,4	Neukuhren	5 34,4	6 31,2
Danzig	5 27,6	6 24,6	Tilsit	5 40,9	6 37,7
Kahlberg	5 31,1	6 27,8	Pillau	5 32,7	6 29,5
Königsberg	5 34,6	6 31,0	Zoppot	5 27,2	6 24,2

Darauf folgte die **General-Versammlung**, in welcher folgende Herren als ordentliche Mitglieder aufgenommen wurden:

1. Herr Professor Dr. Paul Volkmann,
2. „ Professor Dr. Fleischmann,
3. „ Ingenieur Hüser.
4. „ Premier-Lieutenant Neumann,
5. „ Oberlehrer Vanhoeffen.

Als auswärtiges Mitglied:
der „literarisch-polytechnische Verein" in Mohrungen.

Sitzung am 7. October 1886.

Zuvörderst begrüsste der Vorsitzende die anwesenden Mitglieder und theilte mit, dass die Gesellschaft während der Ferienzeit in gewohnter Weise für die Erforschung der Naturgeschichte der Provinz thätig gewesen sei und dass unser Provinzialmuseum sich dabei ganz ausserordentlich vergrössert habe. — Leider hat die Gesellschaft in dieser Zeit einen schweren Verlust erlitten, indem ihr langjähriger Sekretär Herr Stadtrath Lottermoser auf einer Besuchsreise in Berlin einem raschen Tode erlag. Der Verstorbene hat sich um die Gesellschaft durch seine lange Geschäftsführung wesentliche Verdienste erworben. Er war ein sachverständiger und äusserst eifriger, pflichttreuer Beamter, so dass wir ihn in Zukunft sehr vermissen, aber auch sein Andenken in Ehren halten werden. Um dieser ehrenden Anerkennung auch einen äusseren Ausdruck zu geben, forderte der Vorsitzende die Versammelten auf, sich von ihren Plätzen zu erheben, was auch geschah.

Darauf hielt Herr Professor Stieda einen Vortrag über Georg Wilhelm Steller als Naturforscher und Reisender. Steller, geboren am 10. März 1709 zu Windsheim in Franken, studierte anfangs Theologie, später Medizin in Wittenberg, Leipzig und Halle. Mit glänzenden Fähigkeiten ausgestattet, wollte er eine akademische Laufbahn einschlagen, aber die Umstände waren ihm nicht günstig. Er verliess Deutschland, ging 1734 als Arzt nach Petersburg, wurde Mitglied der Akademie der Wissenschaften und als Theilnehmer an der sogenannten kamtschatkaischen Expedition nach Sibirien geschickt. Er bereiste Sibirien von 1737—1746; anfangs mit Gmelin und Rüker, dann allein, vereinigte sich in Petropawlowsk (Kamtschatka) mit N. Bering und betheiligte sich an der unglücklichen Fahrt nach Amerika im Sommer 1741; im Herbst litten sie Schiffbruch an der Beringsinsel; Bering starb; nach vielen Leiden kehrte Steller mit der Mannschaft nach Kamtschatka zurück. Auf der Beringsinsel fand Steller Gelegenheit, das Leben einiger daselbst hausender Meerthiere (Robben u. s. w.) zu studieren; mit besonderer Begabung und grossem Fleiss, Ausdauer und Geschicklichkeit — unter den allerschwierigsten Verhältnissen lieferte Steller äusserst werthvolle Beiträge über Bau und Lebensart der Seekuh, des Seelöwen, der Seeotter und des Seebären. Die Seekuh ist bereits nachher völlig ausgerottet worden — sie hat zu Ehren Stellers den Namen Rhytina Stelleri erhalten. — Steller verweilte noch drei Jahre in Kamtschatka, wandte sich dann durch Sibirien nach Westen, hatte vielfache Unbequemlichkeiten zu erdulden und sollte Europa nicht wiedersehen. Auf dem Wege dahin in Tjumen erkrankte er und starb 12. (23.) November 1746. Durch seine Untersuchungen der Seethiere insbesondere, sowie durch die grosse Menge an gesammelten Materialien, Pflanzen, Thiere, welche spätere Forscher wie Gmelin, Pallas, verwerthet haben, hat sich Steller ein ausserordentliches Verdienst um die Naturwissenschaften erworben; seine mannigfachen trüben Schicksale, sein früher Tod erregen unsere Theilnahme.

Dann sprach Herr Dr. Raths über den gegenwärtigen Standpunkt der Stellarphotographie. — Während noch vor kaum fünf Jahren bei Gelegenheit einer internationalen Astronomenversammlung in Paris die Photographie als ein Hilfsmittel von sehr zweifelhaftem Werthe für die Beobachtung des Venusdurchganges erklärt wurde und die deutschen Astronomen daher von jeder Benutzung der Photographie bei diesem seltenen Phänomen Abstand nahmen, ist das Vertrauen zu den Leistungen der Stellarphotographie in letzer Zeit sehr gestiegen, und die überraschende Genauigkeit ihrer Bilder haben die Aussicht auf die Anwendung derselben für astronomische Zwecke bedeutend erweitert. Es ist daher wohl von Interesse, sich über den Unterschied zwischen dem photographischen und dem optischen Sehen und über die Vortheile des ersteren ein Bild zu machen. Vergleicht man zunächst die Ausdehnung des photographirten Spektrums mit der des direkt gesehenen, so erkennt man, dass das erstere ungefähr um ein Drittel der gesammten Länge grösser ist. Während das photographirte Spektrum, Dank den Arbeiten von Becquerel, Vogel, Lohse u. a. nach der Seite des rothen Lichtes ebenso weit ausgedehnt werden kann wie das direkt gesehene, erstreckt es sich nach der Seite des violetten Lichts bedeutend weiter. Phänome, bei welchen die ultravioletten Lichtstrahlen eine Rolle spielen, können daher sehr wohl durch die Photographie gezeigt werden, während sie dem direkten Beobachter entgehen. Es ist denkbar, dass es Sterne giebt, welche nur oder der Hauptsache nach ultraviolettes Licht aussenden, dieselben würden auch durch das stärkste Fernrohr nicht wahrnehmbar gemacht werden können, während sie auf der photographischen Platte ein deutliches Bild entwerfen. Solche Fälle scheinen in der letzten Zeit wirklich vorgekommen zu sein. Als die Gebrüder Prosper und Paul Henry in Paris im November vorigen Jahres eine photographische Aufnahme von dem bekannten im Sternbilde des Stiers befindlichen Sternhaufen der Plejaden machten, fanden sie in demselben in der Nähe des Sterns Maja einen Nebel, der trotz der vielfachen Beobachtungen, denen gerade dieser Sternhaufen ausgesetzt gewesen ist, noch nie gesehen war. Nach ihren Mittheilungen ist der Nebel sehr intensiv und hat in ausgesprochener Weise die Form einer Spirale. Nachdem dieser Majanebel einmal mittels der Photographie entdeckt war, wurde er auch bald durch das Teleskop direkt gesehen, und zwar zuerst von O. v. Struve in Pulkowa mit dem kürzlich dort aufgestellten Riesenteleskope von 30 Zoll Oeffnung, dem grössten bis jetzt in Gebrauch befindlichen Refraktor. Der Nebel wurde von ihm unschwer erkannt, aber, bemerkt Struve, er würde ihn wahrscheinlich nicht gesehen haben, falls er nicht vorher auf seine Existenz aufmerksam gemacht wäre. Ein ähnlicher Fall hat sich in den letzten Tagen wieder ereignet. Als im vorigen Monate Herr von Gotthard auf dem ungarischen astrophysikalischen Observatorium in Hereny einen Ringnebel in dem Sternbilde der Leier photographisch aufnahm, bemerkte er im Innern desselben einen runden Kern, während sich bei der sehr vollkommenen Beschreibung und Zeichnung dieses Nebels von Professor Vogel kein solcher Kern vorfindet; im Gegentheile scheint es dort: das Innere des Ringes erscheint im Wiener Refraktor ganz gleichmässig mit schwachem leuchtenden Nebel ausgefüllt. Diese Erscheinung, welche durch wiederholte Photographien bestätigt ist, hat den Herausgeber der astronomischen Nachrichten bewogen, sich brieflich an mehrere grössere Sternwarten zu wenden, um zu entscheiden, ob dieser Kern im Innern des Ringnebels nur photographisch oder auch optisch sichtbar ist. Eine zweite Verschiedenheit des photographischen und optischen Sehens beruht auf einer Eigenthümlichkeit unseres Auges. Der Eindruck, den unsere Netzhaut von einem leuchtenden Objekte erhält, verstärkt sich nur während eines kleinen Theils einer Sekunde, ungefähr während $^1/_{10}$ Sekunde, eine länger dauernde Einwirkung macht keinen grösseren Effekt. Die photographische Platte verhält sich den Lichteindrücken gegenüber anders, dort vermehrt sich der Effekt, je länger die Platte dem Lichte des betreffenden Gegenstandes ausgesetzt wird, und zwar entsprechen, wie Bunsen und Roscoe nachgewiesen haben, gleichen Produkten aus Intensität und Belichtungsdauer unter sonst gleichen Umständen auch gleiche photographische Wirkungen. Während also durch längeres Hinsehen nach einem lichtschwachen Gegenstande dieser für unser Auge nicht heller und deutlicher wird, kann die Wirkung, die derselbe Gegenstand auf die photographische Platte macht, durch längeres Exponieren der Platte beliebig verstärkt werden. Ebenso kann auch die zu starke Wirkung des Lichtes, welche die Deutlichkeit des Bildes verringert, beliebig abgeschwächt werden dadurch, dass man die Platte nur kurze Zeit dem Lichte aussetzt. In der That darf bei der Photographie der Sonne das Licht nicht länger als $^1/_{500}$ Sekunde auf die empfindliche Platte einwirken, während bei der Photographie von Kometen, Nebel und lichtschwachen Sternen dieselbe Platte $^1/_2$ bis 3 Stunden exponirt werden muss. Endlich ist noch ein dritter Vortheil der photographischen Aufnahme vor dem direkten Sehen zu erwähnen. Das photographische Bild bleibt bestehen, während das direkt gesehene verschwindet, sobald man das Auge vom Fernrohre fortbewegt, man kann also Messungen, die man an dem photographischen Bilde einmal vorgenommen hat, zu jeder beliebigen Zeit wiederholen und kontrolliren. Der Vortragende ging dann näher ein auf die Art, wie die Sonnenphotographien ausgeführt werden und auf die Methode, welche bei der Photographie von lichtschwachen Sternen angewandt wird, und zeigte schliesslich eine von Professor Janssen in Paris ausgeführte Photographie eines Theils der Sonne sowie mehrere stereoskopische Photographien des Mondes von Warren de la Rue.

Sitzung am 4. November 1886.

Professor Caspary legt von Paulownia imperialis Sieb. et Zucc., in Japan zu Hause, die Anlage von jungen Blüthenständen aus dem königl. botanischen Garten vor, die daselbst sich zum ersten Mal entwickelt haben und in unserm Lande gewiss eine sehr seltene Erscheinung sind. Im königl. botanischen Garten hierselbst sind zwei vor etwa 25 Jahren gepflanzte Stämme dieses mittelgrossen Baumes, die jedoch jeden Winter, der ein Minimum von 18 bis 20 Grad R. hat, bis auf den Boden abfrieren, dann aber im nächsten Jahre wieder aus den Stammresten ihre Knospen austreiben, die zu Schossen von 10—12 Fuss Höhe in einem Jahre erwachsen. Die drei letzten Winter von 1883 an hatten nur mässige Temperaturen, die nicht über —14 Grad hinausgingen; jene beiden Stämme von Paulownia imp. erfroren also nicht, erlangten eine Höhe von 15 bis 16 Fuss und setzten zum ersten Mal 1886, vier Jahre alt,

Blüthenstände an. Diese sind 16 bis 22 cm lange, verzweigte Cymen und haben bis 20 Blüthenknospen, die eiförmig, zurückgekrümmt und mit lichtbraunem Filz dick bedeckt sind. Die Knospen sind bis 13 mm lang und 8 mm dick.

Dann legt Prof. Caspary neue und seltene Pflanzen aus Preussen vor, die 1886 von Mitgliedern des preussischen botanischen Vereins gefunden waren. Neu für Preussen sind: **Juncus tenuis W.**, Kreis Schwetz, Lehrer Grütter, und **Sedum villosum L.**, Kreis Strasburg, Kandidat des höheren Schulamts Valentin. Juncus tenuis ist von Willdenow (Sp. 1799 II 214) zuerst als Art unterschieden und Nordamerika als Vaterland angegeben. Engelmann (Revis. of the northameric. sp. of the genus Juncus. Transact. Acad. scienc. St. Louis II 1868 450) sagt, dass Junc. tenuis W. sei „one of the most common and best known, but also one of the most variable species" in Nordamerika, die sich vom atlantischen zum stillen Meer ausbreitet, sich in den tropischen Theilen von Nordamerika, auch in Westindien findet und „in western Europe". Für das westliche Europa scheint die Pflanze jedoch zweifelhaft zu sein oder daselbst gar nicht vorzukommen. Es ist mir nicht bekannt, dass sie für Spanien, Portugal, Irland, England angegeben ist. Für Frankreich führen Grenier et Godron (Fl. Fr. III 349) 2 Fundorte auf, aber die Beschreibung ist so, dass Zweifel an der richtigen Bestimmung erregt werden, denn es heisst: „fleurs rapprochées par 2 et par 3", während die Blüthen einzeln stehen; vergl. Buchenau Regensb. Flora LX. 1877. 88. Ferner sagen Grenier und Godron von Junc. tenuis aus: „Souche à rhizomes rampants", obgleich sie rasig sind. Für Schottland wird Juncus tenuis von einem Fundort: Berge von Clova angegeben, wo sie Don entdeckt haben soll. Später ist sie daselbst jedoch nicht mehr beobachtet. Es bezweifeln daher Hooker und Arnott (Brit. Fl. 1850. 6. Edit. 451.) die Richtigkeit der Angabe für Schottland, ja selbst das freiwillige Vorkommen in anderen Theilen Europas, sind aber in der Literatur schlecht bewandert, wenn sie behaupten noch 1850, dass die Pflanze kaum in „any botanical work as a native of Europe" aufgeführt sei. Das Vorkommen in Schottland bezweifelt auch Watson (Cyb. brit. III 47). Seit 1823 ist Juncus tenuis in Belgien in der Provinz Antwerpen gefunden. Vergl. Crepin Man. Fl. de Belgique 1860. 190. Mir liegen auch Exemplare von Nethen (Brabant), 1874 von de Dieudonné, gesammelt vor (Hb. Patze). Juncus tenuis kommt in Holland vor. No. 532 Wirtgen herb. Plant. select. crit. hybr. Fl. rhenan. Fasc. IX giebt, sie von Nykerk in Holland, gesammelt 1860 von R. Bondam (Hb. Patze). Prof. Körnicke sammelte sie 1884 bei Elten auf preussischem und holländischem Gebiet (Hb. Patze). In Deutschland ist die Pflanze, wie es scheint, zuerst vor 1837 bei Memmingen in Baiern von Pfarrer Köberlein entdeckt und von Hoppe in Sturm's Deutsch. Fl. 71. Heft beschrieben und abgebildet. Einige Exemplare liegen mir vor von Waldwegen von Dickenreishausen bei Memmingen von Kattisch gesammelt (aus Hb. monac.). Garcke (Fl. v. Dlnd. 15. Ausgabe) führte zwei weitere Fundorte für Baiern an. von Mertens und Kemmler (Flora von Würtemberg und Hohenzollern 2. Aufl. 1865 600) geben für Würtemberg zwei Fundorte an. Fernere Fundorte in Deutschland sind bei Dreifelden im Westerwalde im Nassau'schen, in der Winterlitt bei Cassel (G. F. W. Meyer Fl. hann. exc. 1849 S. 589. Exemplare liegen mir vor, von Buchenau gesammelt (hb. Casp.); bei Gütersloh in Westphalen (nach Garcke a. O.), in Hannover bei Hühnerfelde bei Minden (nach Garcke a. O.), auf Steinwärder und beim Dorfe Bargteheide bei Oldesloha in Holstein

(G. F. W. Meyer a. O. u. Sonder Fl. Hamb. 197), Königreich Sachsen bei Tharandt und bei Bautzen (Garcke a. O.), im nördlichen Böhmen bei Georgswalde unfern Schluckenau (nach Celakowski Prodr. Fl. von Böhmen 83), in Anhalt-Dessau bei Zerbst (nach Garcke a. O.), Mark Brandenburg: Hertelsau bei Buchthal im Kreise Arnswalde (Verhandlg. botanischen Vereins Brandenb. 25. Jahrg. 207) u. „Damm zw. der Chaussee und der Pieskowatschmühle bei Kalau (a. O. 21. Jahrg. 1880 S. 135), im westlichen Schlesien bei Muskau, Niesky, Görlitz, Bunzlau und an anderen Orten (nach Fiek Fl. v. Schlesien 404). Endlich der Fundort im Kreise Schwetz von allen der ötlichste.

Für Dänemark (Lange, Haandbog Dansk. Fl. 3. Udgave 268) wird ein Fundort aus Wahls Zeit angegeben. In Schweden, Schweiz, Italien, Russland und Südeuropa ist die Pflanze nicht gefunden. Als Bezirk der Pflanze kann zutreffend also nicht das westliche Europa angeführt werden, sondern um dem zweideutigen Ausdruck „Mitteleuropa" zu meiden, kann als ihr Vaterland Deutschland, Holland, Belgien und vielleicht Dänemark angegeben werden.

Ich habe bereits erwähnt, dass Juncus tenuis mir von 5 europäischen Fundorten vorliegt. Ich habe sie auch von fünf nordamerikanischen vor Augen, darunter Exemplare meines Herbars von dreien, die Engelmann im Herb. Juncorum boreali-americanorum normali No. 20, 21 und 22 veröffentlichte. Die von Grütter gesammelten Pflanzen, die zwischen Gebüsch aufgewachsen waren, sind von allen die höchsten, denn sie sind bis 75 cm lang. Auch stehen die einzelnen Blüthen bei ihnen am entferntesten. Die Engelmann'sche Beschreibung (Engelmann a. O. 450) stimmt völlig. Die Samen der Pflanze des Kreises Schwetz sind der nordamerikanischen gleich. Die Samenträger in der Kapsel und deren Querschnitt stimmen mit Buchenau's Zeichnung (a. O. Taf. III. Bild 5) überein, nur hat die Kapsel der Pflanze an allen mir vorliegenden Exemplaren der verschiedenen Fundorte ziemlich stark hervorspringende drei Kanten auf ihrer Aussenseite, während der von Buchenau gegebene Querschnitt die Kapsel ohne solche ganz gerundet abweichend von der Natur darstellt. Es ist von mehreren, wie Hooker u. Arnott (a. O.), Meyer (a. O.) gemuthmasst, dass die Pflanze aus Nordamerika stamme und ein Flüchtling aus Gärten sei, aber irgend ein triftiger Grund für diese Annahme kann nicht beigebracht werden.

Der Vortragende legt dann viele seltene Pflanzen vor, die 1886 in Preussen gesammelt wurden und im Bericht über die Versammlung des preussischen botanischen Vereins zu Insterburg vom 4. Oktober 1886 näher angegeben werden werden.

Dann legt der Vortragende einen Band des Helwing'schen Herbariums vor, das der königl. botanische Garten als gütiges Geschenk des Herrn Hofapotheker Hagen besitzt, in welchem sich ein gut erhaltenes Exemplar von **Senecio vernalis** W. et K. befindet, das gegen 1717 bei Angerburg gesammelt ist; damit werden die Mythen von der Einwanderung dieser Pflanze nach Preussen zu Anfang dieses Jahrhunderts widerlegt.

Endlich weist der Vortragende nach, dass die Angabe, dass bei Ostrometzko an der Weichsel Trüffeln vorkommen, auf Irrthum beruht.

Für das Nähere über Senecio vernalis von 1717 und die vermeintlichen Trüffeln von Ostrometzko wird auf die ausführlichen Aufsätze über diese Gegenstände in den Abhandlungen dieses Jahrganges verwiesen.

Herr Professor Volkmann hielt einen Vortrag über Fern- und Druckwirkungen, welcher in den Abhandlungen dieses Jahrgangs abgedruckt ist.

Sitzung am 2. December 1886.

Dr. O. Tischler theilte mit, dass die Resultate der archäologischen, im Auftrage der Gesellschaft angestellten Untersuchungen, sowie der Zuwachs der anthropologisch-archäologischen Abtheilung des Provinzial-Museums im Laufe des Jahres 1886 ganz ausserordentlich wichtige und reiche gewesen sind, behält sich aber einen näheren Bericht für die ersten Sitzungen des nächsten Jahres vor.

Der Vortragende bespricht aus der Gesammtheit der Funde eine ausserordentlich zierliche mit Römischem Millefiori-Email geschmückte Bronzescheibe, einem grösseren Gräberfelde zu Oberhof bei Memel entstammend, und knüpft, um die Bedeutung und Zeitstellung dieses kleinen Objectes, sowie die Rolle, welche es unter den Produkten der technischen Künste spielt, in klares Licht zu stellen, daran einen kurzen Abriss der Geschichte des Emails, einer der edelsten dieser Künste. (Der Vortragende hatte die Scheibe auch schon auf der diesjährigen Anthropologen-Versammlung zu Stettin vorgezeigt und besprochen.)[1]

Die Scheibe hat 46 mm. Durchmesser und einen herabgebogenen Rand. Sie ist durch eine Reihe concentrischer Vertiefungen gegliedert in einen mittleren vertieften Kreis von 17 mm. Durchm. und 3 vertiefte Reifen von ca. 3; 3,6; 3,9 cm. Breite, welche durch niedrige Stege von einander getrennt sind. Diese Zonen sind mit mosaikartigem Email erfüllt, welches jedenfalls auch einst die Mitte bedeckte, die aber schon in alter Zeit ziemlich ungeschickt von einem 9 mm. breiten Loch durchbohrt ist, so dass sowohl hier vollständig, als in den 3 Reifen zu einem kleinen Theil das Email herausgefallen ist, mithin nicht ausgewittert, wie dies die der Bronze anhaftende Sandschicht zeigte. Die mittlere Zone enthält eine Reihe kleiner schachbrettartiger Täfelchen von rothem Grunde umgeben. Die Täfelchen sind aus 9 feinen 4eckigen Plättchen gebildet, in den 4 Ecken und in der Mitte ein weisses Quadrat, in den Mitten der Seiten ein blaues. In der 1. und 3. Zone treffen wir Täfelchen ähnlich schachbrettartig aus 5 mal 5 Quadraten gebildet von blauem Grunde umgeben. Das mittelste Quadrat ist roth, von hier gehen aber nach der Mitte der Seiten je 2 blaue, so dass ein blaues Kreuz entsteht, die Ecken sind ebenfalls blau, die drei übrigen Quadrate an jeder Ecke sind weiss und bilden einen zusammenhängenden rechten Winkel. Da nun die 4 Ecken und 4 Arme der blauen Kreuze mit dem gleichfarbigen umgebenden Grunde zusammenfliessen, so hat man scheinbar eine Zone schrägliegender Malteserkreuze

1) Correspondenzblatt der Deutschen anthropologischen Gesellschaft 1886 p. 128—132.

mit rother Mitte auf blauem Grunde. In jeder Zone sind diese Kreuze unter sich gleich, in der inneren aber kleiner als in der äusseren. Diese eingeschmolzene Glasmosaik, das sogenannte Millefiori-Email, welche weiter unten eingehender erörtert wird, ist soweit abgeschliffen, dass sie mit der Metalloberfläche in einer Ebene liegt.

Tischler. Abriss der Geschichte des Emails.[1])

Die Freude an farbigem Schmucke ist dem Menschengeschlechte von der Natur mitgegeben und zeigt sich sowohl bei den in noch voller Empfänglichkeit lebenden Naturvölkern sowie in allen Zeiten höchster Kunstblüthe, erst in Zeiten des verfallenden Geschmackes, wie am schwersten in der ersten Hälfte des 19. Jahrhunderts ging das Gefühl dafür fast ganz verloren. Nur im farbenprächtigen Orient, d. h. speciell den Ländern des südwestlichen Asiens, der Wiege aller Cultur, Technik und Kunst, hat dieser Sinn alle Umwälzungen und Zerstörungen überdauert und aus seinem ewig lebendigen Quell zu wiederholten Malen das verblassende Europa erfrischt.

Schon in alter Zeit hatte man die Wände und Mauern in den Riesenstädten Assyriens und Babyloniens mit farbig glasirten Ziegeln bekleidet, und in dem mit im grossen und ganzen verwandter Kunstrichtung ausgestatteten Aegypten fand man die Bekleidung mit farbigen Ziegeln schon in den Gräbern des alten Memphitischen Reiches. Es ist dies eine glasartige durch Metalle oder Metalloxyde gefärbte Schicht, die man den gebrannten Ziegeln aufschmolz, eine Technik, die ja nachher in Aegypten in ganz ausserordentlich weitgehender Weise verwendet wurde. Es lag nun nahe mit dieser farbigen Schicht auch Metallgeräthe zu überziehen und ihnen so eine fast unverwüstbare Färbung zu ertheilen: es galt das farbige Glas, zunächst immer opakes, fest und dauerhaft dem Metall aufzuschmelzen, das ist Email, aus dem deutschen Worte Schmelz entstanden, und man hat sich daran gewöhnt, auch die mit Email überzogenen Gegenstände als „Emaillen" zu bezeichnen, die durch Anwendung verschieden gefärbter Glasmassen dann bunt verziert erschienen.

Die Anfänge und der Ursprung dieser Kunst ist noch in tiefes Dunkel gehüllt. Die Angaben der Schriftsteller sind völlig unklar und ist ihre Deutung eine willkührliche und unsichere. Bildliche Darstellungen finden sich auf aegyptischen Grabgemälden zu Theben ca. um 1300 v. Chr. aus der Zeit Ramses III., woselbst man gelbe mit buntfarbigen Mustern bedeckte Goldgefässe erblickt, die man als emaillirte Goldgefässe deutet. Doch sind ähnliche Fundstücke in Wirklichkeit nicht entdeckt worden. Das älteste bekannte emaillirte Stück scheint ein goldenes Armband aus dem Schmucke der Königin Ashotep, Gattin des Königs Kamos der 17ten Dynastie zu sein (Museum zu Bulaq No. 3510) ca. um 1700 v. Chr., welches den König Ahmoe vor dem Gotte Sib kniend zeigt, auf blauem Grunde. Dies scheint wirkliches, eingeschmolzenes Email. Bei den anderen Stücken dieses kostbaren Fundes, sowie den Objecten der späteren Zeit trifft man in Aegypten aber eine ganz verschiedene Technik. Die Umrisse der Zeichnung und die innere Gliederung wurde

1) Der bei dieser Gelegenheit gegebene Abriss hat nur den Zweck einer kurzen Uebersicht der Geschichte und soll zugleich kurz einige neue oder noch wenig bekannte Thatsachen entwickeln. Eine eingehende Behandlung wird der Gegenstand später in einer ausführlichen Arbeit über Glas und Email im Alterthum erfahren. Es ist daher bei dieser Gelegenheit auf eine nähere Aufzählung der Stücke und Literaturangabe (mit Ausnahme weniger Falle) verzichtet worden.

auf der Goldunterlage der Pectorale, Armbänder etc. durch aufgelöthete Goldblechstreifen hergestellt. In diese Zellen wurden dann farbige zugeschnittene Steine oder Glasplättchen eingelegt, die eine vielfarbig colorirte Zeichnung darstellten, die Anfänge der sog. Verroterie cloisonnée, welche später zu Zeiten der grossen Völkerwanderung eine ausserordentliche Rolle spielte. Die hervorragendsten Stücke dieser Art sind ein Pectorale, goldene Armbänder mit Löwen, Schakal, stylisirten Pflanzen aus dem Grabe des Chamus, Sohn Ramses II. (14. Jahrh. v. Chr.), verschiedene andere Pectorale, Sperber etc. im Louvre. Aehnliche finden sich auch in den anderen ägyptischen Museen, so zu Berlin etc. Bei den Artikeln aus Bronze sind die Gruben für die Einlagen vertieft (wie beim Email champlevé) und sind die Steine und Glaspasten eingekittet, so 2 Pectorale im Berliner Museum, zahlreiche Uräusschlangen, Osiris-Statuetten, wo die Krone und die Geissel oft farbig ausgelegt sind. In diesen Zellen befinden sich farbige Steine (lapis lazuli, Feldspath, Carneol oder Jaspis) oder farbige opake Glastäfelchen, denen man natürlich möglichst einfache Formen gab, so dass bei starken Biegungen der Contouren die Füllung aus mehreren einzelnen an einandergefugten Plättchen besteht, wie ich dies sehr deutlich bei den erwähnten goldenen Armreifen im Louvre beobachtet habe. Die Natur der Einlagen konnte ich bei den Pariser Kleinodien aber nicht näher studiren, (da bei meinem Besuch im Sommer 1883 sämmtliche Custoden der Aegyptischen Abtheilung verreist waren). Die blauen sind unbedingt lapis lazuli, bei den rothen handelt es sich um Stein oder Blutglas. Hingegen habe ich von einem Pectorale des Berliner Museums und aus dem Armbande von Meroë von minimalen Splittern Dünnschliffe gemacht, wobei sich die rothe Einlage als Blutglas erwies. Blutglas als Einlage findet sich sehr häufig, so im Berliner Museum Bronzethürbeschläge mit Einlagen von Blutglas und Resten von eingeschmolzenem weissen Email aus der Zeit der Amasis (6. Jahrh. v. Chr.) Die interessantesten Stücke enthält der Schmuck aus der Pyramide von Meroë in Nubien (Museen von Berlin und München) über dessen Technik viel gestritten worden ist. Bei genauester Untersuchung [1]) fand ich mit definitiver Sicherheit, dass die rothen Blutglastäfelchen kalt eingekittet sind, indem man die Fugen und die Kittmasse bei geringer Vergrösserung deutlich erkennen kann. Das grüne und blaue Glas, ein recht schlechtes Email, ist eingeschmolzen, mithin ein echtes Email, sie füllen dieselben vollständig ohne Kittfuge aus und zeigen die concave Oberfläche des nicht abgeschliffenen Emails, wie dies auch schon früher beobachtet und hervorgehoben ist. Ueber das Alter dieses Schmucks sind die Ansichten noch getheilt, sie werden ihrer Technik nach immer vorrömisch sein. So finden wir also in Aegypten blaues Email wohl schon in der Mitte des 2. Jahrtausend v. Chr. grünes und weisses auch schon früh, nur das schwer zu behandelnde Roth verstand man noch nicht einzuschmelzen.

In ganz anderer Form tritt das Email am Kaukasus in dem grossen Gräberfelde zu Koban [2]) auf. Die merkwürdigen Gürtelhaken, welche der ersten Hälfte des Jahrtausends v. Chr. angehören, sind mit vertieften Ornamenten geziert, mit phantastischen Thierfiguren oder geometrischen Zeichnungen Spiralen, Mäandern. In

1) Correspondenzblatt der Deutschen Anthropologischen Gesellschaft 1884. p. 102.

2) Virchow. Das Gräberfeld von Koban. Berlin 1883, p. 66—69, 143—44.

äusserst wenig Exemplaren haben sich noch Reste farbigen Emails gefunden. Bei Virchow enthielt nur 1 Gürtelhaken (Tfl. X, Fig. 1) in den Thierkörpern und Rautenfeldern noch deutliche Spuren einer glasigen Masse, im Wiener Ethnographischen Museum fand ich nur an einem Gürtelhaken in den mäanderartigen Furchen äusserst spärliche Reste rothen Emails. In mehreren andern, sowie den übrigen bei Virchow beschriebenen Haken fanden sich nur Reste einer krümlichen ganz verwitterten Masse, die mit Sicherheit auf einstige Emailausfüllung hinwiesen. Aus einem winzigen Splitterchen des Wiener rothen Email wurde ein Dünnschliff hergestellt und es erwies sich dies als „Ziegelglas“.[1])

Es giebt im Alterthum 2 wesentlich verschiedene Formen des opaken rothen Glases, die man mit einiger Uebung schon beim Anblick erkennt, die aber unfehlbar durch das Mikroskop unterschieden werden können. Ist das zur Disposition stehende Splitterchen zu klein, um einen Schliff machen zu können, was noch bei sehr kleinen Stückchen angeht und vorzuziehen ist, so genügt schon ein dem blossen Auge kaum oder nicht mehr sichtbares Stäubchen um den Charakter des Glases zu erkennen. Blut-Email oder Blutglas zeigt in farblosem Grunde dendritenartige Krystallisationen von Kupferoxydul, und darf man nur dieses Glas mit dem Haematinum des Plinius identificiren, wie es zahlreiche Scherben solcher blutrothen Gefässe in allen grösseren Museen und in meiner eigenen Sammlung beweisen. In neuerer Zeit ist die Fabrikation des Blutglases durch Pettenkofer wieder entdeckt worden, scheint aber schon vorher der Vatikanischen Mosaikfabrik nicht unbekannt gewesen zu sein, wie einige im Berliner Gewerbemuseum befindlichen, aus Blutglas gefertigten Dosen andeuten. Wesentlich verschieden ist das andere Glas, welches ich a. a. O. als „lackrothes Glas“ bezeichnet hatte, das ich aber jetzt vorziehe „ziegelrothes Email“, „Ziegel-Email“ oder einfach „Ziegelglas“ zu nennen, weil es sich in der mehr bräunlichen Nüance seines Roth der Farbe mehr oder weniger guter rother Ziegel nähert. Im Alterthum hatte man ein sehr schönes Roth, während alle modernen Fabrikate, besonders das zum Emailliren bestimmte ein viel trüberes Braunroth aufweisen. Das Ziegelglas zeigt in sehr dünnem Schliff auf bläulichem transparentem Grunde äusserst feine absolut opake Körnchen, die bei auffallendem Lichte metallisch roth glänzen. In den alten Gläsern und Emaillen erkennt man darunter nur mit der allerstärksten Vergrösserung kleine regelmässige Dreiecke, ebenso bei den besseren neueren, während die schmutzigeren, mehr bräunlichen Schmelzversuche diese Dreiecke grösser und deutlicher zeigen und so in Uebergängen allmählich zum Aventuringlas führen, welches mit grösseren drei oder sechsseitigen Kupfertäfelchen durchsetzt ist. Das Ziegelglas enthält demnach metallische, äusserst feine Kupferkörnchen, vertheilt in einer durch Kupferoxyd blau gefärbten Grundmasse. Man darf es nicht mit dem Hämatinum des Plinius verwechseln, zumal Gefässe aus reinem Ziegelglase sehr selten sind und wohl auch ziemlich spät auftreten.

Die kleinen Schliffe des Wiener Email erweisen sich, wie erwähnt, als Ziegelglas, äusserst feine opake Körnung auf bläulichem Grunde, ein Resultat, zu dem Virchow bei der Untersuchung von Splittern ebenfalls kam. (A. a. O. p. 68.) Hin-

1) Cf. Correspondenzblatt der Deutschen Anthropologischen Gesellschaft 1884 p. 179—183. XV. Versammlung der Deutschen Anthropologischen Gesellschaft zu Breslau.

gegen fand er als Füllung der Thierkörper noch ein grünlich-blaues Glas. Es wäre also mehrfarbiges Email hier immer möglich. Es hat das auch nichts auffallendes, da gerade bläuliches Email am leichtesten herzustellen geht und auch in Aegypten zeitlich weit zurückreicht, während man rothes Email erst sehr spät einschmelzen lernte.

Aus Griechenland kennt man wenig Email in älterer Zeit. Blaue Einlagen finden sich allerdings schon im Pallaste zu Tiryns. Doch tritt auf Schmucksachen Email nur selten und in bescheidener Weise auf. Das Email aber als barbarisch und dem feinen Geschmack der Griechen nicht zusagend zu bezeichnen, dürfte wohl eine falsche Ansicht sein, die noch mit der früheren Farblosigkeit des modernen Geschmackes zusammenhängt. Die Objecte der Kleinkunst, wenn sie nicht sehr kostbar waren, sind eben in Griechenland noch zu wenig beachtet. Auf den reizenden Goldschmucksachen tritt Email manchmal als Füllung einzelner durch Filigrandrath gebildeten Zellen auf, so z. B. im Berliner Antiquarium No. 8561 eine aus Gold-Medaillons gebildete Kette mit dunkel- und graublauem Email in Filigranzellen. Häufig sind die Funde in Südrussland, von wo man ja am meisten solche Prachtstücke griechischer Technik besitzt, auch auf Etruskischen Schmucksachen. Ausserdem finden sich blaue Tropfen in den Blüthenkelchen goldener Kränze (Münchener Antiquarium). Das Filigranemail hat im Alterthum gerade keine grosse Rolle gespielt. Es tritt erst wieder auf besonders schön in den silbernen siebenbürgischen Filigrangürteln des 16. Jahrhunderts n. Chr., wie sie deren das Nationalmuseum zu Budapest in prächtiger Auswahl besitzt und in neuerer Zeit in Japan auf Bronze.

Eine sehr grosse Rolle spielt eine eigene Art von Email bei den gallischen und auch anderen barbarischen Völkern während der sogenannten La Tène-Periode in den letzten vier Jahrhunderten v. Chr.

Bei den Galliern war die Edelkoralle sehr beliebt, auch noch zu Plinius Zeit. Sie findet sich auf Fibeln, Nadeln etc. schon am Ende der Hallstädter Periode, dem 5. Jahrhundert v. Chr. in süddeutschen Grabhügeln, geradezu massenhaft tritt sie aber bald darauf, in der frühen La Tène-Zeit im 4. Jahrhundert, aber auch noch später auf, als Einsatz in Fibeln, Gürtelhaken, Halsringen, Schwertscheiden, Helmen etc. etc., von Frankreich bis nach Ungarn, ja vereinzelt noch bis nach Norddeutschland (Fibeln mit Edelkorallen - Garnitur aus der Altmark im Berliner Museum für Völkerkunde). Oft ist die Koralle noch sehr gut erhalten mit wenig veränderter rother Farbe, vielfach ist sie aber stark verwittert und sieht wie eine weisse kreidige Masse aus, in der ich bei schwacher Vergrösserung aber doch noch oft Korallenstruktur erkennen konnte, so dass wahrscheinlich alle weissen Einlagen in Vogelkopffibeln und anderen Geräthen der Früh-La Tène-Zeit Koralle sind, falls nicht das hievon deutlich zu unterscheidende Blutglas. Bei einem Halsringe aus einem Grabe bei Saalfeld im Meininger Museum[1]) ist diese Einlage fälschlich als Biberzahn beschrieben, einen Irrthum, den Lindenschmit a. a. O. wiederholt hat. Die mikroskopische Betrachtung zeigte unfehlbar, dass es Edelkoralle ist.

Diese Koralle wurde nun im Blutglas imitirt, und so trifft man häufig auf Fibeln oder Halsringen Scheiben von Blutemail, die zuerst fertig geschliffen und

---

1) Lindenschmit: Alterthümer der heidnischen Vorzeit. Band IV Tafel 8 Fig. 1.

dann mittelst Nieten befestigt waren, während kleinere Knöpfchen sich einschmelzen liessen, jene also den émaux d'applique vergleichbar. Ausserdem findet man aber in den der Früh-La Tène-Periode eigenthümlichen schönen Arabesken der Fibeln und Ringe manchmal Emailspuren, welche es wahrscheinlich machen, dass diese Furchen meist mit Schmelz ausgefüllt gewesen sind.

Die Verwendung des Emails, in allen diesen Fällen ausschliesslich Blutglas, ist eine ganz eigenartige. Es dient zur Ausfüllung schmaler linearer Zeichnungen und lässt deren Form in leuchtendem Roth dem Goldgelb des Grundes gegenüber hervortreten, man kann dieses Email daher „Furchenschmelz" nennen. Diese Rolle hat es auch weiter im Verlaufe der La Tène-Periode gespielt, man findet häufig Systeme von parallelen oder gekreuzten feinen Furchen mit Resten von Email, so dass man auf allen solchen Nadeln, Knöpfen etc. mit diesen Furchen berechtigt ist, nach Email zu suchen. Vielfach finden sich Kreuze mit gleich langen, etwas breiteren Armen, oder eine Art Maltheserkreuze aus vier mit der Spitze einander zugewandten Dreiecken und rothem Mittelpunkt bestehend.[1]) Dann aber gelangte man dazu, auch etwas grössere Flächen mit Blutemail zu überziehen, was bei diesem Stoff seine besonderen Schwierigkeiten hat. So finden sich auf den prachtvollen Ketten und Kettenhaken Ungarns zur La Tène-Zeit (im National-Museum zu Budapest, Museum zu Klausenburg) grössere Flächen, die einst mit Blutemail erfüllt waren, wovon jetzt nur winzige Reste noch vorhanden. Eiserne Schildnägel der Station La Tène selbst, und einer auf dem kleinen Gleichberge bei Römhild waren ganz mit einer dünnen Schicht von Blutemail überzogen, eine technisch sehr hochstehende Leistung. Am merkwürdigsten sind aber in dieser Beziehung Schmuckringe und Schmuckplatten in England[2]) die einzige Klasse von Emaillen, die ich noch nicht persönlich zu untersuchen im Stande war und von denen es mir auch noch nicht gelang, kleine Pröbchen für das Mikroskop zu erhalten. Dieselben nehmen eine ganz eigene Stellung ein und enthalten vielleicht mehr Farben. Doch ist die Beschreibung derselben zu unzuverlässig. Bei allen diesen Objecten hat das Email aber denselben Zweck, es wirkt im Verein mit der Umgebung, also meist mit der contrastirenden Bronze, der rothe Schildnagel sticht gegen den Schild ab, es spielt keine selbstständige Rolle.

Alle diese emaillirten Objecte sind als einheimische Producte aufzufassen, sie stehen mit den Producten der Italischen Industrie der letzten 4 Jahrhunderte v. Chr. in keiner Beziehung und wenn auch diese ganze Industrie und der Kunststyl der La Tène-Zeit aus unbekannten Regionen des Ostens, wohl am Ende des 5. Jahrhunderts v. Chr. importirt oder eingewandert ist muss die Fabrikation sich doch bald an Ort und Stelle etablirt haben. Zur Gewissheit wird diese Annahme erhoben durch die Entdeckungen im Gallischen Pompeji, dem bedeutenden Mess- und Handelsplatze Bibracte,[3])

---

1) Cf. Verhandlung des Anthropologischen Congresses zu Stettin 1886, „Correspondenzblatt der Deutschen anthropologischen Gesellschaft" 1886 p. 130 ff., wo ich die emaillirten Fibeln von Borgfeld und den Halsring von Zampelhagen im Stettiner Museum besprochen habe.

2) Abgebildet in Horae Ferales. Tfl. XIX. XX.

3) Bulliot: l'Art de l'Emaillerie chez les Eduens.

wo man das Atelier eines Emailleurs fand und aus den halbfertigen Stücken sowie den Abfällen die Verarbeitungsweise des Gallischen Emails, welche von der späteren Römischen Methode völlig verschieden ist, studiren konnte. Eine weitverbreitete Emailtechnik bei den Barbaren, besonders bei den Gallischen Stämmen in den letzten vier Jahrhunderten v. Chr. ist also als erwiesen zu betrachten, kommt uns auch nicht mehr so befremdlich vor, seit wir uns der Ueberzeugung nicht mehr ververschliessen können, dass die Barbaren in der Bearbeitung der Metalle weit höher standen, als man lange auf einer Seite zugeben wollte. Ja man wird auch das Eindringen der Emailtechnik selbst bis nach Norddeutschland annehmen müssen, wie es die lokalen Fibel-Typen daselbst zeigen.

Zur Römischen Kaiserzeit tritt nun eine ganz neue Methode und ein neuer Styl des Emails auf.

In seiner vollen Entwickelung beruht er darauf, dass die ganze Fläche eines Metallgefässes oder eines Schmuckgeräthes mit einer vielfarbigen Emailschicht, wie mit einer farbigen Zeichnung überdeckt wird, man kann dies also „Flächenschmelz, Flächenemail" nennen. Die sichtbaren Bronzetheile dienen mehr dazu, die Fläche einzurahmen und die einzelnen Farben gegen einander abzugrenzen, damit sie scharf gegen einander stehen und nicht verlaufen, das Metall spielt also nur die Rolle von Contouren, ist weniger ein integrirender Theil der Fläche. Diesen Zweck erreichte man auf zweierlei Weise. Entweder wurde die Zeichnung schon im Gusse vorgearbeitet und dann mit dem Stichel und Punze weiter ausgeführt und vollendet, so dass die Unterlage eine Reihe von vertieften Gruben zeigte, welche durch die stehen gebliebenen schmalen Metallstege getrennt waren (Email champlevé, Grubenschmelz), oder auf die Unterlage wurden schmale Metallstreifen aufgelöthet, um die Contouren und Gliederungen der Zeichnung zu bilden (Email cloisonné, Zellenschmelz), wie wir es schon bei den alten ägyptischen Kleinodien fanden, wo die Zellen anfangs mit farbigen Steinchen ausgefüllt waren. In die so hergestellten Abtheilungen wurde das feucht angeriebene Glaspulver eingetragen und eingeschmolzen, eine Operation, die mehrmals wiederholt wurde, bis schliesslich Abschleifen und Poliren das ganze Stück vollendete. Beide Methoden bedingen einen ganz verschiedenen Styl (man könnte sie fast wie Kupferstich und Holzschnitt unterscheiden). Während das cloisonné eine bei weitem grössere Freiheit der Linienführung gewährt, auch naturalistische und Darstellungen von lebenden Wesen begünstigt — wie dies in reichstem Masse in dem chinesisch-japanischen Email zu Tage tritt, verlangt das Champlevé eine strengere regelmässigere Zeichnung. Da das Email der Kaiserzeit ausschliesslich Champlevé ist, treffen wir hier beinahe nur geometrische Zeichnungen aus geraden oder Kreislinien zusammengesetzt, oder einfache Ranken mit stylisirten Blättern und Spiralen. Aeusserst selten sind Darstellungen von Thieren, wie Hasen, Vögeln (einige Stücke im Nationalmuseum zu Budapest), eine Darstellung, die eben für diesen Styl weniger passt. Diese Emails zeigen nun eine reiche Farbenscala, roth, welches bei den Flächenemails immer Ziegelglas ist, opakes Orange — eine ganz neue Farbe, die ich vor der Kaiserzeit noch nie getroffen habe, während Ziegelglas ja allerdings in ein Paar ganz vereinzelten Fällen auftritt, grün, hellblau, dunkelblau, gelb, braun in's Violette ziehend. Man trifft das Email auf einer nicht unbeträchtlichen Anzahl von Bronzegefässen, deren bekanntestes die im Pyrmonter Quell gefundene Schöpfkelle ist,[1]) besonders aber auf Schmuckgeräthen, Fibeln, Scheiben, Knöpfen, Platten etc., welche zum bei Weitem grössten Theile innerhalb der Grenzen des Römischen Reiches gefunden sind, nur in geringer Zahl ausserhalb.

Diese Objecte sind ihrem Vorkommen, ihrem Styl und ihrer Form nach Römisch. Man hat sie alle vielfach für Celtisch ansehen wollen. Davon kann gar keine Rede sein, denn es tritt gerade eine ganz neue Technik der früheren barbarischen gegenüber. Viel Staub hat eine Stelle des Sophisten Philostratus aufgewirbelt, der um 200 n. Chr. lebte, und welcher ein Gemälde schilderte, die Eberjagd:[2]) er beschreibt, 4 Reiter nach Gestalt und Tracht, sowie ihre Pferde, einen Schimmel, Lichtbraunen, Rappen und Fuchs und setzt zu: „Sie haben silberne Zäume, Brandzeichen und goldene Schmuckplatten. Diese Farben sollen die Barbaren an dem Weltmeer dem glühenden Erze einschmelzen, worauf sie erstarren, wie Stein werden und das Gemalte erhalten." Die Franzosen wollten aus dieser Stelle die Berechtigung ableiten, alle Emaillen für Celtisch zu erklären, es dürften die Gallier des 3. Jahrhunderts n. Chr. aber doch wohl nicht mehr als Barbaren bezeichnet worden sein; auch könnte es Philostratus kaum unbekannt gewesen sein, dass ähnliche Objecte wie in Gallien auch zum Mindesten bis nach Osteuropa (Pannonien) hinein innerhalb der Grenzen des Römischen Reiches zu seiner Zeit vorkamen. Die Stelle ist, sowie sie lautet, entschieden unrichtig oder verstümmelt. Entweder hat Philostratus eine Reminiscenz davon gehabt, dass die Barbaren in Gallien vor der Römischen Kaiserzeit wirklich es verstanden, Email auf Erz einzuschmelzen oder er kann nur die Barbaren in Britannien gemeint haben, denn diese Völker sind im Ganzen überhaupt nicht ordentlich romanisirt gewesen, im Norden garnicht unterworfen worden. Die wunderbaren Emails, die Franks und besonders Anderson[3]) abbilden, haben einen vollständig barbarischen durchaus von allem Römischen abweichenden Styl, können aber, da sie eine reichere Farbenscala zeigen, als die französischen, ganz wohl in die Kaiserzeit hineinreichen, so dass hier immerhin noch alte nationale Kunst, vielleicht durch römischen Einfluss etwas bereichert, möglicherweise bis in die Zeit des Philostratos fortblühte, wie z. B. die Befestigung einer wohl von den Römern erstandenen Schachbrett-Millefiorischeibe in einem entschieden nationalen Armband (Anderson p. 41 Fig. 115) zu beweisen scheint. Grade Pferdegebisse zeigen sich in England öfters emaillirt und es ist daher nicht auffallend, wenn Philostratus bei der Beschreibung des Pferdegeschirrs an das Barbarenemail denkt. Ich glaube aber nicht, dass auf dem Festlande innerhalb des Römischen Reiches Pferdegebisse mit Email gefunden sind. Also darf man aus den mysteriösen Worten nicht schliessen, dass alles Email barbarisch gewesen sei: er hat wahrscheinlich des Britannischen Emails, besonders des zum Pferdeschmucke bestimmten gedacht, dies aber nicht in Gegensatz zu denen des Continents gestellt, die ihm ja unbedingt bekannt sein mussten.

Aber auch die Bezeichnung gallo-romains, welche die Franzosen den Emaillen geben, ist nicht zutreffend, denn es finden sich ganz dieselben Objecte, Gefässe, Fibeln etc. identisch in Frankreich, am Rhein bis nach Ungarn hinein, auch in Eng-

1) Lindenschmit: „Die Alterthümer unser heidnischen Vorzeit". Bd. III, Heft 12, Tafel 3.

2) Citirt nach Lindenschmit A. h. V. Bd. III, Beilage zu Heft I p. 30.

3) Anderson: Scotland in Pagan Times p. 121 ff.

land (im Gegensatze zu dem ganz verschiedenen barbarischen), ebenso sind sie immerhin in Italien vertreten im Vaticanischen Museum und im Kircherianum, auch zu Este ist eine Emailfibel gefunden.

In den Provinzen kann man ganz gut verschiedene Typen von Geräthen unterscheiden, solche, welche aus Umbildung der älteren einheimischen Typen entstanden sind und sich in den einzelnen Provinzen lokal unterscheiden und solche, welche sich nicht an jene Typen anschliessen, ja sogar in Gegensatz treten und eine allgemeinere Verbreitung zeigen. Ersteres sind die Formen der Römischen Provinzialcultur, die types galloromains in Gallien, welche beispielsweise in Gallien und in Pannonien schon recht verschieden sind. Letztere muss man als Römisch ohne Einschränkung bezeichnen, wobei aber durchaus nicht gemeint ist, dass sie aus Italien stammen, denn Italien stand in den späteren Jahrhunderten nicht mehr an der Spitze der Industrie. Der Osten wird immer die alte Führerschaft behalten haben, so dass der eigentliche Ausgangspunkt der neuen Emailtechnik wohl noch unklar bleibt, aber jedenfalls im Osten des Mittelmeeres liegt. Eine weit verbreitete Klasse von Objecten hat daher einen einheitlichen Charakter, den man mit Römisch bezeichnen kann. Dass aber die neue Technik auch grade bei den Provinzialen gepflegt wurde, bei denen früher schon eine andere Art der Emaillirkunst blühte, ist weiter nicht wunderbar und so konnten besonders in Gallien einige Lokalformen entstehen, die man anderweitig noch nicht gefunden hat, die Hauptmasse trägt aber einen allgemeineren als provinziellen Charakter.

Der oben ausgeführte stylistische Gegensatz der Römischen und Gallischen Emails als Flächenschmelz und Furchenschmelz trifft aber nur die Endglieder der Formenreihe und zeigt die extremsten Unterschiede. Wie das Blutemail manchmal grössere Flächen einnimmt, allerdings ohne den Charakter einer unselbstständigen einfarbigen Decoration zu verlieren, so tritt das Römische Email auch öfters in bescheidenere Grenzen zurück: es bedeckt nur kleinere Stücke der Oberfläche, vielfach einfarbig roth, tritt als kleiner Knopf in die Mitte einer Fibel auf, kurz es lässt der Bronzefarbe oft auch noch ein Stück decorativer Wirkung. Bei einem reizenden delphinähnlichen Fische des Pester Museums sind die Schuppen und Flossen mit schmaler blauer Ausfüllung geziert, so dass dieser Unterschied allein noch kein entscheidendes Kriterium bildet.

Es giebt aber noch eine ganz eigenthümliche Klasse Römischer Objecte, die bisher wohl nicht genügend gewürdigt und erkannt zu sein scheint, welche den vollständigen Charakter des Furchenschmelzes hat und eine höchst merkwürdige Uebergangsgattung bildet.

Es ist dies eine bestimmte Klasse von Fibeln, überwiegend Bügelfibeln in einigen Modificationen, deren Typus und Decoration die bei Cohausen,[1]) Römischer Schmelzschmuck Tafel I Fig. 6 abgebildete Fibel repräsentirt, selten Scheibenfibeln, daneben einige prachtvolle Dolche mit eisernen Scheiden. Auf allen diesen Stücken tritt das Email nur als Auffüllung schmalerer Zeichnungen auf, welche die Fläche nur verzieren, nicht bedecken. Die Kreuzfurche „X", welche auf den Gürtelhaken der La Tène-Periode eine so grosse Rolle spielt, tritt hier in ganzen Reihen auf,

1) Annalen des Nassauischen Alterthumsvereins. Wiesbaden. Band XII.

daneben eine Modification derselben, indem die vier Arme in gelappte Blättchen auslaufen; ausserdem finden sich gewellte Ranken mit kleinen Blättchen, die 4 im Kreuz mit den Spitzen einander gegenüber gestellten Dreiecke und verwandte Muster. Als Füllung findet man in diesen Furchen rothes und ein blaues oder blaugrünes Email. In allen Fällen, wo ich im Stande war, ein Stäubchen des rothen Emails mikroskopisch zu untersuchen, wie bei der oben erwähnten Fibel aus dem Wiesbadener Museum, den Dolchen und einigen anderen Stücken, erwies es sich als Blutemail. Die Farbenscala dieser Stücke ist also reicher als die der vorrömischen. Dazu tritt noch das schwarze Niello, kein Email, sondern ein Schwefelmetall, welches aber gerade für diesen Styl, die Verzierung von Furchen und kleinen Gruben besonders geeignet ist, so dass es mehrfach mit Blutemail ganz coordinirt auftritt, eine Mischung, die bei der früher charakterisirten Hauptclasse des Römischen Emails nie vorkommt (schon aus technischen Gründen, die bei anderer Gelegenheit auseinandergesetzt werden sollen). Niello konnte ich übrigens schon bis in die La Tène-Zeit zurückverfolgen.

Dazu tritt als fernere Decoration noch Tauschirung auf jenen Dolchen, die entschieden zu den reizendsten Produkten polychromer antiker Metalltechnik gehören. Der besterhaltene dieser Dolche befindet sich im Germanischen Museum zu Nürnberg von Rösenbeck in Westfalen, ein zweiter im Paulus-Museum zu Worms, bei Mainz gefunden. Diese Eisenscheiden sind in äusserst reicher und geschmackvoller Weise durch Blutemail und eingelegte Bronze verziert. Die Bronzefäden umsäumen und gliedern die einzelnen Felder, treten aber in Rosetten und Fiedern alternirend mit Blutemail auf. Letzteres füllt einzelne kleinere Zeichnungen, tritt aber besonders friesartig in den Umfassungen der einzelnen Felder auf als lange Streifen fiederartiger Blättchen oder als Reihen von Kreuzfurchen, die kleineren als einfache Kreuze, die grösseren wieder mit den gelappten Blättchen an den Enden der Arme.

Endlich füllt Blutemail die kleinen Knöpfchen an der Scheide und am Dolchgriff.

Diese Dolche wie die Fibeln sind entschieden Römische und gehen auch eine Zeitlang mit den anderen Stücken zeitlich parallel, da andere Fibeln von ähnlichem Typus die Decoration im Flächenemailstyl mit in dem üblichen Römischen Materiale zeigen, sie nehmen aber eine eigene noch nicht recht aufgeklärte Stellung ein. Auffallend ist es, dass überall, wo sich die dem gallischen Style eigenen Kreuzfurchen finden, ein Ornament, das hier allerdings massenhafter in Reihen auftritt und theilweise etwas modificirt, sich, so oft eine Untersuchung möglich war, Blut-Email zeigte.

Es hängt die Erklärung dieser merkwürdigen Uebergangsklasse noch von der Beschaffung eines umfangreicheren Materials ab, das bisher zum Theil wohl übersehen ist.

Wenn wir jetzt zu dem Römischen Flächenschmelz zurückkehren, so treffen wir gerade bei der Decoration der kleinen Objecte neue Proceduren, welche dieselben, abgesehen von den Werken der Goldschmiedekunst, zu den zierlichsten Gegenständen der antiken Bijouterie stempeln. Das Bestreben ging dahin, die Masse der trennenden Metallstege möglichst zu vermindern, so dass gerade der Farbenreichthum des Glases in grösster Mannigfaltigkeit und Zierlichkeit zu Tage trat. Diese verschiedenen Arten des Römischen Schmelzschmuckes sowie die Methode der Herstellung sind sehr gründlich und genau in der schon citirten Abhandlung von Cohausen: „Römischer Schmelzschmuck" behandelt, so dass die betreffenden Fragen der Hauptsache nach gelöst sind, wenn auch immer noch einiges Dunkle in der Technik der Römer geblieben ist. Obige Arbeit hat daher eine fundamentale Bedeutung für die Geschichte des Emails.

Man findet nämlich auch einzelne Farben nebeneinander, ohne trennende Metallstege, in regelmässiger Mosaik, oder einen runden Fleck auf andersfarbigem Grunde. In beiden Fällen muss man, wie Cohausen auseinandergesetzt hat, die runden Scheibchen oder Platten der Mosaik vorher geformt haben und jene in das noch nicht eingeschmolzene Emailpulver des Grundes eingesetzt, diese über einem eben solchen Grundemail mosaikartig aneinandergelegt haben, wobei natürlich die Hauptbedingung war, dass das Grundemail leichter schmolz als die Ein- oder Auflagen.

Die schönsten Erfolge wurden aber auf diesem Wege bei dem Millefiori-Email erzielt, indem man zu jenen mosaikartig zusammenzulegenden Plattchen Millefioriplättchen nahm, diese neben einander in den pulverförmigen eingetragenen Grund legte und dann einschmolz, wobei die Plättchen selbst von der Hitze nicht mehr verändert wurden. Die Scheibe von Oberhof gehört zu diesen Perlen römischen Schmelzschmuckes, von denen die Abbildungen der Cohausenschen Abhandlung und Lindenschmit's Alterthümer der heidnischen Vorzeit Bd. III. Heft VIII. Tafel 3 ein genügendes Bild gewähren.

Ueber die Millefiorifabrikation ist bereits in einer früheren Sitzung dieses Jahres gesprochen worden.[1]) Ihr Wesen besteht, um es kurz zu wiederholen darin, dass man Glasstäbe von beliebigem Querschnitte an einander legt, zusammenschmilzt, auf einem bestimmten kleineren Querschnitt auszieht und in dünne Platten zertheilt. Diese stimmen dann in der Grösse überein und zeigen alle dasselbe farbige Muster, wobei sich eine ausserordentliche Mannigfaltigkeit erzielen lässt. Bei den emaillirten Objecten kehrt meist nur eine geringere Zahl von Mustern wieder. Am häufigsten viereckige schachbrettartig zusammengesetzte Stäbe, mehrfarbig, am häufigsten zweifarbig und dann blau und weiss oder roth und weiss, ausserdem sternförmige Figuren, fiederartige Bildungen blau in weiss, hin und wieder auch weisse Voluten in blauem Felde. Diese Täfelchen sind dann wieder so an einander gesetzt, dass sie ganze Streifen in einem wiederholten Muster bilden, oder dass zwei Muster mit einander abwechseln, so dass sie manchmal die ganze Fläche wieder im wahren Sinne des Wortes schachbrettartig bedecken. Ueberwiegend werden diese Millefioriplättchen kreisförmig geordnet, so dass sie Ringe oder ganze Kreise bei Scheibenfibeln, Zierscheiben oder Knöpfen bedecken, doch kommen auch gradlinige Anordnungen vor.

Es handelt sich nun darum, die Zeit und die Herkunft dieses Millefiori-Emails zu bestimmen.

Die Zeit der Oberhöfer Scheibe lässt sich ziemlich genau an das Ende des 2. oder Anfang des 3. Jahrhunderts n. Chr. setzen, da an der Stelle des Gräberfelds wo sie sich vorfand, einfache Armbrustfibeln mit umgeschlagenen Fuss vorkommen, die sich immer mit Münzen, welche ungefähr bis 180 n. Chr. reichen, zusammen finden. Ausserdem treten Glasperlen, welche aus denselben Schachbrett-Mosaik-

1) Schriften der physikalisch-ökonomischen Gesellschaft XXVII/1886. Sitzungsbericht vom 7. Januar 1886 Tischler: „Ueber Aggry-Perlen".

plättchen zusammengesetzt sind, wie sie die Scheibe enthält, gerade in dieser Periode auf, während später die Perlen gewisse Modificationen erleiden, aber immerhin das Schachbrett beibehalten, welches hingegen in den so zahlreichen Perlen des 1. Jahrhunderts nicht auftritt, obwohl hier sonst Millefioriperlen allerdings von einen wesentlich verschiedenen, aber scharf gekenntzeichneten Charakter vorkommen.

Die Glasperlen[1]) lassen sich bei der jetzt doch schon auf einigermaassen sicherem Fundament ruhenden Gräberkunde Europa's zeitlich sehr gut ordnen. Für die Perlen des 1. Jahrtausends v. Chr. geben die Gräber Italiens u. Süddeutchlands wie Frankreich, für die Kaiserzeit Nord-Europa und ganz besonders Ostpreussen genügend sichere Anhaltspunkte. Während einige einfachen Perlen allerdings wenig lehren, auch zu den langlebigen Formen gerechnet werden können, sind andere wieder so charakteristisch und auf einen engeren Zeitraum beschränkt, dass man sie als Leitfunde betrachten kann, die an chronologischem Werthe den Münzen nicht viel nachstehen. Zudem finden wir diese zierlichen Schmuckstücke in einer ungemeinen Gleichmässigkeit von den Küsten des Atlantischen Oceans bis an den Kaukasus, bis nach Klein-Asien und Aegypten. Soweit man eine synchronistische Kette von Gräbern in diesem Gebiet herstellen kann, haben sich dieselben Formen auch überall als gleichaltrig erwiesen, was bei anderer Gelegenheit, bei einer Gesammtgeschichte der Glasperlen auseinandergesetzt werden soll. Wir finden nirgends eine Stütze für die Ansicht, dass etwa ein Perlenmuster, wenn es im Süden aus der Mode gekommen, weiter nach Norden zu den Barbaren exportirt wurde, so dass eine Perle aus der Hand des Fabrikanten bis zum Halse des Nordischen Mädchens einen sehr grossen Zeitraum gebraucht hätte. Die Perlen kamen sicherlich nur aus einigen grossen, noch nicht genügend bekannten Fabrikationscentren im Osten, so dass nicht etwa die Fabrikation selbst langsam nach dem Norden dringen konnte, von Zeit zu Zeit wechselte aber die Mode radical, man gab die Perlen den Todten ins Grab mit und verwahrte sie nicht als alten Familienschmuck. Dieser Wechsel vollzieht sich demnach annähernd gleichzeitig im Centrum und an der Peripherie, da der Fabrikant seine Producte doch auch vertreiben musste. Somit gewährt die Perle gerade für Geschichte des Glases in stofflicher und technischer Beziehung vorzügliche Anhaltspunkte, in weit höherem Maasse als das leichter zerstörte und nicht so weit verbreitete Glasgefäss. So oft es aber gelang, für dies letztere chronologische Anhaltspunkte zu gewinnen, deckten sie sich mit den auf anderem Wege gewonnenen.

Die schönsten aller Perlen sind aber die Millefiori-Perlen, d. h. nicht solche, bei denen nach Art der modernen venezianischen Perlen die Zeichnung nur der Oberfläche aufliegt, sondern welche aus einzelnen aneinandergelegten Millefioriplättchen zusammengeschmolzen sind, so dass die Zeichnung die Perle bis nach der Mitte durchdringt. Den Stil dieser in Ostpreussen äusserst häufigen Perlen können wir nun bis Aegypten verfolgen.

Zu Medinet el Fayum[2]) in der Necropole des alten Arsinoë sind in Mumiensärgen die zierlichsten Kunstwerke aus Glas entdeckt, welche das alte Aegypten ge-

1) cfr. Nachtrag p. 57.

2) Maspero, Guide du Visiteur au Musée de Boulaq 1884 p. 263 ff. Bei Perrot und Chipiez: Geschichte der Kunst im Alterthum. Deutsche Ausgabe Bd. I, p. 761 fig. 561 ausreichende, fig. 562 unzureichende Abbildungen.

liefert hat, sowohl kleine Statuetten als auch Platten mit Darstellungen von Menschen- und Thierfiguren in Millefiori-Manier. Das Berliner Aegyptische Museum besitzt von hier u. a. 2 ganz besonders charakteristische Stücke, die ich näher zu betrachten Gelegenheit hatte. Das eine (No. 9048) stammt von einer kleinen Statuette en face, ähnlich den bei Perrot und Chipiez abgebildeten, es ist aber nur der Oberkörper ohne Kopf und Arm, der Unterkörper und Oberschenkel erhalten. Der untere Theil besteht aus Blutglas, den Obertheil nimmt die Darstellung eines Colliers ein. Dies ganze Collier ist ein Millifioristück aus einzelnen übereinanderliegenden Millefioristreifen zusammengesetzt, deren jeder wieder aus einer Reihe horizontal aneinanderliegender gleicher Millefiorstäbe besteht. Das Muster geht also durch die ganze Dicke dieses Stückes bis auf die Hinterseite gleichmässig durch, vorne aber sieht man eine Reihe farbiger, horizontaler Streifen je mit demselben Muster, welche sich periodisch wiederholen und welche die verschiedenen Schnüre des Colliers vorstellen sollen. Diese Muster sind theils Rosetten auf verschiedenfarbig blauem Grunde, weisse Lotusblumen auf blauem Grunde, und rothe in Voluten endende Wellenlinien (Ziegelglas) auf weissem Grunde, ein im Alterthum sehr verbreitetes unter dem Namen „laufender Hund" bekanntes Ornament. Dies Ornament kommt nun aber sehr häufig auf Ostpreussischen Millefiori-Perlen vor, welche hier ins 2. Jahrhundert fallen und der Gedanke liegt so nahe, einen aus mehreren Schichten zusammengeschweissten Glasstreifen, wie den obigen, deren einer den laufenden Hund enthält um einen Dorn zu rollen und eine kuglige oder cylindrische Perle zu formen, dass man zwischen den betreffenden Perlen Ostpreussens und der Statuette von Arsinoë nicht gut einen zeitlichen Unterschied annehmen kann. Es könnte nun der oben eigentlich schon widerlegte Einwand gemacht werden, diese Millefioriartikel und die analogen Perlen seien schon früher, ja zur Ptolemäerzeit gefertigt aber nicht bis nach dem Norden exportirt. Nun finden sich aber in Aegypten — wie dies sämmtliche Sammlungen zeigen — auch die Perlen der Jahrhunderte vor der Kaiserzeit, besonders der La Tène-Periode, welche sich zum Theil mit der Ptolemaerzeit deckt, sei es als einheimische Fabrikate oder als Phönicische Importartikel, was fast wahrscheinlicher ist. Es wäre wunderbar, wenn man nur diese zu den prachtliebenden Barbaren des Nordens exportirt und die viel schöneren Millefiori zu Hause gelassen hätte, zumal doch Aegypten damals dem Welthandel so recht erschlossen war. Es lässt sich der Millefioristil also nicht mehr in die Ptolemäerzeit zurückführen (die leider von den Aegyptologen in den Museen bisher immer mit der folgenden als griechisch-römische Periode zusammengefasst wurde). Im 1. Jahrhundert n. Chr. muss er entstanden sein, da wir dann schon entsprechende Perlen haben, obige Figur wird aber noch jünger sein.

Zu demselben Resultat führt ein „Mystisches Auge (Uza)" (No. 9474) im Berliner Museum mit Emaileinlagen. Darunter befinden sich 2 Millefioriplatten in Schachbrett-Mosaik, mit den Farben weiss, blau, gelb, orange. Orange (nicht mit gelb zu verwechseln) ist bisher vor der Kaiserzeit noch nicht nachgewiesen: solche Platten kommen, aber erst in den Perlen gegen Ende des 2. Jahrhunderts n. Chr. vor, wohin also dies Auge zu setzen wäre.

Wenn auch der laufende Hund ein viel älteres Ornament war, und besonders das Schachbrettmuster dem Stil der Gewebe entsprang und sich schon auf sehr alten Deckengemälden fand, so hatte man es doch eben nicht in Glas nachgebildet.

Wenn somit das Datum dieser ägyptischen Stücke durch die Nordischen Funde einigermaassen sicher gestellt wird, so werfen sie wieder ihr Licht nach Norden und speciell auf die Scheiben von Oberhof, daher musste dieser Punkt hier etwas eingehender behandelt werden.

Bei der ausserordentlich weiten und gleichförmigen Verbreitung der Glasperlen ist es schwer, ihre engere Heimath auszukunden; hier treffen wir aber Objecte von rein nationalem Charakter: sowohl die Statuetten (wie es die Abbildung bei Perrot u. Chipiez zeigt), als das Auge sind so specifisch ägyptisch, dass sie in keinem anderen Lande verwendet werden könnten. Auch die Darstellung der Lotusblumen, welche häufiger auf Millefioriplatten wiederkehren, sowie die ägyptische Tracht bei menschlichen Köpfen bestätigt dies, und man kann somit sicher annehmen, dass die Millefioritechnik in Aegypten geübt wurde und wohl auch entstanden ist — zu römischer Zeit. Wir wissen ja, dass die Alexandrinische Glaskunst zur Kaiser-Zeit in hoher Blüthe stand, aber Phönicien hatte seine alten Ruhm als Glasmacherland auch noch behalten, besonders die Sidonischen Künstler, und da ist es vortheilhaft sichere Beweise für die Fabrikation in Aegypten zu haben, was das andere Land allerdings nicht vollständig ausschliesst.

Wir sind also durch dies bisherige Ergebniss zu dem Resultat gelangt, dass die Millefiori und der Millefioristil aus Aegypten zur Kaiserzeit nach Europa gelangten. Diese Fähigkeiten den Etruskern beizulegen, ebenso wie die in Italien gefundenen Millefiorigefässe, geht nicht mehr an, letztere gehören in die Kaiserzeit und sind vielleicht auch nur aus Aegypten importirt, anfänglich gewiss. Wie man den aegyptischen Einfluss sich auf das uns zunächst beschäftigende Millefiori-Email vorstellen soll, ist aber doch nicht leicht aufzuklären. Die Objecte, Fibeln, Gefässe, wie sie sich im europäischen Römerreich finden, haben nicht das mindeste Aegyptische, sondern bewegen sich recht im europäischen Formenkreise. Also entweder ist die Fabrikation der Millefiori mit der Glasfabrikation überhaupt nach Europa, zunächst nach Italien gewandert, oder man müsste an einen Import von Millefioristäben denken, die dann von den Emailleuren weiter verarbeitet wurden. Was für den Bezug aus einer mehr einheitlichen, weiter zurückliegenden Quelle spricht, ist die grosse Gleichmässigkeit gerade der Millefiori-Emails, welche durchaus keine provinziellen Verschiedenheiten zeigen.

Die Quelle der römischen Emailtechnik überhaupt nach Aegypten zu verlegen, dazu liegt kein Grund vor. Doch ist der Osten für die Zeit der Diadochen, wo man die Vorbedingungen suchen müsste, und auch für die Kaiserzeit, noch viel zu wenig erforscht, und muss diese Frage vorläufig offen gelassen werden.

Wenn wir uns nun wieder nach dem Norden wenden, so finden wir zur Kaiserzeit auch ausserhalb des römischen Reiches eine Anzahl emaillirter Objecte, an Zahl allerdings bedeutend zurückstehend gegen die grosse Menge innerhalb des limes. Dieselben tragen mit Ausnahme einiger britanischen, die wohl noch in diese Periode hineinragen, einen rein römischen, ziemlich gleichmässigen Charakter bis in den äussersten Osten, wo einige etwas fremdartigere Formen auftreten.

In Ostpreussen sind mehr emaillirte Stücke gefunden, als auf einem anderen barbarischen Gebiete von dieser Grösse, was aber wohl nur der genaueren Durchforschung der Provinz zuzuschreiben ist.

Ausser obiger Scheibe von Oberhof sind zu erwähnen: Eine Scheibenfibel im Elbinger Museum vom Neustädter Felde bei Elbing, soweit erkennbar, ein sechsstrahliger blauer Stern, von rothen Feldern umgeben, eine u. a. in Ungarn, der Schweiz häufige Form; ferner Stücke eines Colliers oder kettenartigen Gürtels mit emaillirten Scheiben von Lapsau Kr. Königsberg (Museum der Alterthumsgesellschaft Prussia) augenscheinlich auch römische Arbeit; ein kleines Gürtelbesatzstück mit kegelförmigem Aufsatz und rothem Emailknöpfchen, von ebenfalls noch römischer Form von Greibau Kreis Fischhausen (Provinzial-Museum); ein dreieckiges durchbrochenes Anhängsel, das unten zwei kleine mit rothem Email erfüllte Scheibchen trägt, aus dem 1. Jahrhundert n. Chr. von Reussen Kr. Angerburg, eine nicht gerade römisch aussehende Form (Prussia); ein Fingerring mit rhombischen in vier mit rothem Email erfüllte Fächer getheiltem Schild bei Bartenstein Kr. Friedland (Provinzial-Museum); eine mit rothem Email erfüllte Fibel[1]) von Gruneiken Kr. Goldap (Provinzial-Museum) und eine sehr ähnliche von Sdorren Kr. Johannisburg (Prussia), welche in der Form an die Ungarischen bis nach Ostpreussen verbreiteten Cicadenfibeln erinnern, also eine lokale schon halbbarbarische Form. Ferner sind bei Gruneiken einige ziemlich rohe Anhängsel[2]) gefunden, die zwei halbmondförmige Furchen tragen, welche mit blauem und rothem Schmelz ausgefüllt sind (Provinzial-Museum), ferner ein ähnliches zu Muskau Kr. Wehlau (Prussia).

Letztere Stücke sehen wirklich wie ein barbarisches Fabrikat aus. Man müsste also annehmen, dass die Kunst der Emaillirung in ihren einfachsten Proceduren im Osten auch von Barbaren geübt wurde, zumal sich hier sicher in ursprünglicher Anlehnung an südlichere Vorbilder während der Kaiserzeit eine geschmackvolle Bearbeitung der Metalle entwickelt hat, und zumal in vorrömischer Zeit auch in Norddeutschland die Verarbeitung des Blutemails als bewiesen anzusehen ist. Das Material hätte man dann wohl aus den importirten Glasperlen gewonnen.

In den russischen Nachbarprovinzen findet sich auch eine Anzahl von Emailfibeln.[3]) Aus Livland von Langensee (Aspelin 1763) und von Ronneburg 4 Stück (ibid. 1776, 1778, 1782, 1785), alles Scheibenfibeln, die mit den rein römischen zwar noch verwandt sind, aber doch schon einige formelle Abweichungen zeigen. Ferner zu Birzé (Russisch-Littauen) eine ringförmige Fibel und eine Fibel aus zwei gekreuzten Vierecken bestehend, die in zwei Thierköpfe ausläuft (Aspelin 1885), eine echt römische Form und eine aus dem Gouvernement Warschau von Dworaki-Pikoty mit rohem grünen und blauen Email von absolut unrömischer Form (Aspelin 1884.)[4]) Zu den letzten drei im Museum der Akademie zu Krakau befindlichen Stücken tritt noch ein emaillirter Riemenbesatz von römischer Form. Also ein Theil dieser Stücke zeigt einen vom römischen abweichenden, die eine Fibel sogar völlig barbarischen Charakter. Weiter westlich scheinen sich, abgesehen von England, solche barbarische Nachahmungen des römischen Stils zur Kaiserzeit nicht vorzufinden.

Als Resultat dieser historischen Betrachtung wäre also anzusehen, dass in

---

1) Tischler: Ostpreussische Gräberfelder. Schriften der Physikalisch-ökonomischen Gesellschaft zu Königsberg XIX. (1878) Tfl. XI. (V.) Fig. 1.

2) Ibid. Fig. 2.

3) Aspelin: Antiquités du Nord Finno—Ougrien.

4) Auch abgebildet: Zbiór Wiadomosci do Antropologii Krajowéj VII. Tfl. VI. 1. 2.

Nordeuropa während der letzten vier Jahrhunderte v. Chr. eine weitverbreitete Emaillirtechnik auf Bronze und auch auf Eisen mit Blutglas bestand, die man in der am meisten charakteristischen Ausbildung als Furchenschmelz bezeichnen kann. Während der römischen Kaiserzeit kam im römischen Reiche aus noch nicht näher ermittelter Quelle ein stilistisch verschiedener Schmelz auf, im Allgemeinen Flächenschmelz, der mit ganz verschiedenem Material arbeitete, mit weit mehr Farben und mit Ziegelglas. Nur bei einer ganz beschränkten Klasse römischer Objecte tritt noch Furchenschmelz auf mit Blutglas, oft in Verbindung mit Niello, Tauschirung und blaugrünem Email. Die römischen emaillirten Objecte sind im Reiche in allen nördlichen Provinzen einander sehr ähnlich, nur einige locale Formen treten auf, hauptsächlich in Gallien.

Im zweiten Jahrhundert tritt das Millefiori-Email auf, beeinflusst durch ägyptische Technik und lassen sich bei diesen Gegenständen keine localen Unterschiede erkennen.

In den Barbarenländern Norddeutschland, Dänemark, findet sich eine Anzahl emaillirter Schmuckstücke, einige Gefässe von echt römischen Formen. Eine barbarische Emailtechnik scheint während der Kaiserzeit nur in Britannien fortzuleben und im fernen Osten, wo neben römischen Objecten einige Gegenstände von barbarischem oder umgewandelt römischem Typus auftreten.

Gegen Ende des 4. Jahrhunderts verschwindet die Emailtechnik im ganzen weströmischen Reiche und scheint hier im 5. als erloschen zu betrachten sein.

Denn es tritt nun eine neue Decorationsweise bei allen germanischen Völkern auf, sowohl bei denen, welche das Gebiet des früheren Römischen Reiches besetzen, als bei denen, welche ausserhalb bleiben. Die zahlreichen goldenen und silbernen Schmuckstücke und Beschläge von Waffen dieser so äusserst prachtliebenden Periode der grossen Völkerwanderung enthalten in aufgesetzten goldenen (oder silbernen Zellen) rothe zugeschliffene Täfelchen von Granat, seltener von anderen Farben (grün), wo es noch näher festzustellen wäre, ob man es mit Glas oder Edelstein zu thun hat. Diese an die Technik der Aegypter des thebanischen Reiches erinnernde Kunst, die „verroterie cloisonnée", ist auch in Ostpreussen nachgewiesen in zwei goldenen Rosetten mit Granateinlage von Warnikam Kr. Heiligenbeil, welche die Schläfen eines Pferdes geziert hatten (Provinzial-Museum). Die Entstehung dieses Stiles ist entschieden im Orient zu suchen, der Urquelle aller technischen Künste. Diese Herkunft bezeugt das vielleicht älteste aller bekannten Stücke, ein Pectorale aus Gold mit Granaten im Wiesbadener Museum. (Cohausen a. a. O. p. 217 Tfl. I Fig. 3) zu Wolfsheim bei Mainz gefunden, mit der persischen Inschrift „Artachshater", welche ihrer Form nach ins 3. Jahrhundert gesetzt wird.

Im übrigen Europa tritt diese Technik erst im 5. Jahrhundert auf, nur für den Südosten an den Küsten des schwarzen Meeres hat Hampel in dem Werke „Der Goldfund von Nagy-Szent-Miklós" (Budapest 1886) gezeigt, dass man sie hier schon ins 4. Jahrhundert zurückverfolgen kann (p. 117 ff.). Es wird daselbst auch gezeigt, dass man die Quelle dieser Technik nicht in Byzanz suchen darf, sondern dass sie weiter im Osten, jedenfalls im Neu-Persischen Reiche zu finden sein muss. Die weitere Verbreitung durch Europa wäre hauptsächlich den Gothen zu verdanken, welche am längsten an den Sitzen dieser halb spätclassischen, halb schon orientalisirten Cultur gewohnt hatten.

Es sind aus der ganzen Periode der Völkerwanderung nur verschwindend wenig Funde bekannt, wo in den Zellen noch Email neben Steinen auftritt. In den äusserst ähnlichen Endbeschlägen von zwei Schwertscheiden, einer von Komorn (?)[1] in Ungarn, der andere aus dem prachtvollen Grabe zu Flonheim im Paulus-Museum zu Worms findet zwischen Granaten eine kleine Rosette mit weissem Email erfüllt. Die Germanen haben diese Kunst wohl nicht weiter geübt.

Zwar finden sich in Gräbern dieser Zeit noch hin und wieder Fibeln und Knöpfe mit echtem Email, gegen die mit eingelegten Steinen allerdings in verschwindender Zahl, doch tragen diese alle, soweit ich vorläufig beurtheilen kann, den früheren römischen Charakter, so z. B. einige Fibeln von Envermen (Seine Inferieure, Cochet Normandie souterraine, Taf. XI. 24), ein wunderschöner Knopf mit Millefiori-Mosaik-Email (ibid. Taf. XV. 4), der Oberhöfer Scheibe sehr nahe verwandt und jedenfalls zu derselben Zeit fabricirt, eine Fibel mit ringförmig gestalteter Scheibe von einem sächsischen Kirchhofe zu Gilton (England, Fausset, Inventarium sepulcrale p. 24 Taf. III. 8), welche Fausset selbst als ein Unicum unter den vielen anderen Fibeln bezeichnet u. A. m. Es sind auch anderweitig echt römische Schmucksachen auf fränkischen Kirchhöfen gefunden, so z. B. Armbrust-Charnier-Fibeln, wie die bekannte im Grabe Childerichs, oder eine andere zu Charnay[2] (Burgund). Man entnimmt daraus die auch anderweitig bekannte Thatsache, dass die Barbaren römische Gräber geplündert und sich so in Besitz älterer römischer Artefacte gesetzt haben. Cochet hat daher entschieden Unrecht, wenn er (a. a. O. p. 364) sagt, viele der Normännischen Fibeln seien mit Email bedeckt „gewesen". Zum Theil hatten diese Stücke eingelegte Steine enthalten, eine kleinere Zahl, die immer sehr vereinzelt auftraten, wie manchmal hervorgehoben wird, waren echt römisch, stammten aber aus älterer Zeit, so dass die von Cochet angeführte Aeusserung Gallia Belgica (zumal im 5. bis 7. Jahrhundert) sei als Wiege dieser Emaillirkunst zu betrachten, wie schon aus unseren früheren Betrachtungen hervorgeht, widerlegt ist. Erst Funde sicher fränkischer emaillirter Objecte könnten ein spärliches Fortleben dieser Kunst beweisen.

Hingegen blüht sie im Osten Europas aufs Neue auf und erwächst zu dem byzantinischen „Zellenschmelz". Diese Entwickelung ist noch in vollständiges Dunkel gehüllt: ein Zusammenhang mit dem westlichen Grubenschmelz ist völlig ausgeschlossen, die Technik muss aus einer anderen Quelle neues Leben erhalten haben, und diese kann wieder nur im Orient liegen, wo trotz des Wechsels der herrschenden Stämme diese Künste von den ältesten Zeiten bis auf die Gegenwart nie eine wirkliche Unterbrechung erlitten haben. Die Technik der mit Emailfarben bemalten Gläser, der glasirten Thongeschirre finden wir gerade hier seit dem Alterthume erhalten, bis sie im Mittelalter das westliche Europa wieder aufnahm; hier muss auch die Emailtechnik fortgepflanzt sein und zwar in der aus Aegypten bekannten Form des Zellenschmelzes. Die wichtigste Rolle käme hier dem Neu-Persischen Reiche der Sassaniden (226—636) zu, dessen Blüthe also recht in die Zeit

1) Ungarische Revue 1882 p. 189.

2) Baudot: Mem. s. l. sépultures des Barbares de l'Epoque Mérovingienne en Bourgogne. (Mém. de la Comm. des Antiquité d. l. Côte d'or V. Taf. XV. 7.) Die noch ältere vorrömische Fibel XV. 6 ist Einzelfund, es fragt sich also, ob sie aus den Burgunder Gräbern stammt.

der Völkerwanderung fällt. Später traten die Araber das künstlerische Erbe des Orients an. Leider ist gerade die Sassanidische Cultur nur äusserst ungenügend und in spärlichen Funden bekannt. Genauere Nachforschungen würden wesentlich dazu beitragen, einen der dunkelsten Punkte in der Geschichte der Kleinkünste des nachclassischen Europas aufzuklären.

Einem solchen Einflusse haben wir jedenfalls auch das Email auf den Goldgefässen des Fundes von Nagy-Szent-Miklós zuzuschreiben, dieser wunderbaren Mischung von spät klassisch-barbarisirter und sassanidischer Kunst aus c. dem Ende des 4. Jahrhunderts, wie Hampel a. a. O. ausgeführt hat. Die Emailreste sind hier äusserst spärlich, am meisten bei dem goldenen dosenartigen Gefässe (Hampel No. 19 Fig. 27—22), wo sich zwischen den reichen Ranken Reste eines durchsichtigen blauen Emails erhalten haben und 2 Rosetten aus 2 concentrischen Kreuzfiguren zusammengesetzt, deren Felder mit weissen und einem mehr durchsichtigen bläulichen und amethystrothen Email erfüllt sind. Es zeigt sich also in Technik, Stil und Material eine vollständige Verschiedenheit gegen die weströmische Kunst, und man darf wohl um so mehr auf orientalische Technik schliessen, welche sich die germanischen Völker nicht aneigneten, da die hier auftretende bei den unzähligen, oft recht kostbaren und künstlich ausgeführten Objecten im Westen nicht weiter fortcultivirt wird.

Hingegen muss sich aus derselben Quelle das byzantinische Email cloisonné entwickelt haben, dessen noch vollständig dunkle Entstehungsgeschichte hier aber nicht mehr weiter verfolgt werden kann, zumal sie von den Fragen, die uns zunächst interessiren zu weit abführt.

Im Abendlande verschwindet wie gesagt das Email vollständig, bis nachher das byzantinische und die späteren mittelalterlichen Formen am Rhein und Limoges auftreten.

(Der Vortragende giebt eine kurze Uebersicht dieser Entwickelung bis auf die Neuzeit, besonders nach Bucher Geschichte der technischen Künste, wo aber gerade die Geschichte des frühmittelalterlichen Email cloisonné mangelhafter dargestellt ist, als es das jetzt bekannte Material zulässt.)

Aus den Zeiten der Völkerwanderung ist noch ein besonders wichtiger Fund hervorzuheben von Kettlach[1]) bei Glocknitz am Semmering aus Gräbern, welche mit denen von Kesthely in Ungarn nahe verwandt zu sein scheinen. Hier fand man eine Anzahl Ohrringe mit halbmondförmigen Schildchen, welche bunt ausgefüllt waren. Der kleinere Theil dieser Objecte befindet sich im Münz- und Antiken-Cabinet zu Wien, der andere (gerade die abgebildeten) soll noch im Privatbesitz zu Graz sein. Es wäre dringend erwünscht diese Sachen für eine öffentliche Sammlung zu retten und sie im neuen ethnographisch-anthropologischen Museum in Wien mit den übrigen zu vereinen. Diese letzteren konnte ich nicht zu Gesicht bekommen. Nach den schlecht erhaltenen Wiener Stücken und nach der unklaren Beschreibung scheint hier eine Mischung von eingeschmolzenem Email und eingelegten Glasplättchen aufzutreten,

1) v. Sacken: Ueber Ansiedlungen und Funde aus heidnischer Zeit in Niederösterreich (Sitzungsber. der phil. hist. kl. der K. Ak. d. Wissensch. zu Wien Bd. 74) p. 48 (618) Tfl. V. Fig. 77—81.

es gehören also diese Stücke zu den allerwichtigten aus der für die Geschichte des Emails so dunkelen nachrömischen Zeit.

Schliesslich sind aus dem skandinavischen Norden noch ein Paar ganz ausserordentlich merkwürdige Funde zu erwähnen. Zu Möklebust (Bergenhus Amt) in Norwegen wurde in einem Schiffsgrabe ein Bronzekessel als Behälter der gebrannten Knochen gefunden.

An dem eingestülpten Boden dieses Kessels sind unmittelbar am Rande innen und aussen zwei Reifen befestigt, mit einander und mit dem Boden durch drei Nietnägel vereint. Die Mitte der Innenseite nimmt eine kreisförmige Scheibe ein, welche drei rhombische Platten mit dem Randringe verbinden. Am Aussenrande trägt der Kessel drei abstehende Platten als Henkel zum Durchziehen eines Riemens, oberhalb derselben je ein barbarisches Haupt, unterhalb zwei kleine Beine. Die drei Platten, sowie die beiden Reifen und die Beschläge der Unterseite sind nun mit prachtvollem Millefiori-Mosaik-Email ausgefüllt. Diese Verbindung der meisterhaft emaillirten Stücke mit den barbarischen Figuren, Arbeiten von classischer u. barbarischer Arbeit ist vorläufig unerklärlich, denn wenn solche Millefiori-Mosaik auch noch auf den grossen Perlen vorkommt, wie sie am Ende des 4. Jahrhunderts auftreten, so wäre dieser Fund nach Ansicht der norwegischen Forscher jünger, falls es nicht doch noch gelingt, ihn bis in die Zeit der dänischen Moorfunde zurückzudatiren, wo z. B. im Vimose-Funde entfernt ähnliche Köpfe vorkommen. Am wahrscheinlichsten ist es, wie ich glaube, dass die Emailbeschläge von einem älteren zerstörten Geräthe oder Gefässe (?) stammen, denn für diesen Kessel waren sie sicher nicht bestimmt. Um sie an demselben anzubringen, hat man ihn in einer ungewöhnlichen Weise behandeln, man kann fast sagen misshandeln müssen. Denn der Boden des Gefässes ist in die Höhe getrieben, so dass hier erst ein neuer innerer Rand entstand, dem die Reifen sich anpassten, wobei sie ziemlich roh aufgenietet wurden. Auch ist die Stelle, wo die Bodenbeschläge angebracht wurden, eine stilistisch widersinnige und ganz ungewöhnliche, zumal auf der Innenseite des Bodens. Die Aussenseite schützte man durch die Einstülpung, welche innen eine Falte am Rande hervorrief. Es ist also klar, man hat fertig vorliegende Beschläge nur zur Garnirung des bronzenen Aschengefässes eines sehr vornehmen Mannes benutzt. Dabei können dann die emaillirten Beschläge und die übrigen Bronzearbeiten von sehr verschiedenem Alter sein. Hier liegt noch ein zu lösendes Räthsel vor.

Ein sicherer Fund aus der Völkerwanderungsperiode (früher mittlere Eisenzeit genannt) ist aber ein prachtvoller Pferdezaum, gefunden in einem Schiffsgrabe zu Vendel in Schweden[2]), dessen Bronzebeschläge mit rothem und gelbrothem Email verziert sind, wovon die Abbildung allerdings keine genügende Vorstellung gewährt.

Die genauere Untersuchung der Objecte wird gewiss noch viel Ueberraschen-

---

1) Rygh, Antiquités Norvégiennes No. 727. Foreningen til Norske Fortidsminders Bevaring, Aarsberetning for 1874 p. 90. Taf. 8. Lorange, Samlingen af Norske Oldsager. Bergens Museum p. 158—161.

2) Antiquarisk Tidskrift för Sverige VIII. p. 24 Fig. 819.

des an den Tag bringen,[1]) was die Fragen, welche in dieser Uebersicht offen gelassen werden mussten, zu klären bestimmt ist.

Der Vortragende ging schliesslich auf die Emaillen Ostasiens über, welche nach der Einnahme des Sommerpalastes des Kaisers von China 1859 durch die Engländer und Franzosen und nach der 1853 durch Commodore Perry erfolgten Aufschliessung Japans in Masse nach Europa gekommen sind und durch ihre wunderbar schöne Arbeit in Europa den Geschmack für Emaillen und deren Fabrikation wiederbelebt haben, obwohl sie bei uns weder an gleich vollkommener Arbeit, noch besonders an Billigkeit erreicht werden können.

Diese Emails sind sämmtlich Cloisonnés und zeichnen sich durch kühne leichte Zeichnung, welche in Japan einem eleganten Naturalismus huldigt, aus. Die Befürchtung, dass die japanische Kunst bei dem riesigen Export verfallen würde, scheint sich glücklicherweise nicht zu bestätigen, da gerade die Japaner auf der Nürnberger Metallausstellung 1885 in der Emaillerie eminente Fortschritte aufwiesen.

Vermöge der Freundlichkeit des Herrn Director Albrecht konnte der Vortragende eine Reihe von dem hiesigen Gewerbe-Museum gehörigen Bronzetellern vorlegen, welche die Fabrikation der emaillirten Gegenstände in ihren verschiedenen Stadien zeigen. Der Kupferteller wird zuerst mit der Zeichnung bedeckt, dann stückweise mit dem eingekochten Wurzelschleim einer Erdorchidee, Bletia hyacinthina, bestrichen und hierauf die nach Vorzeichnung gebogenen, ausgeglühten Streifchen Messingband geklebt, welche nach dann nach Einstreuung von Löthpulver angelöthet werden. In diese Zellen wird alsdann das mit Wasser angeriebene Emailpulver eingetragen und eingeschmolzen, eine Operation, die mehrmals wiederholt werden muss, bis alle Zellen und alle beim Schmelzen entstandenen Blasen vollständig ausgefüllt sind. Abschleifen und Poliren giebt dem Stücke dann seine Vollendung.

Nachtrag. Nach Abschluss dieses Aufsatzes ging mir erst das neueste Heft von „Lindenschmit, Alterthümer unserer heidnischen Vorzeit, Band IV Heft 4" zu, in welchem derselbe auf Tafel 22 Glasperlen aus fränkischen und allemannischen Gräbern abbildet und daran Bemerkungen knüpft, die mit den oben angeführten Thatsachen in vollstem Widerspruche stehen, und die daher eine kurze Erwiderung nöthig machen.

Lindenschmit nimmt an, dass erst im 5. und 6. Jahrhundert diese Perlen in grosser Menge in den Frauengräbern bei den germanischen Stämmen auftreten und zwar in neuer Form und Technik, während zur Kaiserzeit nur einfach gerippte grüne und blaue Perlen vorkämen. Er hebt allerdings die Aehnlichkeit einiger dieser Perlen mit den bunten römischen Glasgefässen und Schmuckgeräthen hervor, findet es aber auffallend, dass die zur Kaiserzeit geübte Millefioritechnik nicht gleichzeitig auf die Anfertigung der Schmuckperlen verwendet wurde.

Diese Annahmen beruhen auf unrichtigen Voraussetzungen. Gerade in Norddeutschland und Scandinavien sind die Glasperlen zur Kaiserzeit ungemein häufig und zumal in der früheren Kaiserzeit manchmal in einem einzelnen Frauengrabe

1) Der Vortragende bittet ihm von solchen Funden, besonders den, wie aus obiger Auseinandersetzung ergiebt, selteneren vorrömischen, oder falls sich gar Email in Funden zeigt, die hinter die römische Kaiserzeit gesetzt werden, ihn freundliche Mittheilung zu machen.

wohl ebenso massenhaft als in fränkischer Zeit, und sie finden sich, wie oben erwähnt, in absoluter Gleichmässigkeit von Frankreich bis nach Asien und Aegypten. Die von Lindenschmit angeführten orangegelben Perlen mit blau-weissen Augen, treten circa 400 Jahre v. Chr., also lange vor der Kaiserzeit nicht nur in Norddeutschland, sondern auch in ganz Europa und den anderen Erdtheilen um das Mittelmeer herum auf. Ferner hatte die Technik der Glasperlen gerade in der Kaiserzeit ihren höchsten, seither nie mehr erreichten Stand. Zu fränkischer Zeit wurde sowohl das Material schlechter als die Arbeit nachlässiger, es trat absolut kein neues Moment hinzu, alles basirt nur auf der Technik der vorhergehenden Periode: wir treffen demnach keine neue, sondern die Ausläufer einer verfallenden Technik. Neue Formen entwickeln sich allerdings in Fortbildung der früheren, man kann sie aber nicht als Verbesserungen bezeichnen. Die Millefioriperlen treten, wie schon erwähnt, bereits im Beginne der Kaiserzeit auf, verändern dann Form und Muster ein wenig, so dass gerade zu mittlerer Kaiserzeit auf ihnen vollständig dieselben Zeichnungen vorkommen wie auf den gleichzeitigen Emaillen — was gerade die nordischen Gräber deutlich zeigen: die Technik ist bei den Perlen der auf den Emaillen vorangegangen, wie naturgemäss, nicht nachgefolgt. Die Millefioriperlen gehen dann die ganze Kaiserzeit durch und reichen noch in den Anfang der Völkerwanderung mit hinein, jedenfalls weil sie aus einer durch die grosse Bewegung nicht berührten Quelle stammten. Sie sind hier aber wieder nur noch die Ausläufer der lange geübten Technik, und stammen manchmal sogar wahrscheinlich aus geplünderten Gräbern der Römerzeit. An Zahl treten sie gegen die anderweitigen Perlen immer sehr zurück. Die fränkischen Perlen gehören überwiegend zu den belegten, wo man auf die erweichte Grundmasse mit erhitztem farbigem Glasstabe Streifen und Tupfen auftrug, eine Technik, die schon in die frühesten Zeiten der Perlenfabrikation zurückreicht.

Ein grosser Theil der fränkischen Perlen wird jedenfalls aus dem Osten, den nunmehrigen äussersten Regionen des oströmischen Reiches stammen, der wahrscheinlichen Quelle der Mehrzahl der früheren Perlen, denn einige Formen finden sich identisch in England, Frankreich, Süddeutschland, Ostpreussen (wo auch diese Periode vertreten ist), Ungarn, am Kaukasus, während andere Formen mehr dem Westen eigenthümlich sind, die bei der noch fortlebenden Glasindustrie zum Theil also auch hier fabricirt sein können.

Aus Venedig stammen die Perlen aber auf keinen Fall. Lindenschmit möchte sogar die Glasarmringe der süddeutschen Gräber aus Venedig herleiten, welche aber der mittleren La Tène-Zeit angehören, also ca. 600 (allenfalls 500) Jahre vor die Gründung Venedigs fallen. Aus Phönicien stammen diese höchst wahrscheinlich, haben aber mit der Lagunenstadt nichts zu thun. Venedig gewann seinen Rang als mächtiger Handelsplatz, der zwischen Orient und Occident vermittelte erst nach der Merowingerzeit.

Wie sich aus der Monografia della Vetraria Venezianae Murenese (Venezia 1874) ergiebt, sind die Nachrichten von einer frühen einheimischen Glasfabrikation in Venedig ganz unsicher, ja fast mythisch. Erst nach 1000 fällt etwas mehr Licht darauf. Wie ich in der Januar-Sitzung dieses Jahres (Vortrag über Aggry-Perlen) zum Theil in Anlehnung an obiges Werk, mehr noch auf eigene Beobachtungen gestützt gezeigt habe, wurden im 15. Jahrhundert eine eigene Art mehrfach überfangener

Perlen hergestellt, in Nachahmung der antiken Millefioriplatten (nicht der Millefiori-Perlen). Die Perlen alla lucerna, die jetzt noch fabricirt werden, sollen erst im 16. Jahrhundert erfunden sein, überhaupt erklären sich die Autoren obigen Werkes gegen ein weit, etwa ins 13. Jahrhundert zurückreichendes Alter der bunten Perlen, auch spielte bei bunten Perlen noch im 15. Jahrhundert das Schleifrad eine grössere Rolle als die Lampe. Die Entdeckung der Perlen alla lucerna mit **aufgelegten Fäden**, wie sie bis heute in Venedig fabricirt werden, hängt mit der schon a. a. O. erwähnten durch die ganze Strömung der Renaissance bedingten Durchforschung der Ueberreste des Alterthums zusammen. Man fand die antiken Perlen und ahmte die einfachste Technik nach, an die complicirteren haben sich die Venezianer nicht herangemacht mit Ausnahme der modernen Millefioristäbe des verstorbenen Franchini. Auch ist das Material der Venezianischen Perlen nicht so vollkommen, als das der Kaiserzeit. Es hat also in Venedig jedenfalls nicht die alte classische Tradition fortgelebt, sondern man hat erst zur Renaissancezeit die alten Muster wieder nachzuahmen gesucht auf dem von der Natur der Perlen fast von selbst gebotenen und schon in frühester Zeit betretenen Wege, aber nicht vollkommen erreicht.

Man kann also nach der chronologischen Stellung und dem Verbreitungsgebiet der Glasperlen sagen, dass die fränkisch-allemannischen Perlen (des 5. und 6. Jahrhunderts v. Chr.) die letzten Ausläufer einer hauptsächlich in den östlichen Küstenländern des Mittelmeeres angesessenen, allmählich verfallenden Technik waren, deren höchste Blüthe in die Zeit des weströmischen Kaiserreiches fällt.

Herr Dr. **Jentzsch** legte zunächst zur Ansicht das im Auftrage der Centralcommission für wissenschaftliche Landeskunde von Deutschland durch den Königl. Bibliothekar P. E. Richter bearbeitete „Verzeichniss von Forschern in wissenschaftlicher Landes- und Volkskunde Mitteleuropas, Dresden 1886“ vor, welches für unsere, in erster Linie der Heimathskunde gewidmete Gesellschaft von besonderem Interesse sein muss. Sodann legte derselbe die bisher erschienenen Lieferungen des physikalischen Atlass von Berghaus, Gotha 1886, vor, betonend, dass derselbe neben seinem hohen allgemeinen wissenschaftlichen Werthe für uns auch insofern von Interesse sei, als er mit den nöthigen Veränderungen gewissermassen als Vorbild für den physikalisch-statistischen Atlas Ost- und Westpreussens dienen könne, dessen Herausgabe Redner in der Sitzung am 5. Februar 1885 in langerem Vortrage angeregt habe. Sodann legte derselbe die für das geologische Provinzialmuseum eingegangenen Geschenke vor, deren Liste wegen der in der Veröffentlichung der Geschenke eingetretenen Pause diesmal besonders umfangreich ist. Es haben geschenkt die Herren: 1. Dr. Abromeit: Geweih des Cervus Elaphus von Poschleitschen; 2. Bädeker: Silurkalk von Kapkeim; 3. Ballinger: verkieseltes Holz von Sobbowitz; 4. Dr. Bänitz: Ammonit von Königsberg; 4. Battesch: subfossilen Pferdeschädel von Mohrungen; 6. Rechtsanwalt Beer: Jura von Warnicken; 7. Benningson: Silur- und Feuerstein von Cranz; 8. Bernecker: Feuersteinhohlkugel von Memel; 9. Professor Dr. R. Caspary: diluviale Knochen und Geschiebe von Puschdorf, Phosphorit von Schönbrück bei Graudenz, Knochen und Geschiebe aus dem Kreise Flatow, Orthoceratiten von

Skaisgirren u. A. m.; 10. Classen: Kreidespongien von Warnikam; 11. Rector Dannehl in Zinten: Glimmerschiefer, Spongien und Korallen; 12. Buchhalter Drope: Orthoceras von Grünlinde bei Wehlau; 13. Landschaftsrath Eckert-Czerwonken: silurische Korallen; 14. Dr. Erchenbrecher: Kreidekonkretion; 15. Lehrer Fröhlich-Thorn: verschiedene Geschiebe und verkieselte Hölzer; 16. Rendant Fröhlich-Kulm: Diluvial- und Tertiärconchylien aus Grand von Ostrometzko; 17. Baumeister Fuhrberg: Geschiobe von Tuchel; 18. stud. Gartenmeister: Fragment eines Backzahnes des Mammuth von Agilla bei Labiau; 19. Kanzleirath Gerlach: mehre Geschiebe; 20. Dr. Gisevius: Geschiebe von Süssenthal, Kreis Allenstein; 21. Glaubitt: silurische und krystallinische Geschiebe; 22. stud. Glnger: Fischwirbel aus Torf von Puspern; 23. Drechsler Göbel: Rehgeweih von Vierbrüderkrug; 24. Grothe: Rest von Kreidesauriern, silurische Versteinerungen und verkieseltes Holz; 25. Dr. Hagedorn: alluviale Säugethierknochen aus dem Mohrunger See; 26. Apotheker Hellwich-Bischofstein: wiederholte Sendungen interessanter Geschiebe, namentlich silurischer Korallen, Cenoman, Senon, Kugelsandstein etc.; 27. Heubach-Kapkeim: eine grosse Platte Obersilurkalk; 28. Dr. Hilbert: fossiles Holz, Silur, Cenoman- und Senongeschiebe, meist von Rastenburg; 29. Jamrowski: einen silurischen Cephalopoden; 30. Jeroslaw: Silur von Dietrichswalde bei Allenstein; 31. Kemcke: Silurgeschiebe von Kruglanken; 32. Klugkist-Mühlenthal per Sensburg: Backsteinkalk; 33. Kandidat Knoblauch: Juraversteinerungen von Warnicken; 34. Ziegeleibesitzer Köhler-Steinort bei Elbing: zahlreiche diluviale Knochen; 35. Körber-Körberode: Fischknochen aus Wiesenmergel; 36. Apotheker Kowalewski: Fischwirbel aus dem Bergwerk von Palmnicken und Phosphoritspongien; 37. Oberlehrer Dr. Krüger-Tilsit: Wohnkammer von Orthoceras und Abdruck eines senonen Ammoniten; 38. Kuwert-Wernsdorf: verschiedene Geschiebe; 39. Oberzollcontroleur Lincke-Pillau: fossiles Holz, Knochen und Conkretionen; 40. Rittmeister von Montowt-Kirpehnen (durch Major von Sanden) Knochen aus Torf; 41. Oberforstmeister Müller: Hornzapfen eines Bos von Mehlauken; 42. Müller-Lebernitz-Mühle, Kreis Berent: subfossiles Elchgeweih; 43. Ostrawski-Klitzau per Konitz: eine Calamopora; 44. Passarge: Silur und Jura von Gumbinnen; 45. Pfeiffer-Glomsienen: Hirschgeweih aus Torf; 46. Ziegelmeister Pfeiffer-Lenzen: Knochen aus Yoldiathon; 47. Pieske-Stocksmühle; verkieseltes Holz u. A.; 48. Obersteiger Pietsch: fossiles Holz und vollständiges Schichtenprofil von Palmnicken; 49. Preuss-Gross-Morin per Argenau: ein Jurageschiebe; 50. Dr. Reidemeister-Schönebeck: Phosphorithölzer von Helmstedt und Krantzit; 51. Römer-Weidenhof Kreis Kulm: Geschiebe mit Granaten; 52. Dr. Schauinsland: Hirschgeweih aus dem Samrodter See; 53. Director Schiefferdecker: Verschiedene Geschiebe, worunter ein Saurier; 54. Dr. Schirrmacher: Kreide- und Silurgeschiebe von Rautau; 55. Dr. Schirrmacher-Stuhm: diluviale Knochen; 56. Stadtrath Schmidt-Lentzen: diluviale Knochen aus Yoldiathon; 57. Geheimer Rath Professor Dr. Schönborn: Kreidespongie; 58. Bahnmeister Schulz: verschiedene Geschiebe von Puschdorf und Kuggen; 59. Fräulein Schulz-Osterode: Granatkrystall; 60. Dr. Schröder: verschiedene Geschiebe von Königsberg; 61. Schwartz: zwei Seeigel von Rügen; 62. Selbstädt-Andreaswalde bei Lyck: Silurische Korallen; 63. Seidel-Bludszen bei Goldap: Senon- und Silurgeschiebe und Kugelsandstein; 64. Skrzeczka-Grunden bei Kruglanken: wiederholte Sendungen silurischer Geschiebe; 65. Dr. Sommer-Allenberg: verkieseltes

Holz; 66. Dr. Sommerfeld: Geschiebe von Cranzen; 67. Steffens: fossiles Holz von Plibischken; 68. Hauptmann Steppuhn: Geschiebe von Cranzen; 69. Baumeister Storbeck-Mehlsack: Senone Geschiebe; 70. Pfarrer Strehl-Blankensee: verkieseltes Holz; 71. Strüwy-Wokellen: wiederholte Sendungen von Geschieben, Knochen, Diluvialconchylien von Sperlings bei Heilsberg; 72. Thomn: verkieseltes Holz mit Bohrgängen, Kugelsandstein, Silur- und Senongeschiebe; 73. Treichel-Hochpaleschken: verschiedene Geschiebe und Bodenproben; 74. Trommler: ein Stück Mammuthstosszahn und verschiedene Geschiebe vom Nassen Garten; 75. Oberlehrer Vanhöffen: als Ergänzung der früher geschenkten grossen Sammlung verschiedener Geschiebe von Wehlau, Kreideversteinerungen von Krapen bei Christburg und Mammuthknochen von Puschdorf; 76. Baumeister Vetter: verkieseltes Holz von Schöneck; 77. Oberlehrer Vogel: Sandsteingeschiebe; 78. Weiss-Niedamowo, Kreis Berent: Kugelsandstein; 79. Apotheker Weiss-Kaimen: Sandsteinconcretion; 80. Wentzke-Lubjahnen: Pentameruskalk und ein subfossiles Hirschgeweih; 81. Oberlehrer Wernbter: Silurgeschiebe von Falkenhorst bei Tapiau; 82. Fräulein Melitta von Zalewski-Rauschendorf, Kreis Neustadt: verschiedene silurische Versteinerungen; die Herren 83. Zander-Nidden: einen Walfischwirbel; 84. Lehrer Zinger-Pr. Holland: wiederholte Sendungen zahlreicher interessanter Geschiebe, worunter ein Wirbel des Plesiosaurus ichthyospondylus; 85. Direction der Zuckerfabrik Praust: ein Bohrprofil sowie verschiedene Geschiebe; 86. Direction des Steinsalzbergwerks Inowraclaw: eine prächtige Collection farbigen Steinsalzes; 87. Direction des Königl. mineralogischen Museums in Dresden: eine Sammlung Kreide- und Zechsteinpetrefacten; 88. Herr Regierungs-Maschinenmeister Patrunky-Bromberg: eine grössere Sammlung interessanter Geschiebe. Hierzu treten die Resultate zahlreicher Bohrungen, deren Schichtenproben uns von den verschiedensten Behörden Ost- und Westpreussens sowie von Königl. Behörden in Bromberg, Berlin, Breslau, Halle, Glogau und Swinemünde zugingen. Auch Bohrunternehmer haben unsere Zwecke in dieser Hinsicht wesentlich gefördert, so die Herren R. Quäck in Königsberg, Blasendorf in Berlin und Ostende, Studti in Pr. Holland, Schibor in Rosenberg u. A., ganz besonders aber Herr Pöpcke in Stettin (früher Anklam), vertreten durch Herrn Ingenieur Bieske hier, von welchem wir seit Jahren zahlreiche prächtige Schichtenprofile erhielten. Ganz neuerdings hat derselbe im Fort Kalgen die Tiefe von 302 m erreicht und damit das tiefste bisher in Ost- und Westpreussen vorhandene Bohrloch (Purmallen bei Memel) um 13 m übertroffen.

Derselbe sprach sodann über die Herkunft unserer Diluvialgeschiebe. Die überwältigende Mehrzahl der norddeutschen Geschiebe stammt aus Norden oder Nordosten. Nur am Südrande des Flachlandes, insbesondere im Königreich und der Provinz Sachsen ist seit langem die umgekehrte Transportrichtung für die Geschiebe einer bestimmten Diluvialstufe nachgewiesen. Die Glacialhypothese setzt eine gesetzmässige lineare oder zonale Verbreitung der einzelnen Geschiebetypen voraus. Statt dessen sind einander kreuzende Transportvorrichtungen mit Sicherheit nachgewiesen. So sind — um nur eins von den vielen Beispielen anzuführen — silurische Kalke aus Esth- und Gothland nach Groningen, Basalte aus Schonen nach Leipzig gelangt. Auch in Grossbritannien sind solche „Intercrossing Erratics" bekannt. Hier wie dort führten sie zu dem Schluss, dass die Bewegungsrichtungen des Eises in der ersten und zweiten Eiszeit von einander abwichen. Dies wird gestützt a) durch die Beobachtung zweier verschiedener Richtungen von Gletscherschrammen auf anstehenden Gesteinsinseln des norddeutschen Flachlandes, b) durch den auch für Norddeutschland geführten Nachweis einer zwei Gletscherperioden trennenden Interglacialzeit mit gemässigtem Klima (Purmallen, Heilsberg, Mewe, Lauenburg etc.), c) durch die Beobachtungen von Holmström, Torell und de Geer, nach denen in Schonen das Material der oberen Grundmoränen auf den Osten, das der untern auf den Norden als Ausgangspunkt hinweist. So will namentlich de Geer die Gesteine der Alandsinseln als Leitgeschiebe der jüngeren Eiszeit verwerthen, was indess vorläufig wenigstens für Deutschland noch nicht als berechtigt angesehen werden darf. Ueberhaupt ist es sehr schwierig, die Heimath eines einzelnen Geschiebes zu ermitteln, weil die Mehrzahl der in Betracht kommenden versteinerungsführenden Schichten von Osten nach Westen sich verbreitet, während die Heimathsgebiete der krystallinischen Geschiebe — Schweden, Finnland und die Inseln des Botnischen Busens — erst sehr unzureichend erforscht sind. Für die senonen und cenomanen Kreidegeschiebe wurden früher schlechtweg Schonen und die dänischen Inseln als Heimath angesehen, während Redner nachgewiesen hat, dass dieselben Gesteine mit denselben Petrefacten im grössten Theile Ost- und Westpreussens den tiefern Untergrund bilden und daher gewiss auch am Boden der zwischenliegenden Ostsee auftreten. Die viel spärlicheren Jurageschiebe sind in Ostpreussen zumeist durch Cardioceras Lamberti charakterisirt, werden in Westpreussen noch seltener, in der Mark und in Pommern aber wieder häufiger, doch mit abweichendem paläontologischem Inhalt, weshalb die Lamberti-Gesteine auf das nördliche Ostpreussen, Littauen, das südliche Kurland und die angrenzenden Theile der Ostsee, die meisten Berliner Jurageschiebe aber auf einen westlicheren Ausgangspunkt in der Nähe der Odermündungen zurückzuführen sind. Als Heimath der devonischen Geschiebe betrachtet man gewöhnlich Livland. Doch hat der beste Kenner des livländischen Devons Grewingk gezeigt, dass schon die bei Danzig durch J. Kiesow gesammelten Stücke wegen des Fehlens der Rhynchonella livonica sowie wegen ihrer petrographischen Beschaffenheit nicht aus Livland, sondern nur aus der Ostsee stammen können. Wenn nun Dames bei Berlin trotzdem Dolomit mit Rhynchonella livonica auffand, so ist das nur ein weiterer Beweis für die Existenz sich kreuzender Transportrichtungen. Unter den silurischen Geschieben werden der Beyrichienkalk auf Oesel und Gothland, der Korallen- und Krinoidenkalk, ferner der Oolith auf Gothland, der Pentamerus borealis-Kalk, Cyclocrinus-Kalk, Backsteinkalk, das Wesenberger und Sadewitzer Gestein auf Esthland zurückgeführt, während zahlreiche, namentlich bei Berlin und Eberswalde durch Dames und Remelé beobachtete Geschiebe untersilurischen und cambrischen Alters auf Oeland und das schwedische Festland verweisen. Diese schwedischen Gesteine werden im Osten entschieden seltener, und auch bei einzelnen gothländischen trifft dies zu. So fand Redner den noch bei Königsberg so gemeinen Beyrichienkalk ostwärts nur bis Kosaken bei Goldap (40 Gr. 1'), Grewingk denselben in Kurland bis 41 Gr. 30'. Der rothe Crinoidenkalk findet nach Nötling seine Ostgrenze in Westpreussen; dagegen sind andere Gesteine, von denen N. dasselbe behauptet, auch (zum Theil mehrfach) in Ostpreussen und zwar durch Vanhöffen Pentamerus Conchidium-Kalk bei Wehlau, dunkelbraunrother Megalaspis-Kalk bei Rastenburg und Scolithes-Sandstein bei Königsberg gefunden. Wenn mithin eine gewisse Gegensätzlichkeit östlicher und westlicher Verbreitungsgebiete nicht zu verkennen ist, so sind doch die Grenzen keineswegs scharf. Die schwedischen Geschiebe werden in Ostpreussen, die esthländischen in der Mark seltener, ohne doch völlig zu fehlen. Unter den azoischen Gesteinen hatte Redner schon früher sowohl finnischen als äländischen Rapakiwi nachgewiesen, und auch für gewisse Porphyre und Sandsteine Elfdalen und Dalarne, für Granatgneisse die Gegend südlich Stockholm als Heimath vermuthet, ohne doch für die letzteren Vergleiche ausreichendes Beweismaterial zu besitzen. Er verabredete daher mit dem Director der schwedischen Landesuntersuchung Professor Torell ein gemeinsames Vorgehen und sandte in Folge dessen im November 1880 Proben sämmtlicher im Provinzialmuseum vorhandener Varietäten ost- und westpreussischer Geschiebe in 865 Handstücken nach Stockholm, von jedem Stück die Hälfte unter gleicher Nummer in Königsberg zurückbehaltend. Durch freundliche Vermittelung des genannten Herrn sowie des Staatsgeologen Holst hat nun Staatsgeolog Lundbohm in Stockholm die ganze Sammlung geprüft und mit schwedischen Gesteinen verglichen. So ist zum ersten Mal ein wirklich gründlicher Vergleich durchgeführt worden, dessen Ergebnisse für unsere Studien über die Verbreitung dieser Diluvialgeschiebe von grundlegender Bedeutung sein müssen. Die ausführliche Abhandlung Lundbohms erscheint in dem laufenden Heft unserer Schriften. Vorläufig sei daraus nur mitgetheilt, dass auch L. für die Granatgneisse die Gegend von Stockholm (Södermanland) als Heimath vermuthet, doch ähnliche Gesteine auch aus anderen Theilen Schwedens kennt; dass gewisse Granite auf Smaland, andere auf Stockholm, Dalarne, Norrland und Aland, die Rapakiwis auf Aland und Finnland, die Porphyre zumeist auf Elfdalen und Dalarne sowie auf Aland und Småland, ein Phonolith (richtiger Aegyrin-Cancrinit-Syenit) auf Dalarne, ein Mandelstein auf Gefle, endlich viele Sandsteine und Konglomerate auf Småland und die Gegend des Kalmarsundes verweisen.

In der darauf folgenden **General-Versammlung** stattete der Rendant den Bericht über die Kasse ab, welcher von der Versammlung beifällig aufgenommen wurde. Sodann wurden folgende Herren als ordentliche Mitglieder einstimmig aufgenommen:

1. Herr Oberlehrer E. Huebner hierselbst,
2. „ Apothekergehülfe C. Lottermoser hierselbt,
3. „ Dr. Sommer, Arzt in Allenberg.
4. „ Oberlehrer E. Schulz hierselbst,
5. „ Oberlehrer Ohlert hierselbst.

Der Vorstand wurde einstimmig wiedergewählt, statt des verstorbenen Stadtrath Lottermoser der Observator an der hiesigen Sternwarte Dr. Franz zum Secretair.

Bericht für 1886

über die

Bibliothek der physikalisch-ökonomischen Gesellschaft

von

Dr. Otto Tischler.

Die Bibliothek befindet sich im Provinzial-Museum der Gesellschaft, Lange Reihe 4, 2 Treppen hoch. Bücher werden an die Mitglieder gegen vorschriftsmässige Empfangszettel Vormittags bis 12 und Nachmittags von 2 Uhr an ausgegeben. Dieselben müssen spätestens nach 3 Monaten zurückgeliefert werden.

Verzeichniss

derjenigen Gesellschaften, mit welchen die physikalisch-ökonomische Gesellschaft in Tauschverkehr steht, sowie der im Laufe des Jahres 1886 eingegangenen Werke.

(Von den mit † bezeichneten Gesellschaften kam uns 1886 keine Sendung zu.)

Die Zahl der mit uns in Tausch stehenden Gesellschaften hat 1886 um folgende 8 zugenommen:

Frankfurt a. O. Naturwissenschaftlicher Verein für den Regierungsbezirk Frankfurt a. O.

Wernigerode. Naturwissenschaftlicher Verein des Harzes.

London. Meteorological office.

Genua. R. Accademia medica.

Agram. Kroatischer Naturforscher-Verein.

Gratz. Zoologisches Institut der Carl-Franzens-Universität.

Wien. K. K. Naturhistorisches Hof-Museum.

Santiago. Deutscher naturwissenschaftlicher Verein.

Nachstehendes Verzeichniss bitten wir zugleich als Empfangsbescheinigung ansehen zu wollen statt jeder besonderen Anzeige. Besonders danken wir noch den Gesellschaften, welche auf Reclamation durch Nachsendung älterer Jahrgänge dazu beigetragen haben, Lücken in unserer Bibliothek auszufüllen. In gleicher Weise sind wir stets bereit, solchen Reclamationen nachzukommen, soweit es der Vorrath der früheren Bände gestattet, den wir immer zu ergänzen streben, so dass es von Zeit zu Zeit möglich wird, auch augenblicklich ganz vergriffene Hefte nachzuliefern.

Diejenigen Herren Mitglieder der Gesellschaft, welche derselben ältere Jahrgänge der Schriften zukommen lassen wollen, werden uns daher im Interesse des Schriftenttausches zu grossem Danke verpflichten.

Wir werden fortan allen Gesellschaften, mit denen wir in Correspondenz stehen, unsere Schriften franco durch die Post zusenden und bitten, soviel als möglich den gleichen Weg einschlagen zu wollen, da sich dies viel billiger herausstellt, als der Buchhändlerweg. Etwaige Beischlüsse bitten wir ergebenst, an die resp. Adresse gütigst befördern zu wollen.

Belgien.

† 1. **Brüssel.** Académie Royale des sciences des lettres et des arts.

2. **Brüssel.** Académie Royale de Médecine. 1) Bulletin, 3. Serie 20 (1886). 2) Mémoires couronnés et autres Mémoires in 8° VIII 1.

3. **Brüssel.** Société Entomologique de Belgique. Annales 29 2.

4. **Brüssel.** Société malacologique de Belgique. Procès-verbaux 1885 p. 80—144.

5. **Brüssel.** Société Royale de botanique. Bulletin 24 2. 25 1.

† 6. **Brüssel.** Commissions Royales d'art et d'archéologie.

7. **Brüssel.** Société Belge de Microscopie. Bulletin 12 2—11. 13 1.

8. **Brüssel.** Société Belge de Géographie. Bulletin 10 (1886).

† 9. **Brüssel.** Observatoire Royal.

† 10. **Brüssel.** Société d'Anthropologie.

11. **Lüttich.** Société Royale des sciences. Mémoires 2 Ser. 11.

12. **Lüttich.** Société géologique de Belgique. Annales 12 (1884—86).

† 13. **Lüttich.** Institut archéologique.

† 14. **Namur.** Société archéologique.

Dänemark.

15. **Kopenhagen.** Kongelig Dansk Videnskabernes Selskab (Société Royale des sciences). 1) Oversigt over Forhandlingerne. (Bulletin) 1885 3. — 1886 1. 2. 2) Skrifter (Mémoires), Naturvidenskabelig og matematisk Afdeling 6 Raekke II 8—11. III 2—4. IV 1. 2.

† 16. Kopenhagen. Naturhistorik Forening.

17. Kopenhagen. Kongelig Dansk Nordisk Oldskrift Selskab (Société Royale des antiquaires du Nord). 1) Aarböger for Nordisk Oldkyndigkhed og Historie 1885 4. Tillaeg. 1886 1. 2. 2) Mémoires, Nouvelle Série 1886.

18. Kopenhagen. Botanisk Forening (Société botanique). Botanisk Tidskrift (Journal de Botanique) 15.

Deutsches Reich.

† 19. Altenburg. Naturforschende Gesellschaft des Osterlandes.

20. Augsburg. Naturhistorischer Verein. Bericht 28 (1885).

† 21. Bamberg. Naturforschende Gesellschaft.

22. Bamberg. Historischer Verein für Oberfranken. Bericht 47.

23. Berlin. K. Preussische Akademie der Wissenschaften. 1) Sitzungsberichte 1885 40–52. 1886 1–34. 2) Abhandlungen. Physikalische 1885 und Anhang.

† 24. Berlin. Botanischer Verein für die Provinz Brandenburg.

25. Berlin. Deutsche Geologische Gesellschaft. Zeitschrift 37 4. 38 1–3.

26. Berlin. Verein zur Beförderung des Gartenbaues in den Preussischen Staaten. Gartenzeitung, Jahrgang 5 (1886).

27. Berlin. Physikalische Gesellschaft. Fortschritte der Physik im Jahre 1879 (35) 1880 (36).

28. Berlin. K. Preussisches Landes-Oekonomie-Collegium. Landwirthschaftliche Jahrbücher XIV Suppl. 2. XV 1–6. Suppl. 1–3.

29. Berlin. Gesellschaft naturwissenschaftlicher Freunde. Sitzungsberichte 1885.

30. Berlin. Gesellschaft für Anthropologie, Ethnologie und Urgeschichte. Verhandlungen 1885—1886 Jan., Febr.

31. Berlin. Geologische Landesanstalt und Bergakademie. 1) Jahrbuch 1884. 2) Abhandlungen zur geologischen Specialkarte VI 3. VII 1. VIII 1. 3) Geologische Specialkarte von Preussen und den Thüringischen Staaten (1/25000), je 1 Blatt mit je 1 Heft Erläuterungen. Lieferung 23 (Grad 55 No. 39, 40, 45, 46.) 30 (Grad 70 No. 34–36, 40–42.) 31 (Grad 67 No. 41, 42, 47 und Grad 68 No. 43–48).

32. Berlin. Kaiserlich Statistisches Amt. 1) Statistisches Jahrbuch für das Deutsche Reich 7 (1886). 2) Monatshefte 1886. 3) Statistik des Deutschen Reiches. Neue Folge. 7 (Gewerbestatistik a. d. allg. Berufszählung 5/6 1882. (3. Abtheilung). 17 2. (St. d. Seeschiff. 1884 Abth. 2). 18 (Kriminalst. 1884). 19 (Ausw. Waarenverkehr 1885). 20 (Ausw. Waarenv. 1885 2–3.) 21 1–2 (St. d. Seeschiff. 1885).

33. Berlin. K. Preussisches Statistisches Bureau. Zeitschrift 25 (1885) 1. 26 1. 2.

34. Bonn. Naturhistorischer Verein der Preußischen Rheinlande und Westfalens. Verhandlungen 42 2. 43.

35. Bonn. Verein von Alterthumsfreunden im Rheinlande. Jahrbücher. Heft 78—81.

36. Braunsberg. Historischer Verein für Ermland. Zeitschrift für die Geschichte und Alterthumskunde des Ermlands VIII 2. 3.

† 37. Braunschweig. Verein für Naturwissenschaft.

38. Bremen. Naturwissenschaftlicher Verein. Abhandlungen IX 2.
† 39. Bremen. Geographische Gesellschaft. Deutsche geographische Blätter.
40. Breslau. Schlesische Gesellschaft für vaterländische Cultur. Jahresbericht 63.
41. Breslau. Verein für das Museum Schlesischer Alterthümer. Schlesiens Vorzeit in Schrift und Bild IV 16.
42. Breslau. Verein für Schlesische Insectenkunde. Zeitschrift für Entomologie. Neue Folge. Heft 11.
43. Breslau. K. Oberbergamt. Production der Bergwerke, Hütten und Salinen im Preussischen Staate im Jahre 1885.
† 44. Chemnitz. Naturwissenschaftliche Gesellschaft.
† 45. Chemnitz. K. Sächsisches meteorologisches Institut.
† 46. Coburg. Anthropologischer Verein.
† 47. Colmar. Société d'histoire naturelle.
48. Danzig. Naturforschende Gesellschaft. 1) Schriften. Neue Folge VI 3. 2) Conwentz: Die Flora des Bernsteins II.
49. Darmstadt. Verein für Erdkunde und mittelrheinisch geologischer Verein. Notizblatt. Vierte Folge. Heft 6.
50. Darmstadt. Historischer Verein für das Grossherzogthum Hessen. Quartalblätter 1885 3. 4. 1886.
† 51. Dessau. Naturhistorischer Verein.
† 52. Donaueschingen. Verein für Geschichte und Naturgeschichte der Baar und angrenzenden Landestheile.
† 53. Dresden. Verein für Erdkunde.
54. Dresden. Naturwissenschaftliche Gesellschaft Isis. Sitzungsberichte und Abhandlungen 1884 2. 1885, 1886. Jan. — Juni.
55. Dresden. Gesellschaft für Natur- und Heilkunde. Jahresbericht 1885/86.
† 56. Dürkheim a. d. H. Pollichia. Naturwissenschaftlicher Verein der Rheinpfalz.
57. Eberswalde. Forstakademie 1) Beobachtungsergebnisse der forstlich meteorologischen Stationen Jahrgang XII 1–6. (1886). 2) Jahresbericht XI (1885).
† 58. Elberfeld. Naturwissenschaftliche Gesellschaft.
59. Emden. Naturforschende Gesellschaft. Jahresbericht 70 (1811—85).
† 60. Emden. Gesellschaft für bildende Kunst und vaterländische Alterthümer.
† 61. Erfurt. K. Akademie gemeinnütziger Wissenschaften.
† 62. Erlangen. Physikalisch-medicinische Societät.
63. Frankfurt a. M. Senckenbergische Gesellschaft. 1) Bericht 1885. 1886. 2) Abhandlungen 14 1–3. 3) Kobelt (Dr. W.) Reiseerinnerungen an Algier und Tunis (1885).
64. Frankfurt a. M. Physikalischer Verein. Jahresbericht 1884/85.
65. Frankfurt a. M. Verein für Geographie und Statistik. 1) Jahresbericht 48, 49 (1883/84, 1884/85). 2) Beiträge zur Statistik der Stadt Frankfurt a. M. IV. 4. 3) Mittheilungen über den Civilstand der Stadt Frankfurt 1885.
† 66. Frankfurt a. M. Verein für Geschichte und Alterthumskunde.
67. Frankfurt a. d. O. Naturwissenschaftlicher Verein für den Regierungsbezirk Frankfurt a. d. O. Monatliche Mittheilungen 3, 4 1–7.

† 68. Freiburg im Breisgau. Naturforschende Gesellschaft.
† 69. Fulda. Verein für Naturkunde.
70. Gera. Verein von Freunden der Naturwissenschaften.
71. Giessen. Oberhessische Gesellschaft für Natur- und Heilkunde. Bericht 24.
† 72. Görlitz. Naturforschende Gesellschaft.
73. Görlitz. Oberlausitzische Gesellschaft der Wissenschaften. Neues Lausitzisches Magazin 62 1.
74. Göttingen. K. Gesellschaft der Wissenschaften. Nachrichten 1885.
75. Greifswald. Naturwissenschaftl. Verein f. Neu-Vorpomm. u. Rügen. Mittheil. 17.
76. Greifswald. Geographische Gesellschaft. Excursion der Gesellschaft nach der Insel Bornholm 15.—18. Juni 1886.
† 77. Güstrow. Verein der Freunde der Naturgeschichte in Mecklenburg.
78. Halle. Kaiserlich Leopoldino-Carolinische Akademie der Naturforscher. 1) Leopoldina 22 (1866). 2) Nova Acta 47. 48.
† 79. Halle. Naturforschende Gesellschaft.
80. Halle. Naturwissenschaftlicher Verein für Sachsen und Thüringen. Zeitschrift für Naturwissenschaften. 4. Folge IV 5—6. V 1—3.
81. Halle. Verein für Erdkunde. 1885. 1886.
† 82. Hamburg. Naturwissenschaftlicher-Verein von Hamburg-Altona.
† 83. Hamburg. Verein für naturwissenschaftliche Unterhaltung.
84. Hamburg. Geographische Gesellschaft. Mittheilungen 1885—86.
85. Hanau. Wetterauische Gesellschaft für die gesammte Naturkunde. Bericht. 1/1 1863—31/3 1885.
† 86. Hannover. Naturhistorische Gesellschaft.
87. Hannover. Historischer Verein für Niedersachsen. 1) Zeitschrift 1885—86. 2) Leibnitzens Entwürfe zu seinen Annalen von 1691 und 1692 herausgegeben von Eduard Bodemann. Festschrift zur 50jährigen Jubelfeier des Vereins.
† 88. Hannover. Geographische Gesellschaft.
† 89. Hannover. Gesellschaft für Mikroskopie.
90. Heidelberg. Naturhistorisch-medicinischer Verein. 1) Verhandlungen. Neue Folge VII 5. 2) Festschrift zur Feier des 500jährigen Bestehens der Ruperto-Carola 1886.
91. Jena. Gesellschaft für Medicin und Naturwissenschaft. Jenaische Zeitschrift für Naturwissenschaften. 19.
92. Insterburg. Alterthumsgesellschaft. 1) Jahresbericht 1885/86. 2) Sonne: Mittheilungen über die Baugeschichte und Wiederherstellung der Marienburg, Vortrag am 19/2. 1886. 3) Rogge: Der Preussische Litauer des 16. und 17. Jahrhunderts, Vortrag am 20/11. und 28/12. 1885.
93. Insterburg. Landwirthschaftlicher Centralverein für Littauen und Masuren. Georgine, landwirthschaftliche Zeitschrift. Jahrgang 54 (1886).
† 94. Karlsruhe. Naturwissenschaftlicher Verein.
† 95. Karlsruhe. Grossherzogliches Alterthums-Museum.
96. Kassel. Verein für Naturkunde. 1) Festschrift der Feier seines 50jährigen Bestehens 1886. 2) Bericht 32. 33.

97. Kassel. Verein für Hessische Geschichte und Landeskunde. 1) Zeitschrift. Neue Folge. 9. Supplement. II. 2) Mittheilungen 1884—85.
98. Kiel. Universität. 38 Universitätsschriften (1884/85). 86 Universitätsschriften (1885/86).
99. Kiel. Naturwissenschaftlicher Verein für Schleswig-Holstein. Schriften VI 2.
† 100. Kiel. Schleswig-holsteinisches Museum für vaterländische Alterthümer.
101. Kiel. Ministerial-Commission zur Erforschung der deutschen Meere. Ergebnisse der Beobachtungsstationen an den deutschen Küsten über die physikalischen Eigenschaften der Ostsee und Nordsee und die Fischerei 1885.
† 102. Klausthal. Naturwissenschaftlicher Verein Maja.
103. Königsberg. Altpreussische Monatsschrift, herausgegeben von Reicke und Wichert. 23 (1886).
104. Königsberg. Ostpreussischer landwirthschaftlicher Centralverein. Königsberger land- und forstwirthschaftliche Zeitung. 22 (1886).
105. Landshut. Botanischer Verein. Bericht 9 (1881—85).
106. Leipzig. K. Sächsische Gesellschaft der Wissenschaften. 1) Bericht über die Verhandlungen der mathematisch-physikalischen Klasse. 1886. 1) Abhandlungen der mathematisch-physikalischen Klasse XIII 6. 7.
107. Leipzig. Verein für Erdkunde. Mittheilungen 1885.
108. Leipzig. Naturforschende Gesellschaft. Sitzungsberichte 1885.
109. Leipzig. Museum für Völkerkunde. Bericht 1885.
110. Leipzig. Geologische Landesuntersuchung des Königreichs Sachsen. Geologische Specialkarte des Königreichs Sachsen $^{1}/_{25000}$ mit je 1 Blatt Erläuterungen. Blatt 13, 30, 31, 41, 98, 99, 116, 117, 124, 134, 135, 144, 146, 151, 152, 155.
111. Lübben. Nieder-Lausitzer Gesellschaft für Anthropologie und Urgeschichte. Mittheilungen Heft 2.
† 112. Lübeck. Naturhistorisches Museum.
† 113. Lüneburg. Naturwissenschaftlicher Verein für das Fürstenthum Lüneburg.
114. Magdeburg. Naturwissenschaftlicher Verein. Jahresbericht 1885.
† 115. Mannheim. Verein für Naturkunde.
116. Marburg. Gesellschaft zur Beförderung der gesammten Naturwissenschaften. 1) Sitzungsberichte 1885. 2) Schriften 12 1.
† 117. Marienwerder. Historischer Verein für den Regierungsbezirk Marienwerder.
† 118. Meiningen. Hennebergischer alterthumsforschender Verein.
119. Metz. Académie. Mémoires 2. Période. Année 43. 44. (1881—83).
120. Metz. Société d'histoire naturelle.
121. Metz. Verein für Erdkunde. Jahresbericht 8 (1885).
122. München. K. Baierische Akademie der Wissenschaften. Sitzungsberichte der mathematisch-physikalischen Klasse 1885 4. 1886 1. Inhaltsverzeichniss 1871—85.
123. München. Geographische Gesellschaft. Jahresbericht 1885. (Ganze Reihe 10).
124. München. Historischer Verein von Oberbayern. Oberbayrisches Archiv für vaterländische Geschichte 43.
† 125. Münster. Westphälischer Provinzialverein für Wissenschaft und Kunst.
† 126. Neisse. Philomathie.

127. **Nürnberg.** Naturhistorische Gesellschaft. Jahresbericht 1885 nebst Abhandlungen VIII Bogen 3.

† 128. **Nürnberg.** Germanisches Museum.

† 129. **Offenbach.** Verein für Naturkunde.

† 130. **Oldenburg.** Oldenburger Landesverein für Alterthumskunde.

† 131. **Osnabrück.** Naturwissenschaftlicher Verein.

132. **Passau.** Naturhistorischer Verein. Bericht 13 (1883–85).

† 133. **Posen.** Gesellschaft der Freunde der Wissenschaften.

134. **Regensburg.** Zoologisch-mineralogischer Verein. Correspondenzblatt 39.

135. **Regensburg.** K. Baierische botanische Gesellschaft. Flora (allgemeine botanische Zeitung). Neue Reihe 43 (1885).

† 136. **Reichenbach im Vogtlande.** Vogtländischer Verein für allgemeine und specielle Naturkunde.

137. **Schmalkalden.** Verein für Hennebergische Geschichte und Landeskunde. Zeitschrift. Supplementheft 3.

138. **Schwerin.** Verein für Mecklenburgische Geschichte und Alterthumskunde. Jahrbücher und Jahresberichte 51.

139. **Sondershausen.** Irmischia. Botanischer Verein für Thüringen. Irmischia, Correspondenzblatt des Vereins 6 (1886) 1. 1–4.

† 140. **Stettin.** Entomologischer Verein.

141. **Stettin.** Gesellschaft für Pommersche Geschichte und Alterthumskunde. Baltische Studien 36.

142. **Strassburg.** Commission für die geologische Landesuntersuchung von Elsass-Lothringen. Mittheilungen I.

143. **Stuttgart.** Verein für vaterländische Naturkunde in Würtemberg. Jahreshefte 42.

144. **Stuttgart.** Königlich Statistisches Landesamt. Würtembergische Vierteljahrshefte für Landesgeschichte 8 (1885).

† 145. **Thorn.** Towarzystwa Naukowego. (Wissenschaftliche Gesellschaft).

146. **Tilsit.** Litanische literarische Gesellschaft. 1) Mittheilungen II 6. (oder Heft 11). 2) Bartsch: Dainu Balsai, Melodien litauischer Volkslieder. Lieferung 2.

† 147. **Trier.** Gesellschaft für nützliche Forschungen.

148. **Wernigerode.** Naturwissenschaftlicher Verein des Harzes. Schriften 1 (1886).

149. **Wiesbaden.** Nassauischer Verein für Naturkunde. Jahrbücher 38, 39.

150. **Wiesbaden.** Verein für Nassauische Alterthumskunde und Geschichtsforschung. Annalen 19 (1885/86).

† 151. **Worms.** Alterthumsverein.

152. **Würzburg.** Physikalisch-medicinische Gesellschaft. 1) Sitzungsberichte 1885. 2) Verhandlungen. Neue Folge 19.

153. **Zwickau.** Verein für Naturkunde. Jahresbericht 1885.

Frankreich.

† 154. **Albeville.** Société d'Emulation.

155. **Amiens.** Société Linnéenne du Nord de la France. Bulletin mensuel VI 123–138.

† 156. Apt. Société litéraire scientifique et artistique.
157. Auxerre. Société des sciences historiques et naturelles de l'Yonne. Bulletin 39 (1885).
158. Besançon. Société d'Emulation du Doubs. Mémoires 5. Serie 7—9.
159. Bordeaux. Académie des sciences belles lettres et des arts. Actes. 3. Ser. 44—46.
160. Bordeaux. Société Linnéenne. Actes 38.
161. Bordeaux. Société des sciences physiques et naturelles. Mémoires 3. Ser. II.
162. Bordeaux. Société de géographie commerciale. Bulletin 2. Ser. 9 (1886).
† 163. Caën. Société Linnéenne de Normandie.
† 164. Caën. Académie des sciences arts et belles lettres.
† 165. Caën. Association Normande.
166. Chambéry. Académie de Savoie. Mémoires 3. Ser. 11. 12.
† 167. Cherbourg. Société nationale des sciences naturelles et mathématiques.
168. Dijon. Académie des sciences arts et belles lettres. Mémoires 3. Ser. 8.
† 169. Dijon. Société d'agriculture et d'industrie agricole du département de la Côte d'or.
170. La Rochelle. Société des sciences naturelles de la Charente inférieure. Annales 21 (1884).
† 171. Lille. Société des sciences de l'agriculture et des arts.
† 172. Lyon. Académie des sciences des belles lettres et des arts.
† 173. Lyon. Société Linnéenne.
† 174. Lyon. Société d'agriculture d'histoire naturelles et des arts utiles.
† 175. Lyon. Muséum d'histoire naturelle.
† 176. Lyon. Association des amis des sciences naturelles.
† 177. Lyon. Société d'Anthropologie.
178. Montpellier. Académie des sciences et lettres. Mémoires de la section des sciences 10 3.
179. Nancy. Académie de Stanislas. Mémoires 5 Ser. 2 (135 Année).
† 180. Paris. Académie des sciences.
181. Paris. Société centrale d'horticulture. Journal 3 Ser. 8 (1886).
† 182. Paris. Société zoologique d'acclimatation.
† 183. Paris. Société de botanique de France.
184. Paris. Société philomatique. Bulletin. 1. Ser. IX 4. X 1—3.
185. Paris. Société de Géographie. 1) Bulletin 1886. 2) Compte rendu des sciences de la Commission centrale 1886. 3) Catalogue des portraits de voyageurs qui se trouvent dans les albums de la Soc. de Géogr. 22/11 1885.
186. Paris. Société d'Anthropologie. Bulletin. 3. Serie VIII 4. (1885). IX. 1—3. (1886).
† 187. Paris. Ministère de l'Instruction publique.
188. Paris. Ecole polytechnique. 1) Journal, cahier 55. 2) Catalogue de la bibliothèque 1881.
† 189. Rochefort. Société d'agriculture des belles lettres et des arts.
190. Somur. Société des sciences historiques et naturelles. Bulletin. 2. Ser. I. (1884).

191. **Toulouse.** Académie des sciences inscriptions et belles lettres. Mémoires 8. Ser. 7.

† 192. **Toulouse.** Société archéologique du midi de la France.

Grossbritannien.

193. **Cambridge.** Philosophical Society Proceedings V 1.

† 194. **Dublin.** Royal Irish Academy.

195. **Dublin.** Royal geological Society of Ireland. Journal: Vol. 16 3. 17 1.

196. **Dublin.** Royal Dublin Society. 1) Scientific transactions. 2. Ser. III 7–9. 2) Scientific Proceedings New Ser. IV 7–9. V 1. 2.

197. **Edinburgh.** Botanical Society. Transactions and Proceedings 16 2.

† 198. **Edinburgh.** Geological Society.

199. **Glasgow.** Natural history Society. 1) Proceedings and transactions, New Ser. I 2. 2) Index to the proceedings I–V (1881–83).

200. **Liverpool.** Literary and philosophical society. Proceedings 38 (1883–84).

201. **London.** Royal society. 1) Proceedings 49 240–41. 50. 51 244–47. 2) Philosophical transactions 176. 3) List of members 30./11. 1885. 4) List of duplicate periodicals in the library of the R. S. for exchange.

202. **London.** Henry Woodward. Geological Magazine. 2. Ser. Decade III. Vol. IV (1886).

203. **London.** Linnean society. 1) Journal of zoology 109–113. 2) Journal of botany 21 138–140. 22 141–144. 23 150. 3) List of Members 1884/1886 November.

† 204. **London.** Nature.

205. **London.** Anthropological Institute of Great Britain and Ireland. Journal XV 3–4. XVI 1. 2.

206. **London.** Chamber of Commerce. Journal V 47–58.

207. **London.** Meteorological office: Observations of the international polar expedition 1882/83. Fort Rae.

208. **Manchester.** Philosophical society. 1) Proceedings 23. 24. 2) Memoirs 3 Ser. 8.

Holland.

209. **Amsterdam.** Koninglijke Akademie van Wetenschapen. 1) Verslagen en Mededeelingen. Afd. Natuurk. 3 Reeks 1. 2) Verhandelingen, Afdeeling Natuurkunde 24. 3) Jaarboek 1884.

210. **Amsterdam.** Koninglijk Zoologisk Genootschap „Natura artis magistra". Bijdragen tot de Dierkunde. Aflevering 12.

211. **s'Gravenhaag.** Nederlandsch entomologische Vereeniging. Tijdschrift voor Entomologie 28 3. 4. 29 1. 2.

212. **Groningen.** Genootschap ter Bevordering der naturkundigen Wetenschapen. Verslag over het jaar 1885.

213. Haarlem. Hollandsche Maatschappij ter Bevordering der natuurkundigen Wetenschapen (Société Hollandaise des sciences). 1) Archives Néerlandaises des sciences exactes et naturelles 20 4. 5. 21 1. 2) Liste alphabétique de la correspondance de Christian Huyghens, qui sera publiée par la Soc. Holl.

214. Haarlem. Hollandsche Maatschappij ter Bevordering van Nijverheid. Tijdschrift 4 Reeks 10 (1886).

215. Haarlem. Musée Teyler. 1) Archives 2 Ser. II 3. 4. 2) Catalogue de la bibliothèque 1—4.

† 216. Leyden. Herbier Royal.

217. Leyden. Nederlandsche dierkundige Vereeniging Tijdschrift 2 Ser. I 2.

† 218. Luxembourg. Institut Royal Grandducal.

219. Luxembourg. Section historique de l'Institut Royal Grandducal. Publications 37. 38.

220. Luxembourg. Société de botanique. Recueil de mé moires et travaux 11.

221. Nijmmegen. Neederlandsche botanische Vereeniging. Nederlandsch Kruidkundig Archief. 2. Ser. IV 4.

222. Utrecht. Physiologisch Laboratorium der Utrechtsche Hoogeschool. Onderzoekingen gedaan in het Laboratorium. 3 Reeks X 1.

† 223. Utrecht. Kon. Nederlandsch Meteorologisch Institut.

Italien.

† 224. Bologna. Accademia della scienze.

225. Catania Accademia Gioenia di scienze naturali. Atti Ser. 3. Tom. 19.

226. Florenz. Accademia economico-agraria dei Georgolfi. Atti 4. Ser. 8 4. 9 1—8.

227. Florenz. T. Caruel: Nuovo giornale botanico Italiano. 18 (1886).

228. Florenz. Società Italiana di antropologia etnologia e psicologia comparata 15. 16 1. 2.

229. Florenz. Sezione fiorentina della società Africana d'Italia. Bulletino I 3—6. II 1—10.

† 230. Genua. Giacomo Doria. Museo civico.

231. Genua. R. Accademia medica. Bolletino II 1 (1886).

232. Mailand. Reale Instituto Lombardo. 1) Rendiconti 2. Serie (1886). 2) Memorie, classe di scienze matematiche e naturali 15 4. 16 1.

233. Mailand. Società Italiana di scienze naturali. Atti 27 2. 28.

234. Modena. Società dei naturalisti. 1) Memorie 3. Ser. 4. 2) Atti 3. Ser. II.

235. Neapel. Accademia delle scienze fisiche e matematiche. Rendiconti 22—24 (1883—85).

236. Neapel. Deutsche zoologische Station. Mittheilungen VI 4.

237. Neapel. Società Africana d'Italia, Bolletino V 1—8. (1886).

238. Padua. Società Veneto-Trentina. 1) Atti 9 2. 10 1. 2) Bolletino III 4.

239. Palermo. Reale Accademia di scienze lettere e belle arti. Bolletino II (1885). III 1—3.

240. Parma. Bulletino di paletnologia Italiana (diretto da Pelegrino Strobel) 11 (2. Ser. 1, 1886). 12 (1887) 1—10.

k

241. Pisa. Società Toscana di Scienze naturali. 1) Memorie 7 2. Atti 5 p. 1—128.
242. Rom. Reale Accademia dei Lincei. 1) Rendiconti I 28. II 1—11, 2. Semestre 1. 2) Memorie della classe di scienze fisiche matematiche e naturali. 3. Ser. 15—19 1. 4. Ser. 1.
† 243. Rom. Società geografica Italiana.
244. Rom. Comitato geologico d'Italia. Bolletino 16 (1885) 11. 12. 51 1—8.
† 245. Sassari. Circolo di scienze mediche e naturali.
246. Turin. R. Accademia delle scienze. 1) Atti 1—7. 2) Bolletino dell' Observatorio della regia Università 20 (1885).
† 247. Venedig, Istituto Veneto di scienze lettere ed arti.
† 248. Verona. Accademia di agricoltura commercio ed arti.

Oesterreich-Ungarn.

249. Agram (Zagreb.) Kroatischer Naturforscherverein. Glasnik hrvatskoga naravoslovnoga družtva (Organ des Kr. Nat.-V.) I 1—3.
† 250. Aussig. Naturwissenschaftlicher Verein.
251. Bistritz. Gewerbeschule. Jahresbericht 12.
252. Bregenz. Vorarlberger Museumsverein. Jahresbericht 24 (1885).
253. Brünn. K. K. Mährisch-Schlesische Gesellschaft zur Beförderung des Ackerbaues, der Natur- und Landeskunde. Mittheilungen. 65 (1884). 1.
254. Brünn. Naturforschender Verein. 1) Verhandlungen 23 (1884). 2) Bericht der meteorologischen Commission 1883.
255. Budapest. K. Ungarische Akademie der Wissenschaften. 1) Ungarische Revue 1886 1—9. 2) Mathematische und naturwissenschaftliche Berichte aus Ungarn 3.
256. Budapest. K. Ungarisches National-Museum. Természetrajzi füzetek (Naturhistorische Hefte. Ungarisch mit Deutscher Revue IX 3. 4. X 1. 3.
257. Budapest. K. Ungarisches National-Museum. Archäologische Abtheilung. Archäologiai Értesitö (Archäologischer Anzeiger. Neue Folge Uj folyam) V 4. 5. VI 1—4.
258. Budapest. Ungarische geologische Anstalt. 1) Mittheilungen aus dem Jahrbuche VII 5. VIII 1—3. a. Recl. VI 1. 2) Jahresbericht 1884. 3) Die K. Ungarische geologische Anstalt und deren Ausstellungs-Objecte zu der 1885 in Budapest abgehaltenen allgemeinen Ausstellung, zusammengestellt von Johann Böckh (Deutsch und (Ungarisch). 4) Specialkatalog der VI. Gruppe für Bergbau, Hüttenwesen und Geologie (Allg. Landesausstellung zu Budapest 1885). 5) Vorträge, gelegentlich des montanistischen, hüttenmännischen und geologischen Congresses zu Budapest 1885:
   v. Kerpely: Die Eisenindustrie Ungarns z. Z. der Landesausstellung 1885.
   Noth: Ueber die bisher erzielten Resultate und die Aussichten von Petroleumschürfungen in Ungarn.
   Obach: Ueber Drahtseilbahnen.
   Pálfy: Der Goldbergbau Siebenbürgens.
   v. Soltz: Theorie und Beschreibung des Farbaky- und Soltzschen continuirlich wirkenden Wassergasofens.

Szabo: Geschichte der Geologie von Schemmitz.
Szňts: Kleinere Details über die nasse Aufbereitung.

259. Budapest. Magyar földtani társulat (Ungarische-geologische Gesellschaft). Földtani közlöny (Geologische Mittheilungen) 15 11. 12. 16 1—9.

260. Budapest. Magyar természettudományi társulat (Ungarische naturwissenschaftliche Gesellschaft).
1) B. v. Inkey: Nagyág und seine Erz-Lagerstätten (Ungarisch und Deutsch) 1885.
Hegyfoky: Die meteorologischen Verhältnisse des Monats Mai in Ungarn (Ungarisch und Deutsch) 1886.
Hazlinski: A. Magyar birodalom mohflórája (Flora der Ungarischen Moose) Ungarisch.
Lázló: Chemische und mechanische Analyse Ungarischer Thone (Ungarisch und Deutsch).
Hermann: Urgeschichtliche Spuren in den Geräthen der Ungarischen volksthümlichen Fischerei (Die Ungarischen Curorte und Mineralwässer) Ungarische Landesanstalt 1885 Gruppe 1885.
Budai: Die secundären Eruptivgesteine des Persányer Gebirges (Ungarisch und Deutsch).
Chyser: Magyarország gyógy helejei es ásványvézei.
2) Catalogus bibliothecae Regiae Societatis Ungaricae scientiarum naturalium fasc. II.

261. Gratz: Naturwissenschaftlicher Verein für Steiermark. Mittheilungen 21 (1884). 22 (1885).

262. Gratz: Zoologisches Institut der K. K. Carl-Franzens-Universität. Arbeiten I 1—4.

† 263. Hermannstadt: Siebenbürgischer Verein für Naturwissenschaften.

264. Hermannstadt. Verein für Siebenbürgische Landeskunde. 1) Archiv 20 2. 3. 2) Jahresbericht 1884/85.

† 265. Innsbruck. Ferdinandeum.

266. Innsbruck. Naturwissenschaftlich-medicinischer Verein. Bericht 15 (1884—86).

267. Késmark. Ungarischer Karpathenverein. Jahrbuch 13 (1886).

† 268. Klagenfurt. Naturhistorisches Landes-Museum für Kärnthen.

† 269. Klausenburg. Siebenbürgischer Museumsverein.

270. Klausenburg. Magyar növétani lapok (Ungarische botanische Blätter) herausgegeben von August Kanitz 9 (1885).

271. Krakau. K. Akademie der Wissenschaften. 1) Pamietnik (Denkschriften 10. 11. 2) Zbiór wiadomości do Antropologii Krajowéj (Sammlung von anthropologischen Berichten) 9.

† 272. Linz. Museum Francisco-Carolinum.

273. Linz. Verein für Naturkunde in Oesterreich ob der Enns. 1885.

274. Prag. K. Böhmische Gesellschaft der Wissenschaften. 1) Abhandlungen. 6. Folge 12. 2) Sitzungsberichte 1882—84. 3) Jahresbericht 1882—85.
3) Kalousek: Geschichte der Gesellschaft der Wissenschaften. Heft 1. 2 sammt einer kritischen Uebersicht ihrer Publicationen aus dem Gebiete der Philosophie, Geschichte und Philologie.

Studnička: Bericht über die mathematischen und naturwissenschaftlichen Publicationen der Gesellschaft der Wissenschaften während ihres 100jährigen Bestehens.

Wegner: Generalregister zu den Schriften 1784—1884. Verzeichniss der Mitglieder 1784—1884.

† 275. Prag. Naturhistorischer Verein Lotos.

276. Prag. Museum des Königreichs Böhmen. 1) Památky archaeologické a místopisné (Archaeologische Denkmäler). XIII 1–5. 2) Geschäftsbericht in der Generalversammlung 17. 1. 1886.

† 277. Pressburg. Verein für Natur- und Heilkunde.

† 278. Reichenberg in Böhmen. Verein der Naturfreunde.

† 279. Salzburg. Gesellschaft für Landeskunde.

† 280. Trentschin. Naturwissenschaftlicher Verein des Trentschiner Comitats.

281. Triest. Società adriatica di scienze naturali. Bolletino IX 1. 2.

† 282. Triest. Museo civico di storia naturale.

283. Wien. K. K. Akademie der Wissenschaften. Sitzungsberichte: 1. Abtheilung (Min., Botan., Zoolog., Paleont.) 90—93 1–3. 2. Abtheilung (Math., Phys., Chem., Mech., Met., Astr.) 90—92. 93 1. 2. 3. Abtheilung (Medicin) 89 3–5. 90—92. 4. Register zu den Bänden 86—90.

284. Wien. Geologische Reichsanstalt. 1) Jahrbuch 35 (1885) 4. 36 (1886) 1–3. 2) Verhandlungen 1886 1–12. 3) Abhandlungen XII 1–6.

285. Wien. Geographische Gesellschaft. Mittheilungen 28 (1885).

286. Wien. Zoologisch-botanische Gesellschaft. Verhandlungen 35 2 (1885). 36 (1886).

287. Wien. Anthropologische Gesellschaft. Mittheilungen 15 2. 3. 16 1.

288. Wien. Verein zur Verbreitung naturwissenschaftlicher Kenntnisse. Mittheilungen 26.

289. Wien. Oesterreichische Centralanstalt für Meteorologie und Erdmagnetismus. Jahrbücher Neue Folge 21 (1884).

290. Wien. Verein für Landeskunde von Niederösterreich. X Blätter Neue Folge 19.

291. Wien. K. K. Naturhistorisches Hof-Museum. Annalen I 1–4.

Portugal.

† 292. Lissabon. Academia real das Sciencias.

† 293. Lissabon. Secção dos trabalhos geologicos de Portugal.

Russland.

294. Dorpat. Gelehrte esthnische Gesellschaft. Sitzungsberichte 1885.

295. Dorpat. Naturforschende Gesellschaft. 1) Sitzungsberichte VII 2 (1885).

296. Helsingfors. Finska Vetenskaps Societet (Societas scientiarium fennica). 1) Oefversigt af Förhandlingar 27 (1884—85). 2) Bidrag till kännedom af Finlands Natur och Folk 43. 3) Exploration Internationale des régions polaires 1882—83 et 1884—85: Expédition polaire finlandaise (publié aux frais du gouvernement Finlandais sous les auspices de la société des sciences de Finlande).

297. Helsingfors. Societas pro fauna et flora fennica. 1) Meddelanden. 12. 13. 2) Acta II (1881—85). 3) Kihlmann: Beobachtungen über die periodischen Erscheinungen des Pflanzenlebens in Finnland 1883.

† 298. Helsingfors. Finlands geologiska Undersökning.

† 299. Helsingfors. Finska fornminnesförening (Suomen Muinaismuisto).

300. Mitau. Kurländische Gesellschaft für Literatur und Kunst. Sitzungsberichte 1884. 1885.

301. Moskau. Société impériale des naturalistes 1884 3, 4. 1885. 1886 1—3.

302. Moskau. Musées public et Roumiantzow. 1) Numismatisches Cabinet. Katalog der Münzen 2, 3. (Russisch). 2. Otschet (Jahresbericht) 1879—85.

303. Odessa. Société des naturalistes de la nouvelle Russie. 1) Sapiski (Denkschriften X 2 und Beilage (Wilhelm: Die fossilen Vogelknochen der Odessaer Steppen-Kalk-Steinbrüche 1886). 2) Sapiski matematitschkago otdelenija. (Denkschriften der matematischen Section) 1—6.

304. Petersburg. Kaiserliche Akademie der Wissenschaften. 1) Bulletin 30 3, 4. 31 1, 2, 3. 2) Mémoires 33 2—8. 34 1—6.

305. Petersburg. Observatoire physique central. 1) Repertorium für Meteorologie IX. 2) Annalen 1884.

306. Petersburg. Societas entomologica Rossica. Horae (Trudy) 19 (1885).

307. Petersburg. K. Russische Geographische Gesellschaft. 1) Iswestija (Bulletin) 22 (1886). 2) Otschet (Compte-Renda. 1886).

308. Petersburg. K. Botanischer Garten. 1) Acta horti petropolitanis (Trudy) IX 2. 2) Catalogus systematicus bibliothecae 1886.

309. Petersburg. Comité géologique. 1) Mémoires (Trudy) I 4. II 2. (carte géologique générale de la Russie, feuille 93). II 3. III 1. III 2. (carte géologique feuille 139). 2) Iswestija (Bulletin) 4 (1885) 4—10. 5 (1886) 1—8. 3) Karpinski. Geologische Karte des Ostabhang des Urals. 3 Blatt. 4) Manikow. Geologische Erforschung der Phosphorite am Dnjestr. 5) Bibliothèque géologique de la Russie I (1885).

310. Riga. Naturforschender Verein. Correspondenzblatt 29.

Schweden und Norwegen.

† 311. Bergen. Museum.

312. Drontheim. K. Norsk. Videnskabernes Selskab. Skrifter 1882.

† 313. Gothenburg. Vetenskaps och Vitterhets Samhället.

314. Kristiania. K. Norsk Universitet. Nyt Magazin for Naturvidenskaberne 28 3—11. 29, 30. 1.

† 315. Kristiania. Videnskabernes Selskab.

316. Kristiania. Forening til Norske fortids mindesmerkers bevaring. 1) Aarsberetning 1884. 2) Kunst och Handverk fra Norges Fortid 5. 3) Gols gamle Stavekirke och Hovestunen paa Bygdö Kongsgaard (1885).

317. Kristiania. Geologische Landesuntersuchung von Norwegen.

318. Kristiania. Den Norske Nordhavs-Expedition 1876—78 (herausgegeben von der Norwegischen Regierung) XV (Zoology, Crustacea II ved Sars), XVI. (Zoology, Mollusca II ved Friele).

319. Lund. Universität. Acta Universitatis. Lundensis. 1) 21 (Mathematik och Naturvetenskap). 2) Universitäts-Accessions-Katalog 1885).
320. Stockholm. K. Vetenskaps Akademie. Oefversigt af Förhandlingar 42 (1885) 6—10. 43 (1886) 1—8.
321. Stockholm. K. Vitterhets historie och antiquitets Akademie. 1) Antiquarisk Tidskrift VIII 1—2. 2) Månadsblad 1885.
322. Stockholm. Entomologisk Förening. Entomologisk Tidskrift 5 4. 6 1—3.
323. Stockholm. Bohusläns Hushållnings-Sällskap. Bidrag till kännedom om Göteborg och Bohusläusd fornminnen och historie 11, 12.
324. Stockholm. Geologiskh Förening. Förhandlingar VII 14. VIII 1—6.
† 325. Stockholm. Sveriges geologisk Undersökning.
† 326. Stockholm. Nautisk meteorologisk byrå.
327. Tromsö. Museum. 1) Aarshefter 9. 2) Aarsberetning 1885.
328. Upsala. Société Royale des sciences (Societas scientiarum). 1) Nova Acta 3. Ser. XIII. 2) Bulletin mensuel de l'Observatoire météorologique de l'Université 17 (1885).

Schweiz.

329. Basel. Naturforschende Gesellschaft. Verhandlungen VIII. 1.
330. Bern. Naturforschende Gesellschaft. Mittheilungen 1885 3.
331. Bern. Allgemeine Schweizerische Gesellschaft für die gesammten Naturwissenschaften. 1) Verhandlungen der 68. Jahresversammlung zu Locle 11—13. Aug. 1885 (Actes). 2) Compte Rendu des travaux présentés à la 68. Session.
332. Bern. Geologische Commission der schweizerischen naturforschenden Gesellschaft. Beiträge zur geologischen Karte der Schweiz. Lieferung 24 (Centralgebiet der Schweiz, Blatt 13) mit Atlas.
333. Bern. Universität. 81 akademische Schriften.
† 334. Chur. Naturforschende Gesellschaft Graubündtens.
335. Frauenfeld. Thurganische naturforschende Gesellschaft. Mittheilungen, Heft 7.
† 336. Genf. Société de physique et d'histoire naturelle.
337. Genf. Société de géographie. Le Globe, Journal géographique 4, Ser. V. Bulletin 1, 2.
338. Lausanne. Société Vaudoise des sciences naturelles. Bulletin 3 Ser. 21 93. 22 94.
339. Neuchâtel. Société des sciences naturelles.
340. Schaffhausen. Schweizer entomologische Gesellschaft. Mittheilungen VII. 5, 6.
341. St. Gallen. Naturwissenschaftliche Gesellschaft. Bericht 1883—84.
† 342. Zürich. Naturforschende Gesellschaft.
343. Zürich. Antiquarische Gesellschaft. 1) Anzeiger für Schweizerische Alterthumskunde 1885. 2) Mittheilungen XXII 1. (Heierli: Der Pfahlbau Wallisbofen).

Spanien.

† 344. **Madrid.** Academia de ciencias.

Asien.

Britisch Indien.

345. **Calcutta.** Asiatic Society of Bengal. 1) Journal Part. I, Vol. 54. 55. 1, 2. Part. II. Vol. 54. 55. 1, 2. 2) Proceedings 1885 9, 10. 1886 1–6.

346. **Calcutta.** Geological survey of India. 1) Records 18 4. 19. 2) Memoirs in 8° 21. 3) Memoirs in 4° (Palaeontologia Indica). Ser. IV. Vol. I. 4, 5. (Indian pretertiary Vertebrata). Ser. X. Vol. II. 6. III. 1–6. IV. 1 Suppl., 2. (Indian Tertiary and posttertiary Vertebrata). Ser. XIII. Vol. I. 4. fasc. 5. (Salt Range Fossils). Ser. XIV. I. 3 fasc. 6. (Tertiary and upper Cretaceous fossils).

Niederländisch Indien.

347. **Batavia.** Kon. Naturkundige Vereenigung in Nederlandsch Indie. Naturkundig Tijdschrift voor Nederlandsch Indie 45.

† 348. **Batavia.** Bataviaasch Genootschap der Kunsten en Wetenschapen.

349. **Batavia.** Magnetisch en meteorologisch Observatorium.

China.

350. **Shanghai.** China branch of the Royal Asiatic Society. Journal. New Ser. 20 4–6. 21 1–2.

Japan.

351. **Tokio.** Deutsche Gesellschaft für Natur- und Völkerkunde Ost-Asiens. Mittheilungen IV. 34.

† 352. Tokio. Seismological Society of Japan.

Afrika.

Französische Colonieen.

353. **Algier.** Société algérienne de climatologie des sciences physiques et naturelles. Bulletin 22 (1883).

Amerika.

Britisch Nordamerika.

354. **Montreal.** Royal society of Canada. Proceedings and Transactions. II. (1884).

355. **Montreal.** Geological and natural history survey of Canada. 1) Rapport des Opérations 1882–84 avec Mappes. 2) Catalogue of Canadian plants II. 3) Geologische Karten: a) Province of Nova Scotia. Maasst. $\frac{1}{63,300}$ zu den Berichten von Aug. Fletcher 1879–84. Blatt 1–21. b) Maasst. $\frac{1}{253440}$ zu den Berichten von R. W. Ellis. 40 Blatt.

856. Ottava. Field naturalist's club. Transactions II, 2.
857. Toronto. Canadian Institute. Proceedings. 3. Ser. Vol. III. 3, 4. IV. 1.

Vereinigte Staaten.

† 858. Albany. N. N. Albany Institute.
859. Boston. American Academy of Arts and Sciences. Proceedings 21. 1, 2.
860. Boston. Society of natural history. 1) Proceedings 22 4. 23 1. 2) Memoirs III. 11.
861. Cambridge. Museum of comparative Zoology at Harvard College. 1) Bulletin XII. 3–6. XIII. 1. 2) Memoirs X. 2. 3) Annual report 1885—86.
† 862. Cambridge. Peabody Museum of american Archaeology.
† 863. Chicago. Academy of science.
† 864. Davenport (Jowa). Academy of natural sciences.
865. Jowa-City. Professor Gustavus Hinrichs Report of the Jowa Weather-Service Jan. — August 1883.
† 866. Madison. Wisconsin Academy of arts and lettres.
† 867. Mitwaukee. Naturhistorischer Verein von Wisconsin.
† 868. New-Haven. Connectient Academy of arts and sciences.
869. New-York. Academy of sciences. 1) Annals III. 7–10. 2) Transactions III. V. 2–6.
870. Philadelphia. Academy of natural sciences. Proceedings 1885 1–3. 1886 1.
871. Philadelphia. American philosophical Society for promoting useful knowledge. Proceedings 22 4. 23 121–123.
872. Salem. American association for the advancement of sciences. Proceedings of the meeting 33 (at Philadelphia).
† 873. Salem. Essex Institute.
874. Salem. Peabody Academy of science. 1) Annual report 18. 2) Memoirs II. 3) Morse: Ancient and modern methods of arrow-release (from Essex Institute Bulletin oct.-dec. 1885).
875. San Francisco. California Academy of science. Bulletin 4 (1886).
876. St. Louis. Academy of science.
877. Washington. Smithsonian Institution. 1) Smithsonian report 1884. 2) Contributions to knowledge in 4°. 24. 3) Annual report of the Bureau of Ethnology 3 (1881—82).
† 878. Washington. Department of agriculture.
† 879. Washington. War Department.
† 880. Washington. Treasury Department.
881. Washington. H. S. Geological Survey. 1) Annual report 4—5. 2) Bulletin 15—25. 3) Monographs VI. VIII. IX. 4) Williams: Mineral resources of the United states. Calender years 1883 and 84. 5) F. Ward: Sketch of palaeobotany (Extr. from the annual report).

Mexico.

† 882. Mexico. Sociedad de geografia y estadistica de la republica mexicana.
† 883. Mexico. Museo nacional.

Brasilien.

384. Rio de Janeiro. Instituto historico geografico e etnografico do Brasil. 1) Revisita trimensal 46. 2) Catalogo das cartas geographicas, hidrographicas atlas, planos e vistas na bibl. do Inst. Hist. 1885. 3) Catalogo dos manuscriptos 31. 12. 1883.

† 385. Rio de Janeiro. Museo nacional.

Argentinische Republik.

† 386. Buenos-Aires. Museo publico.

387. Buenos-Aires. Sociedad cientifica Argentina. Annales 20 (1885).

388. Cordoba. Academia nacional di ciencias de la republica Argentina. Boletin VIII. 2—4.

Chili.

389. Santiago. Deutscher wissenschaftlicher Verein. Heft 3.

Australien.

390. Sydney. Royal Society of N. S. Wales. Journal and Proceedings 17 (1883).

391. Wellington. Neu Zealand Institute. 1) Transactions and Proceedings 18. Index 1—17. 2) Hector: Handbook of New-Zealand (1886). 3) Indian and Colonial Expedition London. 1886. 4) Colonial Museum and geological survey department: Bronn, Manual of the New-Zealand Coleoptera 3, 4.

Angekauft 1886.

Globus. Illustrirte Zeitschrift für Länder- und Völkerkunde. 49. 50. (1886).

Petermann. Geographische Mittheilungen. 1886. Ergänzungsheft. 81—84.

Annalen der Physik und Chemie. Neue Folge 27—29. 1886. Beiblätter 10. 1886.

Archiv für Anthropologie XVI. 4.

Zeitschrift für Ethnologie 18 (1886).

v. Bernhardi. Reiseerinnerungen an Spanien. Berlin 1886.

Brugsch (Heinrich). Im Lande der Sonne. Wanderungen in Persien. 2. Auflage. Berlin 1886.

de Candolle. Der Ursprung der Culturpflanzen. Uebersetzt von Dr. Edmond Goeze. Leipzig 1884.

Christ. Eine Frühlingsfahrt nach den Canarischen Inseln. 1886. Basel, Genf und Lyon.

Dierks. Nordafrika im Lichte der Culturgeschichte. München 1884.

Ebers. Cicerone durch das alte und neue Aegypten. 2 Bände. 1886. Stuttgart und Leipzig.

Engel. Griechische Frühlingstage. Jena 1887.

Forbes. Wanderungen eines Naturforschers im Malayischen Archipel. 1878—83. Aus dem Englischen. Bd. II. Jena 1886.

Gill und Chalmers. Neu Guinea. Reisen und Missionsthätigkeit. 1877—85. Aus dem Englischen. Leipzig 1886.

Gopčević. Bulgarien und Ost-Rumelien. Leipzig 1886.

Güssfeld. In den Hochalpen. Erlebnisse aus den Jahren 1859—85. 2. Auflage. Berlin 1886.

Hager. Kaiser Wilhelms-Land und der Bismarck-Archipel. Leipzig 1886.

Hartmann. Madagaskar und die Inseln Seychellen, Aldabra, Komoren, Maskarenen. Leipzig-Prag 1886.

Herisson. Wanderungen eines Dolmetschers in Cina.

Jandrinzew. Sibirien. Geographische, ethnographische und historische Studien. Nach dem Russischen bearbeitet von Dr. Ed. Petri. Jena 1886.

Johnston. Der Kilimandscharo. Leipzig 1886.

Klöden und Oberländer. Bilder aus den Deutschen Küstenländern der Ostsee. Leipzig 1886.

Kohút. Aus dem Reiche der Karpathen. Stuttgart 1887.

Krause. Die Tlinkit-Indianer. Jena 1885.

Krümmel. Der Ocean. Leipzig-Prag 1886.

v. Maltzahn. Reise auf der Insel Sardinien. Leipzig 1869.

Mantegazza. Indien. Aus dem Italienischen. Jena 1885.

Nedmeyer-Ynkassowitsch. Grossbritanien und Irland mit besonderer Berücksichtigung der Colonieen. Leipzig 1886.

Nordenskiöld. Grönland. Leipzig 1886.

Pechuël-Lösche. Herr Stanley und das Congo-Unternehmen. Eine Entgegnung. Leipzig 1886.

Radde. Talysch und seine Bewohner. Leipzig 1886.

Rein. Japan. Bd. II. Leipzig 1886.

v. d. Steinen. Durch Central-Brasilien. Expedition zur Erforschung des Chingu. 1884. Leipzig 1886.

Schwarz. Kamerun. Reise in die Hinterlande der Colonie. Leipzig 1886.

Stoll. Guatemala. Reisen und Schilderungen. 1878—83. Leipzig 1886.

Vossberg. Geschichte der Preussischen Munzen und Siegel. Berlin 1882.

v. Waldeck. Russland. I. II. (Wissen der Gegenwart). Leipzig-Prag 1886.

v. Wobeser. Henry Stanley und Dr. Pechuël-Lösche. Leipzig 1886.

Wolf. Wallis und Chamonix. Bd. I. Zürich 1886.

Zöller. Die Deutschen Besitzungen an der westafrikanischen Küste. IV. Forschungen im südlichen Kamerungebiet.

Adressbuch für Königsberg 1886.

Berendt und Göppert. Der Bernstein und die in ihm befindlichen Pflanzenreste. Mit 7 Tafeln. Berlin 1845.

Göppert. Tertiäre Flora von Schossnitz. Mit 26 Tafeln. Görlitz 1855.

Griesebach. Die Bildung des Torfes in den Emsmooren. Göttingen 1846.

Lachmann. Physiogpraphie des Herzogthums Braunschweig. I. II. Braunschweig 1851/52.

Palaeontographica. Herausgegeben von K. v. Zittel. Bd. XXXIII. Lief. 1—3. Stuttgart 1886.

Römer. Geognostische Karte von Oberschlesien. 12 Blätter. Berlin.

Weinkauff. Katalog der im europäischen Faunengebiet lebenden Meeres-Conchylien. Creuznach 1873.

Zittel. Handbuch der Palaeontologie. Bd. II. Lief. 4 und 5.

Geschenke 1886.

Schrader. Karl Gustav von Gossler, Kanzler des Königreichs Preussen. Ein Lebensbild. Berlin 1886. (Geschenk Sr. Excellenz des Herrn Cultusminister Dr. v. Gossler).

Görz. Handel und Statistik des Zuckers. Ergänzungsband. 1885.

Tageblatt der 59. Versammlung Deutscher Naturforscher und Aerzte zu Berlin, 18. bis 24. September 1886. (Beides vom K. Preussischen Cultusministerium).

Jacob. Der Bernstein bei den Arabern des Mittelalters. 1886. (Verfasser).

Meyer, A. B. Das Gräberfeld von Hallstadt. Mit 3 Lichtdrucktafeln. 1886. (Verfasser).

Bibliotheka historico-naturalis. Lagerkatalog der Buchhandlung A. Friedländer und Sohn, Berlin 1886. (Von der Buchhandlung).

Haber. Register zu der Alt-Preussischen Monatsschrift 1—XXII. Manuscript zusammengestellt von Herrn Lehrer Haber. (Vom Verfasser).

The Academy. A Record of Literature, learning science and art. Vol. II. London 1871. (Von Herrn Haber).

Egleston, Melville. Johns Hopkins University Studies Historical and political science. 4 Series 11—12. Le Land System of the New-England Colonies. Baltimore 1886. (Verfasser).

Jentzsch. Das Profil der Eisenbahn Zajonskowo-Löbau. Berlin 1886.

— Das Profil der Eisenbahn Berent-Schöneck-Hohenstein. Berlin 1886. (Verf.)

Maurer. Die Fauna des rheinischen Unterdevon, zum Nachweis der Gliederung zusammengestellt. Darmstadt 1886. (Verf.)

Druck von R. Leupold in Königsberg in Pr.

www.ingramcontent.com/pod-product-compliance
Lightning Source LLC
Chambersburg PA
CBHW022107300426
44117CB00007B/619

* 9 7 8 3 7 4 3 6 3 0 3 8 3 *